og, 1847 bis 1862

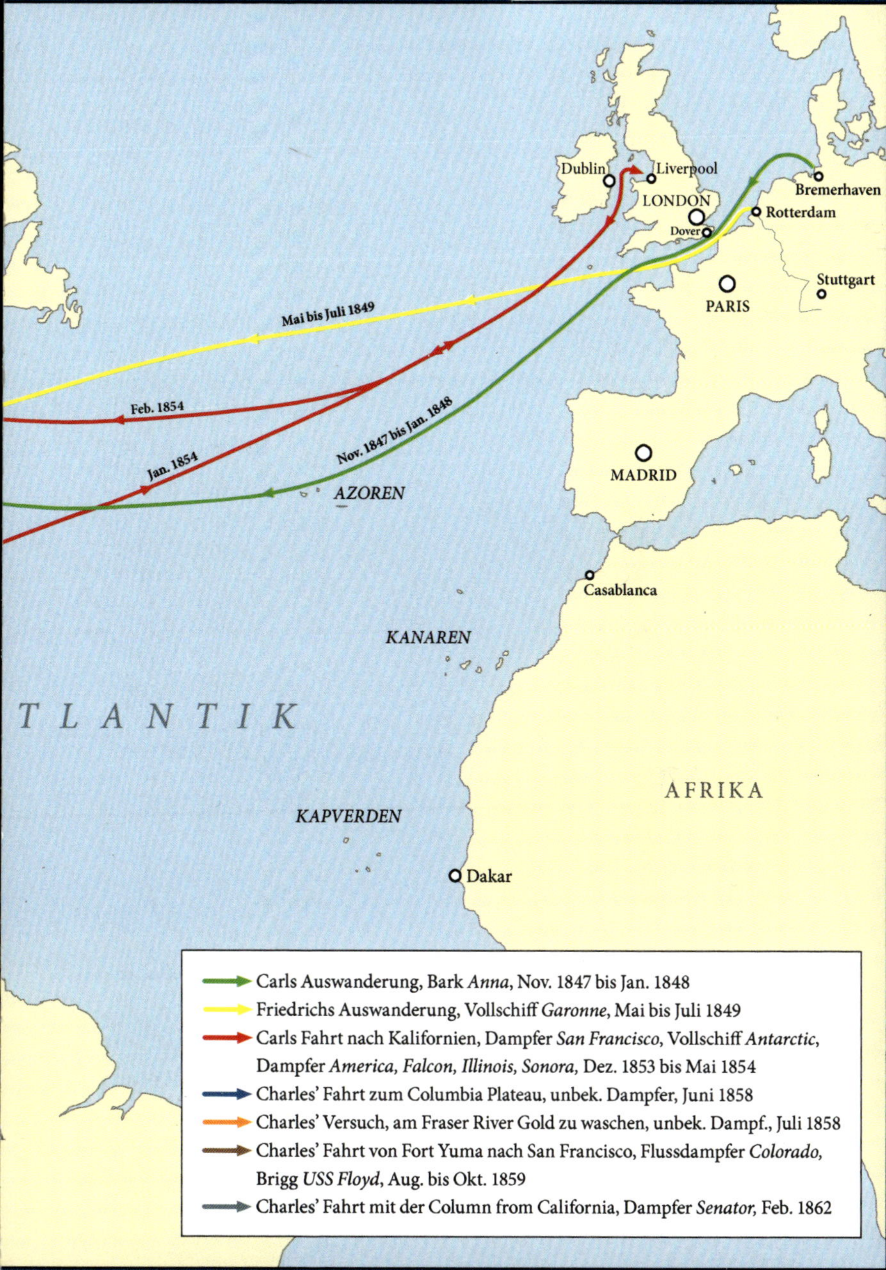

er dargestellt als in Wirklichkeit. Die Routen sind vereinfacht und entsprechen nicht den gesteuerten Kursen.

Udo Zindel

Heiß ersehntes Amerika

Udo Zindel

Heiß ersehntes Amerika

Auf den Fährten zweier Auswanderer

Osburg Verlag

Frontispiz:
D. W. C. Arnold, Gefreiter der 22nd New York National Guard
nahe Harper's Ferry, Virginia, 1862.
So stellen wir uns Carl Herzog als Soldaten vor.

Osburg Verlag GmbH
Heimhuder Str. 81
20148 Hamburg
info@osburgverlag.de

Zweite Auflage 2025

Lektorat: Angelika Klammer, Wien; Bernd Henninger, Heidelberg
Satz: Hans-Jürgen Paasch, Oeste
Korrektorat: Hilke Ohsoling, Lübeck
Kartografie: Tom Pohl, Stuttgart
Druck und Bindung: CPI books GmbH, Leck
Printed in Germany
ISBN: 978-3–95510–358-3

Für Bert,
meinen Stiefvater,
der mir zum Vater wurde

Es ist die Erfüllung einer Fantasie, die glauben will, dass man sich allmählich ein anderes Schicksal aneignen kann, indem man es genau beobachtet, dass man erfahren kann, wie es wäre, ein anderer zu sein, wenn man diesem anderen nur nahe genug kommt, dass es Räume der Erfahrung gibt, die man betreten kann, wenn man geduldig genug ist.

Dea Loher über den Film »The Visitor«

Inhalt

1 Zufallsfunde

Stumm und hilflos sitze ich an diesem Krankenbett, voller Angst, für immer Abschied nehmen zu müssen, ohne dass ich dazu imstande wäre. In einem aluminiumverkleideten Klinik-Koloss, der so kalt und seelenlos wirkt, dass ich jedes Mal erschauere, wenn ich ihn betrete, liegt mein Stiefvater Bert Heinrich auf der Intensivstation der Inneren Medizin. Das regelmäßige Fauchen im Raum kommt von der Maschine, die ihn beatmet, das hohe Piepsen vom Pulsmessgerät, über eine Magensonde wird er künstlich ernährt. Bert liegt in Langzeit-Narkose, vollkommen still. Seine geöffneten Augen blicken starr ins Leere und sind, wie die Lippen, mit einem Gel bestrichen, das sie vor Austrocknung schützen soll.

Bei einer mittelschweren Bauchoperation war es zu Komplikationen gekommen, die nur zwölf Stunden später eine zweite Not-OP erzwangen. Wenige Tage darauf eiterte die Wunde und löste einen septischen Schock mit multiplem Organversagen aus. Um die lebensbedrohliche Sepsis zu bekämpfen, wurden Bert zwanzig Liter Infusionslösung in die Armvenen geleitet. Jetzt ist er so aufgedunsen, dass ich ihn kaum noch erkenne – er liegt da wie ein Fremder. Als auch seine Lunge kollabiert und sich die Operationsnarbe mit dem hochgefährlichen Gasbrand infiziert, geben die Ärzte ihn auf.

Ich bin so verzweifelt, dass mir nicht einmal Tränen kommen. Mein leiblicher Vater war aus meinem Leben verschwunden, als ich zweieinhalb war, er hatte meine Mutter und mich von einem Tag auf den anderen verlassen. Jetzt droht mir die zweite Vaterfigur meines Lebens zu entgleiten. Ich halte Berts reglose Hand und denke mit aller Kraft an das Rinnsal vor unserem Ferienhaus, einem 400 Jahre alten Tiroler Bergbauernhof, den er über alles liebt. Wenn ihm jetzt noch etwas den Willen gibt weiterzuleben, dann das muntere Gurgeln und Plätschern dieses Bächleins, so hoffe ich.

Später wird Bert von seinem bizarren inneren Erleben in diesen Wochen erzählen, wie sein sedierter Geist unablässig darum rang, die Vielzahl von Sinneseindrücken, Schmerzen und Entbehrungen zu einem sinnvollen Ganzen zusammenzufügen. Er sei durstig, »mit einem Mund trocken wie die Sahara« durch eine Wüste geschoben worden, festgebunden auf einem Tisch. Er sei »auf einem Schiff aus Eis« über den Atlantik gefahren. Er ging in seiner sonderbaren Welt auf und war entsetzt, als er schließlich begreifen musste, dass die Wirklichkeit außerhalb seiner Wahrnehmung eine ganz andere gewesen war.

Wenige Tage nach der letzten von insgesamt fünf Operationen schieben wir Bert im Rollstuhl über die Klinikflure – sein Herz hatte all die Tage unbeirrt weitergeschlagen. Doch er hat eine mühselige, viele Monate dauernde Genesung vor sich und ist so hager geworden, dass er noch lange fremd auf mich wirkt. Dünnhäutig, über alle Maßen beeindruckbar und verletzlich beginnt er, sich neu in der Welt zu orientieren. Sein Weiterleben empfindet er als geschenkte Zeit und fragt sich, was er damit anfangen will. Auf der Suche nach einer sinnvollen Aufgabe beschließt er, lange Liegengebliebenes aufzuräumen. Er steigt in den Keller hinab, doch der ist zu vollgestellt für einen, der noch so wacklig auf den Beinen ist, zu viele Kisten, zu viel Papierkram. Also beginnt er in der Garage, wo weniger Gerümpel liegt. Mit dem ersten Griff hält er einen alten, hölzernen Koffer aus dem Familienerbe in den Händen, bisher ungeöffnet. Darin ein verschnürtes Bündel Briefe, mit Resten von Siegellack, in altdeutscher Handschrift, nur mit Vergrößerungsglas und viel Geduld zu entziffern. Die Briefe waren Mitte des 19. Jahrhunderts aus teils entlegenen Orten in den Vereinigten Staaten von Amerika nach Stuttgart, Königreich Württemberg, geschickt worden, an den *lieben Vater und Geschwister.* Zehn der Briefe sind mit *Karl Herzog* unterzeichnet, dreizehn mit *Friedrich Herzog* – doch mit den Namen weiß Bert nichts anzufangen. Er beginnt, in Stuttgarter Kirchenbüchern nach den Geburtsurkunden der beiden zu suchen und wird zum Familienforscher.

Zwei Jahre bevor Bert auf die Briefe stieß, war ich als Hörfunk-Reporter im US-Bundesstaat Nevada unterwegs. Ich hatte mich zu Interviews auf der *Naval Air Station Fallon* angemeldet, einer Marinefliegerbasis, die wegen horrender Umweltvergehen in die Schlagzeilen geraten war. Gegen Ende meines Besuches war ich eingeladen, der Auswertung einer Trainingseinheit für Luftkampf beizuwohnen. Über Tausenden von Quadratmeilen Wüste und Gebirge um *Fallon* üben Kampfpiloten, die gewöhnlich auf Flugzeugträgern stationiert sind, Raketen- und Bombenangriffe auf Bodenziele und den Abschuss feindlicher Maschinen. Ich saß in einem abgedunkelten, kinoähnlichen Saal, zwischen ebenso intelligenten wie körperlich und nervlich hochbelastbaren jungen Piloten. Mit ihren Ausbildern zusammen vollzogen sie, von einem Hochleistungsrechner simuliert, jede Sekunde ihrer Übungsattacken nach und analysierten sie. Sie schienen das emotionslos, nur als Leistungsmessung zu betrachten. Ich dachte mit Schrecken an die Verheerungen, die Bomben und Raketen anrichten, wo immer sie einschlagen. Mir wuchs das alles über den Kopf: zu viel Militär, zu viele Waffen, zu viel Tod und Vernichtung. Ich verließ die Basis und fuhr in die Wüste hinaus. In der kolossalen Weite und Leere da draußen wollte ich wieder zur Ruhe finden.

Irgendwie geriet ich auf den einsamen *Nevada Highway 447* und entdeckte plötzlich eine Gedenktafel am Straßenrand. Einem Impuls folgend hielt ich an und las erstaunt von *The Two Battles of Pyramid Lake*. Hier, im baumlosen, von rostroten Lavahügeln gesäumten Tal des Truckee River, ein paar Meilen südlich des majestätischen Sees, hatten Weiße gegen Indianer gekämpft. Beim ersten Gefecht, im Mai 1860, vernichteten Krieger vom Volk der *Paiute* eine zusammengewürfelte Bürgermiliz, die ihr Sommerlager angreifen wollte. Wenige Wochen später lieferten die *Paiute* regulären Einheiten der U.S.-Armee, die ihren Widerstand endgültig brechen sollten, ein erbittertes Rückzugsgefecht. Das herbe, menschenleere Tal und seine blutige Geschichte berührten mich. Die Gefechte am Truckee hatten nichts mit meinen Recherchen zu tun. Doch ich nahm mir Zeit, die Gedenktafel zu fotografieren und das Schlachtfeld, flussab und flussauf. Gewalt und Krieg ließen mich nicht los an diesem langen Tag in Nevada.

Wenige Jahre nach Berts Genesung feiern wir in dem alten Tiroler Bergbauernhof wieder gemeinsam Weihnachten, meine Mutter, Bert, meine Freundin und ich. Draußen taut es, wie meist Ende Dezember, und das Bächlein vor dem Haus führt so viel Schmelzwasser, dass man sein Rauschen bis in die holzvertäfelte Wohnstube hört. Da sitzen wir

Abb. 1: Die beiden ersten Seiten von Carl Herzogs erstem Brief, geschrieben am 16. Juli 1848 in New York City.

Jetzt sahen wir blos Himmel u. Wasser und die einzige Unterhaltung war nun wir den Fische zu sehen, welche in Menge ans Schiff kamen. Es waren Schweinfische u. ungefähr 3 Fuß lang, wir bekamen auch einige Haifische zu sehen. Am 3. Dezbr. kam ein Sturm, welcher 4 Tage anhielt u. dann eine gänzliche Windstille eintrat. Jetzt hatten wir wieder so schönes Witterung, daß man glaubte mitten im Sommer zu sein. Am 10. Dezb. sahen wir in der Ferne Land und waren alle der Meinung, es wäre das so sehr ersehnte Amerika, es war eine bittere Täuschung für uns, denn wir sahen blos die Azorischen Inseln und wir hatten nun noch eine vierwöchige Fahrt mit sehr viel Sturm. Jetzt kam ich auf denken, daß mich die Langeweile plagte u. ich mich nach dem Lande sehnte. In der Nacht vom 23. Dezb. hatten wir einen so heftigen Sturm u. wurden so hin u. her geschleudert, daß die Bettstellen auf einer Seite des Schiffes zusammenbrachen, was eine große Verwirrung hervorbrachte, einige beteten u. andere fluchten. Den 5. Januar 1848 waren wir ganz nahe an der [illegible] Küste u. am 8. Januar Nachmittags um 3 Uhr stiegen wir in Newyork ans Land. Es ist eine herrliche Stadt u. ich glaube der schönste u. größte Seehafen in der Welt. Kaum war unser Schiff in der Nähe von der Stadt, so kamen schon einige Mäkler u. Gastwirthe in Booten herum um im Hafen angekommen waren mehr Mäkler u. Gastwirthe an Bord unsers Schiffs als Passagiere. Nun war ich endlich in New-York u. mein erster Gang war nach der deutschen Gesellschaft, welche mir aber einen schlechten Trost gab, denn sie sagten mir, es wären 8000 Fremde hier arbeitslos u. welche Zahl täglich durch ankommende Einwander vermehrt würde. Ich machte nun die Runde durch alle deutschen u. englischen Druckereien, konnte aber nirgends unterkommen und ging endlich nach Philadelphia, allein auch hier hatte ich das gleiche Schicksal. Nun nahm ich meinen Sachen auf den Rücken u. ging landeinwärts u. kam nach Reading, einer hübschen Stadt mit vielen Deutschen. Hier las ich in einem Wirthshause daß für das zweite Pennsylvania Volunteer-Regiment 16 Mann gesucht werden um in Mexiko die Regimenter aufzu-

zu viert in der Wärme, die der gemauerte Grundofen abstrahlt, und essen zu Abend. »Sag mal, Udo, du hast doch in Amerika studiert?«, fragt Bert. »Sagt dir Fort Yuma etwas?« Fort Yuma war ein entlegener, von Gott und allen guten Geistern verlassener Militärposten der U.S.-Armee auf dem kalifornischen Ufer des Colorado River, an der Grenze zu Arizona. Ich war als Student in Yuma vorbeigekommen. »Und kannst du mit dem Namen ›Olive Oatman‹ etwas anfangen?« Von ihr hatte ich im *Handbook of North American Indians* gelesen: Sie war als 13-jährige Weiße von Indianern entführt und Jahre später von der U.S.-Armee freigekauft worden – möglicherweise gegen ihren Willen. »Im *Handbook* ist ein Foto von ihr abgedruckt«, sage ich, »sie war am Kinn tätowiert, aus ihrer Zeit bei den *Mohave*-Indianern.« Und dann hat Bert noch eine Frage: »Hast du mal von Indianerkämpfen am Pyramid Lake gehört?« Das verschlägt mir kurz die Sprache. »Vor ein paar Jahren stand ich am Rand des Schlachtfeldes«, antworte ich, »in einer kargen Gegend Nevadas. Ich habe den *historical marker* fotografiert, der daran erinnert, und das Schlachtfeld. Aber wie, um alles in der Welt, kommst du auf diese Frage?«

In stiller Arbeit, über die er bisher kein Wort verloren hatte, hatte Bert aufgedeckt, wer die Brüder Carl und Friedrich Herzog waren: seine Urgroßonkel mütterlicherseits, beide längst vergessen. In den Wirren des Vormärz, Mitte des 19. Jahrhunderts, sah Carl sich gezwungen, in die USA auszuwandern; sein jüngerer Bruder Friedrich folgte zwei Jahre später. Auf seiner Odyssee durch Amerika war Carl bei der Armee gelandet und hatte im *Vorposten der Hölle* gedient, wie man Fort Yuma damals nannte. Er begegnete Olive Oatman nach ihrem Freikauf und wäre beim zweiten *Battle of Pyramid Lake* um ein Haar gefallen.

Es wird spät an diesem Abend. Bert und ich sitzen noch Stunden am langen Tisch in der Stube. Bei Quellwasser und Edelvernatsch packen uns die gleichen bohrenden Fragen, dieselbe Neugier. Nach Mitternacht fassen wir einen Plan: eine Amerika-Reise auf den Spuren der beiden Brüder, von Küste zu Küste, zu den Originalschauplätzen, in Archive, Bibliotheken und Museen – ein monatelanges gemeinsames *road movie* mit dem Ziel, die Wagnisse, Abenteuer und Mühsale der beiden Auswandererleben ans Licht zu holen. Ihren Briefen nach brachten es Carl und Friedrich zu nichts Bedeutendem in der Neuen Welt. Sie blieben namenlos wie Hunderttausende andere Einwanderer, wurden von den Zeitläuften durch ihr Leben getrieben, erfuhren deutsche und amerikanische Geschichte »von unten«. Gerade das lockt uns. Bert wird von seiner Begeisterung für Familienforschung befeuert. Mich treibt, neben meinem Recherchehunger, meine leidenschaftliche Hassliebe zu den Vereinigten Staaten. Das riesige Land mit seinen vielen Gesichtern, seinen krassen Gegensätzen und Widersprüchen fasziniert und entsetzt mich zugleich. Ich brenne darauf, den Erfahrungen der beiden Brüder dort auf den Grund zu gehen – sie hatten die wohl dramatischste Epoche der U.S.-Geschichte durchlebt: das Jahrzehnt vor dem amerikanischen Bürgerkrieg. Am Ende dieses denkwürdigen Abends gelangen wir zu der Einsicht, die der senegalesische Schriftsteller Mohamed Mbougar Sarr so bewundernswert knapp formulierte: »Ein Zufall ist immer nur ein Schicksal, das man nicht kennt.«

2
Katzenmusik

Der Fund der Briefe beschert uns unser größtes gemeinsames Abenteuer. Es beginnt in der Stuttgarter Stadtbahnlinie 1. Müde Gesichter ringsum, viele im bläulichen Widerschein von Smartphone-Displays, auf dem Boden alte Zeitungen und zertretene Chips. Doch das kümmert uns wenig: Wir sind Zeitreisende, unterwegs in die letzten Jahre des Vormärz. Wir haben einen Stadtplan aus dem Jahr 1846 in der Tasche, Fotokopien eines alten Adressbuchs und eine detailreiche Beschreibung des *Königlichen Stadtdirections-Bezirkes.*

***

Stuttgart ist damals eine der bescheideneren Haupt- und Residenzstädte im Deutschen Bund. Sie füllt nicht einmal die Sohle des Talkessels, in dessen Mitte sie liegt. In einer knappen halben Stunde lässt sie sich zu Fuß durchmessen, in einer starken Stunde ganz umrunden. Auf ihren Türmen nisten Störche, Falken und Mauersegler, Holzrauch zieht über die Dächer und der Qualm von Kohlefeuern. Motorenlärm ist noch gänzlich unbekannt – in den Straßen hallen nur Stimmen und Schritte wider, Hufgetrappel, das Rumpeln eisenbeschlagener Wagenräder und jede Viertelstunde Glockenschlag. Manchmal hört man, vom kürzlich eingeweihten Bahnhof her, das noch kaum vertraute Pfeifen und Fauchen von Dampflokomotiven.

Von den 50 000 Menschen hier ziehen viele ihr eigenes Gemüse, halten sich Hühner, Ziegen, Schweine oder ein paar Bienenvölker. Im Herzen der Stadt liegt ein lichtloses Labyrinth mittelalterlicher Gassen, in denen es nach Moder und Kloake stinkt. An den wenigen größeren Plätzen evangelische Kirchen, stattliche Fachwerkhäuser, Ämter und Ministerien in klassizistischem Stil. Zurückhaltende, sparsame Eleganz, eine Spur altmodischer Beharrlichkeit. Besucher loben gerne die Naturschönheiten Stuttgarts und seiner

Abb. 2: Stuttgart um 1850, von der Weinsteige am Nordrand des Dorfes Degerloch aus. Links im Bild die klobige Infanteriekaserne, nahe der die Familie Herzog wohnte. In der Bildmitte die Türme der Stiftskirche und das Alte Schloss. Im Vordergrund Weinberge, die gerade gelesen werden.

Umgebung. *Zum Neckar hin und gegen die Berge im Norden, Westen und Süden bewegt man sich im schönen Buchen- und Tannenwald*, schreibt der Publizist Wolfgang Menzel, *und die Berge bieten Fernsichten die Menge dar. Von allen Seiten blicken die Weinberge in die Straßen hinein.* Tatsächlich gedeihen Reben an allen sonnenreichen Hängen ringsum. Die besten Lagen sind im Besitz König Wilhelms I., die anderen gehören meist wohlhabenden Bürgern – Weinbau und Weinhandel sind lukrative Säulen des Wirtschaftslebens. Die *Wengerter*, die die meist steilen Lagen beackern, sind freilich arme Schlucker. Sie müssen den Besitzern Pachtzins für das Rebland bezahlen oder werden als Tagelöhner beschäftigt, wenn man ihrer Dienste bedarf.

Einem Durchreisenden mag diese Stadt zwischen Weinbergen, Obstgärten und Wäldern als politisch ruhiges Pflaster erscheinen. Doch die beschauliche, rückwärtsgewandte Privatheit des Biedermeier ist nur noch Fassade. In den Schankstuben und Kaffeehäusern sitzen Polizeispitzel, die dem Volk aufs Maul schauen und ihre Erkenntnisse sogleich an den *Stadt-Director* Ludwig August von Gärttner melden. *Seit längerer Zeit schon hat die Polizei Anzeigen darüber erhalten*, schreibt er in einem Dossier, *daß aus Anlaß der Theuerung in den Wirtshäusern die stärksten Äußerungen der Unzufriedenheit und Drohungen gegen die Regierung und die Wohlhabenden gehört werden. Es verbreitete sich die Sorge, eine Anzahl Bürger von der niederen, ärmeren Handwerker-Claße wolle sich verbinden, um Schritte wegen ihres Notstandes zu thun und nöthigen Falls sich selbst zu helfen. Es heißt, besonders die Schneider-Gesellen, die Buchdrucker, die Goldarbeiter, die Schreiner-Gesellen, gehören zu den Unzufriedenen, und es seyen von ihnen Ausbrüche zu erwarten. Überall aber fehlte es an bestimmten näheren Anzeigen über Personen und Thatsachen, so daß man sich begnügen mußte, durch Agenten weiter nachzuforschen, die denn auch im Allgemeinen das Vorhandenseyn jenes üblen Geistes bestätigten, jedoch ohne genügende Verdachtsgründe herbeischaffen zu können.*

***

Stadtbahn-Haltestelle »Stadtmitte«, ein LED-beleuchteter Bahnsteig unter dem Rotebühlplatz, Werbung für Fitness-Studios und Fernreisen, wandhohe Monitore, über die neueste Nachrichten flimmern. Wir gehen an Junkies vorbei, die hier mit Drogen dealen, und fahren auf quietschenden Rolltreppen ins Tageslicht. Von den klassizistischen Häuserzeilen aus der Mitte des 19. Jahrhunderts stehen nur noch ein paar verstreute Gebäude, die zwischen der modernen Rasterarchitektur verloren wirken. Was sonst an historischer Bausubstanz überdauert haben mag, wurde in den Bombennächten des Zweiten Weltkrieges in Schutt und Asche gelegt oder in den Jahrzehnten danach abgerissen. Zeitreisen haben ihre Tücken.

Wir suchen das einstige Zuhause der Familie Herzog, eine bescheidene Dienstbotenwohnung, laufen stadtauswärts und stoßen auf den aus Sandstein gemauerten, ungeschlachten Block einer ehemaligen Infanteriekaserne, deren Fertigstellung die beiden Brüder vor ihrer Abreise noch erlebt haben. Wenige Schritte weiter, am Westausgang der einstigen Stadt, muss das *Kalwer Thor* gestanden haben, das damals immer noch – streng nach der Uhr – geöffnet und geschlossen wurde. Der königliche Baumeister hatte es erst wenige Jahre zuvor ein Stück stadtauswärts versetzen lassen, um mehr Platz für die rasch wachsende Bevölkerung zu schaffen. Rechter Hand taucht ein ehemaliger Löschwasserteich auf, der Feuersee, um den die Herzogs oft spaziert sein müssen. Dann stehen wir vor der Rotebühlstraße 77, dem »Klett-Haus«, einem wuchtigen, sechsstöckigen Verlagsgebäude. Nach dem historischen Stadtplan stand dort das Wohnhaus *Vor dem Kalwer Thor Nummer fünf.* Es gehörte Carl Hoffmann, einem gutsituierten Verleger, der im Erdgeschoss eine Buchhandlung betrieb, wie der Klett-Verlag heute.

***

Im ersten Stock des Hinterhauses wohnen die Herzogs über der Setzerei und Druckerei ihres Vermieters. Sie gelten als eine Familie der *unterbürgerlichen Claße*, wie manche damals mit kaum verhüllter Verachtung sagen. Der Vater, Christian Friedrich, wuchs während der Napoleonischen Kriege auf und hat die allgemeine Schulpflicht nicht mehr erlebt. Er kann in seinem 57. Jahr weder lesen noch schreiben. Drei Jahrzehnte lang hatte er königliche Leibärzte durch die Stadt kutschiert, bis sein letzter Dienstherr starb. Auf seine älteren Tage zieht er als angelernter Gärtner Obst und Gemüse, Kräuter und Blumen im Auftrag Hoffmanns, dessen großzügiger Privatgarten unmittelbar an ihrem Hinterhaus beginnt. Weil der Verleger dem Vater gewährt, hie und da auch für seine eigene Familie zu ernten, kommen die Herzogs wohl glimpflich durch diese Zeit der Teuerung.

Laut Berts Ahnentafel sind sie zu fünft – der Vater ist zum zweiten Mal verwitwet, seine unverheiratete Schwester Juliane führt den Haushalt und versorgt an Mutters statt den ältesten Sohn Carl mit 27 Jahren, seinen 20-jährigen Bruder Friedrich und ihre neunjährige Halbschwester Marie Sophie aus zweiter Ehe. Die beiden erwachsenen Töchter haben vor wenigen Monaten geheiratet und sind aus dem Haus, die beiden Letztgeborenen starben im Säuglingsalter, wie so viele Kinder damals. Der einzige Ofen ihrer Wohnung heizt die Stube. Die Küche wird vom Herd erwärmt, wenn dort ein Kochfeuer brennt, Schlafkammern und der Flur bleiben auch im tiefsten Winter unbeheizt. Kanalisation gibt es keine – die Fäkalien verrinnen in einer Sickergrube hinter dem Haus. Trinkwasser schleppt die bald 50-jährige Juliane von öffentlichen Brunnen heran wie eh und je.

Carl Herzog hatte den Mut und das Selbstvertrauen, mit den wenig einträglichen, geringgeschätzten Berufen des Vaters zu brechen und lernte stattdessen Schriftsetzer – ein anspruchsvolles, gehobenes Handwerk in der Verlagsstadt Stuttgart. Jetzt steigt er sechs Werktage die Woche frühmorgens die Stiege zur Hoffmannschen Druckerei hinunter. Dort setzt und druckt er die botanischen Atlanten und Lehrbücher, die Carl Hoffmann mit Vorliebe herausgibt, und das populärwissenschaftliche, farbig illustrierte Unterhaltungsblatt *Buch der Welt*, das wöchentlich erscheint und sich blendend verkauft. Mittags wischt Carl sich mit Kiefernöl die Druckerschwärze von den Händen, steigt die Stiege hinauf und setzt sich mit den Geschwistern und dem Vater, der in Arbeitskleidern vom Hoffmannschen Garten heraufkommt, an den gedeckten Küchentisch. Nach dem gemeinsamen Tischgebet serviert ihnen Tante Juliane Tag für Tag schwäbische Hausmannskost. Dann kehrt Carl bis zum Feierabend an den Setzkasten zurück.

Gesellen wie er tragen gerne Käppis, die der Obrigkeit verhasst sind als Symbole politischer Umtriebigkeit und radikaler Ideen. Noch wagen es nur wenige auszusprechen, doch die alte Ordnung hat sich überlebt. Vorkämpfer der Demokratie fordern immer lauter Menschenrechte und Meinungsfreiheit, verlangen ein Ende der staatlichen Zensur, wollen Geschworenengerichte, einen Rechtsstaat mit Parlament und verbriefter Verfassung, die Aufhebung der Standesprivilegien. Manche fordern sogar *mit den Reichen zu theilen*. Unter zahllosen Quellen über den deutschen Vormärz entdeckt Bert ein Flugblatt des *Deutschen Volksvereines*, eines Zusammenschlusses demokratisch gesinnter Kleinbürger: *Die ärmsten und unglücklichsten Leute sind jetzt die, welche die meiste und schwerste Arbeit verrichten*, ist dort zu lesen, *das heißt, der Handwerker, der Fabrikarbeiter und der Bauer. Wie geht das aber zu, werdet Ihr fragen, daß wir in einer verkehrten Welt leben, in welcher das Unterste zu Oberst gekehrt ist und Millionen von Arbeitern darben müssen, damit wenige Müßiggänger schwelgen können? Das kommt daher,*

Abb. 3: Der zweifach verwitwete Christian Friedrich Herzog (1790–1866), Kutscher, ungelernter Gärtner und Faktotum seines Vermieters Carl Hoffmann.

antworten wir Euch, daß die Müßiggänger das Geheimnis gefunden haben, Euch für sich arbeiten zu lassen, ohne daß Ihr es merkt, und was mehr ist, Euch glauben zu lassen, daß sie Euch eine Gunst und eine Wohltat erzeigen, indem sie es Euch gestatten, für ihre Wollüste Euren Schweiß zu vergießen. Was dies für ein Geheimnis sei, darüber denkt einmal nach. Der Fabrikantensohn Friedrich Engels und der Rechtsgelehrte und Philosoph Karl Marx versuchen seit Jahren schon unablässig dieses »Geheimnis« zu ergründen. Sie stehen wenige Monate vor Veröffentlichung des *Kommunistischen Manifests.*

Die Zeiten scheinen ihnen in die Hände zu spielen: Europa steckt in einer Wirtschaftskrise und seiner letzten großen Hungersnot. Im von Großbritannien unterjochten Irland sterben infolge der Kartoffelfäule anderthalb Millionen Menschen, zwei Millionen suchen Rettung in der Auswanderung, vor allem nach Amerika. Auch im Deutschen Bund hungern Hunderttausende verarmte Handwerker und Tagelöhner, ernähren sich von Viehfutter und im Wald gesammelten Wildpflanzen, essen Brot aus verdorbenem Getreide, stehlen Saatkartoffeln und Erntereste von den Äckern und betteln. Die Stuttgarter Stadtverwaltung versucht, die schlimmste Not mit öffentlichen Suppenanstalten zu lindern. Dennoch sind Ende April 1847 Gerüchte von einer bevorstehenden Rebellion zu hören. Am Sonntag, dem 2. Mai, geraten wütende Bedürftige *der niederen Claßen* zum ersten Mal mit Soldaten aneinander und prügeln sich. Stadtreiter, Landjäger und das Militär werden prompt in Alarmbereitschaft versetzt und schärfen ihre Säbel.

Obwohl er davon weiß, läuft Carl am Montagabend, dem 3. Mai 1847, als Einziger der Herzogs noch in die Altstadt hinunter, nach einem Feierabendbier mit ein paar Mitgesellen im Garten des Hackh'schen Brauhauses, kaum zweihundert Schritte von Hoffmanns Druckerei. Ist es seine Neugier oder die Hand des Schicksals, die ihn führt? Ist es sein Unmut über die starre Gesellschaftsordnung, die Teuerung und Not? Oder treiben ihn die subtileren, schwer zu fassenden Einflüsse seines Sternzeichens? Skorpiongeborenen wie Carl sei »das Aufreißen von Spannungen und Abgründen der Seele« ein elementares Bedürfnis, meint ein bekannter deutscher Astrologe. Sie wollten hinter die Dinge blicken, »schonungslos forschend, nichts verschleiernd, vor nichts zurückschreckend«. Und, so fügt er an, »alles Dunkle« reize sie. Die Straßen und Gassen der Stuttgarter Altstadt sind voll von Abgründigem und Dunklem an diesem Abend. Carl wird darauf gestoßen, ohne sich bewusst zu sein, dass etwas in ihm danach gesucht haben mag.

Gegen acht Uhr abends, als es bereits dämmert, sammeln sich in der Hauptstätter Straße, der nobelsten Geschäftsadresse der Stadt, Dutzende notleidende Männer und Frauen, die bald zu schreien und zu pfeifen beginnen, wie es in einem Militärbericht später heißt. Sie streben zum *neu und reich gebauten Haus* des Oberzunftmeisters der Bäcker, Georg Christoph Mayer. Der frömmelnde Pietist gibt sich gerne als wohltätiger Christenmensch und engagiert sich unter anderem im *Verein für verschämte Hausarme*. Unter den Bedürftigen der Stadt ist er dennoch verhasst: Er soll mit Spekulationen auf den Kornpreis enorme Gewinne gemacht haben. Jetzt bäckt Mayer schon seit Tagen weniger Brot, obwohl viele hungern. Sein Ofen werde repariert, sagt er.

Die Hungernden unterstellen ihm, dass er nur abwarte, bis der Gemeinderat den Brotpreis weiter erhöhe. *Kornwucher* werfen sie

Abb. 4: Juliane Herzog (1798–1872), ledige Schwester des Vaters und Tante der beiden Brüder und ihrer Geschwister. Sie führte den Haushalt der Familie.

ihm und seinen 75 Zunftgenossen jetzt lauthals vor und *Härte gegen die Armen*. Immer mehr wütende, tobende Menschen strömen aus dem Gewirr der Altstadtgassen heran, aus dem Bohnenviertel und der St. Leonhards-Vorstadt, wo Tagelöhner, Handwerker und *Wengerter* leben – Menschen, von denen sich viele regelrecht zuschanden arbeiten und es doch zu nichts bringen. Eigentlich hatten sie Mayer an diesem Abend bloß eine *Katzenmusik* bereiten wollen – ein Pfeifkonzert, begleitet vom Scheppern blecherner Topfdeckel; eine laute Schmähung, die einen ehrbaren Bürger wie ihn schmerzlich treffen muss. Doch bald fliegen die ersten Steine in Mayers Fenster, einige wild Entschlossene wollen dem Oberzunftmeister ans Leder und dazu sind laute Rufe zu hören: *Hurrah – es lebe die Freiheit! Es lebe die Republik!*

***

Wir laufen keine Viertelstunde vom einstigen Zuhause der Herzogs zum Schauplatz der Unruhen, entlang des Weges, den auch Carl gegangen sein muss. Er führte ins Herz des württembergischen

Geisteslebens, vorbei an der Königstraße, in der die weltberühmte Cotta'sche Druckerei und Verlagsbuchhandlung lag, die die deutschen Klassiker verlegte. In der Oberen Eberhardstraße passierte Carl ein vierstöckiges Fachwerkhaus, in dem Friedrich Schiller als junger, mittelloser Feldscher mit einem Freund zusammen zur Untermiete wohnte und »Die Räuber« verfasste. Keine fünfzig Schritte davon, am Eingang zur Unteren Eberhardstraße, stand – und steht noch heute – Hegels Geburtshaus und zwei Quergassen weiter das Wohn- und Geburtshaus des schwäbischen Dichters Wilhelm Hauff, der zwanzig Jahre zuvor an Typhus gestorben war.

Südlich der Eberhardstraße dominieren heute wuchtige Büro- und Verwaltungsgebäude aus den Siebzigerjahren. Nördlich davon, um den Geißplatz, schlagen wir uns in ein paar der erhalten gebliebenen verwinkelten Gassen, in denen die Gewalt an jenem 3. Mai 1847 eskalierte.

***

Auf die sofort an den Stadt-Director schleunig gemachte Meldung, berichtet von Gärttner, *eilte dieser mit den parat gehaltenen Landjägern und der auf dem Rathaus versammelten Bürger-Garde in Begleitung des Stadtschultheißen auf den Platz, wo bei ihrer Ankunft die ganze Straße voll Menschen war, während ein kleiner Haufen an der Haustüre versuchte, diese einzustoßen und in das Haus einzudringen. Die Landjäger, Polizeisoldaten und Bürgergardisten rückten unverzüglich gegen die Haufen vor, verhafteten einige, die Steine geworfen hatten, verjagten die Masse und räumten den Platz vor dem Mayerschen Haus. Da die Volksmassen jetzt groß waren, und unausgesetzt tobendes Geschrei ausstießen, und da auch mit Steinen auf die Bürgergardisten geworfen wurde, so wurde unverzüglich militärische Hilfe requiriert.*

Regimenter mit Hunderten Fußsoldaten marschieren prompt aus der Infanterie-Kaserne am Kalwer Thor heran, unweit der Wohnung der Herzogs. Sie sind mit Musketen, scharfer Munition und Bajonetten bewaffnet. Von der erst kürzlich fertiggestellten Kavallerie-Kaserne im Osten der Stadt rücken Reiterei-Schwadronen mit Lanzen und Säbeln aus. Als sie am Schauplatz eintreffen, lässt der Divisionskommandeur, Generallieutenant Prinz Friedrich von Württemberg, nicht lange fackeln: *Schon nach einer Viertelstunde wurde dem Unterzeichneten gemeldet, daß einzelne Offiziere, sowie einzelne von der Mannschaft und von den Polizeidienern durch Steinwürfe getroffen worden seyen. Gleichzeitig drang aus der Straße, welche gegen das Kornhaus führt, ein starker Haufen mit immer wüthenderem Schreien und Toben gegen die, unterhalb des Mayerschen Hauses aufgestellten Feldjäger und ein kleines, indessen herbeigekommenes Piquet vom 4. Reiter-Regiment hervor, worauf der Unterzeichnete diesen Abteilungen den Befehl gab, auf den Haufen einzureiten, und solchen vorerst mit flacher Klinge auseinanderzutreiben.*

Die Rebellion, die je nach Standpunkt als *Brodaufstand* oder *Brodkrawall* in die Geschichte Stuttgarts eingeht, ist nicht die erste dieser Art: In Berlin und vielen anderen Regionen Preußens hat es wenige Wochen zuvor bereits Dutzende Aufstände gegeben. In Ulm und Nürnberg machten hungernde Kleinbürger ihrem Unmut erst jüngst gewaltsam Luft. Auch in Tübingen und Eßlingen gärt es, vom benachbarten Großherzogtum Baden ganz zu schweigen.

Nun flog eine Menge Steine gegen die Truppen, berichtet der Prinz von Württemberg, *wobei auch der Unterzeichnete sich durch einen Wurf getroffen fühlte. Es ward Befehl gegeben, immer ernster aufzutreten, und bei jedem thätlichen Widersetzen der Ruhestörer mit der blanken Waffe scharf zu hauen. In zwei Minuten war der Eingang zu dieser Straße bis gegen das Kornhaus hin gesäubert, aber gleichzeitig brach oberhalb des Mayerschen Hauses aus der letzten, engen Seitenstraße links ein neuer Sturm hervor, welcher auf gleiche Weise zurückgetrieben wurde. Auch hier wurde stark mit Steinen geworfen, und es wurden laute Verwünschungen und Scheltworte gehört wie: »Nieder mit dem Militär!«, »Nieder mit den Hunden!«, »Nieder mit den schlechten Kerlen!« etc.*

Die Aufständischen zerschlagen die Gaslaternen der städtischen Beleuchtung, um in der Dunkelheit Schutz vor den Soldaten zu finden. Einige tollkühne *Revolutionairs* werfen in der Markstraße Barrikaden auf, an der Brücke über den Nesenbach, dem einzigen Rinnsal im Stuttgarter Kessel. Eine Zeit lang halten sie sich dort,

Abb. 5: König Wilhelm I. von Württemberg, 1841 von Franz Seraph Stirnbrand gemalt, dem damals berühmtesten Porträtmaler Stuttgarts.

mit Zaunlatten dreinschlagend, erfolgreich gegen die herandrängenden Bajonette und Säbel. Weil sich die Lage nach zehn Uhr abends immer noch nicht beruhigt, reitet König Wilhelm I. an der Spitze seiner Leibgarde vom Neuen Schloss herüber, um die aufgebrachte Menge zu beschwichtigen. Als Offiziere zu sehen meinen, dass auch Seine Majestät mit Steinen beworfen wird, lassen sie eine Salve in die Menge feuern, ohne die gesetzlich vorgeschriebene hörbare Warnung. Dutzende werden von den Kugeln verletzt. Einem jungen Burschen, der wohl eher zufällig ins Gedränge geraten war, schießt ein Scharfschütze in den Hals. Er verröchelt und verblutet qualvoll, in wenigen Minuten. *Es ist dies der Schustergeselle Wilhelm Hoffmann aus Buchheim bei Frankfurt am Main*, berichtet Stadt-Director von Gärttner, *der 21 Jahre alt war und seit zehn Wochen hier in Arbeit stand. Sein Meister gibt ihm ein gutes Zeugnis; indessen soll er wie man hört, bei dem Tumult tätig gewesen seyn. Der Leichnam wird diese Woche beerdigt.*

Bis in die Morgenstunden hinein machen Infanterie und Reiterei in den Gassen der Altstadt Jagd auf alles, was sich bewegt, hauen drein, stechen zu. Leute werden wahllos verhaftet und abgeführt. Ein Polizeisoldat gibt vor dem Königlichen Criminalgericht später zu Protokoll: *Ich zog gegen nachts 11 Uhr auf den Marktplatz, wo ich mit Landjäger Braun zusammentraf. Dann führte mich der Weg in die Eberhardstraße, wo das 6. Regiment aufgestellt war. Von dort mußte ich wieder einen zum Transport auf die Polizei bringen. Es war der Carl Herzog.*

Carl kehrt nicht mehr heim in dieser Nacht und auch an den folgenden Tagen nicht. Er sitzt als einer von etwa 130 Festgenommenen in Untersuchungshaft. *Haftgrund: Theilnahme an dem Tumult. Verfügung: dem Criminalamt übergeben.* Wahrscheinlich sperrt man ihn ins Gefängnis dieses Amtes, einen massiv gemauerten, säkularisierten Klosterkomplex mit düsteren, schlecht belüfteten Zellen im mittelalterlichen Kern der Stadt. Schildwachen mit aufgepflanzten Bajonetten sichern Tag und Nacht das Tor, die Kaserne der Landjäger grenzt unmittelbar an das Gefängnis. *Vor dem Kalwer Thor Nummer 5*, im ersten Stock des Hinterhauses, sind sie in großer Angst und Sorge: Der älteste Sohn in Ketten, seine Zukunft bedroht, der Ruf der Familie beschädigt. Am nächsten Tag schon beginnen einige Nachbarn sich das Maul über Carl zu zerreißen.

Am Morgen nach dem Aufstand ist die Residenz des Königs, das Neue Schloss, von geladenen Kanonen flankiert. Viele Bürger sind entsetzt, wie hart die Obrigkeit reagiert. Am selben Tag bereits treffen sich 62 Honoratioren, darunter führende Liberale, im Wirtshaus »Sankt Petersburg«, benannt nach der Stadt, in der Kronprinz Karl mit großem Gepränge die Zarentochter Olga geheiratet hatte. Sie unterschreiben eine Protestnote, in der sie sich gegen die *unverantwortliche und empörende Rücksichtslosigkeit* des Vorgehens verwahren, *selbst gegen völlig unbetheiligte Personen.* Sie beantragen, *daß unverzüglich dem Militär die strengste Mäßigung und Gesetzlichkeit empfohlen und so wenigstens von dieser Seite her aller Anlaß zu weiteren Exzessen vermieden werde.* Und sie fügen eine lange Liste von Zeugenaussagen an, die dokumentieren, wie enthemmt und brutal das Militär vergangene Nacht vorging:

Schreinermeister Mathäs: daß abends gegen neun Uhr auf das Commando »Vorwärts, haut die Kerle zusammen!« von einer

Abteilung Reiter auf ganz wehrlose, sich flüchtende Leute unbarmherzig eingehauen worden sei.

Schneidermeister Rebmann: daß einer seiner Arbeiter auf dem Rückwege von der Herberge als sich dieser ganz allein auf der Straße befunden habe, von einem Haufen Reiterei überfallen und so zugerichtet worden sei, daß er zeitlebens arbeitsunfähig bleiben werde.

Sattlermeister Ruoff: Er sei in seiner Wohnung auf dem Sankt Leonhardsplatz Nummer 10 an offenem Fenster, ohne hinaus zu sehen, gestanden, als eine Abteilung Infanterie die Pfarrstraße heruntergekommen sei. Ohne alle Veranlassung habe nun ein Soldat mit dem Bajonett in das Fenster hereingeschlagen, so daß er eine nicht unbedeutende Verletzung am Kopf davongetragen habe.

Barbier Maisenhölder: Abends nach halb elf Uhr sei er vom Hause seines künftigen Schwiegervaters über die Hauptstätterstraße, worin kein Mensch mehr zu sehen gewesen sei, nach Hause gegangen, als er von einem ansprengenden Reiter aus reinem Muthwillen einen so bedeutenden Lanzenstoß in die Achsel erhalten habe, daß er sich kaum mehr habe fortschleppen können und daheim angekommen sogleich in Ohnmacht gefallen sei; der alsbald herbeigerufene Wundarzt Braunmüller habe erklärt, daß er, wenn nicht sogleich geholfen worden wäre, das Leben verloren hätte, indem die Pulsader zersprengt worden und er einen ungeheuren Blutverlust erlitten habe.

Unter Königstreuen geht das Gerücht um, Wilhelm I. solle *nach dem Aufstand auf seinem Zimmer sehr geweint haben.* Doch staatliche Stellen reagieren auf die Protestnote mit der Arroganz der Macht: Die Unterzeichner erhalten einen obrigkeitlichen Verweis *ob der Verletzung der Achtung vor dem Stadt-Director.* Die Polizei verbreitet Namenslisten, die sie denunzieren. König und Regierung von Württemberg loben die an der Niederschlagung des Aufstandes beteiligten Offiziere vor aller Öffentlichkeit und lassen den niederen Rängen einen Tagessold extra auszahlen. Über Stuttgart wird der Ausnahmezustand verhängt, Truppen patrouillieren in den Straßen, die Behörden machen sich prompt auf die Suche nach einer vermuteten kommunistischen Verschwörung.

Wer verurteilt wird, hat die Kosten des Verfahrens zu tragen und wird meist drakonisch bestraft. Die 47-jährige Waschfrau und Näherin Beate Calwer muss wegen Teilnahme am Aufruhr eine vierwöchige Gefängnisstrafe absitzen. Ihr unehelicher Sohn, mit dem ein adliger Oberleutnant sie hatte sitzen lassen, dient als Soldat und war in der Nacht gegen sie und andere im Einsatz. Ein Postassistent, der den König einen *Hurensohn* und *Hurenbock* genannt haben soll, wird wegen Majestätsbeleidigung zu einem Jahr *Arbeitshaus mit Schärfungen* verurteilt, ein Leidensweg, der mit *achttägigem, ununterbrochenem Dunkelarrest und gleichzeitiger Kostschmälerung je um den anderen Tag* beginnt. Zwei Fälle von vielen.

Den Konservativen gelingt es nach der blutigen Niederschlagung des Aufstandes am schnellsten, ihr politisches Weltbild wieder zu kitten: Schon am Tag darauf schüren sie Gerüchte, dass der Tumult von liberalen Hintermännern angestiftet worden sei. Sie sollen Arbeitern sogar Geld bezahlt haben, damit sie daran teilnehmen. Mit solchem Unsinn gewinnen Reaktionäre, die sich gegen jede Reform sperren, rasch politischen Boden und neue Anhänger. Unter ihrem Druck rücken auch gemäßigte Liberale nach rechts, sehen sich genötigt, sich vom *Proletariat* abzugrenzen, wollen plötzlich ihre Staatstreue und Ordnungsliebe unter Beweis stellen. Die königstreue Mehrheit der Bevölkerung verurteilt *die Exzesse des Pöbels* ohnehin – an die 1600 Bürger unterschreiben schließlich eine Ergebenheitsadresse an König Wilhelm I.

***

Während ich unsere zweimonatige Recherchereise in die USA plane, verbringt Bert seine Tage damit, Stuttgarter Bibliotheken und Archive nach den Einzelheiten dieses längst vergessenen politischen Skandals zu durchforsten. Er stößt darauf, dass die königliche Stadtverwaltung das Klima allgemeiner Verdächtigungen nützt, um politisch Unliebsame ohne Bürgerrecht und auswärtige Arbeitslose abzuschieben. Bereits wenige Tage nach dem *Brodaufstand*, der als bedeutendstes Ereignis des Vormärz in die Stuttgarter Annalen eingeht, werden 34 Personen *aus Veranlaßung der Exzesse* ausgewiesen. Bei zehn von ihnen finden sich Gründe wie: *Verbreitung gefährlicher Schriften; Beleidigung des Militärs; Aufreizende Äußerungen; Verdacht der Teilnahme am Aufruhr.*

Bei den 24 anderen heißt es unter anderem: *Mangel an Unterhaltsmitteln; Mangel an Arbeit; Müßiger Aufenthalt.* Der skrupellose Stadt-Director lässt auch *Stadler, Maria, von Eßlingen, 73 Jahre alt* ausweisen. *Name des Logis-Gebers: Riedel, Hoforganistenwitwe, Wilhelmsplatz 9. Verfügung: Kann nichts mehr verdienen und wird unterstützt. Muß fort.*

Die Herrschenden legen eine solche Kaltherzigkeit an den Tag, dass sich manche gutgestellten Bürger der Abgeschobenen erbarmen. Gräfin Sophie von Seckendorff schreibt am 22. Juni 1847 an die königliche Stadt-Direction: *Maria Stadler ist verzweifelt, daß sie Stuttgart räumen soll, sie ist eine alte Person, welche niemand stört, nichts vermißt hier als alle 14 Tage das Brot aus dem Suppenhaus, sie wohnt bei ihrer Schwester, welche an die 70 Jahre ist, der sie auch sehr Hülfe zu leisten hat. Da sie über 30 Jahre hier ist, so wird ihr das Weggehen sehr schwer und da ich glaube, daß diese Bestimmung gewiß nicht so sehr streng ist, daß für alte Leute, die sich nirgends mehr angewöhnen können, doch auch Ausnahmen gemacht werden, so möchte ich für Maria Stadler die Bitte wagen, sie hier zu laßen.*

Uns lässt die Frage nicht los, ob Carl in den Aufruhr verwickelt war. Im Staatsarchiv Ludwigsburg lagern württembergische Regierungsakten und Dokumente aus Jahrhunderten, eine Flut papiergewordener Erinnerung, darunter das *Verzeichnis des Königlichen Criminalamtes über die im Laufe der Hauptuntersuchung abgesondert abgeurtheilten Personen.* Darin notiert ein *Criminalrichter Bechler* im Sommer 1847 handschriftlich: *Herzog, Carl, Schriftsetzer von hier (Er war verhaftet vom 5t Mai bis 25t Juni). Nach Einstellung des Verfahrens wegen Verdachtes der Theilnahme am Aufruhr wurde er wegen Widersetzung gegen Polizeisoldaten durch Erkenntnis vom 25t Juni unter Einrechnung eines Theils der Untersuchungshaft noch zu einer Kreisgefängnisstrafe von 6 Wochen verurteilt.*

Kein Wortführer also, keiner der lauthals den König schmähte oder mit Zaunlatten gegen Bajonette hielt. Carl muss als Zaungast in die nächtliche Hetzjagd des Militärs geraten sein, wird gestellt und als Geselle eines verdächtigen Handwerks erkannt. Man erklärt ihn für verhaftet, er empört sich dagegen, wird möglicherweise ausfallend, wehrt sich, als sie ihn greifen. Mehr kann es kaum gewesen sein. Es reicht für mehr als ein Vierteljahr Gefängnis. Nach seiner Verurteilung verlegt man ihn aus dem modrigen Gemäuer des *Criminalamtes* in die *Militär=Strafanstalt* außerhalb des *Büchsenthores,* am Nordwestrand der Stadt. Dort hat er Sträflingskleidung zu tragen und wird *abgesondert von den Militär=Sträflingen verwahrt, verpflegt und beschäftigt,* wie es in einer amtlichen Quelle heißt, was sechs Tage die Woche elf Stunden Arbeit *vorzugsweise im Freien* bedeutet. Weil er noch keine 30 Jahre alt ist, wird er mit anderen jungen Gefangenen zusammen *durch einen städtischen Schulmeister im Lesen, Schreiben und Rechnen unterrichtet,* was ihn als Schriftsetzergesellen, der in Grammatik und Rechtschreibung geübter ist als der Schulmeister, zusätzlich kränkt. An Sonntagen und je einem Wochentag wird er mit seinen Schicksalsgenossen, scharf bewacht, in die Stiftskirche zum Gottesdienst geführt – ein Spießrutenlauf vor gaffenden Bürgern. Carl ist entwurzelt und gedemütigt, aus seiner *ganzen Existenz gerissen,* wie er später schreibt, der Makel einer Gefängnisstrafe haftet ihm an. Verleger Hoffmann, der einen Ruf zu verlieren hat, kann sich nicht leisten, ihn als Vorbestraften weiter zu beschäftigen. Während der 14 Wochen in Haft wächst Carls Entschluss, ins Land der Freiheit zu ziehen, in die Vereinigten Staaten von Amerika.

Wir hoffen immer noch auf persönliche Stellungnahmen von ihm, und seien es nur seine Aussagen vor Gericht. Neben dem Hinweis auf die Verhaftung Carls hatte der Criminalrichter in seiner kaum leserlichen Handschrift vermerkt: *haben diesen Punkt im Spezial-Faszikel XXXIV ausgeführt.* Eine dünne Spur. Doch als die Akte endlich gefunden ist, ist sie vollständig leer. »Eigenartig«, meint der Archivar, der Bert bei der Suche zur Seite steht, »der Mann entzieht sich uns, er wird nicht greifbar.«

***

Als Carl Anfang August 1847 aus der *Militär=Strafanstalt* entlassen wird, bittet er den Vater, ihm seinen Anteil am Erbe der Mutter auszuzahlen, verkauft das Wenige, das er besitzt, und bringt so das Geld für eine Auswanderung zusammen. Er berät sich mit Familie und Freunden und knickt nicht ein, als manche ihn vor der beschwerlichen und riskanten Seereise über den Atlantik warnen und vor aller Unbill der Neuen Welt. Er stellt einen Ausreiseantrag bei der Stadt und verzichtet mit seiner Unterschrift ausdrücklich auf seine Rechte als Stuttgarter Bürger, auf seine württembergische Staatsangehörigkeit und damit auch auf jeden Anspruch auf dauerhafte Rückkehr in die Heimat. Die Stadtverwaltung gibt seine Auswanderungsabsichten bekannt und ruft etwaige Gläubiger auf, ausstehende Schulden rechtzeitig einzufordern. Als Carl alle Papiere zusammen hat, packt er, was er zu tragen vermag, und verschenkt, was übrigbleibt. Auf der Walz – seiner mehrjährigen Wanderschaft als Schriftsetzergeselle – hatte er gelernt, sich auf das Nötigste zu beschränken und allein zurechtzukommen.

Am Montagmorgen, dem 18. Oktober 1847, begleiten ihn seine Familie und ein paar Freunde und Mitgesellen zum Postplatz, wo Punkt acht Uhr die Expresskutschen zum Neckarhafen Heilbronn abgehen. In den Weinbergen ist die Lese in vollem Gange. Bis in die Stadt herunter hört man die Böller der Feldschützen krachen, die Vögel von den Trauben scheuchen. Der Duft von neuem Wein und Apfelmost steigt aus den Kellergewölben.

Und da stehen sie dann alle noch ein paar denkwürdige Minuten beisammen, tief bewegt und gerührt, und umarmen ihn ein letztes Mal: Friederike, Carls ältere Schwester, die alle *Ricke* nennen, war schon am Vortag mit seinem Schwager Josef und seiner neugeborenen Nichte Luise Sophie aus Leonberg angereist. Seine jüngere Schwester Charlotte, *Lotte* gerufen, lief mit Schwager Franz Kunberger und Carls gleichfalls neugeborener Nichte Emma auf dem Arm von der nahen Silberburgstraße herüber. Sein Bruder Friedrich, der ihn um diesen Sprung in die Freiheit beneidet, steht ein wenig verloren da, der wortkarge Vater bleibt äußerlich unbewegt, Tante Juliane ist, an Mutters statt, in Tränen aufgelöst. Sie alle wünschen Carl eine gute Reise und glückliche Landung in der Neuen Welt und bitten ihn, noch vor dem Absegeln in Bremerhaven zu schreiben, damit sie sicher sein können, dass er wohlbehalten an der Nordsee ankam. Ihm, der noch kaum einen Brocken Englisch spricht, sagt sein munteres Halbschwesterlein Marie Sophie, das er zum Abschied an sein Herz drückt: *Noh muaschd hald so lang Deitsch schwätza, bis de Englisch kohschd!*

An seinem 28. Geburtstag, ein paar Tage später, ist er nach Norden unterwegs. Er fährt einen langen Tag in der Expresskutsche bis zum Heilbronner Hafen. Von da aus treibt er auf einem Floß zwei Tage und Nächte das spärlich besiedelte, waldreiche Neckartal hinab, die halbverfallene Stauferpfalz Wimpfen passierend, die hoch über dem Fluss auf einem steilen Prallhang thront, und die Ruine des Heidelberger Schlosses mit ihren zerborstenen Bastionen. In Mannheim, wo der Neckar in den Rhein mündet, kauft er sich eine Passage nach Köln, auf dem billigsten Deck eines Flussdampfers oder einem der gewaltigen Rheinflöße.

Im rechtsrheinischen Deutz geht Carl an Land, gegenüber der Großbaustelle des Kölner Doms am anderen Ufer. Jetzt, fast 600 Jahre nach ihrer Grundsteinlegung, soll die Kathedrale endlich fertiggebaut werden und neogotische Doppeltürme – die höchsten der Welt – erhalten. Am Deutzer Bahnhof ersteht Carl ein Billett der erst wenige Wochen zuvor eröffneten *Cöln-Mindener Eisenbahn* und reist in einem Dritte-Klasse-Waggon bis zur Endstation. Nach der rund zwölfstündigen Fahrt übernachtet er in Minden in einem preiswerten Gasthof, in dem auch Fuhrknechte unterkommen, und fährt am nächsten Tag für wenig Geld auf Frachtkarren weiter.

Zwei oder drei Tage später erreicht er die ehrwürdige Hansestadt Bremen mit ihren prächtigen Kirchen, Handelskontoren und Patrizierhäusern, die ihn tief beeindrucken. Bei einem Schiffsmakler ersteht er für etwa zwanzig preußische Taler seine Passage nach New York. Dann folgt der härteste Teil der Reise: Auf einem Weserkahn segelt er weitere zwei oder drei Tage stromab bis Bremerhaven. Der Kahn dient vor allem dem Frachttransport und ist, mit einem halben Hundert Auswanderern, völlig überladen. Wenn der Wind ungünstig dreht oder die Flut aufläuft, lässt der Schiffer stundenlang ankern, sie kommen nur im Schneckentempo voran. Nachts betten sich Carl und seine Mitreisenden unter ausgedientem Segeltuch auf Fässer, Kisten und Gepäck und sind dem rauen Novemberwetter an der Küste fast schutzlos ausgesetzt. An Bord müssen sie sich selbst versorgen. Vielen geht unterwegs der Proviant aus und sie hungern bis Bremerhaven.

3
»Eine Welt liegt hinter mir …«

Da steht er nun, bei diesem vom Regen durchnässten Häuflein Heimatloser, zwischen Koffern, Kisten, Körben und Bündeln, am breiten Kai von Bremerhaven. Wenige Schritte vor ihnen liegt, leise an ihren Festmachern zerrend, die Bark »Anna« – einer der vielen Dutzend Dreimaster, die sich im Hafenbecken drängen. Obwohl die »Anna« schon ein ganzes Jahrzehnt über den rauen Nordatlantik segelt, wirkt sie solide auf die Wartenden und weckt ihr Vertrauen. Von Deck weht der Geruch frischer Ölfarbe herüber und der süßlich-herbe Duft von Holzteer, mit dem das Tauwerk konserviert ist. An ihren Mastspitzen flattern schmucke Wimpel und hoch über dem Heck die riesige, rot-weiß gestreifte bremische Flagge. Sie erinnert die Heimatlosen an die Fahne der Vereinigten Staaten, des Ziels ihrer Sehnsüchte und Hoffnungen.

Sie sind nicht mehr ganz hier und noch lange nicht dort. *In einem Hafenort schwindet einem der Boden unter den Füßen*, schreibt ein Zeitgenosse in diesen Jahren, *man befindet sich nicht mehr in Deutschland – nein, auch in Dänemark, Russland, Ost- und Westindien, wenn man seinen Fuß nach Bremerhaven setzt.* Hier liegen schlanke britische und amerikanische Vollschiffe Seite an Seite mit bremischen Kauffahrern und schwedischen Zweimastern, einem Walfänger, der eben aus der Südsee zurückgekehrt ist, und einem spanischen Frachtsegler, der Rohrzucker und Rum aus Kuba anlandet. *Nie in meinem Leben*, staunt selbst ein Kapitän aus dem Welthafen von New York City damals, *sah ich so viele ausgezeichnete, stattliche Segelmaschinen.*

***

175 Jahre nach Carl, fast auf den Tag genau, komme ich in Bremerhaven an. Mit der Bahn war ich sechs Stunden unterwegs – halb so lang wie Carl damals von Stuttgart nach Heilbronn. Es riecht hier anders als im Binnenland, herber, frischer, nach Brackwasser,

Abb. 6: Der Anlandungsplatz oder die Schlachte von Bremerhaven zu Carls Zeiten. Am rechten Bildrand das Zollhaus, dann eine lange Reihe von Lagerhäusern, Kontoren, Reedereibüros, Krämerläden und Kneipen. Im linken Hintergrund liegt die hannoversche Artilleriebastion Fort Wilhelm, dahinter die Außenweser mit dichtem Schiffsverkehr, davor das innere Schleusentor des Alten Hafens.

Seetang und, wenn ein Frachter auf der Weser vorbeizieht, auch nach Diesel- oder Schwerölabgas. Das Wetter ist wechselhafter, der Wind stärker, Wolkenbänke jagen über das flache, weite Land. Auf Süddeutsche wie mich und wohl auch Carl wirkt die Gegend schutzlos und unbehütet, und gleichzeitig hat sie etwas Befreiendes, Entengendes.

Ich habe keine Lust, ein Hotelzimmer zu buchen. Mir steht der Sinn nach einem unsteteren Heim, nach mehr Nähe zu Carl, nach Spuren dessen, was er hier erlebt hat. Schließlich lande ich in einer Kammer an Bord der niederländischen Bark »Artemis«. Der Dreimaster, der die Sommer über Urlaubstörns segelt, überwintert im Neuen Hafen, wenige hundert Meter vom Deutschen Auswandererhaus und dem Deutschen Schifffahrtsmuseum. In meiner fensterlosen Kammer kann ich nur unter dem kleinen *Skylight* aufrecht stehen, in die Koje passe ich bloß schräg hinein. Ich bin der einzige Übernachtungsgast an Bord, für mich und den Schiffskoch, der die Bark den Winter über betreut, lohnt das Heizen die Nacht über nicht – es ist klamm in allen Räumen. Wie einst die »Anna« zieht auch die »Artemis« sacht an ihren Festmachern. Ich lasse mich von ihrem leisen Schwanken in den Schlaf wiegen, in der Freude und Wehmut dieser Spurensuche, voller Bilder aus dem Spätherbst 1847.

***

Kaum zwanzig Jahre vor Carls Ankunft war das Hafenbecken unter großen Opfern ausgeschachtet worden, in Weideland, das die Freie und Hansestadt Bremen dem Königreich Hannover nach zähen Geheimverhandlungen abgekauft hatte. Weil bremische Werften ganze Wälder zu Schiffen verbauten, hatte man die Hügel des Weserberglandes kahlgeschlagen, erzählt man hier. Darauf sei die Weser so versandet, dass der jahrhundertealte Hansehafen für Seeschiffe unerreichbar wurde. Der gesamte Seehandel der Stadt läuft jetzt über Bremerhaven, 35 Seemeilen weserabwärts, das auf dem besten Wege ist, zum größten Auswandererhafen des Kontinents zu werden. Jedes Jahr segeln Zehntausende von hier in die Neue Welt, und ihre Zahl wächst immer weiter. Ihnen vor allem verdankt Bremerhaven seinen Aufstieg zur Stadt. Sie müssen hier oft wochenlang nächtigen, sich verköstigen und ausrüsten, bevor sie den Atlantik überqueren.

Die Hansestadt steht im Ruf, Auswanderern auf ihren Schiffen erträgliche Bedingungen zu angemessenen Preisen zu bieten. 1832 hatte der Bremer Senat die ersten Gesetze zum Schutz von Auswanderern erlassen und sich so einen entscheidenden Wettbewerbsvorteil verschafft. In den ältesten Auswandererhäfen Europas – Le Havre, Antwerpen und Rotterdam – hatten die Reeder es ihren Passagieren überlassen, sich für die wochen- oder monatelangen Atlantikpassagen mit Lebensmitteln zu versorgen. Viele hatten aus Sparsamkeit zu wenig oder zu viel Verderbliches gekauft und kamen ausgezehrt und halb verhungert in der Neuen Welt an. Bremische Reeder dagegen sind verpflichtet, ihre Passagiere auf eigene Rechnung zu verpflegen. Vor dem Absegeln eines Auswandererschiffes prüft ein amtlich bestellter *Proviantbesichtiger*, ob es seetüchtig ist und tatsächlich, wie vorgeschrieben, für 90 Tage Trinkwasser und

Vorräte an Bord hat. Die Zwischendecks, in denen die meisten der Auswanderer untergebracht sind, müssen den Bestimmungen nach mindestens fünfeinhalb Fuß – knapp 1,70 Meter – hoch sein.

Das *rasch aufblühende* Bremerhaven ist noch so jung, dass es seinen 3000 Einwohnern nicht einmal eine Kirche zu bieten hat. Auch die vielen Hundert Auswanderer, die sich selbst jetzt, Anfang November, noch auf seinen ungepflasterten Straßen drängen, finden keinen Ort, an dem sie für eine glückliche Überfahrt beten könnten: Bauernfamilien, Mägde und Knechte, Handwerker und kleine Kaufleute aus allen deutschen Fürstentümern – einfache Menschen, die mit den günstigen Zwischendecks vorliebnehmen müssen. Dazwischen elegant gekleidete Kajütpassagiere und bremische Reeder, Spediteure und Schiffsmakler mit Zylindern und Gehröcken aus feinem Zwirn.

Nicht alle unter ihnen sind gute Christenmenschen. Bremerhaven ist berüchtigt für seine *Litzer* – Scharlatane und Blender, die die Unerfahrenheit argloser Auswanderer ausnutzen, um ihnen ebenso elende wie horrend teure Quartiere aufzuschwatzen, unbrauchbaren Proviant oder obskure Dienstleistungen. Auch die meisten Gastwirte scheinen vor allem auf den schnellen Taler erpicht – immer wieder beklagen sich Emigranten, wie übel sie behandelt werden. Obwohl die Wirte gerne beteuern, *die Bauern seien eine derartige Lebensweise gewohnt*, stellt eine vom Bremer Senat einberufene Prüfungskommission resigniert fest, dass *sich von der Schweinewirtschaft kein Mensch eine Idee machen kann.*

Seit seinen Wanderjahren als Geselle ist Carl reiseerfahren und nicht leicht übers Ohr zu hauen. Doch auch er hatte in den Tagen vor der Abreise nur ein schamlos überteuertes Nachtlager ergattert, auf einem zugigen Dachboden, zusammen mit Dutzenden anderer. Für den Strohsack, der ihm an Bord als Matratze dienen soll, für die Wolldecke und das blecherne Essgeschirr, die er den Reisebestimmungen entsprechend mitzubringen hat, zahlte er bei den Krämern am Hafen fünf Preußische Taler – ein Viertel dessen, was seine Überfahrt samt Koje und Verpflegung kostet. Auch das Trockenobst, das er in weiser Voraussicht besorgt hat, war unverschämt teuer. *Letzteres gewährt bei dem Wassermangel und den schweren Speisen eine besondere Erquickung*, hatte er in Pastor

Rauschenbuschs populären, erst wenige Monate zuvor erschienenen *Anweisungen für Auswanderer nach den westlichen Staaten von Nordamerika* gelesen. Selbst für den Tabak, mit dem er sein Meerschaumpfeifchen stopft, bezahlte er viel mehr als in Stuttgart, obwohl das Kraut hier tonnenweise angelandet wird.

Um die »Anna« ist jetzt alles Aufbruch und Bewegung. Fuhrwerke rumpeln heran und laden Fass um Fass Salzfleisch und Sauerkraut ab und Jutesäcke, aus denen Erbsen kullern. Seeleute schwingen Dutzende dickbauchige Trinkwasserfässer, von denen jedes eine Vierteltonne fasst, mit der Großrah der »Anna« über ihre Ladeluke und senken sie an langen Flaschenzügen in die Tiefen des Rumpfes hinab. Ein halbes Dutzend Matrosen schleppt ein riesiges brandneues Ersatzsegel an Bord, zentnerschwere Rollen von Tauwerk und eine Menge Balken, Bretter und Spieren. Und auf dem Großmast, in gut zwanzig Metern Höhe, hantieren Seeleute bereits an den Segeln. Sie schauen belustigt auf das Treiben am Kai hinab. Mit den plattdeutschen Worten, die sie zu den Wartenden hinunterrufen, weiß Carl nichts anzufangen. *Oh, schwätzat halt au Deitsch, Ihr Kerle, wenn'r wellat daß mr Eich vrschtoht!* Auch den 31-jährigen Schreiner aus Hessen, der mit ihm reist, den sächsischen Metzgergesellen und den Uhrmacher aus Schaumburg-Lippe versteht er kaum. Das lässt nichts Gutes ahnen für die Ankunft in New York.

Jetzt weist der Erste Steuermann die Wartenden an, an Bord zu kommen. Carl schultert die Holzkiste mit seinen Habseligkeiten und folgt anderen Bepackten und Beladenen auf eine hölzerne Gangway. *Geliebter Vater und Geschwister,* wird er im ersten seiner Briefe acht Monate später aus New York schreiben, *vor allem muß ich um Entschuldigung bitten, weil ich so lange keine Nachricht von mir gegeben habe und ich doch von Bremen aus noch schreiben sollte. Meine Schuld war es nicht, weil wir bälder absegelten als ich dachte. Es war ein regniger und nebliger Morgen (den 6. November) als wir dem deutschen Boden Lebewohl sagten und die Barke »Anna« unter der Führung des Kapitän Wessels, eines erfahrenen und vorsichtigen Seemanns, bestiegen. Die ganze Zahl der Passagiere war 103, nämlich 97 Zwischendecks= u. sechs Kajütpassagiere.*

Die sechs, die für ihre Passage mehr als den doppelten Preis bezahlen, sind im grün lackierten Deckshaus untergebracht, mit einem *Skylight*, das Tageslicht und frische Luft hereinlässt, jeder in einer eigenen Koje. Die anderen 97 steigen auf hölzernen Treppen, die so steil sind, dass man sie am besten rückwärts hinabklettert, in den Rumpf. Was man Zwischendeck nennt, ist der obere Laderaum der »Anna«. Baumwollflusen, die noch am rauen Holz der Spanten hängen, verraten, was das Schiff jüngst aus Amerika herübergesegelt hat. In manchen Winkeln meint man noch Tabak zu riechen. Nachdem die Ladung gelöscht war, hatte der Schiffszimmermann mit ein paar Matrosen zwei Reihen von Stockbetten an beide Seiten des Laderaums geschraubt, die *einem Kartoffel- oder Apfelgerüste* gleichen, in den Worten eines Reisenden. Sie sind in etwa zwei Meter breite *Cojen* unterteilt, eine auf Kniehöhe und eine auf Brusthöhe, zusammen je zehn auf jeder Schiffsseite. In die sollen sie sich zu jeweils fünft betten, querschiffs, auf ihren strohgefüllten Säcken: Frauen, Männer, Greise, Kinder, ledige Handwerker, vielköpfige Familien – alle neben- und durcheinander.

Der ganze Raum gleiche einem *niedrigen dunklen Keller*, schreibt ein Zeitgenosse. Tageslicht fällt nur indirekt, durch die Niedergänge mit ihren steilen Treppen herein. Carl kann sich im Schummerlicht nur gebückt bewegen, an jedem Decksbalken muss er den Kopf einziehen. Seine Koje ist so niedrig und kurz bemessen, dass er darin weder aufrecht sitzen noch sich ausstrecken kann, und der Platz, der ihm bleibt, ist so schmal, dass er auf der Seite liegen muss. Sobald er sich auf den Bauch oder Rücken dreht, rempelt er gegen die Schultern seiner Nachbarn. Die Schar der vom Zufall Zusammengeführten stapelt ihre Gepäckstücke in der Mitte des Zwischendecks, wo sie von Holzleisten einigermaßen stabilisiert werden. Was dort keinen Platz mehr findet, stellen sie vor ihre Kojen, bis nur ein schmaler Gang auf jeder Seite bleibt.

Kaum sind sie leidlich eingerichtet, legt die Besatzung ab. Wer von den Binnenländern so naiv war zu glauben, dass die »Anna« jetzt flugs ihre Segel setzt und die Reise beginnt, sieht sich enttäuscht. Das Hafenbecken ist zwar so lang, dass man gut zehn Minuten daran entlangschlendern kann, aber es ist wenig mehr als eine Schiffslänge breit und so überfüllt, dass einige Schiffe nebeneinander liegen. In dieser Enge kann die »Anna« nicht einmal drehen, geschweige denn segeln. Die mehrere hundert Tonnen schwere

Bark wird nur mit der Muskelkraft ihrer Seeleute Meter um Meter aus dem Hafen *gewarpt* – eine Prozedur, die den längsten Teil des Tages in Anspruch nimmt. Kapitän Wessels, ein welterfahrener bremischer Fahrensmann von Mitte fünfzig, steigt auf das Deckshaus, um Überblick zu haben. Er befiehlt, ein Beiboot auszusetzen und lange Leinen in alle Himmelsrichtungen auszubringen. Die lässt er dann im Wechsel um das Ankerspill auf dem Vordeck legen und langsam einholen oder fieren. Die Matrosen machen sich die Schinderei erträglich, indem sie lauthals *Shanties* singen, während sie in gleichmäßigem Rhythmus um das Spill trotten.

Bald lösen junge, kräftige Auswanderer müde gearbeitete Seeleute ab, auch die Besatzungen benachbarter Segler springen der »Anna« bei und winden sie nach Kapitän Wessels' unaufgeregten Ordern auf die Schleuse an der Ausfahrt des Hafens zu. Am Kai winkt und ruft eine kleine Schar dem scheidenden Schiff hinterher, Angehörige von Auswanderern aus dem nahen Königreich Hannover. Carl steht am brusthohen Schanzkleid, fasziniert von dem ebenso mühsamen wie präzisen Manöver. Ihm gilt das Rufen und Winken nicht. Vor drei Wochen schon, am Alten Postplatz in Stuttgart, hatte er sich von den Seinen verabschiedet und seine Tränen so lange zurückgehalten, bis er in der Kutsche nach Heilbronn saß.

Als die »Anna« endlich in die Schleusenkammer einläuft, sind die Tore zu beiden Seiten fast mit Händen zu greifen, so eng ist der Durchlass. Es dämmert bereits, als die Bark schließlich den Vorhafen erreicht. Sie passiert die königlich-hannoversche Artilleriebastion Fort Wilhelm, *ein altes ziegelsteinernes Ding, das der Wind nächstens umwehen wird,* wie Friedrich Engels bei einem Besuch Bremerhavens spottet. Kapitän Wessels lässt ein wenig Tuch setzen und sein Schiff gleitet ins Flüsschen Geeste, wenige hundert Meter vor dessen Mündung in die Außenweser, die – segelnd und mit der Strömung treibend – in wenigen Minuten erreicht ist.

Dort ankert die »Anna« zwischen Dutzenden anderen Schiffen. Jacob Wessels wartet auf das Licht des neuen Tages und auf den Ebb-Strom, der die Fahrt zur Nordsee beschleunigen soll. Im Wellenschlag der Weser beginnt die »Anna« sanft zu schaukeln. Ihr eichener Rumpf knistert und knackt, als erwache sie zum Leben. Die Zwischendeckspassagiere richten ihre Nachtlager und machen sich einander bekannt. Maria Nieberlein, Webersgattin aus dem Königreich Bayern, stillt ihr einziges Kind, den anderthalbjährigen Friedrich. Justine Requardt, erwachsene Tochter eines verwitweten Bauern aus Schaumburg-Lippe, wickelt das jüngste ihrer neun Geschwister, Heinrich, auch er erst anderthalb. Die Ältesten an Bord, das preußische Landwirtsehepaar Heuwert, sie 70, er 65, werden dafür bewundert, dass sie sich noch so spät im Leben über den Atlantik wagen.

Ein Ankerlicht wird aufgezogen in dieser finsteren Novembernacht zwei Tage vor Neumond, hoch über das Vordeck der »Anna«, und langsam kehrt Ruhe auf dem Schiff ein. Die Zwischendeckler versuchen Schlaf zu finden in ihrem Massenquartier, das von zwei Laternen erhellt bleibt. Für manche, die sich – wie Carl – vor der viertausend Seemeilen weiten Reise nicht allzu sehr ängstigen, beginnt die »Anna« in dieser Nacht, von einem Schiff zu *ihrem* Schiff zu werden (siehe Karte 1 – ganz vorne im Buch).

***

Mein erster Abend in Bremerhaven ist angenehm mild für Mitte November. Im letzten Sonnenlicht breche ich auf zum Alten Hafen, der nur wenige Gehminuten vom Liegeplatz der »Artemis« entfernt liegt. Er hat immer noch seine erstaunlich lange und schmale Form und beherbergt die kleine Flotte historischer Fahrzeuge des Deutschen Schifffahrtsmuseums. Was von der einstigen Häuserzeile am Kai, von den Speichern, Comptoirs, Kneipen und Krämerläden, den Werkstätten der Segelmacher und Reepschläger dort Anfang des 20. Jahrhunderts noch stand, wurde – wie die Stuttgarter Altstadt – bei Bombenangriffen im Zweiten Weltkrieg restlos zerstört. Jetzt erstreckt sich dort eine der Bausünden Bremerhavens – eine Shopping Mall aus den Siebzigerjahren, gekrönt von drei bis zu neunzig Meter hohen Wohntürmen mit einer ebenso verkehrsreichen wie hässlichen Durchgangsstraße davor. Zu laut und seelenlos, um Carl und der »Anna« zu gedenken.

Ernüchtert laufe ich das Hafenbecken entlang nach Süden – die Richtung, in die die »Anna« 1847 in stundenlanger Plackerei *gewarpt* worden war. Die Schleuse, die sie passierte, wurde vor Jahrzehnten zugeschüttet, das altersschwache Fort Wilhelm bereits

1874 geschleift, aber der Vorhafen hat noch seine schlanke, zur Geeste und Weser hin gekrümmte Form. Ich folge seinen Spundwänden seewärts, passiere ein stattliches, gerade fertiggestelltes Lotsenhaus – und stehe an der Mole, um die die »Anna« einst gesegelt war, unterwegs zu ihrem ersten Ankerplatz. Unmittelbar nördlich davon blieb ein kleiner Sandstrand erhalten, der schon auf frühen Plänen Bremerhavens auftaucht. Da stehe ich lange, lausche dem verhaltenen Wellenschlag der Weser und lasse meine Blicke über die sich zur Nordsee öffnende Außenweser schweifen. Ich verliere mich zwischen den Zeiten und wundere mich fast, dass die »Anna« nirgendwo zu sehen ist. Nur ganz weit draußen, zu fern, um Details auszumachen, erkenne ich etwas erstaunlich Hohes, Schlankes, Weißes – die Umrisse eines großen, rahgetakelten Segelschiffes. Wenn es doch näherkäme, denke ich, als ich Bremerhavens Deichlinie entlang zur »Artemis« zurücklaufe. Aber es verschwindet langsam hinter dem Horizont.

***

Noch vor der Morgendämmerung, am Sonntag, dem 7. November 1847, setzt ein Kutter einen Lotsen an Bord der »Anna« ab. Bald darauf dröhnt das Rasseln und Klirren der Ankerkette durch den Rumpf und der schwere, gleichmäßige Schritt der Seeleute um das Spill. Die meisten Auswanderer wollen den endgültigen Abschied von der Heimat nicht versäumen und drängen an Deck. Doch Kapitän Wessels schickt sie zurück in ihr Quartier, als es ans Segelsetzen geht, damit sie die Mannschaft nicht behindern. Als Carl und andere Neugierige wieder an die Luft gelassen werden, sehen sie ihr Schiff zum ersten Mal in der Pracht seiner Segel. Leichter Wind füllt das Tuch, die Bugwelle rauscht, Fort Wilhelm und der Mastenwald Bremerhavens sind bereits außer Sicht. Im diesigen Wetter verschwimmen die Schlickbänke entlang der Weser mit Wasser und Himmel zu einem konturlosen Spiel blasser Farben. Bald verlieren die Binnenländer jede Orientierung und erkennen staunend, dass aus dem Dunst vor ihnen regelmäßig Fahrwasser-Tonnen auftauchen. Jacob Wessels sei mit der »Anna« erst dieses Frühjahr von einer halbjährigen Reise ums Kap der Guten

Abb. 7: Das Kapitänsbild der Bark »Anna«, die 1837 in Bremen gebaut wurde. Es zeigt sie in der Seitenansicht von Backbord und rechts daneben, vom Heck her, davonsegelnd.

Hoffnung nach Singapur zurückgekehrt, erzählen die Angstvolleren an Bord im Versuch, sich zu beruhigen, und gleich darauf sei er mit 153 Auswanderern nach New York aufgebrochen.

Waschen kann sich Carl an diesem Morgen, wie während der ganzen Reise, nur mit schneidend kaltem Seewasser an Deck, weshalb er sich auf eine Katzenwäsche beschränkt. Seine Notdurft verrichtet er hinter einem Vorhang von ausgemustertem Segeltuch im Zwischendeck in eine *Schietpütz* – einen hölzernen Kübel. Der wird, wenn er zu zwei Dritteln voll ist, an Deck getragen und, wie die Nachttöpfe, auf der windabgewandten Seite der »Anna« über das Schanzkleid gekippt.

Um sie ist dichter Schiffsverkehr: Fischerkähne, Lotsenkutter, stattliche Zwei- und Dreimaster. Die Düneninsel Langlütjensand bleibt von Dunst verschleiert hinter ihnen zurück, ebenso Meyers Legte, eine Untiefe auf halbem Weg in die offene Nordsee. Als die Flut aufzulaufen beginnt und die Fahrt bremst, lässt Kapitän Wessels sechs Stunden lang ankern, bis zum nächsten Ebb-Strom. Im letzten Licht des Tages setzt die Bark dann ihre Fahrt fort, und es ist bereits Nacht, als nahe der Untiefe Roter Sand ein Kutter heransegelt und den Weserlotsen und letzte Abschiedsbriefe aufnimmt. Jetzt sind Besatzung und Auswanderer unter sich, auf dem knapp vierzig Meter langen und achteinhalb Meter breiten Mikrokosmos der »Anna«, einem fahrenden Zwischenreich, weder ganz der Alten, noch der Neuen Welt zugehörig. *Am ersten Tag der Fahrt war alles munter und wohl,* schreibt Carl, *und der Abschied vom deutschen Boden hatte auch keinen sonderlich angegriffen; am dritten Tage jedoch sah es nicht mehr so freundlich aus, denn es hatten einige schon die Seekrankheit, welche täglich mehr überhand nahm, bis endlich blos noch sechs gesund waren.*

Weil die ersten und letzten Tage einer Atlantik-Passage die bei Weitem gefährlichsten sind, lässt Kapitän Wessels von der Außenweser weit auf die Nordsee hinaushalten. In Landnähe sind Schiffe stets in Gefahr, auf Untiefen aufzulaufen oder von Sturm auf den Strand geworfen zu werden. Draußen, auf offener See, ist der Wind deutlich stärker, und die »Anna« beginnt sich unter dem Druck ihrer Segel auf die Seite zu neigen. Von da an wird das Schiff für die meiste Zeit der Reise zu einer schiefen, schlingernden Welt. Es fängt im Seegang an zu stampfen und zu rollen, das Knistern und Knacken des eichenen Rumpfes wird zu einem Ächzen und Knarren – und das Zwischendeck, wo die Passagiere in den Worten eines Zeitzeugen eng *wie Heeringe eingepökelt liegen*, verkommt zum Elendsquartier. Ein anderer Reisender schreibt von der *Schweinerei durch unaufhörliches Kotzen u. Speien wo man nur geht steht und sieht. Dazu dieser abscheuliche Geruch und Broddel im Zwischendeck welches bei diesen dichtgedrängten Massen buchstäblich einem großen Schweinestall gleicht.* Carl erweist sich als überraschend seefest für einen Binnenländer: *Was meine Person betrifft, so war ich, einen leichten Schwindel abgerechnet, wohl,* schreibt er, *und ich hielt mich immer, wenn nur die Witterung nicht gar so stürmisch war, auf dem Verdeck auf.*

***

Schon am frühen Morgen, noch im Halbschlaf, öffne ich den Thermostat am Radiator meiner Kammer ein wenig, um die klamme Kälte zu vertreiben, zwänge mich in die Nasszelle mit Dusche und WC, und spüre unter dem warmen Wasserstrahl, wie wenig solcher Komfort mit den Zuständen auf der »Anna« zu tun hat. Das Frühstücksbuffet an Bord der »Artemis« ist reichhaltiger als in manchem Hotel.

Draußen empfängt mich, was man an der Küste *Schietwetter* nennt: Dauerregen, scharfer Wind und rasch fallende Temperaturen. Ich flüchte in die Ausstellungsräume des Deutschen Auswandererhauses, im Versuch, Carl wenigstens hier, in den akribisch rekonstruierten, begehbaren Dioramen näherzukommen und seine Gefühle als Reisender zwischen den Welten nachzuempfinden. Lange stehe ich am Nachbau eines Kais, zwischen lebensgroßen Auswandererpuppen und Stapeln von Gepäck, die Frauen in bodenlangen Kleidern, Wollschals um ihre Schultern, Hauben und Tücher auf den Köpfen, die Männer in einfachen Anzügen, mit Hüten und Kappen. Doch so sehr ich meine Phantasie auch bemühe – ich entdecke in mir keine Wehmut, keinen Abschiedsschmerz. Auch im nachempfundenen Zwischendeck eines Segelschiffs verharre ich lange, höre auf das Husten und Würgen, das aus Lautsprechern zugespielt wird. Aber auch da spüre ich vor allem ein Übermaß an Zeit und will glauben, dass Carl sich ähnlich fühlte.

***

Auf der Nordsee kreuzt die »Anna« tagelang gegen starken Wind und die Auswanderer spüren zum ersten Mal, wie sehr ihr Schiff den Unwägbarkeiten der See und des Wetters ausgeliefert ist. Schon jetzt zeigt sich, dass dies keine schnelle Überfahrt werden wird: *In der Nordsee hatten wir immer Wetter,* schreibt Carl, *so daß unser Schiff acht Tage brauchte, wo es hätte in drei durchkommen können. Am 14. November kamen wir in den Englischen Kanal, legten aber wegen widrigem Winde vor Dover Anker.* Und so liegen sie einige Tage lang vor den leuchtend weißen Kreideklippen Südenglands, tags die gewaltige Festung über der Hafenstadt vor Augen und nachts die Strahlenbündel ihrer beiden Leuchttürme.

Es sind Tage der Ungeduld und Langeweile für Carl. Wie all die anderen ist er gewohnt, zehn bis zwölf Stunden pro Tag hart zu arbeiten. Schon als Kind war er in der strengen Ethik des württembergischen Protestantismus erzogen worden. Jetzt bleibt ihnen nichts zu tun, als sich zu Kapitän Wessels' knapper Sonntagsandacht an Deck zu versammeln, zu lesen, Karten zu spielen, Englisch zu lernen oder miteinander ins Gespräch zu kommen. Zu den

Glanzpunkten des Bordlebens zählt es, wenn die singfreudigen, oft gut gelaunten Seeleute zu Musik und Tanz an Deck einladen. In diesen Tagen des Wartens stirbt Carls ältere Schwester Ricke mit nur dreißig Jahren und hinterlässt ihren Mann mit ihrem erst dreizehn Wochen alten Töchterchen. Von Rickes Tod erfährt Carl erst anderthalb Jahre später, als er in Amerika eine feste Adresse hat und ihn die Nachricht aus der Heimat erreicht.

Alle sind erleichtert, als der Wind auf östliche Richtungen dreht und die »Anna« endlich das Nadelöhr des Ärmelkanals passieren kann, durch dichten Verkehr von Fischerbooten, Frachtseglern, Kriegsschiffen und Postdampfern segelnd. Nach wenigen Tagen passiert sie *The Lizard*, das schroffe Südwestkap Großbritanniens, und das Letzte, was die Auswanderer von der Alten Welt sehen, ist der grelle Schein des Leuchtfeuers von Saint Agnes auf den Scilly Isles, weit vor der Küste Cornwalls. Mit dem Festland bleiben auch die meisten Seevogelarten hinter ihnen zurück, die das Schiff bisher begleitet hatten: Strandläufer, Austernfischer, Heringsmöwen und zuletzt die Eissturmvögel.

Am 20. November waren wir auf dem Atlantischen Ozean, schreibt Carl, *wir waren froh, wo wir uns auf hoher See befanden, denn bei Sturm ist die Nordsee und der Kanal sehr gefährlich.* In den mächtigen Wogen des Atlantiks packt die meisten Auswanderer wieder die Seekrankheit. *In langen Reihen stehen die Unglücklichen auf dem Verdeck*, schreibt ein Reisender dieser Zeit, *und hängen die Köpfe über Bord um dem Meer ihren Tribut zu zahlen, und dahinter stehen die Matrosen und necken sie.* Auch manche der robusteren Passagiere tun das Leiden ihrer Mitreisenden als *Modekrankheit* oder Überempfindlichkeit ab. Dabei übersehen sie, dass der Zustand chronisch Seekranker so bedenklich ist, *daß Manche Wochenlang fast gar keine Speise bei sich behalten*, wie Pastor Rauschenbusch schreibt. *Trübsinnig und schweigsam sieht man die armen Seekranken in ihren Kojen liegen oder in irgendeinem Winkel sitzen, mit geschlossenen Augen, und dennoch ohne Schlaf. Manche werden erst nach 8–14 Tagen davon frei. Noch Andere leiden während der ganzen Seereise daran und genießen nur an ganz ruhigen, windstillen Tagen einige Erleichterung.*

Carl hat sich längst an die Schräglage der »Anna« gewöhnt und an ihr Stampfen und Rollen. Er lässt sich vom Seegang nachts in den Schlaf wiegen und hört im Wegdämmern dumpf, wie die atlantische Dünung gegen die eichene Beplankung klatscht. Wenn der Morgen graut, läuft einer der Steuerleute durch den Mief des Zwischendecks und weckt die Passagiere. Carl ist oft übernächtigt – irgendjemand schnarcht oder rumort immer, Säuglinge wimmern und krakeelen. Er greift sein blechernes Essgeschirr, steigt an Deck hinauf und reiht sich in die Schlange vor dem kleinen grün lackierten Verschlag, der als Kombüse dient. Sein erster Blick gilt – wie der aller an Bord – dem Wetter. Wenn die »Anna« hart gegen raue See kreuzt, wenn Gischt über den Bug weht, die Wartenden mit einem Schlag durchnässt und die Bark dennoch kaum vorankommt, legt sich düstere Stimmung auf die Reisenden. Wenn ihr Schiff dagegen mit prallen Segeln gen Westen rauscht, über eine in der Sonne gleißende See, hebt sich die allgemeine Laune – es geht voran, der Neuen Welt entgegen! Seereisen unter Segeln bedeuten ein ständiges, heftiges Auf und Ab der Gefühle.

Der Smut, ein in Ehren ergrauter Seemann, der für die Arbeit auf den Rahen zu alt ist, teilt dampfenden Kaffee aus, und wer möchte, löffelt Zucker hinein. *Dazu verarbeiten wir eine braunschwarze bimssteinartige Masse, die sie Schiffszwieback nennen*, schreibt Friedrich Gerstäcker, der zehn Jahre vor Carl nach Amerika gesegelt war, *die aber in etwas heißes getaucht, und mit Butter beschmiert recht genießbar wird!* Was sie in Bremerhaven an frischem Gemüse und Obst an Bord genommen hatten, ist längst verzehrt oder verdorben, selbst Karotten und Kohlköpfe welken, Kartoffeln gammeln, Butter wird ranzig und das Trinkwasser in den Fässern beginnt faulig zu schmecken. Jetzt leben sie von unverderblichen Vorräten, und ihre Mahlzeiten bleiben in den Worten Gerstäckers *einfach aber geschmacklos*. Das Mittagessen, das Punkt zwölf verteilt wird, *ist verschieden*, lästert er, *einen Tag Erbsen, den zweiten Bohnen, den dritten Erbsen, den vierten Erbsen, den fünften Bohnen, den 6ten Sauerkraut, täglich mit gutem Speck oder salzigem Pökelfleisch*. Die Zwischendecks-Passagiere sind angewiesen, ihre Mahlzeiten in Wind und Wetter an Deck einzunehmen, solange es nicht stürmt, um ihr Quartier leidlich sauber zu halten.

Abends um sechs Uhr wird an der Kombüse *Tee gefasst*, der auf Pastor Rauschenbuschs Überfahrt so schlecht gewesen sein soll, *daß die meisten Passagiere sich lieber bloß heißes Wasser geben lassen, dahinein ihr Brot brocken nebst Butter, und die so bereitete Brotsuppe als gewöhnliches Abendessen verzehren.* Zusätzlich erhält jeder Erwachsene zwei Liter Trinkwasser pro Tag, doch weil so gut wie jeden Mittag Salzfleisch ausgegeben wird, leiden viele trotzdem an Durst und Verstopfung, dazu an üblen Blähungen von dem Übermaß an Hülsenfrüchten.

***

An meinem letzten Abend in Bremerhaven laufe ich zu den beiden einzigen Häusern in dieser Stadt, die aus Carls Zeit überdauert haben. Die Kneipe »Alt Bremerhaven« war damals ein Gasthaus, ein schlichtes, zweieinhalbstöckiges Doppelhaus ohne Trauf, weiß getüncht mit hohen Fenstern. Am Tresen dort treibe ich einmal mehr zwischen den Zeiten und trinke ein Bier auf Carls Wagemut und auf den seiner Schicksalsgenossinnen und -genossen an Bord der »Anna«.

Am nächsten Morgen reise ich weseraufwärts nach Bremen. Ein Mitarbeiter des Staatsarchivs dort verhilft mir zu einer digitalen Kopie des in Öl gemalten Kapitänsbildes der »Anna«, das sie bei leichtem Wind und unter vollen Segeln zeigt – ein schlankes, elegantes Schiff. In Bremer Adressbüchern entdecken wir, dass Jacob Wessels an Land ein unstetes Leben führte und alle ein, zwei Jahre innerhalb der Stadt umzog. Seinem Totenschein nach starb er fünfzehn Jahre nach der Reise der »Anna« an *Schlagfluß*, unverheiratet und kinderlos, mit knapp 68 Jahren.

***

Jetzt sahen wir blos Himmel und Wasser, schreibt Carl, *und die einzige Unterhaltung war, wenn wir den Fischen zusahen, welche in Mengen ans Schiff kamen. Es waren Schwertfische u. ungefähr drei Fuß lang; wir bekamen auch einige Haifische zu sehen.* Schweinswale tauchen im Dutzend neben der »Anna« auf, Tümmler und Delphine in unbändiger Spielfreude. Sie begleiten das Schiff eine

Zeitlang schnaubend und blasend und verschwinden dann im grenzenlosen Blau. Meist gleitet die Bark einsam dahin. Nur alle paar Tage tauchen am Horizont andere Schiffe auf. Einige segeln bis auf Rufweite heran, drehen bei und ihre Kapitäne tauschen mit Jacob Wessels Positionsberechnungen, Wetterbeobachtungen und letzte Nachrichten aus. Danach dippen sie ihre Flaggen und segeln ihrer Wege. Es sei *sehr hübsch*, fand die Kajütpassagierin Minna Praetorius, eine Rostocker Kaufmannsgattin, die bei ihrer Überfahrt 1846 fast pausenlos seekrank war, *wenn auf dem dunkelblauen Ocean ein Schiff mit weißen Segeln herumschwimmt, und wenn die Leute darauf so flink und fröhlich aussehen.* Offensichtlich behielt sie trotz der quälenden Übelkeit einen wachen Blick.

Am dritten Dezember kam ein Sturm, schreibt Carl, *welcher vier Tage anhielt u. dann eine gänzliche Windstille eintrat. Jetzt hatten wir wieder so schöne Witterung, daß man glaubte mitten im Sommer zu sein.* Die Stimmung an Bord hebt sich, ja wird geradezu euphorisch – selbst ausgezehrte, leichenblasse Seekranke wagen sich nach langer Zeit wieder an Deck und nehmen Farbe an. In den subtropischen Nächten flieht Carl die Enge des Zwischendecks – *doh dronda schtengts wia emma Kischtle kranke Affa!* Wie andere, robuste Passagiere packt er seinen Strohsack und seine Wolldecke und bettet sich an Deck.

Wenn die »Anna« in diesen Breiten mit schlaff hin und her schlagendem Tuch in ölig-glatter See dümpelt, erlaubt Kapitän Wessels männlichen Auswanderern, ein Bad im Atlantik zu nehmen. Frauen haben, der Sittlichkeit halber, an Bord zu bleiben, und ein hoch im Großmast postierter Seemann hält währenddessen Ausschau nach Haien. Beherzte Kajütpassagiere lässt Wessels in einem Beiboot im weiten Kreis um die »Anna« rudern – um das mit Goldfarbe lackierte, reich mit Schnitzereien verzierte Heck, den wuchtigen Bug und den schwarz bemalten Rumpf mit umlaufendem kupferfarbenem Band. Carl beneidet die Handvoll Privilegierter, die das Schiff aus einigem Abstand in der immensen Weite des Ozeans bewundern dürfen. Als ein Lufthauch aufkommt, lässt Wessels die Leesegel setzen, leichtes, nur für schwache Winde geeignetes Tuch, das die Besegelung der »Anna« auf etwa das

Doppelte verbreitert. Sie gleitet jetzt wie ein in der Sonne schimmerndes Wolkengebirge übers Wasser, und Carl kann sich nicht satt sehen an dem Anblick.

Es ist die fünfte Woche der Überfahrt und die Reise beginnt den Auswanderern lang zu werden. Doch auch wenn die meisten sich immer noch vor der Urgewalt der See ängstigen, sind einige auch von ihrer wilden Schönheit und Majestät begeistert. Wenn sie frühmorgens *Kaffee fassen* und die Besatzung beginnt, das Deck zu schrubben, steigt die Sonne tiefrot über den Horizont. Auch *am Abend ist's köstlich draußen*, schwärmt Minna Praetorius, *der Himmel ist dunkler, wie bei uns in Europa, und man sieht daher auch wohl so unendlich viele Sterne.* Der naturbegeisterte Pastor Rauschenbusch schwärmt davon, *wenn der Mond aufgeht und sein Schein wie ein, auf das Schiff zulaufender, langer, heller Silberstreifen sich in den Wellen wiegt; wenn in dunkler Nacht das wunderbare Leuchten des Meereswassers eintritt.* Bug- und Heckwelle der »Anna« wirbeln Myriaden winziger, einzelliger Algen auf, die das Wasser grünlich fluoreszieren lassen, *als wenn tief unten im Meer eine große Stadt läge*, in den Worten Friedrich Gerstäckers.

Carl sucht immer wieder Momente des Alleinseins auf der mit Menschen überfüllten »Anna«. Er findet sie ganz vorne auf dem Vordeck, am imposanten Klüverbaum, der weit über den Bug hinausragt und drei große Stagsegel trägt. Weil bei höherer See Gischt über die Reling fliegt, halten sich nur wetterfeste Naturen dort länger auf. Carl lauscht dem unablässigen Knarren und Ächzen des Rumpfes und der Masten und Spieren, er hört, wie der Wind durch die Segel faucht und wie das Schiff laut rauschend durch die Wogen pflügt. *Schon in dem wechselnden Spiel der Wellen*, schreibt Pastor Rauschenbusch, *wie in den mannigfaltigen Tönen, womit sie zusammen schlagen, liegt etwas ungemein Anziehendes, so daß bei einem tieferen Gemüthe das Auge nicht müde wird, den Wellen zuzusehen, und das Ohr nicht müde, ihrem Gebrause zuzuhören.* Und da steht Carl dann, oft nass und frierend, träumt seinem neuen Leben in Amerika entgegen – und hadert mit der herzlosen Willkür der württembergischen Obrigkeit, die seine Existenz ruinierte und ihn zwang, seine Heimat zu verlassen. Die liegt mittlerweile acht Reisewochen und an die zweitausend Seemeilen hinter ihm.

4
»... die neue soll sich öffnen!«

Tag und Nacht, Woche um Woche segelt die »Anna« weiter westwärts. Weil die Position des Schiffes keinem der Seeleute zu entlocken ist, bleibt den Auswanderern nur zu raten, wo in der unermesslichen Weite des Ozeans sie sich befinden. *Am zehnten Dezember sahen wir in der Ferne Land*, schreibt Carl, *und waren alle der Meinung, es wäre das so heiß ersehnte Amerika*. Die frohe Botschaft verbreitet sich sofort unter allen Passagieren. Sie sind unsagbar erleichtert, können das baldige Ende ihrer Reise kaum erwarten. Doch, so erzählt er, *es war eine bittere Täuschung für uns, denn wir sahen blos die Azorischen Inseln und wir hatten von hier aus noch eine fünfwöchige Fahrt mit sehr viel Sturm. Jetzt könnt Ihr Euch denken, daß mich die Langeweile plagte u. ich mich nach dem Lande sehnte.*

Es sind vor allem die Stürme, die die Auswanderer immer wieder an den Rand ihres Durchhaltevermögens und darüber hinaus treiben. Vor den ersten schweren Böen lässt Kapitän Wessels meist alle Segel bergen, das Ruder festzurren und die Niedergänge zum Zwischendeck wasserdicht verschließen. Viele Stunden, manchmal Tage, treibt die »Anna« dann heftig schlingernd in der tosenden See – und verliert mühsam ersegelte Meilen. Ihr eichener Rumpf ächzt und kracht, als müsste er bersten. Das Kohlefeuer in der Kombüse wird gelöscht, Kaffee, Tee und warme Mahlzeiten fallen aus. Im Licht weniger Laternen kauen ein paar Robustere, die noch Appetit haben, in kaltem Wasser eingeweichten Schiffszwieback – Carl unter ihnen. Viele beten, andere singen *Wenn der Wellen Macht / In der trüben Nacht / Unser Schifflein will bedecken, / Wollst Du Deine Hand ausstrecken! / Habe auf uns acht, / Hüter in der Nacht*!

Die Gepäckstücke, die die Auswanderer in der Mitte des Zwischendecks und vor ihren Kojen gestapelt haben, poltern mit jedem Rollen hin und her. Bis der Sturm sich legt, bleiben die *Schietpützen* ungeleert. Sie schwappen über, und der Gestank von ungewaschenen Körpern, Erbrochenem und Exkrementen verwandelt das Zwischendeck in ein Inferno. Seekranke liegen totenbleich, oft kaum noch ansprechbar, in ihren Kojen. Die meisten vermögen nur noch zu würgen – in ihren Mägen ist nichts mehr, das sie noch erbrechen könnten. Jacob Wessels und seine Steuerleute kümmern sich um die schwersten Fälle und verabreichen ihnen rohen Ingwer, der die Übelkeit ein wenig lindert.

Wenn der Kapitän verantworten kann, die Auswanderer wieder an Deck zu lassen, befiehlt er die Niedergänge zu öffnen, und eine lange Reihe blasser Gestalten steigt in Licht und Luft hinauf. Es sei ein rührender Anblick, erzählt Pastor Rauschenbusch von seiner Reise 1846, *die Leute auf dem Verdeck in allerlei Stellungen, einen über den anderen, theils sitzend theils liegend zu sehen, um sich dem Schlafen hinzugeben; denn die meisten hatten die ganze Nacht gar nicht geschlafen, theils vor Furcht, theils weil das Schwanken des Schiffs immer Einen in der Koje auf den Anderen warf.*

Selbst wenn sich das Wetter beruhigt, ist das Zwischendeck für viele kaum noch zu ertragen. Seit Wochen prallen hier die unterschiedlichsten Temperamente und Gepflogenheiten aufeinander. Man lebe, schreibt ein Auswanderer, der damals auch von Bremerhaven nach New York segelt, *in Unordnung nach Willkür ohne Vorgesetzten; da wird selten gekehrt; man liegt häufig neben schmutzigen Menschen; dabei fliegen Brocken Brot, Fleisch, Heringsköpfe und aller sonstiger Unrath umher.* Dazu komme, schreibt Pastor Rauschenbusch, *daß die meisten Passagiere ihre Kleider nicht oft genug wechseln. Dieselben in Seewasser zu waschen, läßt sich übel thun, weil dasselbe die Seife nicht recht annimmt, und nur sehr langsam wieder trocknet.* Überall baumeln notdürftig gewaschene Unterwäsche, Strümpfe, Kleider und von Regen und Gischt durchweichte Mäntel und Jacken. Vor allem bei nassem Wetter bleiben sie oft tagelang feucht und beginnen zu stocken. *Wenn man aber die Sachen fortwährend nass hat,* schreibt Friedrich Gerstäcker, *faulen sie wahrhaftig auf dem Leibe.*

In Bremerhaven muss jemand Ungeziefer eingeschleppt haben – Läuse und Wanzen plagen mittlerweile fast alle an Bord. Viele hassen die sich wiederholende Dauerkost, die besonders für die 18 Kinder an Bord zu schwer ist. Vor allem aber werden die

Abb. 8: Dreimaster auf hoher See, ein Gemälde des bayerischen Malers Michael Zeno Diemer, das eine Bark um die Mitte des 19. Jahrhunderts zeigt – ein Schiff wie die »Anna«.

Auswanderer einander überdrüssig. Ewig laufen sie die gleichen Wege auf dem übervollen Schiff, ertragen die gleichen Gesichter um sich, die fettigen, schlecht frisierten Haare und ungeschorenen Bärte, die abgetragenen, zerrissenen Kleider mit weißen Ausblühungen von Meersalz. Jede Gefühlsregung, jeden intimeren Moment ihrer Kojen-Nachbarn erleben sie aus nächster Nähe, ob sie wollen oder nicht: Heimweh, Tränen, Liebesschwüre, Ehekrach, Krankheit, Angst und Panik. Jetzt reißt vielen der Geduldsfaden, Unmut bricht sich Bahn, der Ton unter den Passagieren wird schärfer. *Ordnung und Nettigkeit fehlen fast allenthalben*, beklagt Pastor Rauschenbusch, *auch mich will in diesen Tagen das Gefühl der Ungeduld anwandeln.* Ein Weinbauer, der 1854 über den Atlantik segelt, *will überhaupt über das sittliche Leben auf unserem Emigrantenschiffe den Schleier werfen und nur so viel sagen: daß Zank und Streit, Eigennutz und Mißgunst, Angeberei und Schadenfreude an der Tagesordnung sind.* Selbst der sonst oft heiter gestimmte Friedrich Gerstäcker beklagt, dass einen gegen

Ende einer Atlantikpassage eine Gleichgültigkeit erfasse *wie es nur irgend möglich ist, denn man sieht gar keine Aussicht vor sich aus diesem Elend erlöst zu werden. [...] alle Tage fallen Zänkereien und Krakehl vor, wenn das so fort geht wird es wohl noch einmal blutige Köpfe geben.*

Wenn Carl der Schiffskoller packt, bittet er einen der Steuerleute, in den über dreißig Meter hohen Vormast klettern zu dürfen, wie die Seeleute beim Setzen und Bergen von Segeln. Dort setzt er sich auf die Marssaling – eine kleine Plattform auf etwa einem Drittel der Höhe. Vor sich sieht er den Bug der »Anna«, der eine mächtige, grellweiße Bugwelle aufwirft, unter sich ihren Rumpf, der von da oben betrachtet erstaunlich klein und zerbrechlich wirkt. Das Stimmengewirr an Deck dringt nur wie fernes Murmeln zu ihm; er hört vor allem das Knarren und Singen der Takelage und wie der Wind durch die Segel streicht. Die Weite ringsum ist schier unfassbar, er kann sich kaum satt sehen daran. Wenn die Steuerleute keine Segelmanöver befehlen, sitzt er oft stundenlang auf der Saling und steigt erst ab, wenn er gründlich durchgefroren ist.

Sie überqueren den Nordatlantik im Winter und haben gerade eine Weihnachtsfeier an Bord improvisiert. Die subtropischen Breiten, in denen Jacob Wessels sie an flauen Tagen im Ozean hatte baden lassen, liegen längst hinter ihnen. Entsprechend rau ist das Wetter: *In der Nacht vom 28. Dezbr hatten wir einen so heftigen Sturm*, schreibt Carl, *u. wurden so hin u. her geschleudert, daß die Bettstellen auf einer Seite des Schiffes zusammenbrachen, was eine große Verwirrung hervorbrachte, einige beteten u. andere fluchten.* Sie sind jetzt bald zwei Monate unterwegs, und Carl und seinen Mitreisenden geht es kaum anders als Friedrich Gerstäcker, der in den letzten Tagen seiner Überfahrt schreibt: *Wenn wir noch lange auf dem Schiff bleiben, werden wir verrückt.*

***

Wir fliegen in acht Stunden über den Atlantik, in der mittleren Sitzreihe, ohne Sicht nach draußen. Nur einmal, aus dem Guckloch eines Notausgangs, sehe ich kurz den windgepeitschten Ozean tief unter uns, als die Wolken aufreißen. Klimaanlagen regeln Druck und Temperatur in der Maschine, aus den Bordlautsprechern trällert *easy listening*-Musik, aufmerksame Stewardessen füttern uns mit Fertiggerichten aus der Mikrowelle – kein Ort, um die Mühsale einer Segelreise Mitte des 19. Jahrhunderts nachzuempfinden.

Der Leihwagen, den wir am *Dulles International Airport* bei Washington, D.C., übernehmen, riecht eigenartig amerikanisch. Wir fühlen uns wie von Riesenhand hierher geworfen, sind übermüdet und doch ruhelos, als wären unsere Seelen irgendwo über dem Atlantik hängengeblieben. Vor uns liegt eine achtwöchige Reise zu den meisten der Schauplätze, an denen sich Carls und Friedrichs Leben abspielten. Unsere Route wird quer über den Kontinent führen: von der Ostküste bis auf die Insel Alcatraz in der Bucht von San Francisco, von den Sümpfen Louisianas durch die Wüsten Arizonas bis ins baumlose, frostige Hochland von Nevada. In unseren Rucksäcken stecken die Tickets für ein Dutzend Fernzugreisen, Inlandflüge und Bustransfers, Kameras, Notizblöcke und Textmarker, je eine gute Hose für offizielle Anlässe, leichte Baumwollkleidung für den tiefen Süden und die Wüstenstrecken, wollene Mützen und Handschuhe für winterlich kalte Regionen. Unser Reiseplan umfasst 16 Seiten, ich fühle mich überfordert und habe Kopfschmerzen. Vor Bert in seinem fortgeschrittenen Alter bauen sich die lange Fahrt, die großen Entfernungen, die fremde Sprache auf wie zu hoch gelegte Hürden.

***

Ein Schwarm Eissturmvögel, die um die »Anna« wirbeln, sind das erste Zeichen, dass sich Carls Überfahrt dem Ende nähert. Die Bark segle jetzt in den flacheren Küstengewässern Nordamerikas, erzählen alte Salzbuckel unter den Matrosen. Das spüre man auch an den steileren, kürzeren Wellen. In der Kapitänskajüte füllt Jacob Wessels bereits in englischer Sprache, mit Feder und Tinte, die Passagierliste aus, die er dem Hafenamt von New York City neuerdings zu übergeben hat. Hinter dem letzten Namen auf der Liste vermerkt er *died on the passage*. Josephine, das zweitjüngste von sechs Kindern der bayerischen Bäckersfamilie Scheidel, war mit zweieinhalb Jahren an Bord gestorben. Der Bootsmann hatte ihren kleinen Leichnam in Segeltuch eingenäht und, nach einer kurzen, von Wessels gehaltenen Andacht, mit einem Stein aus dem Ballast des Schiffes beschwert im Atlantik versenkt. Dennoch ist dem Kapitän und seiner Besatzung zwar keine schnelle, aber eine glückhafte Reise gelungen: Im Durchschnitt sterben auf bremischen Schiffen zwei von hundert Auswanderern auf dem Weg nach Amerika, an Bord von hamburgischen Schiffen sogar drei und auf Seglern unter anderen europäischen Flaggen oft noch mehr.

Den fünften Januar waren wir ganz nahe an der amerikanischen Küste, schreibt Carl. Am nördlichen Horizont gerät der endlos scheinende Sandstrand von Long Island in Sicht, von den Auswanderern mit Jubel und Tränen begrüßt. Einige meinen schon die Brandung donnern zu hören. Die meisten an Bord geraten in Hochstimmung, Heiterkeit und Lachen kehren zurück. *Wir sangen recht aus vollem Herzen*, erzählt Pastor Rauschenbusch vom Ende seiner Fahrt, *zu Anfang: Lobet den Herrn, den mächtigen König der Ehren! Und am Schlusse: Nun danket Alle Gott!* In der Nacht zum Samstag, dem 8. Januar 1848, sehen die Auswanderer die sich überkreuzenden Strahlenbündel von fünf Leuchttürmen gleichzeitig – sie sind nur noch wenige Stunden von der Einfahrt in die Lower Bay von New York entfernt. In der Morgendämmerung segelt ein geradezu verwegen schlanker, eleganter Schoner unter einer gewaltigen U.S.-Flagge heran, und ein Lotse klettert an Bord – der erste Amerikaner, den die Auswanderer zu sehen bekommen.

Carl steigt ein letztes Mal auf die Marssaling und verfolgt, wie die »Anna« die Südwestspitze Long Islands passiert und auf *The Narrows* zuhält – die kaum eine Seemeile breite Engstelle vor New Yorks Upper Bay. Sie passieren vier klobige Festungen, die den größten Hafen der Vereinigten Staaten mit Batterien schwerer Kanonen schützen. Dann nähern sie sich der *insulären Stadt der Manhattoes*, wie Herman Melville in »Moby-Dick« wenige Jahre später schreiben wird, *von Docks umgürtet wie eine Südseeinsel von Korallenriffen, und überall vom Handel umbrandet.* Der Schiffsverkehr wird atemberaubend dicht: Segelfrachter aller Größen, Schaufelraddampfer mit qualmenden Schornsteinen, Hafenfähren, Fischerkähne, Ruderboote, Liniendampfer auf dem North und

East River. Carl steigt an Deck hinunter, wäscht und rasiert sich mit dem schmerzhaft kalten Seewasser, zieht, wie alle an Bord, frische Sachen an und reinigt die zerschlissene Arbeitskleidung, die er 63 Tage getragen hatte, so gut er kann. Schmutzige Wäsche an Land zu bringen, ist im Hafen von New York verboten.

Am frühen Nachmittag bugsiert ein Dampfschlepper die »Anna« an eines der Docks der *Lower Westside* Manhattans. Ein Amtsarzt kommt an Bord, befragt den Kapitän nach Seuchen und ansteckenden Krankheiten auf See und nimmt die Passagiere in Augenschein. Alle sind gottfroh, als er ihnen schließlich erlaubt, von Bord zu gehen, und ihnen eine tage- oder wochenlange Quarantäne erspart bleibt. *Nachmittags um drei Uhr stiegen wir in New York ans Land*, schreibt Carl seiner Familie. *Es ist eine herrliche Stadt u. ich glaube der schönste und größte Seehafen in der Welt.* Auf der Pier lässt sich ein Beamter der *New York Commissioners of Emigration* die Auswandererpässe der Neuangekommenen zeigen und ein paar Gepäckstücke öffnen, auf der Suche nach zollpflichtigen Waren. Dann finden sie sich zum ersten Mal dem *unermesslichen Häusercoloss* gegenüber, wie Friedrich Gerstäcker schreibt, mit seinen bis zu sechs- und siebenstöckigen Gebäuden.

New York City ist damals die bei Weitem größte und ethnisch vielfältigste Stadt der Vereinigten Staaten. Hier seien *alle Rassen des Globus* zu finden, heißt es in einem Reiseführer dieser Zeit, *von den grünen Inseln des Ozeans bis zu den sengenden Sanden der Wüste.* Die Frauen, die Carl in den Straßen begegnen, wecken seine Sehnsucht: eine dunkelhäutige Dienstbotin, deren Lachen das Weiß ihrer Augen und ihrer makellosen Zähne leuchten lässt, eine Chinesin mit sanft geschwungenen Mandelaugen, ihre Füße so winzig, wie er es noch nie sah, Ladies der gehobenen Gesellschaft, die sich, pelzvermummt, in Droschken durch den Verkehrsstau kutschieren lassen, eine blasse, grünäugige Schönheit, deren Lockenpracht orangerot schimmernd unter ihrem Kopftuch hervorbricht – das muss eine Irin sein. Tatsächlich sind fast ein Drittel der halben Million New Yorker irischer Abstammung, darunter viele, die erst jüngst der entsetzlichen Hungersnot in ihrer Heimat entkommen sind. Jeder zehnte stammt aus den deutschen Fürstentümern. Etwa vierzig kamen auf hoher See zur Welt, unterwegs auf Auswandererschiffen. Jeden Tag landen Hunderte weitere Emigranten mit ihren Koffern, Kisten, Körben, Bündeln – und all ihren Ängsten und Hoffnungen. Die Waisenhäuser New York Citys mühen sich, Säuglinge und Kleinkinder durchzubringen, die während der Überfahrt beide Eltern verloren haben.

Im Überschwang ihrer Ankunft begreifen nur wenige, wie gefährlich New York City sein kann: *Kaum war unser Schiff in der Nähe von der Stadt*, schreibt Carl, *so kamen schon einige Mäkler und Gastwirthe in Booten heran und im Hafen angekommen, so waren mehr Mäkler und Gastwirthe an Bord unseres Schiffes, als Passagiere.* Was in Bremerhaven die *Litzer* waren, sind an den Docks von Manhattan die *Runners* oder *Sharks* – skrupellose Kriminelle, die die Arglosigkeit Neuangekommener ausnutzen, um sie nach Strich und Faden auszunehmen. Es sind meist Landsleute, die die erschöpften, völlig überforderten Einwanderer betont fürsorglich ansprechen. Sie lotsen ihre Opfer in überteuerte Unterkünfte und Gasthäuser, bieten – gegen Vermittlungsgebühren – gut bezahlte Arbeit, die nie zustande kommt, oder ein Landgut, das sein Geld nicht wert ist. Die Übelsten unter ihnen scheuen sich nicht, ganze Familien zu ruinieren und allein reisende junge Frauen in Bordelle abzuschleppen. *Zuaschdend send des dohanna, doh kennschd uff dr' Sau nausreita!*

***

Die ersten zwei Wochen nach unserer Ankunft recherchieren wir in der Stille amerikanischer Bibliotheken und Archive, darunter die *Library of Congress* – die größte Bibliothek der Welt, deren Hauptlesesaal mit seinen Marmorsäulen, stuckverzierten Fensterbögen und überlebensgroßen Statuen großer Denker einer Kathedrale gleicht. Wir fressen uns im Eiltempo durch Dutzende Regalmeter, lassen mikroverfilmte Dokumente Spule um Spule an uns vorbeiziehen, scrollen durch digitalisierte Primärquellen. Ich sichte und markiere Bücher und historische Fachartikel, Bert trägt das Gefundene stapelweise an Kopierer und verbringt viele Stunden an den Geräten. Alle paar Tage schicken wir ganze Postsäcke voll Papier nach Hause.

Sehr bald merken wir, dass wir nicht allein sind mit unserer Suche. In einem Lesesaal der *National Archives*, einem ehrfurchtgebietenden Monumentalbau, der die Originale der Unabhängigkeitserklärung und der Verfassung hütet, arbeiten Dutzende Familienforscher jeden Alters. Weiße Amerikaner, manche mit Lesebrillen auf den Nasen, durchforsten Passagierlisten, Regierungsakten und die langen Namen- und Zahlenreihen des *U.S. census* nach ihren europäischen Wurzeln. Afroamerikaner versuchen, versklavten Vorfahren auf die Spur zu kommen. In dem zwei Stockwerke hohen Saal herrscht konzentriertes Schweigen, nur hie und da von Flüstern unterbrochen. Uns bringt ein hilfsbereiter Archivar unter anderem die Originale von Carls Krankenakten aus seinen Jahren als Soldat, von Kompanieschreibern mit Feder und Tinte ausgefüllt, jeweils mit Diagnose, dem Datum seiner Einlieferung ins Garnisonshospital und dem Tag seiner Entlassung. Wir können kaum fassen, dass solche Beiläufigkeiten aus dem Leben eines einfachen Gefreiten seit bald zwei Jahrhunderten in den bombensicheren, feuergeschützten Tiefen der Magazine lagern.

Alle in diesem Saal treibt die gleiche Neugier, alle teilen unsere Verbissenheit – die USA sind eine Nation von Ahnenforschern. Jeder siebte in diesem Einwandererland gibt an, deutsche Wurzeln zu haben. Deutschamerikaner, lese ich, seien die mit Abstand größte ethnische Bevölkerungsgruppe in den Vereinigten Staaten, und sie hätten die U.S.-Kultur entscheidend geprägt – auch wenn das Gerücht, die Amerikaner hätten um ein Haar Deutsch zur Amtssprache gewählt, jeder Grundlage entbehrt. Selbst in Barack Obamas Stammbaum mütterlicherseits soll sich ein Schwabe finden: Johann Conrad Wölflin aus der Türkengasse 6 in Besigheim am Neckar, der ein Jahrhundert vor Carl und Friedrich in die USA gesegelt war.

***

Nun war ich endlich in New York u. mein erster Gang war nach der deutschen Gesellschaft, schreibt Carl ein halbes Jahr nach seiner Ankunft, am Sonntag, dem 16. Juli 1848, *welche mir aber einen schlechten Trost gab, denn sie sagten mir, es wären 8000 Fremde hier arbeitslos und welche Zahl täglich durch ankommende Einwanderer*

Abb. 9: Winter Scene in Broadway – ein Gemälde aus dem Jahr 1857, zehn Jahre nach Carls Ankunft.

vermehrt würde. Seine Schriftzüge verraten, wie unsicher und angespannt er ist, weil seine Zukunft so offenbleibt. Die Zeilen geraten ihm schief, die Seiten sind voller Tintenkleckse, mit unachtsamer Hand verschmiert. Er fügt nachträglich Worte ein, schreibt einige falsch und streicht sie dann aus – ganz untypisch für einen Schriftsetzer. Jetzt spürt er am eigenen Leib, wie recht Pastor Rauschenbusch hatte, wenn er in seinen *Anweisungen* schrieb: *Besonders in den ersten Jahren nach seiner Ankunft hat der Auswanderer auf viel Mühe und Beschwerde sich gefaßt zu machen.*

Carls Neugier und sein forschender Geist treiben ihn in die gepflasterten, winterkalten Straßen New Yorks. Die Bürgersteige schwanken noch ein, zwei Tage lang im vertrauten Rhythmus der »Anna«. Überall umgibt ihn eine verwirrende Sprachmelange: amerikanische und britische Akzente, viele unverständlich, deutsche und schweizerdeutsche Dialekte, Französisch, Niederländisch, Jiddisch und Dutzende weitere Sprachen. Er schlängelt sich durch das Durcheinander von Kutschen, Fuhrwerken, Reitern und Fußgängern auf dem Broadway, der *großartigen Promenade für Mode und Schönheit* wie ein deutschsprachiger Reiseführer dieser

Zeit preist. Hier gibt es die größten und teuersten Läden der Stadt. In ihren Schaufenstern sieht er zum ersten Mal in seinem Leben chinesische Seide und kostbare Tuche aus Indien und Tibet schimmern. Die Vielzahl von Waren amerikanischer und europäischer Manufakturen überwältigt ihn, den aus bescheidenen Verhältnissen stammenden Handwerker. So dicht ist der Verkehr, dass sich die Fahrzeuge immer wieder stauen und Ortskundige empfehlen, kürzere Strecken zu Fuß zu gehen, weil man in den teuren Pferde-Omnibussen kaum schneller vorankommt.

Unmittelbar am Broadway, in einem der wenigen öffentlichen Parks, liegt die *City Hall*, das Rathaus. Es wird als eines der prächtigsten Gebäude der Vereinigten Staaten gefeiert und zeigt zugleich, wie viel Alte Welt auch in der Neuen steckt: Die Fassade aus Massachusetts-Marmor ist im Stil der französischen Renaissance gehalten, ionische und korinthische Säulen flankieren das Portal, die saalhohen Fenster erinnern an europäische Königsschlösser, und den Turm ziert eine überlebensgroße Statue der Justitia. Auf seiner obersten Plattform sind, wie auf den Kirchtürmen württembergischer Städte, rund um die Uhr Feuerwächter stationiert. Wenn sie Flammen oder Rauchwolken über New York entdecken, schlagen sie eine fünf Tonnen schwere Glocke – die größte Nordamerikas – nach einem simplen Zahlencode. Er gibt an, in welchem der acht Feuerlöschbezirke es brennt.

Abseits von Broadway, Pearl Street und anderen noblen Geschäftsstraßen liegen die Slums von New York, wo Tausende in lichtlosen, dreckigen Hinterhöfen und Kellern hausen. Ihr Elend und ihre Hoffnungslosigkeit entsetzen viele Neueingewanderte, die sich ein allzu freundliches Bild von der Neuen Welt gemacht hatten. Wer hier mit nichts als der eigenen Arbeitskraft ankommt, endet – wenn er keine Arbeit findet – sehr rasch in Armut, Prostitution oder Kriminalität. Weil Einwanderer in ihrer Not oft bereit sind, für geringere Löhne zu arbeiten, und weil sie schon mehrfach todbringende Seuchen ins Land getragen haben sollen, fordern *Nativists* lautstark ein Ende der Einwanderung. In ihrer Bewegung sammeln sich im Lande geborene oder vor längerer Zeit eingewanderte protestantische Amerikaner. Mit Pamphleten, Aufmärschen und eigenen Zeitschriften schüren sie den Hass auf

Neuankömmlinge, vor allem auf Katholiken wie die *Dirty Irish.* Auch *the Dutch,* wie man die Deutschen damals nennt, geraten leicht in Verdacht, der falschen Religion anzuhängen, weil viele von ihnen aus katholischen Territorien stammen.

Einer der prominentesten Demagogen der *Nativists* ist Samuel B. Morse, der wenige Jahre zuvor den Schreibtelegrafen erfand. Die meisten Einwanderer seien zu unwissend, um selbstständig handeln zu können, polemisierte er schon 1835: *Sie sind nichts als gefügige Werkzeuge in den Händen ihrer klügeren Anführer, die die Machenschaften ausländischer Herren vorantreiben.* Der Papst, glaubt man in solchen Kreisen, sei die finsterste dieser ausländischen Mächte. Er schicke Scharen katholischer Einwanderer, um die protestantischen Werte Amerikas zu untergraben. Und, abstruser noch: Eine päpstliche Armee bereite eine Invasion der Vereinigten Staaten vor und wolle in Cincinnati, Ohio, einen neuen Vatikan gründen. Vor allem in den Neuengland-Staaten, die die Hauptlast der Einwanderung tragen, attackieren gewalttätige Mobs der *Nativists* mittlerweile katholische Kirchen.

Als württembergischer Protestant ist Carl kein direktes Ziel militanten Fremdenhasses, doch auch er hat Mühe, in der Neuen Welt Fuß zu fassen. *Ich machte nun die Runde durch alle deutschen und englischen Druckereien*, schreibt er, *konnte aber nirgends unterkommen und ging endlich nach Philadelphia, allein auch hier hatte ich das gleiche Schicksal. Nun nahm ich meine Sachen auf den Rücken u. ging landeinwärts u. kam nach Reading, einer hübschen Stadt mit vielen Deutschen. Hier las ich in einem Wirthshause, daß für das zweite Pennsylvanier Volunteer-Regiment 160 Mann gesucht werden, um in Mexiko die Regimenter auszufüllen.*

Seit bald zwei Jahren ziehen die USA gegen Mexiko zu Felde. Der Krieg ist, kurz gesagt, ein kolossaler Landraub, den die aufstrebenden, militärisch überlegenen USA vom Zaun gebrochen haben, auf Kosten der von Diktatur, Korruption und Staatszerfall geschwächten Republik Mexiko. Auslöser war der Streit um Texas, einst die nordöstlichste mexikanische Provinz. Dort waren angloamerikanische Einwanderer zehn Jahre zuvor so dominant geworden, dass sie sich für unabhängig erklärt hatten – was Mexiko nie anerkannte – und als *Lone Star Republic* um Aufnahme als U.S.-Bundesstaat ersuchten. Washington hatte das lange abgelehnt, weil Texas den Besitz von Sklaven erlaubt, was das fragile politische Gleichgewicht zwischen Gegnern und Befürwortern der Sklaverei in den USA bedroht hätte. Doch im Kongress gewinnen zunehmend Expansionisten an Einfluss, die die Ausweitung ihres Landes nach Süden und Westen fordern, notfalls mit allen Mitteln. 1845 formuliert der Journalist John O'Sullivan zum ersten Mal die Ideologie der *Manifest Destiny*, der *offensichtlichen Bestimmung*, den ganzen Kontinent von Küste zu Küste in Besitz zu nehmen, *um das großartige Experiment der Freiheit und der republikanischen Demokratie, das uns anvertraut ist, voranzubringen.* Bei den Präsidentschaftswahlen im Jahr zuvor hatte bereits der Kandidat der expansionistisch gesinnten Demokratischen Partei gesiegt – der Baumwollpflanzer und Sklavenhalter James K. Polk aus dem Süden. Er annektiert Texas schließlich Ende 1845. Wenige Monate später greifen mexikanische Truppen U.S.-Soldaten in einer umstrittenen Grenzregion an, was der Kongress zum Anlass nimmt, dem südlichen Nachbarland Mitte Mai 1846 den Krieg zu erklären.

Ich entschloß mich sogleich, für Amerika das Schwert zu ergreifen, schreibt Carl, *u. schwur am 28. Januar zu Amerikas Fahnen für die Dauer des Krieges mit Mexiko. In Reading blieb ich nun 5 Wochen, wo wir dann nach Fort Mifflin abgeführt wurden um einexerziert zu werden.* Das Fort kontrolliert eine Engstelle des gewaltigen Delaware River, fünf Meilen stromab von Philadelphia und vierzig Meilen vor seiner Mündung in den Atlantik. 1848 ist es ein eher kleiner, vergessener Posten, der schon mehrfach außer Dienst gestellt worden war, verfiel und danach wieder instandgesetzt werden musste. Doch seine glorreiche Vergangenheit ist in aller Munde: Während des Unabhängigkeitskrieges gegen die britische Kolonialmacht, siebzig Jahre zuvor, hatte die Garnison Fort Mifflins einer fast siebenwöchigen Belagerung widerstanden und den Delaware blockiert. So gelang es den Rebellen zu verhindern, dass die Briten ihre Truppen, die Philadelphia besetzt hatten, von See aus mit Nachschub versorgen konnten. Als die Belagerung keine Wirkung zeigte, beschloss die britische Generalität, das Fort von acht Kriegsschiffen mit insgesamt 230 Kanonen gleichzeitig angreifen zu lassen. Bei diesem schwersten Beschuss des gesamten Krieges schlugen bis zu tausend Kanonenkugeln pro Stunde in die brennenden Trümmer Fort Mifflins ein. Nach fünf Tagen und Nächten Dauerfeuer sah die Garnison sich gezwungen, ihren Posten zu räumen – mehr als die Hälfte der 450 amerikanischen Soldaten waren gefallen oder verwundet. Doch sie hatten die schlagkräftigste Armee und größte Seemacht der Welt lange genug hingehalten, um den Rückzug von George Washingtons angeschlagenen Revolutionstruppen ins Winterlager von Valley Forge zu decken, was letztlich kriegsentscheidend war.

Carls Alltag in diesem Monument des amerikanischen Patriotismus ist ernüchternd: Das Fort mit seinen sternförmigen, aus Felsquadern gemauerten Wällen liegt am Rande des Delaware, auf dem ebenso unscheinbaren wie einsamen Mud Island, so weit von Philadelphia entfernt, dass die Bars und *grog shops*, die *dance halls* und Prostituierten dort für die Soldaten unerreichbar sind. Gezeiten und die Ausläufer atlantischer Stürme nagen an den Ufern des Inselchens, Wassergräben reichen bis an die Festungswälle, die Quartiere sind feucht und ungesund, das Brunnenwasser schmeckt brackig. Die Verpflegung gleicht der Dauerkost an Bord der »Anna«: Salzfleisch, Bohnen, Eintopf, Brot – und starker Kaffee morgens, mittags und abends, der so bitter ist, dass man ihn nur mit Unmengen Zucker genießen kann. Um die Männer beschäftigt zu halten, die Proviantkosten zu drücken und Abwechslung in den Speiseplan zu bringen, befiehlt der Kommandeur des Forts, Captain Robert Kingston Scott, im Marschland vor den Wällen Felder anzulegen und mit Saatkartoffeln und Gemüse zu bepflanzen – sobald es warm genug dafür ist.

***

Schon bald fühlen wir uns, als seien wir in zwei Welten gleichzeitig unterwegs: Wir schwimmen in unserem Leihwagen tapfer in der *rush hour* auf den *Avenues* und *Freeways* mit, essen in günstigen *sandwich bars*, asiatischen Garküchen und *taquerías* in Malls oder großen Supermärkten zu Mittag, um das Budget zu schonen, zappen abends manchmal durch den Wust überdrehter Fernsehprogramme.

Abb. 10: Eines der Sammelobjekte von Terry – eine Gürtelschnalle, wie Carl sie in Fort Mifflin trug.

Es muss der Zufall sein – dieses Schicksal, das wir nicht kennen –, der uns immer wieder aus dem Heute in die Mitte des 19. Jahrhunderts katapultiert. Einige unserer Unterkünfte entpuppen sich als denkmalgeschützte Juwelen aus den Jahren der beiden Brüder, die teils aufwändig im Stil der Zeit restauriert und möbliert wurden. Wenn wir müde gelaufen oder verspannt vom Recherchieren in unsere Zimmer zurückkehren, sinken wir in Ohrensessel des *Chippendale* und sichten unsere Stapel von Fotokopien unter Lampenschirmen der *Victorian Era*. Wir laufen mit 150 Jahre alten Karten durch postmoderne Straßenzüge und versuchen die Stadtbilder von damals vor unserem geistigen Auge zu erwecken.

Jacob's Resting Place, ein Bed & Breakfast in Carlisle, Pennsylvania, wo wir im *U.S. Army Military History Institute* recherchieren, ist die älteste unserer Unterkünfte. Sie wurde Anfang des 19. Jahrhunderts als Taverne erbaut. *Landlady* Marie begrüßt uns jeden Morgen vor dem wuchtigen, aus Naturstein gemauerten offenen Kamin in ihrer Wohnküche mit der Tageszeitung *Patriot* und serviert *American breakfast* am massiven, zweihundert Jahre alten Eichentisch. Maries Ehemann Terry ist Colonel der Artillerie und Militärhistoriker aus Passion, der seit Jahrzehnten Militaria sammelt. Das ganze Haus ist ein Museum aus den Jahren, als Carl Soldat war. Über dem Sofa hängt ein Vorderlader, wie er ihn in Fort Mifflin zu schultern hatte, wenn er auf Wache zog, sechs Kilogramm schwer. Terry zeigt uns eine Gürtelschnalle aus Messing, wie Carl sie zu seiner Uniform trug, mit den erhaben geprägten Buchstaben »US« in der Mitte. In einer Vitrine liegt die rosa getönte Spezialbrille eines Scharfschützen. Sie ist – bis auf einen kleinen Fokussierkreis – milchig-trüb geschliffen, um Blendeffekte zu vermeiden und den nötigen Tunnelblick zu schaffen. Und Terry gibt uns ein kombiniertes Messer-Gabel-Besteck in die Hand, mit dem armamputierte Soldaten mehr schlecht als recht essen konnten.

***

Mit 28 Jahren zählt Carl zu den älteren Soldaten der Garnison, die meisten sind erst um die zwanzig, und als Schriftsetzergeselle ist er einer der wenigen Gebildeten der unteren Ränge. Viele seiner Kameraden sind Analphabeten oder können nur mühsam lesen und schreiben. Etwa die Hälfte von ihnen sind neuangekommene Einwanderer wie er, die sich in die Armee retteten, weil sie keine Arbeit fanden: Deutsche, Iren, Schotten, Kanadier und Schweizer. Manche der Iren reden untereinander in einer Sprache, die entfernt an Deutsch erinnert – und sich als Gälisch herausstellt. Nicht wenige der Soldaten, darunter auch bitterarme Amerikaner, stammen aus so einfachen Verhältnissen, dass die Unteroffiziere ihnen zunächst eintrichtern müssen, sich selbst und ihre Unterwäsche mindestens einmal pro Woche zu waschen.

Trompetensignale bestimmen ihre Tage minutengenau. Noch vor der Morgendämmerung reißt sie das rasante, schwungvolle *Reveille* aus dem Schlaf. *Assembly* ruft sie zum allmorgendlichen Appell auf den Paradeplatz, *Guard Mount* zum Aufziehen der Wache, *Mess Call* zu den Mahlzeiten, die sie aus Blechgeschirren an langen, rohgezimmerten Tischen und Bänken zu sich nehmen. Zum *Drill Call* treten sie vor ihren Ausbildern an, die sie im Marschieren, Laden und Schießen trainieren, im Nahkampf – vor allem aber in Unterordnung und unbedingtem Gehorsam. *Fatigue* ruft sie zum Holzmachen, zur Feldarbeit und zu Reparaturen an den Gräben und Bollwerken. *Recall* beendet die oft harte, schweißtreibende Plackerei und mit *Retreat* zu Sonnenuntergang enden ihre Tage. Das getragene, seltsam wehmütige *Tattoo* zwingt sie Schlag 9:00 Uhr abends in die Stockbetten der Mannschaftsbaracken. Lampen und Laternen werden gelöscht und Gespräche und lautere Geräusche haben binnen einer Viertelstunde zu unterbleiben. *Dies war gerade keine böse, aber eine langweilige Zeit*, schreibt Carl den Seinen in Stuttgart und fügt an, er habe auch trübe Tage gesehen, *denn die 5 Monate, während ich amerikanischer Soldat war, sind nicht gerade zu den glücklichen zu zählen, obwohl es ein sorgenloses Leben ist, denn*

Vom Himmel da fällt ihm sein lustig Loos
Braucht 's nicht mit Müh zu erjagen

und man lebt nur von einem Tag zum anderen, jeden Augenblick gewärtig gegen Indianerhorden zu fechten. Bei uns kam es aber nicht so weit, denn wir pflanzten ganz friedlich Kraut und Kartoffeln und wo diese aufgezehrt waren, wurden wir verabschiedet, da die Republik unserer freiwilligen Dienste nicht mehr bedurfte.

Während des knappen halben Jahres, in dem Carls Regiment als Reserve bereitgehalten wurde, rangen die Kriegsgegner um ein Ende der Gewalt. Nur fünf Tage nachdem er sich verpflichtet hatte, war bereits ein Friedensvertrag unterzeichnet worden, auf dem Hauptaltar der barocken Basílica de Santa María de Guadalupe, nahe der von U.S.-Truppen besetzten Hauptstadt Mexikos. Doch es dauerte Monate, bis die Parlamente beider Staaten den Vertrag ratifizierten. Am 4. Juli 1848, dem amerikanischen Unabhängigkeitstag, verkünden die USA endlich den Friedensschluss: Für einen Kaufpreis von 15 Millionen Dollar sieht sich Mexiko genötigt, mehr als die Hälfte seines Territoriums an die Vereinigten Staaten abzutreten: Wildnisse von einer halben Million Quadratmeilen, die die heutigen U.S.-Bundesstaaten Kalifornien, Nevada, Utah, New Mexico und Teile von Arizona, Colorado und Wyoming umfassen. Es ist der zweitgrößte Landgewinn der amerikanischen Geschichte. Ohne dass Carl das ahnen könnte, wird ihn sein Leben just in diese riesige, noch weitgehend menschenleere *terra incognita* führen. Und er wird viel mehr von ihr sehen und zu durchleiden haben als die meisten Amerikaner seiner Zeit (siehe Karte 4 – im Schutzumschlag innen).

Jetzt, da der Friede mit Mexiko abgeschlossen ist, schreibt er, *sind wir wieder frei wie zuvor. Manchmal wenn ich so ganz allein in der Nacht Wache stand, dachte ich zurück an das schöne Deutschland, an Euch und meine Freunde. Der Grund warum ihr keine Nachricht von mir erhalten habt, liegt darin, weil wir keine Stunde vor dem Abmarsch sicher waren; den 6. Juni standen wir schon marschfertig da, bekamen aber wieder anderen Befehl und erhielten den 13. Juli, nachdem alle Truppen von Mexiko zurückkehrten, den Abschied. Es war mir nicht einmal recht, ich hätte gern auch einige Tropfen von meinem heißen Blut verloren für Amerika aber nicht für deutsche Fürsten.*

Die fünfeinhalb Monate als Soldat erscheinen Carl bald wie eine Episode seiner mühsamen Anfangsjahre in Amerika – vorbei und vergessen. Er ist erst so kurz in diesem Land, dass er nicht zu erkennen vermag, wie sehr sich gerade im Krieg gegen Mexiko die gefährliche Zerrissenheit seiner neuen Heimat zeigt. Längst nicht alle Amerikaner hatten sich für den Feldzug so naiv und unbekümmert begeistert wie er als junger Einwanderer. Vor allem in den nördlichen Bundesstaaten protestierten Fabrikarbeiter und pazifistische Christen wie die Quäker empört gegen den *unseligen, ungerechten Angriffskrieg*, als den ihn ein Abgeordneter des Repräsentantenhauses brandmarkte. Selbst der Vordenker der *Manifest Destiny*, der Journalist John O'Sullivan, hatte sich gegen gewaltsame Landnahme ausgesprochen. Der Schriftsteller und Philosoph Henry David Thoreau weigerte sich, Steuern zu bezahlen, weil er die Schlächterei nicht mitfinanzieren wollte. Er verbrachte deshalb eine Nacht im Gefängnis und verfasste aus dieser Erfahrung heraus seinen berühmten Essay über zivilen Ungehorsam. Sein Dichterkollege Ralph Waldo Emerson soll ihn bei einem spontanen Besuch in seiner Zelle gefragt haben: *Was machst denn du hier drin?* Worauf Thoreau der Legende nach dagegenhielt: *Was machst denn du da draußen?*

Die vehementesten Kriegsgegner sind die Abolitionisten, die Sklaverei für moralisch verwerflich halten und ihre Abschaffung fordern. Die vor allem im Norden und Osten des Landes aktive *American Anti-Slavery Society* warf Präsident Polk vor, der Krieg würde *einzig zu dem verachtenswerten und grässlichen Zwecke geführt, die amerikanische Sklaverei auf das weite Gebiet von Mexiko auszudehnen und zu verewigen.* Frederick Douglass, der einflussreichste Afroamerikaner dieser Zeit – ein geflohener Sklave, der sich zu einem brillanten Redner und Journalisten hochgearbeitet hatte – erkannte darin ein düsteres Omen: *Mexiko mag erobert und unterworfen werden*, schrieb er in seiner Zeitung *The North Star* Anfang 1848, *aber so sicher wie es einen Gott der Gerechtigkeit gibt, werden wir nicht ungestraft bleiben. Uns wird schreckliche Vergeltung widerfahren.*

***

Von Carlisle aus besuchen wir den *Gettysburg National Military Park*, Schauplatz der größten Schlacht auf amerikanischem Boden – ein Wendepunkt des Bürgerkrieges, Anfang Juli 1863. Wir laufen über das viele Quadratmeilen große Schlachtfeld, auf dem während der dreitägigen Kämpfe 28 000 Konföderierte und 23 000 Unionsoldaten fielen oder verletzt und verstümmelt wurden, und 5000 Pferde krepierten. Ein U.S.-Gefreiter notiert über die Kämpfe später: *Die heiseren und unverständlichen Befehle kommandierender Offiziere, das Heulen und Explodieren von Granaten, Kartätschen und Schrapnell, die die Massen miteinander ringender Menschen zerreißen, das Todesgebrüll verendender Tiere, das Stöhnen ihrer menschlichen Kumpane, verwundet, sterbend und in den Boden getrampelt von vorbeipreschenden Geschützbatterien, reiterlosen Pferden und vorrückenden Einheiten – eine vollkommene Hölle auf Erden.* In den idyllischen felsdurchsetzten Wäldchen, Hügeln und Obstwiesen um Gettysburg kulminiert der Schrecken, der Carls und Friedrichs Jahre in ihrem *so heiß ersehnten Amerika* von Anfang an überschattet: der Streit um die Sklaverei. Noch während der Kämpfe bei Gettysburg entführen konföderierte Einheiten freie Afroamerikaner aus der Umgebung des Städtchens, darunter Frauen und Kinder, um sie zu versklaven *und treiben sie*, so schreibt eine Augenzeugin, *wie wir Vieh treiben würden.*

Gettysburg markiert den Höhepunkt der gewagtesten Offensive der Südstaaten. Sie wollen den Krieg, der bisher ausschließlich auf ihrem Territorium geführt worden war, in den Norden tragen. Doch ein Frontalangriff auf die Unionstruppen, den der konföderierte Oberbefehlshaber Robert E. Lee anordnet, wird zum Fiasko: In der größten Hitze des Tages müssen 12 500 Soldaten eine Dreiviertelmeile weit ohne Deckung über Äcker und Weiden marschieren, bevor sie die feindlichen Linien erreichen. Kanoniere der

Union kartätschen sie zu Tausenden nieder, Schützenreihen feuern hinter Steinwällen Salve um Salve in die Heranrückenden. Nur an einer Stelle gelingt es ihren dezimierten Reihen, die Phalanx der Unionssoldaten zu durchbrechen und sie in Nahkampf zu verwickeln. *Männer schießen einander in die Gesichter, keine fünf Fuß voneinander,* schreibt ein Überlebender, *sie durchbohren sich mit Bajonetten, hauen mit Säbeln aufeinander ein … werfen ihre Arme hoch, schlucken Blut, stürzen. Überall gräßliche Haufen toter Leiber; ohne Beine, ohne Arme, ohne Köpfe.* Schließlich bricht der Angriff zusammen, geschlagen und gebrochen ziehen die Konföderierten ab, und von da an wendet sich das Blatt gegen sie.

Zum Albtraum von Gettysburg hatten die märchenhaften Landgewinne des Mexikanisch-Amerikanischen Krieges beigetragen. Im Ringen um die neuen Territorien verhärteten sich die Fronten zwischen den Gegnern und Befürwortern der Sklaverei, bis ein Bürgerkrieg unausweichlich wurde. Friedrich wird den Beginn des Krieges nicht mehr erleben; Carl marschiert im zweiten Kriegsjahr von Kalifornien aus in den Abgrund, den Frederick Douglass sich auftun sah: den fanatischsten, unversöhnlichsten und blutigsten Krieg, der je auf U.S.-Territorium geführt wurde.

***

So weit ich in den Zeitungen lese, ist Deutschland in einem Zustande der größten Gährung u. Aufregung, schreibt Carl drei Tage nach seiner Entlassung aus dem Militärdienst an seine Familie. *Jetzt habe ich im Sinne nach den westlichen Staaten zu gehen, weil in den Staaten New York u. Pennsylvanien der Andrang von Auswanderern zu stark ist, denn es kommen täglich hunderte von Deutschen u. Irländern an u. der größte Verdienst ist bei den Wirthen, welche die Auswanderer auf die schamloseste Weise betrügen. In den New Yorker deutschen Wirthshäusern müssen die Auswanderer täglich einen halben Dollar (1 Gulden 15 Kreuzer) bezahlen. Es thut einem in der Seele weh, wenn man die Masse von Deutschen sieht, welche täglich hier landen.*

Nun kann ich Euch nicht viel mehr schreiben, denn Erfahrungen habe ich beim Soldatenleben nicht viel gemacht, welche euch interessieren könnten. Ich werde in wenigen Tagen die Reise nach dem Westen antreten, als Soldat habe ich 60 Thaler gespart in den 6 Monaten, weil wir vorher gar kein Geld bekamen bis wir verabschiedet wurden.

Carl bricht auf nach *German America*, am mehr als tausend Meilen entfernten Mittleren Mississippi, an dessen Ufer Bundesstaaten wie Missouri und Illinois grenzen. Dort haben Zehntausende deutsche Einwanderer eine neue Heimat gefunden. In vielen Städten wird vor allem Deutsch gesprochen, und Freigeister und ehemalige Vorkämpfer für Freiheit und Demokratie in der Alten Welt haben dort deutschsprachige Zeitungen, Zeitschriften und Buchverlage gegründet. Für einen württembergischen Schriftsetzer-Gesellen, der genaues Arbeiten gewohnt ist, wird da ein Auskommen zu finden sein, so Gott will.

Jetzt lebt wohl, schreibt er, *ich hoffe ihr werdet alle gesund und wohl sein, grüßt alle meine Bekannten u. Freunde, ich wünschte daß sie alle hier wären, wir wollten dann im Westen Wildnisse urbar machen. Ihr müßt nicht denken, daß ich mich in einer üblen Lage befinde, weil ich Soldat war, ich wollte Mexiko sehen u. hätte hier die beste Gelegenheit dazu gehabt. Wenn Ihr mir nach Empfang dieses Briefes sogleich Nachricht gebt, so kann er mit demselben Dampfschiff (Washington) zurückkommen.*

Euer Sohn und Bruder Karl Herzog

Karte 2 – Carl und Friedrich Herzogs Reisen westwärts, August/September 1847 und Juli 1849

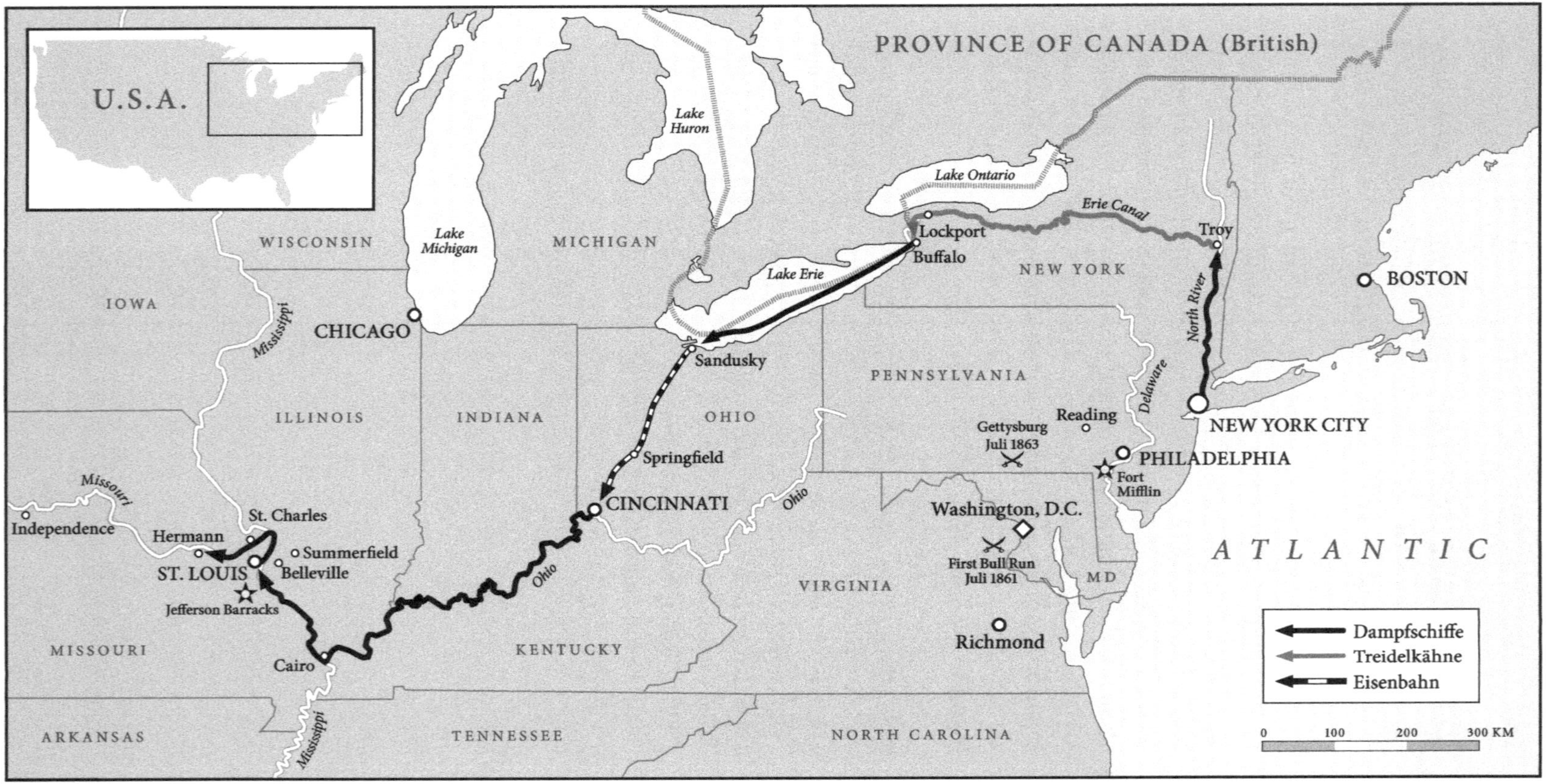

5
Deutsche Inseln im Meer der Fremde

Beim Quartiermeister Fort Mifflins gibt Carl seine himmelblaue wollene Uniform zurück, sein Käppi, die Stiefel, Muskete, Bajonett und die Ledertaschen für Patronen und Zündhütchen. Er lässt das dröge Mud Island hinter sich und kehrt zurück an die geschäftige, von Menschen wimmelnde Südspitze Manhattans. Weil Eisenbahnfahrkarten teuer sind und das Streckennetz auch im Osten der Vereinigten Staaten noch viele Lücken hat, wählt er den Wasserweg nach *German America*. Nicht weit von der Pier, an der er ein halbes Jahr zuvor angekommen war, geht er frühmorgens an Bord eines Flussbootes, das ins Landesinnere dampft, den mächtigen North River hinauf, wie man den Hudson damals nennt. Kaum eine Viertelstunde nach dem Ablegen bereits bleibt der *Häusercoloss* von New York City hinter dem Heck zurück.

Carl steht stundenlang an Deck, wie einst an Bord der »Anna«, und lässt die Landschaft an sich vorüberziehen: wohlbestellte Farmen und Ranches dicht an den Ufern, die Wohnhäuser, Scheunen und Ställe aus Holz gezimmert; Städtchen, vernebelt vom Qualm der Kamine und Fabrikschlote – Bilder eines Landes im Aufbruch. Bald weitet sich der North River so enorm, dass er wie ein breiter, langgestreckter See wirkt oder gar wie ein Meeresarm. An seinen Ufern tauchen weglose Flussmarschen und Sümpfe auf, senkrechte Felsabbrüche und dahinter Waldgebirge, die Carl seltsam unbesiedelt, ja unberührt scheinen. Immer wieder ragen Landestege in den majestätischen Strom, die ins Nirgendwo zu führen scheinen. Nur der rege Bootsverkehr zeigt, dass die Landschaft dichter besiedelt sein muss, als er wahrnimmt.

Nach einem langen Tag auf dem Wasser endet die Dampferfahrt im Städtchen Troy, am Osteingang des Erie Canals. Am nächsten Morgen steigt Carl auf ein 80 Fuß (24 m) langes und 15 Fuß (4,5 m) breites Kanalboot um, auf dem sich an die einhundert Reisende mit ihrem Gepäck drängen. Vier Tage und Nächte gleiten sie in gemächlichem Trabtempo nach Westen: Das Boot wird mit Gespannen von

Abb. 11: Die berühmten fünf Schleusenkammern von Lockport am Erie Canal, die auch Carls Boot hinabgeschleust wurde.

je drei Maultieren getreidelt, die alle paar Stunden gewechselt werden. Weil die Kabine für besserbetuchte Passagiere reserviert ist, hockt Carl mit Dutzenden anderen auf dem Dach. Jedes Mal, wenn der Mann am Ruder *low bridge – everybody down* ruft, ziehen sie die Köpfe ein oder legen sich flach hin, bis sie die Brücke passiert haben. Vor den Mahlzeiten wird die Kabine flugs zum Speisezimmer der Ersten Klasse umgerüstet; nachts trennt ein Vorhang den Schlafbereich der Frauen von dem der Männer. Wer sich den Luxus einer Liege leisten kann, klappt eines der spartanischen Schlafregale von der Bordwand, die in den Worten eines Reisenden *kaum so breit sind wie ein Sarg*, oder legt sich in eine der Hängematten, die von der Decke baumeln. Alle anderen, darunter auch Carl, rollen sich unter einer Plane auf dem Kabinendach in ihre Decken.

Sie sind auf einem Wunderwerk der noch blutjungen amerikanischen Ingenieurskunst unterwegs – dem zweitlängsten Kanal der Welt, nach dem chinesischen Kaiserkanal. Zwei Jahrzehnte zuvor hatten irische Arbeiter die Trasse des Erie Canals durch die Urwälder von *upstate New York* gebahnt, hatten Millionen Tonnen Aushub mit Pickeln und Schaufeln bewegt und die Fahrrinne, wo nötig, mit Schwarzpulver ins Gestein gesprengt. Unterstützt von deutschstämmigen Steinmetzen hatten sie das 360 Meilen lange Kanalbett und seine 84 Schleusen mit Natursteinblöcken ausgemauert – und sahen sich dabei, neben aller Mühsal, allen Unfällen und Krankheiten, auch dem Hass und den tätlichen Angriffen der *Nativists* ausgesetzt. Was sie geschaffen haben, ist freilich so imposant, dass der Kanal zum Ziel von Ausflüglern und Touristen wurde, darunter Schriftsteller wie Herman Melville, Nathaniel Hawthorne und Harriet Beecher Stowe. Manchmal verläuft die Fahrrinne am Hang und Carl und seine Mitreisenden blicken erstaunt bis zu sechzig Fuß tief auf den Talboden hinab. Am Morgen des zweiten Tages gleiten sie in einem gemauerten Aquädukt über die tosenden Katarakte von Little Falls. Doch Carl hat sich an der Szenerie der Ufer bald sattgesehen, und auch diese Reise wird für ihn zur Geduldsprobe. Um sich die Tage zu verkürzen und seinen Bewegungsdrang auszuleben, läuft er auf dem Treidelpfad immer wieder mal ein paar Meilen neben dem Boot her, zügigen Schrittes.

Meist reisen sie, in den Worten Hawthornes, durch *dunkle, dichte und undurchdringliche Wälder.* Ab und zu weicht die Wand von Bäumen zurück und gibt den Blick frei auf einsam gelegene Rodungsinseln, übersät von düsteren, verkohlten Baumstümpfen. Im Fenster eines Blockhauses unmittelbar am Treidelpfad taucht das blasse Gesicht einer Frau auf, schreibt Hawthorne: *Hager und fieberkrank wirkt sie wie die personifizierte Armut; armselig gekleidet, Mangel leidend, lebt sie in der Einöde, während ein Strom des Wohlstandes vor ihrer Tür vorbeigleitet.* Dann wieder passieren sie *das unruhige Herz einer Stadt, zwischen von Menschen wimmelnden Docks und Kaianlagen und stattlichen Lagerhäusern. Durch den dichtesten Tumult führt der Kanal, zwischen hohen Reihen von Gebäuden und Brückenbögen aus behauenem Stein, bis wir uns wieder in die uralten Wälder schlagen.* Am vierten Tag der Reise, beim Städtchen Lockport, wird Carls Boot über den achtzig Fuß hohen Felsabbruch des *Niagara Escarpment* hinabgeschleust, in einer spektakulären Kaskade von fünf Kammern hintereinander. Wenig später mündet der Erie Canal in den Niagara River, zehn Meilen oberhalb der gewaltigen Wasserfälle. Die kriegen die Reisenden freilich nicht zu sehen: Ihr Boot hält stromauf und wenige Stunden später gehen sie in der Hafenstadt Buffalo am Lake Erie von Bord.

Über diesen schier unermesslichen, meergleichen See fährt Carl einen weiteren Tag und eine weitere Nacht nach Westen, an Bord eines Schaufelraddampfers, der so schlingert, dass viele Passagiere seekrank werden. Am Hafen von Sandusky im Bundesstaat Ohio steigt er in einen Dritte-Klasse-Waggon der Eisenbahn, der ihn 200 Meilen weiter nach Cincinnati bringt. In dieser von Deutschen geprägten, aufstrebenden Handelsstadt am Ohio River versorgt er sich mit Proviant für eine Woche und trägt sein bescheidenes Hab und Gut zum unbefestigten, morastigen Ufer des Flusses hinunter. Dort liegen Dutzende Dampfer, einer hinter dem anderen, viele im Zuckerbäckerstil des *Steamboat Gothic* verziert. Für ein paar Dollar ersteht Carl eine Deckspassage nach Saint Louis, das noch 500 Meilen entfernt liegt.

Sechs Jahre zuvor war Charles Dickens auf dem Ohio gereist, begleitet von seiner Frau und ihrem Dienstmädchen. Sie schätzten sich glücklich, dass ihre Erste-Klasse-Kabine am Heck des Dampfers lag: *Man hatte uns vielfach und mit großem Nachdruck geraten, uns so weit wie möglich hinten auf dem Boot aufzuhalten, weil die Dampfer im Allgemeinen weiter vorne explodieren.* Tatsächlich gehen damals jedes Jahr Hunderte Dampfboote auf dem Mississippi und seinen großen Nebenflüssen verloren: durch Kesselexplosionen, Feuer an Bord, Felsriegel und ständig wandernde Sandbänke unter Wasser, Kollisionen, reißende Hochwasser oder Eisgang im Frühjahr.

Auf diesen *Steamboats,* deren Lebensdauer meist nur wenige Jahre beträgt, liege zuoberst kein aussichtsreiches Deck, sondern *nur ein langes, schwarzes, hässliches Dach,* erzählt Dickens, *übersät mit ausgeglühten Funken, über dem zwei eiserne Schornsteine in*

Abb. 12: Die riverfront von Cincinnati, aufgenommen am 24. September 1848 um 2:00 Uhr nachmittags, wenige Wochen nachdem Carl hier an Bord eines Flussdampfers ging – ein Ausschnitt des ältesten Stadtportraits der USA. Es wurde aus acht verschiedenen Daguerreotypien zusammengesetzt und bildet insgesamt zwei Meilen Ufer des Ohio River ab.

den Himmel ragen, ein heiseres Überdruckventil und ein verglastes Ruderhaus. Die Erste-Klasse-Kabinen samt dem umlaufendem Promenade-Deck ruhten *auf Balken und Pfeilern über dem verdreckten Bootsrumpf, der nur wenige Handbreit über das Wasser ragt. Und in dem beengten Raum zwischen diesem Aufbau und dem Deck liegen die Kessel mit ihren Feuern und die Dampfmaschinen, zu allen Seiten hin offen für jeden Windstoß und jeden Wolkenbruch.*

Dort haben sich Deckspassagiere wie Carl einzurichten, ohne Waschgelegenheit und ohne Koje. Er sucht sich einen Platz, an dem er sich nachts ein wenig ausstrecken kann, unter Dutzenden anderen, zwischen übermannshoch gestapelten Getreidesäcken, Melasse-Fässern und einem Pferch verängstigter Ferkel. Cincinnati hat den Spitznamen *Porkopolis* weg, weil die Region als Zentrum der Schweinezucht gilt. Als das Boot ablegt, fährt Carl mit jeder Umdrehung der Schaufelräder ein Keuchen aus den Ventilen der Hochdruck-Dampfmaschine in die Ohren. Er sieht die Heizer große Holzscheite auf die Feuer werfen, manchmal hört er, wie der

Schiffsboden über Untiefen knirscht – Anfang September führt der Ohio nur wenig Wasser.

Wenn man solche Boote nachts passiert und die gewaltigen Feuer sieht, die unter dem zerbrechlichen Häuflein lackierten Holzes brausen, schreibt Dickens, *die Dampfmaschinen, deren Pleuel ohne Gehäuse oder Absperrung mitten unter den Müßiggängern, Auswanderern und Kindern rotieren, die sich auf den unteren Decks drängen; bedient von achtlosen Männern, die vielleicht erst sechs Monate lang mit den Mysterien einer Dampfmaschine vertraut sind, dann spürt man unmittelbar, daß nicht die vielen tödlichen Unfälle verwunderlich sind, sondern daß überhaupt eine Reise sicher gelingt.*

Immer wieder legt Carls Dampfer für wenige Minuten an einem Städtchen oder Weiler an, um Brennholz für die Kesselfeuer, Fracht oder Passagiere an Bord zu nehmen, aber größtenteils liegen die Ufer in tiefer Einsamkeit, wie schon am Erie Canal. *Über viele Meilen hin wird diese Einsamkeit von keinen Zeichen menschlichen Lebens unterbrochen,* beobachtet Dickens, *noch sieht man sich irgendetwas in den Wäldern bewegen außer dem blue jay – dem Blauhäher, dessen Gefieder so leuchtend und doch so zart gefärbt ist, daß er wie eine fliegende Blume wirkt.* In großen Abständen kommen Blockhütten in Sicht, auf Flecken gerodeten Landes, *über denen Fäden blauen Rauches in den Himmel steigen. Manchmal wurde das Land gerade erst gerodet, die gefällten Bäume liegen noch auf dem Boden und der Bau des Blockhauses wurde vielleicht erst an diesem Morgen begonnen. Als wir an einer solchen Rodung vorbeigleiten, lehnt sich der Siedler kurz auf seine Axt und blickt sehnsuchtsvoll auf uns Menschen der großen Welt.*

An Carls drittem Tag auf dem Ohio legt sein Dampfer zwischen einer langen Reihe anderer Boote in Cairo, Illinois, an, nahe der Mündung in den Mississippi. Selbst jetzt ist es dort noch drückend schwül. Charles Dickens lässt kein gutes Haar an dem Hafen: *An der Vereinigung der beiden Flüsse, auf Ufern, die so flach und morastig sind, daß Häuser zu bestimmten Jahreszeiten bis zu den Dächern unter Wasser stehen, liegt eine Brutstätte von Fieber, Malaria und Tod,* schreibt er, *ein jammervoller Sumpf, in dem erst halb fertiggestellte Häuser schon wieder verrotten, eine abstoßende*

Gruft, die von keinem Hoffnungsschimmer erhellt wird: das ist das elende Cairo.

Nur wenige Minuten nach dem Ablegen dort wühlen die Schaufelräder von Carls Dampfer die erdig-braunen Wasser des Mississippi auf, *flüssiger Schlamm, der mit sechs Meilen pro Stunde dahinfließt.* Wie der Ohio ist auch der Mississippi noch ein ungezähmter Fluss, ohne Fahrwasser-Tonnen, Leuchtzeichen oder andere Schifffahrtshilfen. Oft verzweigt er sich in ein Gewirr von Armen, die bis zu vier Meilen breit durch das flache Land mäandern, *seine starke, schäumende Strömung immer wieder von riesigem Treibholz und ganzen Bäumen verengt, die sich mal zu großen Flößen verflechten oder endlos im Wirbel eines Strudels kreisen. Die Ufer niedrig, die Marschen von Fröschen wimmelnd, wenige elende Hütten, die weit auseinander liegen, ihre Bewohner hohlwangig und blass, das Wetter sehr heiß, Moskitos, die durch jeden Spalt und jede Ritze des Bootes dringen, Schlamm und Schlick überall: nichts Angenehmes liegt in diesem Anblick, bis auf die harmlosen Blitze, die jede Nacht über den dunklen Horizont zucken.*

Noch zwei Tage und Nächte harrt Carl auf dem Deck des Dampfers aus, der den Mississippi stromauf qualmt, *immer wieder gegen Treibholz krachend*, wie auf Dickens' Reise, *oder die Fahrt stoppend, um noch gefährlicheren Hindernissen auszuweichen – den snags oder sawyers, versunkenen Baumstämmen unter Wasser.* Alle paar Stunden passieren sie ausgebrannte Wracks stattlicher Flussdampfer, die auf Sandbänken oder an den seichten Ufern verrotten. Wenn es ihn hungert, kaut Carl sein altbackenes Brot mit Resten von Speck – *d'Epfel send nedd so guat wia dahoim, abr mr koh se essa.* Seinen Durst stillt er, wie alle an Bord, mit dem schlammig-trüben Wasser des Mississippi. Es wird mit Eimern an einer Seite des Dampfers geschöpft, die Abwässer und Küchenabfälle landen auf der anderen Seite im Fluss.

Wenn die Nächte sehr finster sind, schreibt Charles Dickens, *erkennt der Ausguck vorne am Bug an der Kräuselung der Wellen, ob größere Hindernisse nahen und läutet dann eine Glocke, worauf die Maschine gestoppt wird: Mehrmals in der Nacht ist diese Glocke zu hören, und nach jedem Läuten wird das Boot von einem Schlag getroffen, der es schwierig macht, ruhig im Bett zu bleiben.*

Zwei Wochen ist Carl schließlich von New York City nach Saint Louis unterwegs, auf dieser *Völkerstraße nach dem Westen*. Als sie sich endlich der Stadt nähern, wirkt sie, in den Worten einer deutschstämmigen Zeitgenossin, vom Fluss aus, *als sei sie von einer Zahl riesiger Mississippi-Ungeheuer belagert, die kolossalen weißen See-Elefanten ähneln, diese großen weißgemalten Dampfer mit drei Decks, die am Ufer entlang liegen, Seite an Seite, wohl mehr als einhundert*.

Mitte September geht Carl dort im Trubel des Uferdammes an Land, zwischen haushoch aufgetürmten Hanf- und Schurwollballen, Tabakbündeln, Schlachtvieh und blökenden Schafherden. Fuhrwerke fahren sich auf den unbefestigten Schiffsländen fest, ihre Zugtiere bis zu den Fesseln im Morast versunken, Kutscher fluchen und lassen ihre Peitschen knallen.

Mit etwa 75 000 Einwohnern ist Saint Louis die bei Weitem größte Stadt und der wichtigste Handelsplatz des amerikanischen Westens: *The Lion in the Valley*. In jüngster Zeit laufen die Geschäfte hier besser denn je. Durch die Straßen rumpeln Karawanen von Planwagen und Fuhrwerken, die sich in Saint Louis ausrüsten, um in die riesige, unerschlossene Region vorzustoßen, die die USA vor wenigen Monaten erst der Republik Mexiko abgerungen haben. Tatsächlich gilt die Stadt immer noch als raue *frontier town* – als Ort der Gesetzlosigkeit, der alltäglichen Gewalt und Brutalität, obwohl die Siedlungsgrenze bereits einige hundert Meilen nach Westen gerückt ist.

Saint Louis wird von seinem wirtschaftlichen Aufstieg und dem rasanten Bevölkerungswachstum regelrecht überrollt: In den Straßen stehen die Abwässer noch in offenen Gräben, gären und stinken in der Hitze. Die ganze Gegend ist malariaverseucht, das Trinkwasser unbehandelt, auf den ungepflasterten Straßen suhlen sich Schweine. Jenny Lind, *the Swedish nightingale*, eine Sopranistin von Weltruf, die in Saint Louis gastiert, verspottet die Stadt damals als *ein riesiges Staubecken, das sich der Fabrikation von Schlamm in großem Stil verschrieben hat, durch das kunstvolle Zusammenwirken von Mensch und Natur*. Doch in den besten Hotels handeln politisch Mächtige, Investoren und Bankiers ihre Deals und Geschäfte aus. In den Theatern und Konzertsälen treten,

Abb. 13: Der verkehrsreiche Broadway von Saint Louis um 1858. Hier rüsteten sich Siedler-Trecks aus, bevor sie nach Westen zogen.

neben Jenny Lind, auch andere weltberühmte Künstlerinnen und Künstler auf.

Ein Drittel aller Menschen hier stammt aus Deutschland. In den ärmeren Vierteln am Nord- und Südrand der Stadt, in denen die meisten von ihnen wohnen, wird vor allem Deutsch gesprochen und in den Schulen meist auf Deutsch unterrichtet. Die Bäckereien backen Brot, Brezeln und Kuchen nach Rezepten der Heimat, die Metzgereien bieten Fleisch- und Wurstwaren auf Hausmacherart. Deutsche haben ein halbes Dutzend Brauereien in Saint Louis gegründet und in den elend schwülen Sommern Missouris suchen sie zu Hunderten Erfrischung in Biergärten, die ihre Fässer in natürlichen Karsthöhlen kühlen. Im *Sängerbund,* den deutschstämmige Brauer zwei Jahre zuvor gegründet hatten, pflegen Singfreudige das Liedgut der alten Heimat und die eingängigen, oft unbeschwerteren *songs* der Neuen Welt.

Wie überall halten die *German Americans* hier zusammen und bleiben unter sich so gut es geht – wie alle ethnischen Gruppen in den Vereinigten Staaten. Doch weil die Deutschen ebenso zahlreich wie einflussreich sind, begegnen ihnen viele angestammte Amerikaner mit Argwohn. *Nur wenige ihrer Kinder hierzulande lernen Englisch,* klagte Benjamin Franklin, einer der Verfasser der Unabhängigkeitserklärung, schon 1753 über deutsche Einwanderer im damals noch britischen Pennsylvania. *Sie importieren viele Bücher aus Deutschland; und von den sechs Druckereien in unserer Provinz sind zwei ausschließlich deutschsprachig und zwei halb deutsch, halb englisch. Werbetafeln werden jetzt in Deutsch und Englisch bedruckt, unsere Straßenschilder sind zweisprachig und an einigen Orten gar nur auf Deutsch. In letzter Zeit haben sie sogar begonnen, ihre Wertpapiere und andere juristische Dokumente in ihrer Sprache abzufassen. Ich vermute, daß es in unserem Parlament in einigen Jahren nötig sein wird, der einen Hälfte unserer Abgeordneten zu übersetzen, was die andere Hälfte sagt.*

Benjamin Franklin war freilich kein gewaltbereiter Fremdenhasser und Scharfmacher wie die *Nativists* zu Carls Zeiten. *Ich bin nicht grundsätzlich gegen die Aufnahme von Deutschen,* schrieb Franklin, *denn sie haben ihre Tugenden, ihr Fleiß und ihre Sparsamkeit sind vorbildlich; sie sind vortreffliche Landwirte und leisten einen großen Beitrag zum Aufstieg eines Landes. Alles, was nötig scheint, ist sie gleichmäßiger zu verteilen, mit Englischstämmigen zu vermischen, Englische Schulen einzurichten, wo sie jetzt zu dicht aufeinander leben.* Radikalere Köpfe forderten damals Zwangsehen mit Amerikanern, ein Verbot deutscher Zeitungen und der deutschen Sprache in der Öffentlichkeit – oder gleich einen *immigration ban,* der keine Deutschen mehr ins Land lässt.

Auch ein Jahrhundert nach Benjamin Franklin hat sich an der Entschlossenheit vieler Deutschamerikaner, an der Kultur ihrer Heimat festzuhalten, kaum etwas geändert. Einwanderer aus deutschen Territorien siedeln mit Vorliebe unter ihresgleichen: in den Sprach- und Kulturinseln von *German America* – in Bundesstaaten wie Pennsylvania, Ohio, Illinois, Missouri und Wisconsin. Fast alle deutschstämmigen Männer, mit denen Carl in Saint Louis bekannt wird, sind mit deutschen Frauen liiert, wenn sie nicht allein leben. Er fühlt sich eher von Amerikanerinnen angezogen, die ihm aufregend anders, selbstbewusst und unabhängig scheinen, vermuten wir. Eine Gefährtin zu finden, eine *American Belle,* mit der er sein Leben teilen, ein gemeinsames Zuhause schaffen, eine Familie gründen könnte – das hieße in diesem Land wirklich anzukommen. Das wäre der schönste Grund, endlich besser Englisch zu lernen! Doch in seinen ersten Monaten in Saint Louis gelingt es ihm nur mit Mühe, sich allein durchzubringen, und der Liebreiz der Frauen lässt ihn spüren, wie einsam er hier ist.

Viele der *German Americans* bewundern die energische Tatkraft der Amerikaner, ihren Einfallsreichtum und Unternehmergeist, ihre Beharrlichkeit und ihr Durchhaltevermögen. Sie sind dankbar für die spontane Hilfsbereitschaft und Großzügigkeit, die ihnen oft zuteilwird. Aber wie Neuankömmlingen aus anderen Kulturen bleiben auch ihnen die Schattenseiten Amerikas nicht verborgen, *seine Torheiten*, in Charles Dickens' Worten, *seine Unarten, seine schwer zu ertragenden Fehlschläge.* Sie stören sich am Materialismus und der Profitgier, die sie überall wittern, an der erschreckend hohen Kriminalität, an der üblen Gewohnheit vieler Männer, Tabak zu kauen und überall hinzuspucken. Die allgemeine Eile und der hohe Leistungsdruck widersprechen ihrem Hang zur Gemütlichkeit, die Tischsitten empfinden sie meist als ungehobelt. Und Carl, der aus der Weinhandelsstadt Stuttgart stammt, wo man versteht, maßvoll zu trinken, wundert sich über den weitverbreiteten Alkoholismus, der zu streng überwachten Polizeistunden und einer militanten Abstinenzbewegung führt. Vor allem aber stoßen sich freiheitsliebende Deutsche, zu denen auch er sich zählt, am Fremdenhass der *Nativists* und am Unrecht der Sklaverei. In den Vereinigten Staaten, so scheint es vielen Einwanderern, wird Freiheit mit zweierlei Maß gemessen.

***

Wir fliegen von Washington, D. C. in zweieinhalb Stunden nach Saint Louis – Partnerstadt Stuttgarts seit mehr als sechzig Jahren. Um uns einen Überblick zu verschaffen, fahren wir zum *Gateway Arch*, einem 190 Meter hohen Bogen aus poliertem Edelstahl, der an die Erschließung des amerikanischen Westens erinnern soll und an die Bedeutung der Stadt in dieser Zeit. Ein ebenso kühnes wie kühles Monument, das die Lichter der Bürohochhäuser ringsum widerspiegelt und in zwei windzerzausten *reflecting ponds* zu ahnen ist.

Ich fahre allein hinauf, die Aufzugkapseln sind so eng, dass Bert in letzter Sekunde zurückweicht – aus Klaustrophobie. Am höchsten Punkt trete ich in eine vollklimatisierte, auf- und absteigende Besucherröhre mit Kunstfaserteppichen an Wänden und Decke. Aus schießschartengroßen Guckschlitzen blicke ich auf *Downtown* hinab: ein zusammenhangloses Nebeneinander ausgedienter, abgewirtschafteter Bürotürme und Fabrikhallen, charakterloser Glas- und Stahlpaläste, überbreiter Straßen und asphaltierter Parkplätze. Das Mississippi-Ufer auf der anderen Seite des Bogens wirkt noch trostloser – Saint Louis geht mit dem Fluss ähnlich stiefmütterlich um wie Stuttgart mit dem Neckar. Wo einst hundert und mehr schmucke Dampfer Seite an Seite lagen, dümpelt jetzt ein einsames Casinoschiff mit kraftlos rotierender Schaufelrad-Imitation. Unmittelbar am Wasser parken Autos, dann folgt eine stark befahrene Durchgangsstraße und schließlich eine Fußgängerpromenade, die ins Nirgendwo führt. Saint Louis hätte vermutlich mehr für das Gedenken an die große Landnahme getan, wenn es die vierzig Blocks der historischen *riverfront*, die für den *Gateway Arch* abgerissen wurden, stilgerecht restauriert hätte: die Lagerhäuser, die Handelskontore, die gepflasterten Gassen mit Kneipen, Bordellen und Tanzschuppen, zwischen denen auch Carl einst flanierte.

Selbst das liebevoll gepflegte *Historic Soulard* Viertel, in dem einst die frommeren Deutschen lebten, wirkt auf uns eigenartig matt, eingeklemmt zwischen einem fünfspurigen *Interstate Freeway*, ausgebrannten und verbarrikadierten Industrieruinen und einem Gewerbegebiet, das den Zugang zum Mississippi verstellt. Doch dann hebt sich unsere Stimmung: Wir landen in *Soulard*'s *Restaurant*, das uns ein Kenner der Stadt empfahl.

Hier begegnen wir endlich dem gut versteckten europäischen Erbe von Saint Louis: Zur Vorspeise werden Brötchen gereicht, die wie in einer deutschen Bäckerei duften. Die französische Zwiebelsuppe ist klein, aber sehr schmackhaft, ebenso die *capelli con spinaci*. Befeuert von schwerem, kalifornischem *Zinfandel* kommen wir auf das zu sprechen, was wir an Amerikanern schätzen: ihre freundliche Zuversicht und ihren Humor im Alltag, ihre Offenheit und Aufgeschlossenheit Neuem gegenüber. Die kraftvolle, vielstimmige Literatur, die mitreißenden Musikstile und swingenden *grooves*, die diese Einwanderungsgesellschaft hervorgebracht hat, mit Einflüssen aus allen Kulturen der Welt.

***

Dass in Saint Louis Menschen wie Tiere verkauft werden, empört viele der deutschen Einwanderer. Missouri ist einer der fünfzehn U.S.-Bundesstaaten, die Sklaverei erlauben. Mehr als zweitausend *negroes* oder *niggers,* wie man sie abschätzig nennt, erdulden in Saint Louis rechtlose Knechtschaft. Sie gelten nicht als U.S.-Bürger und werden bei Volkszählungen als drei Fünftel eines Menschen registriert. In Privathäusern, Hotels und vor dem imposanten *Court House* laden Sklavenhändler regelmäßig zu Auktionen. An einer Ecke des Gerichtsgebäudes liegt der Pferch, in dem Sklaven dem jeweils höchsten Bieter zugeschlagen werden, an der anderen Ecke steht ein Pfahl, an dem man sie auspeitschen lässt, wenn sie zu fliehen versuchen oder anderer Vergehen beschuldigt werden. Ihre Ehen genießen keinerlei rechtlichen Schutz: Wer eine Familie besitzt, kann, wenn er herzlos genug ist, die Frau, den Mann und die Kinder getrennt verkaufen.

Selbst die mehr als tausend *free people of color,* oder kurz *f.p.c.,* in Saint Louis sind nicht wirklich frei: Im Bundesstaat Missouri sind sie vom Wahlrecht und allen politischen Ämtern ausgeschlossen und dürfen nur mit einem Erlaubnisschein in der Stadt wohnen. Sie sind gesetzlich dazu verpflichtet, Weißen gegenüber unterwürfig aufzutreten und dürfen vor Gericht nicht gegen sie aussagen. Erst im Jahr zuvor hat Missouri allen Menschen dunkler Hautfarbe untersagt, öffentliche Schulen zu besuchen. Das bringt die Wohlhabenderen unter ihnen in die missliche Lage, dass sie zwar Steuern für die Schulen in Saint Louis bezahlen, sie ihre Kinder aber auf Privatschulen in den toleranten *free state* Pennsylvania schicken müssen oder gleich ins Ausland.

Die deutschsprachige Presse in Saint Louis schreibt unermüdlich und in scharfen Worten gegen solche Missstände an: Tageszeitungen wie *Die Deutsche Tribüne,* benannt nach einem der bedeutendsten oppositionellen Blätter des Vormärz, oder der *Anzeiger des Westens,* die älteste deutsche Zeitung Missouris. In ihren Setzereien findet Carl zumindest tage- oder wochenweise Anstellung. Er hat sich bereits drei Monate von job zu job gehangelt, als die Stadt von der größten Geißel dieser Zeit heimgesucht wird: der Asiatischen Cholera. Einwanderer aus Deutschland und den Niederlanden hatten sie aus der Enge und dem Schmutz ihrer Schiffe an Land getragen und auf ihrer Weiterfahrt in weiten Teilen der USA verbreitet. Amerikanische Behörden sehen ein halbes Jahr lang tatenlos zu, wie die Seuche um sich greift, und versäumen, Quarantänebestimmungen zu erlassen.

Ende Dezember 1848 werden die ersten Cholera-Toten in Saint Louis gemeldet. Bis zu zwei Drittel der Erkrankten gehen binnen weniger Tage an schweren Brechdurchfällen zugrunde, meist durch Austrocknung. Eben waren sie *noch warme, im Rhythmus ihres Herzschlags bebende menschliche Organismen*, liest man in der *London Medical Gazette*, und *im nächsten Moment wirken sie wie elektrisierte Leichname, mit eiskaltem Atem, aussetzendem Puls und gerinnendem Blut – blau, verschrumpelt, sich windend vor Schmerzen.* Der herrschenden Lehrmeinung nach überträgt sich die Cholera durch giftige Dämpfe in der Luft und soll vom Verzehr von Wassermelonen, rohem Mais, Gurken, Kohl und frischem Schweinefleisch begünstigt werden. Kaum ein Mediziner ahnt damals, dass sich die Seuche über Trinkwasser verbreitet, das mit Fäkalien verunreinigt ist.

Nur robuste Naturen überstehen eine Infektion – und die Heilmittel dieser Zeit. Ein Arzt aus Saint Louis empfiehlt Pillen aus Opium, zerstoßenem schwarzem Pfeffer und *Stinkasant*, auch *Teufelsdreck* genannt, die jede halbe bis dreiviertel Stunde verabreicht werden sollen, bis Patienten sich erholen oder sterben. Wenn Kranke kollabieren oder rapide an Kraft verlieren, empfiehlt der Arzt, der schließlich selbst der Cholera zum Opfer fällt, *die Arme und Beine mit Aderpressen abzubinden, um mit der Lebenskraft haushälterisch umzugehen, indem man die Ausdehnung des Kreislaufs beschränkt.* Die meisten Kranken und Toten haben die Ärmsten der Armen zu beklagen: Sklaven und die Tagelöhner an den Schiffsländen, die oft aus Irland stammen. Sie leben in Dreck und Elend und sind meist mangelernährt, was ihre Abwehrkräfte schwächt. *Nothing to be seen but one funeral after another*, notiert ein *Saint Louisan* in seinem Tagebuch, *hier ist nur noch eine Beerdigung nach der anderen zu sehen.*

Im Spätwinter 1849, just als die Cholera in Saint Louis heftiger denn je wütet, strömen Tausende von *Argonauten* und *Forty-Niners* in die Stadt am Mississippi. Sie haben von den sagenhaften Goldfunden an der Westküste gehört und rüsten sich, um von hier aus in die zweitausend Meilen entfernten Bergbaugebiete aufzubrechen, sobald die Pässe der Rocky Mountains und der enorm schneereichen Sierra Nevada freigetaut sind: *Hurrah for California!* Hunderte von ihnen erkranken an der Seuche und schleppen sie mit sich auf die großen *Overland Trails* bis zu indianischen Völkern wie den *Dakota* und *Lakota*, die die Weißen *Sioux* nennen.

Ein halbes Jahr bringt Carl sich in Saint Louis als Setzer durch, während die Seuche immer mehr Opfer fordert, *denn ich hatte, wenn auch nicht gerade beständig, doch größtentheils, Beschäftigung und also auch Brod.* Mitte März 1849, bevor die Cholera ihren grausigen Höhepunkt erreicht, setzt er mit einer Dampffähre über den Mississippi. *Jetzt bin ich im Staate Illinois*, schreibt er an seine Familie, *in Belleville, einer kleinen Stadt, welche größtentheils von Deutschen bewohnt ist, und wo ich auch, wenigstens den Sommer über, bleiben werde.*

Als solide arbeitender Schwabe muss Carl einem Zweigestirn von *Dreißigern* aufgefallen sein: Gustav Körner und Theodor Engelmann, zwei revolutionär gesinnte deutsche Intellektuelle, die während des Freiheitskampfes der 1830er-Jahre nach Amerika fliehen mussten. Sie hatten schon als politisch engagierte Jura-Studenten und Burschenschafter an den Universitäten von München und Heidelberg gemeinsam für ein Ende der Monarchie und der Adelsherrschaft in Deutschland gekämpft. Auf dem Hambacher Fest hatten sie für Volkssouveränität und Pressefreiheit demonstriert. Und sie hatten am bewaffneten Frankfurter Wachensturm im April 1833 teilgenommen, der eine deutsche Republik und freie Wahlen erzwingen sollte. Körner, ein eher kleiner, zart gebauter Mann, trägt an seinem linken Oberarm noch die Narbe einer Bajonettwunde – er hatte einen Stoßtrupp des Wachensturms befehligt. Seit er eine Schwester Engelmanns geheiratet hat, sind die beiden Kampfgefährten auch verschwägert.

Körner und Engelmann hatten vor Jahren schon die ersten deutschsprachigen Zeitungen in Illinois gegründet, doch die waren nach kurzer Zeit wieder eingestellt worden oder eingegangen. Diesmal soll es gelingen: Am 11. Januar 1849 erscheint die erste Ausgabe der *Belleviller Zeitung* und ab Mitte März wird sie von Carl Herzog gesetzt und gedruckt. Die Meldungen, die ihm die beiden Redakteure aus ihrem Office an den Setzkasten reichen, werfen kein gutes Licht auf die Alte Welt:

Deutschland. Den neuesten Berichten zufolge muß die Not im alten Vaterlande furchtbar sein. Würtemberg, Baden, Nassau, besonders aber die ohnehin schon armen Gebirgsgegenden am Vogelsberg und Odenwald sind von der Geisel des Hungers arg heimgesucht. Ganze Dörfer stehen verlassen, weil ihre Bewohner auf dem Bettel umherziehen. In vielen Orten wurden Hunde geschlachtet und mit wahrer Gier von dem ausgehungerten Volk verschlungen.

Baiern. Von diesem Lande des Lagerbiers und der Lola Montez wird etwas sehr Alltägliches berichtet – die Vornahme vieler politischen Verhaftungen.

Wien. Die Gefängnisse in allen Theilen der Monarchie sind fast ganz überfüllt, und es werden schon hier und da jetzt Magazine und Casernen zu Gefängnissen umgestaltet, um die Menge der Verhafteten unterzubringen.

Köln. Wenn das Wintereis zu schmelzen beginnt, bereiten sich in allen deutschen Gauen Auswanderungs-Schaaren zum Zuge gegen Westen. Vor fünfundzwanzig Jahren war der Verlust an rüstigen Händen kaum nennenswerth. Seitdem sind in rascher Zunahme den Hunderten die Tausende und Hundertausende gefolgt. Was aber wird das Ergebnis der jetzt beginnenden Auswanderer-Saison sein? Früher als jemals haben die Züge begonnen, immer breiter wird der Menschenstrom.

Nach den gescheiterten Revolutionen von 1848 wandern zahllose enttäuschte, politisch verfolgte *Achtundvierziger* nach Amerika aus, vor allem Deutsche, Franzosen, Italiener, Polen und Menschen aus der Vielvölkermonarchie Österreich-Ungarn. Anfang April 1849, als Carl noch dabei ist, sich an sein neues Leben und seine Arbeit in Belleville zu gewöhnen, ordnet auch sein Bruder Friedrich in Stuttgart seine Angelegenheiten, packt seine Sachen und bricht in die Vereinigten Staaten auf. Er ist jetzt 22 Jahre alt, hat, dem Vorbild des Vaters folgend, Gärtner gelernt und arbeitete bisher bei seinem Lehrherrn Wilhelm Maier in der Gartenstraße. Vielleicht eifert er dem Vorbild seines älteren Bruders nach, vielleicht ist auch er mit der politischen Unterdrückung und der starren Ständegesellschaft Württembergs unzufrieden oder er träumt davon, in Amerika eine eigene Gärtnerei aufzubauen, in der er wirtschaften kann, wie er es für richtig hält. Mag sein, dass auch eine unerwiderte Liebe dazu beiträgt, dass er der Heimat den Rücken kehrt.

Friedrich ist der verstandesbetontere, vorsichtigere und zögerlichere der beiden Brüder. Er braucht Anstöße von außen, um den erträumten Sprung nach Amerika zu wagen. Von seinem ungebildeten und emotional unzugänglichen Vater kann er wenig Zuspruch und Rat erwarten, auch von dessen Schwester Juliane und seiner pubertierenden Halbschwester Marie Sophie nicht. Sein Schwager Franz Kunberger, der Ehemann seiner letzten noch lebenden Schwester Lotte, ein Schriftsetzer mit Wissen und Weitblick, ermutigt ihn in langen Gesprächen schließlich aufzubrechen.

Für die Atlantiküberquerung schließt Friedrich sich Joseph Beck an, einem zehn Jahre älteren guten Bekannten und dessen fünfköpfiger Familie. Beck will zu seinem Schwager reisen, der in Missouri eine Farm aufbaut. Wie Carl anderthalb Jahre zuvor fährt die kleine Schar mit einer Thurn und Taxis-Expresskutsche von Stuttgart nach Heilbronn und dann auf einem Floß oder Neckardampfer bis Mannheim. *Die Passagiere erhalten in Mannheim ihre Fahrbillete zur Reise nach Rotterdam*, heißt es in einem Reisevertrag dieser Zeit, *welche per Dampfboot geschieht und auf welchem sie den dritten Platz (ohne Kost) zu beanspruchen haben.* Am Dienstag, dem 8. Mai 1849, segeln sie von Rotterdam ab, an Bord des amerikanischen Vollschiffes »Garonne« unter dem Kommando von Kapitän James Myers. Im Zwischendeck des Dreimasters, der kaum größer ist als die »Anna«, wird Friedrich wohl eine Koje zugewiesen, in der er, Joseph Beck, seine 27-jährige Frau Lina und ihre vier Kinder Platz finden müssen – das älteste ist fünf, das jüngste erst zwei Monate alt.

Kapitän Myers gelingt – wie Jacob Wessels – keine schnelle, aber eine eher glimpfliche Überfahrt: Von den 198 Auswanderern sterben auf See nur ein 50-jähriger Bauer und eine 30-jährige Schiffersgattin, beide aus den Niederlanden. Alle sechs Säuglinge an Bord überleben die Strapaze und werden nach 59 Tagen auf See, am Donnerstag, dem 5. Juli 1849, an der *Lower Westside* Manhattans an Land getragen.

In Stuttgart bangt die Familie mehr als zwei Jahre lang, ob Friedrich wohlbehalten in Amerika ankam. Im August 1851 endlich erreicht sie ein Brief von Carl, den Marie Sophie ihrem Vater und Tante Juliane vorliest, wahrscheinlich kommen zu diesem Anlass auch Franz und Lotte Kunberger vorbei: *Was mich hier am meisten in Erstaunen setzte*, schreibt Carl, *war, als ich von Fritz einen Brief erhielt. Er war von Buffalo geschrieben, ich erhielt ihn aber erst nach Verlauf von sechs Wochen, da ich nicht mehr in Belleville sondern in Saint Louis war.*

Anfang Oktober, als die Weinlese schon in vollem Gang ist, übergibt der königlich württembergische Postbote ihnen Friedrichs ersten Brief: *Theuerster Vater und Angehörige!*, beginnt er, *Verzeiht mir, daß ich meinem Versprechen Euch bald zu schreiben, so lange nicht nachgekommen bin, es ist eigentlich nicht meine Schuld, denn obgleich immer mit Euch beschäftigt, immer in Gedanken bei Euch, konnte ich, so oft ich mir vorgenommen Euch zu schreiben, zu meinem eigenen Verdruß, es doch nie zu einem Brief bringen. Da ich kein Freund von vielem Schreiben bin, so will ich kurz mein bisheriges Schicksal berichten: Bekanntlich machte ich die Reise von Haus aus in Begleitung des Herrn Beck bis nach New York, hier entschloß ich mich, die Reise nach dem Westen, wo ich Karl zu finden hoffte, ebenfalls mit H. Beck zu machen.*

Sie reisen auf derselben Route wie Carl mit Flussdampfern, einem Kanalboot und der Eisenbahn durch sommerliches Ackerund Weideland, rasch wachsende Städte und die Wildnisse Amerikas, die selbst im Osten des Landes an vielen Stellen noch endlos scheinen. *So kamen wir ohne besondere Abenteuer glücklich nach St. Louis, von hier gingen wir den Missouri aufwärts nach Herrmann, einem von Deutschen bewohnten Städtchen, wo eifrig der Weinbau betrieben wird, was hier sehr lohnend ist.*

Nach einer Überseereise von einem Vierteljahr gehen die Becks und Friedrich Herzog am Anleger von Hermann an Land,

Abb. 14: Franz Georg Konrad Kunberger (1810–1879), der Ehemann von Charlotte, der zweitältesten Schwester der Herzog-Brüder.

Abb. 15: Charlotte Friederike Kunberger, geb. Herzog (1822–1883), »Lotte« gerufen, in zweiter Ehe mit Franz Kunberger verheiratet.

überglücklich, endlich angekommen zu sein – was durchaus keine Selbstverständlichkeit ist: Sieben Jahre zuvor war hier einer der Kessel des Dampfers »Big Hatchie« explodiert – eine Katastrophe, die an die siebzig Besatzungsmitglieder und Passagiere, darunter viele deutsche Einwanderer, zermalmte und verbrühte. 35 Leichen wurden in unmarkierten Gräbern auf dem protestantischen Friedhof von Hermann bestattet, die anderen trug der Missouri davon, bevor sie geborgen werden konnten.

Die Neuankommenden finden sich im Herzen des *Missouri Rhineland* wieder – mitten in einer ebenso grandiosen wie gescheiterten Vision. Fünfzehn Jahre zuvor hatten Vereine wie die *Gießener Auswanderungsgesellschaft* am Unteren Missouri einen *neuen und freien Deutschen Staat* gründen wollen, der ihren Idealen nach *natürlich ein Glied der Vereinigten Staaten werden müsste, doch mit Aufrechterhaltung einer Staatsform, welche das Fortbestehen deutscher Gesittung, deutscher Sprache sichern und ein echtes, freies und volkstümliches Leben schaffen sollte*. Er hätte auch als Vorbild für eine deutsche Republik in der Heimat leuchten sollen. Friedrich Münch – ein Pionier der deutschen Einwanderung nach Missouri und als *Vater Münch* verehrt – dichtete in seinem »Auswandererlied« 1834:

Ihr vom alten Vaterlande,
Seht, wir gehen euch voran.
O zerbrecht auch eure Bande, kühn
Entreißet euch der Schande –
Folgt, o folget unsrer Bahn.
Deutsche Kraft und deutsche Treue –
Ueber Meere flieh'n sie hin.
O so blühe denn auf's Neue
Deutsche Kraft und deutsche Treue,
Am Missouri sollt ihr blühn!

Wie Gustav Körner und Theodor Engelmann war auch Münch ein *Dreißiger*: ein radikaler Theologiestudent und Burschenschafter, den die politischen Zustände in der Heimat in die Emigration getrieben hatten und der sich in Amerika entschieden gegen die Sklaverei wandte. Im Sinne Münchs und seiner Mitstreiter war 1837 auch Hermann gegründet worden, von der *Deutschen Ansiedlungsgesellschaft zu Philadelphia* an der Ostküste. Die Gesellschafter hatten einen Agenten an den Missouri entsandt, um Land für das Städtchen zu erstehen, und hatten es dann aus der Ferne am Reißbrett entworfen. Sie tauften es »Hermann«, zu Ehren des germanischen Heerführers Arminius, der wenige Jahre nach Christi Geburt drei römische Legionen vernichtet hatte und auch als *Hermann der Cherusker* bekannt war. Die künftige Hauptstraße nannten sie *Market Street* wie die bedeutendste Geschäftsstraße Philadelphias mit seinen schon damals 100 000 Einwohnern. Sie ließen sie eigens zehn Fuß breiter als in Philadelphia anlegen, in der Hoffnung, dass Hermann die Großstadt am Delaware River dereinst an Größe und Bedeutung überflügeln würde.

Gottfried Duden hatte das Untere Missourital in seinem schönfärberischen, 1829 erschienenen *Bericht über eine Reise nach den westlichen Staaten Amerikas* über den grünen Klee gelobt, als fruchtbar und landschaftlich liebreizend. Doch als die ersten Siedler beginnen, ihre Parzellen in und um Hermann urbar zu machen, sind sie bitter enttäuscht: Die Winter sind hier spürbar härter und länger als in der Heimat. Polarwinde aus den britischen Kolonien bringen wochenlange Dauerfröste mit minus 15 Grad Celsius und darunter. Während der Sommer dringt subtropische Meeresluft aus dem Golf von Mexiko bis an den Missouri vor, mit bis zu 40 Grad im Schatten und unerträglicher Schwüle. Viele vertragen das Klima nicht und werden krank, manche gehen daran zugrunde oder sterben an der Malaria oder dem Gelben Fieber, die am Missouri endemisch sind. Die kalkigen Böden erweisen sich als wenig fruchtbar. Das Einzige, was landwirtschaftlich lohnende Erträge verspricht, ist der Weinbau, weil Reben nur geringe Ansprüche an die Geologie des Untergrundes stellen. Kaum zwei Jahre nach Gründung des Ortes stirbt der Agent der *Ansiedlungsgesellschaft* als gebrochener Mann – von den Bewohnern gehasst und ausgegrenzt.

***

Gegen die tiefstehende Abendsonne steuere ich unseren Leihwagen aus den *suburbs* von Saint Louis, die Autofenster einen Spalt geöffnet – jetzt, Anfang November, ist es immer noch sommerlich warm. Wir folgen der malerischen *Route 94*, der *Missouri Weinstraße* am Nordufer des großen Stromes. Um uns herbstliche Wälder, idyllisch gelegene Farmen, steile Hügel, die Südlagen oft mit Reben bepflanzt. Im Autoatlas entdecken wir Ortsnamen wie *Hamburg, Schluersburg, Dutzow, Holstein* und *Lake Innsbrook.* Die Topographie und die oft steile und kurvige Straße erinnern tatsächlich an deutsche Mittelgebirge, und doch ist die Besiedlungsdichte so gering und über allem liegt eine so eindrucksvolle Weitläufigkeit, dass wir darin den Fernen Westen Amerikas zu ahnen beginnen. Dann verkündet ein Schild: *Hermann 2 Miles.* Wir queren den Missouri, der hier breiter scheint als der Rhein bei Köln, und landen im *German Haus Motel* – 1847 erbaut, zwei Jahre vor Friedrichs Ankunft. Wenige Schritte entfernt liegt die *Erholungshalle*, das Theater von 1841.

In diesem Bilderbuchstädtchen von zweitausend Seelen, das aus der Zeit gefallen scheint, fühlen wir uns auf Anhieb wohl. Als Erstes zieht es uns an den Missouri und wir blicken auf den majestätischen Strom, staunend, dass auch wir es bis hierher geschafft haben, vier Menschenleben nach Friedrich. Der Fluss riecht schmutzig, Papierfetzen und Trümmer von Styropor treiben auf seinen trüben Wassern, am Ufer liegt angeschwemmtes Treibholz. Andächtig stehen wir an der ehemaligen Schiffslände, hören auf das leise Strömen und Strudeln des *Big Muddy*, das auch Friedrich gehört haben muss. Auch er wird hier gestanden sein und sich in Flussgedanken verloren haben – Stolz und Dankbarkeit, heil in Amerika angekommen zu sein, Heimweh, Einsamkeitsgefühle, Sehnsucht nach einer Frau an seiner Seite vielleicht.

Bert geht früh zu Bett, müde von der langen Fahrt. Im Wegdämmern hört er noch die Viertelstundenschläge vom Glockenturm der Alten Deutschen Schule, erzählt er mir am nächsten Morgen, und wundert sich – es klingt so heimatlich. Mich zieht es noch hinaus, die *Gutenberg Street*, die *Mozart* und *Goethe Street* entlang – und die *Washington* und *Jefferson Street*, die die Deutschen hier als amerikanische Patrioten ausweisen sollten. Zum Teil sind die Trassen so steil, dass sie an San Franciscos Straßenfluchten erinnern. Die *Deutsche Ansiedlungsgesellschaft* hatte Hermanns Schachbrettmuster ohne Kenntnis des Geländes entworfen und die Baumeister ließen die Straßen kompromisslos die Hügel hinauf und hinunter ziehen.

Überall stoße ich auf Spuren des deutschen Erbes: das *Drei-Mädel-Bed and Breakfast*, die *Fernweh Distilling Co.* in der *Schiller Street*, die *Musik Halle* und die *Fest Halle*. Der Geschenkladen *Hermann Werks* wirbt mit dem für *German Americans* typisch verballhornten Deutsch: »Komm Mit Mir Zu Hermann, bringing back memories of the old country.« Tatsächlich verstehen es die *Hermannites*, mit ihren deutschen Traditionen Geld zu verdienen: Sie erklärten ihre Stadt zur *sausage making capital of Missouri* und locken Touristen mit dem *Wurstfest*, bei dem Metzger aus der Region um die besten Knacker und Bratwürste konkurrieren. Sie laden zum *Maifest* und zum *Oktoberfest*, bei dem hier freilich eher Wein als Bier gebechert wird, und zum *Weihnachtsfest* mit

Kriskindlmarkt. Als ich schließlich zu Bett gehe, rattert ein kilometerlanger Güterzug der *Union Pacific* den Fluss entlang. Vor Bahnübergängen warnt die Lokomotive mit dem gedehnten Heulen amerikanischer Züge, dass in meinen Ohren seltsam sehnsuchtsvoll klingt.

***

Friedrich arbeitet hier als Farmhelfer beim Schwager Joseph Becks. Er pflanzt Beerensträucher und Obstbäume, zieht Gemüse, hilft bei der Weinernte, sägt und nagelt beim Bau neuer Farmgebäude mit. Die protestantische Kirche, die er mit den Becks zusammen jeden Sonntagmorgen besucht, thront auf einem der markantesten Hügel der Stadt. Nach der auf Deutsch gehaltenen Predigt und einem Krug Bier oder einem Gläschen Missouri-Wein in einem nahen Gasthaus spaziert Friedrich meist noch über die buckligen Straßen. Sie sind eng mit schlichten ein- und zweistöckigen Häusern bebaut, die im warmen Orangerot ihrer Ziegelmauern leuchten. Die kleinen Veranden davor sind aufgeräumt, die Trottoirs von Baumreihen gesäumt, alles wirkt wie frisch gekehrt. Tatsächlich pflegen die Bürger von Hermann die Kehrwoche wie in Stuttgart. Und als Gärtner und Naturfreund freut Friedrich sich an den gepflegten Beeten hinter den Häusern, mit Blumen, Gemüsesorten und Kräutern, die er aus der Heimat kennt.

Das sind heitere, selbstvergessene Momente. Tatsächlich findet er nur mühsam in sein Leben in Amerika hinein. Alles hier ist neu, im Aufbau, unfertig, ist anders als zu Hause. Er lebt in einer provisorischen Kammer auf der entstehenden Farm, findet keinen rechten Platz in der fremden Familie, fühlt sich wie ein Anhängsel der Becks – als billige Arbeitskraft, die anderer Leute Wohlstand zu mehren hilft und es selbst zu nichts bringt. Er leidet unter der schweißtreibenden Schwüle des Spätsommers. Die schwere Arbeit, die er als Gärtnergeselle in Stuttgart gewöhnt war, zehrt ihn in diesem Klima aus und bringt ihn körperlich an seine Grenzen. Vielleicht schreibt er auch deshalb zwei Jahre lang nicht nach Hause, weil er keine Erfolge zu vermelden hat und nicht weiß, wie es mit ihm weitergehen soll, im Land der Freiheit.

Hermann jedenfalls scheint zu Friedrichs Zeiten einer vielversprechenden Zukunft entgegenzugehen. Dutzende Weingüter haben sich bereits angesiedelt, eine Handvoll Brauereien und eine Schnapsbrennerei. Die Stadt, die auch als *Deutschheim* firmiert, ist eine echte *rivertown* – ein Handels- und Umschlagplatz am Missouri, den in wenigen Jahren auch die Eisenbahn erreichen soll. Man erfreut sich eines *Sängerbundes* und eines *Turnvereins*, in der *Erholungshalle* werden deutsche Klassiker gespielt. Der protestantische *Lichtfreund* und das *Hermanner Wochenblatt* verbreiten die neuesten Nachrichten in der Sprache der Heimat, beides Zeitungen, die wie die deutschen Blätter in Saint Louis nicht müde werden, gegen die Sklaverei anzuschreiben. Doch trotz des zunehmenden Wohlstandes und seiner wachsenden Bevölkerung bleibt Hermann eine solide Kleinstadt. Die Vision eines deutschsprachigen Bundesstaates im Mittleren Westen Amerikas scheitert an der enormen Dynamik der Landnahme, deren Tempo die Angloamerikaner und nicht die deutschen Einwanderer bestimmen.

Der Erste Weltkrieg bricht der deutschseligen Kultur des *Missouri Rhineland* das Rückgrat. Spätestens ab dem Kriegseintritt der USA 1917 sind die bislang geachteten Deutschamerikaner als *The Kaisers* verschrien und die U.S.-Regierung erklärt sie zu *enemy aliens* – zu Feinden innerhalb der Vereinigten Staaten. Der Schulunterricht auf Deutsch wird eingestellt, viele Familien anglisieren ihre Nachnamen, um nicht mehr aufzufallen: Müller wird zu Miller, Schmidt zu Smith, Vogel zu Fogle. Die Prohibitionsgesetze dieser Jahre nehmen bewusst deutsche Winzer, Brauer und Brenner ins Visier. 1920 wird in den gesamten USA verboten, Alkohol zu produzieren, zu transportieren und zu verkaufen. Ungenutzte Braukessel und Destillen setzen Rost an, Weinberge werden aufgelassen, Tausende Fässer verbrannt. In ihrer Verzweiflung ziehen die Winzer Champignons in der dunklen Feuchte ihrer Kellergewölbe. Erst in den 1960er-Jahren erholt sich der Weinbau am Missouri wieder. Trotzdem schwindet die Einwohnerzahl des Städtchens seit Jahrzehnten, weil die niedrigen Löhne in der Gegend junge Leute nicht zu halten vermögen.

***

Auch an unserem ersten Vormittag in Hermann verwöhnt uns der *Indian Summer* mit sommerlicher Wärme. Ein Ranger führt uns durch zwei der klassizistischen Schmuckstücke der *Deutschheim State Historic Site*: Das *Carl Strehly House* von 1842 beherbergt noch die Druckerei des *Lichtfreunds* und des *Wochenblattes* und dazu eine angebaute Kelter mit Kellereigewölbe und Weinreben aus Friedrichs Zeit, die immer noch tragen. Das *Pommer-Gentner House* von 1840 ist ein stattliches Wohnhaus nahe am Fluss, möbliert im Stil des Biedermeier mit Geschirr aus deutschen Porzellanmanufakturen, alten Gemüse- und Blumensorten im Garten und aus Stroh geflochtenen Bienenkörben. Viele der Gerätschaften erinnern uns an deutsche Freilichtmuseen: ein hölzerner Leiterwagen an einem steilen Treppenaufgang, ein Butterfass, ein Krauthobel.

Am Tag darauf nehmen wir Abschied von Hermann, was uns seltsam schwerfällt. Das Städtchen hat Charakter und führt uns die zerrissene Geschichte der Deutschamerikaner seit Mitte des 19. Jahrhunderts vor Augen. Als wir über die Missouri-Brücke fahren, um ein Panoramafoto vom anderen Ufer aus aufzunehmen, fällt kalter Regen wie aus Kübeln – Scheibenwischer, Heckscheibenheizung und das Gebläse des Leihwagens laufen auf höchster Stufe. Ich biege auf die morastige Zufahrtsstraße einer Kiesgrube ab, Bert kämpft sich durch den tropfnassen Auwald bis an den Fluss und macht ein Foto. »Mein Blick wandert stromauf«, notiert er später in seinem Tagebuch, »der Missouri, die Wälder an seinen Ufern und der Himmel – alles verschwimmt in den Regenschleiern dort und löst sich auf. Mich fröstelt und ich fühle mich auf einmal sehr allein in einem fremden Land.«

***

Während Friedrich in Hermann versucht, sich an das harte Klima zu gewöhnen, und Carl in Belleville Wurzeln schlägt, geben Tausende Einwanderer der zweiten und dritten Generation ihr Zuhause im Mittleren Westen bereits wieder auf. Sie wuchten ihr Hab und Gut auf Planwagen und ziehen in den Fernen Westen Amerikas, in der Hoffnung auf ein besseres Leben. Am westlichen

Rand Missouris, einige Reisetage von Hermann, liegt Independence, die *Königin der Überlandrouten*, weil die meisten Wagenzüge von hier aus zu den monatelangen Trecks aufbrechen. Am Montagmorgen, dem 5. August 1850, macht sich dort ein *wagon train* von 15 Familien mit etwa 90 Menschen, 25 Planwagen und 200 Stück Vieh auf den Weg. Zu den Emigranten zählt der 41-jährige Roys Oatman, seine schwangere Frau Mary Ann und ihre sieben Kinder, zwischen zwei und 17 Jahren alt. Der Lebensweg ihrer Tochter Olive wird sich, fünfeinhalb Jahre später, auf ebenso kurze wie haarsträubende Weise mit Carl Herzogs Odyssee durch Amerika kreuzen.

Die Familien des Trecks gehören einer exkommunizierten Sekte von Mormonen an. Sie weigern sich, Brigham Young, den *Löwen des Herrn* und offiziellen Präsidenten der *Kirche der Heiligen der Letzten Tage* anzuerkennen. Er hatte wenige Jahre zuvor mehr als 10 000 Anhänger in ein *Neues Zion* am Großen Salzsee geführt, westlich der Rocky Mountains. Doch die Oatmans und ihre Reisegefährten hängen der Vision des abtrünnigen *Sehers und Offenbarers* James Colin Brewster an. Der hatte als Elfjähriger bereits versichert, Teile verlorengegangener Bücher des Propheten Esdras zu besitzen. Daraus will er erfahren haben, dass das wahre Zion nicht am Großen Salzsee zu finden sei, sondern im legendären *Land Bashan*, am Zusammenfluss des Colorado und Gila River, im äußersten Osten Kaliforniens, 1700 Meilen von Independence. *Wir halten das für vollkommenen Blödsinn*, wetterte Brigham Young.

Um seine Anhänger zu überzeugen, zitierte Brewster aus dem Bericht eines Reisenden, der die Region wohl nur vom Hörensagen kannte. Die Täler der beiden Flüsse seien *breit, üppig und reich bewaldet*, schrieb der. Die Vegetation sei kraftvoll, was *die überbordende Fruchtbarkeit des Bodens* vor Augen führe. Es gebe *dort viele liebliche Orte, die wahrhaft verdienen, als ein irdisches Eden bezeichnet zu werden. Hier kann sich der Mensch verschwenderisch ernähren, mit nicht endenden Festmahlen, die vor ihm bereitet sind. Die Eingeborenen dort kann man zumeist als freundlich betrachten, oder jedenfalls als nicht gefährlich.* In dieses gelobte Land wollen sie ziehen, im langsamen, aber steten Trott der Ochsengespanne. In den Tiefen ihrer Planwagen sind Werkzeuge und landwirtschaftliche Geräte verstaut, Vorräte für anderthalb Jahre, eine tragbare Getreidemühle und eine Sägemühle, und eine Druckerpresse mit Bleilettern.

Sie brechen ein Vierteljahr zu spät auf und erkennen das bald am verdorrten, abgeweideten Präriegras entlang des *Santa Fe Trails* und an den spärlichen Wasservorkommen im Spätsommer. Unter den Emigranten wächst Unmut, denn ausgerechnet die Familie des *Boy Prophet* Brewster hatte die Abreise aus Schlamperei und Unachtsamkeit mehrfach verzögert. Nach nur wenigen Reisetagen zerfällt die Gruppe bereits in Lager, die sich über religiöse Details in die Haare kriegen und über die Frage, wer auf dem Trail das Sagen hat. Brewster stellt sich als zänkischer, rechthaberischer Eiferer heraus, dem es an Charisma fehlt. Uneins ziehen sie über die Prärie, die Frauen mit Hauben und Kapotthütchen vor der stechenden Sonne geschützt, die Männer mit breitkrempigen Hüten, geschulterten Musketen und Pulverfläschchen an den Gürteln. Peitschenknallend, Hymnen singend durchqueren sie im Schritttempo die Jagdgebiete der *Komantsche, Kiowa, Pawnee* und *Arapahoe*, die ihnen nächtens einige Rinder und Pferde stehlen.

Ein Reisender, der sich den Emigranten für einige Wochen anschließt, macht den nur 5 Fuß (1,52 m) großen Roys Oatman als Hauptunruhestifter aus. Der sei geradezu *sündhaft nachlässig und verantwortungslos* und *jederzeit bereit, Durcheinander und Wirrwarr zu stiften. Er ist, kurz gesagt, ein äußerst gefährlicher Reisegefährte auf der immensen Prärie.* Mitte September stirbt ein 16-jähriges Mädchen an den *Verheerungen der Auszehrung.* Am 9. Oktober, nach mehr als zwei Monaten, zerbricht die Gruppe im Territorium von New Mexico endgültig in zwei Teile, die auf verschiedenen Routen weiterziehen. Der größere mit mehr als fünfzig Seelen wählt Roys Oatman zum *Captain.* Als sie zehn Tage später auf einer Gierseilfähre den Rio Grande überqueren, wird Oatman wieder abgewählt. Er hatte die Zug- und Reittiere nicht scharf genug bewachen lassen und über Nacht waren zwei weitere Ochsen und zwei Pferde gestohlen worden.

Nach zehn Wochen der Mühsale auf dem Treck sind die Mormonen an Seelen und Körpern erschöpft und ihre Ochsengespanne vom Ziehen der tonnenschweren Wagen, den langen Marschtagen und steilen Bergstrecken geschwächt und wundgescheuert. Doch sie haben kaum mehr als die Hälfte der Strecke bis *Bashan* zurückgelegt, und unter den Auserwählten, die dort ein Reich des Friedens und der Rechtschaffenheit errichten wollen, herrscht alles andere als Frieden. Mitte November, bedenklich spät, erreichen sie die bis zu 12 000 Fuß hohen Gebirge New Mexicos. Über Nacht werden sie eingeschneit und sind gezwungen, eine Woche auf Tauwetter zu warten. Dort stirbt einer ihrer Männer an *mountain fever.*

Als Anfang Dezember drei hünenhafte, wild blickende *Apache* in ihrem Lager auftauchen und am nächsten Morgen wieder einige Tiere verschwunden sind, packt Roys Oatman die Angst. Er treibt die Gespanne seiner zwei Wagen jetzt so mitleidlos an, dass die anderen Familien allmählich Meilen zurückfallen. Erst an Weihnachten treffen sie wieder aufeinander, mehr aus Glück als aus Planung. In mexikanischen Weilern entlang des Trails versuchen sie, ihre schwindenden Vorräte aufzustocken, doch in der ganzen Region herrscht eine der schwersten Dürren seit Menschengedenken und die *campesinos* können nur wenig entbehren. Anderthalb Stück steinhartes Dauerbrot pro Kopf und Tag bleiben den Emigranten noch und sie versuchen während des Marsches, Vögel und Kojoten zu erlegen, um ihre kargen Rationen aufzubessern.

Am 8. Januar 1851 erreichen sie Tucson im mexikanischen Grenzstaat Sonora – die größte Siedlung zwischen dem Rio Grande und dem Pazifik. Dort leben an die 400 Mexikaner und Indianer hinter einer bis zu zwölf Fuß hohen Ringmauer aus luftgetrocknetem Lehm, zum Schutz vor den dauernden Überfällen der *Apache.* Fünf Familien beschließen, in der relativen Sicherheit Tucsons zu bleiben und selbst Essbares anzubauen. Roys Oatman ist fest entschlossen weiterzuziehen und eine weitere Familie und zwei Brüder wollen ihn zumindest bis zu den Dörfern der *Pima-* und *Maricopa-*Indianer begleiten, die als hervorragende Bauern gelten und Überschüsse an Emigranten verkaufen, so heißt es. Neunzig Meilen Wüste und Halbwüste liegen vor ihnen. Lorenzo, der älteste Sohn der Oatmans, erzählt später, dies sei *die jammervollste, trostloseste, unfruchtbarste Gegend* des halbjährigen Trecks gewesen. Nahe der Mündung des Gila River in den Colorado, da wo die *Brewsterites* das *Land Bashan* wähnten, wird Carl Herzog fünfeinhalb Jahre später neben Olive Oatman auch Lorenzo begegnen – den beiden einzigen Überlebenden der Familie.

Friedrich hat unterdessen, im Schlepptau der Familie Beck, das Weinbau-Städtchen Hermann verlassen. Am Sonntag, dem 3. August 1851 – mehr als zwei Jahre nach seiner Ankunft in Amerika –, schreibt er, er sei in Hermann geblieben, *bis Herr Beck sich in St. Charles, 20 Meilen von St. Louis, Land und eine Mühle mit Brennerei gekauft hatte, ich ging mit ihm hierher und blieb seitdem bei ihm, und habe bisher noch keinen Grund gehabt unzufrieden zu sein.* Joseph Beck, sein Brötchengeber, ist ungleich unternehmerischer und wohlhabender als er: Beck muss ein Vermögen von mehreren tausend Gulden mit nach Amerika gebracht und einen ähnlich gutsituierten Geschäftspartner gefunden haben.

Saint Charles ist der letzte Ort am Missouri vor seiner Mündung in den Mississippi und liegt einen Dampfertag stromauf von Saint Louis. Das Städtchen ist siebzig Jahre älter als Hermann, gegründet von einem frankokanadischen Trapper im damals spanisch beherrschten *Alta Luisiana* als *San Carlos del Misuri.* Zur Zeit der Expedition von Lewis and Clark galt Saint Charles als letzter Außenposten der Zivilisation vor den noch gänzlich unerforschten Wildnissen im Westen der Neuen Welt.

Auch Saint Charles ist eine *rivertown*, ganz zum Fluss hin orientiert, mit Dampferländen, Lagerhäusern und einer Main Street, die parallel zum Missouri verläuft. Wir erkunden es zwei Stunden lang auf unserer Rückfahrt von Hermann, spazieren an einer Reihe liebevoll restaurierter historischer Gebäude vorbei – ein wohnlicher, malerischer Ort unmittelbar an den Auen und Sümpfen des großen Stromes, in denen damals freilich auch Malaria und Gelbfieber grassieren. Friedrich hilft Joseph Beck dabei, seine Branntweindestillerie einzurichten. *Hier kam ich zum erstenmal mit Karl zusammen*, schreibt er, *welcher in St. Louis sich befand und nur durch Zufall von mir erfuhr, indem ich zwei Briefe nach Belleville, seinem vorigen Aufenthalt schrieb, die ihn aber nicht mehr dort antrafen. Er befindet sich noch in St. Louis in der Office der German Tribüne und auch ich bin schuld, daß Ihr seither nichts von ihm erfuhret, da er sich immer auf mein Schreiben verließ.*

Die Brüder besuchen sich einige Male an Sonntagen, trinken zusammen ein paar Krüge Bier in den Gasthäusern und Biergärten von Saint Charles oder Saint Louis, stoßen auf ihr neues Leben in Amerika an und machen sich gemeinsam Gedanken über Friedrichs Zukunft. *Fritz hätte viel klüger gehandelt, wenn er von Beck weg wäre*, schreibt Carl nach Stuttgart, *denn seit er bei ihm ist, hat er noch keinen Lohn erhalten, da das Geschäft noch nicht im Gange ist. Ich glaube zwar nicht, daß er darum betrogen wird, jedenfalls wäre es aber besser, wenn er in St. Louis oder sonstwo zu einem Gärtner ginge, wo er gewiß einen besseren Lohn erhielte.*

Vor ungefähr 8 Wochen erhielt ich einen Brief von ihm, wo er mich um Rath fragte, was er thun solle. Ich schrieb sogleich er solle ungesäumt nach St. Louis kommen (ich bin nämlich erst seit vierzehn Tagen wieder in Belleville und war den Winter in St. Louis), wo er auch durch Vermittlung einen Platz erhalten würde, er kam aber nicht. Voriges Spätjahr war er auch am Fieber krank, er arbeitete aber doch, obgleich er oft beinahe zusammensank. Das heißt sich für einen anderen aufopfern und am Ende ist doch noch Undank der Welt Lohn. Ich für meinen Theil will lieber bei Fremden arbeiten als bei Landsleuten und Bekannten, denn diese verlangen mehr und geben weniger. Wir sind ungefähr zwei Tagesreisen voneinander entfernt. Er im Staat Missouri, und ich in Illinois; können also leicht zusammenkommen.

Trotz seiner untergeordneten Stellung bei Joseph Beck und Compagnon scheint Friedrich seine Liebe zu Pflanzen und seinen grünen Daumen ausleben zu können. Sein erster Brief an die Familie verrät, wie vielgestaltig und bunt der Garten sein muss, den er auf dem Land der Brennerei anlegt: *Ihr werdet vielleicht noch vor diesem Brief einen Besuch von dem Associé des Herrn Beck, dem Herrn Weber aus Stuttgart erhalten. Wollte der Vater mir Sämereien von Gemüßen aller Art, so wie auch Blumensamen, wie Levkoi, Nelken und dergl. schicken, so wäre hier die beste Gelegenheit dazu, und würde mir sehr anständig sein, und wenn es geeignete Zeit wäre, würde ich auch um einige Reiser von Johannis u. Stachelbeeren bitten, so von Reineklauden u. edlen Pflaumensorten, welche hier ganz fehlen. Herr Weber würde die Güte haben, dieses auf seiner Rückreise mitzunehmen. Ich hoffe dieses Schreiben werde Euch alle gesund u. wohl in der alten Welt, wie ich es in der Neuen bin, antreffen. Herzlich grüßend Alle die mir wohlwollten.*

Friedrich Herzog

Im Winter 1852 kommen Carl und Friedrich wieder für ein paar Stunden zusammen, bei Bier oder Wein und gemeinsamen Erinnerungen. Friedrich hat harte Jahre hinter sich – seit er im Mittleren Westen ankam, leidet er häufig an Fieberschüben, vermutlich der Malaria, vergangenen Herbst erst war er monatelang arbeitsunfähig. Wieder drängt der ältere Bruder den jüngeren, sich unabhängig von Joseph Beck und Familie zu machen, wo er nach wie vor das fünfte Rad am Wagen ist und eher geduldet als geschätzt scheint. Diesmal gibt Friedrich Carls Drängen nach. Er nabelt sich von seinen Brötchengebern ab und kauft sich für drei oder vier Dollar eine Deckspassage nach New Orleans, 1200 Meilen stromab am Mississippi. Dort, in der größten deutschen Kolonie des amerikanischen Südens, hofft er auf Arbeit, Brot und eine selbstbestimmtere Zukunft. Irgendwo und irgendwann, davon träumen beide Brüder immer noch im Stillen, werden sie sich in Amerika gemeinsam eine Existenz aufbauen. Sie ahnen nicht, dass dies ihre letzte Begegnung war.

Karte 3 – Friedrichs Flussfahrt nach New Orleans im Januar 1853

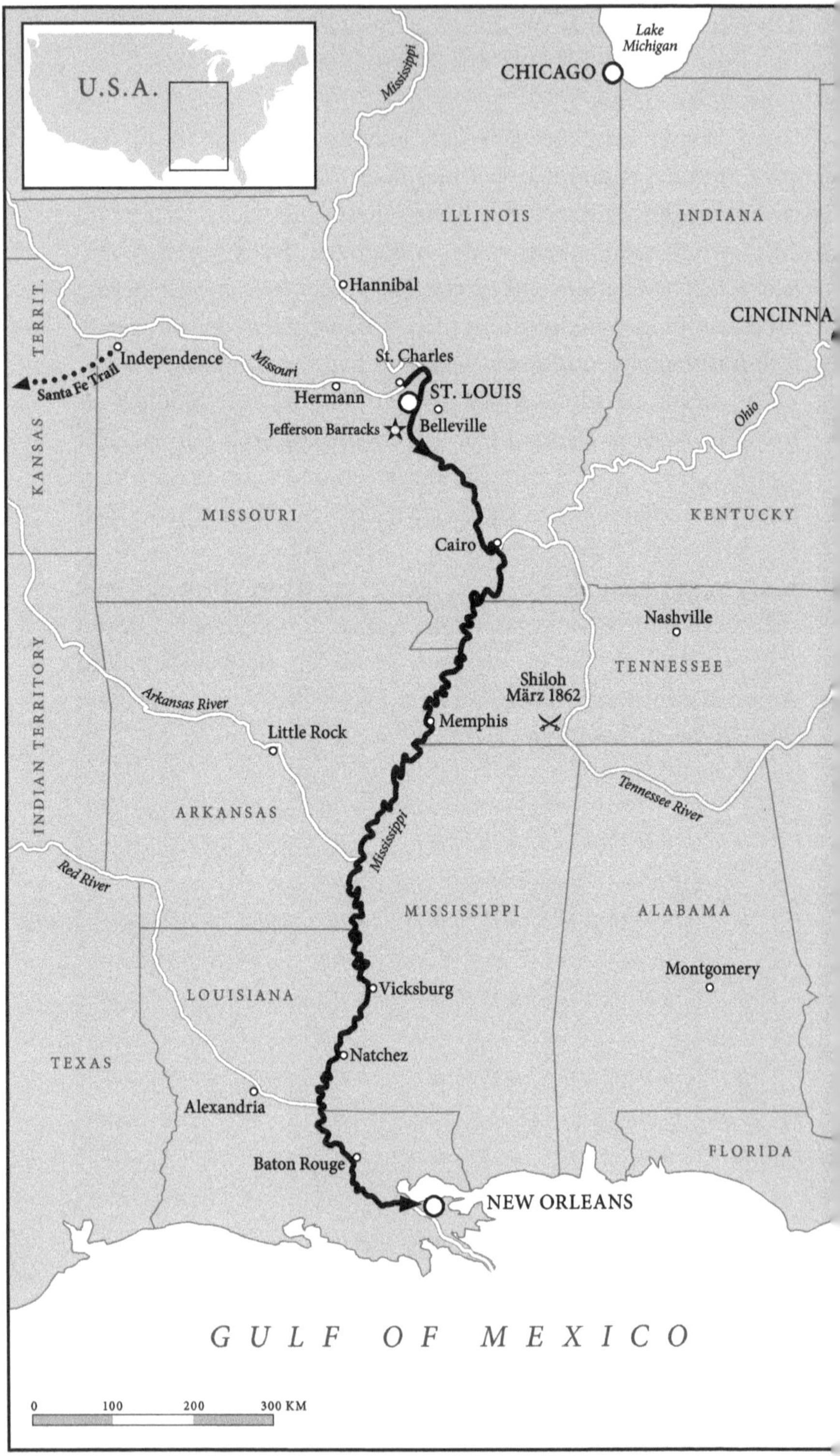

6
Ol' Man River

An einem kalten, grauen Morgen Anfang Januar 1853 geht Friedrich am Uferdamm von Saint Louis an Bord eines Schaufelraddampfers, mit Hunderten anderen zusammen. Es ist die Glanzzeit dieser *schwimmenden Paläste* – nie waren sie größer, schneller und pompöser. Auf dem Oberdeck und dem darüber liegenden *Texas Deck* beziehen vermögende Reisende geheizte Kabinen mit Außenfenstern, die teuersten verfügen sogar über eigene Bäder. Minna Praetorius, die Rostocker Kaufmannsgattin, die bei ihrer Transatlantik-Passage unter Segeln fast unentwegt seekrank war, schwärmt von ihrer Fahrt auf einem Mississippi-Dampfer: *Es herrscht dort eine Eleganz, wovon du dir keinen Begriff machen kannst, wir haben eine reizende Coje zum Schlafen; in der Cajüte steht ein Forte-Piano, [sie] ist mit Teppich ausgelegt und alles ist ganz wunder hübsch.* In der 1. Klasse bieten Barbiere jederzeit ihre Dienste an, die Bars sind hervorragend sortiert, in den *Social Halls* – wahren Prunksälen – sitzen männliche Passagiere rauchend oder Tabak kauend, lesen, diskutieren oder vertreiben sich die Stunden beim Poker mit professionellen Spielern. Sie werden von dunkelhäutigen *chambermaids* umsorgt, viele bringen zusätzlich noch eigene Diener mit, und wenn sie wünschen, werden ihre Jüngsten tagsüber in bordeigenen Kindergärten beaufsichtigt.

Friedrich fröstelt auf dem Wind und Wetter ausgesetzten Unterdeck, trotz Wintermantel, Handschuhen, Hut und Schal. Wann immer das Gedränge es erlaubt, hält er sich in der Nähe der Kessel auf, um im schneidenden Fahrtwind nicht krank zu werden. Am Morgen des dritten Tages endlich, nach einer elenden, auf kalten Planken verbrachten Nacht, weckt ihn eine frühlingshafte Brise – ihr Dampfer hat den subtropischen Süden erreicht. An den Landestegen der wenigen größeren Städte, in denen sie Station machen, drängen Passagiere an Bord, bis Friedrich sich kaum noch bewegen kann, ohne über Gepäckstücke oder hockende und hingestreckte Gestalten zu steigen.

Im Gewirr der Flussarme, Inseln und Untiefen lässt der Lotse alle paar Minuten den Kurs ändern und die Anspannung im Ruderhaus scheint hoch. *Wenn die Fahrt stromauf, bei der man nur langsam gegen den Strom vorankommt, schon eine beschwerliche Reise ist, so ist das Hinabschießen auf den trüben Fluten fast noch schlimmer,* schreibt Charles Dickens über seine Reise auf dem Mississippi, *denn der Dampfer, der dann mit zwölf bis fünfzehn Meilen pro Stunde dahinjagt, muss sich seinen Weg durch ein Labyrinth von Treibholz bahnen, das im Dunkeln oft nicht rechtzeitig zu erkennen ist, geschweige denn, daß man ihm ausweichen könnte. Die Glocke des Ausgucks schweigt nachts keine fünf Minuten; und nach jedem Läuten erbebt das Schiff, manchmal nur durch einen einzigen Schlag, manchmal durch ein Dutzend in rascher Folge, von denen die leichtesten hart genug scheinen, um den fragilen Kiel einzudrücken, als ob er Kuchenkruste wäre.*

Die dritte Nacht an Bord muss Friedrich sitzend herumbringen. In seinen Halbschlaf gellt immer wieder auch die Glocke, mit der der Lotse befiehlt, die Wassertiefe zu loten. Augenblicke später hört er *deckhands* in ihrem südlichen Singsang die Lotungen zum Ruderhaus hinaufrufen: *M-a-r-k three! … half twain … quarter twain … M-a-r-k twain!* Gegen Morgen, noch bevor es dämmert, wehen von den Ufern Hornsignale herüber – Weckrufe für Sklaven, die im ersten Licht auf den Feldern zu erscheinen haben, flankiert von peitschenbewehrten Aufsehern zu Pferde. Als es hell wird, sieht er, dass sie die undurchdringlichen Wälder hinter sich gelassen haben, die den Mississippi seit Beginn der Fahrt säumten und nur selten von Farmen und Städtchen unterbrochen wurden. Jetzt reiht sich an beiden Ufern eine Baumwoll- und Zuckerrohrplantage an die andere, viele mit eigenen Schiffsländen. Die *Great Houses*, in denen die Pflanzer residieren, sind von hohen Bäumen beschattet und erinnern in ihrer Pracht an europäische Adelsschlösser. Sie liegen wie Inseln inmitten von Baumwollfeldern, die in der Morgensonne leuchten wie frisch gefallener Schnee. Immer wieder vernebeln die Rauchschwaden brennender Erntereste auf abgeräumten Feldern den Fluss. An jedem Landeplatz wuchten zerlumpte, dunkelhäutige Kerle mit großen Sackkarren Dutzende Baumwollballen an Bord – jeder fast mannshoch und knapp fünf Zentner schwer. Sie stapeln sie in vier und fünf Lagen übereinander, bis kaum noch Platz für die Passagiere der 3. Klasse bleibt. Die letzten Stunden vor New Orleans harrt Friedrich stehend aus, in seinen Ohren das verrauschte Stakkato der rotierenden Schaufelräder.

Und dann, hinter einer der zahllosen Biegungen des Mississippi, bietet sich ihm ein Anblick, der in Nordamerika einzigartig ist: Entlang des *Crescent* – der weiten, wie eine Mondsichel gekrümmten Flussschleife, an die sich New Orleans schmiegt – reihen sich Schiffe, so weit das Auge reicht, oft zu zweit und zu dritt nebeneinander. Der Wald von Masten und Rahen erstreckt sich über drei oder vier Meilen, Schwaden von Holzqualm aus den Schornsteinen zahlloser Boote, die unter Dampf stehen, verschatten die Sonne. *Dieser Uferdamm ist die großartigste Schiffslände der Welt*, brüstet sich *The Louisiana State Republican,* eine der vielen Zeitungen der Stadt. *Weder Tyros noch Karthago, weder Alexandria noch Genua – keine dieser einstigen Metropolen von Handelsfürsten konnte sich Kaianlagen wie der des Uferdammes von New Orleans rühmen.* Dampfboote schleppen Segelschiffe aus aller Herren Länder von der eine Tagesreise entfernten Mündung des Mississippi in den Golf von Mexiko hierher, viele mit reisemüden, erschöpften Auswanderern an Bord. Wenn ihre Kapitäne keine freien Liegeplätze mehr ergattern, weist der Hafenmeister sie an, einstweilen im Fluss zu ankern.

Friedrich treibt im Strom der von Bord gehenden Passagiere, durch den Radau und das Durcheinander des *Levee* – des Uferdammes –, auf die nahe Agentur der Deutschen Gesellschaft zu. *Slave-gangs* und Teams irischer Schauerleute bewegen Berge von Fracht mit Muskelkraft, laut rufend, fluchend, scherzend. Unentwegt rumpeln schwere Fuhrwerke heran, Dampfpfeifen schrillen. Baumwolle, das profitabelste Exportgut der USA, steht in Zehntausenden Ballen am *cotton levee* aufgereiht, marschbereiten Armeen gleich. Grellweiße Flusen wirbeln im Wind wie Schneegestöber. Am benachbarten *sugar levee – the sweetest spot on earth* – liegen Fässer mit Rohrzucker und Melasse bis zu fünf Lagen hoch gestapelt, daneben Whiskey aus Kentucky, Mais oder Weizenmehl aus Illinois, und dickbauchige *hogsheads* mit je einer halben Tonne

Abb. 16: Baumwollballen am Levee in New Orleans, fotografiert im Januar 1880.

Tabak aus Tennessee. Weil keiner der Sklaven und kaum einer der Schauerleute und Kutscher lesen kann, werden die Waren je nach Käufer oder Bestimmungsort mit verschiedenfarbigen Wimpeln markiert.

***

Von diesem zweiten großen Wagnis seines Lebens an nennen wir Friedrich so, wie er sich in Amerika längst selbst nennt: Fred. Seiner Spur zu folgen, auf einem Dampfer den Mississippi hinab, bleibt uns verwehrt. Heute verkehren auf dem großen Strom nur Kreuzfahrtschiffe, für die unser Budget zu schmal ist. Die Fracht- und Passagierfahrt brach im Bürgerkrieg zusammen, keine zehn Jahre nachdem Fred in New Orleans an Land ging. Nach der Niederlage der Südstaaten erreichte sie nie mehr ihre alte Bedeutung – der Transport auf der Schiene war schneller und günstiger. Um eine Ahnung von der Weite und den gewaltigen Entfernungen Amerikas zu kriegen und Inlandsflüge wo immer möglich zu vermeiden, buchen wir Tickets für den Fernzug *City of New Orleans*, den Arlo Guthrie und andere besangen. Die Stunden bis zur Abfahrt vertrödeln wir im einst größten und verkehrsreichsten Bahnhof der Welt, *Saint Louis Union Station,* mit ehemals 32 Gleisen und hunderttausend Passagieren pro Tag. Heute verkehrt dort kein Zug mehr – der von einem deutschstämmigen Architekten geplante, denkmalgeschützte Koloss wurde zu einem Shopping- und Erlebniszentrum umgebaut, nachdem Autos, Flugzeuge und kurzsichtige Verkehrspolitik die amerikanischen Eisenbahnen ruiniert hatten. Tatsächlich hält unser weltberühmter Zug auf den 1500 Meilen zwischen Chicago und New Orleans gar nicht in Saint Louis. Spätabends laufen wir mit Rucksäcken auf den Schultern ein paar hundert Meter zu einem Warte-Container der Bahngesellschaft *Amtrak* und steigen mit einer afroamerikanischen *grandma* und ihrer Enkelin in einen *minivan,* der uns nach zweistündiger Fahrt an einem Kleinstadtbahnhof absetzt, *in somewhere Illinois.* Dort kommt der imposante, doppelstöckige *City of New Orleans* tatsächlich um 1:30 Uhr morgens zum Stehen. Wir beziehen unsere Schlafwagenkabine im matten Schein von Notstromlämpchen – während die Diesellok betankt wird, bleibt die Beleuchtung abgeschaltet.

Sechs Stunden später, im Süden von Tennessee, klettern wir übernächtigt aus den Kojen und wachen beim *American breakfast* im *dining car* langsam auf. Während sie Kaffee nachschenkt, erzählt uns die deutschstämmige Kellnerin, dass sie 20 Jahre zuvor in die USA ausgewandert sei und sich »jeden Tag« hier wohl fühle. Vor den Zugfenstern topfebenes Ackerland mit riesigen Schlägen, dünnbesiedelt in unseren Augen, und doch kein Vergleich zu den schier endlosen Urwäldern, durch die Fred einst reiste. Je weiter wir nach Süden kommen, desto wärmer wird es: Stück für Stück legen wir unsere Winterkleidung ab. Im *Old South* herrscht Mitte November noch T-Shirt-Wetter.

Die letzten zweieinhalb Stunden rollt der Zug durch die Sümpfe Louisianas, oft im Schritttempo. Rechts und links der Gleise mäandrierende *bayous,* Altarme und Tümpel, in denen das Wasser steht. Von Sumpfzypressen hängen Flechten wie ungepflegte graue Bärte, die sie uralt erscheinen lassen. Lebende, sterbende und tote Bäume stehen Seite an Seite. Leuchtend weiße Reiher lauern reglos vor Mangrovendickichten, einmal erkenne ich eine

Wasserschildkröte, die sich auf einem umgestürzten Stamm sonnt, ein andermal meine ich, den Kopf eines Alligators unter Wasser zucken zu sehen. Dann verliert sich unser Blick in den himmelblauen Weiten des *Lake Maurepas* und des *Lake Pontchartrain* – Brackwasserlagunen, deren gegenüberliegende Ufer nirgendwo auszumachen sind. Die Fahrt in die Stadt berührt mich seltsam: wie das Übersetzen auf eine Insel, in eine Welt voller Doppeldeutigkeiten, verschwimmender Grenzen, täuschender Spiegelungen, schwül-lastender Luft und einer bleischweren, antriebslosen Unruhe.

***

Freds neue Heimat gilt als die lebenslustigste und verruchteste Metropole der Vereinigten Staaten: elegant, sinnlich, dekadent. Opern und Theateraufführungen locken die Wohlhabenden, rauschende Bälle, Bordelle jeder Preisklasse. Am *Levee* werben Prostituierte aller Hautfarben um Freier, die jüngsten unter ihnen sind kaum zehn Jahre alt. Je dunkler ihre Haut ist, desto billiger sind sie zu haben – ein Stelldichein mit einer *free woman of color* oder einer Sklavin kostet selten mehr als einen Vierteldollar, was sich auch Seeleute und *deckhands* der Flussdampfer hie und da leisten können. Geschlechtskrankheiten sind erschreckend weit verbreitet. Während des *Mardi Gras* verfällt die ganze Stadt in hemmungslose Anarchie. Musikgruppen und groteske, farbenfrohe Umzüge ziehen durch die Straßen, fantasievoll Maskierte und Kostümierte bewerfen sich und die Zuschauer mit Schlamm und Mehl.

In den Küchen der besten Hotels stehen französische *maîtres de cuisine* am Herd. Ein hochbezahlter Mississippi-Lotse wie Samuel Langhorne Clemens, der später als *Mark Twain* berühmt wird, kann sich hie und da durchaus ein vielgängiges *dîner* für zehn Dollar leisten, was fast dem Monatssold eines einfachen Soldaten entspricht – mit Champagner, einer raffinierten Folge von Weinen und *digéstif*. Nirgendwo in den USA wird hemmungsloser Alkohol getrunken als in New Orleans, nirgendwo so dem Glücksspiel gefrönt. Bei Hahnen- und Hundekämpfen riskieren viele hohe Summen. Am beliebtesten sind die Pferderennen – da scheint sich die ganze Stadt an den Rennbahnen zu versammeln. *Noch nicht einmal ein nigger ist mehr zu finden,* lästert ein Augenzeuge, *der einem bei Tisch aufwarten könnte.*

Die Geschäftsleute schäumen über vor Optimismus und Fortschrittsglauben. Das gewaltige Becken des Mississippi wird zu einem neuen Hort der Zivilisation wachsen, zu einer Hochkultur wie einst am Nil, glauben viele. Einem Hafen am Oberlauf des großen Stromes gab man den stolzen Namen *Memphis*, nach der Residenz der ägyptischen Pharaonen, einen zweiten nannte man *Cairo*, *Hannibal* einen dritten. Tatsächlich hat New Orleans als Umschlagplatz schon einige Male die größte Hafenstadt der Vereinigten Staaten, New York City, überflügelt.

Die Leichtgläubigsten unter den *Southerners* versteigen sich sogar zur Gewissheit, der Mississippi – *this great National highway* – werde das gewaltsame Auseinanderbrechen der verfeindeten nördlichen und südlichen Bundesstaaten verhindern, weil beide Seiten bis ans Ende der Zeit auf den Fluss als Transportweg angewiesen bleiben. Nur wenige weltgewandte Leute mit Weitblick ahnen, dass New Orleans zwar die besten, aber auch die letzten Jahre seines Höhenfluges erlebt. Jeder Kanal, jeder Schienenstrang, den Investoren und Kapitalgesellschaften aus Finanzzentren wie New York City, Philadelphia und Boston nach Westen vorantreiben, schwächt den Warenstrom auf dem Mississippi und lenkt ihn an die Ostküste.

In seinen ersten Tagen hier läuft Fred, ein Auskommen und eine bezahlbare Bleibe suchend, stundenlang durch die Straßen, so vollkommen auf sich gestellt wie noch nie in seinem Leben. Er staunt, wie gut gekleidet die bessergestellten *gentlemen* hier sind, in weiße, blaue oder gelbe Gehröcke mit seidenen Einstecktüchlein und Krawatten. Er freut sich daran, wie malerisch, ja verwunschen viele Ecken der Stadt sind, wie sehr ihn die gepflasterten Gassen im *Vieux Carré* an die Alte Welt erinnern. New Orleans ist die größte französische Kolonie in den Vereinigten Staaten. In den Kaffeehäusern sitzen Intellektuelle aus Paris, Lyon und Marseille bei ein paar Flaschen Illinois- oder Missouri-Wein und diskutieren, woran die Revolutionen im *Völkerfrühling Europas* gescheitert seien. Überall blühen selbst jetzt, in der dunkelsten Zeit des Jahres,

Sträucher und Ranken so verschwenderisch, dass es Fred als Gärtnergesellen begeistert: rosafarbene Azaleen, feuerrote Kamelien, violette Glyzinien, wohlriechende Heckenkirschen, Rosen in allen Farben. Über die Mauern der *secret gardens*, die vollkommene Privatheit im Trubel der Altstadt versprechen, weht der Duft von Jasmin und man hört Springbrunnen leise plätschern. Orangen- und Zitronenbäume tragen leuchtende Früchte. Die großen Plätze sind von Palmen, Bananenstauden und mannshohen Agaven gesäumt. 1200 Meilen nördlich, in Saint Charles und Saint Louis, sind die Wälder jetzt kahl, das Land ist schneebedeckt.

Scheu blickt er den Kreolinnen nach, die die Chartres Street und die Canal Street entlang flanieren, Spanisch und Französisch parlierend; Damen der vermögenden Oberschicht, gebildet, charmant, viele bildhübsch – und vollkommen unerreichbar für einen mittellosen Einwanderer wie ihn. Er hat nicht das Selbstbewusstsein, ihnen in die Augen zu sehen, riskiert nur verstohlene Blicke auf ihre farbenprächtigen, bodenlangen Kleider aus Satin und Samt, die ihre Taillen betonen, die seidenen Sonnenschirme, die sie über ihre Haarpracht halten, die Fächer, mit denen sie wedeln, als ginge es ihnen mehr um die kokette Geste als um den kühlenden Luftzug.

Wenn der Tumult am *Levee* sich in den Abendstunden beruhigt, gewinnt auch das Mississippi-Ufer einen ganz eigenen Reiz: *Nachts ist die Szenerie von zauberhaftem Glanz*, schreibt eine Zeitgenossin. *Hunderte von Lichtern strahlen aus den verschiedensten Richtungen, von den Dörfern und Plantagen am Ufer her und von den großartigen Flußdampfern, gewaltigen Leviathanen. Sie scheinen wie treibende Gebirge aus Licht und Flammen, so hell sind sie von innen und außen beleuchtet. Ein Schiff nach dem anderen dampft heran, pfeift und tutet, läuft rasch vorbei, erstrahlend im Scheine tausender Lichter, die sich in langen, hellen Streifen auf dem rasch vorbeiziehenden Wasser spiegeln. Manche sind so prachtvoll, so überwältigend schön beleuchtet, daß sie aussehen wie Aladins Paläste lichterloh entflammt, die schwungvoll schäumend stromabwärts treiben, während – vielleicht gerade in diesem Moment – um sie herum alles in tiefer Dunkelheit liegt.*

***

Als wir nach fünfzehnstündiger Zugfahrt endlich ankommen, ist die ganze Stadt wegen eines Kongresses *booked solid*: kein *Bed and Breakfast* mehr, kein Hotel, kein Motel. Uns bleibt nur ein ominöser *deluxe room* in einer Jugendherberge, zu hundert Dollar für die erste Nacht. Ein Taxifahrer erzählt uns auf der Fahrt dorthin, New Orleans sei bis vor wenigen Jahrzehnten eine multikulturelle Stadt gewesen, in der Menschen verschiedenster Kulturen neben- und miteinander zu leben verstanden. »Now«, sagt er ohne spürbaren rassistischen Unterton, »it is predominantly black.« Seit Kurzem gilt die Stadt mit ihrer oft krassen Armut auch als *murder capital of the U.S.*: Sie hat die höchste Mordrate der Nation. Die Jugendherberge liegt in einem einstigen deutschen Einwandererviertel, doch von den *German Americans* ist keine Spur geblieben. Die Straßen zeigen die untrüglichen Anzeichen einer *bad neighborhood*: Die ein- und zweistöckigen Häuschen wirken heruntergekommen, viele stehen leer oder zum Verkauf, einige zeigen Brandspuren, andere sind mit Spanplatten und Brettern vernagelt. Auch das Nachbarhaus der Jugendherberge ist im Obergeschoss ausgebrannt.

An der Rezeption drückt uns ein handfest wirkender Mann einen Zettel in die Hand, der vor der hohen Kriminalität warnt: »Exercise great caution at all times«, lese ich da, »and stay off deserted streets after dark. We strongly recommend that you take a taxi when going out at night.« Unser *deluxe room* liegt in einem zweistöckigen Ziegelbau aus Freds Jahren, mit drei Meter breiten, umlaufenden Balkonen, schmiedeeisernen Brüstungen und raumhohen Fenstern. Im Bürgerkrieg, lesen wir auf dem Handzettel, habe das Haus als Lazarett gedient, und der Geist eines konföderierten Soldaten, der hier an seinen Wunden starb, soll bis heute durch das Gebäude spuken. Als wir zu einem Waschsalon drei Blocks weiter laufen, haben wir den Eindruck, als Weiße hier ein ungewohnter, verunsichernder Anblick zu sein. Außer uns stehen nur Afroamerikaner an den Münzautomaten. Die Maschine pumpt das Wasser nicht ab und droht beim Schleudern durchzubrennen, an ihrer Rückseite steigt Rauch auf. Der Trockner funktioniert erst, als der Wäschereibesitzer einen Besen gegen die Türe stemmt. Die Fenster der Wäscherei sind vergittert, auch die Tür ist mit einem massiven Stahlgitter gesichert.

***

Das Bizarre, ja Groteske an seiner neuen Heimat erkennt Fred erst allmählich: New Orleans wurde, wie Venedig, auf Schlick gebaut, zwischen dem unberechenbaren Mississippi im Süden und weglosen Sümpfen im Norden. Der Grundwasserspiegel in der Stadt ist so hoch, dass man Tote hier entweder, spanischer Tradition folgend, in oberirdischen Sarggewölben bestattet oder sie in flachen Gruben beisetzt und mit Erdhaufen bedeckt – aus größerer Tiefe würden Verwesungsgase sie rasch wieder ans Licht drücken. An die Sümpfe grenzt *Lake Pontchartrain*, der mit dem Golf von Mexiko verbunden ist und während tropischer Wirbelstürme das ganze Hinterland unter Wasser setzt. Am Mississippi erhebt sich das Gelände immerhin 15 Fuß über den mittleren Wasserstand des Flusses, durch einen natürlichen Uferwall, der mit Deichen noch erhöht wurde. Doch die Innenstadt liegt nur kniehoch über dem Meer, weite Teile auch darunter. Wenn der große Strom Hochwasser führt, steigen seine Fluten meterhoch über das Niveau der Straßen. Von den Ruderhäusern ihrer Dampfer aus blicken Lotsen oft auf die Häuser der Stadt hinunter, wenn sie bei Hochwasser die Deichlinie entlang dampfen. *Zwischen den Menschen und ihrem Untergang*, schreibt Mark Twain, *ist nichts als die zerbrechliche Brustwehr aus Erde.* Ein paar Monate nachdem Fred hier an Land geht, spottet die *Illustrated London News* in Großbritannien: *An diesem Ort zu siedeln, dazu vermochte Männer nur der Irrsinn kommerzieller Begierde zu verführen.*

Der Gouverneur der französischen Kolonie *Louisiana* hatte die Stadt 1718 gegründet und sie zu Ehren des bourbonischen Regenten, des Herzogs von Orléans, *La Nouvelle-Orléans* genannt. Ein früher Chronist beschrieb sie als Ansammlung armseliger Hütten in einem malariaverseuchten Dickicht von Weiden und Palmettopalmen, in dem es von Schlangen und Alligatoren wimmelte. Sklaven mussten schon damals die schwerste Arbeit leisten. 1722, als die Siedlung zur Hauptstadt Louisianas gekürt wurde, zerstörte ein Hurrikan die meisten Gebäude. Nach Frankreichs Niederlage im Siebenjährigen Krieg 1763 fiel das Städtchen samt einem Teil Louisianas an Spanien, doch auch die neuen Herren hatten ihre liebe Not mit der Kolonie. Ihr letzter Gouverneur mahnte 1795, dass er sich gezwungen sehe, *La Nueva Orleans in weniger als drei oder vier Jahren aufzugeben*, wenn nicht endlich Drainagearbeiten begonnen würden. Fünf Jahre später gelang es Napoleon Bonaparte, Louisiana und *La Nouvelle-Orléans* wieder in französischen Besitz zu bringen. Doch bereits 1803 sah er sich wegen des erneut aufflammenden Krieges mit Großbritannien gezwungen, alle Besitzungen für fünfzehn Millionen Dollar an die Vereinigten Staaten zu verkaufen – 830 000 Quadratmeilen zwischen dem Mississippi und den Rocky Mountains, dem Golf von Mexiko und der Grenze zum heutigen Kanada. Es war der größte Landerwerb der amerikanischen Geschichte – keine 30 Jahre nach ihrer Gründung hatten die USA damit ihr Territorium verdoppelt.

Auch die Amerikaner treten in New Orleans ein schwieriges Erbe an. Zwar verspricht das fruchtbare Schwemmland am Mississippi und seinen Nebenflüssen geradezu fabelhaften Reichtum: Wenige Jahre zuvor war es auf einer Plantage in der Nähe der Stadt zum ersten Mal gelungen, Rohrzucker zu granulieren. Und Eli Whitneys Erfindung der *cotton gin*, einer Maschine, die die Fasern der Baumwolle von den Samenkapseln trennt, hatte just in dieser Zeit die Produktivität der Plantagenwirtschaft verfünfzigfacht. Aber das subtropisch-schwüle New Orleans gilt als ungesündeste Stadt der Vereinigten Staaten. Weil die Sterblichkeitsrate hier bis zu dreimal höher ist als anderswo, nennt man sie in einer Mischung aus Spott und Entsetzen auch *Hauptquartier des Todes*, *Begräbnisstätte Amerikas* oder *Hauptstadt der Witwen*. Im zweitgrößten Einwandererhafen der USA sterben jedes Jahr Hunderte an der Cholera, den Pocken, an Masern oder Typhus. Und jeden zweiten oder dritten Sommer wird die Stadt von Gelbfieber-Epidemien heimgesucht, die Tausende dahinraffen.

Die leidgeprüfte Deutsche Gesellschaft gibt spezielle *Verhaltungs-Regeln* heraus, in denen sie eindringlich warnt: *Die nach New Orleans gehenden Einwanderer müssen ihre Abreise von Europa so einrichten, daß sie weder nach Ende Juli, noch vor Anfang November hier eintreffen, weil sie in der Zwischenzeit den Gefahren des Gelben Fiebers ausgesetzt sind. Wir wollen umso dringender darauf aufmerksam gemacht haben, weil durch mehrjährige gelinde Fieberjahre in Sicherheit gewiegt, man sich namentlich von Bremen aus zu sehr mit der Einschiffung von Einwanderern beeilte, so daß dieselben hier zu einer Zeit eintrafen, als das Fieber gerade am schlimmsten wütete.*

Akklimatisierte, die schon seit Jahren oder Jahrzehnten hier sesshaft sind und das Glück hatten, die Seuche zu überleben, pflegen meist einen hemdsärmeligen, mitleidlosen Umgang damit. *Ein tüchtiges, sengendes Gelbfieber ist das Beste in der Welt für New Orleans*, schreibt ein Arzt, *es ist eine Art Bewährungsprobe, ein glühender Hochofen, der das reine Metall von Legierungen trennt.* Die Krankheit überstanden zu haben gilt als *Taufschein des Bürgerrechts*, und danach erst haben Neuankömmlinge wie Fred Aussicht auf gut bezahlte, längerfristige Anstellung. Von den 60 000 Deutschen, die sich in den 1850er-Jahren in New Orleans niederlassen, geht fast die Hälfte im Lauf der ersten zehn Jahre an Seuchen zugrunde. Minna Praetorius reist weiter zu ihrem Ehemann in Cincinnati – und stirbt dort an der Cholera, nur fünf Jahre nach ihrer Ankunft.

Die hygienischen Zustände in New Orleans sind geradezu mittelalterlich. Trinkwasser holen die meisten Bewohner an öffentlichen Hydranten, die von einer nachlässigen Privatgesellschaft mit *dem saubersten Wasser der Welt* beliefert werden. Hinter dem Slogan verbirgt sich Mississippi-Wasser, vollkommen ungefiltert und unbehandelt. Abwässer werden in offenen Kanälen in die Sümpfe nördlich der Stadt geleitet – *der großen Sickergrube der Metropole.* Meist sind es von Schlamm verstopfte Gräben, in denen eine grünliche, stinkende Brühe steht. Nur wenige Straßen sind gepflastert, nach Regenfällen wird jede Pfütze, jedes Schlagloch zur Brutstätte für Moskitos. Entgegen den Bestimmungen laufen Schweine, Ziegen, Kühe, Hunde und Katzen frei in der Stadt herum. Metzger schlachten auf offener Straße – Eingeweide, Schlachtabfälle und ganze Tierkadaver verwesen in der Hitze. Die von *free men of color* herausgebrachte Zeitung *New Orleans Daily Creole* schreibt: *Die*

Ausdünstungen, die immer wieder aus dem gärenden Kompost von Mist, Schlachtabfällen, Müll und dem Kehricht der gepflasterten Straßen aufsteigen, sind so widerlich, daß sie ganze Stadtviertel plagen und [die Bewohner] dazu zwingen, Türen und Fenster zu schließen, um dem Gestank zu entkommen.

In Freds erstem Jahr hier beginnt die Stadtverwaltung immerhin, den schlimmsten Dreck in den Innenstadtstraßen sammeln zu lassen. Von einem *nuisance boat* aus, einem Müll-Kahn, wird er in der Mitte des Mississippi ins Wasser gekippt, in der Hoffnung, dass die Strömung ihn bis in den Golf von Mexiko trägt, was je nach Wasserstand und Windrichtung mehr oder weniger gelingt. *New Orleans gibt ein erstaunliches Zeugnis davon, was Menschen zu erdulden vermögen*, schreibt ein Reisender dieser Zeit, *wenn sie von der Hoffnung auf einen nie versiegenden Strom der allmächtigen Dollars und Cents getrieben werden.*

Die Oberschicht der Stadt und des Staates Louisiana erkauft ihren Reichtum mit dem Schweiß und dem Elend Unzähliger. Ein Baumwollpflanzer, der ein paar hundert Sklaven und entsprechend viel Land besitzt, kann bis zu 100 000 Dollar Profit pro Jahr einstreichen – mehr, als ein ganzes Regiment U.S.-Soldaten samt seinen Offizieren in der gleichen Zeit an Sold erhält. *Cotton is king*, beharrt ein Senator von South Carolina im U.S. Kongress – *Baumwolle regiert, und der Afrikaner muss Sklave sein, oder alles bricht zusammen, und zwar bald.*

Im gesamten Süden der Vereinigten Staaten leben vier Millionen *negroes* rechtlos und unter menschenunwürdigen Bedingungen. Jeder siebte in den USA lebende Mensch gilt als Eigentum eines anderen. Überall in New Orleans begegnet Fred der *peculiar institution* – der *besonderen Einrichtung*, wie *Southerners* die Sklaverei verharmlosend titulieren. Die Stadt ist das größte Sklavenhandelszentrum der Nation, jedes Jahr werden hier Zehntausende Männer, Frauen und Kinder verkauft. Die beiden besten Hotels – das »Saint Louis« und das »Saint Charles« – verfügen über imposante Kuppelhallen, die auch als Warenbörsen dienen. Dort werden neben Baumwolle, Tabak und Zucker jeden Tag auch Menschen versteigert. Um das Kaufinteresse möglicher Kunden zu heben, haben sie sich vorher gründlich zu waschen und bärtige Männer sind angewiesen, sich zu rasieren. Wenn sie zu viele graue Haare haben, um sie ihnen auszureißen, lässt man ihre fein gekräuselten Locken schwarz färben. Dann werden sie in ihr *Sunday best* gesteckt: die Männer in Anzüge mit weißen Hemden und Westen, frisch geputzte Schuhe und hohe Kastorhüte, die Frauen in mehrfarbige Baumwollkleider und leuchtend bunte Kopftücher. Frederika Bremer, eine schwedische Schriftstellerin, fragt sich nach einer Auktion in New Orleans fassungslos, wie so etwas in einem christlichen Gemeinwesen möglich sein kann: *In einem der Häuser trafen wir den Sklavenhalter oder Besitzer, einen freundlichen, wohlgestimmten Mann, der stolz war auf das ordentliche Erscheinungsbild seiner Leute. [...] aber ich habe Menschen hier sagen hören, daß sie ganz anders aussehen, wenn sie zum ersten Mal hierhergebracht werden: jeweils zu zweit aneinandergekettet, in langen Reihen, erschöpft von tagelangen Märschen. Unter den Frauen waren einige gutaussehende, hellhäutige Mulattinnen. Ein Gentleman packte eine der hübschesten von ihnen am Kinn und öffnete ihr den Mund, um nach dem Zustand ihres Zahnfleischs und ihrer Zähne zu sehen. Er machte nicht mehr Umstände dabei, als wenn sie ein Pferd gewesen wäre.*

Wer dunkler Hautfarbe ist, wird von weißen *Southerners* pauschal mit dem Schimpfwort *nigger* belegt und, egal welchen Alters sie oder er sein mag, mit *girl* oder *boy* angesprochen. Fred fällt auf, dass ihm auch *free people of color* auf den Straßen Platz machen, selbst wenn sie schwerbeladen sind – so gebieten es die Rassengesetze hier. Mit keinem Wort erwähnt er je diese abgründige Seite des Südens. Sie wird ihn wohl empören wie die meisten Deutschamerikaner damals, vielleicht schämt er sich sogar dafür – von der Sklaverei sind selbst die maroden Feudalstaaten Europas inzwischen frei. Dass Begleitumstände dieses Übels auch sein Leben und Sterben bestimmen werden, kann er nicht ahnen.

Auf seinen Gängen ins *Vieux Carré* kommt er regelmäßig an den ehemaligen Geschäftsgebäuden eines berüchtigten Sklavenhändlers von New Orleans vorbei – dem *slave pen* des Theophilus Freeman. Der hatte zwölf Jahre zuvor den von Kriminellen entführten *free man of color* Solomon Northup illegal in die Sklaverei verkauft. Im Januar 1853, als Fred sich, neu angekommen, gerade

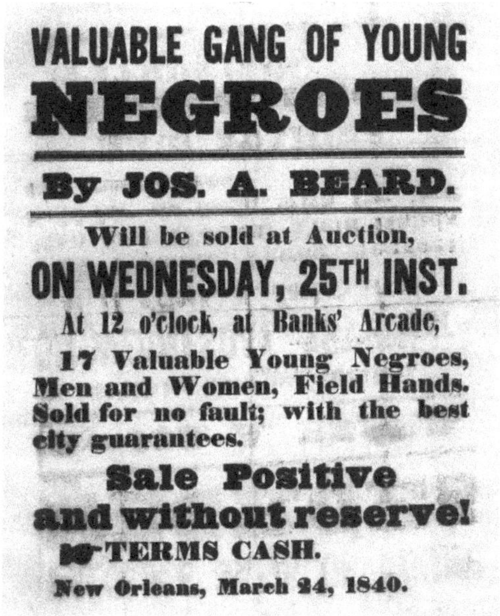

Abb. 17: Ein Plakat, das die Versteigerung von »17 wertvollen jungen Negern, Männern und Frauen« am 24. März 1840 in New Orleans ankündigt, Punkt 12:00 Uhr. Barzahlung wird vorausgesetzt.

in der Stadt zu orientieren versucht, kehrt Northup als Befreiter zurück und verklagt seine Peiniger vor Gericht. Doch weil es ihm auch als *f.m.c.* verboten ist, gegen Weiße auszusagen, kommt es zu keiner Verurteilung. In seiner Autobiographie *Twelve Years a Slave* schreibt Northup über seine zahllosen Schicksalsgenossinnen und -genossen, die gezwungen bleiben, in Knechtschaft zu leben: *Neunundneunzig von hundert sind intelligent genug, um ihre Situation zu begreifen und Freiheitsliebe in ihrer Brust zu hegen. Der Unterschied zwischen ihrer eigenen Lage und der des geringsten Weißen entgeht ihnen nicht, und sie erkennen die Ungerechtigkeit der Gesetze, die Weiße ermächtigen, nicht nur die Früchte ihres Fleißes zu kassieren, sondern sie auch unverdienten und unprovozierten Strafen zu unterwerfen, ohne Rechtsmittel und die Möglichkeit sich zu widersetzen oder zu beschweren.* Viele der *spirituals*, mit denen Sklaven sich die Feldarbeit erträglich machen und Gemeinschaftsgeist und Überlebenswillen beschwören, besingen den Jordan – *crossing the River Jordan.* Der Fluss gilt ihnen als geheimes Sinnbild für die kanadische Grenze. Dahinter lockt die Freiheit, die sie mithilfe des Fluchthelfer-Netzwerks der *Underground Railroad* zu erreichen hoffen.

***

In einem *streetcar* der Saint Charles-Linie rumpeln wir in gemächlichem Tempo nach *Downtown*. Sie verkehrte schon zwei Jahrzehnte, bevor Fred hier ankam, entlang der *Saint Charles Avenue*, damals noch mit zweistöckigen Pferde-Omnibussen, und gilt als älteste durchgehend betriebene Straßenbahnlinie der Welt. Unser Wagen stammt aus den 1920er-Jahren, hat ungepolsterte Holzbänke, Fenster, die man herunterlassen kann, und Fahr- und Bremsgeräusche, von denen die eigenwilligsten wie leidvolles Stöhnen klingen oder wie vernuschelt hingeworfene Halbsätze im *Southern drawl*. Der Fahrer, ein junger Afroamerikaner mit Bürstenhaarschnitt, klingelt an jeder Kreuzung, jedem Fußgängerübergang mit Inbrunst, entlockt der Warnglocke energiegeladene Jazz-Rhythmen und ruft jede Station mit heiterer, raumfüllender Stimme aus. Wir verstehen trotzdem kaum ein Wort seines melodiösen Südstaaten-Singsangs.

An der Canal Street, die Mitte des 19. Jahrhunderts das amerikanische Viertel vom *Vieux Carré* trennte, steigen wir aus und treiben in dichtem Fußgängerverkehr zum brackig-ölig riechenden Mississippi hinunter. Vom *Levee*, der quirligen *großartigsten Schiffslände der Welt*, sind nur wenige weit verteilte Kais geblieben, an denen Mais, Weizen und andere Agrarprodukte des Mittleren Westens verladen werden. Als Hafenstadt hat New Orleans längst seine Weltgeltung verloren. Wo Fred einst an Land stieg, zieht sich heute der *Riverwalk* dahin, eine für Fußgänger und Radfahrer reservierte Uferpromenade. Wir schlendern am Wasser entlang, während der Abend zur Nacht wird, sehen dem rastlosen Hin- und Her der Fähren ans gegenüberliegende Ufer zu, die unentwegt tuten, und gedenken unseres Vorfahren hier.

Im Dunkeln kehrt die »Natchez« – *New Orleans' only steamboat* – von einem *jazz cruise* zurück wie eine Wiedergängerin der *floating palaces* von einst, historisierend nachgebaut, mit echter Dampfmaschine und rotlackiertem Schaufelrad am Heck. An einem Laternenpfahl nahe der Gangway lehnt ein afroamerikanischer Straßenmusiker mit Tenor-Saxophon. Er spielt das Musical-Evergreen *Ol' Man River*, das den großen Strom besingt und

Abb. 18: Das Saint Charles Hotel, in dessen Rotunde Sklaven versteigert wurden, in den späten 1850er-Jahren. Vor dem Hotel stehen viele der einspännigen Kutschen, die auch im Vordergrund zu sehen sind. Sie dienten als eine Art Taxi.

das harte Los der Afroamerikaner an seinen Ufern, auch lange nach ihrer Befreiung aus der Sklaverei: *There's an ol' man called the Mississippi / That's the ol' man that I'd like to be / What does he care if the world's got troubles? / What does he care if the land ain't free?* Kaum einer der Passagiere, die von Bord der »Natchez« gehen, bleibt stehen und wirft dem Saxophonspieler ein paar Cent in den Hut. Noch bevor das Evergreen verklungen ist, sind alle verschwunden. *Ol' man river / That ol' man river / He must know sumpin' / But don't say nothin' / He just keeps rollin' / He keeps on rollin' along.*

Der Musiker berührt uns, seine schlanke, hochgewachsene, kahlköpfige Gestalt, die trotz seiner undurchdringlichen Sonnenbrille Trauer und Selbstbehauptung ausstrahlt. Vor allem aber berührt uns seine Musik: Sein verhaltenes, gedehntes Spiel verleiht jeder Melodie eine unüberhörbare Melancholie. Eigentlich dürfe er hier gar nicht stehen, erzählt er uns, »but I'm desperate today«. Sein

Geld reiche seit Monaten nicht mehr, um seine Miete zu bezahlen, und sein Vermieter drohe, ihn auf die Straße zu setzen. In dem Evergreen, das er so eigenwillig interpretiert, singt der Heizer eines Mississippi-Dampfers Ende des 19. Jahrhunderts, ein Mann, der sich tagaus, tagein abrackert und es doch zu nichts bringt: *I get weary / And sick of tryin'; / I'm tired of livin' / And scared of dyin', / But Ol' Man River, / He just keeps rollin' along.*

***

Um das Unrecht der Sklaverei vor sich selbst und dem Allmächtigen zu rechtfertigen, fabrizierten sich *Southerners* im Laufe der Jahrhunderte allerlei Mythen. Gottesfürchtige Pflanzer pflegen sie sonntags mit Nachdruck vor ihren zur Andacht versammelten Sklaven zu predigen: Erstens, dass Afrikaner ihrer begrenzten intellektuellen Fähigkeiten und ihres stumpfen Wesens wegen perfekt geeignet seien, der überlegenen weißen Rasse zu dienen. Die extremsten Vertreter dieser Theorie zweifeln sogar an, dass *negroes and whites* der gleichen Spezies angehören. Zweitens habe der Herr im Himmel Afrikaner eigens für die schwere körperliche Arbeit im schwülen Sumpfland des Südens geschaffen, wo Weiße, ihrer Konstitution wegen, auf Dauer nicht bestehen könnten. Viele behaupten auch, dass Afrikaner *per se* gegen das Gelbe Fieber immun seien, obwohl Jahr für Jahr Tausende daran erkranken und zugrunde gehen. Drittens seien Afrikaner von Natur aus unkultiviert und barbarisch veranlagt und man müsse sie zu ihrem eigenen Wohl strengster Disziplin und einer harten Hand unterwerfen.

Um schon den Funken von Aufsässigkeit zu ersticken, ist Sklaven jegliche Form von Bildung untersagt. *Wir galten nicht mehr als Hunde*, erzählt eine Frau, die im Bürgerkrieg befreit wurde, *wenn sie uns mit einem Stück Papier in unseren Taschen erwischten, peitschten sie uns aus. Sie hatten Angst, daß wir lernen würden zu lesen und zu schreiben, aber ich bekam nie eine Chance dazu.* Selbst schwimmen zu lernen ist Sklaven verboten, um ihr Entkommen im wasserreichen Louisiana zu erschweren. Bewaffnete Reitertrupps mit Rudeln von Bluthunden patrouillieren im Plantagenland und den angrenzenden Wäldern und Sümpfen Tag und Nacht. Wer als Entlaufener gestellt wird, muss mit Hunderten Peitschenhieben rechnen, was die Gestraften so zerfleischt, dass manche in den Tagen danach an ihren Wunden sterben. Selbst Sklavenhalter, die sich um menschlicheren Umgang mit ihrem Besitz bemühen, stoßen rasch an Grenzen: Die Zwangsarbeit Millionen Rechtloser lässt sich letztlich nur mit einem Schreckensregime aufrechterhalten.

Entlaufen: eine Negerfrau mit zwei Kindern, inseriert ein Pflanzer aus Virginia in diesen Jahren, *wenige Tage bevor sie verschwand, markierte ich mit einem glühenden Eisen die linke Seite ihres Gesichtes. Ich versuchte, den Buchstaben M einzubrennen.* Charles Dickens, wie auch viele Deutschamerikaner damals ein entschiedener Gegner der Sklaverei, hat in seinen *American Notes* weitere Verlustanzeigen zusammengestellt, auf die er in einem Pamphlet der *Anti-Slavery Society* stieß:

Entlaufen: Negermann Henry. Sein linkes Auge fehlt, auf und unter seinem linken Arm trägt er Narben von Dolchstichen und er ist von Peitschenhieben sehr vernarbt.

Entlaufen: Negermädchen Mary. Hat eine kleine Narbe über ihrem Auge, viele ihrer Zähne sind ausgeschlagen, in ihre Wange und ihre Stirn ist der Buchstabe A eingebrannt.

Ins Gefängnis eingeliefert: ein Negermann. Sagt, sein Name sei Josiah. Sein Rücken ist von der Peitsche sehr vernarbt; und am Oberschenkel und den Hüften hat er an drei oder vier Stellen die Buchstaben JM eingebrannt. Der Rand seiner rechten Ohrmuschel wurde abgebissen oder abgeschnitten.

Generationen von Einwanderern und Reisenden aus Übersee ereifern sich, dass die Vereinigten Staaten so brutale, menschenverachtende Misshandlung zulassen – ausgerechnet das großartige demokratische Experiment, auf dem die Augen der Welt ruhen. 1776, noch vor der Französischen Revolution, hatte die amerikanische Unabhängigkeitserklärung zum ersten Mal in der Geschichte allgemeine Menschenrechte propagiert. Ihre Präambel beginnt mit den wegweisenden Worten: *We hold these truths to be self-evident, that all men are created equal, that they are endowed by their Creator with certain unalienable Rights, that among these are Life, Liberty and the pursuit of Happiness.*

Charles Dickens blieb zeitlebens unbeirrbar in seiner Kritik an Amerika. Einem befreundeten Schauspieler schrieb er: *Ich glaube diese Nation wird dereinst den heftigsten Schlag gegen das Haupt der Freiheit führen, durch das fundamentale Scheitern ihres Vorbildes vor dem Rest der Welt.* Auch Millionen von U.S.-Bürgern, vor allem in den nördlichen Bundesstaaten, sehen die Zukunft ihres Landes damals mit großer Sorge. *Ich spreche, Ihr Amerikaner, zu Eurem Besten*, hatte David Walker, ein *free man of color*, der einen kleinen *secondhand* Kleiderladen in Boston besaß, schon ein Vierteljahrhundert zuvor geschrieben, *Wir müssen und werden frei sein, sage ich, auch gegen Euren Willen. Ihr mögt Euer Bestes tun, uns in Elend und Not zu halten, um Euch und Eure Kinder zu bereichern; aber Gott wird uns vom Joch unter Euch erlösen. Und wehe, wehe Euch, wenn wir unsere Freiheit kämpfend erringen müssen.*

7
Die safrangelbe Pest

Ein anderer Schrecken von New Orleans, immerhin, scheint bald der Vergangenheit anzugehören. Wenige Wochen bevor Fred im Tohuwabohu des *Levee* an Land gegangen war, hatten Redakteure eines medizinischen Fachblattes prophezeit, dass das Gelbe Fieber in New Orleans *bald zu den Krankheiten zählen könnte, die vorbei und vergessen sind.* Eine zutiefst beruhigende Nachricht in einer Stadt, in der über Jahrzehnte Unzählige an der Seuche zugrunde gingen. Seit dem letzten, offiziell zur Epidemie erklärten Ausbruch sind fünf Jahre vergangen, und weil mehr als die Hälfte der 120 000 Einwohner von New Orleans im Ausland geboren ist, kennen viele die Krankheit nur vom Hörensagen.

Dr. Bennet Dowler, einer der etwa 200 Ärzte der Stadt, wird vom ersten Tag an Zeuge des Albtraums, der auf die vorsorglich in den Konjunktiv gesetzte Verheißung folgt: Am Freitag, dem 6. Mai 1853, fast ein Vierteljahr vor Beginn der Gelbfieber-Saison, schleppt sich der bitterarme deutsche Einwanderer Johannes Klein mit hohem Fieber in Dowlers Praxis. Vier Tage später stirbt der Patient, geronnenes, schwarzverfärbtes Blut erbrechend, und fünf Tage nach ihm auch seine Ehefrau. Sie hatten in einem der überbelegten, verdreckten Elendsquartiere der Stadt gewohnt. Als Todesursachen notiert Dr. Dowler entgegen den eindeutigen Symptomen *bösartiges Gallenfieber*, weil er so früh im Sommer keine Panik schüren will.

Zwei Wochen darauf bricht ein Seemann des bremischen Vollschiffes »Augusta« bei Ladearbeiten auf dem *Levee* fieberkrank zusammen. Er erholt sich nach einigen Tagen wieder, doch der Schiffskoch und ein weiterer Seemann der »Augusta« gehen im Fieberwahn zugrunde. Anfang Juni bereits hat sich die Seuche in der ganzen Stadt ausgebreitet, am dramatischsten in den Mietbaracken, in denen mittellose Einwanderer oft zu mehreren in einer Kammer hausen. Erst stirbt ein 26-jähriger Ire, über den nichts weiter bekannt ist, gefolgt von einem Dockarbeiter und einem Metzger, dann ein Schauermann mit seiner Frau und allen Kindern. Aus einem der *boarding houses* werden sämtliche Bewohner fieberkrank ins *Charity Hospital* – das Krankenhaus für Bedürftige – gekarrt.

In New Orleans nennt man die Seuche *the stranger's disease*, weil sie am schlimmsten unter jungen neuangekommenen Männern wütet – gesunde, robuste Einwanderer in ihren besten Jahren. Auch deshalb gilt sie in den Augen erfahrener Ärzte als *absonderlichste Krankheit der Welt.* Im Gegensatz zu den Pocken gibt es noch keine Schutzimpfung dagegen, kein wirksames Medikament, noch nicht einmal der Übertragungsweg ist bekannt. Die meisten Doctores sind nur darin einig, dass Gelbfieber nicht von Mensch zu Mensch übertragen werden kann. Entsprechend sorglos gehen sie mit Kranken und Sterbenden um. Sie beobachten, dass Kinder gewöhnlich leichtere Verläufe haben und dass alle, die die Seuche überstehen, nie mehr daran erkranken.

Fred packt die Angst. Nachbarn und Bekannte beginnen ihren letzten Willen aufzusetzen. In den Fenstern und Vorgärten vieler Häuser entdeckt er plötzlich Schilder mit der Aufschrift *to let* – zu vermieten. Wie jeden Sommer verlassen Tausende, die es sich leisten können, New Orleans, ziehen für die Dauer der Fiebersaison aufs Land, Vermögende auch in noble Kurorte nördlicher Bundesstaaten. Doch im Frühsommer 1853 gerät ihre Abreise zu einem von Panik getriebenen Exodus: Auf den Ausfallstraßen der Stadt stauen sich überbesetzte, mit Gepäck überladene Ein- und Zweispänner, Droschken und Pferde-Omnibusse. Am *Levee* versuchen Familienväter verzweifelt Dampferkapitäne zu bestechen, damit sie sie mit Frauen und Kindern noch an Bord gefährlich überfüllter Boote lassen. Bald fehlt es an Kutschen und Fuhrwerken in der Stadt. Reguläre Dampfbootlinien stellen den Verkehr mit New Orleans bis auf Weiteres ein. Schulen werden geschlossen, die Kinder verschwinden aus den Straßen, Glöckner hören auf, die Stunden zu läuten.

Im Versuch, den wirtschaftlichen Zusammenbruch zu bremsen, färbt die Presse die Lage noch wochenlang schön. Am Mittwoch, dem 22. Juni 1853, an dem bereits Hunderte Fieberkranke im *Charity Hospital* eingeliefert und 24 Gelbfieber-Tote gezählt werden, meldet

The Daily Crescent, die Seuche sei in New Orleans *zu einer überholten Idee geworden.* Alle, die aus der Stadt verschwunden sind, ermutigt das Blatt, umgehend zurückzukehren. Am Tag darauf werden 26 Tote registriert, doch *The Picayune* betont, dass *keine Gefahr besteht* und *Madame Gerücht* nur falschen Alarm schlage.

Ende Juli gleicht New Orleans einer Geisterstadt. Wenn Fred zu den mühsam ergatterten Aushilfsjobs läuft, mit denen er versucht, sich über Wasser zu halten, begegnet er in den Straßen nur noch wenigen Menschen, die eiligen Schrittes unaufschiebbaren Geschäften nachgehen. Es regnet ungewöhnlich viel in diesem Sommer, ungepflasterte Straßen verwandeln sich in Schlammpisten, Leichenkutschen und selbst die Einspänner der Ärzte kommen mit Mühe voran. An den meisten Läden hängen Schilder mit der Aufschrift *Closed – please call again*, viele Schaufenster sind mit Brettern vernagelt, um Plünderer abzuhalten. In weiser Voraussicht legt Fred einen Monatslohn – etwa 50 Dollar – zurück, um im Falle des Falles einen Arzt bezahlen zu können. Die Angst lähmt ihn so, dass er sich zu keinem Brief in die Heimat durchringen kann.

Der Levee ist öde, trübsinnig und ohne Leben in dieser Zeit, berichtet *The Picayune.* An den verlassenen Schiffsländen hocken irische Schauerleute und *free men of color* auf Baumwollballen der letzten Saison, zur Untätigkeit verdammt. Hungrig und gelangweilt warten sie auf Arbeit. *Geschäfte laufen nicht mehr,* liest man im *Picayune* weiter, *und die wenigen Schiffe im Hafen verlieren Geld, aus Mangel an Fracht. Nur noch selten legen Flussdampfer an, und sie bringen weder Nachrichten noch Geld oder Waren.* Die Gattin eines Baumwollhändlers klagt: *Nichts kann man mehr kaufen, weder für Liebe noch für Geld.*

Die einzige Maßnahme zur Seuchenbekämpfung, zu der sich die nachlässige, von brachialem Parteienzank gelähmte Stadtverwaltung durchringen kann, ist, an Straßenecken Teerfässer in Brand setzen und Tag und Nacht Kanonen abfeuern zu lassen, um mit dem rabenschwarzen Rauch und Pulverdampf *Miasmen* zu vertreiben, schädliche Ausdünstungen des Erdbodens, die seit der griechischen Antike als Verursacher von Seuchen gelten. Ein entnervter älterer Bürger, der schon mehrere Epidemien durchgestanden hat, schlägt den Behörden vor, besser eine Musikkapelle zu bezahlen, die durch die Stadt zieht: *Die belebenden Melodien werden die Stimmung der Kranken heben*, meint er, *und ihre Lebensgeister wecken – mehr als das Abfeuern sämtlicher Kanonen im Arsenal.* Bald sterben auch die ersten Doktoren und Barmherzigen Schwestern. Die Spitäler sind überfüllt, der Strom der Kranken muss in die Pflegeanstalt für Geisteskranke und das städtische Gefängnis umgeleitet werden, sogar ein Ballsaal wird zum provisorischen Krankenlager erklärt.

Der Schrecken verfolgt Fred bis in den Schlaf. In einem preiswerten *boarding house* schiebt er den Saum seines Moskitonetzes jede Nacht penibel genau unter die Matratze des durchgelegenen Bettes und versucht, Ruhe zu finden. Doch in regelmäßigen Abständen dröhnt ihm das Donnern der Geschütze in den Ohren, als würde die Stadt belagert. Durch Ritzen in den Bretterwänden seiner Kammer steigt ihm beißender Teerqualm in die Nase.

Das sonst so sinnenfreudige, lebenshungrige New Orleans erlebt eine *danse macabre*, die die düsterste Phantasie übertrifft. Leichenkutscher rufen an jeder Straßenecke: *Bring out your dead!* Der *Daily Crescent*, der die Epidemie eben noch geleugnet hatte, schlachtet jetzt ihre Schrecken aus. Ein Reporter des Blattes berichtet von einem der siebzehn Friedhöfe der Stadt: *Am Sammelpunkt stauen sich die Fuhrwerke, und Kutscher, die sich gegenseitig abzudrängen versuchen, mischen derbe Flüche mit zotigen Verwünschungen. Jeder Windhauch treibt den widerwärtigen Gestank verwesender Leichen herüber. Hinter den Toren liegen sie in Gruppen zu je fünfzig aufgestapelt, der Sonnenhitze ausgesetzt. Die Körper, von Verwesung aufgetrieben, lüpfen die Sargdeckel und strecken ihre steifgewordenen Gliedmaßen in jeder noch so unverschämten Haltung heraus. Welch ein Fest des Schreckens! Vor den Friedhofstoren verkaufen alte, runzelige Weiber Eiswaffeln und Zuckerwerk und vertreiben, mit kleinen, aus Zweigen gebundenen Besen die grünen Schmeißfliegen, die sich auf ihrer Ware niedergelassen haben, und die dann wieder davonfliegen, um sich an den verrottenden, schwärenden Körpern gütlich zu tun.*

Bestatter – meist *free men of color* – lassen sich jede hastige Beisetzung mit bis zu zehn Dollar bezahlen. Sie binden sich Beutelchen mit Kampfer, Knoblauch, Ammoniak oder anderen

Abb. 19: Canal Street während der Gelbfieber-Epidemie in New Orleans 1878. Die Hauptgeschäftstraße ist wie leergefegt. Kutscher fahren die Särge Verstorbener zu den Friedhöfen.

stark riechenden Substanzen unter die Nasen und betrinken sich mit Whiskey, um den Verwesungsgestank aushalten zu können. Zusätzlich werden auf vielen Friedhöfen *chain gangs* von Strafgefangenen eingesetzt, um die grauenerregende Zahl von Toten so rasch es geht unter die Erde zu bringen. Wer vor seinem Ableben nicht genügend Geld für eine christliche Bestattung zusammenbringen konnte, wird anonym auf dem Armenfriedhof *Potter's Field* am Rande der Sümpfe verscharrt. Nicht identifizierte Leichen werden oft, wie verendete Schweine, in den Mississippi geworfen.

Die Gelbfieberepidemie von 1853 steigert sich zur verheerendsten in den Annalen von New Orleans und zu einer der todbringendsten Katastrophen in der Geschichte der Vereinigten Staaten. Ende August stirbt im Durchschnitt alle fünf Minuten ein Mensch. Der Leidensweg Erkrankter beginnt wie eine schwere Grippe: mit Schüttelfrost, hohem Fieber, starken Kopf- und Gliederschmerzen.

Die Ärzte sind weitgehend ratlos. Sie verschreiben fiebersenkendes Chinin, quecksilberhaltige Präparate, Schwitzbäder oder lassen ihre Patienten mit Eiswasser übergießen. Sie flößen ihnen rabiate Abführmittel ein, lassen sie zur Ader oder setzen sie unter reichlich Alkohol oder Opium.

Bei schweren Verläufen, die etwa die Hälfte der Fälle ausmachen, sind nach wenigen Tagen bereits die Leber und andere innere Organe so weit zerstört, dass sich Haut und Augäpfel der Kranken gelbbraun verfärben. Ihre fieberheißen Körper, ihre Nachtgewänder, ihre zerwühlten Bettlaken und die Böden der Krankenzimmer sind mit geronnenem Blut besudelt. Sie haben Blut im Urin, von Blut verfärbte Durchfälle und erbrechen Blut, das in Farbe und Konsistenz an Kaffeesatz erinnert. Ärzten gilt das als untrügliches Zeichen, dass die Kranken nicht mehr zu retten sind. Zuletzt bluten sie auch aus Nase, Mund und Ohren, selbst aus den Augen, sodass es aussieht, als weinten sie blutrote Tränen. Im Todeskampf sind die Schmerzen oft so unerträglich, dass es heißt, selbst die Frömmsten würden in ihren letzten Stunden dem Herrn im Himmel fluchen. *Kein Tod wirkt entsetzlicher und abstoßender auf den Betrachter*, schreibt ein Priester der Unitarischen Kirche, ein halbes Menschenleben nachdem er eine Gelbfieber-Epidemie in New Orleans durchlebt hatte. *Bis heute vergeht kaum eine Nacht, in der ich in meinen Träumen nicht verfolgt werde von den verzerrten Gesichtern, den Schreien, den Krämpfen, dem Jammern, dem Todesringen und Grauen, deren Zeuge ich wurde.*

In Baton Rouge, einem Pflanzerstädtchen 120 Meilen stromauf von New Orleans, das jüngst zur Hauptstadt Louisianas wurde, rät der *Weekly Comet* am 11. September 1853 sarkastisch: *Besorge dir ein Fläschchen Gin, rühre anderthalb Unzen Rattengift hinein – und dann fahre irgendwo aufs Land hinaus und stirb dort sorgenfrei.* Den Bewohnern von New Orleans ist solch bitterer Spott längst vergangen: In der Stadt herrscht eine Atmosphäre, die an kollektiven Wahnsinn grenzt. Arme Einwandererfamilien, die kaum Englisch sprechen, liegen mit zwei oder drei ihrer Erkrankten zusammen im einzigen Bett, in gemieteten Verschlägen oder selbstgezimmerten *shanties*, von Gott und der Welt verlassen. Sie schluchzen vor Dankbarkeit, wenn Freiwillige der wohltätigen *Howard Association* es wagen, sie zu besuchen. Jeder vierte erkrankt am Gelben Fieber, jeder zehnte stirbt, unter irischen und deutschen Arbeitern geht sogar jeder fünfte elend zugrunde. Ganze Familien werden ausgelöscht oder hinterlassen nur einen Überlebenden. Viele Kinder verlieren ein Elternteil oder werden zu Vollwaisen. Mitte Oktober endlich, fünf Monate nach Ausbruch der *safrangelben Pest*, lässt ungewöhnlich früher Nachtfrost die Seuche abklingen. Schulen, Läden, Wirtshäuser und Sklavenhändler öffnen wieder. Doch auch in den folgenden beiden Jahren sterben in New Orleans noch jeweils dreitausend Menschen am Gelben Fieber.

Fred übersteht das Grauen, ohne Symptome zu zeigen. Ein Sommer der Angst und Einsamkeit, der Langeweile und Not liegt hinter ihm. Um sich in Zeiten der Arbeitslosigkeit durchzubringen, musste er einen Teil seines Ersparten ausgeben, was ihn als Schwaben bitter reut. Doch jetzt, da er die *Bürgerschafts-Taufe* einer Epidemie überstanden hat, findet er zu seiner Überraschung leichter und – Gott sei Dank – auch längerfristig Arbeit. Am Heiligen Abend 1854, mehr als ein Jahr nach dem vorläufigen Ende der Seuche, schickt er ein erstes Lebenszeichen an die Familie, adressiert an *Christian Herzog, Gaertner, Stuttgart, Germany*. Die Verheerungen des Gelben Fiebers erwähnt er mit keinem Wort: *Theuerster Vater und Schwestern! Ob Ihr alle noch am Leben seid, weiß ich freilich nicht, doch ich hoffe so; vergeblich schrieb ich an Karl, konnte aber keine Nachricht von ihm erhalten. Somit weiß ich seit zwei Jahren, als ich St. Louis verließ, nichts von ihm. So viel ich in Zeitungen lese und von Einwanderern höre, so müssen die Zustände in Deutschland betrübter Art sein, daß man sich hier wohl glücklich fühlen kann.*

Seit einem Jahre bin ich als Gärtner hier bei Mr. Bennachi, schreibt er, *einem geborenen Griechen, habe zwar keinen sehr hohen Lohn, aber sicheren, weßhalb ich mehrere Anstellungen ausschlug. Reich bin ich allerdings noch nicht, bleibe ich aber noch einige Jahre ohne besonderes Unglück, so hoffe ich auch meine Selbständigkeit zu erlangen, das heißt entweder als Gärtner oder Farmer.*

Zu seinen glücklichsten Momenten zählen die Wintermorgen in Bennachis Garten. In der wohltuenden Kühle pflanzt und erntet er leichter, auch das Hacken und Jäten geht ihm rascher von der Hand. Die subtropische Sonne steht noch tief am Horizont, Calla-Lilien, Iris und die Blütendolden von Akanthus leuchten in warmen Farben, Rosenstöcke duften. Der getigerte Kater seines Dienstherrn streicht durch die Beete, auf der Jagd nach Mäusen, Erdhörnchen und Ratten. Fred liebt es, Pflanzen zu hegen und gibt sich alle Mühe, hier – sechstausend Meilen von der Heimat – die gleiche vorbildliche Ordnung zu halten, die ihm sein Lehrherr Wilhelm Maier, Gärtnermeister zu Stuttgart, einst beigebracht hatte.

In meinen Erwartungen in diesem Lande, habe ich mich nicht getäuscht, schreibt er weiter, *zwar hatte ich durch drei Jahre hindurch mit klimatischen Krankheiten zu kämpfen. Ehe ich St. Louis verließ, war ich vier Monate arbeitsunfähig, seither aber bin ich vollkommen wohl. Ich habe mir stets selbst geholfen, wer sich aber auf andere Hülfe verläßt, ist gewöhnlich angeführt. Jeder sorgt für sich selbst. Wehe dem, der nicht arbeiten gelernt hat, oder sich nicht in das hiesige Leben zu schicken weiß.*

Sommers beginnt Fred schon im ersten Dämmerlicht mit der Gartenarbeit. Wenn die Schwüle gegen Mittag unerträglich wird, erntet er eine Handvoll Gemüse von einem kleinen Beet, das er sich anlegen durfte, und läuft die paar Blocks zu dem Häuschen hinüber, in dem er sich eine Kammer gemietet hat. Er kocht sich ein einfaches Gericht aus seiner Ernte, brät sich ein Stück Fleisch dazu, wenn die Haushaltskasse das hergibt, und verdöst die Hitze der Nachmittage. Abends, wenn die Temperaturen zu fallen beginnen, arbeitet er weiter, bis das Tageslicht schwindet. Seine Arbeitstage sind so lang und im Klima Louisianas so kräftezehrend, dass er die Muße und Energie, Briefe zu schreiben, vor allem sonntags und an Feiertagen findet: *Von Joseph Beck und Familie, Gottlieb Weber und Karl Jäger von Waiblingen weiß ich nichts*, berichtet er der Familie in seinem ersten Brief. *Letzterer, glaube ich, verlor sein Leben durch Explodieren eines Missisippi Bootes von St. Louis hierher. I believe he is gone like so manny one. Das Schreiben geht mir schwer, ich thu es selten, auch spreche ich mehr englisch als deutsch, nebst etwas französisch.*

Meine einzige Bitte an Euch ist: schreibt mir bald, ob Ihr alle noch am Leben und bei einander seid, vielleicht wißt Ihr Näheres von

Karl. Schwager Kuhnberger danke ich es heute, daß er mich zum auswandern ermutigte. Dank Allen, die mir wohl wollten, und Verachtung denen die mich beleidigten. Grüßet H. F. Bromme, wenn er in Stuttgart ist, u. sagt ihm, eine Ansiedlung in Ost Tennessee scheint mir nicht unprofitable zu sein. Lebt wohl! Euer Sohn, Bruder u. Schwager! Friedrich Herzog

***

Wir schlendern durch die Straßen, die Fred vertraut gewesen sein müssen, im verkehrsberuhigten Schachbrettmuster des *Vieux Carré*. Die Straßenbeleuchtung ist den Gaslaternen von einst nachempfunden. Mauern aus dem 18. und 19. Jahrhundert verbergen verschwiegene Innenhöfe, aus denen die Zweige von Tulpenbäumen, Magnolien und mit Früchten behangenen Granatapfelsträuchern ragen. Die meisten Bauten stammen aus der spanischen Kolonialzeit: 1788 brannte der größte Teil des *Vieux Carré* bis auf die Grundmauern nieder und wurde neu aufgebaut. Die Außenwände sind pastellgelb, altrosa oder in warmen Terrakotta-Tönen gestrichen, die Dächer mit Ziegeln gedeckt, manche haben Mansarden, die seltsam unamerikanisch wirken. Die Häuser zählen nicht mehr als drei oder vier Stockwerke; hohe Fenster mit halbgeschlossenen Lamellenläden lassen große, luftige Räume im Inneren vermuten. Filigrane schmiede- und gusseiserne Balkone, Brüstungen und Tore zieren die Fassaden. Manche Häuser wirken wie laszive Schönheiten, die sich in schwarze Spitze hüllen.

New Orleans, das spüren wir hier, verdämmert nicht im Dornröschenschlaf wie das kleine Hermann, Missouri. Es ist eine Imperia des internationalen Tourismus – »the most unique city in America« – und scheut sich nicht, die Klischees und die vermeintliche Romantik des *Old South* aufzuwärmen, weil sie Besucher anziehen. Entlang der Bourbon Street liegen ein paar *topless/bottomless bars*. Der alkoholisierte Frohsinn um uns, das Gewirr fremder Sprachen und der allgemeine Radau erinnern uns an die Hamburger Reeperbahn, die Penetranz auch, mit der hier kreolische oder *Cajun*-Spezialitäten feilgeboten werden: *Gumbo, Jambalaya, Black Beans and Rice*. An jeder Ecke versuchen

Straßenmusiker, meist Afroamerikaner, sich ein paar Dollar zu erspielen, mit herausragend improvisiertem Jazz, Blues und Country Rock.

Wir reihen uns ein in die Schlange vor der *Preservation Hall*, einem bewundernswert schlichten, unprätentiösen Musiktempel, von dessen Außenwänden der Putz bröckelt. Eingezwängt wie Sardinen im hinteren Teil des wohnzimmergroßen Raumes stehend, erleben wir für wenige Dollar besten *oldtime jazz*. In einer Spielpause beobachte ich einen Weißen, der auffallend steif und unbeteiligt neben den Helden dieses Abends sitzt – der Band hinreißend swingender Schwarzer. Ich habe ihn bereits zu einem gelangweilten Touristen gestempelt, als er plötzlich eine Posaune greift und so virtuos mitspielt, dass mir die Schamesröte ins Gesicht steigt – *he's a member of the awesome Preservation Hall Jazz Band!* Nach 20 Minuten fliehen wir die stickige, verbrauchte Luft. Vor dem Eingang haut uns ein übellauniger Bettler vehement um *any kind of change* an.

***

Auch nachdem die verheerende Gelbfieberepidemie abgeklungen ist, lebt Fred im Gefühl schwer greifbarer Gefahr. In New Orleans wird erbittert um Maßnahmen zur Seuchenprävention gestritten. Unter dem Eindruck von zwölftausend Toten hatte die Stadtverwaltung sich gezwungen gesehen, eine Sanitärkommission einzuberufen. Deren Vorsitzender schätzte, dass die Seuche viele Millionen Dollar an Einnahmen gekostet, den Wohlstand und den Ruf der Stadt beschädigt, ihre Immobilien entwertet und die Reihen der Witwen und Waisen vermehrt habe. Trotzdem können die politisch Verantwortlichen sich in den Jahren danach weder durchringen, ein Gesundheitsamt einzurichten noch Quarantänebestimmungen zu erlassen. Das *matte Mitgefühl* und *schlafmützige Gewissen* der Behörden zeige *Ignoranz, Apathie und Fahrlässigkeit*, kritisiert selbst die konservative Tageszeitung *The Bee*. Tatsächlich aber hat das *laissez-faire* der Stadtverwaltung System: Die Reichen und Mächtigen in New Orleans sehen keine Notwendigkeit, sich um das Wohlergehen und den Schutz mittelloser Einwanderer zu kümmern, wenn jedes Jahr Tausende nachkommen. Die Angehörigen der kreolischen und amerikanischen Oberschicht leben oft seit Jahrzehnten hier, die meisten haben die Seuche überstanden und sind immun dagegen. Sie wissen, dass selbst wiederkehrendes Massensterben weder ihr Leben noch ihren Wohlstand grundsätzlich gefährdet.

Die Zeitungen der Stadt hatten noch während der Epidemie ein anderes Thema in den Vordergrund gerückt, das ihnen drängender schien, weil es Zahllose ihrer Leser erzürnte: Im März 1852 war Harriet Beecher Stowes Roman *Uncle Tom's Cabin; or, Life Among the Lowly* erschienen. Die Erstauflage von 5000 Exemplaren war nach nur zwei Tagen vergriffen und schon im ersten Jahr verkaufte sich das Buch hunderttausendfach und wurde in sieben Sprachen übersetzt. 1853 folgte Solomon Northups herzzerreißende Autobiografie *Twelve Years a Slave*. Beide Werke schüren die Empörung von Sklavereigegnern, vor allem in nördlichen Bundesstaaten. Sehr zum Ärger der *Southerners* wollen sie nicht länger hinnehmen, was sie als Verbrechen an Millionen Rechtlosen betrachten. Frederick Douglass zum Beispiel kämpft mit Zeitungsartikeln, Pamphleten und auf Vortragsreisen rastlos für ein Ende der Sklaverei. Er, der seinem *Master* einst entflohen war, eröffnet Veranstaltungen oft mit dem bitteren Satz: *Ich erscheine heute Abend als Dieb und Räuber vor Ihnen. Ich stahl meinem Besitzer diesen Kopf, diese Gliedmaßen, diesen Körper und rannte mit ihnen davon.*

Auch im Kongress in Washington werden die Debatten über die lukrative Plantagenwirtschaft des Südens, die auf der Zwangsarbeit Entrechteter beruht, immer vehementer. Gegner und Befürworter der Sklaverei trennt längst ein unüberbrückbarer Graben und vor allem *Southerners* greifen zu Gewalt: Sie fordern andersdenkende Senatoren zum Duell auf, Abgeordnete des Repräsentantenhauses verprügeln politische Gegner mit Fäusten oder schlagen sie mit Gehstöcken halbtot, ein Vertreter Louisianas droht sogar, einem Opponenten die Kehle aufzuschlitzen, *von Ohr zu Ohr.* Senator James Hammond aus South Carolina hatte ein paar Jahre zuvor bereits festgestellt, dass im Senat *die einzigen, die nicht einen Revolver oder ein Messer tragen, die sind, die zwei Revolver tragen.*

In den Zeitungen von New Orleans liest Fred immer wieder von *Bleeding Kansas* – Unruhen in diesem neu gegründeten Territorium,

Abb. 20: In der Kleinstadt Fort Scott im Territorium von Kansas prallen Befürworter und Gegner der Sklaverei in den 1850er-Jahren gewaltsam aufeinander, vor dem von Abolitionisten geführten Free State Hotel. Direkt gegenüber lag das Western oder Pro-Slavery Hotel. Die Bewohner Fort Scotts waren mehrheitlich für die Sklavenhaltung, die Leute aus dem Umland größtenteils dagegen. Fanatiker beider Seiten terrorisierten Fort Scott in diesen Jahren.

die an einen Bürgerkrieg erinnern. Ein fauler Kompromiss im U.S.-Kongress hatte es den Bewohnern überlassen zu entscheiden, ob ihr künftiger Bundesstaat Sklavenhaltung erlauben oder zum *free state* werden sollte. Doch die beiden Lager sind sich so spinnefeind, dass sie jeweils Tausende neue Siedler ihrer Couleur anwerben, um die Mehrheitsverhältnisse in Kansas Territory zu ihren Gunsten zu kippen. Sie gründen konkurrierende Hauptstädte, wählen jeweils eigene, linientreue Parlamente und beschließen gegensätzliche Verfassungen. Bald formieren sich Banden und Milizen, die vor keiner Grausamkeit zurückschrecken, um den politischen Gegner auszuschalten: Brandstiftung, Mord und Guerillakrieg bis hin zur Plünderung eines ganzen Städtchens, dem Abfackeln von Zeitungsredaktionen und Massakern an Unbeteiligten.

8 Druckfehlerteufel

In Belleville, Illinois, 1200 Flussmeilen nördlich von New Orleans, scheint Freds großer Bruder unterdessen heimisch zu werden: *Was mich betrifft, so geht es mir ziemlich gut,* schreibt Carl an die Familie, *ich arbeite, schlafe, esse und trinke. Mit ängstlichen Sorgen für die Zukunft quält man sich im freien Amerika nicht. Ich arbeite in der Druckerei der* Belleviller Zeitung *und hier gefällt es mir. Es ist ein Städtchen von ungefähr 5000 Einwohnern, größtentheils Deutschen.* Der Brief scheint in mehr Ruhe verfasst als sein erster aus New York City – Carls Handschrift fließt gleichmäßiger, das Papier ist kaum verkleckst, er streicht oder korrigiert nur wenige Worte. *Es kam mir ganz spanisch vor, wo ich wieder an den Setzkasten ging,* berichtet er, *und wenig hätte gefehlt, so hätte ich noch einmal zum Waffenhandwerk gegriffen. Jetzt ist 's aber anders, denn hier gefällt es mir sehr, es ist eine ausgezeichnete Gegend, ein Paradies und außerordentlich fruchtbar.*

Ein halbes Jahrhundert zuvor hatten angloamerikanische Pioniere hier, im fetten Schwemmland des Mississippi, Urwälder gerodet, Ackerland aufgebrochen und die ersten Blockhäuser gezimmert. Ab 1833 ließen sich dann die ersten *Dreißiger* in Belleville nieder – politische Flüchtlinge, die Deutschland während der Unruhen des Vormärz verlassen mussten. Wenige Monate zuvor waren die *Illini*, ein Bündnis zwölf indianischer Völker, denen diese Region einst Heimat war, in Reservate westlich des Mississippi gezwungen worden.

Charles Dickens, der Mitte April 1842 ein paar Stunden in der kleinen *frontier town* verbrachte, trabte in einem Zweispänner noch *durch Schlamm und Dreck und eine feuchte und schwärende Hitze, durch Dickichte und Buschwerk, stets begleitet vom Quaken der Frösche und dem Grunzen der Schweine, bis kurz vor Mittag, als wir in einem Ort namens Belleville rasteten. Belleville war eine kleine Ansammlung hölzerner Häuser, die sich im Herzen des Unterholzes und der Sümpfe aneinanderdrängten.* Seine Hauptstraße *ein Waldpfad, fast knietief mit Schlamm und Schlick bedeckt.*

Als Carl nur sieben Jahre später vom choleraverseuchten Saint Louis nach Belleville zieht, legt er den größten Teil des Weges im Galopp zurück – in einer vierspännigen Expresskutsche auf der *Great Western Mail Route*, der ersten durchgehend geschotterten Fernstraße im Bundesstaat Illinois. Über Belleville qualmen bereits die Schlote der ersten Fabriken: die Weberei von Georg Gauß, die *Harrison Machine Works*, die Dreschmaschinen bauen, eine Kutschenmacherei, ein Sägewerk, eine dampfgetriebene Getreidemühle und die *Stoelzle Brewery*, die Bier nach deutscher Tradition braut. Im Untergrund von Belleville und Umgebung waren schon früh reiche Kohlevorkommen entdeckt worden. Der billige Brennstoff und die verkehrsgünstige Lage des Städtchens tragen zu seinem rasanten Aufstieg bei. Seit zwei Jahren ist Belleville mit Saint Louis über eine Telegrafenleitung verbunden, in naher Zukunft rechnet man mit dem Anschluss an die Eisenbahn.

Die *Belleviller Zeitung*, die Carl alleine setzt und druckt, wird von Zeitgenossen für *ihre aufrichtige und wahrhaftige Liebe zu Freiheit und Gerechtigkeit für alle Menschen* gepriesen. Der Verlag residiert wenige Schritte vom Public Square in einem zweistöckigen Ziegelgebäude im streng symmetrischen, verhalten ornamentierten Stil des Klassizismus. Zur Redaktion steigt man *eine Treppe hoch*, wie es im Impressum heißt. Im Erdgeschoss sind die Setzerei und die schweren Druckerpressen untergebracht. Besitzer und Herausgeber des Blattes ist Bartholomäus Hauck, ein gelernter Drucker Mitte vierzig und fünffacher Familienvater. Theodor Engelmann und Gustav Körner teilen sich die Redaktionsarbeit, soweit ihre Hauptberufe als Anwälte das zulassen. Weil Deutsche mittlerweile die größte Bevölkerungsgruppe Bellevilles stellen, behauptet sich die ausschließlich deutschsprachige Zeitung problemlos gegen zwei amerikanische Konkurrenzblätter. Im ersten Jahr ihres Erscheinens verbreitet sie nur nationale und internationale Nachrichten, ab dem Frühjahr 1850 kommen auch Spalten mit Lokalmeldungen dazu.

Von Donnerstag bis Montag jeder Woche schiebt Carl eine ruhigere Kugel, druckt Auftragsarbeiten wie Plakate und Pamphlete, setzt Kleinanzeigen und die ersten redigierten Zeitungsartikel.

Abb. 21: Gustav Körner, deutsch-amerikanischer Rechtsanwalt, Journalist und Politiker.

Dienstags und mittwochs aber schindet er sich im Schein von Walöllampen bis spät in die Nacht, seine Hände und sein Arbeitskittel fleckig von Druckerschwärze. Das ganze Blatt fehlerfrei zu setzen verlangt ihm über viele Stunden höchste Konzentration ab – Bleilettern sind spiegelverkehrt gegossen und müssen auch spiegelverkehrt, von rechts nach links, gesetzt werden. Wenn die Redakteure Carls Satz korrekturgelesen und auf passende Länge gekürzt haben, druckt er mehrere hundert Exemplare im *Quarto*-Format – auf Papierbögen, die exakt viermal so groß sind wie die fertige Zeitung. An der handbetriebenen Presse bedruckt er ihre Vorder- und Rückseite mit je vier Zeitungsseiten, falzt sie zweimal und schneidet sie dann präzise zum fertigen Blatt: acht Seiten mit je sieben Spalten. Am frühen Donnerstagmorgen, während der übernächtigte Carl noch schläft, verteilen Austräger die Zeitung druckfrisch an die Abonnenten, zum Preis von zwei Dollar pro Jahr, halbjährlich im Voraus zu bezahlen.

***

In Belleville hatten wir eine Bruchlandung hingelegt, während unserer Tage im Mittleren Westen. Die Anfahrt von Hermann,

Missouri, war landschaftlich eintönig und zog sich hin. Im kalten Dauerregen spielte die elektronische Zündung des Leihwagens verrückt, auf den *Freeways* um Saint Louis staute sich der Verkehr auf fünf und sechs Spuren, wieder fuhr ich die ganze Strecke, hatte die Planung im Kopf und versuchte nebenbei zu telefonieren. Der Wirrwarr privater Telefonanbieter in den USA trieb mich zur Weißglut: Einmal sollte ich den *area code* vor der Rufnummer weglassen, dann sollte ich ihn, einige Meilen näher am Ziel, doch wählen. Ein anderes Mal ließ ich ihn weg und ein Spracherkennungssystem wies mich an, ich möge den *area code*, den ich gar nicht gewählt hatte, bitte weglassen. Unsere Stimmung war düster und wurde vom ersten Eindruck Bellevilles nicht besser: Die Partnerstadt von Paderborn mit ihren heute 40 000 Einwohnern schien uns in ihrem Zentrum enttäuschend gesichtslos. Beim Mittagessen im *Stockpot Café* wahrten wir nur mühsam die Contenance. Zum Glück bescherte Fortuna uns wieder einmal ein gastfreundliches *Bed and Breakfast* im viktorianischen Stil, zwei geräumige, komfortable Zimmer zum Preis von einem – und prompt hellte sich meine Laune auf.

Am Nachmittag erkundeten wir zu Fuß *Historic Belleville,* ein weitläufiges Wohnviertel mit liebevoll restaurierten Gebäuden aus Carls Jahren, die Trottoirs und die schmalen Straßen mit Ziegeln gepflastert und von schmucken, gusseisernen Gaslaternen flankiert. Hinter den Häusern Obstwiesen, Gemüse- und Blumengärten, dazwischen Bäume, deren Blätterdach in den schwülen Sommern Schatten spendet. Doch der Sommer war lange vorbei: Novembernebel dämpfte die Farben, Herbstlaub raschelte im Wind, wir waren in Winterjacken unterwegs, mit Schals, Mützen und Handschuhen, und fröstelten, obwohl der kalte Regen sich verzogen hatte.

***

Carl wohnt zur Miete in einem aus Ziegeln gemauerten *workman's cottage* an einer dieser damals noch ungepflasterten Straßen. Sein Heim ist kaum größer als ein deutsches Gartenhaus, durch die Tür tritt er direkt in die Stube, den offenen Kamin schürt er mit Steinkohle aus den nahen Minen. An die Stube grenzt ein Verschlag mit Geschirrregal, Vorratsschrank und Kochherd sowie ein Abort mit angeschlossener Sickergrube. Trink- und Waschwasser trägt er von öffentlichen Brunnen nach Hause, wie Tante Juliane einst in Stuttgart. Wenn er zu Bett geht, klimmt er eine Treppe, steil wie eine Leiter, in die Schlafkammer unter der Dachschräge hinauf und legt sich unter sein Moskitonetz. Er lebt alleine hier, was ihm, der in Stuttgart mit Vater, Geschwistern und Tante zusammengewohnt hatte, schwerfällt. Immer wieder packt ihn die Einsamkeit. Bert meint, Carls innere Unsicherheit im Tonfall und in manchen Formulierungen seiner Briefe zu spüren – und förmlich zu hören, wie er sich selbst Mut zuspricht: *Ich befinde mich ganz wohl hier*, schreibt er in seinem ersten Brief aus Belleville, am Sonntag, dem 1. April 1849, *und wenn nicht hie und da eine Sehnsucht nach Deutschland und nach meinen Freunden u. Euch mich befiele, so möchte ich sagen glücklich. Doch dies ist blos vorübergehend und bald wieder vergessen, es ist ja doch nicht zu ändern. Eine Welt habe ich hinter mir und die neue soll sich mir jetzt erst recht öffnen.*

Am Donnerstag, dem 17. Mai 1849, hat Carl harte Nächte an Setzkasten und Druckerpresse hinter sich – die neue Ausgabe der *Belleviller Zeitung* ist pünktlich erschienen. Doch am späten Abend reißen ihn laute Rufe aus dem Schlaf: Der westliche Nachthimmel leuchtet in einem erschreckend hellen, roten Widerschein – Saint Louis muss in Flammen stehen. Am Freitagmorgen erfährt er in der Redaktion, dass auf dem Schaufelraddampfer »White Cloud« gegen 9:00 Uhr abends ein Feuer ausgebrochen war. Führerlos trieb das Schiff die Mississippi-Lände der Stadt hinab und setzte 22 andere Dampfer und dazu viele Frachtkähne und Schuten in Brand. Rasch sprangen die Flammen auch auf die Häuserblocks der *riverfront* über. Als die Feuer endlich gelöscht sind, zählen Polizei und Freiwillige Feuerwehren – im größten Brand der Stadtgeschichte – 430 zerstörte Gebäude und an die 40 ausgebrannte Wracks. Es sind schwarze Tage in den Annalen der Stadt: Im Juli erreicht die Cholera ihren Höhepunkt in Saint Louis, meldet der Telegraf ins nahe Belleville. An einem einzigen Tag sterben 145 Menschen an der Seuche. *Der Herbsthandel wird vollständig ausfallen*, orakelt die Tageszeitung *The Republican* düster, *und unsere Unternehmer werden schwer geschädigt oder ruiniert sein.*

Einen Monat zuvor waren auch in Belleville die ersten Cholera-Fälle aufgetreten. Die Zahl der Kranken steigt rasant: Allein am 4. Juli 1849, dem amerikanischen Unabhängigkeitstag, sterben 35 der 5000 Einwohner. Wenn Infizierte an schweren Bauchschmerzen leiden, verschreiben die Ärzte ein Allheilmittel dieser Zeit: *Calomel* – pulverisiertes Quecksilberchlorid. Sie lassen gebrannten Kalk in den Krankenzimmern ausstreuen, um Erreger zu töten, und empfehlen, Essig zu kochen, um mit den Dämpfen die Luft zu reinigen. Etwa jeder zehnte Belleviller geht schließlich an der Cholera zugrunde. Carl bleibt verschont – oder er zählt zu den vielen, die die Seuche in sich tragen, ohne Symptome zu zeigen. Im Spätsommer ebbt die Epidemie ab, Bellevilles Straßen beleben sich wieder mit Reitern, Kutschen und Fuhrwerken, Läden und Wirtschaften buhlen um Kundschaft, Damen in bodenlangen Reifröcken und Herren in Gehröcken und Zylindern flanieren die Main Street entlang, die die meisten hier *Mainstraße* nennen.

Auch Simon Eimers öffentliche Badeanstalt hat wieder geöffnet: An Samstagnachmittagen leistet Carl sich ein Bad in einer der Wannen, die im Männer-Raum in Reih und Glied nebeneinanderstehen. Er füllt sie mit heißem Wasser aus dem ausgemusterten Kessel einer Lokomotive. Sonntags gönnt er sich beim *Schwobabeck*, einer von Württembergern betriebenen Bäckerei mit Schankstube in der West Main Street, einen Krug Bier und ein großes Stück Pfefferkuchen zu fünf Cent. Oder er kehrt in Jakob Läufferts stattlichen Gasthof *Zum Heidelberger Fass* ein, bestellt ein Gläschen süffigen Illinois-Wein und pafft dazu sein Meerschaumpfeifchen. Wenn es ihn nach Bewegung verlangt, spaziert er zum Lake Stolberg oder auf den Eimersberg eine Meile südwestlich, von dessen Anhöhe er einen freien Blick auf die hübsche Kleinstadt hat.

1849 ist Belleville *ein kleines deutsches Athen in Amerika*, wie ein Historiker Anfang des 20. Jahrhunderts schrieb, *eine Hochburg deutscher Bildung und freiheitlicher Gesinnung*. Zu den liberalen *Dreißigern* hier stoßen seit einigen Monaten mehr und mehr *Achtundvierziger*. Tausende von ihnen sind jüngst nach Amerika geflohen: Studenten, Professoren und Rechtsanwälte, enttäuscht von der gescheiterten Märzrevolution in Deutschland, Ärzte, Pastoren, Künstler, Journalisten und viele anonym gebliebene

Handwerksmeister und Gesellen, die in der Heimat politisch verfolgt wurden. Mit den *Dreißigern* zusammen prägen sie das Alltagsleben und das geistige Klima des Städtchens. Sie gründen politische Debattier-Clubs und Stammtische, Bildungsvereine, Theatergruppen, literarische Zirkel und Chöre wie den *Concordia Gesangsverein* oder die *Harmonie*. Jahrelang sitzt kein geborener Amerikaner im Stadtrat Bellevilles, und alle öffentlichen Ämter haben Deutsche inne. Auf den Straßen und in den Läden hört man vor allem die Dialekte der alten Heimat. Firmenschilder und Werbetafeln sind meist in Deutsch gehalten.

Ich glaube hier gefunden zu haben, was ich so sehnlich gewünscht, Freiheit, schreibt Carl den Seinen. *Hier darf man doch noch seine Herzensmeinung sagen, denn es sitzt nicht in jedem Winkel ein Polizei=Spion. Von diesen Hallunken bin ich, Gott sei Dank, erlöst, welche mich aus meiner ganzen Existenz gerissen und mich 14 Wochen in Ketten und Banden schlugen im »Namen des Königs«. Ihre Herrschaft wird aber bald voll zu Ende sein und dann mag sie die gerechte Vergeltung treffen. Voriges Jahr, wo ich die Nachrichten von den Revolutionen hörte, lachte mir das Herz im Leibe, weil ich dachte, diesen Galgenvögeln werde jetzt der Garaus gemacht, aber ich glaub, ich hab mich getäuscht.*

Neu angekommene *Achtundvierziger* gründen in von Deutschen geprägten Großstädten wie Philadelphia, Cincinnati und Saint Louis *Unterstützungsvereine*, die Spenden für die revolutionäre Sache in der Heimat eintreiben. Der radikale *Revolutionsbund* erhofft sich von der U.S.-Armee sogar *eine zur rechten Zeit ausgeführte bewaffnete Intervention zu Gunsten der deutschen Republik.* Ein Schreiben an Präsident Franklin Pierce in dieser Sache bleibt freilich unbeantwortet – so wichtig nimmt man die Anliegen deutscher Freigeister dann doch nicht in Washington, D.C. Überhaupt fällt den meisten politischen Flüchtlingen ihr Anfang in der Neuen Welt schwer: Akademisch Gebildete sehen sich oft gezwungen, in fremden Berufen zu arbeiten, verdingen sich als Tagelöhner beim Kanal- oder Eisenbahnbau oder als Zigarrendreher. Angloamerikanische Farmer nennen Deutsche, die sich in der Landwirtschaft versuchen, respektvoll *Latin Farmers,* weil sie *mit dem Horaz in der Tasche oder im Kopfe den Acker pflügen*, wie einer schreibt, und

Homer auf Altgriechisch zu zitieren vermögen. Aber viele kommen mit der körperlich harten Arbeit im ungesunden Klima am Mittleren Mississippi nicht zurecht, scheitern als Bauern und verzweifeln an ihrem Exil.

Einer der prominentesten *Achtundvierziger*, den es hierher verschlägt, ist der badische Revolutionsführer Friedrich Hecker – ein Rechtsanwalt, Atheist und charismatischer Redner. Im Frühjahr 1848 war er durch Südbaden gezogen, in der Hoffnung, Zehntausende Freiheitskämpfer um sich zu scharen, um eine demokratisch verfasste Deutsche Republik mit Waffengewalt zu erzwingen. Doch er hatte den Kampfeswillen seiner Landsleute bei Weitem überschätzt. Das Häuflein von 800 Freischärlern, das er schließlich befehligte, wurde am 20. April 1848 bei Kandern am Fuß des Südschwarzwalds von Regierungstruppen geschlagen. Hecker gelang die Flucht über den Rhein und seitdem singen seine Anhänger triumphierend: *Er hängt an keinem Baume / Er hängt an keinem Strick / Er hängt nur an dem Traume / Der deutschen Republik.* Mitte Juli 1848 schrieb Hecker in einem Brief an die Revolutionärin und Frauenrechtlerin Emma Herwegh: *Es sieht düster aus, geehrte Frau, die Freiheit verhüllt ihr Haupt, und mich zieht es nach der Heimat, wohin ich mich seit 14 Jahren sehne, nach dem Westen Amerikas.*

Am 5. Oktober 1848 landet auch er, wie Tausende andere, im Hafen von New York. Er will sich im *free state* Illinois als Farmer niederlassen, im fruchtbaren Schwemmland um Belleville. Auf der Durchreise, in Cincinnati, regt er die Gründung des ersten deutschen Turnvereins auf amerikanischem Boden an. In Saint Louis hält er im November 1849 eine flammende Rede über die Missstände in der Alten Welt. Wenige Tage später nimmt Hecker in *George Neuhoff's Hotel* in Belleville Quartier. Nicht alle der Deutschen hier sind von seiner Ankunft begeistert. Einer der politisch gesetzteren *Dreißiger* schreibt einem Freund: *Sie werden sich nicht wenig wundern, wenn ich Ihnen sage, daß wir die Quintessenz aller deutschen Wühlerei, nämlich Herrn Hecker, jetzt hier in Belleville haben. Glücklicherweise gibt es hier nichts zu wühlen, obgleich es die amerikanischen Deutschen nicht an enthusiastischen Versammlungen und heißen Deklamationen über Deutschlands Erlösung vom Tyrannenjoch ermangeln lassen. Hecker sitzt hier still in einem*

Gasthause, und studiert die amerikanische Verfassung und Gesetzgebung, was hoffentlich auf seine Ansichten einen mildernden und wohltätigen Einfluss üben wird. Gustav Körner hat jedenfalls die Größe, Friedrich Hecker auf der Suche nach einer geeigneten Farm ins Umland zu begleiten. Dass er sich mit dem Badener einst duelliert hatte, nach einem hitzigen Wortgefecht während ihrer Heidelberger Studentenjahre, scheint er ihm verziehen zu haben.

In Summerfield, einem von pfälzischen und kurpfälzischen Mennoniten geprägten Weiler, 16 Meilen nordöstlich von Belleville, erwirbt Hecker schließlich eine abgewirtschaftete Farm mit 500 Morgen Ackerland und Wäldern. Dort erreichen ihn immer wieder Bittschreiben wie das seines Freundes Josef Moritz Bielefeld. Der versucht, einen *wackern Kämpfer für die Freiheit* Heckers Obhut zu empfehlen. Auch dieser junge Mann sei gezwungen, *seinem Vaterlande dem er so vieles, dem er Alles geopfert, den Rücken zu kehren; dem Vaterlande, das mit blutenden Herzen seine besten Söhne scheiden sieht, um auf fremder Erde zu suchen, was sie zu Hause nicht finden konnten, Ruhe, Friede, Freiheit!* Unter dem Firmennamen *Die Hoffnung* betreibt der jüdische Kaufmann in Mannheim, London und New York City *Concessionirte deutsche Bureaux für Auswanderung nach Amerika.*

Auf Heckers Hof gehen *Achtundvierziger* bald ein und aus, manche bleiben wochen- oder gar monatelang zu Gast. Auch Carl Schurz, einer der prominentesten Deutschamerikaner dieser Zeit, macht kurz in Summerfield Station, auf Heckers *Präriefarm*, wie er sie nennt. Dort findet er den Hausherrn *eingefallen, blaß und müde* vor. Er ist an der Malaria erkrankt, nimmt laufend fiebersenkende Chinin-Pillen und wirkt auf Schurz überaus nervös und reizbar: *Sein neues Heim bestand aus einem Blockhaus von sehr primitivem Aussehen. Hecker saß auf seinem niedrigen Ruhebette von einem Büffelfell bedeckt … Als junger Advokat in Mannheim und als Abgeordneter in der legislativen Kammer von Baden, hatte er sich durch die Eleganz seiner Kleidung ausgezeichnet. Jetzt trug er ein grauwollenes Hemd, lose abgetragene Beinkleider und ein paar alte Teppichpantoffeln.*

Mittags tischt Heckers Gattin *eine sehr einfache aber gute Farmersmahlzeit* auf. *Zwei ziemlich rau aussehende Männer in*

Hemdsärmeln, die Farmarbeiter, saßen mit uns am Tisch, erzählt Schurz. *Dieses war, wie Hecker mich belehrte, die Regel des Hauses. »Freiheit, Gleichheit, Brüderlichkeit«, sagte er. Aber diese Brüderlichkeit verhinderte ihn nicht daran, nach Tisch, in meiner Gegenwart, einen der Arbeiter, der auf irgendeine Weise seinen Mißfallen erregt hatte, derartig abzukanzeln, mit solchem Reichtum an Kraftausdrücken, wie ich es kaum für möglich gehalten, hätte ich es nicht selbst gehört.*

Der Revolutionär, den der *New York Turn Verein* in seinem Todesjahr als einen *der bedeutendsten Wortführer des deutschen Elementes dieser glorreichen Republik* ehren wird, schreibt immer wieder für die *Belleviller Zeitung*, vor allem Leitartikel und Kommentare. Carl setzt und druckt auch sie – als Statist, dessen Name nirgendwo im Blatt genannt wird, obwohl seine Arbeit mit Bleilettern und Druckerpresse durchaus entscheidend ist, denn was nicht gesetzt und nicht gedruckt wird, kann auch nicht gelesen werden.

***

Wir suchten das Redaktionsgebäude der *Belleviller Zeitung*, in dessen Erdgeschoss Carl oft bis spät in die Nacht arbeitete. Es stand einst an der Ecke von Illinois- und A-Street, gegenüber der Presbyterianischen Kirche und der Markthalle, nicht weit vom imposanten, von hohen Bäumen beschatteten Wohnhaus eines der Gouverneure von Illinois. Doch auf drei Seiten der Kreuzung waren die Gebäude, Bäume und Gärten überdimensionierten Parkplätzen gewichen. Niemand konnte uns sagen, ob der zu Tode renovierte einstöckige Ziegelbau mit Sandsteinfundamenten an der Südwestecke einst noch ein zweites Stockwerk trug und die Zeitung beherbergte oder ob er jüngeren Datums war. Auch die städtische Angestellte im Inneren des Gebäudes und der Redakteur der kleinen Lokalzeitung zwei Blocks weiter wussten es nicht.

Belleville war keine vom wirtschaftlichen Abstieg konservierte, verträumte Schönheit wie Hermann, Missouri. Es prosperierte, dank der fetten Böden des Mississippi-Schwemmlandes, der mittelständischen Industrie, der Schweinezucht und in jüngerer Zeit auch der nahen *Scott Air Force Base*. Wohlstand tilgte einen großen Teil des historischen Erbes: Das einst grüne, anheimelnde Zentrum mit seinen klassizistischen Häuserzeilen war zumeist charakterloser Beliebigkeit gewichen. Selbst entlang der Main Street fanden wir nur noch wenige zusammenhängende Ensembles. Nach dem Zweiten Weltkrieg hatte man das *deutsche Athen* zur autogerechten Stadt umgebaut.

***

Die deutschsprachige Presse am Mittleren Mississippi ist Mitte des 19. Jahrhunderts offensichtlich so gut vernetzt, dass bewährte Arbeitskräfte bei Bedarf auch zwischen Verlagen hin und her vermittelt werden. Im Winter 1850/51 arbeitet Carl jedenfalls wieder in St. Louis. Als er Mitte Mai nach Belleville zurückkehrt, warten in der Redaktion zwei Briefe auf ihn, die ihm sein jüngerer Bruder nach dessen Ankunft in Amerika geschrieben hatte. So erfährt Carl, dass ihre ältere Schwester, die dreißigjährige Friederike, wenige Wochen nach seinem Aufbruch starb, während die »Anna« bei Dover vor Anker lag. Ihr Töchterchen Luise Sophie stirbt zwei Jahre nach der Mutter im Alter von nur zweieinviertel Jahren. Am Pfingstsonntag, dem 8. Juni 1851, treibt Carl die Trauer zu einem Brief. Auf der Rückseite des zweiten Blattes, das er, wie damals üblich, zu einem Umschlag faltet und mit Siegellack verschließt, vermerkt er *via Liverpool Steamer.*

Lieber Vater und Geschwister! Endlich nach jahrelangem Stillschweigen will ich wieder die Feder zur Hand nehmen und meine Gedanken hinüberschweifen lassen über den Ozean. Soviel ich von Fritz gehört habe, hat sich seit meiner Abwesenheit Vieles verändert. Mit tiefer Betrübnis hörte ich den Tod unserer lieben Schwester, des Vetters in Marbach und der Base in Urach. Wie Vieles sich doch in einem Zeitraum von 3½ Jahren ändern kann. Ich hoffe und wünsche, mein Brief treffe euch alle gesund und munter, wie ich ihn auch in bester Gesundheit schreibe, was hier ein großes Glück ist, da man hier kein so gesundes Klima antrifft, wie in Deutschland.

In Saint Louis hatte Carl für die *Tägliche Deutsche Tribüne* gearbeitet – *Ein unabhängiges demokratisches Organ für das Volk*, wie der Kopf des Blattes verheißt. Dort herrscht das rastlose Tempo einer Tageszeitung, auch in der Setzerei und Druckerei, wo ein halbes Dutzend Männer Hand in Hand arbeiten. *Stuttgarter habe ich in St. Louis genug getroffen*, berichtet Carl, *Jakob Haas, welchen der Vater und ihr alle kennt, wohnt auch dort. Ich habe ihn oft besucht. Von Karl Portier habe ich auch schon einige Briefe erhalten. In St. Louis sind auch einige Stuttgarter Buchdrucker, überhaupt fehlt es nicht an Schwaben. Ich werde bald müde vom Schreiben. Es ist heute Pfingst=Sonntag, Mittags 12 Uhr. Drum will ich schließen und Euch nächstens mehr schreiben. Grüßt mir alle meine früheren Freunde und Bekannte, überhaupt alle die mir wohlwollen. So schließe ich denn unter tausend Grüßen, Euer Sohn und Bruder.* Dann bricht seine Anhänglichkeit an die Daheimgebliebenen durch und er kritzelt in kleiner Schrift schräg an den unteren Rand: *Schreibt mir bälder als ich, denn wenn ich einen Brief erwarte, so habe ich Tag und Nacht keine Ruhe und denke immer an die ferne Heimath.* Zu guter Letzt beginnt er noch ein zweites Blatt *Nun noch einmal: Ich hoffe mein Brief werde den lieben Vater und Euch alle gesund antreffen. Bis jetzt hab ich noch keinen Brief von Euch erhalten, laßt Euch also mahnen und schreibt – bald. Euer Karl Herzog*

***

Noch von Deutschland aus hatten wir uns in Belleville brieflich als Familienforscher avisiert, bei der *Public Library* der Stadt – der ältesten öffentlichen Bibliothek in Illinois. Das unermüdliche Zweigestirn Engelmann und Körner hatte sie 1836 mit anderen deutschstämmigen Honoratioren zusammen gegründet, drei Jahre vor der *Illinois State Library.* Die Bibliothekarin empfing uns, wie so oft in diesem Land, herzlich und hilfsbereit. Doch wir waren verwöhnt vom *U.S. Army Military History Institute* in Carlisle, Pennsylvania, und von den uferlosen Beständen der *Library of Congress* in Washington, D.C., die wir zu Anfang unserer Reise besucht hatten. Hier in Belleville stocherten wir stundenlang im Nebel: Die Bestände waren ungleich kleiner und weniger professionell erschlossen, wir stießen vor allem auf emsig zusammengetragene Amateur-Historien von zweifelhaftem wissenschaftlichem Wert. Viele Deutschamerikaner mühten sich, schien uns, ein

Abb. 22: In der Public Library von Belleville las Bert gebannt in der Belleviller Zeitung, die sein Urgroßonkel gesetzt hatte.

kulturelles Erbe zu bewahren, das sie vor hundert Jahren schon verloren hatten. Ein Autor buchstabierte fast jedes deutsche Wort in seinem handkopierten Traktat über *The Belleville Germans* falsch, er schrieb von »Liderkranz« und »Liedertafal«, von »Saegerbund« und »Turnerverien«. Doch dann erlebte Bert eine der Sternstunden unserer Recherche: In einem fensterlosen, neonbeleuchteten Lagerraum, zwischen Stapeln von Kopierpapier scrollte er an einem Mikrofilm-Lesegerät sichtlich bewegt durch alte Ausgaben der *Belleviller Zeitung* – Hunderte von Seiten, die sein Urgroßonkel einst im Schweiße seines Angesichts gesetzt und gedruckt hatte.

Blutegel! Blutegel!, las Bert da in Kleinanzeigen, *Unterzeichneter ist von jetzt an immerwährend mit den besten europäischen Blutegeln versehen, welche er, wenn verlangt, zu jeder Zeit bereit ist anzusetzen, ferner empfiehlt er sich im Schröpfen, Aderlassen und Zahnausziehen. Er bittet die Herren Ärzte, in vorkommenden Fällen ihn gefälligst zu berücksichtigen. Friedrich Reiß.*

Gasthof zum »Heidelberger Faß«: Der Unterzeichnete zeigt seinen Freunden und Bekannten sowie dem verehrlichen Publikum überhaupt ergebenst an, daß er jetzt vollständig mit guter Stallung und großer Wagen-Yard versehen ist und Reisenden zu Wagen und Pferde die größte Bequemlichkeit bieten kann. Auch sind beständig gute Illinois-Weine vorräthig. Jakob Laeuffert. Mainstraße, Zweites Square nordwestlich vom Courthouse.

Warnung. Da mich meine Frau verlassen hat, warne ich Jedermann, ihr nichts auf meinen Namen zu borgen, da ich keine von ihr gemachten Schulden bezahle. Belleville, den 11. Juni 1853. E. Rebhan.

***

Im Kopf dieser Ausgabe, die am 16. Juni 1853 erscheint, unterläuft Carl ein kapitaler Satzfehler: In der Datumszeile, direkt unter den fetten 60 Punkt großen Fraktur-Lettern des Blattnamens, setzt er *Belleville, Illinois, Donnerstag, den 61. Juni 1853.* Uns scheint das kein Ausrutscher, keine zufällige Unachtsamkeit: Carl hat begonnen, sich innerlich von Belleville zu verabschieden und ist im Geiste längst anderswo. Das gemütliche Städtchen mit seinen fünftausend Menschen wird ihm zu eng, sein Alltag hier zu schal. Er setzt und druckt jetzt seit bald vier Jahren Meldungen über den kalifornischen Goldrausch und den kometenhaften Aufstieg dieses Bundesstaates von einer Wildnis zum Land, wo Milch und Honig fließen. Schon am 1. April 1849, wenige Wochen nach seiner Ankunft hier, hatte er der Familie in Stuttgart geschrieben: *Wer weiß ob ich Euch den nächsten Brief nicht von Kalifornien schicke. Von hier strömen ganze Karawanen nach dem Goldlande und leicht könnte mich auch die Wanderlust ergreifen. Nord oder Süd ist immer mein Motto.*

Vieles um ihn ist ohnehin im Umbruch: Auf Carls Drängen hat sich sein kleiner Bruder Fred vergangenen Winter bereits von Familie Beck und Saint Charles abgenabelt und sich den Mississippi hinab gewagt. Er wird in New Orleans mittlerweile wohl Fuß gefasst haben. Auch der Zeitungsverlag, der Carl Arbeit und Brot gibt, ändert dauernd sein Gesicht: Theodor Engelmann hatte 1851 bereits den Journalismus an den Nagel gehängt und sich auf seine Farm östlich von Belleville zurückgezogen. In der Weihnachtsausgabe 1852, die Carl wie immer setzte und druckte, verabschiedete sich auch Gustav Körner von den Lesern. Mit dem Jahreswechsel avancierte er zum Vizegouverneur von Illinois – als erster Deutscher in einem so hohen politischen Amt. *Obgleich die Redaktion der »Belleviller Zeitung« von mir nie förmlich übernommen worden war,* schrieb Körner im Blatt, *so habe ich doch dieselbe fast von ihrem Entstehen an, so weit und so oft es meine anderen Berufsgeschäfte gestatteten, thatsächlich geführt, und mich für deren Richtung und Inhalt verantwortlich gehalten. Die Stellung, welche ich in einigen Tagen, als Beamter des Staates, einzunehmen habe, macht es mir unmöglich, die bisherige Verbindung mit der Zeitung zu unterhalten.* Körners Arbeit am Redakteurs-Schreibtisch übernimmt der aus Prag eingewanderte Dr. Wenzel, einer der erfahrensten deutschsprachigen Zeitungsmänner im Mittleren Westen. Auch er ein politischer Flüchtling, ein Arzt und Journalist, dessen Intelligenz und Sprachkraft Carl fraglos respektiert – und doch ist Wenzel bereits der dritte Vorgesetzte, mit dem er zurechtzukommen hat.

Tatsächlich aber ist es Rebecca, die Carl endgültig aus seinem bürgerlichen Leben in Belleville treibt – so fabulieren wir, weil wir nicht glauben können, dass er seine Jahre in Belleville ohne eine Liebschaft verbracht hat. Rebecca stellen wir uns als eine junge Amerikanerin seines Standes vor, fast so groß wie er, gertenschlank und beweglich in Körper und Geist. Trotz ihres hochgeschlossenen Kleides und ihrer zurückgesteckten Haare wirkt sie freier und koketter als die Frauen, für die er in Stuttgart geschwärmt hatte. Sie fühlt sich von seiner europäischen Herkunft angezogen, als würde er ihre Welt erweitern und bereichern. Von den Konfessionen her stünde einer Heirat wenig im Wege: Rebecca gehört der presbyterianischen Gemeinde an. Sie zeigt sich mit ihm auf den Straßen Bellevilles, und auf einem ihrer Spaziergänge in die Reste der wilden Wälder ringsum wagt er, sie zu umarmen und zu küssen. Danach ist er so entflammt, dass er einen amerikanischen Bekannten unter dem Siegel der Verschwiegenheit fragt, wie man auf Englisch um die Hand einer Frau anhält. Als er glaubt, der Moment sei reif, entgleitet ihm die Situation, er fühlt sich unbeholfen, als bremse die fremde Sprache seine Gefühle, als könnten die Worte, die ihm so stockend über die Lippen kommen, ihr Herz nie erreichen. Er begleitet Rebecca noch nach Hause, doch von diesem Tag an zieht sie sich zurück. Wenige Wochen später wird sie in Begleitung eines Bergarbeiters aus den Kohleminen gesehen. Auch unter den Deutschen im Ort spricht sich rasch herum, dass der württembergische Schriftsetzer den Kürzeren gezogen hat – Carls Bekannter konnte offensichtlich seinen Mund nicht halten.

Wahrscheinlich ist die *Belleviller Zeitung* vom Donnerstag, dem 14. Juli 1853, die letzte Ausgabe, die Carl setzt und druckt. Am Morgen ihres Erscheinens bricht er in einer Expresskutsche auf, nach Wiggins Ferry am Ostufer des Mississippi, wo die Dampffähren nach Saint Louis abgehen. Dort lässt er sich in einem Rekrutierungsbüro der U.S.-Armee mustern und verpflichtet sich für fünf Jahre als regulärer Soldat, beim Dritten Artillerieregiment, das an den Pazifik verlegt werden soll.

***

In den ersten Tagen unserer Reise hatten hilfsbereite Archivare der *National Archives* in Washington, D.C., das Original seiner Dienstverpflichtungs-Urkunde ans Licht geholt, aus den bombensicheren, feuergeschützten Tiefen ihrer Depots. Es war einer der stillsten und berührendsten Momente unserer Recherchen, als das Dokument schließlich vor uns auf einem Tisch lag. Das Papier fühlte sich fest an, war kaum vergilbt. Carls Unterschrift unter dem Diensteid wirkte, als sei die Tinte gerade erst getrocknet.

Dieses nüchterne Formular, das die *National Archives* mit buchhalterischer Strenge bald zwei Jahrhunderte lang gehütet hatten, lieferte uns das einzige Bild, das wir von unserem Vorfahren haben: *Der Gefreite Charles Herzog*, notierte ein Militärarzt bei der Musterung mit Feder und Tinte, *hat graue Augen, braune Haare, eine kräftige Gesichtsfarbe. Er ist 5 Fuß 9 ½ Inches* [1,76 m] *groß.*

***

Jetzt folgt auch Carl dem Motto, das damals in aller Munde ist: *Go West, Young Man!* – Zieh' ins neue, freie Land im Westen, wenn du Mut und Jugend in dir hast, bau dir eine Zukunft auf, sei deines Glückes Schmied! Als ob er sich nachträglich noch für sein Wagnis

Abb. 23: Brevet Major Richard Caswell Gatlin, der Mann, der Carls erste Dienstverpflichtungsurkunde unterschrieb und ihn vorher wahrscheinlich musterte. Er war später einer der Offiziere im Stab von Albert Sidney Johnston während des Utah War, wechselte im Bürgerkrieg auf die Seite der Konföderierten und diente ihnen als General.

rechtfertigen müsste, schreibt er seiner Familie Jahre später: *Als Setzer wäre ich doch immer ein armer Schlucker geblieben und somit habe ich nichts verloren. Das Leben als ein armer Buchdrucker ist nicht gar angenehm und ich hatte nicht viel Freiheit als ich als Setzer arbeitete, ja Arbeit Tag und Nacht, und wenn andere ihrem Vergnügen nachgingen mußte ich mich am Setzkasten halb blind arbeiten.*

Die Reise in den Fernen Westen geht Carl pragmatisch an: Er macht sich nicht auf den monatelangen, gefährlichen Landweg, auf eigene Rechnung und eigenes Risiko wie Zehntausende junger Männer damals. Er lässt sich als Soldat nach Kalifornien verlegen, auf dem komfortableren Seeweg, von der U.S.-Armee organisiert und bezahlt. Als er in Saint Louis seine Unterschrift unter den Diensteid setzt, ist der Dampfer, der sein Regiment an die Westküste transportieren soll, bereits auf einer renommierten Werft im Hafen von New York vom Stapel gelaufen. Doch die Abreise verspätet sich um Monate, weil der Einbau der zwei oszillierenden Dampfmaschinen – eines neuentwickelten, vielversprechenden Antriebs – länger dauert als geplant.

Noch am Tag seiner Verpflichtung wird Carl in ein Rekrutierungslager befohlen, die *Jefferson Barracks* vermutlich, am Hochufer des Mississippi, zehn Meilen südlich von Saint Louis. Mit der

Privatheit seines Lebens ist es auf einen Schlag vorbei: Er findet sich in einem Schlafsaal mit Dutzenden Kameraden wieder, wie in Fort Mifflin fünf Jahre zuvor: arbeitslose Einwanderer, ungelernte Arbeiter, Tagelöhner, Kleinkriminelle, die beim Militär dem Arm des Gesetzes zu entgehen hoffen und leichtgläubige junge Kerle, die auf Abenteuer brennen. Es sind harte Wochen, die Verpflegung ist miserabel, der Drill hart und seine Entscheidung, zur Armee zu gehen, fühlt sich an wie ein sozialer Abstieg.

9

»Go West, Young Man!«

Am Montag, dem 19. Dezember 1853, endlich, kann das Dritte U.S.-Artillerieregiment beginnen, sich einzuschiffen. Wie eine Verheißung von Aufstieg und Fortschritt ankert der 350 000 Dollar teure Dampfer im North River vor Manhattan. Tagelang pendeln Schuten zwischen dem Festland und dem Schiff hin und her und bringen Fracht, Vorräte, Ausrüstung und Gepäck. Auf Dampfbarkassen setzen an die sechshundert Armeeangehörige über: zwei Dutzend Offiziere, viele mit ihren Gemahlinnen und Familien, acht Kompanien Soldaten, das Musikcorps, Marketender, Handwerker und der verheiratete und unverheiratete Anhang der niederen Ränge – etwa fünfzig *campwomen* mit ihren Kindern und Säuglingen. Carl wird mit seiner Kompanie am Mittwochmorgen an Bord gebracht, als die Heizer bereits die Kessel auf Druck bringen.

Vom Wasser aus erscheint ihm der Dampfer wie ein düsterer Koloss. Sein mattschwarzer Rumpf mit umlaufendem weißem Band ist mit neunzig Metern mehr als doppelt so lang wie die grazile »Anna«, auf der er einst nach New York gesegelt war. Er schultert eine Holzkiste, in die er seine privaten Habseligkeiten gepackt hat, tritt von der Barkasse auf eine steile Schiffsleiter und steigt in einer langen Reihe von Kameraden an Deck. Noch nie hat Carl ein so stattliches Schiff gesehen, überall lackglänzendes, helles Holz, blank geputztes Messing, starkes neues Tauwerk. Auf dem imposanten Ruderhaus schimmert ein vergoldeter Phönix. In der Schiffsmitte ragen an beiden Seiten gewaltige halbkreisförmige Kästen hoch über die Decks und weit über den Rumpf hinaus. Sie verbergen Schaufelräder, die einen Durchmesser von dreißig Fuß – rund neun Meter – haben sollen. Und wie ein Gruß der treuen »Anna« steht auf dem Vor- und Achterdeck noch je ein Mast mit Hilfsbesegelung – die Dampftechnik kann auf hoher See, in diesen frühen Jahren, noch ihre Tücken haben. Am Heck des Dampfers prangt in weißen Lettern sein Name: »San Francisco«.

Die Presse lobt das Schiff als einen der größten und elegantesten Dampfer, die je vom Stapel liefen, ein Meisterwerk amerikanischen Schiffbaus. *Sie wird das makelloseste Schiff im ganzen Pazifik sein,* sagt eine New Yorker Zeitung voraus, und der *Daily Alta California* in San Francisco stimmt ein: *Nie wurde ein wohlproportionierteres Fahrzeug zu Wasser gelassen.* Die Blätter preisen die vielen großzügig bemessenen Bullaugen, Fenster und Oberlichter, die Luft und Licht ins Innere lassen und Reisen in den schwülen, tropischen Breiten des Pazifiks um so vieles angenehmer machen. Und sie wagen die Vermutung, dass sich die »San Francisco« – mit ihren zweimal eintausend PS – sehr bald als schnellster Dampfer des Stillen Ozeans erweisen könnte. Sie ist für Post- und Passagierverkehr und für gelegentliche Truppentransporte ausgelegt und soll für die *Pacific Mail Steamship Company* fahrplanmäßig zwischen San Francisco und Panamá-Stadt verkehren. 1848 hatte sich die Reederei ein Transportmonopol zwischen Panamá, Kalifornien und Oregon gesichert. Zu ihrem unverschämten Glück begann just in dieser Zeit der kalifornische Goldrausch. Seither übernehmen ihre Schaufelraddampfer den Löwenanteil des rasant zunehmenden Post-, Fracht- und Passagierverkehrs an die Westküste – ein Geschäft, das bis zu 30 Prozent Rendite pro Jahr abwirft. Die »San Francisco« wird in Kalifornien dringend erwartet, Frachtraum ist dort immer noch äußerst knapp.

An Bord des Dampfers herrscht von der ersten Stunde an eine starre Dreiklassen-Gesellschaft. Ganz oben steht, auf Augenhöhe mit dem Kapitän, Colonel William Gates, der Regimentskommandeur, gefolgt von Artillerieoffizieren und den etwa dreißig Passagieren der Ersten Klasse. Sie residieren, etliche mit ihren Familien, in geräumigen Kabinen im Deckshaus, die jeweils zwei Türen haben. Eine führt auf die Flure im Schiffsinneren, die andere auf das von einem Schattendach geschützte Oberdeck, zu dem nur die gehobenen Herren und Damen und, wenn nötig, Seeleute Zutritt haben. Die meisten Offiziere werden auch an Bord jederzeit von ihren Dienstburschen versorgt.

Carl haust mit vierhundert anderen einfachen Soldaten im vorderen Teil des Hauptdecks, zusammengepfercht in langen Doppelreihen von Stockbetten, jeweils drei übereinander. Ihre Offiziere

Abb. 24: Die »Golden Gate« – ein Schaufelraddampfer der Pacific Mail Steamship Company, *zwei Jahre vor der »San Francisco« in Dienst gestellt. Sie war 82 Meter lang, 12 Meter breit, ging 4,20 Meter tief und war bis zu zwölf Knoten schnell. Sie bot Platz für 760 Passagiere und knapp 100 Mann Besatzung. Die »San Francisco« muss ähnlich ausgesehen haben, wobei sie auf Vor- und Achterdeck nur je einen Mast trug.*

gehen davon aus, dass viele der Männer unter freiem Himmel schlafen werden, sobald das Schiff die subtropische Passatzone erreicht. Auf demselben Deck wird auch alles Vieh gehalten, das Passagiere und Besatzung auf See mit Frischfleisch versorgen soll: Geflügel, Schweine, Rinder und Schafe. Schon in den ersten Tagen mischen sich dort die Ausdünstungen von vierhundert ungewaschenen Männerkörpern mit dem Gestank von Dung und Jauche der Tiere.

Die Geringsten an Bord sind die *negroes*, wie sie in der Crewliste genannt werden – die *free men of color.* Sie arbeiten in ausschließlich dienender Funktion, als Stewards, Küchenhilfen und Barbiere, und schlafen in abgesonderten Mannschaftskammern. Die meisten an Bord schauen auf sie herab, offen oder verhohlen – ihrer Hautfarbe wegen.

Jetzt, während Seeleute schon die Ankerwinden klar zum Hieven machen, sind alle an Bord im Reisefieber. Es geht dem legendären Goldland entgegen – *Ho! For California!* Vor ihnen liegt eine atemberaubende, etwa viermonatige Passage, Carls zweiter großer Aufbruch nach der Überfahrt von Bremerhaven in die Neue Welt. Auf ihrer Jungfernreise wird die »San Francisco« Teile der Vereinigten Staaten und ganz Mittel- und Südamerika umrunden, eine Strecke von 10 000 Seemeilen. Unterwegs soll sie vier Häfen anlaufen, vor allem um Brennstoff für ihre Kohle fressenden Dampfmaschinen zu bunkern, Trinkwassertanks aufzufüllen und zusätzliches Schlachtvieh, Gemüse und Obst an Bord zu nehmen. Erste Station soll Rio de Janeiro sein, einer der landschaftlich großartigsten Naturhäfen der Welt. An der Südspitze Südamerikas wird der Dampfer nicht das sturmgepeitschte Kap Hoorn umrunden, sondern die geschütztere Magellan-Straße passieren. In Chile soll das Schiff Valparaíso anlaufen und im Süden Mexikos das subtropische Acapulco. Dann locken in Kalifornien San Diego und schließlich San Francisco, eine der dynamischsten, am schnellsten wachsenden Städte der Neuen Welt.

Nur Eingeweihte wissen, dass sich die wenigen Erprobungsfahrten der »San Francisco« und ihrer neuartigen Dampfmaschinen auf die geschützten Gewässer der Bucht von New York City beschränkten und dass sie nicht ganz zufriedenstellend ausfielen. Und die nautischen Offiziere und erfahrenen Salzbuckel unter den Seeleuten sind sich bewusst, dass ihr Schiff bedenklich überladen ist: Es hat, neben Post und Fracht für Kalifornien, Vorräte an Bord, die die Schiffsbesatzung ein Vierteljahr und die sechshundert Soldaten ein ganzes Jahr lang ernähren sollen. In den Laderäumen des Dampfers ist, neben allem privaten Gepäck, die gesamte Bagage des Regimentes verstaut: Säbel, Pistolen, Musketen, Bajonette, leichte und schwere Geschütze, Pulverfässer, Kanonenkugeln, Granaten, Schrapnell- und Brandgeschosse, Zelte und Lagerausrüstung. Dazu alle Bücher und Dokumente, Fahnen, Standarten und Wimpel des Regimentes und die Instrumente des Musikcorps. Mit dieser Last liegt die »San Francisco«, samt ihren Schaufelrädern, drei Fuß tiefer im Wasser als vorgesehen.

***

Uns bleiben keine Originalschauplätze, die wir besuchen könnten, um diesem Kapitel in Carls Leben so nahe wie möglich zu rücken – seine kommenden Wochen spielen sich auf hoher See ab. Uns bleibt nur, in der Jugendherberge von New Orleans ein letztes Mal aus unserer Pappschachtel zu frühstücken, unsere Sachen zu packen und wieder einmal aufzubrechen. Wir reisen Carl über Land voraus, mit einer anderthalbtägigen Bahnfahrt in den Fernen Westen. Vor der Abfahrt bleiben uns noch ein paar Stunden. Jeder von uns trollt sich alleine in die Stadt nach so viel gemeinsamem Reisen, Recherchieren und Aufeinanderhocken. Ich lasse mich durch das *Vieux Carré* zum Mississippi hinuntertreiben, fühle mich reisemüde und reisefiebrig zugleich und voller Wehmut, Freds neue Heimat schon wieder verlassen zu müssen – dieses sinnlich-verführerische, gewalttätige, nervenzehrende New Orleans. Steifer, böiger Wind pfeift um den *Riverwalk*, Schauerwolken jagen über den Himmel. Ein bulliger Hafenschlepper legt gerade ab und stampft gegen Wind und Wellen, in Gischtfahnen gehüllt. Der einsame Saxophonspieler sitzt heute in Lederjacke und Überhose am mächtigen *Ol' Man River* und spielt und spielt. »Got to, now!«, sagt er, »ich muss jetzt!«

Ol' man river, that ol' man river
He don't say nothin', but he must know somethin'
He just keeps rollin', he keeps on rollin' along …

Seine schmale, hochgewachsene Gestalt steht mir noch vor Augen und sein hartes Los geht mir nach, als ich zu *Kaldi's Coffee House* hinüberlaufe, wo rohe Kaffeebohnen über den Boden kullern und eine wohltuende *laissez-faire*-Atmosphäre herrscht. Ich bestelle *Café au lait*, schreibe einen Brief an meine Liebste, will ihr von den jüngsten Abenteuern unserer Reise erzählen. Ich bin mit Haut und Haaren im 19. Jahrhundert verschwunden, in den Welten Freds und Carls. Dafür brenne ich in diesen Tagen und Wochen, als gäbe es nichts anderes mehr.

Ein Taxifahrer aus der Ukraine fährt mich pünktlich zur *Union Station*, wo Bert gerade zu Fuß ankommt. In nervöser Vorfreude besteigen wir den Fernzug *Sunset Limited*, in dem wir, mit guter Aussicht, im oberen Stock unterkommen, in einem Erste-Klasse-Abteil mit Dusche und WC. Kaum haben wir uns eingerichtet, da rollen wir schon in gemächlichem Tempo aus dem Bahnhof. Minuten später queren wir auf einer kilometerlangen Eisenbahnbrücke den Mississippi und staunen zum letzten Mal, wie unbegreiflich breit er ist.

Die Kellner in Bar und Speisewagen sind Afroamerikaner. Entspannt und humorvoll servieren sie uns Steaks, *baked potatoes* und Salat, dazu trockenen Rot- und Weißwein, und zum Nachtisch *Apple Pie à la mode.* Danach sitzen wir lange an unserem Abteilfenster und blicken auf die Sümpfe und brackigen *bayous* Louisianas hinaus, auf Öl-Raffinerien, Hafenanlagen und Zuckerrohrfelder, über denen es allmählich Nacht wird.

***

Am Mittwochnachmittag, dem 21. Dezember – Carl ist erst wenige Stunden an Bord –, geht die »San Francisco« im North River ankerauf. Aus ihren zwei schlanken, mattschwarzen Schornsteinen quellen lange Schleppen von Kohlequalm. Die gewaltigen Schaufelräder setzen sich in Bewegung und wirbeln, laut rauschend, das Flusswasser zu Schaum. Vor der Häuserfront Manhattans dampft das Schiff wenige Seemeilen stromab, bis vor die Quarantäne-Station New Yorks – das *Maritime Hospital* auf Staten Island. Dort wirft die »San Francisco« zum letzten Mal Anker. Ärzte kommen an Bord und versuchen zu erkennen, ob unter den 800 Passagieren und Besatzungsmitgliedern Kranke sind, die hochansteckende Seuchen einschleppen könnten.

Am nächsten Morgen, vor 9:00 Uhr, klettert ein Lotse an Bord. Der Kapitän der »San Francisco«, Commodore James T. Watkins, lässt Signal mit der Dampfpfeife geben und sein Schiff geht endgültig auf die Reise. Es ist ein kalter, herrlich klarer Wintermorgen, ruhige See, leichter Wind aus Südwest. Die Stimmung an Bord ist heiter und aufgekratzt, erzählen Augenzeugen später, wie oft am Beginn langer Seereisen. Artillerieoffiziere und die Ladies und Gentlemen der Ersten Klasse lehnen in wollenen Wintermänteln an der Reling des Oberdecks. Sie verfolgen fasziniert, wie die Silhouette New York Citys langsam hinter dem Kielwasser außer Sicht gerät und wie der Dampfer *The Narrows* passiert – den kaum eine Meile breiten Durchlass zwischen Staten Island und Long Island. Man stellt sich einander vor, lässt alte Bekanntschaften aufleben und schließt neue. *Freunde schlenderten gemeinsam über die Decks*, erzählt Lieutenant Horace Wirtz, Assistenzarzt des Regimentes, später einem Reporter, *sie bewunderten die Proportionen und eleganten Linien ihres schwimmenden Heimes, oder lehnten müßig am Schanzkleid, eine kontemplative Zigarre zwischen ihren Fingern, sahen dem Auf und Ab der Wogen zu und erzählten sich von ihren Hoffnungen und Plänen.* Die Besatzung hat unterdessen alle Hände voll zu tun, die Decks seeklar zu machen; in der Eile des Aufbruchs wurde vieles nur provisorisch verstaut. Einfachen Soldaten wie Carl und seinen Kameraden wird befohlen, unter Deck für Ordnung zu sorgen.

Gegen 12:20 Uhr passiert die »San Francisco« die letzte Landzunge: Sandy Hook in New Jersey. Ein Schoner segelt heran und nimmt den Lotsen auf. Dann hält der Dampfer auf den offenen Nordatlantik hinaus, in die ruhig und mächtig atmende Dünung des Ozeans. Anfälligere spüren bald Anzeichen von Seekrankheit. Im Auf und Ab der Wogen beginnen die eichenen Spanten, Planken und Vertäfelungen des Schiffes zu knistern, zu knacken und zu ächzen – eine eigenwillige, spröde Musik, die, wie das stete Stampfen der Kolben und das Schwingen der Pleuel, die Reisenden von nun an Tag und Nacht begleitet. Weil das Schiff tief im Wasser liegt, kommt es trotz seiner starken Maschinen nur mäßig voran. Um Kohle zu sparen, setzen Seeleute zusätzlich die Hilfsbesegelung.

Wenig später erreicht die »San Francisco« die warmen Wasser des Golf-Stromes. Die Luft wird spürbar milder, es weht weiter mit nur fünf Windstärken aus West und trotzdem geht die See so hoch, dass zu den Essenszeiten einige der Tische in den Messen unbesetzt bleiben. Carl, der auf seiner ersten, oft stürmischen Atlantiküberquerung von Bremerhaven aus kaum zu Seekrankheit geneigt hatte, gehört wohl zu denen, die mit gesegnetem Appetit zulangen. Nachts brist es auf und am Freitag, dem 23. Dezember, dem zweiten Tag der Reise, ist der Himmel wolkenverhangen, das Licht blass und stumpf und die See so ruppig, dass viele an Bord seekrank werden. Durch Kabinen und Logis zieht der saure Geruch von Erbrochenem. Zwei Ladies der Ersten Klasse hätten als Erste zu ahnen begonnen, was auf die »San Francisco« zukomme, berichten Augenzeugen später. Die Damen sollen beobachtet haben, wie Commodore Watkins auffällig oft nach dem Wetter schaute, mit ernster Miene.

Carl, der wieder jede freie Minute an Deck verbringt, steht lange am Fuß des Vormastes, nahe am Bug. Der stete Herzschlag der Dampfmaschinen dringt kaum bis hierher. Wind faucht um Segel und Tauwerk. Wenige Meter von ihm entern Matrosen jetzt in den Mast auf, behände wie Affen. Der Kapitän lässt vorsorglich die Leesegel bergen – leichtes Tuch, das nur schwachem Wind standhält. Mit einsetzender Abenddämmerung beginnt es wie aus Kübeln zu schütten, was Carl und andere Passagiere, die es noch an Deck aushielten, ins Schiffsinnere treibt. Gegen 18:00 Uhr erstirbt der Wind zu einem kraftlosen, umlaufenden Lüftchen, während die Bewölkung und die Farbe der See laut Logbuch beginnen, *sehr bedrohlich* auszusehen. Laute, knappe Kommandos nautischer Offiziere dringen bis unter Deck, das Trampeln schwerer Seestiefel und schlaff hin und her schlagende Leinwand – die Mannschaft birgt alle Segel. Der wachhabende Steuermann notiert in einer Kladde im Ruderhaus: *Fahrt unter Dampf 8½ Knoten, Lufttemperatur 67 Grad Fahrenheit, Wassertemperatur 54 Grad Fahrenheit* [19 und 12 Grad Celsius].

Gegen 21:00 Uhr fegen plötzlich Sturmböen aus Nordwest um den Dampfer. Zunächst sind viele Passagiere, darunter ein befahrener Offizier der U.S. Marine, noch voll des Lobes über das angenehme Seegangs-Verhalten der »San Francisco«, die vergleichsweise elegant und nervenschonend durch die sich rasch auftürmenden Wogen schneidet. Dies sei das angenehmste Schiff, auf dem sie je gefahren seien, meinen einige. Doch das bleibt nicht lange so. Ein Passagier berichtet einem Reporter später: *Das Schiff rollte und stampfte bald so heftig, daß ich mich nur mit Mühe in meiner Koje halten konnte. Alle Bücher und was sonst auf dem Tisch lag, stürzten zu Boden. Auch ordentlich Verstautes fiel heraus und wurde in besorgniserregender Weise in meiner Kammer hin und her geschleudert.*

***

Nach nur zwölf Stunden im Zug sind wir den Reisenden auf See bereits um Wochen voraus. Wir wachen im ersten Stock des *Sunset Limited* hinter San Antonio, Texas, auf – eintausend Kilometer westlich von New Orleans.

Carl kann nicht wirklich gewusst haben, worauf er sich einlässt, bei seiner Fahrt nach Westen, vermuten wir. Über Kalifornien und sein Hinterland kursierten damals die abenteuerlichsten Gerüchte, Ammenmärchen, Lobhudeleien und Horrorgeschichten. Vor dem Abteilfenster wird uns, schon im Aufwachen, eindrucksvoll vor Augen geführt, was ihn tatsächlich erwartete. Keine Spur mehr von Sümpfen, Wäldern und *bayous*. Da draußen dehnt sich verdorrte Savanne bis zum Horizont, hie und da mit halbhohen, dornenbewehrten *Mesquite*-Bäumen bestanden. Wir haben über Nacht die Trockengebiete der Vereinigten Staaten erreicht, die zwei Fünftel des riesigen Landes ausmachen. Als wir eine Stunde später, zur Frühstückszeit, im *dining car* Platz nehmen, ist es ein ähnliches Bild: blassgelbe, dürre Steppe, soweit wir blicken. Eine weitere Stunde später stehen wir auf, freundlich bedient und gut gesättigt – und rollen immer noch durch dieselbe eintönige, sengend heiße Landschaft. Bert, der diese kolossale Weite und Leere zum ersten Mal zu sehen kriegt, ist geradezu überwältigt.

In unserem Reisegepäck steckt eine Mappe mit Carls Briefen. Doch er, ein ohnehin knapper Schreiber, hüllt sich weitgehend in Schweigen, was die Seereise betrifft. Das ganze Ausmaß des Schreckens erfahren wir aus den Titelgeschichten damaliger Zeitungen, auf die wir in Archiven gestoßen sind. Gebannt lesen wir seitenlange Augenzeugenberichte in der *New York Daily Times* von Mitte Januar 1854 – der heutigen *New York Times*. Sie war erst zwei Jahre zuvor gegründet worden.

***

Am 23. Dezember, gegen 22:00 Uhr, verlieren die Rudergänger zum ersten Mal die Kontrolle über die »San Francisco«. Orkanböen und von achtern heranrollender, chaotischer Seegang drängen sie von ihrem Kurs, und sie schießt quer zu Wind und Wogen. Ihr hölzerner Rumpf legt sich bedenklich weit auf die Seite und ächzt und kracht, als müsse er bersten. Die meisten, die aufrecht stehen, verlieren den Boden unter den Füßen. Durch die großzügigen Oberlichter der Erste-Klasse-Kabinen dringt eimerweise Wasser, Möbel stürzen um, Geschirr fällt durcheinander. Vielen in der Seefahrt Unerfahrenen fährt Angst in die Knochen. Commodore Watkins lässt trotz des Sturmes drei Segel am Vormast setzen, um den schwerfälligen Dampfer zurück auf Kurs zu zwingen. Dem Leitenden Ingenieur befiehlt er, soviel Dampfdruck zu fahren, wie er für verantwortbar hält.

Eine Stunde lang kann die »San Francisco« so, mit beachtlicher Fahrt, auf Kurs gehalten werden, dann schießt sie zum zweiten Mal gegen Wind und See. Diesmal scheitern alle Versuche, den Dampfer wieder auf Kurs zu bringen. Die Segel stehen jetzt back und schlagen und knattern ohrenbetäubend, Tauwerk peitscht. Die Besatzung müht sich mit *all hands*, das Tuch zu retten, doch es zerfetzt, noch während sie es bergen. In der groben See schwanken die Masten bedenklich hin und her. Wogen donnern gegen den Rumpf, der mit jedem Schlag erbebt und zittert. Die Geräusche an und unter Deck schwellen zu einem irrwitzigen, überwältigenden Missklang: *Der Lärm des Sturms war selbst in unseren Kabinen noch ohrenbetäubend*, erzählt Assistenzarzt Wirtz später, *das Knarren und Stöhnen der Spieren und Balken, das Heulen der Böen durch Wanten und Stagen und um die Schornsteine, das hastige Hin und Her der Seeleute und die heiseren Kommandos der Offiziere – all das verband sich mit den unablässigen Schlägen der wütenden See auf unser Heck, und der über die Skylights und Luken jagenden Gischt zu einem Getöse, das jedes andere Geräusch übertönte.* Alle Erste-Klasse-Passagiere, derer die Stewards habhaft werden können, werden aus dem Deckshaus in den Unteren Salon verlegt. Dort beten sie, angeleitet von einem Priester der *Episcopal Church*, um Rettung aus dieser Not, viele noch in Schlafgewändern.

Während der ersten Stunden des Orkans bleibt Carl zum Nichtstun verdammt wie seine vielen hundert Kameraden, die Artillerie-Offiziere und Passagiere. Sie alle können nur warten, bangen und hoffen. Er liegt die meiste Zeit in seiner Koje im vorderen Teil des Rumpfes, der jetzt am heftigsten stampft. Durch die eichene Beplankung hört er dumpf, wie grobe Seen gegen den Bug krachen. Doch er hat schon viertausend Seemeilen als Zwischendecks-Passagier auf dem Buckel – dies ist nicht sein erster Sturm, und er bleibt gelassen.

Gegen 23:00 Uhr sucht ein Passagier, der die Courage hat, sich durch die gequälte »San Francisco« zu bewegen, im Vorschiff Schutz vor der Wucht des Sturmes. *400 Mann hatte man hier in Doppelreihen von Stockbetten untergebracht, je drei übereinander,* erzählt er einem Journalisten der *New York Daily Times* später. *Sie waren alle aus den Kojen gekrochen, die meisten ihrer Bettgestelle waren umgestürzt und zersplittert. Das Vieh, von dem wir reichlich an Bord hatten, war aus seinen Stallungen auf demselben Deck ausgebrochen. Soldaten, Ochsen, Kälber, Schweine, Schafe und Hühner stolperten und fielen alle durcheinander zwischen den zusammengebrochenen Betten.*

Selbst ein so heilloses Durcheinander treibt Carl noch nicht in Panik. Auch auf der »Anna« waren die Stockbetten auf einer Seite des Zwischendecks im Sturm zusammengebrochen, *was eine große Verwirrung hervorbrachte*, wie er damals schrieb, *einige beteten und andere fluchten.* Doch allmählich begreift er, dass jetzt auch der Rumpf der »San Francisco« Schaden nimmt. *Brecher hatten Löcher in die Schiffseiten gerissen*, berichtet der couragierte Passagier, *und mit jedem Rollen des Dampfers schwappte die grüne See das ganze Deck entlang. Die Laternen waren erloschen und die Dunkelheit war fast undurchdringlich. Ich blieb dort etwa eine Stunde lang, während der Orkan ständig zunahm.*

Logbucheinträge zeichnen die Katastrophe mit geradezu schmerzhafter Akribie nach. Um 1:15 Uhr am Heiligen Abend bricht eine Kolbenstange am Gebläse, das die Kesselfeuer anfacht, und um 3:30 Uhr bleiben die Hauptdampfmaschinen stehen. Wenig später zerreißt der Orkan auch das letzte Notsegel am Besanmast. Von da an treibt der Dampfer quer zur kochenden See, steuerlos und *den rasenden Elementen vollständig ausgeliefert*, berichtet Assistenzarzt Horace Wirtz. Sturzseen krachen auf den tief im Wasser liegenden Rumpf und zerschlagen die Beplankung. Die Reling des Oberdecks wird fortgerissen und Hühnerställe, Kisten

Abb. 25: Colonel William Gates, der sowohl während der Vorbereitung der Fahrt der »San Francisco« als auch während des Schiffsbruchs vollkommen versagt haben soll.

mit Tierfutter, Fässer und anderes, was dort verstaut war, fällt durcheinander und schwimmt und poltert auf dem Hauptdeck hin und her. Alle Mann der Besatzung versuchen, des Chaos an Deck Herr zu werden. Sie werfen Entbehrliches kurzerhand über Bord, um das Schiff zu leichtern. In den leckgeschlagenen Rumpf dringt jetzt tonnenweise Wasser, beide Dampfpumpen laufen auf Höchstlast, und zusätzlich müssen die Handpumpen besetzt werden. Als das Wasser dennoch weiter steigt, findet das tatenlose Bangen und Warten der Soldaten ein jähes Ende: Sie werden zu je fünfzig Mann in den Kesselraum abkommandiert, um mit Feuerlöscheimern Wasser zu schöpfen.

Mit einem Zug seiner Kompanie läuft Carl im Eilschritt zu einem der Niedergänge. Im grellen Licht von Walöllampen steigen sie auf engen eisernen Wendeltreppen mehrere Stockwerke steil hinab – in ein Inferno. Zwischen den Kesseln brandet mit jedem Rollen des Rumpfes eine ölige, von Kohlestaub rabenschwarze Brühe hin und her. Sie klatscht, bedrohlich zischend, an die Feuerluken und gegen heiße Rohre. Die dampfgeschwängerte Hitze ist unerträglich. Mit nackten, schweißglänzenden Oberkörpern werfen Heizer, im Wasser stehend, Schaufel um Schaufel Kohle auf die Feuer, um sie vor dem Verlöschen zu bewahren. Dazwischen schöpfen die Soldaten mit dem gleichen Ernst und der gleichen

Dringlichkeit, als wären sie im Gefecht. In langen Ketten reichen sie Eimer um Eimer an Deck hinauf. Carl, der erstaunlich seefest ist, zählt zu den wenigen, die dort unten länger als eine halbe Stunde zu arbeiten vermögen, ohne von Seekrankheit überwältigt zu werden oder in Ohnmacht zu fallen.

Um 5:00 Uhr morgens werden wachfreie Soldaten im wüst arbeitenden Vorschiff aus ihrem Erschöpfungsschlaf gerissen. Der Vormast bricht wenige Meter über Deck und zersplittert bis in ihr Logis hinein. Krachend stürzt der an die 35 Meter hohe Riese samt seinen mächtigen Rahen über die Seite und reißt vier der neun Boote der »San Francisco« mit. Seeleute machen sich eilig daran, die Wanten, Stagen und alles Tauwerk mit Äxten und Messern zu kappen, damit der Mast vollends über Bord geht und nicht noch weitere Lecks in den Rumpf schlägt. Jetzt dämmert auch den Letzten unter den Passagieren, dass die »San Francisco« in ernster Gefahr ist. Viele sind bleich vor Entsetzen.

Im Chaos ihres Massenquartiers verfallen die meisten Soldaten in Verwirrung und Verzweiflung. Sie sind nass, durchgefroren und erschöpft von der Schinderei an den Handpumpen und Eimerketten. In dieser Zeit höchster Not scheint Regimentskommandeur Gates vollkommen von der Bildfläche verschwunden – keiner der Augenzeugen erwähnt ihn mit einem Wort. Sie loben, statt seiner, einige der ihm unterstellten Offiziere, die auch jetzt noch die Sicherheit des Schiffes und der Menschen an Bord im Blick behalten. Lieutenant Colonel Martin Burke etwa, der vom herabstürzenden Messinggeländer eines Oberlichtes getroffen wurde. Er scheint noch vom Krankenlager aus, mit schweren Rückenverletzungen und gebrochener Hand, zu Mitgefühl mit den einfachen Soldaten fähig. Um ihre Not zu lindern, befiehlt er, dass sich möglichst viele der Männer in den Oberen Salon im Deckshaus zurückziehen, der eigentlich der Ersten Klasse vorbehalten ist. Dort stehen dann 130 von ihnen, dicht gedrängt, aber immerhin leidlich im Trockenen. Carl, das wissen wir, ist nicht unter ihnen.

Am Morgen des Heiligabends bricht die aufgehende Sonne durch die Wolken. Bald dehnt sich blauer Himmel über der wild bewegten, gleißenden See, durch die die »San Francisco« treibt, immer wieder vollständig in Gischt verschwindend. Mit dem klaren Licht, das an einen Sommertag erinnert, beginnt sich auch die Stimmung vieler aufzuhellen. Vor allem, als der Leitende Ingenieur gegen 7:00 Uhr versucht, die Hauptmaschinen unter hohem Kesseldruck wieder zum Laufen zu bringen. Doch noch bevor das gelingt, rollt eine riesige Woge auf die Steuerbordseite des Dampfers zu, eine *rogue wave* in der Sprache der Seeleute – eine *Weiße Wand*, ein *Witwenmacher.* Sie wächst hoch über den Schaufelradkasten hinaus, trifft ihn wie ein Hammer und donnert über seine Trümmer hinweg auf Deck.

Allen an Bord ist, als würde das Schiff von Riesenhand unter Wasser gedrückt. Todesangst durchzuckt jeden, erzählt Assistenzarzt Wirtz später, panische Schreie gellen durch den Rumpf. Lieutenant William Winder, der Carls Kompanie kommandiert, liegt, um im heftigen Schlingern nicht umzufallen, auf dem Boden des Unteren Salons, als die See über dem Schiff bricht: *Wassermassen und Trümmer stürzten den Niedergang herab und trafen mich an Kopf und Brust. Ich wurde mit furchtbarer Wucht durch den Salon geschwemmt, kam aber, nach drei Versuchen, wieder auf die Beine. Ich glaubte, das Schiff sei in zwei Hälften zerbrochen, und nahm an, daß wir rasch sinken würden.* Nach wenigen Minuten gewinnt der Lieutenant seine Contenance so weit wieder, dass er sich mit ein paar anderen zusammen an Deck hinaufkämpft. Entsetzt erkennen sie, dass die Woge beide Schornsteine der »San Francisco« mit sich gerissen hat, und ihre verbliebenen fünf Boote. Wo eben noch das Deckshaus stand – zwei Stockwerke hoch, mit 24 Kabinen und dem Oberen Salon – blicken sie jetzt auf die stürmische See. Der ganze Aufbau, samt dem Ruderhaus mit seinem goldschimmernden Phönix, wurde von der Wucht der Woge über Bord gerissen. Etwa 150 Menschen, die dort Schutz gesucht hatten, treiben zwischen den Trümmern, nur wenige Meter neben dem Dampfer, in Wellen und jagender Gischt, viele schwer verletzt und blutend. Ihr Todeskampf bleibt den Fassungslosen an Bord minutenlang vor Augen, weil die »San Francisco« antriebslos treibt. *Mir rann das Blut eiskalt in den Adern*, berichtet Lieutenant Winder, *beim Anblick der armen Kerle, die zwischen Wrackteilen in der tosenden See um ihr Leben kämpften; wir waren vollkommen außerstande ihnen zu helfen, und erwarteten tatsächlich, daß wir selbst jede Minute untergehen.*

Unter den Ertrinkenden sind die 130 Soldaten, die Lieutenant Colonel Burke wenige Stunden zuvor wohlmeinend in den Oberen Salon befohlen hatte. Neben ihnen kämpfen zwei Dutzend andere um ihr Leben, darunter ein Artillerie-Major mit Gemahlin, einige der Damen und Herren der Ersten Klasse, ein Barbier des Schiffes, ein schwarzer Steward und der Bruder des Schiffszimmermannes. Sie klammern sich an Türen und Wandpaneele des Deckshauses, mühen sich verzweifelt, in Richtung des Dampfers zu schwimmen, doch ein Brecher nach dem anderen überrollt sie. Allein von Carls Kompanie ertrinken vier Gefreite und der Trommler. Nur zwei der über Bord Gerissenen überleben: ein Marketender und ein Kaufmann aus Rio de Janeiro. Sie haben das unglaubliche Glück, von einer Woge zurück an Deck geworfen zu werden.

Die meisten im Inneren des Rumpfes glauben, dass der Dampfer jetzt verloren ist, und fliehen hinauf an Deck, viele noch in Schlafhemden. *Wir blieben viele Stunden dort*, erzählt ein Passagier später Reportern. *Mit jedem Rollen des Schiffes schlugen die Wogen über uns hinweg, und der kalte Nordwestwind ließ uns bis in die Herzen erschauern. Ich habe nie vorher so furchtbar gefroren.* Ein anderer Passagier kämpft sich nach dem verheerenden Brecher in den Unteren Salon vor: *Das Wasser stand dort kniehoch. Frauen und Kinder, die meisten in ihren Nachtgewändern und naß bis auf die Haut, hatten dort Zuflucht gesucht. Einige weinten und schluchzten, andere wirkten wie betäubt, und wieder andere schienen ruhig zu erwarten, was ihnen als unabwendbares Schicksal schien.*

In der groben See wird die vergleichsweise helle, luftige Bauart der »San Francisco« zum Fluch: Tonnen von Wasser dringen durch zerschlagene Oberlichter, Bullaugen und Luken und durch lose gearbeitete Plankennähte. In der Tiefe des Rumpfes steigt das Wasser erschreckend rasch; alle pumpen und schöpfen ums nackte Leben. Ausgerechnet jetzt verstopfen Fetzen der aufgeweichten Filzisolierung der Kessel die Dampfpumpen – und sie blockieren. Maschinisten gehen mit fliegenden Händen daran, sie mit Bordmitteln zu reparieren. Währenddessen versuchen der Schiffszimmermann und Zimmerleute des Regimentes verzweifelt, eingedrückte Decks mit Stützbalken, schweren Hämmern und Äxten wieder aufzurichten und Lecks provisorisch mit Segeltuch abzudichten.

Carl muss im Vorschiff ausgeharrt haben. Jetzt wird er, wie jeder andere noch leidlich arbeitsfähige Mann, umgehend zur Arbeit befohlen. Auf dem wild schwankenden Deck stemmen er und seine Kameraden, von Seeleuten kommandiert, mit Brecheisen die Ladeluken auf und werfen Fracht, Proviant und Kohle über Bord, um das Schiff weiter zu leichtern. Fässer, Kisten, Kohlebrocken treiben neben dem havarierten Dampfer wie eine lange Schleppe.

Am Morgen des Ersten Weihnachtsfeiertages gelingt es den Männern an den Handpumpen und Eimerketten, den Wasserstand im Maschinenraum so weit zu senken, dass die Ingenieure versuchen können, die Hauptdampfmaschinen zu reparieren. Von da an verbringt der Leitende Ingenieur, John W. Marshall, seine Tage und Nächte dort unten, in Hitze und Dampf. Immer wieder sinkt er auf den Bodenrosten halbstundenweise in den Schlaf, aber sein Assistent erlebt ihn einmal fünfzig Stunden lang ununterbrochen auf den Beinen. Der Assistent selbst fällt, wie er der *New York Daily Times* gesteht, zum ersten Mal im Leben in Ohnmacht, nachdem er im Maschinenraum stundenlang im Wasser stand. Trotz tiefster Erschöpfung findet kaum jemand Ruhe, erzählt ein Passagier – alles Gewohnte, Verlässliche ist ihnen genommen, auch der Tag- und Nachtrhythmus von Wachen und Schlafen: *Die Seen donnerten so laut gegen die Seiten und das Heck unseres Schiffes, wie Kanonen vor den Toren einer belagerten Stadt. An Schlaf war nicht zu denken, drei Nächte lang machten wir kein Auge zu.*

Carl schildert die Katastrophe wie ein an der Seele verwundeter Front-Soldat, knapp und karg, im Bewusstsein, dass er die wahre Wucht seiner Erlebnisse mit niemand teilen, sie keinem verständlich machen kann. Wie soll er seiner Familie in Stuttgart, im Binnenland, von der erschreckenden Leere und Verlassenheit des winterlichen Nordatlantiks erzählen, fern aller Küsten? Wie von der Ausweglosigkeit ihres Schicksals, der dauernden Nässe, dem entsetzlichen Frieren, den wund gearbeiteten Händen, in denen das Salzwasser brennt? Wie soll er das zermürbende Auf und Ab der Gefühle in Worte fassen, zwischen Niedergeschlagenheit und neuer Hoffnung, sobald der Himmel aufklart oder der Seegang ein wenig nachlässt? *Ihr könnt euch nun denken, welche Mühseligkeiten wir zu erdulden hatten*, schreibt er den Seinen später. *In fünf Tagen und Nächten mußten wir anhaltend Wasser schöpfen und pumpen, keine Minute sicher daß eine Welle einen über Bord nimmt.*

Jenseits der Gischtfahnen, die immer wieder über das Schiff hinwegjagen, macht einer der Seeleute gegen Mittag einen winzigen hellen Punkt am Horizont aus. *Sail in sight!*, hallt es über Deck – Segel in Sicht! Auf dem Wrack wird sofort die U.S.-Flagge mit den Sternen nach unten gesetzt, als Notsignal. Wer sich noch auf den Beinen halten kann und nicht pumpt oder schöpft, drängt an Deck. An die zweihundert Menschen winken und rufen lauthals, als sich keine Stunde später die Brigg »Napoleon« nähert: ein enttäuschend kleiner, zweimastiger Frachtsegler, nicht einmal halb so lang wie die »San Francisco«. Sie segelt bis auf 30 Yards heran und ihr Kapitän verständigt sich mit Commodore Watkins durch Sprachrohre brüllend. Der bittet ihn inständig, sich in der Nähe zu halten und ein Boot zu schicken. Doch das scheint den Seeleuten der Brigg in der aufgewühlten See unmöglich. Ihr Kapitän ist der Ansicht, auf dem noch leidlich soliden Rumpf des Dampfers sei man sicherer als an Bord seines Seglers, der – unterwegs von Kuba nach Boston – drei schwere Stürme abwetterte, leck schlug, Segel verlor und einen Teil seiner Ladung über Bord werfen musste. Immerhin dreht die »Napoleon« in der Nähe des Havaristen bei. Nachmittags beobachten die Schiffbrüchigen, wie die Besatzung der Brigg mit einiger Mühe Fässer mit Corned Beef und gepökeltem Schweinefleisch aus den Wogen fischt, die die Soldaten über Bord geworfen haben. Am nächsten Morgen ist von der »Napoleon« nichts mehr zu sehen, sie muss im Sturm abgetrieben sein.

Um Mittag schon – *praise the Lord!* – kommt die Brigantine »Maria« aus der britischen Kolonie Nova Scotia in Sicht und segelt bis auf Rufweite heran, ein noch kleineres Fahrzeug als die »Napoleon«. Auch sie dreht, trotz Sturm und schwerer See, in der Nähe der »San Francisco« bei. Doch zum Schrecken aller wird auch die »Maria« im Dunkel der Nacht abgetrieben, und am nächsten Morgen entdecken auch die scharfsichtigsten Seeleute der »San Francisco« keine Spur mehr von ihr am Horizont. Viele geben jetzt jede Hoffnung auf Rettung auf und verfallen in Lethargie und Depression.

Die Wucht des Sturmes nimmt an diesem Dienstag, dem 27. Dezember 1853, weiter zu. Alle arbeitsfähigen Männer mühen sich, pausenlos zu pumpen und zu schöpfen, Proviant und Kohle über Bord zu werfen, Lecks zu dichten und die Reste zerstörter Aufbauten abzubrechen. Gegen zehn Uhr morgens gelingt es den rastlos arbeitenden Ingenieuren, die Hauptdampfmaschinen der »San Francisco« neu zu starten. Jubel und Freudenrufe hallen durch das Schiff. Mit dem Stampfen der Kolben und dem Schwingen der Pleuel erzittert der Dampfer, als erwache er zu neuem Leben. Alle beten inständig, dass die »San Francisco« jetzt aus eigener Kraft in wenigen Tagen die Küste erreicht und der Albtraum ein Ende hat. Doch nach nur zehn Minuten ersterben die Maschinen wieder. Alle weiteren Startversuche schlagen fehl, und die Schiffbrüchigen erfahren, dass ein Seemann beim Bergen eines Sturmsegels am Besanmast über Bord ging und in den Wogen verschwand.

Wenige Stunden später wagen die gequälten Menschen neu zu hoffen: Ein Dreimaster hält auf das Wrack zu, dreht in seiner Nähe bei und segelt auf dessen Leeseite dann bis auf Rufweite heran. Es ist die Bark »Kilby«, ein großer Frachtsegler, Heimathafen New Orleans, unterwegs nach Boston mit einer Ladung von Baumwolle, Molasse und Mais. Doch auch die »Kilby« ist nicht die strahlende Retterin, die alle sehnlichst herbeiwünschen. Sie ist seit 48 Tagen auf See, hat kaum noch Vorräte und nur noch ein Fass Trinkwasser an Bord. Vor allem aber fehlen der »Kilby« Segel und Teile der Takelage, sie wirkt nicht wirklich seetüchtig. Ein Zweck ihrer Reise ist, stellt sich heraus, das Schiff an der Ostküste überholen und neu ausrüsten zu lassen, weil Werftarbeiten dort günstiger sind als in New Orleans. So erklärt sich, dass Kapitän Edwin Low, ein Mann, der für seine verantwortungsvolle Position noch erstaunlich jung ist, sich nicht nur aus Nächstenliebe in der Nähe der »San Francisco« hält: Er hofft dringend auf Vorräte und Wasser.

Am Vormittag des 28. Dezember beruhigt sich die Dünung immerhin so weit, dass die Bark ein Boot schicken kann – die »San Francisco« verfügt über kein eigenes mehr. Commodore Watkins setzt auf den Segler über, um den geschäftlichen Teil der Rettung zu besprechen. Er sichert den Eignern der »Kilby« schriftlich 10 000 Dollar zu – mehr als den hundertfachen Jahressold eines

Gefreiten wie Carl Herzog –, wenn ihr Schiff so viele Menschen wie möglich von Bord der »San Francisco« birgt. Zusätzlich willigt er ein, für jeden Tag, den die Bark beigedreht bleibt, zweihundert Dollar zu bezahlen. Kapitän Low erhält persönlich tausend Dollar *für sein nobles Verhalten, in der rauhen See ein Boot auszusetzen, obwohl seine Besatzung zunächst den Dienst verweigerte und die See sein Schiff zu verschlingen drohte*, wie die *New York Daily Times* zitiert. Und zuletzt sieht sich Watkins noch gezwungen, Low fünf Prozent der Gesamtsumme zuzusichern, die die U.S.-Regierung für die Rettung der »San Francisco« aufbringt. Dann wird der Commodore, im Boot der »Kilby«, zum Wrack zurückgerudert.

Bevor die Übernahme der ersten Schiffbrüchigen gegen 15:00 Uhr beginnt, werden der Segler und der Dampfer mit einer Trosse von Bug zu Bug verbunden, damit sie nicht auseinandertreiben. Und so schlingern beide Schiffe nebeneinander in der Dünung, mit einer halben Kabellänge Abstand. Weil Rettung jetzt so unmittelbar vor Augen steht, denken viele auf der »San Francisco« nur noch an sich. An Deck kommt es zu tumultartigen Szenen, viele werden laut und ausfallend, manche handgreiflich. Einige der nautischen Offiziere bewaffnen sich mit Pistolen, um zu verhindern, dass sie völlig die Kontrolle verlieren und die kostbaren Boote von viel zu vielen, die gleichzeitig in sie drängen, unter Wasser gedrückt werden. In dieser kritischen Stunde taucht in den Augenzeugenberichten zum ersten Mal Colonel William Gates auf, der altgediente, bald 66-jährige Regimentskommandeur. Er hatte einen seiner Söhne verloren, als das Deckshaus über Bord gerissen wurde. *Gates wandte sich jetzt an die Truppen*, berichtet einer der Passagiere, *und erklärte, er selbst sei der letzte unter ihnen, der dieses Schiff verlasse. Und er erwarte, daß Offiziere und Mannschaften seinem Beispiel folgten, und geduldig warteten, bis sie mit Namen aufgerufen würden.*

Wenig später geht das erste Boot der »Kilby« längsseits. Als es schließlich unter großen Mühen abstoßen und auf die Bark zu rudern kann, sitzen Colonel Gates, seine Gattin und ihre zwei überlebenden Kinder darin. Danach werden die ranghöchsten Offiziere mit ihren Gemahlinnen und Familien, streng nach Dienstgrad, übergesetzt. Auch der verletzte Regimentsarzt und sein unverletzter Assistent Horace Wirtz gehen von Bord und einige Passagiere der Ersten Klasse. Bis in die Abenddämmerung pendeln die Boote hin und her. Etwa 120 Menschen werden auf die »Kilby« gebracht und dazu zentnerweise Schiffszwieback, mehrere Fässer Trinkwasser, vier ganze Schinken und drei Kisten Sardinen. Um auf dem vollbeladenen Frachtsegler Platz für die Geretteten zu machen, wirft die Besatzung sechzig Ballen Baumwolle über Bord. Als eines der Boote in anbrechender Nacht an der Seite der Bark voll Wasser schlägt, bricht Kapitän Low die Rettungsaktion vorläufig ab. Unter den Geborgenen sind nur wenige Dutzend der vierhundert einfachen Soldaten, und keiner der Seeleute und der überwiegend schwarzen Stewards.

Weil es gegen 22:00 Uhr erneut zu stürmen beginnt, lässt Edwin Low die Trosse zum Bug der »San Francisco« loswerfen. Einige der geretteten Gentlemen äußern die Befürchtung, dass das Wrack bis zum Morgen außer Sicht treiben könnte. *Ich bedauere außerordentlich sagen zu müssen, als unparteiischer Beobachter,* erzählt einer von ihnen später, *daß einige der höchsten Artillerie-Offiziere vorschlugen, die »San Francisco« ihrem Schicksal zu überlassen und direkt zur nächstgelegenen Küste zu steuern.* Am folgenden Morgen, Freitag, dem 30. Dezember, ist der Dampfer tatsächlich nirgendwo mehr auszumachen. Doch an Bord der »Kilby« setzt sich eine, vor allem aus Passagieren und rangniedrigeren Offizieren zusammengesetzte Fraktion durch, die die Rettung fortsetzen will. Auf Zickzack-Kursen durchkreuzt die Bark die aufgewühlte See, die »San Francisco« suchend. Vorräte und Trinkwasser schwinden rapide, mit jetzt rund 150 Menschen an Bord. Am zweiten Tag bereits müssen Lebensmittel rationiert werden. Männer erhalten keinen Schiffszwieback mehr – der bleibt geretteten Frauen vorbehalten. Stattdessen machen die Hungernden sich in den Laderäumen des Frachtseglers über Säcke mit getrockneten Maiskörnern her. Der Schiffskoch röstet den Mais wie Kaffee und verteilt ihn händeweise. Nach zwei Tagen und Nächten fruchtloser Suche dreht die »Kilby« wegen untragbarer Zustände an Bord ab und nimmt Kurs auf die amerikanische Küste.

Die Stimmung der noch etwa fünfhundert Menschen auf dem Wrack sinkt auf einen Tiefpunkt, nachdem die »Kilby« außer Sicht gerät. *Wieder waren wir allein in der grenzenlosen Weite der*

Wasser, erzählt ein Passagier der *New York Daily Times* später. *Unser Schiff trieb hilflos wie ein Baumstamm in den Wellen.* Die chronisch Seekranken an Bord verloren vor Tagen schon jeden Lebensmut. Viele, deren Gepäck mit dem Deckshaus über Bord gerissen wurde, haben keine warmen Kleider mehr und frieren erbärmlich. An den Pumpen und Eimerketten bricht die Disziplin zusammen. Mehr und mehr Soldaten verweigern die nicht enden wollende Schinderei. Sie sind ausgehungert, erschöpft, von ihrem Führungsstab verlassen und sehen sich jeder Hoffnung beraubt. Nur mit massivstem Auftreten und gezogenen Pistolen gelingt es den verbliebenen Offizieren, die Männer am Arbeiten zu halten. Carl schreibt später in einem Brief nach Stuttgart: *Am fünften Tage war zum größten Glück die Maschine so weit hergestellt, daß das Schiff frei über Wasser gehalten wurde. Nun kam aber ein anderes Elend. Es waren gegen 800 Personen auf dem Schiff und so mußten natürlich Krankheiten ausbrechen. Mancher, der glücklich aus dem Sturm kam, wurde hinweggerafft, und manchen Tag warfen wir 20 Todte über Bord.*

Ausgehend vom überfüllten Vorschiff breitet sich eine Durchfallepidemie aus. Viele sorgen sich, dass die Cholera ausgebrochen sei. Doch es kursiert auch eine andere, plausiblere Vermutung. Ein Erste-Klasse-Passagier schreibt über das Los der einfachen Soldaten: *In engen Quartieren zusammengepfercht, ständig der Kälte und Nässe ausgesetzt, gezwungen sich völlig unzureichend zu ernähren, weil die Schiffsküchen ausgefallen waren und man unmöglich für so viele noch warm kochen konnte, ist es nicht überraschend, daß bald Krankheiten unter ihnen auftauchten. Wenn man dazu noch ihre geistige Beklemmung, Furcht und Hoffnungslosigkeit in Betracht zieht, dann ist es kein Wunder, daß viele starben.*

Passagieren und Offizieren reichen die Stewards nach Kräften noch heißen Tee aus den ruinierten Kombüsen, hie und da eine heiße Kartoffel, ein Stück Pökelfleisch oder gerösteten Speck, manchmal sogar einen Schluck Branntwein. An Gefreite wie Carl wird all die Tage nur noch Schiffszwieback und kaltes Wasser ausgegeben. Obendrein sollen einige der Stewards und Seeleute, sich todgeweiht wähnend, Sauerkraut und Dosenfleisch aus den Proviant-Stores entwendet und sich an den möglicherweise verdorbenen Konserven gütlich getan haben, nach dem Motto *wenn schon ertrinken, dann wenigstens mit vollem Bauch*. Es bleibt dem Schiffsarzt überlassen, die vielen Erschöpften, Unterkühlten, Durchfallkranken und Sterbenden zu versorgen. Beide Regimentsärzte sind an Bord der »Kilby« davongesegelt. Dabei haben die Truppen jetzt Verluste wie im Krieg: Alleine an diesem Tag gehen aus Carls Kompanie ein Korporal und zwei Gefreite zugrunde.

Der letzte Tag des alten Jahres 1853 beginnt in einer stürmischen, lichtlosen Neumondnacht. Gegen 2:00 morgens erkennt der junge Vierte Offizier, John Mason, weit in Luv die Positionslaternen eines Segelfrachters. An Bord des Wracks wird sofort die Signalkanone abgefeuert, und ihr Knall ist die ganze restliche Nacht zu jeder halben Stunde zu hören. Zur großen Erleichterung der Schiffbrüchigen bleiben die Positionslaternen in Sicht. Im fahlen Morgenlicht, gegen halb zehn, läuft der Segler hart heran, um in Rufweite zu kommen. Es ist das ganz aus Stahl gebaute, schottische Vollschiff »Three Bells« aus Glasgow – ein stattlicher Dreimaster, unterwegs nach New York City. Obwohl er im Sturm nur wenige, gereffte Segel führt, muss es ein fesselnder, majestätischer Anblick sein, wie dieses vom Wind getriebene Schiff durch schwere See heranpflügt, als sei es ein lebendiges Wesen, gischtumweht und fast zum Greifen nah. Doch wer an Bord der »San Francisco« hat noch ein Auge für Schönheit? Die meisten sehen eher kummervoll, dass sich auch die Besatzung der »Three Bells«, trotz ihres genieteten Stahlrumpfes, unablässig an den Handpumpen müht. Commodore Watkins und der schottische Kapitän Robert Creighton versuchen sich durch Sprachrohre brüllend zu verständigen, aber der Sturm verweht ihre Worte.

Mehrmals segelt der Frachter von Neuem heran, erzählt ein Augenzeuge, einmal so gewagt, *daß ich einen Schiffszwieback hätte hinüberwerfen können*. Doch Watkins und Creighton verstehen sich nicht über dem Tosen der See und dem Heulen der Böen. Schließlich gelingt es einem Heizer des Dampfers nach mehreren Versuchen, einen Eisenbolzen an Deck der »Three Bells« zu werfen, mit der darum gewickelten Botschaft: *Will you charter your ship? Name your price!* Eine Passagierin an Bord des schottischen Seglers hört Kapitän Creighton sagen: *Wovon spricht der Mann? Mir geht es nicht um Geld. Ich drehe bei aus Menschlichkeit.* Tatsächlich hält sich die

»Three Bells« auch die folgende Sturmnacht in der Nähe des Wracks und der Schein ihrer Laternen ist den zermürbten Schiffbrüchigen Trost. *So schwebten wir 11 Tage zwischen Tod und Hoffnung*, schreibt Carl. Einer seiner Kameraden, der Artilleriemechaniker John Donelly, wird an diesem Tag vom Durchfall dahingerafft.

Am nächsten Morgen weht der Sturm immer noch so unbändig und die See geht so hoch, dass an Rettung nicht zu denken ist. Zumal die »Three Bells« nur ein einziges seetaugliches Langboot hat, das man auf keinen Fall riskieren darf. An Bord der »San Francisco« geht die monotone Schufterei erbarmungslos weiter. Die Soldaten schaufeln Tonne um Tonne Kohle über Bord. Als Wind und Seegang sich nachmittags etwas zu beruhigen beginnen, zimmert die Besatzung vorsorglich zwei Behelfs-Flöße, damit Schiffbrüchige rascher übergesetzt werden können, sobald das Wetter es zulässt. Eines davon wird zu Wasser gelassen und außenbords, an der Seite des Wracks, festgemacht. Die beiden Kapitäne verständigen sich mittlerweile, indem sie mit weißer Kreide auf große Bretter schreiben. Dankbar lesen die Menschen an Bord der »San Francisco« Creightons Zusicherung: *Ich bleibe bei Ihnen, auch wenn ich sinke.*

Leider ist auch am ersten Tag des neuen Jahres 1854 zu erkennen, dass die Besatzung der »Three Bells« pausenlos an den Pumpen arbeitet. Schließlich schreibt Creighton auf sein Brett: *Was soll ich tun? Ich sinke.* Doch der Schotte bleibt bei seinem Wort und der stark leckende Segler hält sich weiterhin in der Nähe. Carls Kompanie betrauert an diesem Tag den Tod des durchfallkranken, vermutlich deutschstämmigen Pfeifers Leonard Karg.

Am nächsten Morgen ist das außenbords festgemachte Behelfsfloß verschwunden. Es muss sich losgerissen haben – die Dünung geht immer noch zu hoch. Mehrmals segelt die »Three Bells«, stampfend und krängend, nahe in Lee vorbei, und die Treue und der Durchhaltewille der Schotten rührt nicht wenige der Verzweifelten zu Tränen. Nach wie vor sind viele durchfallkrank und einige sterben. Gegen 13:00 Uhr endlich lässt der Seegang so weit nach, dass das Langboot der »Three Bells« es wagen kann, längsseits zu kommen. Der Zweite Offizier des Dampfers setzt auf das Segelschiff über, um es im Namen der U.S.-Regierung ordnungsgemäß zu chartern, für die stattliche Summe von 20 000 Dollar. Danach werden ein Zug Soldaten und ein Sergeant auf die »Three Bells« gebracht, um deren erschöpfte Mannschaft beim Pumpen zu entlasten. Die Nacht ist bewölkt und bis gegen Mitternacht weht es mit Windstärke neun aus Nordwest.

Am Morgen des 3. Januar beginnt der Wind endlich abzuflauen, und in den späten Tagen ihrer Odyssee sind die Schiffbrüchigen mit ruhigerem Wetter gesegnet. Gegen halb neun kommt, zur unbändigen Freude aller, ein zweites Segel in Sicht. Es ist das amerikanische Vollschiff »Antarctic«, mit Fracht von New York City in den großen, britischen Nordamerika-Hafen Liverpool unterwegs. Sie segelt vor dem Wind, mit prallem Tuch, direkt auf das Wrack zu. Ihr Kapitän George C. Stouffer lässt beidrehen und vereinbart mit Commodore Watkins, sich an der Rettung zu beteiligen. Noch am Nachmittag können beide Segelschiffe ihre Boote zu Wasser lassen und die Rettung beginnt. *So wurden wir endlich erlöst, und auf diese Schiffe vertheilt*, schreibt Carl, unser mittlerweile fast vollständig verstummter Augenzeuge.

Zuallererst werden Ingenieure des Dampfers auf die standhafte »Three Bells« übergesetzt. Sie machen sich in den Tiefen des Rumpfes sofort auf Lecksuche, werden fündig und reparieren den Schaden umgehend, was die Besatzung des Segelschiffes vom elenden Pumpen erlöst. Bis der Abend dämmert, werden etwa achtzig der Schiffbrüchigen geborgen. *Die Kranken, von denen es viele gab und von denen manche im Sterben lagen*, erzählt ein Passagier, *wurden in Decken gewickelt, an Deck getragen und vorsichtig in die Boote hinabgelassen.* Für manche kommt die so lange ersehnte Rettung dennoch zu spät. Von Carls Kompanie stirbt der dem Namen nach auch deutschstämmige Gefreite Charles Meyer an Bord der »Three Bells«; man hatte ihn dort schon in Sicherheit gewähnt. Obwohl der Wind deutlich nachgelassen hat, ist die Dünung noch so ruppig, dass zwei der fünf Boote der »Antarctic« nach Einbruch der Nacht an der Bordwand des Dampfers zerschlagen werden.

Irgendwann am Mittwoch, dem 4. Januar, wird auch Carls Kompanie geborgen und ein Offizier ruft *Hertsogg, Charles* auf. Er steigt über die zerschlagene Seite der »San Francisco« in eines der Boote der »Antarctic«, hungernd, mit einem Dreizehn-Tage-Bart, und an Körper und Seele so tief erschöpft, dass er selbst die lang

Abb. 26: Die Rettungsszene, in einer Lithographie des Marinemaler-Studios Currier and Ives aus New York City. Links im Bild die beigedrehte »Antarctic«, in der Bildmitte das Wrack der »San Francisco« mit zerschlagenen Schaufelradkästen und gebrochenen Masten. Man sieht auch, wie Schiffbrüchige über eine Art Gangway und eine herabhängende Leiter am Heck in die Boote steigen. Rechts im Bild die beigedrehte »Three Bells«. Der Seegang ist wohl deutlich übertrieben dargestellt – solche Wogen wären für offene Boote extrem gefährlich.

herbeigesehnte Rettung ohne große Gefühlsregung zur Kenntnis nimmt. Ihm bleibt nur, was er auf dem Leibe trägt: Unterwäsche, ein Paar Schuhe und die ramponierte blau-rote Artilleristen-Uniform, vielleicht noch eine wollene Jacke aus der Heimat darüber. Was immer er an Gepäck, an Habseligkeiten und Erinnerungsstücken an Bord des Dampfers genommen haben mag, muss dort zurückbleiben oder ist bis zur Unkenntlichkeit durchweicht: Briefe aus der Heimat und von seinem Bruder Fred aus New Orleans, Scherenschnitte seiner Familie, eine Zeichnung oder ein Stich seiner Heimatstadt. An diesem zweiten Tag der Rettung verliert Carls Kompanie einen Korporal und einen Gefreiten an Bord der »Three Bells« und einen Gefreiten an Bord der »Antarctic«.

Bis Sonnenuntergang sind auch die letzten Passagiere und Soldaten von der einst stolzen »San Francisco« geborgen, dazu große Mengen Trinkwasser und Fässer und Kisten mit Mehl, Zucker, Haferflocken, Schinken und Pökelfleisch, um die Geretteten an Bord der beiden Segelschiffe in den kommenden Tagen und Wochen zu versorgen. Commodore Watkins lädt seine Besatzung zu einem letzten Abendessen auf dem Dampfer. Er spendiert jedem, zu einem Stück Schiffszwieback, noch eine Zigarre. Dann schlafen sie, den Berichten nach, in relativer Ruhe, *einen verlässlichen Schotten an ihrer einen und einen tapferen Yankee an ihrer anderen Seite wissend.*

Im ersten Licht des nächsten Tages beginnen die Boote wieder rastlos zwischen dem Wrack, der »Three Bells« und der »Antarctic« hin- und herzupendeln und die Besatzung und noch mehr Trinkwasser und Vorräte überzusetzen. Gegen halb elf sind auch alle nautischen Offiziere, Ingenieure, Seeleute, der Bootsmann und der Schiffszimmermann, die Heizer und Kohletrimmer, alle Köche und die etwa vierzig schwarzen Stewards und Küchenhilfen geborgen. Watkins verlässt, wie es die Tradition gebietet, als Letzter sein verlorenes Schiff. Die Heizer der »San Francisco« hatten bis zuletzt so gute Arbeit geleistet, dass aus den rußgeschwärzten Kaminschächten immer noch Kohlequalm steigt, als er zur »Antarctic« gerudert wird. Sein Boot passiert die »Three Bells« in nächster Nähe, und die Geretteten dort danken ihm mit neun kräftigen Cheers – *hip hip hurray* – für seinen unermüdlichen, selbstvergessenen Einsatz. Doch Watkins winkt nur zum Abschied *und er weinte wie ein Kind,* erzählt einer der nautischen Offiziere, *er brachte kein Wort mehr heraus.* Sein ganzes Bestreben war all die Tage gewesen, sein Schiff und die ihm anvertrauten Menschen aus eigener Kraft in einen sicheren Hafen zu bringen.

In den letzten Minuten an Bord hatte er noch befohlen, die Seeventile des Dampfers zu öffnen, damit das Wrack nicht weitere Wochen oder Monate im Atlantik treibt und andere Fahrzeuge gefährdet. Als die beiden Segelschiffe schließlich ihr Tuch setzen und auf Kurs gehen – die »Three Bells« nach New York und die »Antarctic« nach Liverpool –, liegt der Torso der »San Francisco« schon bis an die Decksbalken im Wasser.

Ihr Untergang ist, mit mehr als zweihundert Toten, die damals größte Katastrophe der U.S.-Armee auf See, und er bleibt nicht ohne Folgen. Colonel Gates wird nur wenige Wochen danach seines Kommandos enthoben, *wegen Pflichtvergessenheit und dem Unvermögen, seine Einheit zu führen.* Seine offensichtliche Entscheidungsschwäche während der Vorbereitung der Reise und sein unrühmliches Verhalten an Bord werden auf Geheiß von U.S.-Präsident Franklin Pierce von einer Untersuchungskommission unter die Lupe genommen. Gates wird zwar nicht vor ein Kriegsgericht gestellt, doch er bleibt bis zu seiner Pensionierung wenige Jahre später ohne Aufgaben. Kapitän Creightons Durchhaltewille dagegen rührt einen der bedeutendsten amerikanischen Lyriker dieser Zeit, Walt Whitman, so sehr, dass er ihn und die armen Seelen der »San Francisco« in seinem monumentalen Gedichtzyklus *Gesang von mir selbst* ehrt:

Ich verstehe die großen Herzen der Helden,
Den Mut von heute und je,
Wie der Schiffskapitän das steuerlose, von Menschen wimmelnde Wrack des Dampfers sah, das der Tod auf und nieder jagte im Sturm,
Wie er fest zugriff und nicht einen Zoll breit wich und treu blieb Tag und Nacht
Und mit Kreide große Lettern schrieb auf ein Brett: »Seid guten Mutes, wir verlassen euch nicht!«,
Wie er mit ihnen fuhr und lavierte drei Tage lang und nicht nachließ,
Wie er die Treibenden endlich aufnahm,
Wie die erschöpften Weiber in losen Kleidern aussahn, als man sie wegbootete vom Rand ihrer offenen Gräber,
Und die verstummten Kinder mit altgewordnen Gesichtern,
die emporgehobenen Kranken und unrasierten, scharflippigen Männer;
All das saug ich in mich, es schmeckt mir gut, wird mein, ich habe es gern,
Ich bin der Mann, ich litt, ich war dabei.

10
Eldorado

Noch bevor die letzten der ausgemergelten, scharflippigen Männer an Bord der »Antarctic« gehievt werden, befiehlt Kapitän Stouffer, tonnenweise Fracht über Bord zu werfen, um Platz für die etwa 140 Schiffbrüchigen zu schaffen. In einem der lichtlosen, stickigen Laderäume wird Carl ein Notlager zugewiesen, zwischen Reissäcken, Tabakfässern und Bündeln mit Walbarten. Er muss es mit Kameraden teilen – nur wenige von ihnen können sich dort gleichzeitig ausstrecken und versuchen, ein wenig Ruhe zu finden, dicht an dicht wie Sardinen in der Dose. Es ist ihm einerlei, er hat jeden Anspruch verloren. Auch den Gestank seiner seit Wochen ungewaschenen Kumpane nimmt er klaglos hin – er selbst riecht nicht besser. Zwei Wochen wechselhafter Segelei überstehen die Geretteten, notdürftig ernährt, zu Nichtstun verdammt. Die Erleichterung ist groß, als endlich die irische Südküste in Sicht kommt, imposante Klippen, gegen die der aufgewühlte Atlantik brandet. *Doch,* schreibt Carl an seine Familie, *beinahe hätten wir noch einmal Schiffbruch gehabt, denn es war so stürmisch und wir waren so nah an der Küste von Irland, daß die ganze Schiffsmannschaft in Angst war.*

Als die »Antarctic« endlich im Hafen von Liverpool festmacht, müssen viele an Bord bleiben, weil sie zu spärlich bekleidet sind. Nathaniel Hawthorne, der Schriftsteller, der einst den Erie Canal bereist und geschildert hatte, dient hier, im größten britischen Nordamerikahafen, als U.S.-Konsul. Er lässt auf eigene Rechnung umgehend Lebensmittel und Kleidung für die Geretteten heranschaffen und beginnt noch am Tag ihres Eintreffens, ihre Rückkehr in die Vereinigten Staaten zu organisieren. Weil er dabei seine Kompetenzen als Konsul überschreitet, ersucht er den Gesandten der Vereinigten Staaten in London, James Buchanan, nachträglich um offizielle Anweisungen. Das veranlasst die britische und amerikanische Presse, ihm vorzuwerfen, er habe es abgelehnt, den armen Seelen der »San Francisco« zu helfen. Ein britisches Blatt

Abb. 27: Bedloe's Island um 1840, mit den sternförmig gemauerten Bastionen von Fort Wood und der Silhouette von New York City im Hintergrund.

fragt, in boshafter Anspielung auf den erfolgreichsten Roman des Autors, »The Scarlet Letter«, *Sollte man Herrn Hawthorne nicht einen »Scharlachroten Buchstaben« auf seine Stirn brennen?* Statt des geschmähten Konsuls stilisieren die Blätter den eher untätigen Buchanan zum Helden. Das kommt dem Gesandten sehr gelegen – er soll Ambitionen auf das Amt des U.S.-Präsidenten haben, heißt es.

Carl schreibt seiner Familie nur: *In Liverpool bekamen wir neue Kleider und wurden auf einem englischen Post-Dampfschiff nach Boston zurückgebracht.* Es ist seine dritte Atlantiküberquerung, auf dem Schaufelraddampfer »America«, der ihn unangenehm an die gescheiterte »San Francisco« erinnert. Doch nach einer zweiwöchigen, weitgehend ereignislosen Seereise in der dritten Klasse geht er mit seinen Kameraden in Boston unbeschadet von Bord – und betritt zum zweiten Mal die Neue Welt. Von jetzt an nennen wir ihn so, wie er sich in Amerika längst selbst nennt: Charles. Er wird, mit anderen Überlebenden seiner Einheit, umgehend nach New

York City verlegt, wo sie zwei Tage später ankommen. *Hier wurde unser Regiment wieder aufgefüllt und jeder Soldat erhielt 106 Dollar (das sind 275 Gulden) Entschädigung.*

Bis zu ihrer erneuten Abreise nach Kalifornien wird Charles' Kompanie auf Bedloe's Island in der Bucht vor Manhattan untergebracht, in der klammen, außer Dienst gestellten Artilleriefestung Fort Wood. Auf dieser grauen, unscheinbaren Insel, die man für eine Sträflingskolonie halten könnte, schließt sich der Kreis: Zwei Monate zuvor war die »San Francisco« an Bedloe's Island vorbeigedampft, in den ersten Minuten ihrer Jungfernfahrt. Heute ist die Insel als *Liberty Island* in der ganzen Welt bekannt: Die massiven, sternförmigen Bollwerke des Forts dienten beim Bau der Freiheitsstatue drei Jahrzehnte später als Fundament. In ihrem Inneren ist eine Bronzeplakette mit Emma Lazarus' Gedicht *The New Colossus* angebracht. Es hätte Charles aus dem Herzen gesprochen, auch wenn die Umstände seiner zweiten Landung in der Neuen Welt andere waren:

Give me your tired, your poor,
Your huddled masses yearning to breathe free,
The wretched refuse of your teeming shore.
Send these, the homeless, tempest-tost to me,
I lift my lamp beside the golden door!

Gebt mir eure Müden, eure Armen,
Eure geknechteten Massen, die sich danach sehnen, frei zu atmen,
Die elenden Ausgestoßenen eurer übervölkerten Küsten;
Schickt sie mir, die Heimatlosen, vom Sturme Getriebenen,
Hoch halt' ich mein Licht am gold'nen Tor!

Auf dem Paradeplatz Fort Woods mustert Lieutenant William Winder, der die Kompanie an Bord der »San Francisco« befehligt hatte, seine Soldaten zum ersten Mal seit der Katastrophe. Die knappen Bemerkungen, die er Ende Februar 1854 auf der Musterrolle notiert, lassen ahnen, wie sehr die Männer gezeichnet sind: *17 Mann gingen verloren, zusammen mit aller Munition, allen Büchern und Akten, und der gesamten Lager- und Garnisonsausrüstung der Kompanie.*

Disziplin: achtbar unter diesen Umständen; Waffen: neu und in gutem Zustand; Kleidung: dürftig; Ausbildungsstand: notwendigerweise unvollkommen; militärische Erscheinung: zweifelhaft. Schon während den ersten Wochen auf der Festungsinsel verliert Charles' Kompanie weitere acht Soldaten. Sie schaffen es irgendwie, das nahe Ufer von New Jersey zu erreichen, und desertieren.

Mitte April besteigen Charles und seine verbliebenen Kameraden am Anleger Fort Woods Barkassen, die sie zum Postdampfer »Falcon« übersetzen. Er soll sie mit drei anderen Kompanien des Regimentes und dem Musikkorps an den Eisenbahnterminus am Isthmus von Panamá bringen. *Am 15. April ging es nun zum zweiten Male zur See,* schreibt Charles, *jedoch unter besseren Verhältnissen und die ganze Fahrt war für uns eine Spazierfahrt, auch nicht der kleinste Unfall begegnete uns.* Aus Kompanieberichten wissen wir, dass die Reise nicht so ungetrübt verlief. Ließ man die Soldaten damals bewusst im Unklaren, oder wollte Charles seiner Familie weitere Unglücksberichte ersparen? Die »Falcon« muss nach nur wenigen Tagen auf See jedenfalls einen Nothafen anlaufen, wegen Maschinenschaden: Fortress Monroe in Virginia, eine Küstenfestung, die über die Einfahrt zur gewaltigen Chesapeake Bay wacht. Dort verbringen die Soldaten eine Zwangspause von drei Wochen.

Weil die »Falcon« danach immer noch nicht seetauglich ist, bringt der Postdampfer »Illinois« die Truppe schließlich an die karibische Küste des Isthmus. Nach zehntägiger Fahrt gehen Charles und seine Kameraden in Aspinwall an Land, ein auf Stelzen in den Schlick gesetztes Hafenstädtchen, erst wenige Jahre alt. Laue, tropische Wolkenbrüche gehen auf sie nieder, während sie ihren tonnenschweren Tross auf Frachtwagen der *Panamá Railway* laden und sich in die Passagierabteile drängen. Dann schaukelt und rüttelt der Zug gemächlich Richtung Pazifik. Die eingleisige Strecke führt durch Salzmarschen, Mangrovensümpfe und Regenwald, *über Schienen, die in ganzer Länge auf menschlichen Leibern verlegt werden*, schreibt ein Reisender dieser Zeit, *so tödlich erweist sich der Gifthauch des Landes für fast alle Gruppen angeworbener Arbeiter.* Obwohl der Bau der Trasse noch nicht abgeschlossen ist, gingen bereits Tausende an Cholera, Gelbem Fieber und Malaria zugrunde, ihre Gräber säumen die Gleise. Immer wieder passiert der Zug Bahnstationen, die überraschend amerikanisch wirken. Dazwischen liegen armselige Weiler, in denen dunkelhäutige Streckenarbeiter aus der Karibik leben, ihre Hütten mit Blättern gedeckt, ihre Kinder und die schwer arbeitenden, muskulösen Männer vollständig nackt.

In der schwülen Luft stehen alle Fenster des Zuges offen, und neben Moskitos und Sandfliegen dringen auch das Gebrüll von Kapuzineraffen und ein Konzert nie gehörter Vogelrufe in die Abteile. *Überall Kokospalmen mit großen, derben Früchten, reich an Öl*, schildert der Reisende, *Farne, so hoch wie Bäume; Bananenbüschel, halb verdeckt von den gewaltigen Blättern ihrer Stauden; Brotfrüchte und Kakao-Bohnen, die reifen und verrotten, ohne daß Mensch oder Tier sie erreichen könnten. Schlingpflanzen, die alles mit allem verknoten; üppige, flammend gefärbte Blüten, dazwischen immer wieder das leuchtende Federkleid eines lebhaften Vogels.*

Lange folgt die Bahntrasse den Mäandern des Río Chagres, an dessen Ufern Alligatoren dösen. Kurz nachdem sie den trägen Strom auf einer Eisenbrücke queren, endet der Schienenstrang, und die Soldaten laden ihren Tross im tropischen Regen auf Fuhrwerke um. Ein paar Meilen weit waten sie im Morast eines Karrenweges über die kontinentale Wasserscheide, bevor sie den pazifischen Ast des Schienenstranges erreichen. Keine Stunde später steigen sie am Endbahnhof aus dem Zug, in der altehrwürdigen Hafenstadt Ciudad de Panamá – und blicken zum ersten Mal auf den Pazifik. Weil rasch wandernde Sandbänke die Hafeneinfahrt blockieren, setzen die Kompanien in Leichtern zum Postdampfer »Sonora« über, der in offenem Wasser ankert. Er zählt zur Flotte der Monopolreederei *Pacific Mail Steamship Company*, die Rekordgewinne verbucht. Unter ihrer Flagge fuhr auch die glücklose »San Francisco«– und sie besitzt die unter so furchtbaren Opfern gebaute *Panamá Railway*, die dabei ist, zur profitabelsten Bahnstrecke der Welt zu werden.

Noch einmal sind sie fast zwei Wochen lang auf See unterwegs. In den tropischen Breiten schlafen Charles und seine Kameraden, wie bereits in der Karibik, an Deck, weil sie in ihrem überfüllten Logis bei der enormen Schwüle kein Auge zumachen. *Am 29. Mai 1854 stiegen wir in San Diego ans Land*, schreibt er schließlich den

Abb. 28: Eine Lithographie der Misión San Diego de Alcalá zu ihrer Zeit als Kloster, vermutlich nach einem Gemälde von Heinrich Balduin Möllhausen.

Seinen. *So bin ich nun im vielgepriesenen Goldlande Californien. Unser Militärposten ist 6 Meilen vom stillen Ozean entfernt, es ist aber eine öde Gegend, obgleich jetzt alles grünt, jedoch im Juli ist wieder alles dürr. Des Nachts umschwärmen ganze Schaaren von Präriewölfen unsere Zelte.* Das Heulen der Kojoten, das hier zum ersten Mal in seinen Schlaf dringt, wird ihn fast ein Jahrzehnt lang begleiten (siehe Karte 5 – im Schutzumschlag innen).

Kalifornien ist der jüngste Bundesstaat der selbst noch so jungen USA. Erst acht Jahre zuvor hatten amerikanische Siedler die bis dahin mexikanische Provinz gewaltsam annektiert. Zweitausend Meilen Wildnis trennen Charles' neue Heimat vom Rest der Vereinigten Staaten. Menschen, Waren, Post sind viele Wochen unterwegs, zu Lande oder zu Wasser. An der so vielgerühmten Pazifikküste fehlt es noch an so ziemlich allem, auch an soliden Unterkünften für die Truppen. Charles' Kompanie nächtigt in ihren *dog tents* – aus Tuchbahnen zusammengeknöpften Zelten – vor der *Misión San Diego de Alcalá,* einem baufälligen, ehemals spanischen Kloster, das die U.S.-Armee zur Kaserne umfunktioniert.

An der Spitze des gedrungenen Kirchturms, wo einst ein Kreuz prangte, weht jetzt die U.S.-Flagge mit ihren 31 Sternen.

Am ärgsten sei der Mangel an Soldaten, klagen die Kalifornier. Die *New York Daily Times* spottet an der fernen Ostküste just in diesem Jahr: *Unsere Skelett-Armee ist bereits sehr mager, selbst für ein Skelett.* Charles ist einer von nur zehntausend Mann, die die Vereinigten Staaten, dieses Riesenland zwischen Atlantik und Pazifik, zwischen Mexiko und den britischen Besitzungen im Norden verteidigen sollen. Sie werden überall gleichzeitig gebraucht: um Emigrantenzüge und Siedler an den Grenzen der Zivilisation zu schützen, Indianer in Schach zu halten, Postlinien zu sichern, Wildnisse und Flussläufe zu erkunden, Straßen zu bauen und Eisenbahnrouten zu vermessen.

Dennoch schwindet Charles' Regiment gleich nach der Ankunft im Goldland weiter dahin: 86 Mann desertieren – eine unerhörte Zahl. Sie sahen den Militärdienst wohl nur als billige Möglichkeit, ins legendäre Eldorado an der Westküste zu gelangen. Als protestantisch erzogener Schwabe ist Charles zu anständig, aus seiner Uniform zu schlüpfen und spurlos zu verschwinden. Er fügt sich in die bescheidenen Umstände als Soldat – den kargen Sold, den stumpfsinnigen Dienst, den faden Speiseplan, der auf Dauer jeden krank macht, die Herablassung, mit der ihnen Zivilisten begegnen, die ansonsten laut nach der Armee rufen. Doch in seinen Briefen klingt ein Unterton der Enttäuschung an: *Hier ist man von der übrigen Welt abgeschnitten und nur hie und da bekommt man einen Indianer zu sehen, welche sich ein paar Tage lang herumtreiben, alte Kleider zusammensuchen und dann wieder weiterziehen,* schreibt Charles nach Stuttgart. *Unsere Dienstzeit ist 5 Jahre, und bis Juli wird es 2 Jahre, daß ich Soldat bin. Wir erhalten monatlich 11 Dollar (ungefähr 23 Gulden) und wenn das Glück mir halbwegs günstig ist, so habe ich am Ende meiner Dienstzeit doch einige hundert Dollar in der Tasche. Als Setzer habe ich lange genug gearbeitet, besonders in Amerika, und es doch zu nichts gebracht, nun will ich sehen wie es geht als Soldat.*

Im Sommer wird er mit ein paar Kameraden ins Quartiermeister-Depot versetzt, das Nachschub jeder Art heranzuschaffen hat, von Munition bis zu Speckseiten. Mit schweren Fuhrwerken, jedes von zehn oder zwölf Ochsen gezogen, fahren sie in die nahen Cuyamaca-Berge hinauf, fällen Eichen und Kiefern und kutschieren die Stämme als Bau- und Brennholz zur Mission zurück. In der Steppe um den Posten schneiden sie Gras und wilden Hafer, als Futter für die dreihundert Maultiere des Depots. Zu den Aufgaben des Quartiermeisters zählt auch, so entlegene Militärposten wie Fort Yuma in der Colorado-Wüste – fünfzehn Tagesreisen entfernt – mit allem Nötigen zu versorgen. Immer wieder wird Charles zur Wartung des stattlichen Fuhrparks eingeteilt. Er schmiert die Radnaben der Planwagen und die Lager ihrer Deichseln und Drehkränze mit Kieferntenteer, wuchtet zentnerweise Vorräte, Ausrüstung und Waffen auf ihre Ladeflächen – und sieht sie dann davonziehen, in langen Karawanen. Einen Monat später kehren sie zurück: Tiere, Wagen und Fuhrleute weiß von Staub, die Flanken der Maultiere bedenklich eingefallen, viele wundgescheuert und lahmend, die Wagen ramponiert, unterwegs oft notdürftig geflickt, selbst die zähesten mexikanischen Fuhrleute am Rande der Erschöpfung. Sie und ihre Gespanne können die Reise frühestens nach einem Monat der Rast wiederholen – so rau ist das Land im Inneren Kaliforniens.

Am Mittwoch, dem 6. September 1854, meldet Charles sich wegen argem Bauchgrimmen beim Militärarzt des Postens, der *diarrhea* diagnostiziert und ihn krankschreibt. Mitarbeiter der *National Archives* in Washington hatten uns das Original seiner Krankmeldung aus ihren feuersicheren Magazinen ans Licht geholt. Sie lautet auf *Charles Hertzogg* – in fast keinem offiziellen Dokument der amerikanischen Einwanderungsgesellschaft wird sein Name richtig buchstabiert. Er packt das wenige, was er besitzt, in seinen Knappsack, schultert seine Muskete und rückt ins Behelfshospital in einem Seitenflügel der Missionskirche ein. Dort notiert der *hospital stewart* seine Habseligkeiten Stück für Stück, versieht Muskete, Knappsack und Uniform mit Charles' Namen und schließt sie weg. Als er nach drei Tagen, mit zerstoßenem, in Wasser verrührtem Kalk kuriert, wieder dienstfähig erklärt wird, erhält er seine Sachen zurück.

Von Fritz habe ich lange keine Nachricht, schreibt Charles fünf Monate später, Mitte Februar 1855: *So viel habe ich erfahren, daß er in New=Orleans sich befinde und einen guten Platz habe, das ist aber auch Alles. Ich hoffe und wünsche, daß ihr alle wohl und gesund seid und euch keine Sorge um mich macht; in 3 Jahren hoffe ich und habe es mir vorgenommen Deutschland noch einmal zu sehen. Hier als Soldat kann ich Euch eine Beschreibung von Californien machen, da unsere Compagnie beordert ist zur Bedeckung einer Eisenbahn=Vermessungs=Compagnie, und ich also hinlänglich Gelegenheit habe das Land zu sehen.*

Die Schauplätze, an denen sich Charles' Soldatenleben im Fernen Westen abspielt, sind aus Sicht der Weißen größtenteils unerschlossene Wildnis – die halbe Million Quadratmeilen *terra incognita*, die die Republik Mexiko im Friedensvertrag von Guadalupe Hidalgo an die Vereinigten Staaten abtreten musste. Just in dieser Zeit beginnt die U.S.-Regierung eine gewaltige, Jahrzehnte dauernde Inventur der enormen Landgewinne, getrieben von mächtigen Wirtschaftsinteressen und dem Sendungsbewusstsein der *Manifest Destiny* – der *offensichtlichen Bestimmung*, den ganzen nordamerikanischen Subkontinent in Besitz zu nehmen. Zwei Jahre zuvor hatte der U.S.-Kongress das Kriegsministerium ermächtigt, fünf transkontinentale Eisenbahnrouten zu erkunden, zwischen dem Mississippi und dem Pazifik. Die Expeditionen des Topographischen Korps der U.S.-Armee sollen, neben der Vermessung möglicher Schienenstränge, auch erste Landesbeschreibungen, Kartenskizzen, Wetterdaten und geologische und botanische Studien liefern und nicht zuletzt Hinweise auf Lagerstätten wertvoller Erze und Mineralien.

Nur vier Monate bevor Charles' Kompanie in San Diego an Land ging, war eine erste Expedition von dort aus bereits zum 850 Meilen entfernten Rio Grande aufgebrochen, um die südlichste der möglichen Eisenbahnrouten zu erkunden, entlang des 32. Breitengrades. Second Lieutenant John Grubb Parke vom Topographischen Korps kommandierte die Expedition. Als er und seine Männer aufbrachen, waren die Wüsten und Gebirge, die sie erkunden sollten, noch mexikanisches Hoheitsgebiet und sie konnten sich nur mit einer Sondergenehmigung der Republik Mexiko auf den Weg machen. Sie waren bereits viereinhalb Monate unterwegs, als die Vereinigten Staaten mit dem *Gadsden Purchase* auch die

30 000 Quadratmeilen entlang ihrer Route von Mexiko erwarben, auf Drängen von Eisenbahnmagnaten.

Weil vieles während dieser ersten Kundfahrt unerledigt bleiben musste, wurde Lieutenant Parke eine zweite Expedition bis an den Rio Grande genehmigt. Charles' Kompanie soll die Vermesser eskortieren. *Wir werden aber manche Mühseligkeiten zu überwinden haben, in dieser Wildniß,* schreibt er nach Stuttgart. *Ich selbst hätte es nicht gedacht, daß ich in Amerika noch Soldat würde, nun ist es aber doch so. Seid so gut und schreibt mir wieder und grüßt mir alle Bekannte und Freunde. Mehr weiß ich nicht zu schreiben und habe auch keine Zeit mehr, in einer halben Stunde muß ich wieder Wache stehen. Ich will also schließen mit dem Wunsche, mein Brief werde Euch gesund antreffen. Es grüßt alle herzlich Euer Karl Herzog*

Meine Adresse macht so: Charles Herzog, Comp. G. 3. Artillery U.S.A., care of Richard Kerran

Lieutenant Parke ist in den Wochen vor dem Aufbruch bereits auf einem kürzeren Erkundungsritt in eine der ödesten, heißesten Regionen Kaliforniens unterwegs, südöstlich von Death Valley. Auf dem Rückweg reist er über Los Angeles nach San Francisco, um dort die Finanzierung der Expedition zu klären und beschädigte Instrumente reparieren zu lassen. Noch während Parke seinen Geschäften in San Francisco nachgeht, bricht der Wagenzug der Expedition von San Diego aus auf, mit drei Dutzend Soldaten von Kompanie G als Eskorte.

Am Freitagmorgen, dem 18. Mai 1855, tritt Charles mit seinen Kameraden auf dem weitläufigen Paradeplatz vor der Mission zum Abmarsch an. Weil die Kleiderkammer des Quartiermeisters nur veraltete Parade-Uniformen zu bieten hat, die für eine Expedition in die Wüste völlig ungeeignet sind, trägt er, wie alle Soldaten der Eskorte, Zivil-Kleider: eine weit geschnittene, leichte Wollhose, ein langärmliges Hemd, robuste Stiefel für die monatelangen Märsche, die ihnen bevorstehen. Ein breitkrempiger Hut, mexikanischen Sombreros nachempfunden, soll Kopf und Gesicht vor der Wüstensonne schützen. Alte Hasen unter den Soldaten hatten die Innenseiten ihrer Stiefel schon am Vorabend mit Seife oder Rindertalg eingerieben, um sich nicht wund zu laufen,

Abb. 29: Die Weidegründe bei der Missionskirche von Santa Ysabel erinnern uns an Pferdekoppeln auf der Schwäbischen Alb.

Charles war so klug, es ihnen gleichzutun. Jetzt steht ein halbes Dutzend gründlich gewarteter Planwagen zur Abfahrt bereit. Jeder ist mit vier frisch beschlagenen Maultieren bespannt und mit einer Tonne Futtergetreide, Vorräten und Ausrüstung beladen. Dazu kommen sorgfältig verpackte Präzisionsinstrumente: Sextanten, Chronometer und Barometer, Streckenmessgeräte, Theodoliten und Prismen-Kompasse. Weil die Wagen bis auf die Kutschböcke ungefedert sind, baumeln die empfindlichsten Instrumente von den Hickory-Holmen, über die die Planen gespannt sind.

Auf das Kommando *Forward!* setzt sich der Zug in Bewegung, knarrend rollen die Wagen an. Lieutenant George T. Andrews, der die Kompanie seit Kurzem befehligt, reitet auf einem Maultier an der Spitze, die Soldaten folgen zu Fuß, ohne militärischen Tritt. Die Blechtassen, die an ihren Gürteln baumeln, klimpern gegen ihre Feldflaschen und die Schäfte ihrer Bajonette – eine leise, monotone Musik, die sie auf den Märschen von nun an stets begleitet. Drei Tage lang ziehen sie auf staubigen Karrenwegen, langsam ansteigend, nach Nordosten, in die Küstenkordillere. Zuerst durch schattenlose Steppen, deren Gras schon jetzt, nach Ende der Winterregen, goldgelb zu verdorren beginnt. Dann taucht an den Berghängen *chaparral* auf, ein undurchdringlicher, hartlaubiger, nach Kräutern und ätherischen Ölen duftender Buschwald. Am dritten Tag passieren sie die untere Baumgrenze, marschieren von da an im Halbschatten lichter Wälder und erreichen bald die fetten Weidegründe um die verfallene, ehemals spanische Missionskirche *Santa Ysabel*. In der kühlen Bergluft dort, auf dreitausend Fuß Meereshöhe, lagert die Eskorte zehn Tage lang, auf Lieutenant Parke und seine Landvermesser wartend. Die Soldaten gönnen sich ein paar faule Tage vor den bevorstehenden Gewaltmärschen. Maultiere und Pferde fressen sich ein letztes Mal Fett an die Rippen.

Die beschauliche Zeit endet, als Lieutenant Parke am Montag, dem 28. Mai 1855, ins Lager reitet, mit einer Handvoll Begleiter und einem Zug Packtiere, die reparierte und neu erstandene Vermessungsinstrumente tragen. John Grubb Parke ist erst 27 und damit acht Jahre jünger als Charles; ein hochintelligenter, militärisch und wissenschaftlich hervorragend ausgebildeter Eliteoffizier – willensstark, fordernd, karrierebewusst. Und er hat bereits beachtliche Erfahrung in den Wüstenregionen des amerikanischen Westens. Mit ihm reiten vier Landvermesser, ein Arzt und Geologe, und der expeditionserfahrene Zivilingenieur und Topograph Albert Campbell – Parkes Assistent und zweiter Mann. Er notiert die meteorologischen Beobachtungen und fertigt etwas naiv anmutende, idealisierende Skizzen der Wüstenregionen und des Lagerlebens an. Auch während der Expedition bleiben die Mannschaften streng getrennt von der Kaste der Offiziere und Wissenschaftler. Sie schlagen ihre Zelte mit einigem Abstand voneinander auf, essen in getrennten Gruppen, und wenn Charles das Wort an höhere Dienstgrade richten will, muss er sich erst die Erlaubnis vom *first sergeant* der Kompanie holen.

***

Mehr als 160 Jahre später parken wir unseren Leihwagen an der wieder aufgebauten Missionskirche von *Santa Ysabel*, die sich hinter einer Baumgruppe am Rande des Tales versteckt. Wir haben Karten der *American Automobile Association* im Maßstab

1:200 000 gekauft, um der Marschroute der Expedition detailgetreu nachfahren zu können. Der Tank des Leihwagens ist randvoll, hinter Fahrer- und Beifahrersitz stecken drei Plastikkanister mit je einer Gallone Wasser – für alle Fälle.

Es ist einer der berührendsten Momente unserer Reise, ein Tag, an dem wir uns Charles so nahe fühlen wie selten: Anders als bei der Irrfahrt der »San Francisco« können wir seinen Spuren jetzt über viele hundert Meilen folgen. Wir haben die gleichen Landschaften wie er vor Augen, können die enormen Entfernungen, die Ödnisse, die Mühsale zumindest ein wenig nachempfinden, die er als Soldat im amerikanischen Westen auszuhalten hatte. Die Weidegründe um *Santa Ysabel* erinnern entfernt an seine und unsere süddeutsche Heimat: ein flacher Talgrund mit saftigem Gras, umkränzt von sanft geschwungenen, felsdurchsetzten Hügelzügen, ein Hauch von Schwäbischer Alb vielleicht.

Vor unserem geistigen Auge sehen wir die Soldaten hier routiniert ihre Zelte abbrechen, am Mittwochmorgen, dem 30. Mai 1855. Sie löschen die Kochfeuer, bis kein Rauch mehr aufsteigt, und verstauen die vorsorglich abgekühlten Wasserkessel und Töpfe in den Wagen. Lieutenant Parke bespricht sich noch einmal kurz mit den Vermessern und Kompaniechef Andrews. Währenddessen treiben die Fuhrleute die Maultiere und Pferde zusammen, versehen sie mit Scheuklappen und schirren sie an. Dann rollt der Wagenzug in gemächlichem Tempo los, von den Soldaten zu Fuß eskortiert. Wir folgen im Auto mit zwanzig bis dreißig Meilen pro Stunde.

***

Den größten Teil der 850 Meilen, die vor ihnen liegen, folgen sie dem *Great Southern Overland Trail*, der einzigen Überlandroute der USA, die auch in den Wintermonaten passierbar bleibt, wenn die Pässe in den Rocky Mountains und der Sierra Nevada in meterhohem Schnee versinken. Spanische Entdecker und Missionare hatten sich auf dieser Route schon im 16. Jahrhundert von indianischen Ortskundigen nach Kalifornien führen lassen, in monatelangen Märschen durch Wüsten und Halbwüsten. Die Indianer waren mit der Lage der Wasserstellen und ihrer Zuverlässigkeit zu jeder Jahreszeit bestens vertraut. Tatsächlich folgt der Trail jahrtausendealten indianischen Wander- und Handelsrouten. Auf die Spanier und Mexikaner folgten U.S.-Truppen, und mit Beginn des kalifornischen Goldrausches 1849 schließlich zogen Zehntausende Glücksucher entlang des Trails nach Westen, von Brunnenloch zu Brunnenloch. Im Reisejahr von Parkes Expedition dehnt sich zu beiden Seiten des Trails weitgehend unerforschte Wildnis, die Heimat Dutzender indianischer Völker. Wenige Jahre später bereits errichten Postkutschenlinien eine Kette einfacher Stationen entlang des Trails, doch die Männer der Expedition bleiben auf dem Marsch noch ganz auf sich gestellt.

Den ersten halben Tag marschieren sie ein hübsches Tal entlang, von Zwergeichen- und Kiefernwäldern beschattet. Zu beiden Seiten ragen granitdurchsetzte, karge Bergflanken viele hundert Meter hoch auf. Am Nachmittag passieren sie *Warner's Ranch*. Der Angloamerikaner John Trumbull Warner war, noch unter mexikanischer Herrschaft, so verwegen gewesen, hier draußen, in unerschlossenem Indianerland, eine Ranch mit 45 Quadratmeilen Land zu gründen. Zusätzlich kam er auf die raffinierte Geschäftsidee, einen *trading post* für die Tausenden von Glücksuchern aufzumachen, die an seiner Ranch vorbei zu den Goldfeldern zogen – den ersten und einzigen Laden zwischen dem Rio Grande und der Westküste auf einer Strecke von 850 Meilen.

***

Wir entdecken die Ruine der Ranch neben dem kaum befahrenen Landsträßchen, das dem historischen Trail folgt: Ein anderthalbstöckiges Wohnhaus aus Lehmziegeln, von denen der Kalkputz bröckelt, gedeckt mit rostbraunem Blech, die Türen eingetreten, die Fenster zerschlagen, die Wirtschaftsgebäude verfallen. Ein Ensemble mit einer seltsam düsteren Ausstrahlung: Wir meinen die Last der Vergangenheit hier zu spüren. Warner war berüchtigt dafür, Indianer, die sich bei ihm als *ranch hands* verdingten, besonders respektlos und brutal zu behandeln. Eine Haltung, die Charles, wie die meisten seiner Kameraden, befremdet haben dürfte – viele Soldaten und Offiziere der U.S.-Armee sollen damals durchaus

Sympathie für die Indianer empfunden haben. Uns widert solche Hartherzigkeit an, nach wenigen Minuten fahren wir weiter, dem breiten Tal am Fuße der Volcan Mountains folgend, das die Expedition noch einige Stunden lang hinaufzieht.

***

Am späten Nachmittag überqueren sie eine Passhöhe auf viertausend Fuß über dem Meer und folgen dann dem San Felipe Creek stromabwärts, einem rasch dünner werdenden Rinnsal, dessen Bett wenige Meilen später bereits trocken liegt. Sein Lauf ist im Gelände von da an nur noch an Ausblühungen von Salz, Gips und Pottasche zu erkennen und am Bewuchs mit Binsen und Salzschwaden. An einer breiten, ebenen Stelle im Talgrund, im Schutz von Baumgruppen, schlagen die Soldaten ihr Nachtlager auf. Aus einer nahen Quelle löschen sie ihren Durst mit kühlem, erfrischendem Bergwasser, zum letzten Mal für lange Zeit. An diesem einladenden Lagerplatz lag bis vor einigen Jahren eine indianische Siedlung. Jetzt steht in der Nähe das neu gebaute Haus eines weißen Siedlers, aus Adobe – luftgetrockneten Lehmziegeln – gemauert. Die Indianer zogen sich aus dem Tal zurück, als immer mehr Goldsucher und Emigranten den Trail entlang nach Westen zogen.

Im ersten Licht des nächsten Tages beginnt die Expedition den Abstieg in die amerikanische Wüste. Langsam, aber stetig verlieren sie an Höhe auf ihrem Marsch, fast stündlich scheint die Luft trockener und heißer zu werden, das Sonnenlicht greller und härter. Schweiß verdunstet auf der Haut, ohne dass sie spürbar feucht würde. Die Gesichter der Männer, ihre Hutkrempen, Hemden und die Flanken ihrer Tiere sind bald salzverkrustet. Nach wenigen Stunden bereits erreichen sie die untere Baumgrenze. Wälder bleiben zurück und sind bald Erinnerung, sie weichen *chaparral* und Savanne. Grüntöne verschwinden, Schattierungen von Gelb, Ocker und Braun prägen das immer kargere Land. Gras dünnt aus, bis es nur noch in Büscheln steht. Ein paar Wegstunden weiter sind auch die verschwunden. Der Wagenzug rollt jetzt durch eine Landschaft, die ein Zeitgenosse als *desolate and forbidding* empfindet – als trostlos und abschreckend.

***

In unserem Leihwagen wird es unangenehm heiß, wir schließen die Fenster und schalten die Klimaanlage ein. Gebannt davon, Charles so dicht auf den Fersen zu sein, halten wir wenig später am *Foot and Walker Pass*, einem Felsriegel von vielleicht zwanzig Metern Höhe, über den sich der Trail so steil hinweg windet, dass Passagiere zur Postkutschenzeit, nur wenige Jahre später, aussteigen, zu Fuß gehen und manchmal sogar mithelfen müssen, ihre Kutschen darüber zu schieben. Die Fuhrleute der Expedition stellen die Hälfte ihrer tonnenschweren Planwagen am Fuß des Riegels ab, schirren die Maultiere aus und spannen sie zusätzlich vor die andere Hälfte der Wagen, in *double teams* von jeweils acht Tieren. Von den Granitfelsen um uns müssen ihre Rufe und Flüche widergehallt haben, Peitschenknallen und das Wiehern, Schnauben und schwere Atmen der Tiere. Es ist ein mühsamer Reisetag für die Expedition.

Drei Meilen weiter parken wir schon wieder und steigen in den *Box Canyon* hinab: eine Schlucht, die der Wagenzug bergab passieren muss, anfangs noch im staubtrockenen Bachbett rollend. Dann machen Felsrippen und Engstellen ein Weiterkommen unmöglich und die Wagen müssen auf den abschüssigen Hang der Schlucht ausweichen. Während des Krieges gegen Mexiko, acht Jahre zuvor, hatte ein Bataillon mormonischer Freiwilliger mit Äxten und Stemmeisen einen Karrenweg aus dem anstehenden Fels gehauen und gestemmt. Jedes Jahr wäscht Regen Teile des Trails davon. Die Soldaten ebnen mühsam die ärgsten Rutschungen und sichern die Wagen an gefährlichen Stellen mit Seilen vor dem Kippen. Vorsichtig bremsend, Meter für Meter, rollen die Fuhrleute bergab. Abends erreichen sie den Lagerplatz von Vallecito, mit kleinen Quellen, deren Wasser schwefelig schmeckt und nach wenigen Metern bereits wieder versickert. Topograph Albert Campbell notiert hier, dass sie nachts Tau spüren – auch das zum letzten Mal für viele Wochen.

11
Wüsten, weit wie ein Ozean

Noch bevor es zu dämmern beginnt, bläst der Trompeter *Reveille*, und für Charles und seine Kameraden ist die Nacht zu Ende. Am Küchenwagen füllen sie ihre Blechtassen mit kochend heißem, bitterem Kaffee, rühren löffelweise Zucker hinein und weichen darin ihre Rationen von *pilot bread* – steinhartem Dauerbrot – auf. Dann brechen sie im ersten Morgenlicht ihr Lager ab und ziehen weiter. Nach wenigen Marschstunden schon bleiben die Bergkämme der Küstenkordillere hinter den Männern zurück. Sie erreichen den Rand der Wüste – ein Meer von Stein, in Grau-, Rot- und Ockertönen. Das ist nicht der beschauliche Wechsel sanft geschwungener Täler und Höhen, der Charles aus Württemberg vertraut ist. Vor ihnen dehnen sich konturlose Senken bis hinter den Horizont, nur hie und da unterbrochen von isolierten Hügelzügen, die wie Inseln über sie hinausragen. Eine schier unbegreifliche Weite und Leere, die allen Expeditionsteilnehmern unter die Haut geht und sie spüren lässt, wie unbedeutend sie sind, wie sie sich – Ameisen gleich – durch diese Urlandschaft quälen.

Die Weite ist so kolossal, dass sie kein äußerer Eindruck bleibt. Sie dringt in Charles ein – mit jeder Meile mehr –, lässt seinen Willen verdämmern und sein Gefühl erlöschen, ein klar abgegrenztes Ich zu sein. Sein Maß für Entfernung und Zeit verschwimmt. Seine Gedanken werden schwammig und fangen an, sich im Kreis zu drehen. Die Sinnhaftigkeit seines Tuns kommt ihm abhanden, zumal er nicht ständig mit der Orientierung entlang des Trails befasst ist wie Lieutenant Parke und seine Vermesser. Er trottet nur mit, stiefelt stumpf vor sich hin, zum leisen Klimpern ihrer Blechtassen – weshalb marschieren, wohin?

Am späteren Nachmittag erreicht ihr Wagenzug Carrizo Creek, ein Bächlein, das sich aus dem fernen Bergland speist. *Badlands* flankieren sein Tal auf beiden Seiten – Hügelketten aus weißlichem Gesteinsschutt, bizarr zerfurcht, als seien sie nicht

Abb. 30: Am Beginn der Colorado-Wüste, im Hintergrund die letzten Bergzüge der Küstenkordillere. Im Vordergrund die blattlosen Zweige von Ocotillos.

von dieser Welt. Sie reflektieren die Wüstensonne so grell, dass die Reisenden ihre Blicke abwenden.

***

Bei Palm Spring verlässt der *Southern Overland Trail* die Landstraße, der wir folgen, und biegt nach Osten ab. Wenig später verschwindet er in der *Carrizo Impact Area* – einem mit Blindgängern übersäten Sperrgebiet, in dem die U.S.-Luftwaffe jahrzehntelang den Abwurf scharfer Bomben übte. Ich laufe den historischen *Trail* noch ein paar Minuten entlang, Charles hinterher sinnend und fotografierend. Zu seiner Zeit verlief hier noch keine klar begrenzte Schotterpiste wie die, auf der ich gehe, von Bodenhobeln regelmäßig glattgezogen. Er marschierte auf einem breiten, hin und her mäandrierenden Band von Karrenspuren. Wo immer den Fuhrleuten und Maultiertreibern Fahrrinnen zu ausgefahren schienen, wichen sie in die umliegende Wüste aus. Aus dem zermahlenen Lehm und Sand des Trails wirbelten Hufe, Wagenräder und der Wind unentwegt Staub auf. Er brannte in den Augen und roch beißend nach dem Urin und Kot der Zugtiere unzähliger Trecks, die hier nach Westen zogen, und Zehntausender Rinder und Schafe, die mexikanische *vaqueros* als Schlachtvieh nach Kalifornien trieben. Nur wenige hundert Meter abseits des Trails dagegen lag über der Wüste ein geradezu betörend klares Licht, keine Spur von Staub oder Dunst und keine Wolken weit und breit.

Ich kehre um, will Bert nicht zu lange in der Hitze des Autos warten lassen – und treffe so eine der Fehlentscheidungen unserer Reise: Wären wir auf dieser Schotterpiste nur wenige Minuten weitergefahren, so hören wir später, dann hätten wir, kurz vor dem Sperrzaun der *Impact Area*, den Lagerplatz erreicht, an dem Lieutenant Parkes Expeditionstrupp die Nacht verbrachte.

***

Am Freitagabend, dem 1. Juni 1855, stellen die Männer ihre Zelte zwischen Schilfgürteln auf, im Schatten von ein paar Bäumen und Sträuchern, die sich im feuchteren Boden des Ufersaumes zu halten vermögen. Am nächsten Morgen beobachten sie erstaunt, wie Carrizo Creek ab elf Uhr zu einem immer dünneren Rinnsal schrumpft und schließlich, bei 102° Fahrenheit (fast 40° C) im Schatten, ganz aus seinem Bett verdunstet. Bis vier Uhr nachmittags liegt der Bach vollständig trocken, danach beginnt er zögernd wieder zu fließen. Zwei Meilen unterhalb des Lagers verläuft Carrizo Creek sich endgültig im Sand.

In der Nähe des Lagerplatzes betreibt ein Amerikaner einen kleinen Laden für Reisende auf dem *Overland Trail*, in einer neu gebauten Lehmziegelhütte. Mag sein, dass manche der Soldaten sich bei ihm für unverschämt viel Geld ein wenig Pfeifentabak oder ein Gläschen Brandy gönnen. Vermutlich erzählt er ihnen, wie vorher bereits den Vermessern, dass es hier in den letzten acht Monaten nur einmal geregnet hat – dann aber wolkenbruchartig, einen halben Tag lang. Die Expedition steht an der Schwelle zu einem Land der Extreme. Auf jahrzehntelange Dürren können verheerende Überschwemmungen folgen und auf feuchtere Jahre jederzeit Dürren. Pflanzen, Tiere und Menschen, die hier heimisch sind, müssen sich einem Klima anpassen, das kein Mittelmaß,

Abb. 31: John Grubb Parke, hier als General der Unionstruppen im Bürgerkrieg.

keine Stabilität und Verlässlichkeit kennt. Die Sommerhitze ist selbst für Insekten lebensbedrohlich, und während langer Trockenzeiten können auch hartlebige Kakteen eingehen. *Diese Wüste,* schrieb die Ehefrau eines Offiziers damals, *wirkt so blendend hell, so nackt, so endlos, still, unkultivierbar und immerwährend wie der Tod selbst.*

Lieutenant Parke weist seine Männer an, ab Carrizo Creek nur noch nachts zu marschieren, um ihre Tiere und sich selbst zu schonen. Mit den ersten Anflügen kühlerer Luft in den Abendstunden brechen sie auf und schlagen meist am frühen Morgen, wenn sie das nächste Wasserloch erreichen, ihr Lager auf. Den vor ihnen liegenden Teil des Trails nannten spanische Entdecker im 17. Jahrhundert bereits *La Jornada del Muerto* – den Reiseweg des Todes. Er führt durch eine der ödesten, lebensfeindlichsten und heißesten Regionen der USA. Die hundert Meilen zwischen ihrem Lager am Carrizo Creek und dem Colorado River, dem einzigen Strom in dieser riesigen Region, der verlässlich das ganze Jahr fließt, sind für Unerfahrene lebensgefährlich. Von den rund 60 000 Glücksuchern und Emigranten, die während der vergangenen fünf Jahre

Abb. 32: Der historische Southern Overland Trail *von der Anhöhe des* Foot and Walker Pass *aus.*

entlang der *Jornada* ins Goldland Kalifornien zogen, gingen viele Hundert unterwegs zugrunde, an Austrocknung, Hitzschlag und Erschöpfung. Die Trümmer auseinandergefallener Wagenräder, die Reste zurückgelassener gusseiserner Öfen, Möbel und Ausrüstung bezeugen die Dramen, die sich hier immer wieder abspielen. Auf dem Marsch muss jeder erwachsene Mann in der extremen Trockenheit und Hitze des Sommers anderthalb bis zwei Gallonen Wasser (etwa sechs bis acht Liter) pro Tag trinken, um am Leben zu bleiben. Die schwer arbeitenden Maultiere und Pferde brauchen ein Vielfaches davon. Am verheerendsten sind die weiten, wasserlosen Strecken für die Herden von Schlachtvieh, die entlang des Trails nach Westen getrieben werden. Allein im Jahr 1855 seien das etwa 100 000 Rinder und Schafe, notiert Lieutenant Parke in seinem Expeditionsbericht, und er fügt an: *etwa ein Drittel verendet gewöhnlich unterwegs.* Überall entlang der *Jornada del Muerto* liegen die gehörnten Schädelknochen und Gebeine der Tiere verstreut. Von Kojoten zerrissene, in der Sonne gedörrte Häute und ganze, mumifizierte Kadaver säumen die Brunnen, deren Wasser nicht annähernd ausreicht, so große Herden zu tränken.

In einen der Brunnen hat jemand ein Fass ohne Boden und Deckel versenkt, um ihn vor dem Einsturz zu bewahren, andere sind halb verfallen, wieder andere rasch leer geschöpft und sie füllen sich nur zögernd von Neuem. *Wenn sich zwei Wagenzüge demselben Brunnenloch nähern,* schreibt Parke, *dann versucht einer um jeden Preis, vor dem anderen anzukommen, aus dem Wissen oder der Angst heraus, daß das Wasser nur für einen reicht.* Er verurteilt solche Zustände scharf, weil auf dem Trail regelmäßig, winters wie sommers, U.S.-Truppen unterwegs sind, Siedlertrecks und alle zwei Wochen Postreiter: *Sowohl der Bundesstaat Kalifornien als auch die U.S.-Regierung zeigen eine traurig stimmende Nachlässigkeit, was das Wohlbefinden und die Sicherheit von Menschen und Tieren angeht, die hier unterwegs sind,* schreibt der Lieutenant. Im Gedanken an Arabien und das Zweistromland schlagen er und seine Topographen vor, alle Brunnen sauber auszumauern, mit Innentreppen und Haspeln zu versehen und mit Lehmziegelbauten zu überdachen.

Während ihrer Nachtmärsche von zwanzig Meilen und mehr erhellt nur das Licht des abnehmenden Mondes den Trail, und, wenn er untergeht, der zartere Schein der Milchstraße. Das Geheul von Kojoten-Rudeln begleitet sie bis in die Morgendämmerung, ein ungeheuer vitales, melodiereiches Kläffen, Winseln und Jaulen, mit dem die Wildhunde Beutetiere aus ihren Verstecken scheuchen. Selbst in den kühlsten Stunden nach Mitternacht zeigen ihre Thermometer noch knapp 90° Fahrenheit (mehr als 30° C). In dieser Hitze zu marschieren ist so zermürbend, und die Strecken sind so eintönig, dass Charles in seinen Briefen kein Wort darüber verliert. Ein deutschstämmiger Soldat dieser Zeit, der auf ähnlichen Expeditionen unterwegs ist, schreibt: *Während des Marschierens verliere ich mich oft in Träumen von der Heimat. Meine Beine bewegen sich mechanisch, meine Augen sind geöffnet, aber meine Gedanken schweifen weit fort.* Charles erwähnt der Familie gegenüber nur, dass er *bei nahe über einen halben Welttheil marschirt.* Je mühsamer sein Leben, je größer die Entbehrungen, so scheint uns, desto wortkarger wird er. Seinem Bruder Fred in New Orleans scheint er sich in seinen Briefen mehr zu öffnen, denn der ist es, der nach Stuttgart schreibt: *Hier hatte er vieles auszustehen von der*

Sonnenhitze und dem Mangel an Wasser, mußte mehrere Deserts passieren, tagelang durch glühenden Sand marschieren, und wenn er dann abends ins Camp kam oft noch Schildwache stehen, und die Pferde und Maulthiere hüten, und Morgens wieder weiterziehen. Mehrstens marschierten sie Nachts, konnten dann unter ihren Zelten bei Tag aber doch nicht ruhen, indem die Sonne zu heiß war.

Noch bevor sie morgens ihr Lager aufschlagen, tränken die dürstenden Männer ihre dürstenden Tiere, nehmen ihnen die Scheuklappen ab und legen ihnen Fußfesseln an. Matt staksen die Maultiere und Pferde so über den Wüstenboden, in brütender Hitze und grellem Licht, auf der Suche nach ein paar Grashalmen. Doch jetzt, im Hochsommer, ist da nichts zu finden. Futtergetreide soll sie leidlich bei Kräften halten, sündhaft teure Importware, per Schiff von Chile oder der amerikanischen Ostküste nach Kalifornien verfrachtet. Die Männer scheffeln die kostbaren Körner in Leinenbeutel, die sie den Tieren morgens und abends vor die Mäuler hängen. Trotzdem ist nicht zu übersehen, wie die Tiere bei der Plackerei rasant an Gewicht verlieren. Posten ziehen auf, an jedem neuen Lagerplatz, und stehen Wache während der langen, erschreckend heißen Tage.

Auch Charles tritt regelmäßig an, seine geladene Muskete mit aufgepflanztem Bajonett über der Schulter, Gesicht, Hals und Handrücken von der Sonne verbrannt. Vor der locker aufgefahrenen Wagenburg des Camps geht er langsam auf und ab, seine Stiefelsohlen knirschen im Geröll. Immer wieder nimmt er ein paar Schlucke aus der verzinkten Blechflasche, die ihm an der Hüfte baumelt, schales, zu warmes Wasser, das kaum erfrischt. Sein Geist wird leer und träge in der Hitze, wachsam zu bleiben fällt ihm schwer. Oft kämpft er mit Ernüchterung. Über Kalifornien hat er so viel Verheißungsvolles, Erstaunliches gelesen, von der enormen Fruchtbarkeit des Landes, die mehrere Ernten im Jahr erlauben soll, von Goldklumpen, fingernagelgroß, die man aus dem Geröll von Bächen und Flüssen klauben könne. Was ihm hier vor Augen steht, hat nichts davon. Sehnlich erwartet er die Ablösung, ein, zwei Stunden später.

Wer nicht Wache schiebt oder mit Vermessungsarbeiten beschäftigt ist, sucht Schutz im Schatten der Planwagen und Zelte. Die Soldaten stellen sie ohne Seitenwände auf, damit die Luft zirkulieren kann. Doch Erholung und Schlaf sind kaum zu finden bei bis zu 118° Fahrenheit im Schatten (48°C). Am unerträglichsten sind die Nachmittage, an denen regelmäßig starker Südostwind aufkommt. Er wirbelt Staub und Sand auf *und blendet die Augen und versengt die Haut*, schreibt Lieutenant Parke. Die Hitze lähmt so sehr, dass die topographische Vermessung, die geologischen und botanischen Studien und die Landesbeschreibung in diesem Teil der Wüste nur flüchtig skizziert werden können und unvollständig bleiben.

***

Eine Autostunde östlich der *Carrizo Impact Area* halten wir an, im ödesten Teil der *Jornada del Muerto*. Um uns dehnen sich weite Felder dunkel schimmernden Gerölls, vollständig unbewachsen. Selbst zu unserer Reisezeit, im Spätherbst, ist der nackte Boden noch unangenehm heiß, die Luft darüber flimmert und wabert. Ein paar hundert Meter entfernt gedeiht eine Handvoll der zähesten Arten von Wüstenpflanzen, darunter der hüfthohe, dauergrüne Kreosot-Busch mit winzigen, öligen Blättern – eine uralte indianische Heilpflanze. Sie ist frosthart, extrem hitzeresistent und kann bis zu zwei Jahre ohne einen Tropfen Regen überdauern. Dazwischen mannshoher *Ocotillo*, ein sukkulenter Busch, der die meiste Zeit des Jahres aussieht wie ein Bündel dornenbewehrter, toter Stöcke. Nach Regenfällen kann er in nur wenigen Tagen Hunderte kleiner Blätter treiben, die ein paar Wochen oder gar Monate grün bleiben. Ergiebigere Frühjahrs- und Sommerregen lassen die Spitzen des *Ocotillo* in leuchtendem Scharlachrot erblühen. Uns geht das Herz auf in dieser Weite, wir atmen freier und tiefer und die Anspannung der Reise und des tagelangen Fahrens fallen ein wenig von uns ab. Die Männer damals erlebten die Landschaft vollkommen anders – als nutzloses, steriles Ödland, lebensfeindlich, abweisend, *unforgiving*.

***

Während ihres vierten und fünften Nachtmarsches entlang der *Jornada del Muerto* folgt die Expedition einem Wadi, das nur alle paar Jahrzehnte Wasser führt, wenn extreme Fluten aus den fernen Rocky Mountains den Colorado River über sein Bett hinaus anschwellen lassen. Jetzt liegt es staubtrocken, doch weil das Grundwasser entlang des Wadis ein wenig höher steht, wachsen dort dichte Bestände dorniger *Mesquite*-Bäumchen, die gerade blühen – trockenharte Mimosengewächse, die den Männern an ihren Lagerplätzen Schatten spenden, und Feuerholz, dessen Rauch wunderbar würzig riecht. Auch die Luft ist ein wenig feuchter in diesem Teil der Wüste, der Sternhimmel scheint nicht so kristallklar, ferne Hügelzüge wirken wie von Dunst verschleiert.

In den ersten Stunden des sechsten Tages marschieren sie auf einen ungeschlachten, erloschenen Vulkanschlot zu – Pilot Knob, eine der prominenten Landmarken entlang des *Southern Overland Trail.* Als der Morgen dämmert und sie die schwärzliche Gesteinsmasse endlich passieren, hören sie vor sich Wildgänse und Wildenten schnattern, wenig später sind sie von Moskitos umschwärmt: Sie haben die Auen des Colorado erreicht, die sich wie ein scharf abgegrenztes grünes Band durch die Braun- und Ockertöne der Wüste ziehen. Den Tag über lagern die Männer nahe einem Dorf der *Kwatsáan*-Indianer, die von den Weißen schon seit spanischer Zeit *Yuma* genannt werden, oder – in unseren Tagen – *Quechan.* Ausgelassen wie Kinder schwimmen und prusten die Soldaten im Fluss nach den langen wasserlosen Märschen. Nachts ziehen sie zwölf Meilen weiter am Ufer entlang nach Osten, durch Urwälder aus mächtigen Weiden und Frémont-Pappeln, scharf riechendem Pfeilkraut und Schilf. Es ist noch dunkel, als ihre Planwagen auf den weitläufigen Paradeplatz von Fort Yuma rollen, einem der entlegensten, gottverlassensten Militärposten der Vereinigten Staaten. Eine Ansammlung von Lehmziegelbaracken, die auf einem Felssporn 75 Fuß über den Auen des Colorado in der Sonne backen. Der Speiseplan der Expedition bleibt auch hier so karg wie auf dem Marsch. Fort Yuma wird unter enormen Mühen und zu horrenden Kosten aus dem 230 Meilen entfernten San Diego verproviantiert, mit den Fuhrwerkskolonnen und Packtierzügen der Quartiermeisterei. Frischwaren sind hier so gut wie nie zu haben. Tatsächlich erkranken die etwa zweihundert Soldaten der Garnison immer wieder an Skorbut, wie Seeleute auf hoher See.

Die fünf Waschfrauen des Forts machen sich umgehend daran, die verdreckte, übelriechende Kleidung der Reisenden in Zubern mit warmer Seifenlauge einzuweichen. Die Vermesser und die beiden Lieutenants genießen das Privileg, in den Offiziersquartieren baden und sich rasieren zu können; Unteroffiziere und Mannschaften waschen sich im Fluss unterhalb des Forts. Nach ein paar Stunden der Rast bricht die Expedition im Abendlicht wieder auf. Fährleute setzen den Wagenzug ans andere Ufer des Colorado über, Fuhrwerk um Fuhrwerk, jedes mit seinen Gespannen und ein paar Männern – eine langwierige Prozedur. Dann folgen die Reisenden dem Lauf des Gila River, der unmittelbar unterhalb des Forts in den Colorado mündet, ostwärts.

Sie marschieren jetzt durch Indianergebiet und sind sich bewusst, dass sie ständig beobachtet werden. Zu Charles' Zeiten ziehen noch Nomaden, die sich selbst *Tohono O'Odham* – Wüstenmenschen – nennen, durch dieses harte Land. Auf der Suche nach Wildpflanzen und Beutetieren wandern sie, in Sippen von sechzig oder siebzig Seelen, enorme Strecken zu Fuß. Sie graben wilde Süßkartoffeln aus, sammeln Kakteenfrüchte, Mesquite-Bohnen und essbare Insekten. Sie jagen Dickhornschafe, Antilopen, Nabelschweine, Kojoten und fischen und sammeln Muscheln am Golf von Niederkalifornien. Die Männer gehen nackt, die Frauen kleiden sich spärlich in Hasenfelle, und sie ziehen leichten Fußes durch die Wüste, kaum Spuren hinterlassend. Das Einzige, was von ihnen zu finden ist, sind ihre erkalteten Feuerstellen und aus Felsbrocken aufgesetzte Steinkreise, in deren Windschutz sie nächtigen, ohne ein Dach über dem Kopf. Die Expeditionsteilnehmer kriegen *Tohono O'Odham* nirgendwo zu Gesicht. Sie sind, aus leidvoller Erfahrung, Meister des Verbergens, wie die Pumas, deren Prankenspuren manchmal abseits des Trails zu finden sind. Nur wenige Jahrzehnte später ist dieses Volk verschwunden, ausgelöscht von Epidemien, die die Weißen einschleppen, ermordet von Mexikanern und Angloamerikanern, die in seinen Menschen kaum mehr als Tiere sehen.

Nacht um Nacht folgt die Expedition dem Südufer des Gila River. Wo immer das Tal zu eng oder der Sand am Fluss zu weich wird, windet sich der Trail steil auf *Mesas* hinauf – basaltene

Uferterrassen. Dort entdecken die Reisenden bald die ersten *Saguaros* – tonnenschwere Säulenkakteen mit bis zu fünfzehn Meter Höhe. Ihre Äste scheinen wie angewinkelte Menschenarme gen Himmel zu deuten. Auf einer der Mesas passieren die Männer ein schlichtes, hölzernes Kreuz. Es markiere die Stelle, an der eine neunköpfige Emigranten-Familie aus Missouri vier Jahre zuvor von Indianern massakriert worden sei, erzählen altgediente Soldaten Neulingen wie Charles. Nur drei der Kinder hätten überlebt, eines davon schwer verletzt, die Überreste der sechs Toten ruhten unter dem hüfthohen Steinhaufen neben dem Kreuz. Unmittelbar danach fällt der Trail wieder in die Flussniederung ab, die Fuhrleute brauchen alle Kraft, um die Steilstelle hinab zu bremsen.

Die Auen mit ihren Dickichten von Weiden, Salzbüschen und *Palo Verde*-Bäumchen sind so reich an Wild und Vögeln, dass die besten Schützen der Expedition oft Hasen, Gänse oder Wachteln erlegen, manchmal auch Maultierhirsche, was ein wenig Abwechslung in den monotonen Speiseplan bringt. Auch an ihren Lagerplätzen umgibt sie erstaunlich viel Leben: Eidechsen, Schildkröten und bis zu einem halben Meter lange Krustenechsen. In der Morgen- und Abenddämmerung flattern Schwärme von Fledermäusen und handtellergroße Schmetterlinge um die Männer. Wer sich die durchgeschwitzten Stiefel zur Mittagsrast von den Füßen zieht, tut gut daran, sie auf Skorpione abzuklopfen, bevor er wieder hineinschlüpft. Unterwegs zu den Latrinengruben, die die Soldaten in gebührendem Abstand vom Fluss und ihren Zelten ausheben, schreckt sie hin und wieder das aggressive Rasseln von Klapperschlangen auf. Die meisten der Reisenden fürchten die bis zu zwei Meter langen *rattlers* und schlagen jede tot, die nicht zu entkommen vermag.

Nach einigen durchmarschierten Nächten machen die Expeditionsteilnehmer am fernen, östlichen Horizont Schleier von Zirrus- und Haufenwolken aus, vermerkt der Expeditionsbericht, die Regen und Abkühlung versprechen. Jeden Tag scheint die Wolkendecke vor ihnen dichter zu werden. Doch als die Männer schließlich in ihrem Schatten marschieren, beobachten sie enttäuscht, dass es zwar zu regnen beginnt, dass die grauen Wasserschleier aber hoch über ihnen verdunsten und kein Tropfen den Boden erreicht. Ein

Abb. 33: Lieutenant Parkes Vermessungsexpedition lagert bei Maricopa Wells, *eine Zeichnung des Expeditions-Meteorologen Albert H. Campbell. Im Hintergrund ist die Bergkette der Sierra Estrella zu sehen. Im Vordergrund rechts betrachtet ein Indianer das Lagerleben.*

paar Tage später endlich quellen die Schauerwolken zu einem Verband imposanter, bedrohlich dunkler Gewittertürme. Sie entladen sich in wahren Wolkenbrüchen über den Lagerplätzen der Expedition und bringen die lange ersehnte Abkühlung. Das sind nicht Gewitter, wie Charles sie aus der Heimat kennt. Fast ununterbrochen zucken Blitze über ihnen, der Donner ist ohrenbetäubend und pausenlos, sein Grollen schwillt Stunden lang nur an und ab. Nach den Gewitterregen verbreitet sich überall in der Wüste der süßlich-herbe Duft der Kreosot-Büsche.

An einem der kühleren Tage passiert die Expedition Felder von Basaltblöcken. Sie sind übersät mit *hieroglyphischen Inschriften,* notiert Lieutenant Parke – Felszeichnungen, die Indianer vor Urzeiten in die schwärzlich oxidierte Gesteinsoberfläche geritzt haben: Umrisse von Eidechsen, Spinnen, Schlangen, Maultierhirschen, Adlern – ebenso genial wie seelenvoll in ihrer reduzierten Schlichtheit. Frauen- und Männergestalten mit stilisierten Geschlechtsteilen, Spiralen, Kreise, Sonnen, komplexere religiöse Symbole.

Zeugnisse, die ahnen lassen, dass menschliche Kulturen in dieser Wüste vor Langem schon gescheitert und untergegangen sind.

Nach einer weiteren Etappe wendet sich der Gila in einer riesigen Schleife nach Norden. Ihm zu folgen würde ein halbes Dutzend Nachtmärsche Umweg bedeuten. Deshalb verlässt der *Southern Overland Trail* hier die schützenden Auen und durchquert vierzig Meilen vollständig wasserlose Wüste – die *Jornada de los Pimas*, den Reiseweg der Pima-Indianer. Am Gila-Ufer füllen die Männer abends noch jedes verfügbare Fass, jeden Eimer, jede Feldflasche randvoll mit Flusswasser und marschieren dann los, im Licht des fast vollen Mondes. An den schattenlosen Lagerplätzen vermögen sie ihre gequälten Tiere jeden Morgen nur notdürftig zu tränken. Sich zu waschen oder ihre salzverkrusteten Gesichter mit ein paar Spritzern Wasser zu erfrischen, verbietet die Vernunft. Am Morgen des vierten Tages erreichen sie, am Ende ihrer Kräfte, die Brunnen von *Maricopa Wells*, einen der bekanntesten Lagerplätze entlang des Trails. Hier, zwischen Schilfgürteln, *Mesquite*-Wäldchen und lila blühenden *Canchalagua*-Stauden, gönnen sie den Tieren und sich selbst drei Tage Rast.

Noch während sie ihre Zelte aufschlagen, besuchen indianische Frauen, Männer und Kinder das Camp, auf ihren Rücken Körbe voller erntefrischer Bohnen, Kürbisse und Melonen, die sie den abgekämpften Männern zum Kauf anbieten. Sie sind von einer nahen Oase herübergeritten, die sich im Osten wie ein sattgrünes Band entlang des Gila River zieht – viele Meilen weit. Dort leben an die viertausend indianische Bauern, deren Völker die Weißen »Pimas« und »Maricopas« nennen. Sie selbst bezeichnen sich in ihren Sprachen als *Akimel O'Odham* – Flussmenschen, und *Piipaash* – das Volk. Reisenden zeigen sie stolz die Dankes- und Empfehlungsschreiben in Not geratener Emigranten, die sie mit Getreide und Gemüse vor dem Verhungern gerettet haben. Die Expeditionsteilnehmer erstehen von ihnen auch Erbsen, fingerlange Maiskolben und, als Leckerei, Marmelade und Sirup aus reifen *Saguaro*-Feigen, die die indianischen Frauen in diesen Wochen mit langen Stangen von den Kakteen schlagen. Ein früher Reisender auf dem *Overland Trail* bewundert die Tatkraft und den Charakter dieser Menschen aufrichtig, *die man »wilde Indianer« nennt und die viele christliche Nationen in der Landwirtschaft übertreffen, ihnen in den nützlichen Künsten kaum nachstehen, und, was Ehrlichkeit und Tugend angeht, unsagbar viel voraushaben. Unser Lager war voll von indianischen Männern, Frauen und Kindern, die unbeobachtet zwischen unserem Gepäck herumschlenderten – und nicht ein Fall von Diebstahl wurde gemeldet.*

Die etwa ein Dutzend Dörfer der *Akimel O'Odham* und *Piipaash* sind weitläufige Ansammlungen kleiner Gehöfte, die verstreut auf den etwa zwanzig Quadratmeilen Bewässerungsland liegen, die sie bebauen. Auf den Wohnhütten aus *Mesquite*- und Pappelstämmen, Kakteenrippen und Schilf trocknen in Streifen geschnittene Kürbisse in der Sonne. Viehzäune und Korrale aus den dornenbewehrten Stöcken des *Ocotillo* gliedern das Land und alle paar Dutzend Meter kleine, sorgfältig unterhaltene Bewässerungskanäle. Frauen arbeiten unter *Ramadas* – Schattendächern ohne Seitenwände – und die Dorfhunde und die Alten verdösen dort die lähmend heißen Nachmittage.

Die dunkelhäutigen, muskulösen Männer beider Völker gehen, wie die Nomaden in der Wüste, weitgehend nackt. Nur einige kleiden sich mit abgetragenen Hemden, die ihnen U.S.-Truppen vor einigen Jahren geschenkt haben. Sie schmieren sich regelmäßig Flussschlamm in die Haare und formen ihn zu einer Art Helm. Er schütze, gut getrocknet, vor der Sonne, geben sie zu verstehen, und helfe gegen Läuse und vorzeitiges Ergrauen. Die Frauen tragen knielange Röcke aus Baumwolltuch oder dem Bast von Frémont-Pappeln, die an Hüfte und Steiß gepolstert sind und entfernt an Reifröcke der Alten Welt erinnern. Charles, der sinnenfeindlich erzogene Protestant, bestaunt verlegen aus den Augenwinkeln, dass ihre Oberkörper gänzlich unbedeckt sind.

Nach Wochen des Marsches erscheint ihm die Oase wie ein Land der Fülle: Rinder, Esel, Schafe und Pferde grasen neben wohlbestellten Feldern, Hühner picken zwischen den Hütten, Enten rasten an Kanalböschungen. In den Vorratshütten stehen hüfthohe Körbe und Tongefäße randvoll mit Bohnen, Mais, Weizen und Baumwolle. Tatsächlich produzieren die indianischen Bauern, von niederschlagsreicheren Jahrzehnten begünstigt, so große Überschüsse, dass sie als die erfolgreichste Handelsmacht weit und breit gelten. Sie exportieren bis tief in den grenznahen mexikanischen Bundesstaat Sonora hinein: Getreide, gewebte Baumwolldecken, kunstvoll geflochtene Körbe – und gefangen genommene Kinder feindlicher Stämme, die bei mexikanischen Siedlern als Handlanger begehrt sind.

Traditionell eher friedliebend, bemühten die *Akimel O'Odham* sich Jahrhunderte lang um Neutralität, den Spaniern, Mexikanern und jüngst den Angloamerikanern gegenüber. Dennoch sahen sie sich gezwungen, die schlagkräftigste indianische Streitmacht der Region aufzubauen. Nomadisch lebende Nachbarvölker wie die *Apache* treiben Hunger und Gier, vor allem im Winter, auf Raubzüge. Sie überfallen die Dörfer der Oase, rauben Vieh, Vorräte, Waffen – und im schlimmsten Fall auch Menschen. Mit einem ausgeklügelten System von Wachtposten, Patrouillen und einer Art schneller Eingreiftruppe, die Angreifer zurückschlagen und verfolgen soll, schützen die *Akimel O'Odham* und *Piipaash* sich, so gut es geht. Zur Abschreckung stellen sie an den Rändern der Oase mumifizierte Leichen erschlagener oder von Pfeilen durchbohrter *Apache*-Krieger zur Schau. Vielleicht sind es auch solche Schrecken, die Charles in seinen Briefen manchmal knapp und wortkarg werden lassen. Gewalt und Grausamkeit sind allgegenwärtig, auch unter Weißen. *Hier ist jeder bewaffnet*, berichtet ein Reisender, der auf dem *Southern Overland Trail* nach Westen zieht, *selbst ein Mann, der so arm ist, daß er kein Hemd besitzt, trägt ein Messer am Gürtel.*

***

In der Universitätsstadt Tempe treffen wir Malcolm Comeaux, Geographie-Professor an der *Arizona State University*, bei dem ich einst studiert hatte. Er will uns als ortskundiger Freund auf der Suche nach den Resten von *Maricopa Wells* begleiten. Zu dritt fahren wir auf dem nagelneuen, überdimensionierten Highway AZ 347 nach Süden, zur *Gila River Indian Reservation*, die in etwa auf dem Land der historischen Oase liegt. Wir queren das staubtrockene Bett des Gila und biegen wenige Kilometer später, am Rand eines laserplanierten Baumwollfeldes, auf eine Schotterpiste ab.

Abb. 34: In der Region um Maricopa Wells *suche ich nach Spuren des Lagerplatzes. Wo einst die indianische Oase lag, dehnt sich heute wüstes Ödland. Im Hintergrund die Sierra Estrella, deren Gipfel sich bis zu 1000 Meter über die Wüste erheben.*

Nach kurzer Fahrt gelangen wir an ein Gatter, das auf Indianerland führt, und öffnen es mit schlechtem Gewissen. Weiße dürfen sich, dem Gesetz nach, nicht nach Lust und Laune auf *tribal lands* bewegen. Doch wir sagen uns: »Jetzt oder nie«, schließen das Gatter sorgfältig hinter uns, und ich treibe unseren unangenehm auffälligen, knallroten Leihwagen noch drei oder vier Meilen weiter auf der ausgefahrenen *dirt road*, bis sie so sandig und unberechenbar wird, dass wir anhalten. Wir cremen uns die Gesichter ein, Sonnenschutzfaktor fünfzig, setzen Schirmmützen und Sonnenbrillen auf und hängen Wasserflaschen an die Gürtel. Dann laufen wir, einer Linie von Telegrafenmasten folgend, in die Wüste hinaus.

Die Orientierung fällt uns schwer, die Konturen der alten Militärkarten, die wir in den *National Archives* in Washington, D.C. kopiert hatten, wollen nicht zur heutigen Landschaft passen. Nirgendwo erkennen wir die Betten des Gila und des Santa Cruz River, entlang derer sich die Oase dehnte. Keine Spur mehr von den stattlichen Galeriewäldern, die die beiden Flüsse einst säumten.

Enttäuscht und angestrengt von der Sonne und Hitze – selbst jetzt noch, im November – trotten wir über harten, blendend hellen Lehmboden und durch zartrosa Sand. Unsere Schuhe sind weiß von Staub, unsere Haut fühlt sich trocken und spröde an, doch wir schwitzen unmerklich und verlieren ständig Feuchtigkeit durch die Atmung. Nach vielleicht einer Stunde taucht vor uns ein nur wenig eingetieftes, mehrere hundert Meter breites, staubtrockenes Wadi auf: Das muss das Bett des Gila sein.

Wir folgen seinem Südrand und haben die Augen jetzt meist am Boden. Endlich, nach einer weiteren halben Stunde, stoßen wir plötzlich auf Tonscherben: erdfarbene indianische Keramik. Wenige Minuten später Eisenteile, bis zur Unkenntlichkeit verrostet. Und dann ist der Wüstenboden mit Fundstücken übersät: Der terrakottafarbene Kopf einer kleinen Tabakpfeife mit dem Stempel *Weil & Company*, der von der Sonne gebleichte Hals einer mundgeblasenen Flasche, oxidierte Patronenhülsen, Scherben alter Porzellanteller und Tassen, die grünspanbesetzte Niete einer derben Jeans: Wir haben *Maricopa Wells* gefunden.

Im Westen erhebt sich, wie zu Charles' Zeiten, die zerklüftete, extrem karge Sierra Estrella bis eintausend Meter über die Wüste. Doch von dem Grasland, auf dem die Tiere der Expedition weideten, von den Schilfgürteln, den *Canchalagua*-Stauden und *Mesquite*-Wäldchen ist nichts mehr zu sehen. Um uns nur Strünke gefällter *Mesquites*, ein paar verkrüppelte und sterbende Bäume und darbendes Buschwerk.

Charles und seine Kameraden erleben *Maricopa Wells* und die Oase der *Akimel O'Odham* und *Piipaash* zu ihrer besten Zeit. Ein Jahrzehnt später bereits, mit dem Ende des Amerikanischen Bürgerkrieges, beginnt der Niedergang. Tausende Siedler lassen sich an den Oberläufen der Flüsse nieder, stauen sie auf und leiten sie um auf ihre Farmen. Unerfahren in Bewässerungslandwirtschaft verschwenden sie das hier so knappe Wasser. Die Indianer wehren sich, es kommt zu Handgreiflichkeiten, Mord und Totschlag. Nur nackte Angst hält die Weißen davor zurück, die Indianer mit Gewalt vom Gila River zu vertreiben. Sie wissen, dass die beiden kampferprobten Völker immer noch eintausend Krieger unter Waffen haben.

Abb. 35: Einige unserer Fundstücke: der Kopf einer Tabakpfeife, die oxidierte Niete einer Jeans, Reste einer Patronenhülse, Glasscherben, rostige Eisenteile.

1868 zerstört extremes Hochwasser drei der indianischen Dörfer. Wenige Jahre später beginnt die verheerendste Dürre seit vielen Jahrhunderten. Der übernutzte Gila liegt im Bereich der Oase von da an die meiste Zeit des Jahres trocken, Biber-Kolonien an seinen Ufern gehen zugrunde, die Äcker und Weiden der Indianer verdorren, die Auwälder sterben. *Akimel O'Odham* und *Piipaash* hungern jahrzehntelang. Ihre Bauern, die mit weißen Farmern ohne Weiteres konkurrieren konnten, werden zu Landarbeitern reduziert, die sich für Hungerlöhne auf Farmen am Oberlauf verdingen. Viele Männer verfallen dem Alkoholismus, Gewaltverbrechen und Hexenverfolgung unter den Indianern nehmen zu. Zwischen den sterbenden Dörfern bricht Streit aus, der zu Scharmützeln mit Todesopfern eskaliert – tragische Zeichen einer untergehenden Kultur.

In den Sechzigerjahren des 20. Jahrhunderts lässt eine Behörde für Stromgewinnung und Bewässerung die Reste der Auwälder am Gila und seinen Nebenflüssen abholzen, damit mehr Regenwasser in den Stauseen landet. Heute sollen etwa 90 Prozent der Auen Arizonas zerstört sein. Die Oase, die einst die Sinne

Wüstenreisender erfrischte, ist eine grelle Ödfläche – ein ökologisches Katastrophengebiet. Mir schlägt diese zugrunde gerichtete Gegend so aufs Gemüt, dass ich den Rückweg zum Auto abkürze und zu den Telegrafenmasten hinüber drifte. Bert und Malcolm wandern weiter quer durch die Wüste, immer wieder verlieren wir uns aus den Augen. Als dunkle Wolkentürme über die Grate der Sierra Estrella heranjagen und Wind aufkommt, beschleunige ich meine Schritte. Minuten bevor ich das Auto erreiche, verdichten sich *dust devils* – kleine, Staub aufwirbelnde Windhosen – zu einem veritablen Staubsturm, der jede Sicht zu nehmen droht. Ich fahre den beiden ein Stück entgegen und blinke mit dem Fernlicht wie ein Leuchtturm. Es dauert besorgniserregend lange, bis sie das Scheinwerferlicht erkennen und auf das Auto zulaufen.

***

Im spärlichen Schatten der *Mesquite*-Wäldchen von *Maricopa Wells* lockert sich das eherne Kastensystem der U.S.-Armee kaum merklich unter dem Eindruck der gemeinsam durchgestandenen Strapazen: Hin und wieder scherzen Offiziere und Mannschaften kurz miteinander oder wechseln, entgegen der Etikette, ein paar Worte. Nach nur drei Ruhetagen – zu kurz für die Tiere und Männer – lässt Lieutenant Parke erneut zum Aufbruch blasen. Wenige Nachtmärsche östlich der Oase teilt sich die Expeditions-Karawane. Parke reitet ohne Wagen, mit einem Dutzend Begleitern und schwer beladenen Packtieren, den Gila stromauf. Zwei Wochen lang erkunden sie die zerklüfteten Canyons an seinem Oberlauf und vermessen das Tal des San Pedro, eines Nebenflusses, auf der Suche nach der optimalen Schienentrasse mit den geringsten Steigungen und den ergiebigsten Wasservorkommen.

Der Haupttrupp folgt, unter der Leitung des Topographen Albert Campbell, weiter dem *Southern Overland Trail* ostwärts. Sie durchqueren, langsam an Höhe gewinnend, das berüchtigte, weitgehend wasserlose *Ninety Mile Desert*, in dem *Saguaro*-Kakteen dicht wie Wälder stehen. Am späten Dienstagabend, dem 3. Juli 1855, reitet Campbell mit zwei Vermessern vor dem Wagenzug her, in Sorge um die mühevollen Märsche, die vor ihnen liegen. Sie sind sich

Abb. 36: Bert und Malcolm Comeaux bei Maricopa Wells, *ins Gespräch vertieft.*

bewusst, dass sie hier im Stammesgebiet der *San Carlos Apache* unterwegs sind. Als sie in der Dunkelheit, links des Trails, plötzlich Schemen erkennen, die ihnen folgen, erschrecken sie jäh. Es dauert einige Zeit, bis sie in dem Spuk die Schatten ihrer Maultiere und ihrer selbst erkennen, die der hellste Teil der Milchstraße auf den Wüstenboden wirft. Wieder finden sie Tag um Tag kein Wasser und müssen sich mit elend kleinen Rationen aus den mitgeführten Fässern bescheiden. Um die Qualen ihrer Tiere zu lindern, benetzen sie deren Mäuler alle paar Stunden mit nassen Lappen.

Nach einer Woche der Nachtmärsche taucht die aus Lehmziegeln gesetzte Stadtmauer Tucsons vor der verstaubten Karawane auf, der einzigen größeren Siedlung auf den 850 Meilen zwischen dem Stillen Ozean und dem Rio Grande. Bis zum *Gadsden Purchase* vor wenig mehr als einem Jahr hatte das Städtchen zur mexikanischen Provinz Sonora gezählt, und das ist noch unverkennbar. Hühner und Truthähne stolzieren zwischen den Fuhrwerken hin und her, Indianerinnen und Mexikanerinnen balancieren schwere Lasten scheinbar mühelos auf ihren Köpfen. Amerikanische Reisende lassen meist kein gutes Haar an Tucson: *Eine Stadt von*

Lehmschachteln, schreibt J. Ross Browne, ein Schriftsteller, der zu Sarkasmus und rassistischer Überheblichkeit neigt, *schmuddelig und verfallen, rissig und zu einer Mischung aus Staub und Dreck verbacken; überall zerfallende Corrals, Schuppen, Backöfen, Skelette toter Tiere und zerbrochenes Tongeschirr. Adobe-Wände ohne weißen Verputz, weder innen noch außen, gestampfter Lehmboden, gebackene und getrocknete Mexikaner, Esel mit wunden Rücken, Hundemischlinge, die Coyoten in sich haben und Terra-Cotta-Kinder.* Ein Reisender aus Ohio notiert in seinem Tagebuch: *Im Bach wälzen sich die Schweine, die Mexikaner tränken ihre Esel und Rinder darin, waschen auch sich und ihre Kleider im selben Wasser, und trinken daraus. Amerikaner haben für ihren eigenen Gebrauch einen Brunnen gegraben, der erträglich gutes Wasser liefert. Es gibt hier keine Taverne oder andere Unterbringung für Reisende und mir blieb nur, mich an der Straße oder in einem Corral in meine Decke zu rollen.* Trotzdem lässt Tucson den 31-Jährigen nicht unberührt: *Unter den einheimischen Frauen hier scheint Keuschheit eine unbekannte Tugend. Einige der jungen Mädchen sind hübsch. Die Leichtigkeit und Grazie ihrer Bewegungen und ihre leuchtenden, schwarzen Augen sind bemerkenswert.*

Die meisten der knapp eintausend Bewohner sind Mexikaner und Indianer. Sie sprechen kaum Englisch und leben vor allem vom Ackerbau – die Rinder- und Schafzucht ist wegen ständiger Viehdiebstähle der *Apache* so gut wie ruiniert. Deren Krieger, die immer wieder das Land verheeren, *rancherías* abbrennen und ihre Bewohner töten, sind in Tucson verhasst wie der Teufel. Dabei übersehen die Städter stur, dass die Überfälle der Indianer tatsächlich Rachefeldzüge sind, gegen die brutale Vernichtungs- und Domestizierungspolitik der Mexikaner und, in jüngster Zeit, der Angloamerikaner.

Entlang der ungepflasterten Durchgangsstraße Tucsons bieten Handwerker unter *ramadas* ihre Dienste an: Schmiede beschlagen Zug- und Reittiere von Siedlertrecks und Armee-Einheiten, reparieren Wagen und Geschirre, Schuster besohlen durchgelaufene Stiefel. Vielleicht erstehen einige der Soldaten und Vermesser in den zwei *general stores*, die Angloamerikaner hier betreiben, Alltagsbedarf wie Nähzeug, Medikamente, Rasierseife oder – für schmerzhaft viel Geld – einen Beutel Tabak. Vielleicht gönnen sich manche auch ein paar Gläschen *Tequila* oder *Mescal* in den Schankstuben oder ein Schäferstündchen in einem der Adobe-Verschläge, die als Bordelle dienen. J. Ross Browne schildert jedenfalls in dem für ihn typischen, krass überzeichnenden Stil: *Soldaten, Fuhrleute und ehrliche Bergleute, die in den Mescal-Läden herumhängen, randvoll mit dem brennenden Gift; eine lärmende Gruppe sonorischer Narren, in theatralische Kostüme gekleidet, die sich auf öffentlichen Plätzen in grotesken Bewegungen wiegt, zum teuflischsten Gefiedel und den teuflischsten Gitarrenklängen, die man je gehört hat; ein langer Wagenzug der Regierung, der sich vorbereitet, nach Fort Yuma oder an den Rio Grande aufzubrechen, das ist es, was ein Reisender hier sieht … der beste Anblick Tucsons ist der Blick zurück, von der Straße nach Yuma aus.*

Bald bleibt Tucson auch hinter dem Haupttrupp der Expedition zurück, und nach einer weiteren Marschwoche treffen sie wieder mit Lieutenant Parkes Packtierzug zusammen. Dessen Erkundungen entlang des Gila und San Pedro brachten keinen Durchbruch – die Route scheint Parke zu weit für eine transkontinentale Schienentrasse. Die wiedervereinigte Karawane zieht jetzt durch wüstenhaftes Hochland, auf dreitausend Fuß Meereshöhe und mehr. Es ist an Gras reicher und immerhin so kühl, dass sie nach acht Wochen der Nachtmärsche wieder tagsüber zu reisen beginnen. Sie staunen über die schier grenzenlos weiten Blicke in der trockenen, klaren Bergluft. In weiter Ferne erkennen sie bewaldete Hochgebirge, die harmlos wie Schwarzwaldgipfel scheinen – tatsächlich aber sind sie bis zu 11 000 Fuß hoch. Sie überqueren einen Salzsee, auf dessen blendend heller Oberfläche die Wagenräder leicht wie auf einer Straße laufen. Nachmittags täuscht die in der Hitze flirrende Luft *ebenso verlockende wie quälende Illusionen ausgedehnter Seen* vor, wo kein Tropfen Wasser zu finden ist. *Dust devils* wirbeln den vor Salzkristallen glitzernden, staubtrockenen Lehmboden auf.

Am Ostrand des Salzsees teilt sich die Expedition zum zweiten Mal. Lieutenant Parke erkundet mit einem kleinen Trupp, zwei Wagen und Packtieren, die Region nördlich der Dos Cabezas Berge. Er entdeckt dort eine Passhöhe, die er *Railroad Pass* nennt.

Sie wird zum Haupterfolg der Expedition, weil sie gegenüber bisher vermessenen Trassen dreißig Meilen Strecke und sechshundert Fuß Anstieg erspart – und vier weitere Passüberquerungen unnötig macht. Wir selbst waren erst wenige Tage zuvor, im *Sunset Limited*, über Railroad Pass hinweg gerollt, auf der Stammstrecke der *Southern Pacific Railroad*.

Charles marschiert mit dem Hauptzug, in abermals elenden, wasserlosen Etappen, auf einen Pass zwischen den Dos Cabezas und den Chiricahua Mountains zu. Sie sind die Heimat der *Chiricahua-Apache*, nomadisch lebender Jäger und Sammler, die sich selbst *N'di* nennen – Menschenwesen. Lange waren sie bemüht, sich mit U.S.-Truppen gut zu stellen. Doch seit einigen Jahren dringen immer mehr Prospektoren und Siedler-Trecks in ihre Jagdgründe vor – die meisten ebenso ahnungslos wie respektlos, was Indianer und ihre Lebensweisen angeht. Gewaltakte gegen die *N'di* nehmen zu, und sie beginnen zurückzuschlagen. Unterwegs in diesem unübersichtlichen Bergland, wächst die Anspannung unter den Soldaten der Eskorte. Auch Charles kann sich der wachsenden Nervosität nicht entziehen. *Apache*-Krieger sind hervorragende Reiter und Meister der Tarnung und Lautlosigkeit. Sie sind für Hinterhalte berüchtigt, für Überraschungsangriffe und verwirrende Guerilla-Taktiken.

Am Dienstag, dem 31. Juli 1855, erreicht der Hauptzug der Expedition die Passhöhe, die man damals *Puerto del Dado* nennt, 5100 Fuß über dem Meer. Hier, mitten im Stammland der *N'di*, rasten sie drei Tage lang nahe einer ergiebigen Quelle. Ihre Tiere sind abgemagert, kraftlos, viele lahmen, und die Fuhrleute streichen die von Zaumzeug und Geschirren wundgescheuerten Stellen dick mit Bleisalbe ein. Lieutenant Parke hatte am *Puerto del Dado* bereits auf seiner ersten Expedition im Vorjahr gelagert – und sich der freundlichen Neugier einiger *Apache* erfreut, die das Camp besuchten und den Soldaten zur Begrüßung *muchos amigos!* zuriefen. Diesmal kommt es anders, berichtet Fred aus New Orleans nach Stuttgart: *Als sie in einem grasreichen Thale einige Tage rasteten, weil die Pferde und Maulthiere nicht mehr weiter konnten, sondern zusammenstürzten, kam eines Morgens während des Frühstücks ein Haufe Apache-Indianer ins Lager gesprengt, und wollten*

Abb. 37: Die Passhöhe des Puerto del Dado *oder* Apache Pass, *Richtung Osten blickend, in Marschrichtung der Expedition.*

die Maulthiere wegtreiben, wurden aber verhindert, indem sogleich Alarm gemacht wurde, und so schnell als sie kamen, wurden sie wieder vertrieben. Abends wurden zwölf Mann zu einem Streifzug ausgeschickt, konnten aber keinen Indianer finden. Weiter wurden sie nicht beunruhigt, mußten aber doch stets auf der Hut sein.

***

Etwas in Eile, weil unser Zeitplan drängt, kurve ich die Schotterpiste zum *Apache Pass* hinauf, wie der Gebirgsübergang heute heißt. Uns bleibt nur ein Stündchen, um zum nahen Lagerplatz der Expedition zu wandern. Unsere Schritte knirschen im Sand eines Wadis, das von einem anheimelnden Mischwald aus Zwergeichen, Zedern, Wildkirschen, Schwarznuss- und Erdbeerbäumen beschattet wird. An den Berghängen um uns gedeihen halbhohe *Pinyon*-Kiefern und Wacholderbäumchen. Zikaden elektrisieren das ganze Tal mit ihrem Sirren. Die Landschaft hat etwas

Liebliches, Bukolisches. Die abgekämpften Wüstenreisenden müssen sich hier, neben aller Anspannung, auch ein Stück weit aufgehoben und geborgen gefühlt haben.

Uns bleibt noch Zeit für ein paar Minuten Rast am Lagerplatz der Expedition, im Schatten einer Kiefer. Wir sind Charles und seinen Kameraden sechshundert Meilen weit gefolgt, von San Diego bis hierher, und lassen es dabei bewenden. In unserer Phantasie hören wir noch das Trompetensignal *Reveille* am Morgen des vierten Tages, sehen sie ihr *pilot bread* in heißem Kaffee einweichen und ihr Lager abbrechen, sehen, wie sich die Karawane zur Passhöhe hinaufwindet und wie die Fuhrleute die tonnenschweren Planwagen vorsichtig bremsend den steilen Siphon Canyon nach Osten hinab lenken.

***

Vor ihnen liegen noch einmal 250 Meilen, die sie in Gewaltmärschen von zwei Wochen bewältigen, über die kargen Hochländer der Sierra Madre und zwei Salzseen hinweg. Am Samstag, dem 18. August 1855, erreichen sie ihr Ziel, Doña Ana am Rio Grande. Etwa zehn Jahre zuvor gegründet ist es das erste Städtchen, das mexikanische Bauern im Gebiet der kriegerischen *Apache* und *Comantsche* anzulegen wagten. Die Lehmziegelhäuser stehen wie eine Festungsmauer, Wand an Wand, zu den Straßen hin fensterlos, mit massiven Holztüren, die an Burgtore erinnern. Seit das nahe Fort Fillmore mit seiner Garnison von dreihundert Mann Angriffe der Indianer vereitelt, geht es mit Doña Ana aufwärts. An seiner ungepflasterten Hauptstraße reihen sich *general stores*, Saloons, ein Gerichtsgebäude und sogar eine Tanzhalle. Sobald die Soldaten leidlich wiederhergestellt sind, schlagen die meisten hier ein paar Tage lang über die Stränge.

Am 31. August mustert Kompaniechef George T. Andrews die Eskorte in Doña Ana und bescheinigt den Soldaten: *Disziplin: gut; Ausbildungsstand: in Infanterie gut, in Artillerie mangelhaft; militärische Erscheinung: tadellos; Waffen und Ausrüstung: einsatzbereit und in Ordnung; Kleidung: von guter Qualität.* Wie lange die Männer und Tiere hier ruhen dürfen, ob sie zu kürzeren Vermessungsmärschen aufbrechen und wann – das wissen wir nicht. Die Eskorte verbringt jedenfalls vier Wochen in Doña Ana, dann benötigen Lieutenant Parke und seine Vermesser ihren Begleitschutz nicht länger. Am Montag, dem 1. Oktober 1855, machen sich die Soldaten zu Fuß auf den monatelangen Rückweg nach Westen.

***

Ein letztes Mal noch gehen wir auf Spurensuche in der Wüste, während unserer Rückfahrt nach San Diego. Wenige Meilen westlich von Mobile, Arizona, biegen wir von der kaum befahrenen Landstraße AZ 238 ab, einem Schild zum *Southern Overland Trail* folgend. Ich quäle den Leihwagen sechs Meilen rüttelnd und schlagend über eine Schotterpiste durch unberührte Wüste. Dann erreichen wir den Trail etwa in der Mitte der 40 wasserlosen Meilen der *Jornada de los Pimas*. Die Eskorte war hier auf ihrem Rückmarsch, von *Maricopa Wells* kommend, Anfang November unterwegs – tagsüber und bei deutlich angenehmeren Temperaturen als auf dem Hinweg im Hochsommer.

Bert entschließt sich, auf dem Trail ein Stück nach Osten zu wandern, der Eskorte entgegen, sozusagen. Ich wandere westwärts, in ihrer Marschrichtung. Es ist einer der seltenen Momente auf dieser Reise, in denen ich alleine unterwegs bin und mir nichts zu organisieren und zu recherchieren bleibt. Ich habe Muße, zu mir zu finden, mich ein Stück weit treiben zu lassen und ins Fühlen und Träumen zu rutschen. Meine Schritte knirschen über den Granitgrus des Wüstenbodens. Und auf dem alten Trail da draußen beginnen mir Charles' Leben und mein eigenes zu verschwimmen, als wäre ich ein Wiedergänger von ihm. Als Student bin ich selbst tagelang durch diese Wüsten gewandert, habe mich für ihre herbe Schönheit begeistert und unter der mitleidlosen Sonne und Hitze gelitten. Ich habe amerikanische Kommilitonen durch die wasserlose Wildnis der Superstition Mountains geführt, so ruhig und sicher, als wäre ich einer von hier. Arizona ist mir zur zweiten Heimat geworden.

Auch in Charles muss sich, nach Monaten öden Marschierens, ganz sachte eine Liebe zu dem rauen Land eingeschlichen haben.

Bezauberte ihn schließlich die atemberaubende Weite der Wüste und die vollkommene Stille, die sie erfüllt? Freute er sich an den Schwärmen anmutiger Helmwachteln, die mit stakkatoartigen Flügelschlägen aufstoben, wenn er ihnen zu nahe trat? Begeisterte ihn das weiche Licht der Morgen- und Abenddämmerung, das Gebirgszüge in allen Nuancen von Orange, Rot und Lila leuchten ließ? Berührten ihn die eindrucksvollen Gestalten der *Akimel O'Odham* mit ihren unverstellten Gesichtern? Fünf Jahre später jedenfalls schreibt er seiner Familie aus San Francisco, dass er des Stadtlebens überdrüssig sei und sich *zurück in die Wildniß zu den Indianern* sehne.

Zeilen aus Walt Whitmans Gedicht steigen in mir auf, während ich auf Charles' Spuren zwischen *Saguaros*, Kreosot-Büschen und *Ocotillos* wandere: *Ich bin der Mann, ich litt, ich war dabei.* Als wäre ich in Charles' Stiefeln marschiert, als hätte ich mich auf monotonen Märschen in Gedanken an Heimat und Familie verloren – als hätte damals schon meine Begeisterung für diese Wüste begonnen und meine Hassliebe zu Amerika. Als könne ich erfahren, wie es wäre, ein anderer zu sein, wenn ich diesem anderen nur nahe genug käme.

Abends verabreden wir uns mit Ayhan Tuncay, einem türkischstämmigen Freund aus meiner Studentenzeit an der *Arizona State University.* Wir essen gemeinsam in *Rustler's Rooste*, der Erlebnis-Gastronomie eines Hilton Resorts, wo sich Mittelschichtbürger aus den wohlhabenderen *suburbs* von Phoenix ein wenig Wildwest vorgaukeln lassen. Vor dem Eingang ist ein einsamer *Longhorn*-Ochse angebunden, der Cowboy-Romantik verbreiten soll. Drinnen spielt eine Band etwas zu laute *country music*, und die Bedienungen tragen *five gallon hats* – voluminöse Stetsons wie einst Robert Mitchum. Die Bison-Spieße vom *Mesquite*-Grill schmecken hervorragend, der Wein ist angenehm trocken, doch wir schweifen in Gedanken immer wieder ab zu Charles und der *Jornada de los Pimas.* Uns dämmert, dass die Wurzeln unserer Familie in dieser Region viel weiter zurückreichen als die der meisten Gäste und Mitarbeiter hier.

***

Am Mittwoch, dem 28. November 1855, trifft die Eskorte nach mehr als einem halben Jahr und 2000 Meilen zu Fuß wieder in der Mission *San Diego de Alcalá* ein. Lieutenant Parke schreibt da bereits an einem Abschlussbericht, aus dem sein brillanter Verstand und seine breite Bildung sprechen. Er empfiehlt die Eisenbahntrasse entlang des 32. Breitengrades als beste aller transkontinentalen Routen: Sie habe die geringsten Steigungen, sei die kürzeste und klimatisch begünstigste. Um Bau und Betrieb sicherer zu machen, drängt Parke darauf, widerständige indianische Völker wie die *Apache* auszumerzen oder zumindest zwangsweise zu zivilisieren. Acht Jahre müssten genügen, meint er, um den Schienenstrang von den Prärien des Mittleren Westens bis Los Angeles und San Francisco zu verlegen. Doch er unterschätzt die politischen Spannungen im U.S.-Kongress in Washington. Die bitter verfeindeten Abgeordneten nördlicher und südlicher Bundesstaaten können sich auf keine Route einigen. 1881 erst, lange nach dem Bürgerkrieg, wird die Strecke von Kalifornien bis zum Rio Grande durchgehend befahrbar. Parkes akribischer Bericht eröffnet ihm dennoch eine atemberaubend steile Karriere. Nur sieben Jahre später kommandiert er als Stabschef bereits zeitweise die größte Einheit der Unionstruppen im Bürgerkrieg: die *Army of the Potomac* mit mehr als 100 000 Mann unter Waffen. Seine insgesamt vierzig Dienstjahre wird er 1889 dann als Superintendent der Militärakademie *West Point* beschließen, einer der besten Hochschulen des Landes.

Im Schlusswort seines Berichtes dankt John Grubb Parke den Vermessern, dem Arzt und Geologen und dem Kompaniechef, die mit ihm ritten. Charles und seine Kameraden von Kompanie G, die die Expedition zu Fuß durch Wüsten und Gebirge eskortiert haben, erwähnt er, ganz im Stil der Zeit, mit keinem Wort.

12 Vorposten der Hölle

Keine zwei Monate nach den Gewaltmärschen der Expedition findet Charles sich auf dem weitläufigen Paradeplatz Fort Yumas wieder. Elf Tage lang war seine Kompanie von San Diego aus den *Great Southern Overland Trail* zurückmarschiert – in die Wüste, aus der sie gerade gekommen war. Das Pazifische Oberkommando der U.S.-Armee hatte sie abgeordert, die Garnison des Forts zu verstärken. Jetzt tritt Charles mit seinen Kameraden erschöpft und verstaubt vor dem Kommandeur, Lieutenant Colonel Martin Burke, an. Mit sonorer Stimme, die mühelos den Paradeplatz füllt, heißt der sie in einer knappen Ansprache willkommen. Zwei Jahre zuvor war Burke, einer der Überlebenden der »San Francisco«, unverschuldet zu einer tragischen Figur geworden. Er hatte auf dem havarierten Dampfer den verhängnisvollen Befehl gegeben, dass sich 130 frierende Soldaten in den Schutz des Erste-Klasse-Salons zurückziehen. Martin Burke gilt als exzentrischer, ja skurriler Eigenbrötler mit einem Hang zu Selbstgesprächen. Doch Charles achtet ihn, weil sich hinter seinem mürrischen, strengen Auftreten Menschlichkeit und ein Herz für einfache Soldaten verbergen. Warum ihn sein Schicksal ausgerechnet hierher verschlägt, bleibt ihm freilich ein Rätsel.

Fort Yuma ist der entlegenste, gottverlassenste Militärposten der Vereinigten Staaten. Unter Soldaten gilt er als *hell's outpost*, als »Vorposten der Hölle«. Lieutenant Thomas Sweeney, einer der ersten Offiziere, die hier stationiert waren, empfand den Ort *als Platz für ein Fort so untauglich, wie ein Eisberg im offenen Atlantik.* Mark Twain, der vor seinen Jahren als Mississippi-Lotse, Journalist und Schriftsteller *typesetter* und *printer* gelernt hatte – Schriftsetzer und Drucker –, bespöttelte ihn als den *wahrscheinlich heißesten Ort der Erde. Das Thermometer zeigt dort ständig 120° Fahrenheit* [49° C] *im Schatten, außer wenn es sich erweichen lässt – und noch höher klettert.* Das Fort liegt auf einem tafelbergartigen Felssporn 75 Fuß über dem Colorado River, überragt von einem baumhohen

Flaggenmast, von dem *Old Glory* weht – die U.S.-Flagge mit ihren 31 Sternen. *Dort ist nicht ein einziger Grashalm zu finden, oder eine Ranke oder ein Baum, der diesen Namen verdiente,* schreibt John Vance Lauderdale, ein Assistenzarzt des Dritten Artillerieregimentes, der dort einige Jahre nach Charles stationiert ist, *überall nur Fels und Gesteinsschutt. Es ist unmöglich, sich einen weniger einladenden Wohnort auszudenken, als diese kleine Erhebung aus zerbröckelndem Trachyt.*

Der Militärposten, den Lieutenant Colonel Burke seit einigen Monaten befehligt, ist eine verstreute Ansammlung einstöckiger Baracken, ungeschützt, ohne jede Umfriedung. Das Einzige, was an eine Festung erinnert, sind ein paar unscheinbare Gräben an den Hangkanten, die man erst auf den zweiten Blick bemerkt. Sie wurden für Haubitzen ausgehoben, mit denen angreifende Indianer niederkartätscht werden sollten, und sind zum Fluss und den Auen hin mit Weidenkörben befestigt, die mit Felsschutt gefüllt sind. Jetzt verfallen die Körbe und Gräben allmählich, die im Fort etwas hochtrabend »Bastionen« genannt werden. Seit drei Jahren schon ist der Widerstand indianischer Völker im Umland endgültig gebrochen – die Garnison hat keine Angriffe mehr zu befürchten. Stattdessen kämpfen die Soldaten hier gegen Heerscharen roter Ameisen. Den ganzen Felssporn könne man sich als *giant anthill* vorstellen, scherzen die Mannschaften – als riesigen Ameisenhaufen.

An seinem ersten Abend bleiben Charles ein paar freie Minuten. Er schlendert zur Pumpstation hinüber, die das Fort mit Flusswasser versorgt. Zwei Esel trotten dort im Kreis, tagaus, tagein, zum Knarren der Schwengel, die sie in Gang halten. 75 Fuß tiefer, hart am Fuß des Felssporns, münden die grünlichen Wasser des Gila in die rötlich-beigen des Colorado. Sie vermischen sich zu einem Strom, der Charles um vieles breiter als der Neckar scheint und der – bei normalem Wasserstand – etwa mannstief sein soll. An den Ufern, fast in Rufweite, liegen zwei Dörfer der *Kwatsáan.* Rauchfahnen ihrer Kochfeuer verlieren sich im Abendhimmel, Kinder toben, Hunde kläffen. Ein Bild des Friedens, auf das er still hinabschaut, bis der Trompeter vom Dienst *Tattoo* bläst und alle Mannschaften zur Nachtruhe in die Baracken ruft.

Abb. 38: Fort Yuma um 1875. An den hohen Masten, die in der rechten Bildhälfte in den Himmel ragen, hängt das Gierseil für die Fähre über den Colorado River. Im Vordergrund sind zwei Gebäude von Colorado City zu sehen, auf der schattenlosen Anhöhe im Hintergrund liegt das Fort mit seinem Flaggenmast.

An den meisten Tagen des Jahres liegt das Fort von Sonnenaufgang bis Sonnenuntergang in gleißend grellem Licht. *Boden und Fels sind von heller, aschgrauer Farbe, der die Augen so blendet,* schreibt Lauderdale, *daß es eine Erleichterung ist, am Flaggenmast nahe des Abhangs zu stehen und auf die grüne Vegetation hinab zu schauen, die die Auen überall bedeckt.* Charles kann sich der Ernüchterung und Enttäuschung über sein neues Zuhause nicht erwehren: *Es ist hier eine erbärmliche Gegend,* schreibt er nach Stuttgart, *denn blos einige Meilen sieht es grün, das übrige ist Sand oder nackte Hügel. Der Militärposten hier wurde blos zum Schutze der Californier Einwanderer errichtet, welche in den vergangenen Jahren oft von Indianern angefallen und ermordet wurden.*

Noch vor ihrem Marsch hierher hatte der *Los Angeles Star* das Gerücht verbreitet, dass die Überlebende eines massakrierten Siedlertrecks, eine junge weiße Frau, bei einem Indianervolk am Colorado lebe. Als Kommandeur Burke davon erfuhr, entsandte er *Kwatsáan*-Läufer zu allen Stämmen der Umgebung und wies sie an, Lösegeld für die weiße Gefangene anzubieten. Just an dem

Tag, an dem Charles' Kompanie hier eintrifft, kehrt *Francisco*, einer der Läufer, zum Fort zurück und bittet den Zimmermann des Postens, Henry Grinnell, um sein Ohr. Er versichert ihm, dass die gesuchte Weiße bei den *Aha Makhav* lebe, einem Volk, das die Weißen *Mohave* nennen, zehn Tagesmärsche nördlich des Forts, und er bietet Vermittlungsdienste an. Grinnell ist ein bescheidener, schlichter New Yorker, der mit den *Kwatsáan* so freundschaftlichen Umgang pflegt, dass sie ihm vertrauen. Er gibt die Nachricht an den Kommandeur weiter – und wenige Tage später verschwindet *Francisco* mit drei Begleitern in der Wüste, in offiziellem Auftrag. Der Garnisonsschreiber stellt ihm mit Tinte und Feder einen Passierschein aus: *Francisco, Yuma-Indianer, Träger dieses Schreibens, wird zum Volk der Mohave gesandt um dort eine weiße Frau freizukaufen, die SPANTSA genannt wird. Es ist erstrebenswert, daß sie in diesen Militärposten kommt oder ihre Gründe mitteilt, warum sie nicht zu kommen wünscht. Hauptquartier Fort Yuma, Californien, 27. Januar 1856, Martin Burke, kommandierender Lieutenant Colonel.* Schon während *Francisco* unterwegs ist, bringt seine Mission willkommene Abwechslung in die dumpfe Langeweile des Soldatenlebens: Seine Erfolgsaussichten werden oft und leidenschaftlich diskutiert.

Die Garnison ist in zwei Welten getrennt wie einst der Mikrokosmos der »San Francisco« und Lieutenant Parkes Vermessungsexpedition. Südlich des aschgrauen Paradeplatzes leben die Offiziere in vergleichsweise komfortablen, geräumigen Adobe-Häuschen, einige mit ihren Frauen und Kindern zusammen. Die meisten sind Absolventen der Militärakademie von *West Point*, schneidig, korrekt, geschult in Taktik und Strategie. Die Ehrgeizigsten unter ihnen hoffen, sich bei Indianerkämpfen Sporen für ihre weitere Karriere zu verdienen. Nördlich des Paradeplatzes liegen die Mannschaftsbaracken. Hier haust ein bunt zusammengewürfelter Haufen – wer immer den Anwerbern in den Großstädten des Ostens in die Arme lief: Bauernsöhne aus einfachsten Verhältnissen, von denen viele nicht lesen oder schreiben können, *misfits* – unfähig, sich in ein bürgerliches Leben zu fügen, Alkoholiker, die keine bessere Anstellung finden, und mittellose Einwanderer wie Charles, zumeist aus Irland und den deutschen Fürstentümern.

In keinem seiner Briefe erwähnt Charles einen Kameraden oder gar einen Offizier, mit dem er sich befreundet hätte. Er scheint ein Solitär zu sein, der das meiste mit sich selbst ausmacht, der auch an einem so extremen Ort für sich zu stehen vermag, willensstark, seelisch belastbar, innerlich unabhängig. Vielleicht fällt Charles auch aus dem Rahmen als Geselle eines gehobenen Handwerks, der mühelos zu lesen und schreiben versteht und dem Worte, selbst im Englischen, leichter über die Lippen kommen als vielen seiner Kameraden.

Sein Bruder Fred im knapp 3000 Meilen entfernten New Orleans scheint Charles' einziger Vertrauter in seinen Jahren hier. Nur wenige Tage nach seiner Ankunft beginnt er – sonst so schreibfaul und wortkarg – einen regen Briefwechsel mit Fred. Die Post zwischen den beiden ist mindestens zwei Monate unterwegs, länger als zwischen New Orleans und Europa. Mancher Brief geht auch verloren, weil die Postreiter häufig überfallen werden. Doch wenn Charles endlich einen Brief seines jüngeren Bruders in Händen hält, antwortet er manchmal bereits am Tag darauf, hungernd nach Austausch, Verbindung, Nähe. Er erzählt Fred aus erster Hand vom Fernen Westen, über den die Zeitungen im ganzen Land berichten. Der hat genug Empfindsamkeit und Mitgefühl, sich in Charles' karges Leben hineinzudenken. Er verfolgt seine Berichte mit Neugier, Begeisterung und immer wieder auch mit Sorge. Er, der mitteilsamere und bemühtere der beiden, schreibt der Familie schon im Frühjahr 1856 von Charles' drögem Alltag: *Hier sind sie nun ganz von der civilisierten Welt abgeschieden, umgeben von nicht feindseligen aber hungrigen Indianern. Karl schreibt mir das es ein sehr langweiliges Leben und er lieber auf dem Marsch, als in einem Fort eingesperrt wäre, indem sie solches nicht verlassen dürfen, doch hoffe er bald wieder versetzt zu werden. In 2 Jahren hoffe er sähe er mich wieder.*

Charles' Kompanie ist in einer 65 mal 80 Fuß (etwa 20 mal 25 m) großen Lehmziegel-Baracke einquartiert, mit gestampftem und geöltem Boden. Der größte Raum dient den etwa vierzig einfachen Soldaten als Schlafsaal, möbliert mit Stockbetten und ein paar Stühlen. Dort ist Charles ein Schlafplatz zugewiesen, mit einem durchgelegenen Kissen und einer Wolldecke. Sein Schlaf ist meist seicht und lückenhaft, im Saal steht die Hitze, die Strohfüllung seiner Matratze knistert, wenn er sich hin und her wälzt. In einer Holzkiste unter dem Bett bewahrt er seine wenigen, persönlichen Dinge: die Briefe Freds und seiner Familie, ein paar Monate alte, zerlesene Zeitungen in deutscher Sprache, seine Zivilkleidung, Schreibpapier, Tintenfass, Feder, eine Dose Tabak und sein Meerschaumpfeifchen.

An den Schlafsaal grenzt eine Kammer für den Unteroffizier vom Dienst. Er hat die Befehle höherer Offiziere an die Soldaten weiterzugeben und darauf zu achten, dass sie den militärischen Tagesablauf minutengenau einhalten. Auf der Rückseite der Baracke liegt die Messe mit roh behauenen Bänken und Tischen, an denen die Soldaten aus Blechgeschirren essen, und ein Lagerraum. Waschräume oder gar Badewannen sind für die Mannschaften, im Gegensatz zu den Offizieren, nicht vorgesehen. Während der langen Sommer laufen die wachfreien Soldaten jeden Abend bei Sonnenuntergang zum Colorado hinunter und waschen sich im Fluss.

Wenige Meter hinter den Baracken schließen sich Verschläge an, in denen Mexikanerinnen und Angloamerikanerinnen für die Soldaten kochen. Doch die Versorgungslage gibt nur einen ungesunden Speiseplan her: morgens Brot mit gebratenem Speck, Kaffee und Zucker, mittags und abends Pökelfleisch mit Bohnen, Reis oder Polenta – und zweimal die Woche haben die Männer Anspruch auf frisches Rindfleisch. Gemüse oder Obst sind so gut wie nie zu haben. Noch einmal dreißig Meter weiter liegen die von Schattendächern geschützten Latrinengruben mit Donnerbalken darüber. Weil die Exkremente in der Hitze gären, werden sie regelmäßig mit Erde oder gebranntem Kalk beworfen, um den Geruch zu binden.

***

Nach einem langen Morgen im Auto, durch nichts als Wüste fahrend, erreichen wir Yuma – heute eine Stadt mit 120 000 Einwohnern und drittgrößter Ballungsraum Arizonas. Wir suchen uns, steif gesessen, den Weg zum Fort durch ein Gewirr von Freeway-Auf- und -Abfahrten und den Schienensträngen der *Southern*

Pacific. Der Tag ist wolkenlos, kristallklar und jetzt, Ende November, noch 26° Celsius warm. Als wir den Colorado auf einer Brücke überqueren und in der Mitte des Flusses vom Bundestaat Arizona nach Kalifornien wechseln, sehen wir das alte Fort zum ersten Mal vor uns. Entdeckerlust packt uns so heftig wie selten auf dieser Reise. Wir parken den Leihwagen im dürftigen Schatten Mexikanischer Washingtonpalmen und steigen zu Fuß *die kleine Erhebung aus zerbröckelndem Trachyt* hinauf.

Hier ist keine Spur mehr von der U.S.-Armee zu finden – 1883 bereits zog die Garnison endgültig ab. Das ganze Gelände ist heute fest in Indianerhand. Auf dem Paradeplatz, wo die Kompanien jeden Morgen zur Inspektion antraten, wurde ein Kinderspielplatz eingerichtet, mit Rutschbahn und Sandkasten. In die alten Lehmziegelgebäude, die so oft renoviert wurden, dass sie nur noch entfernt an die Baracken zu Charles' Zeit erinnern, ist die Stammesregierung der *Kwatsáan* eingezogen. In der Kommandantur residiert die Beratungsstelle für Alkohol- und Drogensucht, eines der Mannschaftsquartiere dient als Versammlungssaal. Stumm und ehrfürchtig wie Pilger, die endlich eine lang ersehnte Weihestätte erreichen, laufen wir zu den einstigen Wohnhäuschen der Offiziere hinüber, auf eine sichtlich alte Holztür zu, die offen steht, daneben ein Schild: *Quechan Fish and Game, Ft. Yuma Indian Reservation* – die Fischerei- und Jagdverwaltung des Reservates.

Ein hünenhafter, muskulöser Mann in seinen 50ern empfängt uns mit Handschlag: Gordon Osborne, der Chef der Abteilung. In einer Wand seines Büros blieb noch ein offener Kamin mit hölzerner Einfassung aus den Frühzeiten des Forts erhalten. Wir erzählen, nicht ganz unbeschwert, von Berts Urgroßonkel, der hier stationiert war, um die *Kwatsáan* in Schach zu halten, die zweimal gegen das Vordringen von Weißen revoltiert hatten. »Ihr seid von Deutschland bis hierher gereist, um Spuren eures Vorfahren zu suchen?«, fragt Osborne erstaunt. Seine Stimme ist tief und kraftvoll, mit der gewinnend warmen, sanften Melodie, die ich auch von anderen *Native Americans* kenne: »Schön, dass ihr da seid!« Wir verstehen uns auf Anhieb: Gordon Osbornes Urgroßonkel war der letzte Stammesführer der *Kwatsáan* – ein Zeitgenosse von Charles. Weil die Weißen sich nicht die Mühe machen wollten, seinen indianischen Namen *Kae-as-no-cum* auszusprechen, nannten sie ihn *Capitán Pasqual.*

***

Pasqual ist damals Ende fünfzig und selbst unter den auffallend großen und athletischen *Kwatsáan*-Männern ein Riese. Mit sechs Fuß vier Inches (1,93 m) überragt er die meisten Stammesgenossen und alle Weißen um Haupteslänge. Lieutenant Sweeney, ein sensibler Beobachter, beschreibt ihn als *groß und imposant, und seine Miene strahlt die wärmste Sanftmut aus; dabei ist er die bemerkenswerteste Persönlichkeit in dieser ganzen Region, wegen seiner unbezähmbaren Abenteuerlust. Sein Körper ist von Narben bedeckt, von den vielen Wunden, die er sich auf Kriegszügen zugezogen hat.* Die meisten dieser Narben stammen von Scharmützeln mit feindlichen Nachbarvölkern. Eine Schusswunde soll ihm Louis Yaeger mit seiner Pistole ein paar Jahre zuvor beigebracht haben – ein Pennsylvanier, der die Colorado-Fähre eine Meile unterhalb des Forts betreibt. Ein Schwarzweißfoto aus späterer Zeit zeigt *Capitán Pasqual* dennoch einträchtig, Hand in Hand mit Yaeger und seiner Frau, als hätten sie sich nie ein Haar gekrümmt.

Ausgerechnet dieser knorrige, vitale Baum von einem Indianer, der Dutzende Kämpfe Mann gegen Mann bestanden hat, wurde durch die Gnade der Weißen zum *kwaxot,* zum Stammesführer, erhoben. Der erste Kommandeur des Forts, der deutschstämmige Samuel P. Heintzelmann, hatte ihn zwei Jahre zuvor – gegen den erbitterten Widerstand anderer Bewerber – dazu ernannt, nachdem er einen anderen, der ihm ungelegen kam, hatte absetzen lassen. *Pasqual* versteht es, die Zeichen der Zeit zu lesen, und er begreift, dass ihm keine Wahl bleibt, als sich anzupassen und das Spiel der Weißen mitzuspielen. Er führt ein Volk, dessen Kampfgeist von der Übermacht der Soldaten und der Feuerkraft ihrer Gewehre und Kanonen gebrochen wurde und das, von Krankheiten und Hunger dezimiert, um sein Überleben ringt. Dabei schienen die *Kwatsáan* seit Menschengedenken von der Natur begünstigt. Noch zu Zeiten ihres Niederganges, Ende des 19. Jahrhunderts, lobt ein Ethnologe ihren hochgewachsenen, ebenmäßigen Körperbau und nennt sie das *körperlich vielleicht vollkommenste Volk* unter den nordamerikanischen Indianern: *Ihre spärliche Kleidung lässt die Anmut ihrer kraftvoll geformten Gliedmaßen und ihre gerade, aufrechte Haltung fast unverhüllt. Jede ihrer Bewegungen zeigt Kraft, Beweglichkeit und Ausdauer. Sie haben makellose Zähne und leiden nur selten unter Zahnschmerzen.* Wegen ihres Wuchses, ihrer Energie und Verwegenheit waren die Krieger der *Kwatsáan* lange ähnlich gefürchtet wie die *Apache.*

Jahrhunderte-, vielleicht jahrtausendelang hatten sie in den Auen des unteren Colorado gelebt, als Bauern und Sammler, immer in Sichtweite des Flusses. Die Winter, in denen der Strom gewaltige Hochwasser aus den Rocky Mountains führt, verbrachten sie auf höher gelegenem Gelände stromauf. Jedes Jahr im März packten sie ihr weniges Hab und Gut auf Schilfflöße und trieben auf den langsam fallenden Fluten zu ihren Äckern und Sommerdörfern stromab. Wenn der feine Schlamm der Colorado-Hochwasser Anfang Juli zu trocknen begann und rissig wurde, steckten sie die ersten Saaten des Jahreslaufes in den noch feuchten Boden: Mais, Kürbisse, Melonen und dürreresistente *Tepary*-Bohnen. Anders als ihre Erzfeinde im Osten, die *Piipaash* und *Akimel O'Odham*, bauten die *Kwatsáan* keine ausgeklügelten Netze von Bewässerungskanälen. Sie verließen sich darauf, dass ihre Feldfrüchte in der Restfeuchte der Hochwasser gediehen, und sammelten alles, was sie an essbaren Wildpflanzen entlang des Flusses und in der umliegenden Wüste fanden. Und so halten sie es auch zu Charles' Zeiten: *Die Indianer hier haben überhaupt ein erbärmliches Leben*, schreibt er, *ihre Nahrung besteht aus den Bohnen einer Art Akazien* [Mesquite], *wo sie Mehl daraus bereiten, aus Kürbissen und Melonen. Die Akazien wachsen wild in Masse, Melonen und Kürbisse können sie aber blos pflanzen, wenn der Colorado Fluß hoch wird und wenn dies nicht geschieht, so entsteht Mangel und Hunger.*

Drei Jahrhunderte zuvor, Ende August 1540, hatte eine spanische Erkundungsexpedition zum ersten Mal die Heimat der *Kwatsáan* betreten. Beamte des Vizekönigreiches Neuspanien erkannten schon früh die strategische Bedeutung ihres Stammesgebietes, das am Zusammenfluss zweier großer Ströme in diesem harten Wüstenland lag und am Weg in die entlegene neuspanische Provinz

Alta California. Ein Jahrhundert lang hatten die Spanier es verstanden, sich die wehrhaften *Kwatsáan* wohlgesonnen zu erhalten. Die Indianer duldeten die wenigen Expeditionen entlang der *Jornada* und blieben friedfertig. Erst als die Spanier in unmittelbarer Nähe ihrer Dörfer zwei Siedlungen gründeten, als Bauern und Soldaten auftauchten und Priester, die zwei christliche Missionsstationen gründeten, verdüsterte sich das Verhältnis. Die Siedler begannen, sich von indianischen Feldern zu bedienen, trieben ihr hungriges Vieh auf deren Äcker und ließen Widerspenstige auspeitschen. Die Priester verdammten ihren »heidnischen« Schamanismus und ihren freizügigen Umgang mit Sexualität, den sie als *Vielweiberei* ansahen. Nach einem Jahr der Übergriffe und Belehrungen war die Langmut der *Kwatsáan* zu Ende. Ihre Krieger erschlugen alle weißen Männer, brannten die *misiónes* und *rancherías* nieder und versklavten Frauen und Kinder. Das spanische Vizekönigreich hat danach nie mehr versucht, die abgelegene Region, 1600 Meilen von Mexico City entfernt, zu besiedeln.

Auch als mit Beginn des kalifornischen Goldrauschs die Karawanen Zehntausender Glückssucher und Emigranten durch ihr Stammesgebiet ziehen, bleiben die *Kwatsáan* zunächst erstaunlich duldsam. Ein paar Jahre lang betreiben sie mit einem ausgemusterten Prahm sogar eine eigene Fähre, mit der sie Reisende für kleine Geschenke über den Colorado setzen. Als aber immer mehr Prospektoren und Siedler auf ihr Stammesgebiet vordringen, nehmen gewaltsame Übergriffe gegen sie zu. Im November 1851 rebellieren die *Kwatsáan* zum zweiten Mal. Sie töten weiße Fährleute, die einen *kwaxot* zusammenschlagen und ihren Prahm ruinieren, um sie als Konkurrenten auszuschalten. Als die U.S.-Armee eine Strafexpedition organisiert, greifen sie deren Nachschubkarawane an. Doch sehr rasch lernen die Krieger eine bittere Lektion. Ihr neuer Gegner ist übermächtig und weiß sie an ihrer empfindlichsten Stelle zu treffen: Die Truppen brennen ihre Dörfer und Äcker nieder und vernichten in einem ohnehin mageren Erntejahr die Vorräte. Hunger und Not befallen die *Kwatsáan.* Sie begreifen, wie auffindbar und verletzlich sie als ein Volk von Bauern sind. Im Oktober 1852 bleibt ihnen nur, sich den Soldaten zu unterwerfen und sich fortan mit der Präsenz der Weißen auf ihrem Land abzufinden. Die errichten, noch vor dem Friedensschluss, die ersten Gebäude von Fort Yuma, mitten im Stammland der *Kwatsáan* und über den verkohlten Ruinen der spanischen *Misión de la Purísima Concepcíon.*

So kommt es, dass Lieutenant Colonel Martin Burke 1856 *Capitán Pasquals* Wohlverhalten in einer Art Schutzbrief geradezu freundschaftlich lobt: *Dieses Papier wird Pasqual, dem obersten Häuptling des Yuma-Volkes überreicht, und alle Personen sind angewiesen, seine Tiere, sein Ackerland und seine Familie nicht zu stören oder zu beeinträchtigen. Er ist ein freundlicher, zuverlässiger Mann und den Weißen gegenüber aufrichtig.*

Pasquals Dorf – eines von fünfen, in denen die damals etwa 3000 *Kwatsáan* leben – liegt genau gegenüber dem Fort, an der letzten Biegung des Gila River, bevor er in den Colorado mündet. Jeden Tag baden die Kinder, Jungen und Alten in einem der beiden Flüsse. Ein weißer Augenzeuge behauptet, *they can outswim a fish!* – sie vermögen einem Fisch davon zu schwimmen! Wenn Charles nachts Wache geht und seinen Blick vom Rand des Felssporns aus über die Auen schweifen lässt, sieht er die Feuer mehrerer *Kwatsáan*-Dörfer flackern. In ihrem warmen Schein erahnt er die Schemen indianischer Familien vor ihren *ramadas* und den kuppelförmigen Schilfhütten, die ihnen als Unterkunft genügen. Wenn die Indianer das Reifen der *Mesquite*-Bohnen feiern oder ihre wechselvollen Ernten von Mais und Kürbissen, dann wehen ihre Gesänge zu ihm herauf, und ihr Gelächter und Gezänk, wenn sie sich in Glücksspielen ergehen, was sie leidenschaftlich gerne tun. Wie aufgehoben und geborgen sie sind, unter ihresgleichen. Und wie alleine und einsam er ist. Er beneidet die Indianer in solchen Momenten, und fühlt eine Sehnsucht, die unstillbar scheint.

Im Schatten des Forts lernen die *Kwatsáan* bald auch eine zweite, verhängnisvolle Lektion: dass die U.S.-Truppen ein dringendes Interesse daran haben, sie leidlich zufrieden zu halten. *So lange sie noch etwas zu nagen haben sind sie ruhig*, schreibt Charles, *entsteht aber Hungersnoth unter ihnen, dann belagern sie unser Fort und verlangen Lebensmittel, welche ihnen auch in reichem Maße gegeben werden; überhaupt wird von der Regierung darauf gesehen, sie freundlich zu erhalten und sie so viel als möglich der Civilisation nahe zu bringen. Es ist eine harte Strafe darauf gesetzt einen zu beleidigen oder in Streitigkeiten mit ihnen zu fallen.* Hungern und Verhungern verschwinden so aus dem Alltag der *Kwatsáan.* Doch sie zahlen einen hohen Preis dafür, dass die U.S.-Armee sie so freigebig alimentiert: Sie verlieren ihre angestammte Kultur und werden zu Entwurzelten und Almosenempfängern. In diesem aberwitzigen Aufeinanderprallen von Industriezeitalter und Steinzeit, von Rationalität und magischem Denken, von viktorianischer Prüderie und Sinnenfreude sind sie die Verlierer.

Seit der Widerstand der Indianer gebrochen ist, hat die Garnison es vor allem mit anderen formidablen Gegnern zu tun: mit den langen, unerträglich heißen Sommern. *Der Frühling beginnt etwa Ende Februar,* schreibt Assistenzarzt Lauderdale, *Ende Mai nimmt die Hitze rasch zu und vom Sommeranfang bis in den September hinein ist sie enorm. Im April, Mai und Juni fällt gar kein Regen, man sieht dann, trotz Temperaturen von 105 ° Fahrenheit* [über 40° C], *kaum Schweiß auf der Haut. Sie wird trocken und spröde und das Haar brüchig.* Die Soldaten erzählen sich hier gerne einen Witz aus der Feder Mark Twains: Einer von ihnen wird, nach einem verfehlten, sündigen Leben, ins Fegefeuer verbannt. Nach einem Tag jämmerlichen Frierens dort schickt er ein Telegramm nach Fort Yuma und bittet, ihm seine Wolldecke nachzuschicken.

Auch die extreme Trockenheit der Luft schafft Probleme, an die Bewohner gemäßigterer Regionen nicht einmal denken würden: *Möbel, die im Norden zusammengesetzt und hierher transportiert wurden, fallen auseinander,* notiert Lauderdale, *Tusche trocknet so rasch an der Feder, daß man sie alle paar Minuten abwaschen muß. Ein »Faber« Nr. 2 Bleistift hinterläßt nicht mehr Spuren auf Papier als ein Stück Anthrazit-Kohle, und man muß immer einen in Wasser weichen lassen, während man mit einem anderen, bereits vorgeweichten, schreibt. Zeitungen sollte man sehr sorgfältig aufblättern, wenn man zu grob mit ihnen umgeht, bricht das Papier.*

Tatsächlich ist das Fort vor allem ein Bollwerk gegen die Hitze. Die ältesten Gebäude stammen noch aus dem Gründungsjahr 1851: Hütten aus mit Lehm beworfenem Weidengeflecht, das kaum isoliert. Doch die Offiziersquartiere und einige der Mannschaftsbaracken sind bereits nach den bewährten Techniken spanisch-mexikanischer Baukunst errichtet. Ihre Mauern aus luftgetrockneten Lehmziegeln sind doppelt gesetzt, mit einer Luftschicht dazwischen, um die Hitze, so gut es geht, draußen zu halten. Die Räume sind auffallend groß und hoch, mit Schiebetüren vom Boden bis zu Decke, die die Luft frei zirkulieren lassen. Auch die Dächer sind, wie die Wände, gedoppelt, mit einem isolierenden Luftkörper dazwischen. Jede Baracke ist ringsum von vier Meter breiten Veranden umgeben, die an ihrer Außenkante, vom Boden bis auf Augenhöhe, mit Sonnenblenden abgeschirmt sind. Benachbarte Gebäude stoßen mit ihren Veranden jeweils aneinander, sodass man von einem zum anderen gelangt, ohne sich dem grellen Licht aussetzen zu müssen. *Das schafft eine intime Atmosphäre,* spotten die Soldaten, *die auch von einem mormonischen Harem nicht übertroffen wird.*

Zwischen Anfang Juni und Ende September glüht die Luft um Fort Yuma wie in der Sahara, mit bis zu 115° Fahrenheit (46° C) im Schatten. *Alle Metallkörper fühlen sich heiß an,* beobachtet John Lauderdale, *meine Uhr brennt wie ein frisch gekochtes Ei in meiner Tasche, die Schnüre meiner Hängematte glühen wie heißer Draht. An solchen Tagen, wenn wir Südwind haben, scheint die Luft aus dem Feuerloch eines Ofens zu kommen. Felsen sind so heiß, daß man sie mit bloßen Händen nicht berühren kann.* Selbst nachts fällt das Thermometer dann selten unter 77° (25° C), sodass die Mannschaften in ihren Quartieren keinen Schlaf mehr finden und ihre strohgefüllten Matratzen auf die Veranden der Baracken und den Paradeplatz tragen und unter freiem Himmel nächtigen. Die Offiziere und ihre Familien halten es nicht anders, auf ihrer Seite des Paradeplatzes.

Charles ist jetzt 37 Jahre alt, und er spürt die Entbehrungen der letzten Jahre. Ein paar Wochen nach seiner Ankunft in Fort Yuma beginnen seine Beine unerträglich zu schmerzen. Sie verfärben sich violett und schwellen an, bis er seine Füße nicht mehr in die Stiefel zwängen kann. Er wird, mit Knappsack und Muskete, wie es die Bestimmungen verlangen, ins Hospital des Forts eingewiesen. Garnisonsarzt Horace Wirtz behandelt ihn – der Mann, der die glücklose »San Francisco« als einer der Ersten verlassen hatte, obwohl er unverletzt geblieben war. Wirtz diagnostiziert *Erythema nodosum*, eine von Tuberkelbakterien oder Streptokokken verursachte Hautkrankheit. Er verordnet drei Wochen strenge Bettruhe, weil die Krankheit im schlimmsten Fall zu einer Entzündung des Herzmuskels führen kann.

An einem Vormittag der zweiten Woche hört Charles vor den Fenstern des Hospitals Jubelrufe auf Englisch und Spanisch, indianisches Freudengeheul und Salutschüsse eines rasch herangerollten Geschützes. *Francisco*, der *Kwatsáan*-Vermittler, kehrt nach mehr als einem Monat von seiner Mission zurück, begleitet von Dutzenden Indianern – und der lang gesuchten Weißen. Nach einem zehntägigen Fußmarsch waren sie morgens gegen 9:00 Uhr am Ostufer des Colorado eingetroffen, hatten bei Offiziersfrauen im Fort nach einem Kleid verlangt und *el carpintero* rufen lassen – den Zimmermann Henry Grinnell, der sich unermüdlich um ihre Rettung bemüht hatte. Als Grinnell kurz darauf eintrifft, kann er kaum glauben, dass er eine Weiße vor sich hat: ihre Brüste sind nackt, sie trägt nur ein Röckchen aus Weidenbast, ist am ganzen Körper bemalt und Arme, Kinn und Wangen sind dunkelblau tätowiert. Ihr Teint scheint ähnlich dunkel wie der der Indianer, ihre Haare glänzen schwarz von *Mesquite*-Saft. Statt Erleichterung oder Freude über ihre Rettung zu zeigen, wirkt die junge Frau verstört und außerordentlich scheu. Anfangs spricht sie kein Wort und dann mühsam gebrochenes Englisch. Sie wäscht sich im Colorado ihre Körperbemalung vom Leib, schlüpft in das Baumwollkleid, und Grinnell setzt mit ihr und einem halben Dutzend Begleitern auf der Fähre über den Strom, flankiert von neugierigen *Kwatsáan*, die mit hinüberschwimmen.

Charles erlebt ihre Ankunft von ferne: Für mehr als einen kurzen Gang an den Rand des Paradeplatzes reichen seine Kraft und die Duldsamkeit des Arztes nicht, und die Gerettete verschwindet sehr bald in Henry Grinnells Hütte, wo sie Lieutenant Colonel Burke vorgestellt wird. Der befragt sie eingehend und erlebt sie als furchtsam und verwirrt: *Wenn ich ihr nacheinander Fragen stellte, die ich absichtlich widersprüchlich formuliert hatte*, schreibt er später in seinem Bericht, *antwortete sie auf beide jeweils mit »Ja«*. Ihr Vorname sei Olivino, gibt die junge Frau an, und der Familienname ihres Vaters sei Oatman gewesen. Sie ist tatsächlich Olive

Abb. 39: Olive Ann Oatman im Jahr 1863. Auf Kinn, Wangen und Armen trug sie zeitlebens die Tätowierungen der Aha Makhav.

Ann Oatman, wie Henry Grinnell und einige Offiziere vermutet hatten, geboren im fernen Illinois und jetzt 18 Jahre alt. Noch am gleichen Abend setzt Martin Burke eine Meldung an den *Los Angeles Star* auf, die die Redaktion eine Woche später erreicht. Charles schreibt den Seinen, was er vom Hörensagen erfährt: *Ein amerikanisches Mädchen von 15 Jahren [war] in unserem Fort, welches fünf Jahre bei den Mohave=Indianern in Gefangenschaft gehalten wurde. Ihre Eltern wurden getödtet und sie und ihre Schwester, welche starb, wurden fortgeschleppt. Die Offiziere erfuhren es durch einen Indianer aus dem Yuma=Stamme und kauften sie mit einem Pferd und ein paar Pfund Glasperlen aus der Gefangenschaft.*

***

Wir gönnen uns Zeit an diesem Vormittag im Alten Fort, wandeln im Schatten seiner einladenden, breiten Veranden, schauen von den Rändern des Felssporns nach allen Seiten ins Umland, schießen Dutzende Fotos. Sie zeigen riesige, mit lasergesteuerten Bodenhobeln planierte Felder, das Asphaltband der *Interstate 8* und ein brandneues Spielcasino der *Kwatsáan* – keine Rauchfahnen indianischer Kochfeuer mehr. Nachdem die Sonne ihren Zenit überschritten hat, werde ich missmutig, von Hunger und

Hitze. Wir reißen uns los, fahren in die Stadt hinunter und landen im mexikanischen Restaurant *La Flor* neben einem wie mit dem Lineal gezogenen, 15 Meter breiten Bewässerungskanal, der das industrielle Agrobusiness ringsum versorgt.

Wir ordern scharf gewürzte Kalorienbomben der *Tex-Mex Cuisine*, die in dieser Region seit einem halben Jahrhundert als authentisch gilt. Dabei ist sie eine amerikanische Erfindung, Mexikaner wissen mit den Speisekarten wenig anzufangen und mit der kargen Kost, die zu Charles' Zeiten hier aufgetischt wurde, hat *Tex-Mex* nichts gemein. Bei *Chicken Fajitas* und *Camarones à la Diabla* kommen wir auf das *Oatman Massacre* zu sprechen, das Fort Yuma damals im ganzen Land in die Schlagzeilen hob. Charles und seine Kameraden erfuhren nur Bruchstücke der Geschichte, aus knappen Worten Burkes und Henry Grinnells und deutlich verspäteten Zeitungen. Um dem Stoff auf den Grund zu gehen, haben wir uns das Standardwerk eines Historikers aus Arizona besorgt und ein zweites aus der Hand einer Journalistin. Jetzt lesen wir gebannt, jeder in einem der Bände, sobald wir ein paar Minuten Muße finden. Die Geschichte der Oatmans zählt tatsächlich zu den am besten rekonstruierten der etwa zweitausend Fälle, in denen Indianer Weiße entführten. In ihr klingt ein Paradox der amerikanischen Geschichte an, das schon Benjamin Franklin verstörte: Hunderte weißer Frauen und Männer, die Indianer in jungen Jahren gefangengenommen hatten, wollten nach ihrer Befreiung nicht mehr in der Zivilisation leben. *Obwohl sie von Freunden freigekauft und mit allem erdenklichen Feingefühl dazu bewegt werden, sich wieder den Weißen anzuschließen,* schrieb Franklin 1753, *stößt sie unsere Lebensart nach kurzer Zeit ab […], und sie fliehen bei erster Gelegenheit wieder in die Wälder, von wo man sie nie mehr zurückholen kann.*

***

Nachdem die Oatmans mit Familie Wilder und zwei ledigen Brüdern in Tucson aufgebrochen waren, um endlich das verheißene *Land Bashan* zu erreichen, mussten sie zunächst das berüchtigte *Ninety-Mile-Desert* mit unsicheren Wasservorkommen durchqueren. John E. Durivage, Korrespondent des *Daily Picayune* in New Orleans, schrieb über diese Strecke: *Ich werde das Durchstehen dieser Jornada nie vergessen, bis an meinen letzten Tag. Was Elend wirklich bedeutet, begreift man erst, wenn man einmal eine lebensfeindliche Wüste ohne Nahrung und Wasser durchquert hat, unter sengender tropischer Sonne, mit einer Geschwindigkeit von drei Meilen pro Stunde.* Die mormonischen Emigranten hungerten sich mit knappen Rationen durch, knapsten für ihre leidenden Tiere schluckweise Wasser ab, wischten ihnen die rissigen Mäuler immer wieder mit feuchten Lumpen aus. Staub drang bis in die hintersten Winkel der Wagen, selbst in die Kisten und Säcke, und legte sich auf alles. Am 5. Februar 1851 erreichte die kleine Karawane die Oase der *Akimel O'Odham* und *Piipaash*, erzählt der älteste Sohn der Oatmans, Lorenzo, später, *ausgebrannt, zutiefst niedergeschlagen und fast in Not.*

Sie hoffen, ihre schwindenden Vorräte hier aufstocken zu können. Doch in den Bewässerungskanälen der indianischen Bauern steht kaum noch Wasser in diesem Dürrejahr, sie leiden selbst Mangel und können so gut wie nichts entbehren. Enttäuscht und ratlos lagern die drei Familien bei den Brunnen von *Maricopa Wells.* Noch immer trennen sie 190 Meilen von ihrem Ziel. Mrs. Wilder bringt in *Maricopa Wells* einen Sohn zur Welt, und ihre Familie und die beiden Brüder beschließen, trotz des drohenden Hungers, vorerst zu bleiben. Nur Roys Oatman, in den Worten eines Mitreisenden ein *sündhaft nachlässiger und verantwortungsloser* Mann, will ohne weiteren Aufschub nach *Bashan* weiterziehen – den irdischen Garten Eden, dort, wo der Gila River in den Colorado mündet.

Bei einem Insektenforscher, der gerade mit einem mexikanischen Führer zu Pferde von Fort Yuma eintrifft, erkundigt er sich nach feindlich gesinnten Indianern. Als der ihm berichtet, er habe unterwegs nirgendwo auch nur Spuren von Indianern gesehen, schirrt Oatman am 10. Februar seine abgemagerten Tiere an und bricht auf – er, seine hochschwangere Frau, die in wenigen Wochen niederkommen wird, und sieben Kinder zwischen zwei und 17 Jahren. Fünf Tage mühen sie sich entlang der wasserlosen *Jornada de los Pimas.* Die vier Milchkühe und zwei Ochsen, die ihren Wagen ziehen, straucheln immer wieder und magern weiter ab, weil an den Lagerplätzen kaum Gras zu finden ist. Am fünften Tag erreichen die Oatmans den Gila River, tränken ihre dürstenden Rinder und füllen ihre Fässer. Doch entlang des Flusses scheint die Fahrt noch mühsamer als bisher. Die Räder ihres Wagens rumpeln über grobes Geröll, mahlen knirschend durch Sand, und als Regen einsetzt, sinken sie tief in den aufgeweichten Boden. Am Abend dieses Tages überholen der Insektenforscher und sein mexikanischer Führer auf ihrer Rückreise zu Pferde die westwärts schleichende Familie. Bestürzt sieht der Forscher, in welch schlechter Verfassung die Oatmans und ihre Tiere sind. Er bietet an, so schnell wie möglich vorauszureiten und die Garnison von Fort Yuma um Hilfe zu bitten. Roys Oatman setzt einen brieflichen Notruf auf und gibt ihn den Reitern mit: *15. Februar 1851, im Lager am Gila River. An den ehrenwerten Kommandeur von Fort Yuma, Brevet Major S. P. Heinzelmann. Ehrenwerter sir ich muß Sie notgedrungen um Hilfe ersuchen, ich selbst, meine Frau & sieben Kinder und ohne Hilfe sir bin ich gewiß daß wir umkommen werden. Ich bin jetzt sir etwa 140 Meilen von Ihrem Lager. Mir wurden meine Tiere Geraubt. So daß die übrig gebliebenen in ihrem jetzigen Zustand nicht mehr genügen die Strecke zu bewältigen. Hochachtungsvoll, Roys Oatman*

Der Insektenforscher und sein Führer traben mit dem Schreiben im Gepäck unverzüglich weiter. Am folgenden Tag schon stoßen sie entlang des Trails auf vier mit Bogen und Pfeilen bewaffnete Indianer zu Fuß, die aggressiv wirken und ihnen einige Zeit lang hartnäckig folgen. Nachts verbergen sich die beiden so gut es geht, machen trotzdem kaum ein Auge zu – und stellen morgens fest, dass ihnen die Pferde gestohlen wurden, 60 Meilen vor Fort Yuma. Der Forscher schickt seinen in der Wüste erfahrenen Führer mit Oatmans Hilferuf voraus. Er selbst kritzelt eine Warnung an die Familie auf einen Zettel, den er an einen Baum entlang des Trails heftet – und den die Oatmans offensichtlich übersehen. Dann eilt auch er mit durchgeladener Pistole weiter, auf Fort Yuma zu.

Am Montagabend, dem 17. Februar 1851, schlagen die Oatmans ihr Nachtlager auf einer Sandbank im Gila River auf. Lorenzo erinnert sich später, seinen Vater auf der ganzen halbjährigen Reise nie so bedrückt und verzweifelt gesehen zu haben. Die Fahrt entlang des Flusses zehrt ihre letzten Kräfte auf. Mehrmals täglich, an Engstellen des Tales, windet sich der Trail aus den Auen jäh auf Basalthochflächen hinauf – und ihre Zugtiere schaffen es nicht mehr, den schwer beladenen Wagen so steil bergauf zu ziehen. Ihre Flanken sind eingefallen, ihr Fell ist matt, ihr Atem geht rau und rasselnd, immer wieder knicken sie in den Vorderläufen ein. Vor den ärgsten Steigungen lädt die Familie alles schwere Gepäck ab und hilft, den ächzenden, knarrenden Planwagen zu ziehen und zu schieben, um die Tiere zu entlasten. Dann schleppen Eltern und Kinder ihr Gepäck selbst den Hang hinauf und heben es in den Wagen zurück.

Nach einer solchen Schinderei hält die Familie am späten Nachmittag des 18. Februar hoch über dem Gila an und isst ein wenig Bohnensuppe und ein paar Scheiben trockenes Brot. Oatman will die ganze Nacht im Mondlicht weiterfahren, um den Tieren die Hitze des Tages zu ersparen. Da sieht Lorenzo plötzlich ein Dutzend oder mehr Indianer den Trail herauflaufen, direkt auf sie zu. Roys wechselt ein paar Worte Spanisch mit ihnen. Sie fragen nach Tabak, er stopft seine Pfeife und lässt sie herumgehen. Dann verlangen sie *pinole* – Maisgries –, möglicherweise sind sie in diesem Dürrejahr noch hungriger als die ausgezehrten Emigranten. Oatman antwortet ihnen, dass sie kaum noch Vorräte im Wagen hätten und nichts entbehren könnten. Als die Indianer beharren, reicht er ihnen zögernd ein paar Scheiben Brot. Sie fordern mehr, und als er das ablehnt, steigt einer von ihnen auf den Wagen, durchsucht ihn und wechselt ein paar Worte mit seinen Gefährten, die jetzt nach Fleisch verlangen. Als Oatman nichts anzubieten hat, beginnen sie, kleinere Gegenstände aus dem Gepäck an sich zu nehmen. Auf die Proteste der Familie hin ziehen sich die Indianer zurück und besprechen sich kurz.

Die beiden erwachsenen Oatmans sind gerade dabei, in ihrem durchwühlten Wagen wieder Ordnung zu schaffen, als die Indianer in Lorenzos Erinnerung in *ohrenbetäubende Schreie* ausbrechen und Kriegskeulen zücken. In wenigen Augenblicken sind Roys Oatman, seine hochschwangere Frau und vier der sieben Kinder überwältigt und erschlagen. Lorenzo, der mit 15 Jahren älteste Sohn, blutet nach drei Keulenhieben auf seinen Kopf aus beiden Ohren. Die Angreifer halten ihn für tot und lassen ihn liegen. Er schreibt einem Onkel später in seinem unvollkommenen Englisch: *It was by merical that I eskaped – ich entkam wie durch ein Wunder.* Die 13-jährige Olive und die 7-jährige Mary Ann bleiben unverletzt.

Die Indianer nehmen sich vom Besitz der Erschlagenen, was ihnen brauchbar erscheint, auch die leinene Wagenplane, die Kühe und Ochsen. Sie binden die beiden Mädchen aneinander und ziehen ihnen die Schuhe aus, damit sie weniger Spuren hinterlassen. In einem Eilmarsch, der die Mädchen völlig überfordert, laufen sie 70 Meilen weit, bis in ihr Dorf zwischen den Harquahala und Harcuvar Mountains im heutigen Bundesstaat Arizona.

Als der mexikanische Führer mit dem Hilferuf der Oatmans Fort Yuma erreicht, reagiert dessen damaliger Kommandeur, Lieutenant Colonel Heintzelman, zögernd und unwillig. Erst am folgenden Tag schickt er zwei Soldaten mit Zugtieren nach Osten. Die bringen Tage später die Nachricht zurück, dass sie nur noch sechs von Wildtieren zerrissene Leichen und den geplünderten Wagen fanden. Als Offiziere der Garnison Heintzelman dringend ersuchen, einen Spähtrupp nach den beiden Mädchen auszuschicken, die das Massaker überlebt haben müssen, lehnt er das mit dem Hinweis ab, dass der Tatort auf der mexikanischen Seite des Gila liege. Der Garnisonsarzt reicht deshalb Beschwerde gegen den Kommandeur ein, wegen *herzlosen und unmenschlichen Verhaltens* und *Vernachlässigung der Dienstpflicht* – und das Oatman-Massaker bleibt ein unrühmliches Kapitel in der Geschichte des Postens bis in Charles' Tage hier.

Im Frühjahr 1856, fünf Jahre nach diesem Massaker, erinnert das Fort auf dem aschgrauen Felssporn über dem Fluss von ferne an eine Sträflingskolonie. Dort leben an die 250 junge Soldaten, die meisten ledig und alleinstehend. Außer dem Garnisonsdienst bleibt ihnen wenig zu tun. Selbst die Mahlzeiten bringen keine Abwechslung. Aus ihren derben Witzen und Obszönitäten spricht bittere Frustration. Lieutenant Sylvester Mowry, der Adjutant des Kommandeurs, schreibt einem Freund, erstaunlich offen für diese Zeit: *Wir sind hier alle Tage von Squaws umringt, die vollkommen nackt sind, bis auf ein paar Fransen von Weidenbast, die ihre Mösen kaum verdecken.* Und er fügt an, was er *zur Zeit als Hauptbeschäftigungen* in Fort Yuma ansieht: *Wir exerzieren, reiten, treiben es mit den Squaws und trinken Bier – für Whiskey ist es hier zu heiß.*

Auch Charles, der protestantisch erzogene Schwabe, bricht immer wieder aus der Monotonie aus. Meist an den *pay days*, jeden zweiten Monat, wenn ein Zahlmeister mit Eskorte im Fort eintrifft und ihnen den hart verdienten Sold bar auf die Hand zählt. Zuerst begleichen sie ihre Schulden, beim Marketender und den Wäscherinnen, beim Friseur, dem Schuhmacher und Schneider. Dann hält die wachfreien Soldaten nichts mehr und sie ziehen los auf *sprees* – auf Zechgelage. Charles legt seine blau-rote Artilleristen-Uniform ab, schlüpft in zivile Kleider und steckt sich ein paar Münzen in die Taschen. Mit einer Schar Kameraden quert er den in der Sonne gleißenden Paradeplatz. Sie salutieren vor der Wache am *guardhouse*, die ihnen hinterherwitzelt, und laufen den schattenlosen Karrenweg zwischen dem Pulvermagazin und dem Vorratsschuppen hinab zum Fluss. Am Fuß des Felssporns passieren sie Scheune und Korral des Forts, die Sattlerei und Schmiede, und die Werkstatt des mittlerweile berühmten Zimmermannes Henry Grinnell und seiner Kollegen. Ein mexikanischer *barquero* setzt sie mit der Gierseilfähre der Armee ans andere Ufer über, zur Bootsände von Colorado City – ein etwas vollmundiger Name für die Handvoll Lehmziegelhütten.

Vom Fähranleger am anderen Ufer sind es nur wenige hundert Yards bis zu einem auffallend großen, einstöckigen Adobe-Gebäude mit lehmbeworfenem Flachdach, hart außerhalb der »Stadtgrenzen« des Weilers. Sarah Bowman, eine resolute Amazone von *six feet two inches* (1,88 Meter), betreibt dort ein *lodging house* – eine einfache Pension, kombiniert mit Schankstube, Gastwirtschaft und Bordell. Sie ist 44 Jahre alt, irischstämmig, mit feuerroten Haaren, blauen Augen und heller Haut, die sehr zu Sonnenbrand neigt. Derzeit ist Sarah mit dem 15 Jahre jüngeren Albert Baumann alias Bowman verheiratet, einem Polsterer aus dem Herzogtum Braunschweig. Bei ihm bestellen Charles und andere deutschstämmige Soldaten ihr Bier in der Sprache der Heimat.

Sarah war schon Jahre zuvor, im Krieg gegen Mexiko, zur Legende geworden: Auf dem Höhepunkt eines Gefechtes hatte sie texanische Soldaten mit selbstgekochter Bohnensuppe, heißem Kaffee und Wundverbänden versorgt, wobei ihr Häubchen und ihr Brotkorb von Kugeln durchschlagen worden sein sollen. Nach der Schlacht von *Buena Vista* wurde sie als Heldin verehrt, weil sie unter anderem half, Gewehre nachzuladen und Verwundete in Sicherheit zu schleppen. Nach dem Krieg soll sie sich dann *von Küche zu Küche* und *von Schlafzimmer zu Schlafzimmer* nach Westen vorgearbeitet haben. 1852 kam sie in Fort Yuma an und kochte anfangs für die Offiziersmesse. Tatsächlich scheint sie sich ihr Leben lang ein Herz für das seelische und leibliche Wohl von Soldaten bewahrt zu haben. Ihre respektgebietende Gestalt und ihre Furchtlosigkeit brachten ihr den Spitznamen *Great Western* ein, nach dem ersten für den Transatlantikverkehr gebauten Schaufelraddampfer der Welt.

Sarah ist Analphabetin, um derbe Flüche nicht verlegen und spricht – neben Englisch – fließend Spanisch, etwas Deutsch und ein paar Brocken *Kwatsáan*. Im Notfall weiß sie auch zuzuschlagen und mit Pistole und Gewehr umzugehen. Viele der Soldaten verehren sie in dieser an weißen Frauen so armen Region wie einen Engel. Zum einen, weil sie zu kochen versteht und mit mütterlicher Wärme kranke und verletzte Soldaten pflegt. Ihre anderen Vorzüge verschleiern die meisten zeitgenössischen Quellen. Lieutenant Mowry, der notorische Don Juan unter den Offizieren, nimmt seinem Freund gegenüber kein Blatt vor den Mund: *Sie ist eine bewundernswerte Kupplerin. Einst war sie selbst eine blendend aussehende Frau, die [Männern] »gute Dienste« geleistet hat – aber jetzt ist sie zu alt dafür.*

In der Umgebung des Forts soll es damals Prostituierte *aller Rassen* geben, was wohl vor allem bedeutet: Mexikanerinnen, Angloamerikanerinnen und Indianerinnen. Die meisten der weißen Frauen arbeiten unter den Fittichen von Sarah Bowman in Kammern mit gestampftem Lehmboden an der von der Straße abgewandten Seite ihres Etablissements. Doch der Drang der Soldaten nach käuflichem Sex scheint so vehement, dass die *Great Western* mit all ihren *Waschfrauen* ihn nicht zu befriedigen vermag. Auch *Kwatsáan*-Frauen verkaufen sich an die Soldaten – obwohl sie dabei ein hohes Risiko eingehen: Werden sie ertappt, dann gelten sie als entehrt und werden in ihren Dörfern bestenfalls noch geduldet. Ein neugeborenes Halbblut begraben Stammesgenossinnen damals bei lebendigem Leib. Dennoch schreibt Sylvester Mowry *Nackte Haut ist hier billiger als an jedem anderen Ort, den ich kenne.* Und er scheut sich nicht, die gängigen Preise zu nennen: *Ein Pfund Glasperlen kostet zweieinhalb Dollar – und dafür kannst du dir Schäferstündchen mit fünfzehn oder zwanzig Squaws verschaffen.* Das kann sich auch ein Gefreiter wie Charles ein- oder zweimal im Monat leisten.

Zecherei und Schäferstündchen fordern freilich einen ganz anderen Preis: Die häufigsten Maladien im Fort sind – nach Amöben- und Bakterienruhr – Geschlechtskrankheiten, darunter so todbringende wie die Syphilis. Sie breiten sich rasant aus, auch unter den *Kwatsáan.* Besäufnisse arten regelmäßig in Schlägereien aus, die Soldaten tagelang dienstunfähig machen. Die Kommandantur beobachtet das mit Sorge, sieht sich aber außer Stande, Prostitution und Alkoholausschank ganz zu unterbinden, zumal auch Offiziere wie Lieutenant Mowry, zumindest vertretungshalber, den Posten kommandieren. Um ihr Geschäft nicht zu gefährden, versucht Sarah Bowman die schlimmsten Entgleisungen zu verhindern. Dennoch ist von ihr der bittere Satz überliefert: *Zwischen Yuma und der Hölle lag nur ein dünnes Blatt Sandpapier.*

Wenn Charles Wache geht, begegnet er hin und wieder Olive Oatman. Sie trägt ein hochgeschlossenes Kleid und ein Häubchen, wie es sich für eine Angloamerikanerin von Stande geziemt, doch sie bewegt sich nach wie vor mit der natürlichen Leichtigkeit und Grazie einer Indianerin, die gewohnt ist, weite Strecken zu laufen. Ansonsten wirkt sie seltsam still und niedergeschlagen auf ihn. Das Wort an sie zu richten ist Charles unmöglich. Während ihrer vier Wochen im Fort zählt Olive zur Welt der Offiziere und ihrer Familien südlich des Paradeplatzes. Und die trennt ein unüberbrückbarer Graben von der Welt der Mannschaften nördlich davon.

Zeitungen berichten, Olive Oatman – *die von den Wilden Errettete* – werde von der Gattin eines Leutnants betreut. Tatsächlich aber kümmert sich vor allem Sarah Bowman um sie. Die Nächte verbringt Olive im Fort, die meisten Tage in Sarahs *lodging house* und Bordell am gegenüberliegenden Ufer des Colorado. Wenn sie danach gefragt wird, erzählt sie stockend von ihren Erlebnissen: Sie ist sich sicher, dass sie und die kleine Mary Ann von den allseits verhassten *Apache* entführt wurden. Historiker und Kenner der Region gehen heute davon aus, dass die Oatmans von einem ausgehungerten Trupp von Jägern und Sammlern der *Tolkepaya* massakriert wurden, deren Stammesgebiet nördlich des Gila River liegt. Sie versklaven die beiden Mädchen offensichtlich, wie das unter indianischen Völker des Südwestens damals üblich ist, um sie für sich arbeiten zu lassen oder um ihr von Hunger, Krieg und Krankheiten dezimiertes Volk zu mehren. Olive erinnert sich an *ein düsteres Gefangenenleben.* Sie und ihre kleine Schwester hätten sich verachtet gefühlt, seien oft bedroht und geschlagen worden, hätten niedere Arbeiten übernehmen müssen und oft gehungert.

Im Herbst des Dürrejahres 1851 besuchen handeltreibende *Aha Makhav* das Dorf der *Tolkepaya* – befreundete Bauern vom mittleren Colorado, die Getreide und Gemüse gegen Felle tauschen wollen. Offensichtlich erbarmt sich *Topeka*, die Tochter eines *Aha Makhav*-Schamanen, der beiden geschundenen Mädchen. Sie kehrt ein halbes Jahr später mit ein paar Händlern zurück und kauft die beiden frei, für zwei Pferde, Gemüse, ein paar Pfund Glasperlen und drei Baumwolldecken. Wieder sind Olive und Mary Ann gezwungen, in indianischem Tempo tagelang durch die Wüste zu laufen, 90 Meilen weit, bis ins Heimatdorf *Topekas* am Ufer des Colorado, nahe des heutigen Needles, Kalifornien. Olive zeigt sich noch Jahre später beeindruckt von *der Lieblichkeit, die die Natur über dieses Tal breitet.* Sie werden direkt ins Haus des Schamanen geführt, den Olive als *großen und starken Mann, tatkräftig und im Allgemeinen glücklich* beschreibt. Seine Tochter empfindet sie als hübsch, klug und redegewandt. *Topeka* wird den beiden Waisen zur Freundin, und ihre Familie nimmt Olive und Mary Ann bei sich auf.

Auch bei diesem Volk sind die Tage der beiden mit Arbeit gefüllt: Sie schleppen Wasser und Feuerholz, graben nach essbaren Wurzeln, sammeln *Mesquite*-Schoten und Beeren, säen Mais, Kürbisse und Bohnen, helfen bei der Ernte und beim Haltbarmachen und Lagern der Vorräte. Manche Dorfbewohner begegnen ihnen mit Argwohn oder offener Ablehnung, andere mit Neugier, Mitgefühl und Sympathie. Als die Mädchen sich unbeobachtet wähnen und mormonische Hymnen zu singen beginnen, finden die *Aha Makhav* Gefallen an dieser Musik und versuchen fortan, sie mit Geschenken zum Singen zu bewegen.

Mittlerweile haben indianische Frauen die beiden mit Kaktusstacheln und Holzkohlestaub an Kinn, Wangen und Armen tätowiert, was Olive als Zeichen ihrer Versklavung versteht. Heute sehen Ethnologen darin einen Hinweis, dass sie von den *Aha Makhav* als ihresgleichen angenommen wurden. Als eine Vermessungsexpedition der Armee im April 1854 einige Tage bei ihrem Dorf lagert, sollen sich die Schwestern nicht zu erkennen gegeben haben, obwohl die Indianer ihnen wohl freigestellt hatten, zu den Weißen zurückzukehren. In ihrer freizügigen und unverblümten Art mit Sexualität umzugehen, geben sie Olive den Spitznamen *Spantsa*, was so viel wie *wunde Vulva* heißt und wohl auf ein lebhaftes Liebesleben hinweist – unvorstellbar für eine Altersgenossin im puritanischen, weißen Amerika.

1855 fallen die Frühjahrshochwasser des Colorado so mager aus, dass die *Aha Makhav* von Missernten getroffen werden und hungern und verhungern. Auch die mittlerweile zwölfjährige Mary Ann, vom Mord an ihren Eltern und Geschwistern gebrochen und seit Jahren mangelernährt, stirbt. Olive überlebt nur, weil ihr die Frau des Schamanen einen Brei aus Saatgetreide kocht, das für das folgende Frühjahr bestimmt war. Etwa ein halbes Jahr nach Mary Anns Hungertod taucht *Francisco*, der Mittelsmann der *Kwatsáan*, mit seinen drei Begleitern auf, um Olive freizukaufen. Drei Tage und Nächte debattiert er hart mit den Ältesten. Die lehnen sein Ansinnen ab, weil sie die junge Frau längst als eine der ihren betrachten. Erst als er ihnen mit einer Strafexpedition *von fünf Millionen Soldaten* droht und ein weißes Pferd und andere Geschenke als Ablöse bietet, lenken sie ein. Die Frau des Schamanen beweint den Verlust ihrer Ziehtochter einen ganzen Tag und eine Nacht lang. *Topeka* und ein junger Nachbar begleiten Olive auf ihrem zehntägigen Fußmarsch bis Fort Yuma. Sie scheint das Grab ihrer Schwester und das Dorf – ihre Heimat der letzten vier Jahre – nur zögernd zu verlassen. Zeit ihres Lebens halten sich Gerüchte, dass sie mit einem Sohn des Schamanen verheiratet war und ihm Kinder geboren hatte.

Freitag, der 21. März 1856, geht in die Annalen von Fort Yuma ein: Nachmittags erreicht Lorenzo Oatman, aus Los Angeles kommend, Louis Yaegers Fähranleger nach einem elftägigen Ritt auf einem geliehenen Pferd, begleitet von einem Freund. Er hatte sich nach dem Massaker mit schweren Kopfverletzungen zu Fuß Richtung *Maricopa Wells* durchgeschlagen. Zwei Jäger der *Akimel O'Odham* hatten ihm unterwegs zu essen und zu trinken gegeben, und schließlich war er auf die Planwagen der beiden anderen Familien ihres Trecks gestoßen, die ihm – unterwegs nach Fort Yuma – entgegenkamen. Nach seiner Rettung hatte Lorenzo sich als minderjähriger Vollwaise mit Handlangerarbeiten in Kalifornien durchgeschlagen, und er hatte all die Jahre rastlos darum gekämpft, dass seine Schwestern gesucht und gerettet werden. Louis Yaeger setzt ihn über und notiert in seinem Tagebuch staubtrocken, wie es seine Art ist: *Ich begleitete ihn zum Fort hinauf, und sie erkannte ihn nicht und er erkannte sie nicht – so viel Veränderung in 5 Jahren.* Das dramatische Wiedersehen brennt sich in Olives Erinnerung ein: *Fast eine Stunde lang brachten wir beide kein Wort heraus*, schreibt sie später, *denn die Geschichte all dieser Jahre, die aufwühlendste und unerklärbarste Geschichte, drängte sich in diese Stunde.* Fünf Tage bleibt Lorenzo im Fort, bevor die Geschwister mit einer Wagenkolonne der U.S.-Regierung nach San Diego weiterreisen. Die Schicksale der beiden und ihr Wiedersehen machen Schlagzeilen im ganzen Land. *In San Francisco wurden gegen 4000 Dollar für sie collectirt*, schreibt Charles in die Heimat, *und das Mädchen ist jetzt in einem Kloster der Barmherzigen Schwestern.*

Sarah Bowman, die *Hure mit dem goldenen Herzen*, die Olive Oatman für einige Wochen unter ihre Fittiche genommen hatte, stirbt zehn Jahre später mit nur 54 Jahren am Biss einer Schwarzen Witwe – einer Giftspinne, groß wie ein Daumennagel. Nach ihrem Ableben wird Sarah, ihrer unzähligen Verdienste wegen, ehrenhalber in den Rang eines Colonels erhoben und mit militärischen Ehren beigesetzt – auf dem Friedhof von Fort Yuma.

13
Königin des Südens

Keine Stadt auf dem alten und neuen Continente, St. Franzisco und Calkutta vielleicht ausgenommen, hat ein so großes Völkerpanorama aufzuweisen, als New-Orleans, die Königin des Südens, die Beherrscherin des majestätischen Golfes von Mexiko. So beginnt der Fortsetzungsroman *Die Geheimnisse von New Orleans* aus der Feder des deutschen Auswanderers Ludwig Freiherr von Reizenstein. Die Folgen erscheinen von Januar 1854 bis ins Frühjahr 1855 in der *Louisiana Staats-Zeitung*, dem liberaleren der beiden großen deutschsprachigen Blätter. Das von Hochwassern und *hurricanes* bedrohte New Orleans mit seiner alltäglichen Gewalt, seinem Dreck, den unerträglich schwülen Sommern und Myriaden von Moskitos ist eine herbe Heimat für Neuankömmlinge wie Reizenstein und Fred Herzog. Es sei, schreibt der Romancier, *die Quelle, aus der schon so viele Tausende ihren Reichtum geschöpft haben, aber auch der bittere Kelch des Leidens, des Elends und Verzweiflung. New-Orleans ist […] das ungeheure Grab für die armen Einwanderer und Heimathlosen, die sich nicht zur rechten Zeit den Armen dieser Buhldirne entwinden.*

Die meisten deutschen Einwanderer, die die Neue Welt am *Levee* von New Orleans betreten, machen hier nur kurz Station, bevor sie in andere Bundesstaaten und Territorien im Westen und Norden Amerikas weiterziehen. Gebildete und vermögende Deutsche, die die Wahl haben, werden hier selten sesshaft, weil sie die Gelbfieber-Epidemien fürchten und ihnen die Sklaverei missfällt. Deshalb mangelt es der Kolonie von 12 000 Deutschstämmigen an brillanten und engagierten Köpfen, derer sich Städte wie Saint Louis, Cincinnati und Philadelphia rühmen – und das kleine Belleville, Illinois. Wer sich in New Orleans niederlässt, gerät leicht in Verdacht, zu den Antriebslosen, Duldsamen zu zählen oder zu den ewigen Verlierern. Fred schlägt sich hier schon drei Jahre durch, als er am Samstag, dem 26. Januar 1856, zu Feder und Tinte greift: *Theuerste Angehörige! Schon lange hätte ich euch geschrieben,*

Abb. 40: Eine der frühen Straßenbahnen in New Orleans, von Pferden gezogen und mit Sitzmöglichkeiten auf dem Dach.

aber leider warte ich vergeblich auf Karls Antwort (an den ich so gleich schrieb als ich euren Brief erhielt) doch vergeblich bis jetzt! Ich wunderte mich als ich erfuhr, daß Karl noch einmal sich dem Soldatenleben zugewendet hatte, 3 Jahre sind nun vorüber, mögen die anderen 2 ihm kurz werden, u. der Himmel bewahre ihn vor Lorbeeren! Wäre er bei der Infanterie so dächte ich er wäre gegen die Indianer gezogen, doch die Artillery glaube ich hat damit nichts zu thun. Ich hoffe daß Ihr alle gesund u. wohl seid. Stets bin ich mit Euch beschäftigt, in Gedanken, u. ich glaube denselben Augenblick, daß ich an Euch denke, Ihr auch an mich denkt.

Er lebt mittlerweile am Nordrand des *Third District*, nahe der Sümpfe, wo die Straßen lockerer bebaut und von Bäumen gesäumt sind und wo Dutzende Gärtnereien liegen, deren Besitzer Gemüse, Blumen, Obst und Kräuter ziehen. In Freds Viertel wohnen so viele Deutsche, dass es den Spitznamen *Little Saxony* – Klein Sachsen – trägt oder *Faubourg des Allemands* in der Sprache der Kreolen. *Gesund bin ich Gottlob immer geblieben,* schreibt er, *der letzte Sommer ging besser vorüber als man dachte. Auf meinem alten Platze bin ich noch seit 9 Monaten, ganz allein bewohne ich 4 Häuser, welche ich vor einigen Monaten der Feuersgefahr entriß; Eines derselben ist mit Schiefer die anderen mit Schindeln gedeckt. Drei benachbarte Häuser brannten ab, u. brachten mich in nicht geringe Gefahr, ein starker Wind trieb das Feuer gerade über die Dächer, Hage[l]dicht fielen die Feuerfunken u. glimmende Kohlen, schon brannten die Schindeln an manchen Stellen, niemand kam mir zu Hilfe ich selbst aber kehrte mit einem Besen beständig das Feuer ab, u. rettete auf diese Weise Alles.*

Im Frühjahr 1855, etwa zu der Zeit, als Charles und seine Kameraden mit Lieutenant Parkes Vermessungsexpedition in die Wüste aufbrachen, fand Fred besser bezahlte Anstellung: Er wechselte von seinem griechischstämmigen Dienstherrn zu John W. Langdon, einem amerikanischen Gemüsehändler, der mit Freds Hilfe eine Blumenzucht aufbauen will. Einige deutsche Gärtner in seiner Nachbarschaft seien ihm *nicht hold*, schreibt er, *indem mein Principal ein guter Kunde zu solchen war, sie solchen durch mich aber verloren. Meines Principal Geschäft ist nemlich, daß er die Dampfschiffe u. Boote mit Gemüß u. anderen Lebensmitteln versorgt, dazu braucht [er] eine Menge Bouquete u. kaufte den Gärtnern jeden Tag für ungefähr 5 Dollar werth ab. Seit dem er aber selbst einen Garten u. Gärtner hat ist diese Auslage gespart für ihn. Dazu habe ich ungefähr einen Morgen groß mit 2000 der besten immerblühenden Rosen bepflanzt, solche selbst vermehrt u. auch andere diesem Zwecke entsprechende Blumen genug. Ich habe seit letztem Frühjahr schon mehr Bouquete gemacht als drei solche Halb-Gärtner u. ihre Weiber dazu. Dazu habe ich W. Maierische Ordnung in meinem Garten. Grüßt ihn in meinem Namen, u. sagt ihm solches.*

Er schreibt das mit fast trotzigem Stolz. Doch sein ursprünglicher Traum, sich in Amerika mit einer gepachteten oder gar eigenen Gärtnerei selbstständig zu machen, droht zu scheitern. Mit bald 30 Jahren ist Fred noch unverheiratet. *So viel ist gewiß*, schreibt er an die Familie, *daß wenn ich eine Gefährtin finde, daß mein Herz werth ist, so hoffe ich für mich selbst anzufangen. Wenn nicht, so mache[n] ich u. Karl eine Reise nach Deutschland nächstes Jahr. Herzlich grüßend Euch u. Verwandte Euer Sohn, Bruder u. Schwager Friedrich Herzog*

Nachträglich bitte ich Euch mir bald wieder zu schreiben.

Abb. 41: Der Schillerplatz in Stuttgart um 1869, mit dem runden Turm des Alten Schlosses links im Bild, dem Gasthof »König von England«, der Stiftskirche, dem Fruchtkasten und dem Schillerdenkmal, dessen Enthüllung 1839 die Brüder noch erlebt hatten.

Immer wieder schweifen Freds Gedanken ins 6000 Meilen entfernte Stuttgart – in die *Fürstin der Heimat*, wie Hölderlin sie nannte, *mit heiligem Laub umkränzt*. Er ist ein Familienmensch, stets um die Daheimgebliebenen besorgt. 1855 erfahren die Brüder aus Briefen ihrer Schwestern, dass ihr Vater in Armut abzurutschen droht: Seit mehr als zwei Jahrzehnten schon hatte Christian Herzog als angelernter Gärtner und Faktotum den großen Privatgarten des Verlegers Carl Hoffmann gepflegt. Jetzt scheint Hoffmann unzufrieden mit der Arbeit des in seinen Diensten Gealterten. Er soll sich mit dem Gedanken tragen, einen Gärtnergesellen einzustellen. Charles, der sich bei der Familie oft jahrelang nicht meldet, geht mit keinem Wort auf die Not des Vaters ein. Fred versetzt die Nachricht in Rage: *Es schmerzt mich unendlich*, schreibt er in seinem Antwortbrief, *daß der Vater in seinen alten Tagen, nach 23 jähriger Aufopferung, solchen Undank u. Herabsetzung erfahren muß, zumal von Leuten, die weiter nichts als Narrenglück gehabt haben. Ich wünsche der Tag der Rache möchte für solche kommen, die ihren Nebenmenschen so mißbrauchen – Verflucht sei der Tag, wenn der Vater sie zuerst kennen lernte. -- Da vergeht mir der Gedanke, die Heimath wieder zu sehen, ein Geschäft anzufangen, umgeben von solchen Feinden, dünkt mir auch nicht thunlich, ich denke es ist besser hier zu bleiben, und wo möglich auf Karl zu warten, denn für den nächsten Sommer wäre es ja doch, ich denke verlorene Zeit, etwas anzufangen, selbst wenn ich auch sobald als möglich abreisen wollte.*

Mit mittlerweile 65 Jahren droht der Vater nicht nur seine Arbeit und sein Auskommen zu verlieren, sondern auch seine Wohnung im Hinterhaus über der Hoffmannschen Setzerei und Druckerei, wo er nach wie vor mit seiner ledigen Schwester Juliane und seiner jüngsten Tochter Marie Sophie lebt – und wo sie einst alle gewohnt hatten. Staatliche Rentenkassen sind noch unbekannt, und Christian Herzog, der weder Lesen und Schreiben noch ein Handwerk erlernt hat, gehört keiner Zunft, keiner berufsständischen Vereinigung an, von denen die neuzeitlichsten bereits Witwen- und Waisenrenten und ein bescheidenes Altersgeld auszahlen. Der Familie bliebe nur, sich des mittellosen Vaters anzunehmen.

Helfen ist meine Pflicht u. das will ich thun so gut ich kann, schreibt Fred nach Stuttgart. *Ich wünschte der Vater würde sich einstweilen geradezu in die Ruhe setzen, nehme zuerst mein Mütterliches Vermögen, u. lebe davon, unbekümmert. Könnte er wohl nicht mit Lotte u. Kunberger zusammen wohnen? Die Vermögens Umstände kenne ich allerdings nicht, doch denke ich wird es für den Vater ausreichen, wenigstens für den nächsten Sommer, sollte es nicht, so bin ich bereit, ihm augenblicklich eine Summe zu schicken die er sodann ohne weiteres zu seinem Unterhalt verwenden möge. Sollte ich auch nicht nach Deutschland kommen, was ich jetzt bezweifle, so kann ich doch immer so viel verdienen, daß ich meine Pflicht an ihm zu thun, im Stande bin.*

In der Heimat bangen die Schwestern, ob der Vater und Juliane, die ihm den Haushalt führt, zumindest in der Dienstbotenwohnung bleiben dürfen, zu der günstigen Miete, die der Verleger ihnen all die Jahre wohl gewährt hatte. Fred ist anderer Meinung: *Besser glaube ich ist es für den Vater u. auch unserer »Ehre zu Lieb« geradezu Hoffmanns Herrlichkeit zu entsagen,* schreibt er. *Ich und Karl werden wo möglich helfen, so gut wir können. Daher seit unbekümmert für die Zukunft. Es ist leider Herrn Wilhelm Maiers Prophezeihung wahr geworden, er warnte mich immer, sich nicht auf der Art Leute zu verlaßen. Hoffmanns sind wir keinen Dank schuldig, sie sind mein Wohlthäter nie gewesen. Ich hoffe der Vater werde sich daher […] nehmen was ich ihm anerbiete. Mit der Bitte mir so bald als möglich zu schreiben, grüße ich Euch alle Herzlich, Friedrich Herzog*

Im nächsten Brief aus Stuttgart liest er zu seiner Erleichterung, dass die drohende Not fürs Erste abgewehrt scheint: Carl Hoffmann gewährt dem Vater ein Gnadenbrot. Er lässt ihn, neben dem neueingestellten Gärtner, weiter für sich arbeiten und im Hinterhaus wohnen. *Es freut mich daß der l. Vater den Rest meines Vermögens ziehen konnte,* antwortet Fred, *u. sollte Er, oder Ihr im Mangel sein, so bitte ich laßt es mich wissen, allein u. ledig wie ich bin, könnte ich Euch wohl etwas helfen, ohne mir gerade wehe zu thun. Wie steht es mit dem Garten u. »Gelernten Gärtner«? Das den l. Vater das Alter drückt glaube ich wohl, daß er also nicht mehr Allem nachkommen kann, aber schmerzlich wäre es für mich wenn ich wissen müßte daß Er einem »Theoretisch gelernten Gärtner« Platz hätte machen müssen, da seine Erfahrung u. Praxis, älter ist als ein Solcher selbst. Dringend bitte ich Euch mir bald zu schreiben, in 2 Monaten werde ich nach Eurem Brief schauen. Dann schreibt mir besonders wie die Marie gesonnen ist, u. wie es Euch ergeht. Viele Theilnahme von Seite andrer Bekannten habe ich noch nicht gelesen - - but I don't care for them.*

Laßt mich insbesondere wissen, in welchem Verhältniße der »Gelernte Gärtner« zum Vater steht. Ein gelernter Gärtner bin ich auch, aber nicht abgerichtet, u. ausgelernt wird nie einer sein! Der Unabhängigste ist immer der, welcher die wenigsten Bedürfniße hat, meine Freiheit schätze ich über alles. Eine Bitte hätte ich an den l. Vater, wenn Er mir in dem nächsten Brief einige Samenkörner von Loasa lateritia beilegen wollte, wenn er hat u. wohl kann, so wie eine Locke von der kleinen Emma würde mich [das] sehr freuen, noch habe ich ein Tuch das die sel. [Friede]Ricke genäht hat.

Ob mein Schreiben korreckt ist weiß ich nicht, ich denke alles in englisch. In Sehnsucht erwarte ich Eure Antwort. Herzlich grüßend

Euch u. alle die mir werth waren schließe ich. Euer Sohn, Bruder u. Schwager

Ein Vierteljahr später, Ende April, Anfang Mai 1856, entdeckt er den Antwortbrief der Familie auf der Liste, die jeden Tag am Postamt des *Third District* von New Orleans aushängt. Der Vater schickt ihm die Samen des orangerot blühenden Fackelbrennkrautes *Loasa lateritia*, um die er ihn gebeten hatte, und seine Schwester Lotte legte die Haarlocke ihrer achtjährigen Emma bei, die noch gestillt wurde, als Fred nach Amerika aufbrach. Seinen sonntags verfassten Antwortbrief datiert Fred wie ein Amerikaner, mit *May 25th 1856.*

Theuerste der Heimath! Vor einigen Wochen erhielt ich Euern Brief, nebst dem Inhalt, was mich sehr freute, und eben ward ich im Begriff, Erkundigungen wegen Karl zu machen, als ich einen Brief in der Post Office für mich fand; er war von ihm. Er schrieb mir folgendes: Daß seine Compagnie am 15. März vorigen Jahres San Diego verließ, indem sie als Escorte von Ingeneuren bestimmt waren, welche letztere das Terrain für die Eisenbahn nach dem stillen Ocean zu untersuchen hatte. Soviel ich aus Eurem Brief vernahm, seid ihr alle wohl, was mich freut, ich bin es Gottlob auch. Summers einem dürren Amerikaner gleich, Winters einem Deutschen, glauben mich die Leute kaum etliche zwanzig Jahre alt, so jung sehe ich noch aus.

Sonst hat sich mit mir noch nichts verändert, auf meinem Platze bin ich noch ganz allein u. vermeide die Gesellschaft der Deutschen so viel wie möglich, indem die mehrsten mir zu wenig aufgeklärt sind; nicht weit von mir ist ein Deutscher Biergarten, u. während ich dieses schreibe sitzen sie beisammen, trinken, spielen u. prügeln sich, prahlen dabei über ihre Unabhängigkeit, ich bedauere es nicht wenn wenigere kommen. In der That die Einwanderung hat nach einigen Angaben letztes Jahr um 70 prcent abgenommen, übrigens je weniger kommen, desto leichter finden sie Arbeit.

Die Ungelernten unter seinen deutschstämmigen Nachbarn verdingen sich als Tagelöhner an den Docks und bei Erdarbeiten am *Levee*, arbeiten als Fuhrleute und Droschkenkutscher. Andere sind Handwerksmeister oder Gesellen wie Fred: Bäcker, Metzger, Küfer, Schreiner, Schmiede oder Maurer. Wer den Mut und das Kapital hat, sich selbstständig zu machen, besitzt ein *boarding house* oder ein kleines Hotel. Einigen gelang es sogar, stattliche Unternehmen zu gründen: Philipp Mayer und Sohn betreiben eine Zigarrenfabrik, J. H. Keller eine Seifensiederei, die zwei ganze Blocks am Mississippi beansprucht, Familie Reis führt eine renommierte Eisenwarenhandlung in der Tchoupitoulas Street, vier Blocks vom *Levee.*

Wie in vielen Regionen der Welt haben sich Deutsche auch als Brauer und Wirte einen Ruf in New Orleans erworben, in diesem *wüsten Chaos von Sitten, Sprachen und Gebräuchen*, wie Ludwig von Reizenstein es erlebt. Es soll hier Hunderte von Restaurants und Gastwirtschaften in deutscher Hand geben, und *coffee houses* und *oyster houses*, wie man die Bars und Schankstuben nennt. Mitten im *Vieux Carré*, gegenüber dem *Théâtre de l'Opéra*, liegt eines der namhaftesten Etablissements – *Krost's Beer Parlor*, in dem ein Vierteljahr vor Freds Ankunft, im Oktober 1852, das erste Helle der Stadt serviert wurde, das hier als *lager beer* firmiert. Nur eine Gehminute vom Mississippi wirbt das Restaurant *Zur Fliege* mit einem Schild an der Tür: *For good German sausage come to Die Fliege.* Drinnen werden, neben gut eingeschenkten Bierkrügen mit überschäumender Blume, Würstel nach Nürnberger und Regensburger Art serviert, Blutwurst, Braunschweiger Leberwurst und Frankfurter Bratwurst – alles von deutschen Metzgern nach Rezepten der Heimat gewurstet. Johann Lockert betreibt das angesehene Restaurant *Zum Schwan*, Joseph Fabacher sein viel gepriesenes *Coffee, Beer and Boarding House* zwischen Chartres Street und Exchange Alley. Carl Mattern serviert deutsche Küche in der *Columbia Bierhalle.*

Traditionelle Biergärten sind im subtropischen Klima von New Orleans besonders beliebt, bei Einheimischen und Einwanderern aller Nationen. Das *Tivoli* gilt als der eleganteste, aristokratischste unter ihnen. Auch Amerikaner und Kreolen begeistern sich für die *echte Alte Welt-Atmosphäre* und für die schmissigen Musik-Kapellen. *Für das Privileg eines Walzers, der fast zehn Minuten dauert, zahlen männliche Tanzpartner jeweils fünf Cent,* staunt ein amerikanischer Zaungast und fährt im Original fort, *the »frauen« pay nothing, heaven bless them!* Deutsche, die gerade nicht tanzen, *sitzen auf schmalen Bänken unter den Bäumen*, beobachtet er, *gurgeln*

Bier und ihre kehligen Sprachlaute. Fred enthält sich solcher Vergnügungen wohl weitgehend. Seine Halbschwester Marie Sophie, die mit mittlerweile 18 Jahren ins heiratsfähige Alter kommt, scheint in einem Brief an ihn nicht recht glauben zu wollen, dass es ihm in Amerika gelingt zu heiraten. *Eine Frau, was die Marie bezweifelt, hätte ich schon finden können,* rechtfertigt er sich, *wollte mir aber keine Mühe geben, da sie mehrstens doch falsche Geschöpfe sind. Uebrigens glaube ich die Lotte verstände die Wahl für mich, »man kauft ja nicht die Katze im Sack!« Eine Solche müßte treu, verständig u. weder zu jung noch zu alt sein, dabei leicht lernen, u. mir zu lieb sich in alles schicken können. Dann würde ich meinerseits alles aufbieten um vorwärts zu kommen. Nur dann hat das Leben den vollen Werth für einen. Ich habe schon mehrere Anträge abgewiesen, den letzten vor einigen Tagen.*

Die Frage, wie man sich in Amerika verheiraten kann, bewegt Marie Sophie auch, weil sie sich seit Längerem mit dem Gedanken trägt, ihren Brüdern in die Neue Welt zu folgen – als drittes der Geschwister. Dann bliebe dem Vater von seinen einst sieben Kindern nur noch die 33-jährige Lotte, die mit ihrem Mann, dem Schriftsetzer Franz Kunberger, und ihrer schulpflichtigen Emma in der Silberburgstraße 37 lebt, wenige Minuten Fußweg vom Hinterhaus *Vor dem Calwer Tor Nummer fünf.* Vielleicht verlockten Marie Sophie Pastor Rauschenbuschs *Anweisungen für Auswanderer nach den westlichen Staaten von Nordamerika*, in denen er schrieb: *Dienstmädchen kommen hier vorzüglich gut an.* Marie ist geschickt in Näharbeiten, versteht sich auch aufs Sticken und baut darauf, irgendwo in der Neuen Welt Anstellung zu finden. *Die Frauen machen mehrstens hier alle Kleider, selbst für Männer,* klärt Fred sie auf, *nun hat man aber Nähmaschinen, was die Arbeit äußerst geschwind macht, u. Säcke sowohl als die feinsten Handschuhe werden dem 100 nach von einer Person in einigen Stunden verfertigt, darum glaube ich auf Nadelarbeit dürfte sich eine Frauensperson nicht allein verlassen, desto mehr aber in Nachfrage sind Solche, die zu gewöhnlicher Hausarbeit sich bequemen mögen d. h. zu Kochen, Waschen, Kinder abwarten u. dergl. Ich schreibe dieses vielleicht im Interesse der Marie, falls sie einst ihrem älteren Plan folgen wollte.*

Meinen Dank für die Haarlocke u. den Samen. Ein Daguerrotyp habe ich noch nicht bekommen von mir, ich habe zu wenig Zeit in der Woche, Sonntags ist keine Gelegenheit. Mit der Bitte mir bald wieder zu schreiben schließe ich u. grüße Euch herzlich. Euer gedenkend Fried. Herzog

Im Spätsommer 1856 kommt plötzlich Bewegung in Freds arbeitsames, bescheidenes Leben in New Orleans. Er schmiedet Pläne, dieses ebenso betörende wie ungesunde und gewalttätige *Hauptquartier des Todes* zu verlassen und ins gelobte Land Kalifornien zu ziehen, einen halben Kontinent entfernt. Auf die zweimonatige Reise, die einen Großteil seines Ersparten kosten wird, will er mit einem Freund zusammen gehen, der mit einer Schwäbin aus Göppingen verheiratet ist. Den dreien ist klar, dass auf den Goldfeldern dort nichts mehr zu holen sein wird für kleine Leute wie sie – der Bergbau ist seit Jahren schon in den Händen finanzstarker Unternehmen. Doch sie haben immer wieder Lobreden über das Klima Kaliforniens und seine fruchtbaren Böden gehört und hoffen, sich als Farmer oder Gärtner selbständig machen zu können. Zudem wird Carl dort in zwei Jahren seinen Abschied von der Armee nehmen, und dann wären die Brüder endlich vereint.

Fred ist so umsichtig, nicht alle Brücken hinter sich abzubrechen: Von seinem Dienstherrn, dem Gemüsehändler John W. Langdon, nimmt er einvernehmlich Abschied und verdingt sich vor der geplanten Abreise noch zwei Monate bei Ferdinand Lange, einem guten Freund, der einen Garten in der Nähe von Langdons Blumenzucht gepachtet hat. Doch Fred scheint eine zaudernde, wankelmütige Seite zu haben. Jedenfalls kommt alles anders als geplant: *Abgegangen von unserem Entschluß blieben wir hier,* schreibt er nach Stuttgart, *und mein Freund, auch ein Gärtner von Köln gebürtig, pachtete sich einen Garten, wollte dazu eine Summe Geldes haben von mir, was ich ihm verweigerte, indem was ich habe ich auch nicht auf Gerathewohl ausleihen will. Seither ist er u. seine Frau meine bittersten Feinde, können mir aber nichts anhaben. Hand an mich zu legen ist er zu feig, u. auch zu schwach.*

Freunde und Bekannte in Stuttgart wundern sich seit Langem, dass die beiden Auswanderer keine Erfolge aus der Neuen Welt vermelden. Wie kann es sein, dass Carl, der einst in einem angesehenen Stuttgarter Verlagshaus arbeitete, in diesem Riesenland keine entsprechende Anstellung findet, dass er sich als miserabel bezahlter Gefreiter die Stiefelsohlen durchmarschiert? Wie kommt es, dass Friedrich nach sechs Jahren im vielgerühmten Land der Freiheit und des Überflusses noch immer für ein paar Dollar pro Tag den Wohlstand anderer mehrt? Warum packt er sein Leben nicht bei den Hörnern und macht sich selbstständig in Amerika, wo Gewerbefreiheit herrscht, wo es keinen König gibt, keinen Polizeistaat, keine Zünfte, die einen niederhalten? Seinem Freund Ferdinand scheint vieles leichter von der Hand zu gehen. Er ist wenige Jahre jünger als Fred und mit einer liebenswerten Landsmännin verheiratet, mit der er drei kleine Kinder hat. Und er hatte die Courage, mit zusammengeborgtem Geld die kleine Gärtnerei zu pachten, in der er auf eigene Rechnung Blumen züchtet und in der Fred ihm zur Hand geht. Im Adressbuch von New Orleans wird Ferdinand Lange als selbstständiger *florist* geführt.

In Briefen der Familie klingt die Frage an, ob die Brüder mit ihrem Abschied in die Neue Welt nicht einen kapitalen Fehler gemacht haben. *Bekrittelt hat man uns, das glaube ich wohl,* rechtfertigt Fred sich in einem Brief, *doch kümmert es uns nicht, ein anderer möge versuchen, in einem fremden Lande, fremde Sprache, fremdes Klima, sich anzugewöhnen, zuerst von klimatischen Krankheiten geplagt sich selbst durchzuhelfen, und auf ehrliche Art etwas zu erwerben, dann wird der Unterschied zwischen »Schwaben«, »Plattdeutschen«, und »Kartoffelsachsen« aufhören. Unversucht schmeckt nicht! Im Wasser lernt man schwimmen!* Einer ihrer penetrantesten Kritiker scheint der ominöse H. F. Bromme, der Fred einst um Rat gebeten hatte, als er selbst an Auswanderung dachte. *Ich denke Herr Bromme sollte wohl die hießigen Verhältnisse gut genug wißen. Do your best and leave the rest, sagt ein englisches Sprüchwort.*

Getäuscht habe ich mich in diesem Lande noch nicht. Auch habe ich bis jetzt noch kein besonderes Unglück gehabt mit Ausnahme der 3 oder 4 ersten Jahre, wo ich mehr Tage Arbeitsunfähig war als ich Arbeitstage hatte. Dem Vorwurf, den man mir allenfalls machen könnte, daß ich nichts für mich selbst unternommen hätte, antworte ich: Weil ich nicht wollte, und wenn ich allein mein Geschäft betreiben müßte, hätte ich mehr Beschwerde denn ich so habe. Der Markt ist hier der einzige Platz um Pflanzen, Blumen oder Gemüse zu verkaufen. Fremden Leuten kann man nichts anvertrauen und im Garten und auf dem Markt kann man nicht zugleich sein, daher geht es für einen ledigen Mann nicht gut.

In den Briefen, die Lotte oder Marie Sophie an ihre Brüder in New Orleans und Fort Yuma schreiben, bitten und drängen sie sie immer wieder, Amerika den Rücken zu kehren und heimzureisen, wenn möglich endgültig. *Glükliches Stutgard, nimm freundlich den Fremdling mir auf,* hatte Hölderlin einst in einer Elegie auf die *Fürstin der Heimath* geschrieben. Doch obwohl Charles und Fred häufig mit Heimweh kämpfen, nach dem Neckartal und ihrer Geburtsstadt zwischen Weinbergen, Obstwiesen und Wäldern, ist ihnen Württemberg in all den Jahren fremd geworden. *Es sind Ihr, Vater Geschwister und Verwandte, was uns die Heimath theuer macht, und nichts anderes, darum schrieb mir Karl die Frage im letzten Schreiben: Was sollen wir zuhause thun? Bei einem Aristokraten zu arbeiten? Als armer Setzer, als Gärtner, mit dem Hut in der Hand, wäre mir und ihm unmöglich, daher weit entfernt daß dieß der Plan unserer Reise sein sollte, doch das Wiedersehen ist unser Gedanke, ist freilich noch nicht gewiß, aber doch möglich und wahrscheinlich. So Gott will! Mit der Bitte mir bald wieder zu schreiben, schließe ich, Euch Alle grüßend Friedrich Herzog*

Jakob Gußman ist bei der Armee in Neu Mexiko, Karl hörte von ihm.

Amerika, du hast es besser / Als unser Kontinent, der alte hatte Goethe gedichtet, zwei Jahrzehnte bevor die Herzog-Brüder über den Atlantik segelten, *Hast keine verfallenen Schlösser / Und keine Basalte. / Dich stört nicht im Innern, / Zu lebendiger Zeit, / Unnützes Erinnern / Und vergeblicher Streit.* Wohlgesetzte, einprägsame Worte, die Tausende bestärkten, in die Neue Welt auszuwandern, doch der Geheime Rat kannte Amerika nur aus zweiter Hand. Die Britin Fanny Trollope dagegen schlug sich noch zu Lebzeiten Goethes mehrere Jahre in den Vereinigten Staaten durch. Ihrem kritischen Blick entgingen die krassen Widersprüche des Landes nicht – zwischen den hehren Idealen seiner Verfassung und ihrer alltäglichen Handhabung: *Du wirst sie mit einer Hand den Hut der Freiheit hochhalten sehen*, schrieb Trollope im Todesjahr des Dichters 1832, *während sie mit der anderen ihre Sklaven verprügeln. Du wirst zu einer Stunde sehen, wie sie ihr gemeines Volk über die unantastbaren Menschenrechte belehren, und wie sie gleich darauf die Kinder amerikanischer Erde, zu deren Schutz sie sich selbst in weihevollsten Verträgen verpflichtet haben, aus ihrer angestammten Heimat vertreiben.* Dabei hatte Washington Irving, der Autor einer Biografie von Christoph Kolumbus, schon 1809 gefragt: *Mit welchem Recht konnten die ersten Entdecker Amerikas Besitz von einem Land ergreifen, ohne das Einverständnis seiner Bewohner zu erbitten, oder ihnen eine angemessene Entschädigung für ihr Territorium zu gewähren? Bevor diese bedeutende Frage nicht vollständig beantwortet ist, können ehrenwerte Amerikaner sich unmöglich des Landes erfreuen, das sie bewohnen, mit eindeutigem Recht und Titel, und ruhigen, unbefleckten Gewissens.*

Selbst die noch junge amerikanische Demokratie, die Freiheitsliebenden in der ganzen Welt als Vorbild gilt, ist genau besehen kein aufgeklärtes, faires Ringen um den bestmöglichen Kompromiss. Der Kampf um Volkes Willen verkommt meist zu einem Hauen und Stechen, bei dem keiner bereit ist, am politischen Gegner ein gutes Haar zu lassen. New Orleans ist für gnadenlosen Parteienzwist und politischen Terror berüchtigt. Fred, der mit Schriftsetzer-Gesellen wie Carl und Franz Kunberger und ihren Kollegen aufwuchs, studiert regelmäßig die Zeitungen und schickt ausgewählte Blätter an Charles, der in Fort Yuma nach geistiger Anregung hungert. *Wahrscheinlich habt Ihr von den letzten politischen Umtrieben hier gehört*, schreibt Fred 1856 nach Stuttgart. *Bei den letzten Wahlen der Congreßmänner gab es bedauernswerte Vorfälle, indem die neu entstandene Know Nothing's Partei (mehrstens Eingeborene) gegen die Democrats (mehrstens Eingewanderte) sich Gewaltthaten erlaubte, doch der nächste Congress wird zeigen, welche Partei die Oberhand gewonnen hat, übrigens zerfällt jede Partei wieder in kleinere, der verschiedenen Meinungen gemäß.*

Die vorhergesagte Know Nothing's Partei, will hauptsächlich gegen die Einwanderung protestieren, wenn nicht aufheben doch beschränken, ferner keinem das Bürgerrecht geben, der nicht 20 Jahre im Lande gewesen ist, so dann das Temperance [Enthaltsamkeits-]

Gesetz einführen, u. Maßregeln gegen den Katholikismus ergreifen, u. s. w. Wogegen die Demokraten jedem gleiche Rechte geben wollen. Wenn sie die Einwanderung in so fern beschränken, daß keine Vagabunden, so wie ganz Mittellose hier ankommen können, so thun sie nicht ganz unrecht, es kommen oft Einwanderer hier an im größten Elend; ohne Geld u. Kleider, wissen sie sich nicht zu helfen, das ist eben dem echten Amerikaner ein Dorn im Auge.

Beiden Parteien scheint jedes Mittel recht, um an die Macht zu kommen: Ämterschacher, Betrug, Einschüchterung und rohe Gewalt. Beiden wird vorgeworfen, Seeleute an Wahltagen von ihren Schiffen zu entführen und sie zur Stimmabgabe zu zwingen oder dafür zu bezahlen. Beide lassen gefälschte und damit ungültige Stimmzettel für die jeweilige Gegenpartei in den Wahllokalen auslegen, rauben Urnen, lassen ihre Handlanger eigene Stimmen mehrfach zählen und Hunderte für den politischen Gegner spurlos verschwinden. Anfang der 1850er-Jahre gelingt es der Demokratischen Partei, sich mit Lug und Trug an der Macht zu halten. Sie spricht sich mehrheitlich für den Erhalt der Sklaverei aus und ist damit für konservative *Southerners* wählbar. Weil sie gleichzeitig für liberale Einwanderungsgesetze eintritt, buhlt sie erfolgreich um die Stimmen von Immigranten, wohl wissend, dass jedes Jahr Tausende in New Orleans anlanden. Demokratische Amtsträger besetzen Polizei und Wahlkommission der Stadt mit Parteigenossen, und die Opposition wirft ihnen vor, Einwanderer im Schnellverfahren einzubürgern, um Wählerstimmen zu gewinnen.

Mitte der 1850er-Jahre drohen die fremdenfeindlichen *Know Nothings*, die mittlerweile als *American Party* firmieren, die Oberhand zu gewinnen, zum Entsetzen der meisten Deutschamerikaner und anderer Immigranten. *Wenn sich das Wahlprogramm der Nativisten durchsetzt, wäre das ein Unglück für jeden Deutschen, jeden Arbeiter,* hatte die *Deutsche Zeitung*, das auflagenstärkste deutschsprachige Blatt in New Orleans in einem Editorial schon vor den Kommunalwahlen 1854 kommentiert: *Um die Schlacht gegen die geeinte Macht der Nativisten (Know-Nothings und Whigs) zu gewinnen, ist es besonders die Pflicht der Deutschen, in der ersten Reihe für demokratische Grundsätze einzutreten, und, wie ein*

Mann, jede Einschränkung der Freiheit zurückzuweisen und den gesunden Menschenverstand wiederherzustellen.

Am Wahltag kommt es zu blutigen Zusammenstößen und wenige Monate später bereits gehören politisch motivierte Straßenkämpfe, Messerstechereien und Attentate zum Alltag in New Orleans. Bei den Kommunalwahlen 1855 gelingt es der *American Party*, eine erdrückende Mehrheit einzufahren – mit massiver Einschüchterung. In einem der Wahllokale hockt ein Spitzel auf einem Dachbalken über den Kabinen für die Stimmabgabe. Wenn er jemanden sein Kreuz bei den Demokraten machen sieht, ruft er *initiate him!*, worauf der Denunzierte beim Verlassen des Wahllokals verprügelt wird. Mit dem Aufstieg der *Americans* eskaliert die politische Gewalt in New Orleans weiter. Für viele Einwanderer wird der Gang zu Wahllokalen zu einem Spießrutenlauf, nur die Robustesten riskieren es, sich zu den Urnen durchzukämpfen. *Clear the polls, you damned Dutch and Irish sons of bitches!* brüllen Schlägertrupps der *Americans* – *Raus aus den Wahllokalen, Ihr verdammten deutschen und irischen Hurensöhne!*

Am Dienstag, dem 4. November 1856, sind – wie bei jeder Wahl – männliche, weiße U.S.-Bürger ab 21 Jahren aufgerufen, den 15. U.S.-Präsidenten zu küren. In den meisten Bundesstaaten bleibt Frauen, *free men of color* und Einwanderern, die nicht mindestens fünf Jahre im Land und eingebürgert sind, das Wahlrecht verwehrt, von Sklaven ganz zu schweigen. Es ist eine Schicksalswahl – die Schatten eines drohenden Bürgerkrieges verdüstern das Land.

Schon in den Nächten vor der Stimmabgabe marschieren Trupps der *American Party* mit geschwärzten Gesichtern und aufgeklebten Backenbärten durch die Straßen. Sie pöbeln eingebürgerte Einwanderer an, die unter dem Generalverdacht stehen, demokratisch zu wählen, schlagen sie zusammen oder stechen sie nieder, um sie vom Urnengang abzuhalten. Am Wahltag selbst ziehen Banden um die Wahllokale, Taschentücher um ihre Hände gebunden, unter denen sie Schlagringe und Steinschleudern verbergen. Bislang attackierten sie eher einfache Leute, dieses Mal fällt ihnen sogar der Vorsitzende des Obersten Gerichtshofes von Louisiana zum Opfer: Ein Rohling verletzt ihn so schwer am Kopf, dass er sich nie mehr davon erholt. *Bei den letzten beiden allgemeinen Wahlen*, beklagt der Gouverneur von Louisiana, Robert C. Wickliffe von der Demokratischen Partei im Jahr darauf, *waren viele der Straßen und Zugänge zu den Wahllokalen vollständig in der Hand organisierter Schläger […]. So wurde fast ein Drittel der registrierten Wähler von New Orleans davon abgehalten, ihr höchstes und heiligstes Privileg auszuüben.*

Fred hat nie Antrag auf Einbürgerung gestellt. Er besitzt nur seinen Königlich Württembergischen Pass, der bereits abgelaufen ist, und könnte, selbst wenn er die Courage aufbrächte, nicht an der Wahl teilnehmen. Sein Freund Ferdinand dagegen, Familienvater und Kleinunternehmer, ist Bürger der Vereinigten Staaten und will sich sein Recht zu wählen auch von nativistischen Schlägertrupps nicht nehmen lassen. *Vergeblich warnte ich ihn noch eine Stunde vorher nicht an der Wahl Theil zu nehmen*, schreibt Fred an Vater und Geschwister, *da es allen Anschein hatte, daß es nicht ohne Streitigkeiten ablaufen werde. Ehe ich mich versah war er aus dem Hause, um nicht mehr zurück zu kommen.*

Am frühen Nachmittag wohl läuft Ferdinand Lange ins nächstgelegene Wahllokal des Dritten Distrikts, gibt seine Stimme ab und macht sich auf den Heimweg. An der beschaulichen, von Bäumen beschatteten Kreuzung von Girod Street und Elysian Fields, wenige Schritte von seinem Haus und seiner gepachteten Blumenzucht, wird er am helllichten Tage ermordet, *von einigen Schurken*, wie Fred schreibt. Er, der nur vier Blocks weiter wohnt, findet seinen Freund aufgebahrt in der ehelichen Schlafkammer. Langes Frau und seine Kinder wirken so verwirrt und außer sich, als hätten sie noch gar nicht begriffen, was geschehen ist. Am Tag nach der Tat stellt sich ein von fünf Zeugen begleiteter gerichtlich bestellter Leichenbeschauer im Haus der Witwe vor, um die Todesursache von *Ferdinand Lang, aged 27 years, Native of Germany* festzustellen. *Er kam durch Schusswunden ums Leben*, notiert er mit Feder und Tinte, *eine auf der linken Seite des Rückens, und die andere auf der rechten Seite, die Herz und Lungen durchschlugen, was inneres Verbluten verursachte.*

Der *Deutschen Zeitung* ist der politische Mord nur fünf Zeilen wert, dem englischsprachigen *Daily Picayune* gar nur drei Zeilen.

Wie so viele Gewalttaten in New Orleans und anderen Regionen des Südens bleibt auch dieses Verbrechen ungeklärt und ungesühnt. *Die Mörder meines Freundes sind noch nicht entdeckt, u. für seine Wittwe ist nichts zum Besten gethan worden,* schreibt Fred ein halbes Jahr nach dem Tod Ferdinands, *ausgenommen von mir, ich ließ ihr ein Drittel von einer Schuld ab, fand aber keine Nachahmung, gerade von Deutschen wird sie gedrückt, u. der bösen Nachreden von Anderen wegen mag ich mich mit ihr vorder Hand nicht weiter einlaßen. Sie weint wo sie mich sieht. Eines ihrer Kinder starb kürzlich. Uebrigens ist sie eine Person von unbescholtenem Charakter, auch noch jung.*

In den Wahlbezirken von New Orleans geht die Einschüchterungstaktik der *Sons of the Soil* auf: Ihr Präsidentschaftskandidat gewinnt haushoch, weil Tausende demokratische Wähler sich nicht an die Urnen wagten. Doch im Bundesstaat Louisiana fällt er durch und in der gesamten Union erzielt er ein so miserables Ergebnis, dass die *American Party* von da an in die Bedeutungslosigkeit rutscht. Selbst der Kandidat der noch jungen, sklavereikritischen *Republican Party*, deren Gründung von Deutschamerikanern wie Gustav Körner und Friedrich Hecker mitbetrieben wurde, erreicht mehr als doppelt so viele Stimmen. Wahlsieger und damit 15. U.S.-Präsident wird James Buchanan, der einstige U.S.-Gesandte in London, der zum Retter der armen Seelen der »San Francisco« stilisiert wurde und für die Demokraten kandidierte. Damit fällt das höchste Amt des Landes just in der Zeit, als Bürgerkrieg immer wahrscheinlicher wird, an einen Mann, den Historiker bis heute als schlechtesten aller U.S.-Präsidenten einstufen. Buchanan ist korrupt, vehementer Expansionist, voreingenommen für die Südstaaten und er befürwortet die Sklaverei. Bis zu seinem Amtsende 1860 spaltet er die demokratische Partei so sehr, dass sich ihr Nord- und Südstaatenflügel auf keinen gemeinsamen Kandidaten mehr einigen kann und ein Republikaner das Rennen macht.

Vielleicht schlägt die Unsicherheit und Perspektivlosigkeit im Land Fred auch persönlich aufs Gemüt. Er scheint hin- und hergerissen zwischen dem Wunsch, New Orleans zu verlassen und in den Westen aufzubrechen oder in der Stadt zu bleiben und auf Charles zu warten. Am Freitag, dem 19. Dezember 1856, schreibt er: *Theuerster Vater u. Geschwister! Lange schon wollte ich Euch euern Brief beantworten, konnte aber leider nie dazu kommen, indem ich nicht wußte, ob ich in New Orleans bleiben würde oder nicht. Gegenwärtig bin ich auf meinem alten Platze wieder, die vier Häuser sind nun gleichfalls von andern Eigenthümern bewohnt, und ich bin mitten unter einer zahl Amerikaner Familie[n], aber gut behandelt, wie ich [es] überhaupt auch gewohnt bin, denn persönliche Beleidigungen, habe ich Gott sei Dank in diesem Land noch sehr wenige zu erdulden gehabt. Brauche ich dich? oder brauchst du mich? hörte ich nie sagen.*

Ich hoffe, daß Ihr alle gesund u. wohl seid u. bedauere, daß Kunberger's Mutter so lange ans Krankenlager gefesselt war, hoffentlich wird sie seither genesen sein. Kürzlich erfuhr ich, daß [Joseph] Beck und seine Familie in New York wohne, u. daß derselbe innerhalb der 4 Jahre seit dem ich nichts mehr von ihm wußte, mehrere Male verrückt gewesen sei. Ich schließe mit der Bitte mir bald wieder zu antworten u. zu schreiben, wie es um Euch Alle steht. Herzlich grüßend Alle! Fried. Herzog

Ende April 1857 freut Fred sich über einen kleinen, eigenhändig geschriebenen Gruß seiner neunjährigen Nichte Emma, der einem Brief aus der Heimat beiliegt. Von seiner Schwester Lotte erfährt er, dass die Mutter ihres Ehemannes Franz Kunberger nach langer Krankheit gestorben ist – der fünfte Trauerfall in der Familie, nach dem Tod seiner Schwester Ricke im November 1847, ihres Töchterchens Sophie Luise, das zwei Jahre nach der Mutter starb, eines Vetters in Marbach am Neckar, einer Base in Urach und Lottes neugeborener Louise, die nur zwei Stunden nach der Entbindung starb. Krankheit, Vergänglichkeit und Tod sind Mitte des 19. Jahrhunderts allgegenwärtig. *Schmerzlich bedauere ich den Tod von Kunberger's Mutter,* schreibt Fred in seinem Antwortbrief, *es träumte mir so, u. ich dachte nicht anders als daß sie Tod wäre, dergleichen Träume sind bei mir immer wahr, doch denke ich für meinen Theil lieber todt, als krank sein. Sonst seid Ihr alle gesund, wie ich vernehme. Euerem Schreiben nach müßen sich die Umstände in Stuttgart ziemlich verbessert haben, indem so viel gebaut wird.*

Nach Jahrzehnten der Armut und Stagnation erlebt das Königreich Württemberg einen wirtschaftlichen Höhenflug. Stuttgart wächst wie nie in seiner Geschichte: Ein Gewerbegebiet nach dem anderen entsteht, Obstwiesen und Weinberge weichen Wohnvierteln, die sich immer weiter die Hänge hinaufziehen. Auch entlang der Rotebühlstraße, die vor dem Hoffmannschen Haus stadtauswärts führt, nehmen Bebauung und Verkehr ständig zu. Eduard Mörike, der während seiner rastlosen Umzüge in Stuttgart auch acht Wochen in unmittelbarer Nachbarschaft der Herzogs lebt, stört sich am sonntäglichen Ausflugslärm: *ein Strom von Menschen in Putze, zu Fuß und zu Wagen, der Solitude zu.* Mörikes Schwester hört an einem frühen Werktagmorgen, noch in der Dämmerung, *die Marktweiber mit lautem Geplauder unter meinem Fenster vorbei ziehen.* Dazu kommt das geschäftige Treiben neuartiger Manufakturen, die Unternehmer hier, am Westrand der Stadt, gründen. Keine hundert Meter von der Herzogschen Wohnung hat sich Waldbaurs Dampf-Chokoladenfabrik *nach dem neuesten Pariser Modell* angesiedelt. Ein paar Schritte weiter produzieren Knosps Chemische Werke purpurrotes Orseille aus dem Pigment von Flechten und Carminrot aus dem Extrakt von Schildläusen. Unweit davon liegt Heinrich Zieglers Essig- und Farbmanufaktur, die mit Rudolf Knosp ein paar Jahre später zu einem Vorläufer der BASF fusionieren wird.

Jetzt, wo die Leistungskraft des Vaters, der auf die Siebzig zugeht, spürbar nachlässt, fehlen die Männer in der Familie mehr denn je. Mit fast jedem ihrer Briefe versuchen Lotte und ihre Halbschwester Marie Sophie die Brüder zurück nach Stuttgart zu locken – ohne Erfolg. *Auf die Frage [ob] ich wohl nicht Lust hätte die Heimath u. die Meinigen wieder zu sehen,* schreibt Fred, *kann ich Euch weiter nichts antworten, als daß ich natürlicher Weise bei Euch gerne sein möchte, aber dort nicht mehr leben könnte, ich glaube es für unmöglich, indem ich zu viel Amerikaner bin. Naturmenschen gibt es bei Euch wenige. Eine Reise zu Euch könnte wohl angehen, das wäre aber nur, um uns wieder zu trennen, denn was wollte ich in Stuttgart anfangen. Sind mir doch selbst hier der größere Theil der Deutschen zum Ekel.*

Die kleine Emma hat mich gefreut mit ihrem Schreiben, wäre sie hier, in einem Jahr würde sie Englisch u. Französisch sprechen. Die Marie würde ich wohl nicht mehr kennen, den 8ten Mai waren es acht Jahre, daß ich von Euch fort bin, u. bald mag ich singen: »Schon dreißig Jahr bist du alt, u. s. w.«. Wahr ist es ich habe manchen Sturm erlebt, [und werde] vielleicht auch noch manchen erleben müßen. Mit der Bitte mir gleich wieder zu schreiben schließe ich Euch herzlich grüßend Friedrich Herzog

Der Familie gegenüber wahrt Fred immer die Form. Mit Charles steht er in offenerem, ungeschützterem Austausch. Die Brüder sind sich die engsten Vertrauten, antworten einander oft in nur wenigen Tagen, erzählen sich die Aufs und Abs ihres Lebens, geben sich Rat und Zuspruch – und warten monatelang auf Briefe, die mit Postkutschen und Mississippi-Dampfern länger unterwegs sind als nach Stuttgart. Charles, der seit Jahren unter der Monotonie und Isolation Fort Yumas leidet, scheint eher als Fred geneigt, sich in die Heimat aufzumachen und die Familie zu besuchen. *Bin ich nächstes Jahr noch frey u. ledig u. Karl hat seine Zeit überstanden,* schreibt Fred am 16. August 1857, *so wäre es mir glaube ich doch unerträglich, hierzubleiben, im Falle er nach der Heimath ginge, u. in diesem Falle hoffe ich, daß wir uns alle wiedersehen. Karl hat jetzt noch elf Monate zu dienen. Verzeiht wenn er Euch nicht schreibt, das Schreiben wird ihn wohl auch schwer ankommen, in seinen Briefen zu mir bewieß er immer große Anhänglichkeit.*

Möge seine Dienstzeit vollends ruhig vorüber gehen. Ein Schwabenalter hat er bald erreicht, ich habe noch zehn Jahre dahin. Sehr wenige Leute findet man hier über 50 Jahre alt, die noch kräftig genug zur Arbeit wären, viele haben schon graues Haar mit etlichen 20 Jahren, das ist die Folge des Klimas, mich hält man kaum für 24 Jahre alt. Auf meinem alten Platze bin ich noch, die Frau meines Principals erkundigt sich jedesmal wenn ich einen Brief erhalte nach Euch, fragend: How is your father and sisters, are the[y] well.

Es spiegelt die Zerrissenheit der beiden Brüder, dass sie Ende 1857 immer noch unentschlossen sind, was ihr mögliches Wiedersehen mit der Familie angeht. Eine Heimreise würde Monate unsteter, riskanter Segelei auf dem Hin- und Rückweg bedeuten und einen großen Teil ihres Ersparten aufzehren. Vielleicht scheuen sie sich auch, nicht als wohlhabende, erfolgreiche Amerikaner in die Heimat zurückzukehren, sondern als Männer, die sich in der Neuen Welt oft mehr schlecht als recht durchschlagen. Oder sie fürchten, dass die Daheimgebliebenen sie nicht mehr gehen lassen wollen, wenn sie erst einmal zurück sind. Am Sonntag, dem 22. November, schreibt Fred: *Mein Plan, wenn er mir gelingt, ist: Daß wenn Karl nach Deutschland geht, ich mit ihm bin, wenn nicht, so fangen wir hier etwas an, denn zwei können mehr thun als einer. Deßhalb werde ich wo möglich in Orleans bleiben, weil dieß auch der beste Platz ist, wo wir uns finden können. Zur Vorsorge, falls ich keine Nachricht von Karl, oder er von mir erhalten sollte, will ich Euch eine Anleitung geben, welche Ihr Karl in Euerm nächsten Brief schicken könnt: Mein gegenwärtiger Aufenthalt ist: John Langdons Garden, Corner of Solidelle and Saint Anthony-street, 3d District, sollte ich den Platz verlassen haben, so kann man mich dort, oder bei den Nachbarn erfragen, sie wißen dann wo ich ungefähr zu finden bin, ich bin unter einem englischen Namen: Fred bekannt.*

Eine Bitte hätte ich an Euch, das ist daß im Falle ich Deutschland nächstes Jahr besuchen wollte, ich nicht wüßte wie ich mich ausweisen sollte, indem ich meinen Paß nicht mehr gebrauchen könnte, da dieser nur auf 6 Jahre gültig war. Daher möchte ich Euch bitten, erkundigt Euch gelegentlich nach diesem Umstand, Würtembergischer Bürger denke ich noch zu sein, ich reiste nur, wanderte aber nicht aus. Seid so gut und schreibt mir so bald als möglich, wie es mit meinem Bürgerrecht steht.

14
»… an den Grenzen der Civilisation«

In Fort Yuma ist Charles erst vor wenigen Wochen von *Erythema nodosum* genesen. Am Donnerstag, dem 17. April 1856, wird er wieder vier Tage ins Hospital eingewiesen. Das Formular seiner Krankmeldung nennt *Scorbutus* als Diagnose – bedrohlichen Vitamin-C-Mangel, an dem vor allem Seeleute auf langen Reisen und Polarforscher leiden. Er fühlt sich schon länger müde und niedergeschlagen, muss sich zum Arbeitsdienst aufraffen, sein Zahnfleisch schwindet, Fingernägel und Haare werden brüchig, selbst kleine Wunden heilen schlecht. Garnisonsarzt Wirtz, den Charles im Stillen verachtet, weil er das Wrack der »San Francisco« als einer der Ersten verlassen hatte, behandelt sein geschwächtes Immunsystem mit Fleischbrühe und Zitronensaft aus der Dose. Jetzt zeigt sich, dass die Entbehrungen der letzten Jahre auch an Charles' robuster Natur nicht spurlos vorübergingen und dass er in Fort Yuma nicht wirklich wieder auf die Beine kommt. Der Posten gilt als einer der ungesündesten aller U.S. Forts, vor allem wegen der ständigen Mangelernährung. Auf dem erschreckend großen Friedhof im Auland nördlich der Mannschaftsbaracken werden fast jeden Monat ein oder zwei Soldaten beerdigt.

Der Kommandantur ist bewusst, dass sie die Männer zumindest satt kriegen muss, um sie einigermaßen bei Laune zu halten. Doch frisches Gemüse oder gar Obst ist in Fort Yuma so gut wie nie zu haben. In den Anfangsjahren, als die Garnison noch auf dem Landweg von San Diego aus versorgt wurde, quälten sich die Karawanen von Fuhrwerken und Packtieren, die Nachschub und Vorräte heranschafften, auf dem Hin- und Rückweg jeweils zwei Wochen lang durch die Wüste. Viele der so mühevoll transportierten Lebensmittel verdarben unterwegs, vor allem während der Sommer: Speck wurde ranzig, Gemüse welkte und faulte, die Dauben von mit Salzfleisch gefüllten Fässern schwanden in der Trockenheit, und die konservierende Salzlake verrann.

1851 war die Versorgung so katastrophal, dass sich Kommandeure zweimal gezwungen sahen, Camp Yuma, wie es damals hieß, kurzfristig aufzugeben, weil die Garnison zu verhungern drohte. Zwei Jahre vor Charles' Ankunft begann man endlich, Nachschub auf dem Seeweg heranzuschaffen. Seither umsegeln Schoner von San Francisco oder San Diego aus die 700 Seemeilen lange Halbinsel Baja California und ankern an der Mündung des Colorado in die Sea of Cortez. Dort laden die Crews ihre Fracht auf den Flussdampfer »General Jesup« um, dessen Einzelteile gleichfalls per Segelschiff hierher transportiert und vor Ort montiert worden waren. Der Eigner des Dampfers, George Alonzo Johnson, ein ehemaliger Seemann, den alle hier »Captain« nennen, laviert mit seiner Besatzung dann etwa eine Woche lang weitere 120 Meilen stromauf, mit zusätzlichen, vollbeladenen Leichtern im Schlepp. An der Lände des Forts wird jede Ankunft bejubelt, denn die Flusspassagen sind durchaus gefährlich. *Die Probleme der Dampfschifffahrt auf dem Colorado sind ebenso zahlreich wie groß,* schreibt ein Zeitungs-Korrespondent damals, *der Wasserstand ist entweder zu hoch oder zu niedrig und es gibt keine verlässliche Fahrrinne – sie wandert, der vielen Sandbänke wegen, ständig hin und her.*

Im Versuch, den kargen Speiseplan zu erweitern, beschäftigt die Kommandantur auch einen mexikanischen *pastor*, der sich für ein Salär von zwei Dollar pro Tag unter anderem um die Hühnerschar kümmert, deren Hennen im Auftrag der U.S.-Armee Eier legen. Doch, schreibt Assistenzarzt Lauderdale, *Eier, die hier einige Wochen lagern, verlieren ihren Flüssigkeitsgehalt durch Verdunstung, was übrig bleibt ist zähflüssig. Das hat wohl zu dem Gerücht geführt, daß unsere Hennen hartgekochte Eier legen.*

Drei oder viermal pro Woche rumpelt Louis F. Yaeger mit einem seiner Fuhrwerke zum Fort hinauf, auf der Ladepritsche hinter sich ein frisch geschlachtetes, ausgeblutetes Rind. Er ist der umtriebigste Unternehmer hier. Mit ein paar Compagnons zusammen betreibt er die kommerzielle Fähre eine Meile stromab des Forts, die Emigranten-Trecks, Prospektoren, *Waschfrauen für Mrs. Bowman* und Viehherden mit Zehntausenden von Tieren für stolze Preise über den Colorado setzt. Das hat ihm in den Anfangsjahren zwei Pfeilwunden beschert, als *Kwatsáan*-Krieger versuchten, den Zustrom an Weißen aufzuhalten. Mit dem Ende des Goldrausches vor wenigen Jahren ließ der Fährbetrieb nach. Seither verlegt Yaeger sich auch darauf, Handel zu treiben, und hat sich unter anderem den Liefervertrag für Frischfleisch an Fort Yuma gesichert. Das Schlachtvieh kauft er von mexikanischen *rancherías* am Unterlauf des Colorado. Rund ein Dutzend mexikanische, indianische und angloamerikanische Fährleute, *vaqueros* und Handlanger stehen in seinen Diensten, und er beliefert die Küchen des Forts auch mit dem wenigen, was an Frischwaren heranzuschaffen ist. In den kühleren Wintermonaten führt Yaeger eigenhändig Fracht-Karawanen bis in den mexikanischen Bundesstaat Sonora, viele Tagesreisen südöstlich, und nach Los Angeles entlang des *Southern Overland Trail*. Doch selbst die Wagenladungen von Kartoffeln, Zwiebeln, Bohnen und manchmal sogar Käse, die Yaeger und seine Leute mühsam nach Fort Yuma karren, sind nur ein Tropfen auf den heißen Stein.

Als Louis Yaeger am Samstag, dem 24. Mai 1856, nach wochenlangen Zahnschmerzen wieder einmal zum Fort hinaufrumpelt, ein ausgeblutetes Rind abliefert und sich bei der Gelegenheit dem Garnisonsarzt vorstellt, zieht der ihm gleich neun Zähne. *Ein halber Zahn brach ab und die andere Hälfte steckt noch,* notiert der Fährmann in seinem knappen, kruden Tagebuch. Blut spuckend, mit verstümmeltem Mund rollt er wieder zum Fluss hinab – und widmet sich am Tag darauf erneut seinen Geschäften, an diesem Ort, den Zehntausende nur von der Durchreise kennen.

Ständig ziehen Reiter, Wagen, Herden an Charles vorbei, egal, ob er als Schildwache unter den Schattendächern des Forts hin und her schreitet oder ob er nach Dienstende am Rande des Felssporns sitzt und auf den Colorado hinabblickt. Er sieht die Fähren eifrig zwischen den Ufern hin- und herpendeln und Zahlungswillige übersetzen. Der Drang zu den kalifornischen Goldfeldern hat längst abgenommen, das ist selbst von hier oben aus gut zu erkennen. Mittlerweile ziehen Abenteurer und Hasardeure, von Kalifornien kommend, ostwärts an Fort Yuma vorbei, in die Bergbaugebiete Sonoras. Die einzigen, die bleiben, sind er und seine 220 Kameraden, die Offiziere, die drei Dutzend Geschäftsleute, Handwerker, Arbeiter und Prostituierte – und die *Kwatsáan*, die hier zu Hause sind.

Vor allem in den kühleren Wintermonaten verschwinden Soldaten immer wieder über Nacht, ihre Uniformen und allen sperrigen Besitz zurücklassend. Alleine in Charles' erstem Jahr desertieren zwei Dutzend seiner Kameraden. Sie versuchen, sich auf eigene Faust an den Pazifik oder nach Mexiko durchzuschlagen – Fort Yuma hat damals eine der höchsten Desertionsraten aller U.S.-Militärposten. Viele ertragen den stumpfsinnigen Garnisonsdienst und den oft rauen Befehlston nicht. Andere fliehen vor der Hackordnung und dem Gruppenzwang unter den niederen Rängen oder sind die miserable Bezahlung leid. Unter denen, die verschwinden, sind durchaus auch erfahrene, tapfere und bislang loyale Soldaten.

Die meisten werden nach nur wenigen Tagen von Suchtrupps entlang des *Southern Overland Trail* aufgegriffen. Auch Mexikaner und besonders gefürchtete indianische Spurensucher machen Jagd auf sie – die U.S.-Regierung bezahlt für jeden überbrachten Deserteur ein Kopfgeld von fünf Dollar. Zunächst werden die Unglücklichen mit 50 Peitschenhieben bestraft, und für die Dauer ihrer Beugehaft wird ihnen eine Kanonenkugel an einer Eisenkette ans Bein geschmiedet. Auf ihre linke Hüfte wird der Großbuchstabe »D«, anderthalb Inches hoch, tätowiert. Die Praxis, den Buchstaben mit einem heißen Eisen einzubrennen, wurde wenige Jahre zuvor aufgegeben.

Im Vorjahr erst waren zwei Deserteure dazu verurteilt worden, nach Abbüßen ihrer Haft unehrenhaft entlassen und *aus dem Fort getrommelt* zu werden – eine verschärfte Art der Demütigung. Auf dem Paradeplatz war die ganze Garnison angetreten. Wachsoldaten mit aufgepflanzten Bajonetten führten die Verurteilten mit glattrasierten Köpfen vor. Ein Pfeifer und ein Trommler des Musikcorps spielten den *Rogue's March* – den Schurken-Marsch, zu dem sie unter Schmährufen aus dem Fort getrieben wurden.

Poor old soldier, poor old soldier
Tarred and feathered and sent to hell
Because he would not soldier well!

Am Abhang des Felssporns erhielten die beiden noch harte Tritte in den Hintern. Dann fanden sie sich ohne Geld und Ausrüstung und vollkommen auf sich gestellt *in the middle of nowhere* – in der unerbittlichen Colorado-Wüste. Charles hört von so drakonischen Strafen – und erlebt Kameraden, die trotzdem wagen zu desertieren. Auch er ist unzufrieden mit seinem Los: *In unserem Soldatenleben hier ist beinahe ein jeder Tag wie der andere und hier in der Wildniß, wo Indianer und Prärie=Wölfe unsere einzigen Nachbarn sind, gibt es nicht viel Stoff zum Schreiben,* gesteht er seiner Familie. *Es ist überhaupt kein so ruhiges Leben als Soldat in Amerika, denn in großen Städten oder vor Palästen brauchen sie hier keine Soldaten, aber in der Wildniß an den Grenzen der Civilisation um halbverhungerte Indianer zurückzuhalten.*

Doch Charles bleibt. Auf Lieutenant Parkes Vermessungsexpedition hatte er reichlich Zeit zu begreifen, wie gefährlich die Wüste sein kann. Außerdem hat er im Königreich Württemberg eine bessere Schulbildung genossen als die meisten seiner Kameraden, hat einen weiteren Horizont und versteht, sich in Geduld zu üben. Und er fühlt sich als streng erzogener Schwabe nach wie vor an seinen Diensteid gebunden.

***

Mit Bildern von Fort Yuma im Kopf mache ich mich auf die Suche nach den letzten Ecken Stuttgarts, die noch an Charles' und Freds Zeiten erinnern. Dorthin, wo einst das lichtlose Gewirr mittelalterlicher Gassen lag, das in den Bombennächten des Zweiten Weltkriegs fast spurlos unterging. Ich will spüren, wie unfassbar weit und fremd sich der amerikanische Westen 1856 von hier aus angefühlt haben muss; in dieser Stadt, über der etwas protestantisch Enges und Strenges lag, mit ihren Biedermeier-Stuben und gepflasterten Gassen, die jede Woche gekehrt wurden. Die schmale Gasse zwischen der Stiftskirche und dem spätgotischen Fruchtkasten erinnert noch an damals: Mauern aus beigem, hellbraunem oder blassrotem Sandstein, gotische Steinmetzzeichen in den Blöcken der Kirchenwände, daneben Graffiti aus dem 18. und 19. Jahrhundert. Viele Gebäude hier waren schon zur Zeit der Herzog-Brüder Jahrhunderte alt, stammten aus dem Mittelalter, der Renaissance oder dem Barock. Die Gesellschaftsordnung passte nicht mehr in die Zeit, Zünfte kontrollierten nach wie vor alle Handwerke,

Bürgerrechte, Meinungs- und Pressefreiheit ließen immer noch auf sich warten. Der Horizont vieler Menschen reichte kaum weiter als bis zum Rand des Stuttgarter Talkessels. Nur die wenigsten waren je über die Grenzen Württembergs hinausgekommen.

Auf dem Schillerplatz, 50 Meter weiter, steht eine aus Bronze gegossene Statue des schwäbischen Nationaldichters. Sie war 1839 in einem imposanten Festakt vor Tausenden von Menschen aus ganz Deutschland enthüllt worden, als erstes Schillerdenkmal der Nation. Auch Charles und Fred war es wohlbekannt. Überlebensgroß, mit Lorbeeren bekränzt erhebt sich der Dichter der Freiheit auf dem Sockel über mir wie der Schutzheilige schwäbischer Autoren. Jetzt frage ich ihn im Stillen wie, um Himmels willen, Charles seiner Familie begreiflich machen soll, was er erlebt, in welche Welt er geworfen ist? Was fangen die Schwaben an, lieber Friedrich, edler Dichterfürst, mit halbnackten *Kwatsáan*-Indianern, *Saguaro*-Kakteen oder mit Sklavenmärkten, auf denen man Frauen, Männer und Kinder ersteigern kann? Wie sollen sie sich die kolossale Ausdehnung und die lebensbedrohliche Hitze der Colorado-Wüste vorstellen können? Wie den Alltag unter Soldaten aus einem Dutzend Nationen? Wie das geradezu erschreckende Maß an individueller Freiheit, Ungebundenheit und Selbstverantwortung in Amerika, das jeden Tag im Absturz enden kann?

***

Zum *Independence Day* am 4. Juli, dem höchsten Feiertag der Vereinigten Staaten, treten die Offiziere und Mannschaften Fort Yumas in ihren besten Uniformen an. Zu den Trommeln und Pfeifen des Musikcorps marschieren sie in ungewohnt zackigem Schritt um den Paradeplatz, vor den drei Dutzend U.S.-Bürgern und Mexikanern und staunenden *Kwatsáan*. Der Kommandeur bemüht sich nach Kräften, eine patriotische Ansprache zu halten, dann lässt er feierlich den *national salute* feuern – einen Kanonenschuss für jeden der 31 U.S.-Bundesstaaten. Wobei die Garnison im Gebrauch ihrer wenigen Geschütze offensichtlich so ungeübt ist, dass einem armen Teufel 1852 ein Arm abgerissen wurde, weil das Schießpulver im überhitzten Kanonenrohr bereits zündete, als er noch mit dem Ladestock hantierte. Ansonsten ist dies einer der wenigen Tage des Jahres, an dem das strenge Kastensystem, das Offiziere und Mannschaften trennt, ein wenig durchlässiger wird. Gewöhnlich muss ein einfacher Soldat erst um Erlaubnis bitten, bevor er das Wort an einen höheren Offizier richten darf. An Feiertagen wie diesen aber mischen sich die höheren Ränge unter die Mannschaften, rücken neben sie auf die Holzbänke der Messen, wechseln ein paar freundliche Worte oder geben, im besten Falle, gar eine Flasche Whiskey vom Marketender aus.

Auch über solche Feiertage hinaus organisiert die Kommandantur immer wieder kleine Fluchten aus der nervtötenden Monotonie: *Bailes* oder *fandangos* vor allem, zu denen Louis Yaegers mexikanische Fährleute und *vaqueros* mit Geigen und Gitarren anrücken. Ohne Noten, ohne Textblätter spielen sie einen temperamentvollen Tanz nach dem anderen und singen dazu mit Falsettstimmen, die unter die Haut gehen. Ihre Familien und Offiziere mit ihren Gattinnen wirbeln über eine improvisierte Tanzfläche auf dem Paradeplatz, und die wenigen Glücklichen unter den Mannschaften, die in meist wilder Ehe mit *Waschfrauen* zusammenleben, dank Sarah Bowmans unermüdlicher Vermittlungsdienste. Rare Momente der Ausgelassenheit und des Selbstvergessens – und der Eifersucht und Bitterkeit der vielen, die in dieser an Frauen so armen Gesellschaft als Zuschauer am Rande stehen, Charles unter ihnen.

Vor einigen Tagen bekam ich einen Brief von Karl, berichtet Fred der Familie, am Freitagabend, dem 19. Dezember 1856, nach einem langen Tag in John W. Langdons Blumenzucht in New Orleans. *Er schreibt, daß er immer noch im Fort Yuma wäre u. es ein höchst langweiliges Leben sei, fast unerträglich wenn sie nicht von Zeit zu Zeit von den Indianern aus ihrer Ruhe gestört würden, letztere sollen gegenwärtig sehr kriegerisch gesinnt sein, u. ihre Gesichter fingerdick mit allen Regenbogenfarben bemalt haben. Doch meint er sei keine Gefahr, indem sie im Fort ungefähr 220 Mann stark genug wären, die Indianer abzuwehren, u. die Kartätschen bald die Rothhäute verscheuchen würden. Besser ist es aber jedenfalls für ihn ein Friedens=Soldat zu sein.*

Mitte April 1857 flieht Charles einmal mehr aus der Langeweile. Er erkauft sich Momente der Lust und vielleicht auch der

Zärtlichkeit in Sarahs Bordell oder bei einer Indianerin. Zwei Wochen später entdeckt er ein Knötchen an seiner Eichel, groß wie ein Hirsekorn. Es schmerzt nicht, wächst aber in wenigen Tagen zu einem Geschwür von Fingernagelgröße. Die Lymphknoten in seinen Leisten schwellen, bis sie schmerzen, und er meldet sich besorgt beim Garnisonsarzt. Der weist ihn für vier Tage ins Hospital ein, wo der *steward* die Diagnose unter dem Namen *Herzhog* in den medizinischen Akten notiert: *Bubo Syph.* – Syphilis im ersten Stadium. In Charles' alter Heimat würden Mediziner von der *Lustseuche* sprechen und würden *Jodcuren* empfehlen, *tiefe Ätzungen mit Höllenstein*, *Räucherungscuren* mit Quecksilberdämpfen oder die Einnahme von *Calomel* – Quecksilberchlorid, das auch in der U.S.-Armee als Allheilmittel gilt.

Tatsächlich aber sind Ärzte in der Alten und der Neuen Welt damals weitgehend ratlos, was die Heilung der Syphilis angeht, die unter den Soldaten der Garnison und den Frauen im Umland geradezu wüten muss. In einem Drittel der Fälle verschwindet die Geschlechtskrankheit auch unbehandelt nach wenigen Jahren wieder. Wer weniger Glück hat, soll mit ihr im Leib, je nach Konstitution, noch zehn oder zwanzig Jahre weiterleben können, vielleicht auch dreißig. Dann bringen schwere Organ- und Nervenschäden den Tod. Als Charles seine Erkrankung entdeckt, wird Lieutenant Mowry für gleich zwei Monate krankgeschrieben. Mag sein, dass er diese Geißel dort, am Zusammenfluss von Colorado und Gila River, eingeschleppt hat. Vierzehn Jahre später stirbt Mowry an Nierenversagen, im Alter von nur 38 Jahren.

Im fernen New Orleans setzt sich Fred, der unermüdliche Briefeschreiber, am Sonntagnachmittag, dem 10. Mai 1857, wieder an seinen Tisch: *Heute vor 8 Tagen erhielt ich einen Brief von Karl*, berichtet er nach Stuttgart. *Er schrieb daß er nun noch gerade 16 Monate zu dienen hätte; nichts Besonderes ist vorgefallen bei ihm, seine Zeit rechne er nach Posttagen, wo er dann jedesmal sehr begierig wäre einen Brief zu erhalten, er bittet mich ihm einige Deutsche Zeitungen zu schicken, sollten sie auch noch so alt sein. Vor den Indianern schlafen sie ruhig jetzt u. stehen auf einem guten Fuß mit ihnen. Möge seine Zeit gut ablaufen!*

Sieben Wochen später schreibt Charles selbst an die Familie, zum ersten und einzigen Mal in Fort Yuma – eineinhalb Jahre nach seiner Ankunft. Die Syphilis, deren erstes Stadium noch nicht abgeklungen sein kann, erwähnt er mit keinem Wort, als er sich in der Sommerhitze, mit unangenehm rasch trocknender Tinte, an die Seinen wendet: *Lieber Vater und Geschwister! Ich muß mich vor allen Dingen bei Euch entschuldigen, daß Ihr so wenig von mir erfahrt. Es ist gewiß keine Lieblosigkeit oder Gleichgültigkeit von mir, denn es vergeht kein Tag oder Nacht wo ich nicht an die Heimath denke. Ich bin zwar nie ein großer Freund von Briefschreiben gewesen, aber doch hätte ich schon öfter geschrieben, wenn es mir möglich gewesen wäre. Am 16. Juli 1858 erhalte ich meinen Abschied und dann will ich nach New=Orleans gehen und sehen ob ich und Fritz mit einander ein Geschäft anfangen können. In Californien würde ich nie bleiben. Ich muß bald schließen, denn ich habe nicht viel mehr Papier. Der Brief welchen mir Marie schickte, freute mich sehr, ich glaube wir würden uns nicht gleich wieder erkennen, denn beide sind älter geworden.*

So will ich denn meinen Brief schließen und hoffe, daß er Euch alle gesund antreffe. Es grüßt Euch herzlich Euer Sohn und Bruder

Karl Herzog

Ich werde Euch bald mehr schreiben, für jetzt habe ich keine Zeit mehr.

Meine Adresse ist: Charles Herzog, Comp. G, 3. Artillery, Fort Yuma, California

Ein paar Wochen später – an einem glühend heißen Tag Mitte August 1857 – setzen Louis Yaeger und seine *barqueros* vor Dutzenden jubelnder Zuschauer den ersten Maultierzug der *San Antonio and San Diego Mail Line* über den Colorado. Damit ist der isolierte Militärposten zum ersten Mal in seiner Geschichte an eine transkontinentale Postlinie angeschlossen. Von stattlichen Subventionen der U.S.-Regierung gestützt, soll sie alle zwei Wochen Expresspost und Passagiere zwischen San Antonio, Texas und San Diego transportieren. Wegen ihrer auch für die damalige Zeit ausgesprochen rustikalen Reisebedingungen wird sie bald mit dem Spitznamen *Jackass Mail* bedacht – was man, je nach Laune, als Eselhengst-Post oder Idioten-Post auslegen kann. Auf den 1500 Meilen zwischen der texanischen Prärie und dem Pazifik sind die Passagiere knapp einen Monat unterwegs. Ein Ticket für die gesamte Strecke kostet 190 Dollar – fast den anderthalbfachen Jahressold von Gefreiten wie Charles Herzog.

Zwischen San Antonio und Tucson wird den Reisenden noch der bescheidene Komfort eines leichten, von Maultiergespannen gezogenen Planwagens zuteil. Für die wochenlange Wüstenreise zwischen Tucson und der kalifornischen Küstenkordillere sind sie gezwungen, sich in den Sattel eines Maultiers zu schwingen. So lange das Tageslicht es zulässt, schaukeln sie, rasch wundgeritten, den schier endlosen Trail entlang. Die meisten Nächte betten sie sich auf den blanken Erdboden, oft in Angst vor Indianerangriffen. Der Streckenplan der Linie verheißt unterwegs zwar 87 *Post-Stationen*, doch die weitaus meisten sind nicht mehr als Lagerplätze. Für ihre Verpflegung unterwegs haben die Postreiter und Passagiere selbst aufzukommen. Immerhin verkaufen Bauern der *Akimel O'Odham* an einigen der Stationen Getreide und frisches Gemüse an die Reisenden und Heu und Mais für ihre Tiere. Alle zwei Wochen kommen in Fort Yuma jetzt Maultierzüge mit erschöpften und durchgeschwitzten Reitern an, weiß von Staub. Sie laden Post und Zeitungen ab, wechseln ihre Tiere und ziehen weiter – nach Westen oder Osten. Charles und seine Kameraden bleiben und schieben Dienst.

Er schrieb mir, daß (bis zum November) sich nichts neues zugetragen hatte, berichtet Fred der Familie Anfang Februar 1858, *daß sie aber […] täglich Befehl zum Abmarsch gegen die Indianer erwarteten, welche unruhig sind und 160 Meilen vom Fort Yuma ein Gefecht hatten in welchem 80 Yuma-Indianer fielen.* Diesmal war nicht die Armee gegen die Indianer zu Felde gezogen wie so oft in diesen Jahren. Diesmal hatten die Indianer untereinander die größte und letzte historisch belegte Schlacht im Südwesten geschlagen. Bis zu anderthalbtausend Krieger sollen dabei, Auge in Auge, aufeinandergetroffen sein.

Seit Tausenden von Jahren schon hatten Raub- und Kriegszüge den meisten indianischen Völkern Nordamerikas als unverzichtbarer Teil ihres Lebens gegolten. Tatsächliche und mythische Kämpfe und Schlachten durchdrangen ihre Bräuche, Rituale und

Erzählungen. Den *Kwatsáan* galt Krieg seit Urzeiten als Quelle ihrer Lebenskraft und ihrer spirituellen Energie – auch nachdem sie die Übermacht der Weißen notgedrungen akzeptieren mussten. Die Skalps getöteter Feinde, so glaubten sie, verliehen ihnen übernatürliche Fähigkeiten. Im Sommer 1857 soll einer ihrer Krieger in einem Dorf am Fuß von Pilot Knob vom Waffenglück geträumt haben, gegen die Erzfeinde seines Volkes, die *Piipaash* und *Akimel O'Odham* – die Bauern, die in friedlichem Nebeneinander viele Tagesreisen entfernt in der großen Oase am mittleren Gila River leben. Und die sich, über Jahrzehnte und Jahrhunderte, ungezählte Scharmützel und Schlachten mit den *Kwatsáan* geliefert haben.

Der Träumer bittet *Capitán Pasqual*, einem Kriegszug zuzustimmen. Der soll sich vehement dagegen ausgesprochen haben. Doch auch *Pasqual* kann nicht verhindern, dass schließlich mehr als hundert Krieger gegen die Feinde im Osten ziehen. In einem raschen Trott, den sie tagelang durchhalten, eilen sie, Kriegsgesänge anstimmend, 160 Meilen weit durch die Wüste. Unterwegs leben sie von ein paar Händen voll getrockneter Nahrung, die sie bei sich tragen. Ihren Durst löschen sie aus Felsmulden, in denen nach Sommergewittern Wasser steht. Ihre fast nackten Körper sind schwarz-rot bemalt, ihre Haare mit rotem Pigment bestrichen, die Füße stecken in Ledersandalen. Sie sind bewaffnet mit Kriegskeulen aus Hartholz, Bogen aus Weiden- oder Pappel-Ästen und bemalten Leder-Schilden. In ihren Köchern stecken Pfeile aus arrowweed, deren Spitzen sie mit Steinmessern geschärft und im Feuer gehärtet haben. Mit den Kriegern zieht ein Schamane, der auf die Versorgung von Pfeilwunden spezialisiert ist, ein zweiter, der sich auf Knochenbrüche, Schürfwunden und Quetschungen versteht, und ein dritter, der sich als »Geister-Träumer« mit Hilfe von Magie in die Feinde zu versetzen versucht, um die erfolgversprechendste Taktik zu erspüren. Unterwegs stoßen verbündete *Aha Makhav, Yavapai* und *Tonto-Apache* zu ihnen, die – wie sie – die *Piipaash* und *Akimel O'Odham* als Erzfeinde betrachten.

Am frühen Morgen des 1. September 1857 erreicht ihre Streitmacht von zusammen drei- oder vierhundert Kriegern den Rand der Oase am Gila River. Im Feindesland angekommen, wälzen die Krieger sich in Sand, bis ihre Haut die Farbe des Wüstenbodens annimmt. Perfekt getarnt überfallen sie dann, noch vor der Morgendämmerung, das westlichste Dorf der *Piipaash,* in dem die meisten noch schlafen. Sie erschlagen alle Männer, Frauen und Kinder, denen es nicht gelingt, zu fliehen. Ausgehungert, wie sie sind, tun sie sich an Mais und Bohnen der Ermordeten gütlich und zünden danach deren Hütten und Vorratsspeicher an. Isaiah Woods, der Direktor der *San Antonio and San Diego Mail Line,* lagert just an diesem Morgen bei den nahen *Maricopa Wells.* Er frühstückt gerade und hält die Flammen und den Qualm des brennenden Dorfes zunächst für Signalfeuer, bis er begreift, dass er zum einzigen weißen Augenzeugen einer Schlacht wird, *der größten zwischen Indianern in dieser Zeit.*

Viele der *Apache, Aha Makhav* und *Yavapai* belassen es bei dem Überraschungsangriff und machen sich, von den rauchenden Ruinen des Dorfes aus, auf den tagelangen Heimweg. Nur die *Kwatsáan*-Krieger und einige Dutzend *Aha Makhav* verharren noch den Vormittag über, um ihren Sieg auszukosten. Seltsamerweise sind sie so sorglos, dass sie keine Scouts und Wachtposten ins Umland schicken. Als am frühen Nachmittag mehr als tausend rasch zusammengezogene Krieger der *Piipaash* und *Akimel O'Odham* aus der Deckung naher Mesquite-Wäldchen brechen, scheinen sie von deren Übermacht überrascht.

Die kaum zweihundert verbliebenen *Kwatsáan* und *Aha Makhav* versuchen sich kämpfend zurückzuziehen. Doch sie kommen nur wenige Meilen weit, bis *Akimel O'Odham* zu Pferde sie einkreisen und ein gnadenloses Gemetzel beginnt. *Die Hauptkämpfe fanden am Gila-Ufer statt,* schreibt Isaiah Woods, *keine halbe Meile von unserem Lager, an der Flanke eines Hügels. Er war von dem Mesquite-Baum aus, in dessen Schatten ich ruhte, gut einzusehen.*

Woods hört das Kriegsgeheul und die Schreie der Kämpfenden, er sieht sie rennen und miteinander ringen, zwischen Kreosot-Büschen und Kakteen, Salzmelden und Beifuß-Sträuchern. Rasend vor Wut und Rachedrang reiten die *Piipaash* und *Akimel O'Odham* ihre Widersacher nieder, erstechen sie mit Lanzen, treiben ihnen Pfeil um Pfeil in die Körper, zerschmettern ihre Schädel mit Keulen. Wer sich, verwundet, nicht mehr auf den Füßen zu halten vermag, den erschlagen ältere Männer, Jugendliche und kräftig

Abb. 42: Ein Aquarell des Historikers, Linguisten und Ethnografen John Russell Bartlett vom Juli 1852, das einen Blick auf die Dörfer der Akimel O'Odham *und* Pipaash *zeigt, mit dem Santa Cruz River im Vordergrund und den Galeriewäldern entlang des Gila River im Hintergrund. Rechts und links im Mittelgrund sind verstreut liegende Gehöfte zu sehen, und hinter ihnen das ausgedehnte Bewässerungsland der Oase. Der Hügel im Mittelgrund ist Pima Butte, in dessen Nähe die letzte große Schlacht unter Indianern in den USA geschlagen wurde.*

gebaute Frauen mit langen Knüppeln. Einer Handvoll verwundeter und unverletzt gebliebener *Kwatsáan* gelingt es, sich in die Felshänge der wenige Meilen entfernten *Sierra Estrella* zu retten, in die ihnen die berittenen Verfolger nicht nachsetzen können. Vor drei Uhr nachmittags endet diese Indianerschlacht, die in die Annalen des Südwestens als *The Battle of Pima Butte* eingeht – die Schlacht am Pima-Hügel. Etwa 25 *Piipaash* und *Akimel O'Odham* sollen gefallen sein. Keiner der beteiligten *Aha Makhav*-Krieger überlebt. In einem Brief an Sylvester Mowry, der das Fort mittlerweile verlassen hat, schreibt ein Offizier von Fort Yuma: *Von etwa 100 Kwatsáan-Kriegern, die ausgezogen waren, kehrten nur sechs oder sieben zurück. [Auch] unser alter Freund Francisco, der im Jahr zuvor den Freikauf Olive Oatmans von den Mohave vermittelt hatte, fiel.*

Weil ihre Religion es so bestimmt, lassen die Sieger die Leichen ihrer Feinde an Ort und Stelle liegen und überlassen sie den Vögeln und Wildtieren zum Fraß. Auch die Kleider und Waffen der Gefallenen rühren sie nicht an und nehmen keine Skalps. Sie schneiden jedem der Getöteten nur eine Haarlocke ab. Zehn Tage nach den Kämpfen zieht der Emigrant John Hinton am *Pima Butte* vorbei, auf einem Treck nach Kalifornien: *An einer Stelle fanden wir 90 Leichen in allen möglichen Verrenkungen*, schreibt er, *das war mehr als eine Woche nach der Schlacht, aber von den Kadavern stieg kein Verwesungsgestank auf, sie schienen einfach zu vertrocknen.* Selbst Jahre später berichten Reisende entlang des *Southern Overland Trail* noch, dass das Schlachtfeld mit den Schädeln und Gebeinen der Getöteten übersät sei.

Noch bevor die Handvoll Überlebender sich bis zu ihren Stammesgenossen am Colorado durchgeschlagen hat, berichten berittene Reisende der Garnison Fort Yumas vom Ausgang der Schlacht. Von Soldaten erfahren die *Kwatsáan* dann von der verheerenden Niederlage. Ihre Dörfer verfallen in Düsternis; Weinen, Wehklagen und aufwändige Rituale, die das Volk in Trauer einen, füllen die Tage und Nächte. Nach ihrer religiösen Überzeugung ist das Furchtbarste, dass die Seelen zurückgelassener Kriegerleichen nie zu ewiger Ruhe finden können. Jetzt, wo sie so viele ihrer mutigsten Kämpfer verloren haben, ist die Schlagkraft ihres einst weithin gefürchteten Volkes für immer dahin.

Unterdessen schwindet das Land der Indianer rasant, überall im Westen. Mehr und mehr weiße Flecken auf den Landkarten füllen sich in diesen Jahren. Das Kriegsministerium in Washington, D.C., entsendet Dutzende Erkundungs- und Vermessungsexpeditionen in die Wüsten, Gebirge und Wildnisse, die den Ureinwohnern Heimat sind. Wege und Straßen werden gebaut, Schienenstränge verlegt, Farmen, Bergarbeitersiedlungen und Städte gegründet. Eine der größten vom Topographischen Corps der U.S.-Armee noch gänzlich unerforschten Regionen ist der Colorado und sein Hinterland, stromauf von Fort Yuma. Anfang 1858 gibt Fred an die Familie in Stuttgart weiter, was ihm sein älterer Bruder schreibt: *daß eine Expedition abgehen werde, um den Colorada Fluß bis zu seinem Ursprung zu vermessen, das heißt 40 Mann Soldaten und*

Officiere wollten mit einem eigens dazu gebauten Steamer den Fluß so weit als möglich hinauf fahren, u. wenn es nicht weiter zu Wasser geht, mit Pferden und Maulthieren vorzurücken. – Es ist das letztere wohl eine gefährliche Unternehmung, denn die Rothhäute am obern Colorada sind feindselig.

Lieutenant Joseph Christmas Ives wird vom Kriegsminister beauftragt, den Lauf des größten Stromes im Südwesten der Vereinigten Staaten zu kartieren, seine Schiffbarkeit zu erkunden und die Geologie, Hydrographie und Naturgeschichte entlang seiner Ufer zu untersuchen. Die Garnison von Fort Yuma soll die Eskorte für Ives' Expedition stellen. *Karl wußte noch nicht ob es ihn gerade treffen werde*, schreibt Fred, *er dachte sie werden die jüngere Mannschaft aussuchen, hätte er noch länger zu dienen, so würde er sich freiwillig dazu melden, indem er das Camp-Leben dem Leben im Fort vorzöge.*

Im Frühjahr 1857 schickt das Pazifische Oberkommando der U.S.-Armee per Expresspost ein Schreiben an das Fort, um »Captain« George Alonzo Johnson nach den Chartergebühren für seinen Flussdampfer »General Jesup« zu fragen. Der verlangt für Schiff und Crew prompt dreitausend Dollar pro Monat. Das scheint den Verantwortlichen im Kriegsministerium in Washington so horrend, dass sie bei einer Werft in Philadelphia den zerlegbaren Expeditionsdampfer »Explorer« nach Plänen von Lieutenant Ives in Auftrag geben. Nach gründlichen Erprobungsfahrten zerlegen Werftarbeiter den Dampfer wieder in seine Einzelteile, und dann wird der Bausatz von der Ostküste nach Kalifornien verschifft, auf dem monatelangen Seeweg um Kap Hoorn. Im Hafen von San Francisco werden die viele Tonnen schweren Teile an Deck eines Schoners umgeladen, auf dem Lieutenant Ives und sein Expeditionsstab um Baja California herum an die Mündung des Colorado segeln.

Dort beginnt Ives mit seinen Männern Anfang Dezember 1857 unter vielen Mühen, die »Explorer« wieder zusammenzunieten und Kessel und Schaufelrad zu montieren. »Captain« Johnson besucht die Arbeiten auf einer seiner Versorgungsfahrten und sagt Ives für seine Expedition einen seiner erfahrenen Lotsen zu. Der Lieutenant scheint den Dampfer-Eigner dabei aber so herablassend

Abb. 43: Lieutenant Joseph Christmas Ives' Expeditionsschiff »Explorer«. Im Vordergrund beobachten zwei Indianer das Spektakel des vorbeiziehenden Dampfers.

und arrogant zu behandeln, dass der einschnappt. Jedenfalls endet die Zusammenkunft mit einem Eklat: George Johnson erklärt kurz und bündig, seine »General Jesup«, die seit vier Jahren schon die Garnison von Fort Yuma am Leben erhalte, werde selbstverständlich als erster Dampfer den Oberlauf des Colorado erkunden. Er macht sich, auf eigene Rechnung, umgehend an die Vorbereitungen. Johnson gelingt es sogar, die Kommandantur des Forts für sein Wagnis zu gewinnen. Sie stellt eine Eskorte von 16 Mann zur Begleitung der »General Jesup« ab, obwohl sie Lieutenant Ives gleichlautenden, offiziellen Auftrag kennt. Und sie versorgt Johnson zusätzlich noch mit einer militärischen Mission: er soll die Schiffbarkeit des Colorado erkunden, um im Falle eines Krieges gegen die Mormonen, der nicht mehr auszuschließen ist, schnell Truppen nach Norden, Richtung Utah, verlegen zu können.

In diesen Tagen, Anfang Dezember 1857, bricht Charles wieder einmal aus der nervtötenden Routine des Forts aus und erkauft sich Liebesdienste für ein paar Cent oder kleine Geschenke. Die Warnung des Garnisonsarztes, sich als Syphiliskranker sexueller Kontakte zu enthalten, schlägt er offensichtlich in den Wind. Wenige Tage später spürt er ein scharfes Brennen in der Harnröhre, eitriger Ausfluss rinnt aus seinem Penis, vor allem morgens. Er spürt ein unangenehmes Ziehen in seinen Hoden, das sich so rasch verschlimmert, dass ihm nichts bleibt, als sich erneut im Hospital zu melden. Dort wird er drei Tage lang gegen Gonorrhoe behandelt – seine zweite Geschlechtskrankheit in nur einem Jahr. Sie kann, im ungünstigsten Fall, auch Haut, Gelenke und Herzklappen schädigen. Wahrscheinlich versucht der Garnisonsarzt Charles mit *Lavagen* zu kurieren – schmerzhaften Auswaschungen der entzündeten Harnröhre –, mit Quecksilbergaben wie bei Syphilis oder mit einem Balsam aus Kräutern und Gewürzen. Die Männer der Garnison und die Prostituierten und Indianerinnen um das Fort sind mit Geschlechtskrankheiten damals wohl regelrecht durchseucht.

Am letzten Tag des Jahres 1857 – Charles ist noch nicht wirklich genesen – hallt der grelle Pfiff einer Dampfpfeife über den Paradeplatz. An der Lände von Colorado City lässt Johnson die Leinen der »General Jesup« loswerfen und dreht sein Schiff mit dem Bug stromauf. Dann dampft es, Schwaden von Holzrauch nach sich ziehend, langsam außer Sicht. An Bord sind neben Johnson, seiner Besatzung und der Eskorte weitere 16 bewaffnete Männer, darunter der über sechzigjährige, in der Region erfahrene Trapper und *mountain man* Pauline Weaver und *Capitán Pasqual*, der hünenhafte Stammesführer der *Kwatsáan*. Drei Wochen lang kämpft sich der Dampfer den gewaltigen Wildfluss stromauf. Unentwegt sucht die Besatzung fahrbare Rinnen im schlammigen, beige-rötlichen Wasser des Colorado. Wieder und wieder muss das Schiff Stromschnellen unter Volldampf überwinden. Oft fährt es sich an Sandbänken fest und muss in stundenlanger Arbeit flottgemacht werden. An den unübersichtlichsten Stellen schickt George Johnson ein Ruderboot voraus, das die Wassertiefen auslotet. Mitte Januar passieren sie das Dorf der *Aha Makhav*, in dem Olive und Mary Ann Oatman vier Jahre lang gelebt hatten. Fassungslos starren die Indianer auf den qualmenden und funkenspeienden Dampfer. Viele ahnen, dass da, langsam und leise rauschend, ein Vorbote ihres Unterganges an ihnen vorüberzieht.

Am Dienstag, dem 21. Januar 1858, ankert die »General Jesup« 200 Meilen stromauf von Fort Yuma, als erstes Schiff überhaupt. Johnson hält den Colorado bei diesem Wasserstand für nicht weiter schiffbar. Er schickt nur ein Ruderboot und eine Landpartie noch fünf weitere Meilen stromauf. Zwei Tage später kommt es am Ankerplatz des Dampfers zu einer der bizarrsten Szenen in der Geschichte des Westens. Sie muss den Indianern, die dort zu Hause sind, wie ein Traum aus einer fremden, unbegreiflichen Welt erscheinen. Am Westufer des großen Stromes taucht das *U.S. Army Camel Corps* auf, kommandiert von Lieutenant Edward F. Beale. Er soll eine Wagenroute nördlich des *Southern Overland Trail* erkunden und reist, auf ausdrücklichen Wunsch des Kriegsministers in Washington, mit 41 aus Tunesien importierten Dromedaren und Trampeltieren. Unter kundiger Anleitung von acht griechischstämmigen Kameltreibern, darunter Philippos Tedros aus Tunis, der auch auf den arabischen Namen *Hadji Ali* hört, sollen sie in den Wüsten des Westens erproben, ob die Tiere sich für das U.S.-Militär eignen.

Beales Karawane rechnet mit einem langwierigen, gefährlichen Übergang über den Colorado – und der Lieutenant ist hocherfreut, als Johnson großzügig anbietet, Wagen, Kamele und alles Gepäck überzusetzen. In seinem Expeditionsbericht schreibt Beale: *Wie die Kamele da am Ufer standen, umgeben von hunderten unbekleideten Wilden, zwischen ihnen die Dragoner meiner Eskorte, und wie der Dampfer dann – abfahrbereit – langsam seine Schaufelräder drehen ließ, das bot ein kurioses und faszinierendes Bild. Doch wehe den Indianern, die an seinen Ufern und in seinen fruchtbaren Auen leben. Die Dampfpfeife der »General Jesup« ertönte als Totenglocke dieser Flussrasse.*

Lieutenant Beale und der Major, der das Experiment leitet, sind hochzufrieden mit der Genügsamkeit der Kamele, ihrem stoischen Temperament und ihrer Kraft und Ausdauer. Aber die Pferde und Maultiere der Expedition scheuen vor den hochgewachsenen Tieren, und die Soldaten der Eskorte kommen über ihre Vorbehalte kaum hinweg. Augenzeugen berichten, dass sich Siedler und Prospektoren beklagen, dass die Kamele ihre Maultiere verschreckten – und die raubeinigsten unter ihnen erschießen einige kurzerhand. Die Armee betrachtet das Experiment schließlich als gescheitert und lässt die Trampeltiere und Dromedare des *Camel Corps* in der Wüste des heutigen Bundesstaates Arizona frei, wo sie noch viele Jahre lang als Attraktion gelten.

Am 9. Januar 1858, zehn Tage nach dem Aufbruch der »General Jesup«, erreicht auch Lieutenant Ives' »Explorer« endlich Fort Yuma und legt an der Dampferlände an. *Ihr Anblick genügt*, scherzen die Soldaten der Garnison, *um ein Pferd zum Lachen zu bringen!* Tatsächlich ist sie ein bizarres Gefährt: ein 17 Meter langes, offenes Boot, am Bug eine Geschützplattform mit einem drehbaren Vierpfünder, der feindlich gesinnte Mormonen und Indianer abschrecken soll. Der Dampfkessel und der hohe, dünne Schlot stehen vor der Schiffsmitte, sodass der Fahrtwind ständig Qualm und Funken auf die Männer an Bord herabdrückt. Auf das Heck wurde ein kleiner Verschlag gezimmert, auf dessen Dach der Ausguck steht und der Rudergänger an einer langen, gebogenen Pinne. Hinter dem Heck dreht sich ein klobiges Schaufelrad.

Doch so zusammengeschustert der Dampfer auch aussehen mag, Ives hat einen ganzen Stab von Fachleuten an Bord: Geologen, Meteorologen, einen deutschstämmigen Kartographen, einen Arzt und Naturforscher der renommierten *Smithsonian Institution*. Und aus dem fernen Berlin ist, auf persönliche Einladung von Ives, Heinrich Balduin Möllhausen angereist, per Schiff via Panamá und San Francisco, und dann zu Pferde, auf einem wochenlangen Ritt entlang des *Southern Overland Trail*. Möllhausen hatte bereits Herzog Paul von Württemberg zwischen 1849 und 1852 auf Expeditionen durch den amerikanischen Westen begleitet. Er gilt als erfahrener Entdecker, Chronist und Zeichner. Seine Erlebnisse machen ihn, zurück in Deutschland, zu einem der erfolgreichsten Reiseschriftsteller seiner Zeit – und zur Inspirationsquelle für Karl May, der erst fünfzig Jahre später amerikanischen Boden betrat.

Am 11. Januar 1858 endlich, nach letzten Vorbereitungen, geht auch die »Explorer« stromauf, mit einer Eskorte aus Fort Yuma an Bord. Kaum hat die Reise begonnen, da ist die Besatzung schon gezwungen, viereinhalb Stunden an Sandbänken herumzulavieren, bevor sie richtig in Fahrt kommt. *Der Zwangsaufenthalt wäre weniger ärgerlich gewesen*, schreibt Ives, *wenn er etwas weiter stromauf geschehen wäre. Wir waren vom Fort aus noch voll zu sehen und wußten, daß wir den Leuten der Garnison und denen außerhalb ein gutes Stück Unterhaltung boten.*

Im Gewirr der Flussarme kommt auch die »Explorer« nur quälend langsam voran. Weil der Platz an Bord knapp ist, lagern die Männer jede Nacht am Ufer. Ihre Vorräte schwinden rasch und unterwegs können sie von indianischen Bauern nur enttäuschend wenig Bohnen und Mais erstehen. Als die »General Jesup« Ende Januar auf ihrer Rückreise in Sicht kommt, steigt der Lieutenant von Ives' Eskorte auf George Johnsons Dampfer über. Er will einen Packtierzug mit Vorräten, die in Fort Yuma bereitstehen, früher als geplant auf den Weg schicken.

Charles Herzog wird als einem von zehn Gefreiten seiner Kompanie befohlen, den Nachschub für Ives' Expedition zu eskortieren. Obwohl sie im kühleren Spätwinter aufbrechen, wird es einer seiner körperlich härtesten Einsätze, zumal er zwei Geschlechtskrankheiten im Leibe trägt. Von einem Sergeanten befehligt marschieren sie drei Wochen lang der »Explorer« hinterher, die – ihres geringen Tiefganges wegen – noch 25 Meilen weiter stromauf vorstoßen kann, als die »General Jesup«. Einen Teil der Strecke folgt die Karawane Indianerpfaden durch die Auen des Colorado. Doch an vielen Stellen verengt sich das Tal und sie sind gezwungen, in schattenlose Gebirge auszuweichen, deren Steige so rau und schmal sind, dass selbst die trittsicheren Maultiere nur mit Mühe vorankommen. Anfang März erreichen sie – Tiere und Menschen am Ende ihrer Kräfte – Lieutenant Ives und seine Männer, die sie sehnlich erwarten.

Die »Explorer« war am Beginn des Black Canyon des Colorado, 230 Meilen von Fort Yuma entfernt, auf Felsen gelaufen. Lieutenant Ives hatte das Risiko, noch weiter stromauf zu dampfen, daraufhin für zu groß erklärt. Wenige Wochen später dringt er auf dem Landweg, mit Balduin Möllhausen und anderen, bis in den Grand Canyon vor, um zu erkunden, ob eine Eisenbahntrasse durch die Schlucht gelegt werden kann. Von einem ortskundigen *Aha Makhav* geführt, erreichen sie tatsächlich den Grund der gewaltigsten Schlucht der Erde. Charles und seine Kameraden kriegen nichts davon zu sehen. Nachdem sie zentnerweise Proviantsäcke und Kisten abgeladen haben, marschieren sie auf den mühevollen Pfaden, auf denen sie gekommen waren, zurück zum Fort. Und der enttäuschte Ives gelangt in seinem Expeditionsbericht zu dem irrigen Schluss: *Wir sind die erste und zweifellos die letzte Gruppe von Weißen, die diesen nutzlosen Ort besucht.*

Wenige Monate zuvor, Anfang Dezember 1856, hatte die Garnison von einem Postreiter mit wochenlanger Verspätung das Ergebnis der Präsidentschaftswahlen erfahren: Der Demokrat James Buchanan wird 15. U.S.-Präsident. Noch vor seinem Amtsantritt wachsen die Spannungen zwischen der Regierung und den Mormonen, und Fred sorgt sich, dass sein Bruder Charles im Fernen Westen zu den Waffen befohlen wird: *Daher bin ich sehr begierig, bis ich weitere Nachricht erhalte*, schreibt er am 7. Februar 1858 nach Stuttgart, *zumal da die Vereinigten Staaten eine ziemliche Armee nach Utah Territory abgesendet haben, um die Mormonen, oder wie sie sich selbst nennen: »Die Heiligen der letzten Tage« zu vertreiben. Diese Mormonen sind eine Art Communisten, schon ungefähr 100 000 Seelen stark, zusammengesetzt von allen Nationen, doch hauptsächlich Engländer und Irländer, sie sind eine äußerst ausschweifende Sekte, haben dem Christenthum abgeschworen, haben Vielweiberei, Brigham Young, ihr »Prophet« ist Richter im Weltlichen und Geistlichen, hat nicht mehr als 60 Weiber.*

Ende der 1840er-Jahre hatte Young, der *Löwe des Herrn* und der *Amerikanische Moses*, Tausende Mormonen von Illinois aus in ein 1300 Meilen entferntes *Neues Zion* geführt: ans Ufer des Great Salt Lake, westlich der Rocky Mountains – dorthin, wo ihm die Sekte der *Brewsterites*, zu denen sich die Oatmans zählten, partout nicht hatte folgen wollen. Im Mittleren Westen waren die Mormonen, ihrer eigenwilligen religiösen Lehren wegen, von der christlichen Mehrheit immer wieder verfolgt und bedroht worden. Sie sahen dort keine Zukunft mehr für sich. Ihr Exodus war der bei Weitem größte und wohl bestorganisierte Treck in der Geschichte des amerikanischen Westens. Als ein Voraustrupp 1847 am Great Salt Lake ankam, stieß er dort auf *eine weite und karge Ebene, eine scheinbar endlose Wüstenei von Beifuß-Sträuchern, das Paradies der Eidechse, der Zikade und Klapperschlange.* Mit fast übermenschlichem Einsatz und nie ermüdender Disziplin verwandelten die Mormonen die Steppe in blühende, ertragreiche Landschaften. Dabei hingen sie nicht dem raubeinigen Individualismus an, den Pioniere gerne zum Idealbild amerikanischer Freiheitsliebe stilisierten. Die Mormonen errangen Erfolg durch unbedingten Zusammenhalt, durch Absprache und gemeinsame, klug koordinierte Arbeit.

Zu Beginn ihres Trecks hatte der ganze Ferne Westen formal noch zur Republik Mexiko gehört – unermessliche Wildnis, *terra incognita*, die kein Mexikaner je betreten hatte, ein idealer Rückzugsort für religiös Verfolgte. Doch noch während des Trecks war die Region im Friedensvertrag von Guadalupe-Hidalgo an die Vereinigten Staaten gefallen. Von da an bemühten sich die Mormonen, ihr selbsterwähltes *Neues Zion* als U.S.-Bundesstaat anerkennen zu lassen. Der Kongress in Washington fand immerhin zu einem Kompromiss: Er schuf das Territorium von Utah – die administrative Vorstufe eines Bundesstaates – und berief Brigham Young zu seinem ersten Gouverneur. 1856, als Charles bereits in Fort Yuma stationiert war, begann das dramatischste Kapitel des mormonischen Exodus: Weil sie nicht genug Geld für Zugtiere hatten, zogen dreitausend Engländer, Waliser, Schotten und Skandinavier mit Schubkarren und Handwagen vom Mittleren Westen an den Salt Lake. Eine unerhörte Mühsal, die mehreren hundert Menschen das Leben kostete, und eine beispiellose Leistung, die auch Christen Respekt abnötigte.

Doch mit dem Amtsantritt des populistischen Präsidenten James Buchanan im März 1857 eskaliert die Lage: Er will die in der Bevölkerung verhasste *Vielweiberei* der Mormonen unterbinden und schenkt Gerüchten Glauben, dass sie sich ganz von den Vereinigten Staaten abzuspalten gedenken. Brigham Young, den Präsidenten der *Kirche der Heiligen der Letzten Tage* und Vater von 56 Kindern, hält er für einen polygamen Despoten, der unbegrenzte Macht über seine Anhänger hat. Er setzt ihn im Sommer 1857 als Gouverneur von Utah ab und schickt einen Mann seiner Wahl, eskortiert von drei U.S.-Regimentern, Richtung Utah. Young denkt aber nicht daran zurückzutreten. Er ruft Kriegsrecht aus und schwört die Mormonen darauf ein, ihr *Neues Zion* zu verteidigen. Handwerker schmieden Feuerwaffen, Farmer dengeln Sensen zu Bajonetten um und trainieren mit alten, blank polierten und geschärften Säbeln für den Nahkampf.

Scheußliche Gräuelthaten haben sie an Emigranten begangen, schreibt Fred, der der Familie in Stuttgart treu weitergibt, was er in den Zeitungen von New Orleans liest, *Mord und Raub begehen sie, indem sie sagen »der Geist gibt es mir ein«*. Auf dem Höhepunkt der Spannungen im September 1857 überfallen Mormonen, als *Paiute*-Indianer verkleidet, tatsächlich einen Siedlertreck, unterwegs von Arkansas nach Kalifornien. Sie ermorden 120 Erwachsene und Jugendliche und lassen nur 17 Kleinkinder am Leben, die sie auf mormonische Familien verteilen. Ein Massaker, dessen Hintergründe und Heimtücke bis heute ungeklärt blieben und das – von der Presse angeheizt – Entsetzen und Hass in der U.S.-Bevölkerung schürt. *Es wird eine schwierige Sache werden sie zu bekämpfen*, schreibt Fred, *denn in Gemeinschaft mit den Indianern, sind sie im Stande sich gut genug zu wehren, ein allgemeiner Indianerkrieg ist zu befürchten. Auch dauert es lange Zeit bis Verstärkung u. Munition den Soldaten nachgeschikt werden kann, die Indianer rauben gewöhnlich die Carawanie.*

Tatsächlich sind es die Mormonen selbst und nicht die Indianer, die zu Guerilla-Taktiken greifen, auch im Versuch, größeres Blutvergießen und weitere Eskalation zu vermeiden. Der Kommandeur ihrer Miliz weist einen Major an: *Machen Sie sich umgehend daran, die* [U.S.-] *Truppen auf jede nur mögliche Weise zu stören. Verwenden Sie alle Mühe darauf, ihre Tiere in wilde Flucht zu treiben, und ihre Nachschubzüge in Brand zu setzen. Brennen Sie das gesamte Land vor ihnen und an ihren Flanken nieder. Lassen Sie sie, durch nächtliche Überraschungsangriffe, keinen Schlaf finden, blockieren Sie den Trail, in dem Sie Bäume fällen und Furten zerstören, wo immer möglich. Versuchen Sie, das Gras auf ihrer Windseite in Brand zu setzen, so daß ihre Kolonnen in Rauch gehüllt marschieren müssen.* Der Oberkommandierende der U.S.-Truppen, Colonel Albert Sidney Johnston, sieht sich schließlich gezwungen, seine von ständigen Nadelstichen entnervten und von Hunger geschwächten Männer überwintern zu lassen und erst im folgenden Frühjahr nach Salt Lake City vorzustoßen.

Utah Territory liegt im Fernen Westen, schreibt Fred an die Familie, *an der östlichen Grenze Californiens, u. es ist schon wahrscheinlich daß die Ver. Staaten von dort her Truppen zur Hülfe gegen die »Heiligen« berufen. Da möchte es wohl Karl zu guter Letzt noch treffen, dergleichen Lorbeere mögen theuer werden. – Doch wir wollen das Beste hoffen. Sehen ich und Er uns wieder, so ist alles recht, dann wissen wir »Schwaben« so gut Bescheid als andere.*

Zu seinem Glück geht dieser Kelch an Charles vorüber. Etwa zu der Zeit, als Fred in New Orleans besorgt zu Feder und Tinte greift, kommt ein Vermittler in Salt Lake City an. Ihm gelingt es, Brigham Young zum Einlenken zu bewegen, weil der *Amerikanische Moses* einen Vernichtungskrieg gegen seine Glaubensbrüder und -schwestern fürchtet. James Buchanan im fernen Washington begreift, dass ihn ein langwieriger, blutiger Krieg im eigenen Land politisch teuer zu stehen kommen würde. Mitte April 1858 legt Young sein Amt als Gouverneur von Utah nieder, und Alfred Cumming, sein Nachfolger von Buchanans Gnaden, kann ungehindert antreten. Der *Utah War* endet glimpflich. Von da an bleiben geistliche und weltliche Macht am Great Salt Lake getrennt – und Charles bleiben noch ein paar ebenso ruhige wie fade Monate in Fort Yuma.

***

Abends zieht es uns ein letztes Mal zum alten Fort hinauf. Wir setzen uns auf die Veranda der ehemaligen Kommandantur auf eine Holzbank, von der die Farbe blättert. Die Lehmziegelmauer in unserem Rücken ist noch angenehm warm von der Nachmittagshitze. Vor uns geht langsam die Sonne unter, hinter den gelbgrünen, blattlosen Zweigen eines *Palo Verde*-Baumes. In der klaren Abendluft lassen wir unsere Blicke schweifen, über den breiten Talgrund des Colorado hinweg zur markanten Lavamasse des Pilot Knob und zu zerklüfteten Bergmassiven, die sich in respektvoll weitem Kreis um das Fort zu scharen scheinen.

Als die Sonne schließlich hinter dem Horizont verschwindet, zeigt sich eine andere, subtilere Seite des Grenzlandes zwischen Arizona, Kalifornien und Mexiko: Die Flussniederung, die Wüste und die Berge beginnen in Gelb-, Orange- und Rot-Tönen zu leuchten, die langsam in zartes Lila und Nachtblau übergehen. Ein Farbenspiel, das eloquente Offiziere der Garnison schon zu Charles' Zeiten gepriesen haben und das er viele Morgen und Abende selbst bestaunt haben mag. Dann liegt das alte Fort im Dunkeln, nur die Veranda wird von ein paar nackten Glühbirnen erhellt, um junge Kerle abzuschrecken, die die Fenster einschlagen, zündeln oder Graffiti an die Wände sprühen könnten. Ich denke an Lieutenant Sweeney, der sich für die Nächte in Fort Yuma begeisterte und oft staunend zu den Myriaden von Sternen über sich hinaufsah: *Und der Mond leuchtet wie ein Hort der inneren Ruhe, der Reinheit und des Friedens*, schrieb er Anfang der 1850er-Jahre. *Das Summen unzähliger Insekten lässt nie nach, und der Colorado murmelt wie ein rastloser Titan, er schimmert und lässt seine rötlichen Fluten strudeln, wie eine bronzene Riesenschlange, deren glitzernde Schuppen die Mondstrahlen reflektieren.* Heute verblasst das Funkeln der Sterne über den Lichtern der Stadt, und das Murmeln des Colorado geht unter im Rauschen des Verkehrs. Immer wieder übertönt das Rattern kilometerlanger Güterzüge der *Southern Pacific* den Fluss und die Insektenschwärme an seinen Ufern.

Der Chef der Stammespolizei der *Kwatsáan* schaut vorbei, auf Kontrollfahrt im Streifenwagen unterwegs. Bert und er unterhalten sich lange und angeregt. Der *Chief* berichtet ihm, dass er fünf Sheriffs unter sich habe und sie alle in letzter Zeit mehr Arbeit hätten, weil die Probleme der Großstadt Yuma – Drogendelikte, Jugend- und Bandenkriminalität – jetzt auch auf das Reservat übergriffen, mit seinen knapp zweitausend Menschen. Als wir uns nach einem langen, für beide Seiten bereichernden Gespräch per Handschlag verabschieden, sind wir mit dem Polizeichef einig: Das alte Fort ist noch immer ein schöner Ort! Sein Vetter, der auf dem Reservat lebe, erzählt er uns zum Schluss, sei mit einer Deutschen verheiratet. Sie stamme aus Stuttgart.

15
There's Gold in Them Hills!

Schon auf dem Rückmarsch von Lieutenant Ives' »Explorer« scheint es Charles, als brenne die Sonne greller als gewohnt auf die Bergpfade, denen sie folgen. In der Abenddämmerung erkennen seine trockenen, geröteten Augen nur noch Schemen, und wenn es ihn nachts zur Latrine treibt, kommt er mehr tastend als sehend voran. Mit ihrer Rückkehr nach Fort Yuma, am Donnerstag, dem 25. März 1858, schreibt ihn der Garnisonsarzt zum fünften Mal in nur zwei Jahren krank, und er verbringt elf Tage im Hospital. Diagnose: *Hemeralopia* – Nachtblindheit, die eng mit Skorbut verbunden ist und zur vollständigen Erblindung führen kann. Der Arzt, dem die wahre Ursache der Erkrankung – bedrohlicher Vitamin A-Mangel – damals nicht bekannt ist, versucht ihn mit altbewährten Hausmitteln zu kurieren: mit Lebertran und gesottener Ochsenleber von Louis Yaegers Schlachtvieh. Charles ist jetzt bald 39 Jahre alt; offensichtlich verkraftet sein mangelernährter Körper Strapazen wie den Versorgungsmarsch zur »Explorer« nicht mehr.

Kaum einen Monat nachdem er aus dem Hospital entlassen wurde, hat seine Kompanie zum nächsten Gewaltmarsch anzutreten: *Im Mai 1858 erhielt unser Regiment Befehl nach Oregon,* schreibt Charles an seine Familie, *gegen die Indianer, welche die weißen Ansiedler wegtrieben und einige Offiziere und Soldaten tödteten.* Im äußersten Nordwesten Amerikas, in den Territorien von Washington und Oregon, herrscht Panik unter den Siedlern: Acht indianische Völker haben sich in seltener Eintracht verbündet, um das Vordringen von Weißen auf ihr Land gewaltsam aufzuhalten – Stämme vom Pazifik über die Küstenkordillere und das gewaltige Columbia Plateau hinweg bis in die Hochgebirge der Rocky Mountains. Zögernd hatten sie Jahre zuvor Verträge geschlossen, in denen sie den größten Teil ihres angestammten Landes an die U.S.-Regierung abtraten, gegen die Zusage, auf dem Rest ihrer Territorien unbehelligt zu bleiben. Doch als Gold auf dem Land der *Yakama* entdeckt wird, werden sie von Hunderten von Prospektoren und Glücksrittern überrannt. Die Brutalsten unter ihnen schrecken auch nicht davor zurück, sich an indianischen Frauen zu vergreifen. Ein *Yakama*-Krieger erschlägt zwei Vergewaltiger, andere erstechen einen unbeteiligten Agenten des Büros für Indianische Angelegenheiten, was weiße Siedler sofort nach Vergeltung rufen lässt. Die Stammesältesten der *Yakama,* der *Umatilla, Klickitat* und anderer Völker wissen um die Übermacht der »*Bostons*« und raten zu Mäßigung und Diplomatie. Doch viele ihrer jungen Krieger drängen auf Gewalt. Auch die Weißen sind uneins. Der Gouverneur von Washington Territory, der Hardliner Isaac Stevens, den Zeitgenossen als *winzigen Napoleon* belächeln, fordert schon seit Jahren, dass solange Krieg geführt werden soll, *bis der letzte feindlich gesinnte Indianer ausgelöscht ist.* Selbst die Armee ist gespalten – zwischen verständnisvollerem Vorgehen und gnadenloser Ausrottungspolitik. Schließlich setzen sich auf beiden Seiten die Falken durch. Indianerkrieg droht wie ein Flächenbrand durch den Nordwesten zu rasen. Die U.S.-Armee, die *sehr mager ist,* wie die *New York Times* spottete, *selbst für ein Skelett*, zieht vorsorglich Truppen zusammen, sogar aus dem 1500 Meilen entfernten Fort Yuma.

Am Sonntagmorgen, dem 2. Mai 1858, schmiert Charles Rindertalg in seine Stiefel, um sich nicht wund zu laufen – und marschiert dann mit seinen Kameraden zum vierten Mal auf dem *Great Southern Overland Trail* in der Hitze des Frühsommers Richtung Pazifik. In San Bernardino vereinen sie sich mit weiteren Kompanien zu einem mehrere hundert Mann starken Heereszug. Sie passieren das florierende Viehzüchter- und Farmer-Städtchen Los Angeles mit stattlichen viertausend Einwohnern. Im Hafen von San Pedro, noch einen Tagesmarsch weiter, gehen sie mit ihren Zug- und Reittieren, den Planwagen und der gesamten Bagage an Bord eines Schaufelraddampfers der *Pacific Mail Steamship Company.*

Eine Woche lang dampft das Schiff nach Norden, in gebührendem Abstand zu den unnahbaren Steilküsten Kaliforniens und Oregons mit ihren vorgelagerten Felsnadeln und rasch aufziehenden Seenebeln. Doch die weitaus größte Gefahr droht in den letzten Stunden der Fahrt, als der Dampfer den Hafen von Astoria ansteuert. Er liegt an der Mündung des Columbia River, den viele damals für den größten Strom Nordamerikas halten. Seine enormen Wassermassen laufen der vorherrschenden Richtung von Wind und Seegang im offenen Ozean entgegen, was hohe und bedrohlich steile Wellen aufwirft. Rasch wandernde Sandbänke und reißende Gezeitenströme ließen hier schon Hunderte Schiffe scheitern. Wracks ragen wie Skelette aus dem Geröll und Sand der Untiefen. In ganz langsamer Fahrt, ständig lotend, tastet sich die Besatzung des Dampfers durch den *Graveyard of the Pacific* – den Friedhof des Stillen Ozeans, wie Seeleute ihn nennen. Als sie in Astoria festmachen, ist die Erleichterung groß. Der Flussdampfer »Belle« wartet hier abfahrbereit, mit qualmendem Schlot, auf die Truppen und ihren Tross.

Die letzten Tage seiner Jahre als Soldat verbringt Charles an Deck des Dampfers, der den Columbia hinauf laviert, durch ein Labyrinth von Flussarmen, Inseln und Stromschnellen. Oberhalb der Stadt Portland dampfen sie drei Tage lang durch eine Schlucht, die Charles ungleich majestätischer scheint als der Rheindurchbruch zwischen Bingen und Koblenz, den er in den ersten Tagen seiner Auswanderung bestaunt hatte. Sie sind jetzt in einer der regenreichsten Regionen Nordamerikas unterwegs. Von den Bergflanken und Basaltwänden, die sich dreitausend Fuß und mehr über den Columbia erheben, rauschen unzählige Wasserfälle zu Tale. Urwälder reichen bis hart an die Ufer, im Unterholz übermannshohe Farne und Beerensträucher; darüber Eichen, Espen, Zedern und Douglastannen, hoch wie die Kirchtürme der Alten Welt. Hausgroße Felsblöcke verengen das Fahrwasser immer wieder, scharfer Ostwind faucht um die Ufer. Manchmal erkennt Charles in weiter Ferne eisschimmernde Vulkankegel.

Auf halber Länge der Schlucht endet die Fahrt der »Belle« vor den Cascades Rapids, Stromschnellen, über die der Columbia, in den Worten eines Missionars, *mit unwiderstehlichem Ungestüm* zu Tal schäumt, *über felsige Riffs und zusammengefallene Ruinen*. Dieser schroffste, düsterste Teil des Canyons galt indianischen Völkern jahrhundertelang als heilig. Die Expedition von Lewis und Clark war 1805 hier auf die *Watlalas, Clahclellahs* und *Yhehuhs* gestoßen, die in Dörfern aus stattlichen Holzhäusern lebten und ihre Toten entlang des Flusses bestatteten, in Dutzenden Beinhäusern und Mausoleen. Bevor sie von Seuchen dezimiert wurden, die die Weißen einschleppten, hatten sich während der Lachswanderung hier alljährlich viele Hundert Indianer versammelt, um zu fischen und zu räuchern: *Alles was das Auge sehen oder die Nase riechen kann ist Fisch,* schilderte der Missionar, *das ist ihre großartige Zeit, sich zu vergnügen, zu spielen und zu schlemmen, die lange Zeit des Hungers liegt hinter ihnen; endlich vermögen sie inmitten des Überflusses zusammenzukommen.*

Die »Belle« legt am wiederaufgebauten Weiler der *Lower Landing* an, wo verkohlte Reste von Blockhäusern die Soldaten an den Ernst ihrer Mission erinnern: Zwei Jahre zuvor hatten Krieger erfolglos versucht, den Strom Zehntausender Siedler und Soldaten durch die Schlucht, die ihnen so viel bedeutet, gewaltsam zu stoppen. Vor zwei Monaten erst hätten sie, Hunderte Meilen entfernt, um ein Haar einen zweihundert Mann starken Stoßtrupp der U.S.-Armee aufgerieben, ließen die bedrängten Soldaten aber nach schweren Verlusten abziehen. Der Oberkommandierende der Strafexpedition, Colonel George Wright, wurde von seinem Vorgesetzten jetzt angewiesen, die aufständischen Indianer *unerbittlich zu bestrafen und standhaft zu bleiben, bis die Unterwerfung aller erreicht ist.* Die meisten seiner Soldaten brennen darauf, ihre gefallenen und verwundeten Kameraden zu rächen.

An der Pier des *Lower Landing* wird den Truppen befohlen, Tiere, Wagen und Ausrüstung auszuladen. Auf einer mühsam in die Hänge des Nordufers gehauenen Militärstraße, steinschlaggefährdet und vom Regen ausgewaschen, umgehen sie die Cascades Rapids sechs Meilen weit. Ihre Stiefelsohlen und die Eisenringe ihrer Wagenräder knirschen immer wieder über die zerborstenen und zermahlenen Knochen zahlloser Indianer – Siedler hatten ihre Begräbnisstätten aus Unkenntnis oder absichtlich entweiht und ihre Gebeine verstreut. Die Truppen passieren die Ruine eines aufgelassenen Forts, das Krieger vor zwei Jahren erfolglos belagert hatten. An der Pier des gleichfalls niedergebrannten und wiederaufgebauten *Upper Landing* laden sie ihren Tross auf den Flussdampfer »Wasco«, der prompt ablegt. Am Dienstag, dem 6. Juli 1858, erreichen sie den Ostausgang der Schlucht – und das

Ende der Wälder. Vor ihnen dehnen sich, im Regenschatten der Küstenkordillere, die baumlosen Prärien des Columbia Plateaus. *Das ganze Land*, schreibt ein Vermesser, der gerade beginnt, das Plateau zu kartieren, *ähnelt sehr einem sturmgepeitschten Meer* – endlos scheinende Hügelketten, die in der Sonne goldbraun gleißen und wie Wogen aufeinander folgen, von unzähligen Rinnen und Wadis zerfurcht. Am Anleger von Fort Dalles, keine halbe Stunde später, endet die Fahrt der »Wasco« vor weiteren, unüberwindbaren Stromschnellen. Die Soldaten führen ihre Tiere von Bord, fahren Wagen, Waffen und Ausrüstung ans Ufer und schlagen ihre Zelte auf.

Meine Zeit war beinahe um, als wir in [Oregon] anlangten, schreibt Charles an seine Familie, *ich hatte noch 7 Tage zu dienen und da ich nicht im Sinn hatte wieder einzustehen, so erhielt ich meinen Abschied und mein Geld ausbezahlt.* Mit dem Signal *Reveille* am nächsten Morgen schlüpft er in seine Zivilkleider und gibt seine blaurote Artilleristen-Uniform, ordentlich zusammengelegt, beim Quartiermeister des Heereszuges ab. Bevor seine Kameraden in die wogende Prärie aufbrechen, zu den Kampfgebieten, die noch einmal zwei harte Marschwochen weiter nordöstlich liegen, unterzeichnet sein Kompaniechef einen mit rascher Hand bekritzelten Zettel: *Lager bei Fort Dalles, Oregon Territory, 7. Juli 1858. Dem Gefreiten Charles Herzog von Kompanie G wird hiermit Urlaub bis zum Ende seiner Dienstzeit am 14. Juli gewährt. Er ist mit Verpflegungsrationen bis einschließlich 14. Juli versorgt. James A. Hardie, Captain 3rd artillery, commanding company.*

Mit diesem Passierschein in der Tasche entgeht Charles dem hemmungslosen Rache- und Vernichtungsfeldzug, den Colonel Wright bis in den Oktober hinein gegen die Indianer führt. Der gläubige Puritaner wähnt die Vorsehung und das Recht auf seiner Seite, doch die Gräueltaten, die er befiehlt, gelten Historikern heute als maßlos und in nichts zu rechtfertigen. In den offiziellen Berichten des Colonels taucht nur ein Bruchteil davon auf. *Verheerungen markierten unseren Weg*, notiert Wrights zweiter Mann, Captain Erasmus Darwin Keyes in seinem Tagebuch.

Die indianischen Krieger sind der Armee hoffnungslos unterlegen, trotz ihrer überragenden Reitkunst, ihrer Verwegenheit und ihrer verwirrenden Guerilla-Taktiken. Die Soldaten sind mit Miniégewehren bewaffnet, die schneller feuern und um ein Vielfaches weiter tragen als die Musketen der Indianer, und mit Feldartillerie, die sie aus unerreichbarer Ferne in Stücke reißt. Die Krieger nennen die Haubitzen *Kanonen, die zweimal knallen*: das erste Mal beim Feuern und das zweite Mal, wenn die Granaten explodieren und todbringendes Schrapnell in alle Richtungen streuen. Verwundete Kriegsgefangene lässt der Colonel noch auf dem Schlachtfeld oder auf dem Weitermarsch exekutieren. Ausgerechnet Charles' ehemaliger Kompanie befiehlt Wright, sieben mutmaßliche Anführer der Aufständischen zu erhängen, aus reiner Willkür, ohne jedes Gerichtsverfahren und teils nur Minuten, nachdem sie sich freiwillig gestellt haben. Offensichtlich kann er sich darauf verlassen, dass Kompaniechef Hardie, ein frommer Katholik, auch solche Befehle unverzüglich und ohne Skrupel befolgt. Um Exempel zu statuieren, weist Wright ihn und seine Männer an, die Todgeweihten nicht ins Seil fallen zu lassen, was ihr Genick brechen und ihnen einen schnellen Tod bescheren würde. Sie ersticken elend, an Bäumen baumelnd; ihre Todeskämpfe dauern bis zu 20 Minuten.

Auch nachdem die Indianer militärisch gebrochen sind, wütet Colonel Wright weiter: Er lässt ihre Dörfer und Felder niederbrennen und ihre sorgsam gehüteten Vorräte an Hafer, Weizen, *Quamash*-Zwiebeln, Trockenbeeren und essbaren Wurzeln. Er lässt ihr Vieh töten und ihre Kanus und Boote zerschlagen, um ihre Lachsfischerei zu ruinieren, was einer seiner Lieutenants mit den Worten kommentiert: *Das wird einen Winter großen Leides über die Indianer bringen.* Als es Wrights Einheiten gelingt, eine Herde indianischer Ponys einzufangen, weist er sie an, achthundert Tiere an Ort und Stelle zu erschießen – ein Befehl, den selbst abgebrühte Soldaten nur widerstrebend befolgen. Zwei Kompanien feuern zwei ganze Tage lang in einen rasch zusammengezimmerten Korral, in den sie die Stuten, Fohlen und Hengste getrieben haben. Fassungslos beobachten die Indianer das Gemetzel aus sicherer Entfernung. *Es war ein schmerzvoller Anblick, so viele edle Tiere niedergeschossen zu sehen*, notiert Captain Keyes, der dem Colonel zuvor freilich nahegelegt hatte, die Herde töten zu lassen. *Sie waren alle gut gepflegt, wohlgenährt, ihr Fell glänzte, und weil ich Pferde liebe, meinte ich im Ausdruck ihrer schönen Köpfe eine Bitte um Erbarmen zu erkennen. Dem Ende zu schienen die Soldaten bei ihrem blutigen Gemetzel regelrecht zu triumphieren; so grausam ist das Wesen von Männern.* Bis ins 20. Jahrhundert hinein soll das Gelände noch mit den gebleichten Gebeinen der Tiere übersät gewesen sein. Charles liest über den Krieg und das Los seiner Kameraden erst Wochen später. Zeitungen bis hin zur *New York Times* applaudieren Wrights eiserner Hand – ein indianerfeindliches Lokalblatt versteigt sich sogar dazu, dem Colonel vorzuwerfen, zu weich zu sein und die Stämme nicht hart genug bestraft zu haben.

Charles selbst zieht seiner Wege an diesem Sommermorgen, noch etwas ungelenk in seinem freien, unversorgten Leben als Zivilist, sein Knappsack schwer vom ungeliebten *pilot bread* und einem Stück Speck, von Bohnen, Reis, Kaffee und Zucker, einer Handvoll Trockenobst und seinen wenigen zivilen Kleidungsstücken. Sein Ziel ist New Orleans, einen halben Erdteil entfernt, wo er, sechs Jahre nach ihrem letzten Treffen, endlich seinen Bruder wiedersehen will. Doch dann kommt alles ganz anders als gedacht: *Ich bezahlte nun einen Platz auf dem Dampfboot nach Portland*, schreibt er in die Heimat. *Hier war nun alles in Aufregung wegen der neu entdeckten Goldminen am Frazer River und ich selbst ließ mich auch verleiten und schloß mich einer Compagnie Miner an, kaufte Lebensmittel und Werkzeuge und fort ging es an den Sammelplatz nach Victoria, um von hier aus den Fluß hinauf zu gehen.*

Von Fort Yumas *kleiner Erhebung aus zerbröckelndem Trachyt* aus hatte Charles zusehen müssen, wie der kalifornische Goldrausch in seinen späteren Jahren einschlief und wie Tausende ernüchterte Goldgräber, am Fort vorbei, zurück nach Osten zogen. Dieses Mal lacht ihm und seinen Zufallsgenossen die Gunst der frühen Stunde: Es ist noch keine zehn Wochen her, dass es den ersten Goldsuchern gelang, sich bis zu den Fundgebieten am Fraser River durchzuschlagen, im britischen Territorium *New Caledonia* – Neuschottland. Im ebenso kleinen wie quirligen Flusshafen Portland ersteht Charles von seinem hart verdienten Sold Zeltleinwand, eine Decke, Spitzhacke, Schaufel und eine Goldpfanne,

Abb. 44: Ein völlig überladenes und überfülltes Dampfschiff, das – vermutlich von Kalifornien aus – zu den Goldfeldern am Fraser River aufbricht.

um den kostbaren, mehlfeinen Staub aus dem Sand und Lehm des Fraser zu waschen. Sie dient, in den Worten eines Zeitgenossen, auch *als erstklassiges Kochgeschirr, um Bohnen mit Speck zu bereiten, und ist einer der nützlichsten Gegenstände, die man mit sich führen kann.* Trotz der horrenden Preise werden Werkzeuge und haltbare Vorräte den Ladenbesitzern regelrecht aus den Händen gerissen. Hunderte drängen sich am Anleger von Portland, um Plätze auf den Dampfbooten nach Astoria, dem Seehafen am Pazifik, zu ergattern. Dort angekommen geht Charles mit seiner *Compagnie Miner* an Bord eines bedenklich überladenen Seeschiffes.

Ein Dampfer der für 600 Passagiere berechnet ist, ist mit 1600 Passagieren bepackt, schreibt ein Zeitgenosse, *an Deck ist kaum ein Stehplatz zu finden. Von einem Teil des Schiffes in einen anderen zu gelangen ist [in dem Gedränge] fast unmöglich.* In zwei mühsamen Tagen und Nächten gelangen sie so nach Victoria, einem Handelsposten der *Hudson Bay Company* an der Südspitze von Vancouver Island – einer Insel, die größer ist als die meisten deutschen Fürstentümer.

Schon beim Anlegen gehen den Neuangekommenen die Augen über: Bis vor zwei Monaten hatte Victoria, benannt nach der jungen Königin des britischen Empire, kaum achthundert Einwohner. Jetzt drängen sich hier Tausende, die alle nur eines wollen: weiterkommen, so schnell wie möglich – *Ho! For Fraser River!* Die Allermeisten sind Enttäuschte aus den kalifornischen Goldfeldern. Die Abbaurechte dort haben sich längst finanzstarke Kapitalgesellschaften gesichert. Sie schürfen mit industriellen Methoden; kleine Leute haben keine Chance mehr, einen Schnitt zu machen.

In den morastigen Straßen Victorias dröhnt Tag und Nacht ein babylonisches Sprachgewirr: Italienisch, Flämisch, Französisch, ein Dutzend deutscher Dialekte, Schwedisch, Dänisch, der kehlige Klang Tiroler und Schweizer Alpentäler, Yankees mit ihrem vornehmen Neuengland-Ton, der geruhsame, melodiöse *drawl* der Südstaatler. Dazu die Sprachen der Goldsucher zweiter und dritter Klasse, die von den Weißen auch in diesem Tohuwabohu noch nach Kräften verachtet und ausgegrenzt werden: Hawaiianer, Mexikaner, Chilenen, Mulatten aus Westindien und die Geringsten unter den Geringen: *free men of color* und Chinesen.

Die sanitären Verhältnisse in Victoria sind, auch für diese Zeit, katastrophal. Hunderte kampieren in den Wäldern um den Ort und verrichten ihre Notdurft in den Büschen, der Qualm ihrer Feuer hängt in den Straßen und über der Bucht. Fast über Nacht werden *boarding houses* gezimmert, in denen Vermögendere unterkommen, *general stores,* Saloons und Bordelle, deren Preise um ein Vielfaches höher liegen als selbst in Portland. Charles und seine Kumpane stoßen im vollständig überlaufenen ersten und einzigen Gasthaus am Platze – *The Ship Inn* – auf ihr Wagnis an. Dann ziehen sie weiter und versacken schließlich in den *grog shops* an der Johnson Street, die unvermittelt im Wald endet. Mit reichlich Alkohol im Blut erträgt Charles das Gewimmel von Menschen hier besser. Er stimmt ein, als kalifornische Goldgräber Stephen Fosters inoffizielle Hymne der Fortyniners zu grölen beginnen: *Oh Susanna! Oh don't you cry for me! For I come from Alabama with a banjo on my knee!*

Damit die Zustände nicht völlig außer Rand und Band geraten, wie zu Anfang des kalifornischen Goldrausches, erzwingt die britische Territorialverwaltung Recht und Ordnung, so gut es eben geht. Am nächsten Morgen, noch sehr in Katerstimmung, sehen Charles und seine *Miner* sich gezwungen, den ganzen Tag Schlange zu stehen, um an Bergbaulizenzen zu kommen. Sie gelten drei Monate und kosten ein Pfund Sterling pro Kopf – fünfeinhalb Dollar oder den halben Monatssold eines einfachen Soldaten. Das Formular listet auch Vorschriften auf, *die von Personen einzuhalten sind, die nach Gold graben oder anderweitig in den Goldfeldern beschäftigt sind:*

1. *Diese Lizenz ist jederzeit am Körper zu tragen und jedem Regierungsbeamten, Polizeioffizier oder anderen bevollmächtigten Personen auf Verlangen vorzuweisen.*
2. *Vor allem ist zu beachten, daß diese Lizenz nicht übertragbar ist, und daß der Träger einer illegal überlassenen Lizenz für dieses Vergehen bestraft wird.*
3. *Bergbau ist weder erlaubt, wo er unterhaltenswerte Straßen zerstören würde, worüber Regierungsbeamte zu befinden haben, noch innerhalb gewisser Abstände um Läden und Geschäfte, die notwendig sind, um sie erreichen zu können.*
4. *Es wird angeordnet, daß alle Personen die Sonntagsruhe in den Goldfeldern gebührend und ordnungsgemäß zu beachten haben.*
5. *Die Größe des Claims, der jedem lizensierten Goldgräber zugestanden wird, ist 20 mal 20 Fuß oder 400 Quadratfuß* [etwa 6 mal 6 Meter].

Mit diesen Papieren in den Taschen ergattert Charles' *Compagnie* nach Tagen nervtötenden Wartens Plätze auf einem böse überladenen Flussdampfer. Auf Zickzackkursen gleiten sie durch Schären und Inselgruppen – eine verwirrende Welt aus Wald und Wasser. Dann queren sie die unangenehm bewegte Strait of Georgia,

Abb. 45: Zwei miners waschen Gold nahe Yale am Fraser River, etwa 25 Kilometer nördlich von Hope.

erreichen das Mündungsdelta des Fraser und dampfen den wild verästelten, milchig-trüben Bergfluss hinauf. Weil der Dampfer gegen die Strömung nur quälend langsam vorankommt, müssen sie am Unterlauf, bei Fort Langley, die Nacht über ankern. Ein Journalist, der sich just in diesen Tagen auf dieselbe Reise macht, schreibt: *Ich hatte Glück noch einen freien Platz auf dem Oberdeck zu finden, auf dem ich meine Decken ausbreiten und mich zu ruhelosen Träumen legen konnte.* Auf der Weiterfahrt im ersten Morgenlicht treten bald mehr als sechstausend Fuß hohe Felsgebirge hart an das Wasser heran. Der Fluss verengt sich und – Ironie des Schicksals – ausgerechnet beim Städtchen Hope ist die Reise unvermittelt zu Ende: Jetzt, Mitte Juli, führt der ohnehin reißende Fraser zusätzlich Schmelzwasser aus den britischen Rockies und der Küstenkordillere. Stromauf von Hope kommt das Schaufelrad am Heck des Dampfers nicht mehr gegen die Strömung an. Das Goldgräbernest Yale, ein *veritables Sodom und Gomorrha*, das auf bestem Wege ist, zur *größten Stadt östlich von Chicago und nördlich von San Francisco* zu werden, ist immer noch mehrere Bootsstunden entfernt. Und – was noch schlimmer ist – alle Sandbänke und Uferstreifen um Hope, auf denen bis vor wenigen Wochen noch Hunderte nach Gold schürfen konnten, stehen jetzt unter Wasser. *Wir fanden uns aber bitter getäuscht,* schreibt Charles, *denn hier waren mehr denn Tausend, welche gerne wieder zurück gingen, wenn sie das Geld gehabt hätten, an Gold zu graben war nicht zu denken, denn nur wenigen gelang es in kleinen Booten hinauf zu kommen. Zu spät aber sah ich den Betrug ein.*

Für die Indianer, die seit Jahrtausenden am Fraser zu Hause waren, bringt der Goldrausch den jähen Untergang ihrer Welt. Allein in diesem ersten Jahr dringen an die dreißigtausend Glücksritter in die bislang kaum berührten Wildnisse entlang des Flusses vor. Nie zuvor in der Geschichte des Fernen Westens – und niemals danach – strömten so viele Menschen in so kurzer Zeit in eine so kleine Region. Und auch hier, in *New Caledonia*, wiederholt sich die ewig gleiche Tragödie: In ihrer Gier sind die wenigsten Goldsucher bereit, Rücksicht auf die Ureinwohner zu nehmen. Wenn sie auf Widerstand stoßen, greifen viele ohne zu zögern zu Messern, Pistolen oder Gewehren. Sie beginnen auch an Seeufern nach Gold zu graben und in den Zuläufen des Fraser River, bis in die kleinsten Bachläufe hinein. Sie leiten ganze Nebenflüsse zu ihren Zwecken um und ruinieren die Lachsfischerei, eine der Hauptnahrungsquellen der Indianer, just auf dem Höhepunkt der Saison. Laichgründe gehen verloren – und damit auch der Fang künftiger Jahre. Und sie roden die majestätischen Urwälder *New Caledonias* für Brennholz, Bauholz, Grubenholz. Die Goldgräbersiedlungen liegen in Kahlschlägen mit Abertausenden von Baumstümpfen – ein Bild der Verwüstung.

Als sich eine Gruppe französischer Goldwäscher an einer jungen Frau vom Volk der *Nlaka'pamux* vergreift, treiben die Leichen der Täter wenig später mit abgeschnittenen Köpfen in einem Kehrwasser bei Yale. Die *Nlaka'pamux* gelten als sehr wehrhaft, und Tausende Bergleute fliehen verängstigt aus kleineren Camps in den relativen Schutz Yales. Freiwilligenregimenter formieren sich und drängen auf Vergeltung. Wie in Oregon sind die Weißen auch hier zerstritten – manche fordern die restlose Ausmerzung der Indianer, andere plädieren für besonnene Befriedung. Angesichts der Überzahl der Eindringlinge und ihrer modernen Waffen bleibt den Indianern nach einigen Gefechten nichts, als in einen Friedensvertrag einzuwilligen und zu versuchen, den enormen Zustrom an Menschen irgendwie zu überstehen. Wenige Jahre später trägt ein pockenkranker *gold digger* aus San Francisco die Seuche ins

Tal des Fraser River. Obwohl Ärzte noch versuchen, Hunderte von Indianern im Eilverfahren zu impfen, gehen bis zu Dreiviertel der längst gebrochenen *Nlaka'pamux,* der *Secwepemc* und *Okanagan* an den Pocken zugrunde.

Charles, der dem Fraser River noch vor den Gewaltexzessen den Rücken kehrt, schreibt: *Ich verkaufte nun meine Lebensmittel und Werkzeuge wieder, und ging mit einem Dampfschiff nach San Franzisko.* Enttäuschung, Selbstvorwürfe, Schuldgefühle verdüstern seine Stimmung, als er mit einem Ticket für die billigste Klasse in Victoria an Bord geht. Vom Sold seiner fünfjährigen Dienstzeit hat er erschreckend viel in der Hysterie um den Fraser River gelassen, und er hat seinen Bruder Fred in New Orleans um Wochen versetzt. Als sich Charles' Schiff am vierten Tag auf See allmählich der nebelverhangenen Küste Kaliforniens nähert, in der langen, pazifischen Dünung schlingernd, steht er an Deck. Zwischen rasch ziehenden Nebelschwaden macht er Klippen aus, gegen die die Brandung donnert. Dahinter erkennt er sanft geschwungene Hügel in seltsam praller Sonne, deren Grasland so goldbraun schimmert wie die Prärien des Columbia Plateaus. Lange sucht er die Steilküste nach dem Einlass in die Bucht von San Francisco ab. Doch erst als der Dampfer unmittelbar darauf zuhält, entdeckt er die Öffnung vor dem Bug. Major John Charles Frémont, ein klassisch gebildeter Offizier, der maßgeblich an der Annexion Kaliforniens von Mexiko beteiligt war, nannte sie in Vorahnung künftiger Größe noch vor den Goldfunden: *Chrysopylae, oder das GOLDENE TOR, so wie der Hafen von Byzanz, des späteren Konstantinopel, Chrysoceras, oder das GOLDENE HORN genannt wurde.*

***

Steif und übermüdet steigen wir am unscheinbaren Bahnhof von San Francisco aus einem Bus. Unsere Seelen hängen noch fünfhundert Meilen weiter südlich, in San Diego, und werden nachgeliefert. Um das Reisebudget zu entlasten, hatten wir dort eine Doppelkammer im *Armed Forces YMCA* gebucht, nur wenige hundert Meter vom Bahnhof – eine Zelle mit dem Charme eines Jugendgefängnisses, die uns an Charles' karge Mannschaftsunterkünfte erinnerte:

An der Decke eine nackte Neonröhre, durch das Drahtglasfenster drangen laute Stimmen, Türenschlagen und das Dröhnen startender Flugzeuge. Es stank nach alten Matratzen, die Spinde zeigten Spuren mehrmaligen Aufbrechens, der Teppich war so dreckig, dass ich meinen Rucksack kaum darauf zu stellen wagte. Voller Widerwillen kletterten wir auf das abgeschabte Stockbett und deckten uns mit steifen Filzdecken zu, »schlechter als die, die die Armee einst an die Indianer verteilte«, schimpfte ich.

Wir haben beide kein Auge zugemacht, als um fünf der Wecker klingelt. Im Dunkeln tappen wir zum Bahnhof San Diegos. Ein Frühstücksstand hat bereits offen – *praise the Lord* – mit zwei *medium size coffees, cheese muffins,* und *bagles with ham* in Händen steigen wir in einen imposanten Doppelstockwagen des *Pacific Surfliners* nach Los Angeles. Keine Viertelstunde nördlich des Bahnhofs bleibt er stehen, *a freight derailment during the night* – vor uns ist ein Güterzug entgleist. Wir fügen uns in unser Los, beginnen Tagebuch zu schreiben und begreifen bald, dass wir den *Coast Starlight* von Los Angeles nach San Francisco nicht mehr erreichen werden.

Als es nach dreieinhalb Stunden endlich weitergeht, fahren wir immerhin ein Stück am Pazifik entlang, manchmal nur wenige Meter von der Brandung entfernt. Joggerinnen laufen durch die Dünen, vor den Brechern warten Surfer, auf ihren Brettern sitzend, auf lohnende Wellen. Bei San Juan Capistrano führen die Gleise ins Inland – und in die *Los Angeles Metropolitan Area* mit ihren vierzehn Millionen Einwohnern. Meile um Meile seelenlose *suburbs*, Malls mit Parkplätzen so groß wie Fußballfelder, auffallend viele Läden für Körperkultur und auf den Hügelkuppen die Häuser der Superreichen mit freiem Blick auf den Pazifik. Bei einem entnervend langen Aufenthalt in Anaheim beobachten wir, wie Piloten des *Marine Corps* punktgenaues Aufsetzen mit Jagdbombern üben und gleich wieder durchstarten, und wie ein schwerer Hubschrauber Stehen in der Luft trainiert. Wir sind in einem Moloch angekommen, den Henry Miller *The Air-Conditioned Nightmare* nannte.

***

Am Südufer des Golden Gate, just an der engsten Stelle, passiert Charles' Dampfer die Baustelle einer klobigen Artilleriefestung, auf der es von Arbeitern mit schwerem Gerät wimmelt. Kurz darauf gleiten sie an einem kahlen Eiland vorbei, das die Mexikaner *Isla de los Alcatraces* nannten – die Insel der Pelikane. Auch auf ihrem felsigen Rücken sind Dutzende Arbeiter zu sehen, die ziegelrote Festungsmauern hochziehen. Über die ersten, bereits fertig gestellten Bastionen ragen die Mündungen schwerer Geschütze. Dann kommt die Reede von San Francisco in Sicht – ein Mastenwald, der von der Bucht aus geradezu undurchdringlich scheint. Hunderte Segelschiffe liegen hier vor Anker, vom einmastigen Austernboot bis zu imposanten, scharf geschnittenen Klippern, die Expressfracht und vermögende Passagiere in nur drei oder vier Monaten von der Ostküste um Kap Hoorn bis hierher tragen, dazwischen massige Liniendampfer mit qualmenden Schornsteinen, Dampfschlepper und Dampfbarkassen; ständig laufen Schiffe aller Größen ein und aus, werfen Anker oder gehen ankerauf. San Francisco ist *das größte kommerzielle Emporium an der Pazifikküste,* in den Worten von Lieutenant James Birdseye McPherson, der die Festungsbauten beaufsichtigt, *es besitzt einen großartigen Naturhafen, der alle Flotten der Welt aufnehmen kann und ist der Ort, an dem all die kostbaren Ströme von Goldstaub zusammenfließen, die Kaliforniens Ruhm in der Welt begründen.* Und, das fügt er als Militäringenieur an, *die Stadt wäre eine ausgesprochen fette Beute, die die Tatkraft und den Wagemut eines ebenso dreisten wie rührigen Feindes wecken könnte.*

Zehn Jahre zuvor lag hier ein Dorf mit fünfhundert Einwohnern, das noch seinen mexikanischen Namen *Yerba Buena* trug. Nur zwölf Monate später, im ersten Massenansturm des kalifornischen Goldrausches, wuchs die Bevölkerung auf zwanzigtausend. Als Charles hier Ende Juli 1858 an Land geht, ist die Stadt bereits so groß wie Stuttgart – mit einem Opernhaus und drei Theatern, einer *Turnverein Hall*, einem deutschen und einem französischen Krankenhaus, zwei Dutzend Kirchen, zwei Synagogen und zwölf freiwilligen Feuerwehr-Kompanien. Seine rauesten Jahre hat *Friscoe*, wie Ortsfremde es nennen, bereits hinter sich. Damals verrotteten ganze Flotten großer Segelschiffe in der Bucht, weil ihre

Abb. 46: Der Baumeister von Alcatraz, James Birdseye McPherson, als Major General während des Bürgerkrieges.

Besatzungen sie mit dem Fallen der Anker verlassen hatten und zu den Goldfeldern hasteten – oft hatten sie nicht einmal mehr die Segel geborgen. Spelunken, Spielhöllen und Bordelle säumten die Straßen. Feuersbrünste rasten die rasch zusammengenagelten Häuserfronten entlang. Gangs drangsalierten Geschäftsleute und Bewohner, und *Vigilanten* – bewaffnete Bürgermilizen – versuchten Recht und Ordnung zu erzwingen, weil weder die hoffnungslos unterbesetzte Polizei noch die dürre *Skelett-Armee* dazu in der Lage schienen.

Noch immer zeigt die Stadt Spuren dieser wilden Jahre: Die Vielfalt fremder Sprachen, die Charles in den Straßen hört, erinnert ihn an Victorias babylonische Verhältnisse. An den Uferstraßen stecken ausgemusterte, vorsätzlich auf Grund gesetzte Segelschiffsrümpfe im Schlick, die zu Hotels umgezimmert wurden. Vor allem aber haben zehn Jahre unerbittlichen Strebens nach Reichtümern den Geist San Franciscos geprägt. Samuel Bowles, ein Journalist von der Ostküste, attestiert den Menschen hier einen alles durchdringenden Materialismus, überzogene Männlichkeitsideale und dazu *eine Art von glücksspielerischer, spekulierfreudiger Moral, eine Bereitschaft, andere übers Ohr zu hauen – geboren aus den Unwägbarkeiten des Bergbaus, seiner plötzlichen Höhenflüge, seiner ebenso überraschenden Abstürze und der Ungeduld und Eile, schnell reich zu werden.*

Bowles ist ein vermögender Chefredakteur, der im *Occidental*, einem der besten Hotels der Stadt absteigt, wo er für eine Übernachtung ohne Mahlzeiten drei Dollar in Goldmünzen hinlegt. An der Hotelbar und in den Straßen treibt Bowles soziale Studien und meint, in San Francisco herrsche *eine ausschweifende, von den Launen des Schicksals abhängige Zügellosigkeit. Wenn das Glück ihm heute hold ist, bestellt ein Mann im Occidental Champagner und protzt mit seinem teuren Schmuck. Während er schon morgen, wenn sein Glück die Stirne runzelt, sich von Freunden ein Abendessen und einen Drink erbetteln muss und für fünfzig Cent im What Cheer House unterkommt.* Diese unter einfachen Goldsuchern und Arbeitern weithin bekannte Unterkunft ist eher Charles' Preisklasse. Das *What Cheer House* nimmt ausschließlich Männer auf, auf seinem Gelände ist jeglicher Alkohol verboten. Für ein Bett mit Vollpension bezahlt er einen halben Dollar pro Tag, kann seine Wäsche hier waschen und flicken lassen, und er darf kostenlos die hauseigene Bibliothek mit fünftausend Bänden, Zeitungen und Zeitschriften nutzen. San Francisco, schreibt Bowles, sei eine Stadt der Junggesellen, der Tavernen, der *boarding houses*, der Billard-Saloons und Zigarrenläden. *Es mangelt an Weiblichkeit und Spiritualität in der augenblicklichen Atmosphäre des Ortes; es fehlt an Respekt vor Frauen – und an Frauen, denen man Respekt entgegenbringen könnte.*

***

Mit vier Stunden Verspätung erreichen wir Los Angeles. Der *Coast Starlight* ist längst über alle Berge – wir werden mit einem Schienenersatz-Bus nach San Francisco gefahren. Der erfrischend freundliche, energische Fahrer lädt unsere Rucksäcke ein und fährt dann auf bis zu siebenspurigen *Freeways*, auf denen sich der Verkehr staut, stoisch Kolonne, bis in die Nacht hinein, durch die Agrarsteppen des Central Valley. Meist ist weit und breit kein Baum oder Strauch zu sehen, nur Wein, soweit das Auge reicht, Baumwollfelder, Mandel- und Dattelplantagen oder Eissalat, quadratmeilenweise.

Eine Stunde vor Ankunft tauchen wir ins Lichtermeer der *San Francisco Metro Area*, wo sich zehn Millionen Menschen drängen. Übernächtigt und ausgehungert steigen wir am seltsam kleinstädtisch wirkenden Bahnhof von San Francisco aus, in einem Industriegebiet auf der Ostseite der Bucht. Ein herzlicher, ukrainischer Taxifahrer fährt uns über das Oberdeck der gewaltigen zweistöckigen Oakland Bay Bridge, achtzig Meter über dem Wasser, nach *Downtown* hinüber: Zu unserer Rechten, da wo Charles einst durch Straßen mit drei- und vierstöckigen Holzhäusern strich, ragen hell erleuchtete Bürotürme zweihundert Meter und mehr in den Himmel. Sie spiegeln sich in den Wellen der Bucht, und über ihren Panoramarestaurants und Antennenmasten dehnt sich ein wolkenloser Sternenhimmel. Unser Hotel liegt keine fünfzig Meter vom Eingangsbogen zu *Chinatown* entfernt – und aus der entgegengesetzten Richtung grüßt *Old Saint Mary's Cathedral* – eines der Handvoll Gebäude aus Charles' Zeit, die das verheerende Erdbeben und den Brand von 1906 überlebt haben. Wir gönnen uns ein üppiges Abendessen in einem Restaurant mit südchinesischer Küche, um unsere Ankunft gebührend zu feiern. Im Fenster hängen gerupfte, geköpfte, feuerrot marinierte Entenleiber, die Bedienungen sprechen nur gebrochen Englisch, und die Atmosphäre ist temperamentvoll, lebhaft und laut. Zurück im Hotel fallen wir in einen traumlosen Erschöpfungsschlaf.

***

In Charles' ersten Stunden hier liegt San Francisco noch in praller Sonne unter südlich blauem Himmel. In den Vorgärten leuchten Blüten in geradezu frühlingshafter Frische: Rosen in Gelb und Orange, tiefrote Fuchsien, üppig blühende Kletterranken in Rosa und Violett, Geranien, Maßliebchen, Stiefmütterchen. Die Balken und Bretter vieler Wohnhäuser scheinen von ausgeschlachteten Schiffswracks zu stammen. An Marktständen bestaunt er, der so

Abb. 47: San Francisco um 1850. Zwei der Gebäude entlang der Straße sind vorsätzlich auf Grund gesetzte Segelschiffe. Eines dient der Aufschrift nach als Lagerhaus, das andere als Hotel.

lange extreme Kargheit und Mangel gewöhnt war, die Fülle kalifornischer Obst- und Gemüsesorten.

Am frühen Nachmittag drücken Nebelbänke, wie fast jeden Sommertag, durch das Golden Gate herein und legen sich wie eine graue, klamme Decke auf die Stadt. Der lebhafte Seewind, der Staub und Sand durch die Straßen wirbelt, kriegt einen unangenehmen Stich ins Kalte. *Die Leute von Friscoe prahlen mit ihren Wintern*, spottet Samuel Bowles, *und entschuldigen sich für ihre Sommer. Im Juli und August gehen die Ladies hier in schweren Pelzmänteln zur Kirche, in die Oper und zum Einkaufen.* Charles kommt hier tatsächlich in der zweitkältesten Zeit des Jahres an, und mitten in der allsommerlichen Dürre – zwischen Mai und Oktober fällt kein Tropfen Regen. Doch abgesehen vom eigenwilligen Klima erinnert ihn manches hier an seine Heimat. In den mit Zwergeichen bestandenen, steilen Hügeln, die San Francisco umgeben, meint er die bewaldeten Hänge um den Stuttgarter Kessel zu erkennen. Alle großen Geschäftsstraßen San Franciscos liegen in ebenerem Gelände, aber die Wohnviertel wachsen längst, wie in Stuttgart, auch die Hügel hinauf und enden abrupt im Grünen. Hier folgen alle Straßen freilich kompromisslos dem Schachbrettmuster, viele sind deshalb so aberwitzig steil, dass man sie nur im Zickzack hinaufreiten kann.

Wie Stuttgart entwickelt sich auch San Francisco in diesen Jahren rasant zu einer Industriestadt: Aus den Eisenwerken an der Pacific Street dröhnen die Schläge schwerer Hämmer bis weit auf die Bucht hinaus. Hier werden Kessel und Dampfmaschinen jeder Größe geschmiedet und Erzmühlen und Stampfer für die Bergbauregionen im Hinterland. Ein paar Straßen weiter betreibt ein schottischstämmiger Textilunternehmer seit wenigen Jahren eine Spinnerei und Weberei, die unter anderem die U.S.-Armee und Indianer-Agenturen in Kalifornien mit Schafwolldecken beliefert. Sie zählen, in den Worten von Samuel Bowles, *zu den besten, die in den USA, vielleicht in der ganzen Welt, gewoben werden.* Der Schotte hat ein besonders einträgliches Geschäftsmodell erdacht: Die meiste Arbeit in seiner Fabrik erledigen dreihundert Chinesen, die zu jeder Mühsal bereit sind und sich mit einem Drittel der üblichen Löhne zufriedengeben. Sie leben alle kaserniert, in einer großen Baracke auf dem Fabrikgelände, und werden von weißen Arbeitern als *the yellow peril* verdammt – als gelbe Gefahr. Seit dem Goldrausch sind Zehntausende meist mittellose Männer aus ländlichen Regionen Südchinas nach Kalifornien eingewandert. Sie fliehen vor Hunger und Krieg in ihrer Heimat, müssen den Preis ihrer Überseepassagen oft jahrelang abarbeiten und werden in der Neuen Welt brutaler ausgenutzt und verachtet als selbst die *negroes.*

Entlang der Montgomery Street, San Franciscos nobelster Adresse, flaniert die gehobene Gesellschaft, die Damen in bodenlangen modischen Kleidern, die Herren in Gehröcken und Zylindern. Die schicksten, am teuersten gekleideten *Ladies* – die hier die Modetrends bestimmen – sind wohlhabende Prostituierte, die in dieser Stadt der lockeren Moral durchaus Respekt genießen. Imposante Bankpaläste säumen die Straße und die Büros der *Wells Fargo Express Company*, die ein dichtes Netz von Postkutschen-Linien im ganzen Westen unterhält. In einer Querstraße, eine halbe Gehminute von der Flaniermeile, liegt das *What Cheer House.* Charles muss nur die Kreuzung davor überqueren und steht vor dem Hauptgebäude der *Pacific Mail Steamship Company* mit ihrem Ticket Office. *Hier angekommen hatte ich noch 200 Dollar und wenn ich augenblicklich hätte Gelegenheit nach New=Orleans bekommen können, so wäre ich auch sicher gegangen; der Passagierpreis war aber 137 Dollar und das erste Dampfschiff ging erst nach 12 Tagen ab. Das war zu viel für mich, denn was hätte ich auch thun können ohne Geld. So probierte ich mein Glück in San Franzisko in der Buchdruckerei, aber vergebens.* Charles, der die letzten fünf Jahre *an den Grenzen der Civilisation* verbracht hat, überwältigen die vielen Menschen, die hohen Preise, das Tempo und der Lärm der Stadt – und irgendwie verliert er in diesen Tagen seinen Bruder Fred in New Orleans aus dem Blick: *Aufrichtig gesagt, das Stadtleben war mir zuwider,* schreibt er an die Seinen in Stuttgart, *und ich sehnte mich zurück in die Wildniß zu den Indianern. Mein Entschluß war bald gefaßt und ich meldete mich zum Regiment als Einsteher* [jemand, der sich zum zweiten Mal verpflichtet] *und am 4. August 1858 hatte ich wieder die alte Uniform an.*

16 Rasch tritt der Tod den Menschen an

In der Schwüle des Frühsommers 1858 zählt Fred in New Orleans die Wochen, bis sein älterer Bruder den Armeedienst quittiert und sich in San Francisco in der dritten Klasse eines Schaufelraddampfers einschifft. Eine knapp zweiwöchige Seereise müsste Charles an die pazifische Seite des Isthmus von Panamá bringen, der mittlerweile ganz von der Eisenbahn durchquert wird, in weniger als einem halben Tag. Von der Hafenstadt Aspinwall auf der karibischen Seite wäre es noch eine Passage von kaum einer Woche bis zur »Königin des Südens«, wo sie sich, nach mehr als fünf Jahren getrennter Wege, endlich wiedersehen wollen.

Am Sonntag, dem 6. Juni 1858, greift Fred zu Papier, Feder und Tinte und schreibt: *Theuerster Vater u. Geschwister! Vor einigen Wochen erhielt ich Euern sehnlichst erwünschten Brief, welcher mich in etwas beruhigte, das ist, daß des Vaters Gesundheit und Thätigkeit Ihn noch nicht verlaßen hatte, was gewiß ein Glück ist, denn Gesundheit geht über alles. Hingegen »Krankheit und böse Menschen« ist alles was wir im Leben zu fürchten haben. Ich lebe, wie Ihr auch, in Furcht und Hoffnung, der Gedanke an bessere Zeiten beseelt mich immer, und es ist zu meiner Idee geworden, daß das kommende Jahr mir große Veränderungen bringen werde. Noch einen Monat, u. Karl's Dienstzeit ist vorüber, so Gott will sehen wir uns in einigen Monaten wieder – jedoch weiß ich seit Februar nichts mehr von Ihm, ich würde Euch auch sogleich geschrieben haben.*

Er erlebt haarsträubende Zeiten in New Orleans. Die oft so betörend schöne, lebenshungrige Stadt zeigt mehr und mehr ihr hässliches Gesicht. Der Streit um die Zukunft der Sklaverei und das quälend langsame Auseinanderbrechen der Vereinigten Staaten spiegeln sich hier härter als in den meisten Regionen des Landes. Nicht nur im U.S.-Kongress, auch auf der politischen Weltbühne sind die südlichen Bundesstaaten mittlerweile isoliert: Nur eine Handvoll anderer Länder, darunter Brasilien, Kuba und Puerto Rico, beharren nach wie vor darauf, dass Sklavenarbeit unverzichtbar sei – alle großen europäischen Nationen haben sie vor Jahren oder Jahrzehnten schon abgeschafft. Je mehr die *Southerners* sich mit dem Rücken an der Wand fühlen, desto vehementer beharren sie auf der *peculiar institution* – der »besonderen Einrichtung«, die sie als ihr angestammtes, gottgegebenes Recht betrachten.

Zu Freds Nachbarn im Vielvölkergemisch des *Third District* zählen auch Tausende von *free people of color* oder *creoles de couleur*. Sie geraten in der brisanten politischen Lage unter Generalverdacht, als lokale Agenten für die verhassten Abolitionisten zu dienen und Sklaven gegen ihre weißen Herren aufzuwiegeln – kurz: *un-Southern* zu sein. Viele stammen von alteingesessenen Familien aus der Kolonialzeit ab oder sind aus ehemaligen französischen Besitzungen in der Karibik zugewandert. Die meisten sind katholischen Glaubens und sprechen eher Französisch als Englisch. Die Männer arbeiten als Barbiere, Schreiner und Zimmerleute, Zigarrendreher oder Schuhmacher, die Frauen als Haushaltshilfen, Näherinnen, Friseurinnen oder *flower girls*, einige auch in der Prostitution, einem der lukrativsten Wirtschaftszweige der Stadt – für die Zuhälter jedenfalls. Manche *free people of color* haben es als Juweliere, Maßschneider oder Geldverleiher zu Wohlstand gebracht, doch, so schreibt ein Zeitgenosse, *über ihre Kaste kann sie weder Reichtum noch Rechtschaffenheit, weder Begabung, Schönheit oder Leistung erheben.* Rassengesetze und die engen Moralvorstellungen der weißen Gesellschaft zwingen sie, unter sich zu bleiben. Menschen anderer Hautfarbe zu heiraten ist ihnen ebenso verwehrt wie das Wahlrecht. Viele der sensibleren, fähigeren unter ihnen machen sich in diesen Jahren auf, New Orleans zu verlassen. Ihre ohnehin eingeschränkten Rechte werden ständig weiter beschnitten, die von Weißen herausgegebenen Zeitungen der Stadt schmähen sie, und sie werden immer brutaler ausgegrenzt.

Die etwa 15 000 Sklaven in New Orleans genossen bislang noch Freiheiten, die ihren Schicksalsgenossen auf dem Land verwehrt blieben. Doch auch die für sie geltenden Gesetze werden verschärft: Ohne schriftliche Genehmigung ihres Besitzers ist es ihnen verboten, in öffentlichen Pferdeomnibussen zu fahren und Waren für mehr als fünf Dollar zu kaufen. Sie dürfen sich nach neun Uhr abends, vor der Morgendämmerung und an Sonntagen nicht im

Freien aufhalten. Wie den *free people of color* ist auch ihnen untersagt, sich in größeren Gruppen zu versammeln oder Feuerwerk abzubrennen. Stöcke oder Schusswaffen zu tragen ist ihnen ebenso verboten, wie mit Weißen oder *f.p.c.* Karten zu spielen. Wenn sie vor Kneipen oder Lagerhäusern herumlungern, machen sie sich strafbar. Bevor sie ihresgleichen zum Tanzen einladen dürfen, müssen sie erst die Genehmigung des Bürgermeisters einholen.

Das Los ihrer Schicksalsgenossinnen und -genossen auf den Plantagen ist so hart wie eh und je. Sie hausen in Hütten, die oft keine Fenster und nur gestampften Erdboden haben und schlafen auf der blanken Erde oder auf Brettern. Während der Baumwollernte, von August bis Anfang Januar, zwingen Aufseher sie, sechs Tage die Woche vom ersten Morgenlicht bis in die Abenddämmerung zu pflücken. Mittags gewährt man ihnen zehn oder fünfzehn Minuten Zeit für ihr mitgebrachtes Mittagessen – Maisfladen mit kaltem Speck. Nachdem sie von den Feldern heimkehren, haben sie noch das Vieh und die Hühner zu füttern, Gemüsebeete zu gießen, Holz zu machen und anderes mehr. Spätabends erst können sie sich ihr Abendessen und das Mittagessen für den nächsten Tag bereiten – Maisfladen mit ins Feuer geworfenem Speck. Von ihren Besitzern erhalten sie weder Kochgeschirre noch Besteck, wer nicht ohne auskommen will, muss mit zusätzlicher Arbeit ein paar Dollar verdienen, um sich Teller, Messer und Gabeln leisten zu können. Ihr einziger arbeitsfreier Tag der Woche ist der Sonntag, und an Weihnachten haben sie, je nach Menschlichkeit und Mitgefühl ihrer Besitzer, zwischen drei Tagen und einer Woche frei. Viele, die ihr Arbeitspensum nicht mehr erfüllen können, weil sie krank oder erschöpft sind, fliehen in die Sümpfe, drakonische Strafen riskierend, nur um dort ein paar Tage Rast zu finden. Solomon Northup, der die Torturen der Sklaverei zwölf Jahre lang erdulden musste, zeigt dennoch erstaunliches Verständnis für *Southerners*, die solche Zustände als normal betrachten: *Es ist nicht die Schuld des Sklavenhalters, daß er grausam ist, sondern die Schuld des Systems, unter dem er lebt. Er kann sich dem Einfluss der Gewöhnung und der ihn umgebenden Gesellschaft nicht entziehen. Von frühester Kindheit an belehrt – mit allem das er sieht und hört – daß der Rohrstock für den Rücken des Sklaven bestimmt ist, wird es ihm auch in reiferen Jahren unmöglich sein, seine Meinung zu ändern.*

Jetzt, wo das ganze Land in Lager zerfällt und die Angst vor einem Bürgerkrieg wächst, gerät der politische Terror in New Orleans außer Rand und Band: *Während ich dießes schreibe sind hier 2000 freiwillige Bürger unter Waffen, Barricaden gebaut, und die Straßen um das Arsenal her mit Baumwollenballen abgesperrt,* berichtet Fred am 6. Juni 1858 mit heißer Feder. *Alles ist in Spannung, morgen ist Wahl für die Stadtbeamten (»Election of City Officers«) was viel mehr Streitigkeiten verursacht, als Präsidenten Wahl, indem vom Mayor (Stadtdirektor) alle die untergeordnete Stellen von Policei und anderen Beamten abhängig sind – wird ein »Democrat« gewählt, so wird er natürlich diejenige Partei berücksichtigen, die ihm solch einträgliche Stelle verschafft hat. Wird einer von der »American Party« gewählt, so thut er natürlich das Gleiche.*

Kreolen katholischen Glaubens, die den Demokraten nahestehen, haben sich mit Einwanderern aus Irland, Deutschland und anderen europäischen Territorien verbündet und sind ins städtische Arsenal eingebrochen. Hunderte von ihnen haben sich dort mit Musketen, Munition und Bajonetten bewaffnet. Sie verschanzen sich auf dem Jackson Square, dem vornehmsten Platz der Stadt, hinter einem Wall von Baumwollballen und Granitblöcken und fahren eine mit Schrapnell geladene Zwölf-Pfünder-Kanone auf. Ihre Barrikaden taufen sie etwas hochtrabend *Fort Vigilance* – Schanze der Wachsamkeit, sich selbst nennen sie *The Vigilance Committee.* Sie wollen mit Waffengewalt durchsetzen, dass Wähler der Demokratischen Partei ihre Stimme abgeben können, ohne von Mobs der *American Party* zusammengeschlagen oder niedergestochen zu werden.

Keine Meile entfernt, auf dem Lafayette Square, verschanzen sich Hunderte Anhänger der *American Party*, ebenfalls mit geladenen Musketen, Bajonetten und zwei Kanonen bewaffnet. Der Bürgermeister von New Orleans, ein Parteigenosse der *Americans*, pendelt ebenso rastlos wie ratlos zwischen beiden Lagern hin und her, um ein Blutvergießen zu verhindern. Wenig später wird er von Hardlinern seiner Partei als Weichei attackiert und seines Amtes enthoben.

Beide Parteien sind nun in größter Aufregung, schreibt Fred, *die Demokraten sind defensiv, während die Amerikaner an der Offensive handeln. Keine Nacht vergeht, da nicht einige Mordthaten vorfallen, eine Bande von Mörder[n] treibt ihr Unwesen schon seit einiger Zeit hier in der Stadt, das kann nun nicht länger so gehen, deßwegen sind die ehrlichen Bürger zusammengetreten, haben geschworen diesem Terrorismus ein Ende zu machen, denn man darf sich kaum wagen unbewaffnet Nachts durch die Straßen zu gehen, indem das Policei Personal geradezu für Nichts, ja selbst noch oft mit den Mördern im Einverständniß ist. Wer weiß wen es trifft und wie viel Blut es kosten wird.*

Der Polizeichef soll die Stadt verlassen haben, heißt es – er habe sich mit dreitausend Dollar Bestechungsgeld in der Tasche auf seinen Landsitz zurückgezogen. In der Nacht zum Sonntag, dem 6. Juni, geraten die verfeindeten Lager aneinander, vier Männer werden getötet, neun verwundet und auch am Wahltag, dem 7. Juni 1858, hallen immer wieder Schüsse durch die Stadt. Erstaunlicherweise verläuft die Abstimmung selbst auffallend ruhig. Beide Mobs harren argwöhnisch in ihren Schanzen aus, bereit, jeden Übergriff der Gegenseite sofort gewaltsam zu ahnden. Doch offensichtlich wagen Tausende demokratische Wähler dennoch nicht, ihre Stimme abzugeben – die Kandidaten der *American Party* gewinnen alle zur Wahl stehenden Ämter.

Aus Stuttgart kommen unterdessen beunruhigende Nachrichten: Mit dem Gnadenbrot, das Carl Hoffmann dem Vater gewähren wollte, scheint es nicht weit her. Er hält den müde gearbeiteten Mann zwar als Faktotum weiter in seinen Diensten, kündigt ihm aber doch die günstige Dienstbotenwohnung im Hinterhaus *Vor dem Calwer Tor Nummer fünf* über der Setzerei und Druckerei seines Verlages. Auf ihre alten Tage sehen sich Christian Herzog und seine Schwester Juliane gezwungen, mit der noch unverheirateten Marie Sophie zusammen zu Lotte und Franz Kunberger und ihrer zehnjährigen Tochter Emma zu ziehen, in die nahe Silberburgstraße 37, dritter Stock. Hoffmanns Hartherzigkeit versetzt Fred in New Orleans zum wiederholten Mal in Rage: *Es ist mir unmöglich, einen gewißen Herrn für etwas anderes als einen »großen Aristokraten« zu halten*, schreibt er. *Würde es ihm schaden, wenn er dem alten Vater sein Alter etwas erleichtern würde? Was jener hat, ist doch nur das Blut und Schweiß der Armen; Geld u. Reichthum zu erringen waren ihm die »Schwaben« gut genug dazu. Er muß es aber auch einmal zurücklaßen (death levels all, both great and small).*

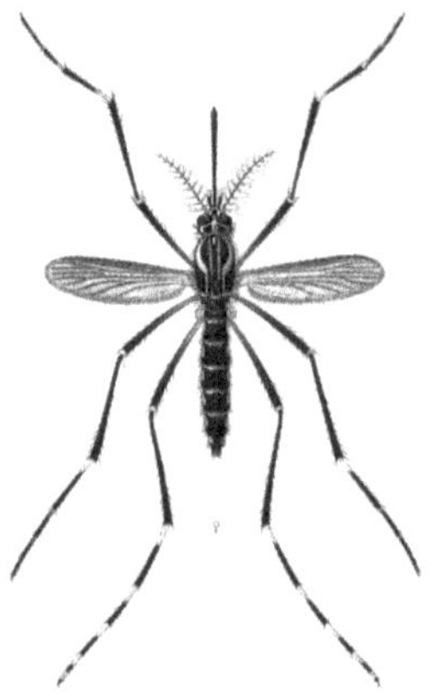

Abb. 48: Weiblicher Moskito der Spezies Aedes aegypti.

So müßen wir uns vor der Hand getrösten, sehen was die Zukunft uns bringt. Solltet Ihr früher Nachricht von Karl bekommen haben, so bitte ich Euch schreibt es mir so bald als möglich, ich werde meinerseits das Gleiche thun. Ich hätte Euch bälder geschrieben, hätte ich nicht noch auf eine Ankunft von Californier Neuigkeiten gewartet. Mit der Bitte mir bald zu schreiben schließe ich Euch alle grüßend! Meine Adreße macht: Friedrich Herzog, Gaertner, New Orleans, State of Louisiana United States

Während Fred auf ein baldiges Wiedersehen und einen gemeinsamen Neuanfang mit seinem älteren Bruder hofft, beginnt im Juli 1858 wieder das sommerliche Sterben in New Orleans. Aus den Sümpfen und der feuchten, subtropischen Erde steigen *Miasmen*, glauben Ärzte – giftige Ausdünstungen, die die safrangelbe Pest verursachen und Hunderten und bald Tausenden in der Stadt einen qualvollen Tod bescheren. Erst Jahre später setzt sich in der Medizin die Erkenntnis durch, dass die noch aus der Antike stammende Lehre ein Hirngespinst ist. Die Sumpfgebiete um New Orleans stoßen keine krankmachenden Dünste aus. Was sie gefährlich macht, sind auch nicht die bis zu viereinhalb Meter langen Alligatoren, die Menschen meiden, wo immer sie können, oder die *cottonmouths* – Wassermokassin-Schlangen, deren Biss sehr schmerzhaft und folgenschwer, aber nur selten tödlich ist. Die bei weitem größte Gefahr der Sümpfe ist die Tigermücke *Aedes aegypti.*

Anfang des 17. Jahrhunderts waren weder die Mücke noch das gelbe Fieber auf dem amerikanischen Doppelkontinent bekannt.

Die Seuche blieb auf Affenvölker in den Regenwäldern des tropischen Afrikas beschränkt und sprang selten auf Menschen über, weil die Tiere weitgehend isoliert lebten. Erst mit Beginn des transatlantischen Menschenhandels wurde das Virus, zusammen mit *Aedes aegypti*, in die Neue Welt getragen: in den Frachträumen von Sklavenschiffen, wo Hunderte Verschleppte angekettet nebeneinander lagen. Und so verbreitete sich die safrangelbe Pest schließlich bis zu den indigenen Völkern Mittelamerikas: Im Jahr 1648 nach westlicher Zeitrechnung erwähnt der Tizimin-Codex der Maya auf Yucatán eine neue Art von Massensterben: *Gekommen ist der Quetzal-Vogel, gekommen ist der blaue Vogel, gekommen sind die gelben Tode, gekommen ist das blutige Erbrechen.*

Die nur einen Viertel-Inch (6–7 mm) langen Weibchen des *Aedes*-Moskitos saugen nach ihrer Befruchtung das Blut von Säugetieren und Menschen, um den Eiweißbedarf für die Produktion ihrer Eier zu decken. Wenn sie einen an Gelbfieber Erkrankten stechen, nehmen sie das Virus auf und infizieren mit jedem weiteren Stich andere. Weil sie vor allem tagsüber aktiv sind, trifft die Seuche besonders Männer, die im Freien arbeiten, und die, weil sie wenig verdienen, in überfüllten *boarding houses* und Elendsquartieren unterkommen, wo Gesunde oft mit Erkrankten zusammenhausen. Die Tigermücke legt in ihrem Leben, das nur wenige Wochen währt, drei- bis viermal Eier ab: in die Tümpel der Sümpfe, in Pfützen und Schlaglöcher ungepflasterter Straßen – ihr reichen sogar Krüge, die Untersetzer von Blumentöpfen oder Gießkannen, in denen ein paar Tage lang, bis ihre Larven schlüpfen, ungestört Wasser steht.

***

»Fahren Sie da bloß nicht hin!«, hatten Einheimische uns gewarnt, als sie von der Idee hörten, während unseres Besuches in New Orleans *Little Saxony* zu besuchen, das Viertel, in dem John Langdons Blumenzucht lag und keine 200 Meter davon entfernt das Haus, in dem Fred zur Untermiete wohnte. »Klein Sachsen«, wo einst verschiedenste Kulturen, Sprachgruppen und Hautfarben nebeneinander existierten, ist zu einem Ghetto armer Afroamerikaner geworden. Es zählt zu den Stadtteilen mit der höchsten Rate an Gewaltverbrechen. Mir war klar, wie ernst man solche Warnungen in U.S.-Großstädten zu nehmen hat, aber wer könnte nach einer so weiten Anreise aus bloßer Vorsicht verzichten? Ich drückte meine Bedenken weg und wir winkten ein dottergelbes *cab* mit schwarz verspiegelten Scheiben heran, skeptisch, wie der Fahrer unsere ebenso seltene wie seltsame Bitte aufnehmen würde. Doch der Zufall – dieses Schicksal, das man nicht kennt – bescherte uns eine Afroamerikanerin auf dem Fahrersitz, Mitte 40, mit einer glitzernden Goldkrone auf einem unteren Schneidezahn und besonnenem Temperament. Bei Tageslicht sehe sie kein Problem, uns ins einstige *Little Saxony* zu bringen, meinte sie, sie wolle nur vorsichtshalber wissen, ob wir dort zu bleiben gedächten.

Nach eine Viertelstunde Fahrt erreichten wir die Ecke *Saint Anthony Street* und *Solidelle* – heute North Roman – an der Langdons Garten lag, eine bescheidene Kreuzung in einem armen, aber nicht bedrohlich wirkenden Viertel. Keine hundert Meter entfernt dröhnte der Verkehr auf der sechsspurigen *Interstate 10*. Um uns lagen einfache Holzhäuser, zartrosa, hellblau oder hellgrün gestrichen und so klein, dass sie im subtropischen Klima der Stadt kaum kühl zu halten sind. Im Schatten der *porches*, der kleinen Veranden vor den Haustüren, lehnten Männer im arbeitsfähigen Alter, die keine Jobs zu haben schienen. Am Straßenrand hockten ein paar ältere Leute in ein Gespräch vertieft. Ich versicherte mich bei unserer Fahrerin, dass ich hier aussteigen kann, und fiel auf wie ein bunter Hund, sobald ich den Wagen verlassen hatte. Ich versuchte, mir meine Anspannung nicht anmerken zu lassen und grüßte die Anwohner freundlich – sie schauten mich eher fragend an. Wahrscheinlich war es das erste Mal, dass ein winterbleicher Weißer mit dem Taxi hier aufkreuzte und etwas hastig und ohne erkennbaren Grund die schmalen, mit Schlaglöchern übersäten Straßen fotografierte. An der Nordostseite der Kreuzung lag ein größeres Stück Brachland, in dem wir den Überrest von John Langdons Blumenzucht vermuteten, die Fred sechs Tage die Woche mit schwäbischer Gründlichkeit gepflegt hatte.

Bei der Rückfahrt nach *Downtown* fuhren wir durch eine der Straßen, an denen zu Freds Zeiten Männer, Frauen und Kinder feilgeboten wurden. »Hier waren die Pferche der *slave dealers*«, erzählte unsere Fahrerin ohne Vorwurf, »die ganze Esplanade

Avenue entlang.« Der Rückspiegel reflektierte ihr offenes Gesicht, ihre freundlichen Augen, ihre dunkle Haut, im Autoradio lief mitreißender Funk und Soul, doch auf mir lasteten Bilder und Szenen von damals und ich fühlte mich elend. Am *French Market* stiegen wir aus. *Please y'all, call again!*, rief die Fahrerin zum Abschied.

***

Am Samstag, dem 14. August 1858, auf dem Höhepunkt der Gelbfiebersaison in New Orleans, erreicht Fred ein Brief aus Stuttgart, der ihn zusätzlich bekümmert: Sein alter Vater war lange krank und scheint erst seit Kurzem auf dem Weg der Besserung. Seine 36-jährige Schwester Lotte, bei der der Vater und Tante Juliane jetzt leben, lag sogar gefährlich darnieder und ist noch nicht wieder genesen. New Orleans wird von der Seuche verheert, in der Heimat leiden die ihm nächsten Menschen, Charles, den er sehnlichst erwartet, lässt seit einem halben Jahr kein Wort mehr von sich hören, und Fred selbst quälen immer wieder Einsamkeit und die Angst zu scheitern. Am Sonntag schon, nur einen Tag nach Eintreffen des Briefes, greift er zu Feder, Tinte und Papier und schreibt – für den Fall des Falles – einen Abschiedsbrief, den er, frankiert und mit Instruktionen für seine Vermieter, zu seinen wenigen Habseligkeiten legt: *New Orleans, August 15th 1858, Theuerster Vater und Geschwister! Gestern erhielt ich Euren Brief, welcher mich leider in einen unruhigen Gemüthszustand versetzte, indem es scheint, als ob ich nie einen meiner Wünsche in Erfüllung gehen sehen sollte. -------*

Von Karl weiß ich nichts seit letzten Winter, seine [Dienst-] Zeit war den 11ten Juli aus. Lebt er oder ist er todt? Gott weiß es, sein Wille geschehe. Wüßte ich gewiß wie es mit Karl steht, so würde ich mich schon entschließen, die Heimath zu besuchen, doch vielleicht sehen [wir] uns wieder, u. können mit einander thun u. gehen wie wir wollen, deßhalb will ich die Hoffnung noch nicht aufgeben. Mit Geduld müßen wir uns in unser Schicksal fügen.

Das gelbe Fieber rafft gegenwärtig eine Menge Menschen hinweg, das ist der Schrecken von New Orleans. ------- Heute bin ich gesund, morgen vielleicht todt und begraben -------- hülflos und verlaßen, denn treue Freunde gibt es wenige, sollte es der Vorsehung also gefallen, mich von diesem Jammerleben abzurufen, so denkt, wenn Ihr diesen Brief erhaltet, daß es um mich geschehen ist. Dann lebt ewig wohl, oben sehen wir uns wieder! Verzeiht mir wenn ich Euch je beleidigt habe. Weinet nicht um mich, denn der Tod ist uns Allen doch bestimmt, und Leiden und Trübsal habe ich auch viel erfahren.

In dieser bedenklichen Lage, schreibe ich Euch diesen Brief und lege ihn zu meinen Effekten, mit der Bitte an einige Bekannte hier, solchen Brief nebst meiner Baarschaft, die nach Abzug etwaiger Kosten, ungefähr 300 Dollars = 750 fl. [Gulden] *betragen mag, Euch zuzuschicken, im Falle ich von dieser Welt abgerufen werden sollte, nimmt diese Kleinigkeit, vielleicht kann sich der Vater damit erleichtern, mehr konnte ich in diesem Leben nicht zusamen bringen, dieß ist Alles und das letzte was ich für den Vater thun kann.*

Dank sei Euch Allen für das was Ihr an mir gethan habt!

So nehmet mit diesem Briefe mein letztes Lebewohl auf ewig! Der himmlische Vater möge sich meiner armen Seele erbarmen, und mir Gnade, und ein einstiges Wiedersehen verleihen! Euer Sohn und Bruder, Friedrich Herzog

Sollte Euch dieser Brief ohne meine Baarschaft zukommen, so wendet Euch an meinen Principal: John W. Langdon, New Orleans, La.

Trotz solch düsterer Vorahnungen scheint es, als schwebe ein Schutzengel über Fred in dieser Nekropole. Wie schon in den vorausgegangenen fünf Seuchensommern übersteht er den Fiebermonat August, ohne Symptome zu zeigen. Zwei Wochen nach Eintreffen des Briefes aus der Heimat antwortet er den Seinen auf ihr Drängen, er und Charles mögen endlich, nach all den mehr schlecht als recht verbrachten Jahren, in die Heimat zurückkehren – als Besucher oder, besser noch, endgültig.

New Orleans, August 29th 1858, Theuerster Vater und Geschwister! Gerne wäre ich Eurer Bitte: Euch meine Gesinnung so bald als möglich kund zu thun, bälder nachgekommen, aber: »Der Mensch denkt, und Gott lenkt!« – Den 15. August erhielt ich Euern Brief, welcher mich leider in einem gewißen Grad von Unruhe versetzte, mit Bedauern las ich, daß der Vater krank war, und daß die Lotte sogar gefährlich darnieder lag. – Hoffentlich wird sie nun wieder genesen sein.

Wenn ich Euern Brief las so dachte ich mir die Sache zu überlegen, konnte mich aber doch nicht entschließen, gerade jetzt New

New Orleans August 15th 1858

No 13.

Abb. 49: *Die erste Seite von Freds Abschiedsbrief.*

Orleans den Rücken zu zuwenden, wo ich Karl so lange erwartete. So wartete ich noch eine Woche auf eine Ankunft von der Californienpost, leider wartete ich vergeblich. Durch Unwohlsein verhindert verstrich noch eine Woche ehe ich Euch schreiben konnte, ich hoffe, Ihr werdet mich deßhalb entschuldigen.

Bekomme ich nicht bald Nachricht von Karl, so befürchte ich daß er Unglück gehabt hat, was nicht unmöglich ist. – Sollte er nicht mehr am Leben sein, so würde Euch wohl ein Todenschein zugekommen sein, übrigens glaube ich kaum, daß er einen Heimathschein, Wanderbuch oder Taufschein besaß, leicht möglich ist niemand im

Stande Aufschluß über seine Heimath geben zu können. Amerikanischer Bürger ist er, und als Solcher ist das Governement verbunden, seinen etwaigen Sold den er zu erwarten hätte, seiner Heimath zu zu schiken. Ich mache Euch deßhalb darauf aufmerksam, daß Ihr die gehörige[n] Anstalten trefft, die Euch Aufschluß über ihn geben können, u. Euch seine etwaige Habe verschaffen können, denn die Soldaten bekommen nie allen Sold aus bezahlt, sie ziehen nur wenig, bis ihre Dienstzeit zu Ende ist, wo sie den Rest, und auch einen «Land warrant«: das heißt den Besitztitel von 160 acre [ca. 65 Hektar] *Land bekommen, welches Land sie behalten oder verkaufen können. Darum denke ich Ihr sollt Euch darüber bei Herrn Bromme erkundigen. Es wird nicht schwierig sein, eine Vollmacht von Euch aus nach Washington an das Kriegsdepartement zu schicken. Karl wurde im Jahr 1853 in St. Louis, Mo. geworben. Wenn ich zuletzt von Ihm hörte, war seine Adresse: Charles Herzog, Comp. G. 3. Artillery, U.S.A. Fort Yuma, Rio Colorada, California.*

Was ich Euch weiter zu schreiben weiß, ist für Euch vielleicht nicht sehr erfreulich, das heißt, daß ich bis jetzt noch nicht entschloßen bin ohne Karl zurückzukehren, auch weiß ich nicht ob ich je den deutschen Winter wieder ertragen könnte, nun bin ich schon über 5 Jahre im Süden, zum Andern bin ich als Gärtner zu lange abwesend gewesen als daß ich mich mit Euren Gärtnern messen könnte, wogegen ich hier vor keinem zurückstehe. Doch gebt die Hoffnung noch nicht auf. Jedenfalls werde ich so gut wie möglich meine Pflicht an dem Vater thun.

New Orleans ist gegenwärtig ganz ruhig, aber mit Schrecken geschlagen, den[n] fürchterlich wüthet das gelbe Fieber, manches Opfer hat der Tod dahin gerafft, obschon es nicht so stark wüthet als vor 5 Jahren, damals starben täglich 300. So sterben doch in der letzten Zeit 60 täglich, und die Krankheit ist eher im Zunehmen als Abnehmen, mehrstens rüstige tüchtige Männer sterben.

In der Hoffnung, daß sich Alles zu unserem Besten wenden möge, schließe ich mit der Bitte mir bälder zu schreiben als ich Euch schrieb. Sollte ich Nachricht von Karl erhalten, so werde ich Euch sogleich in Kenntniß setzen. Möglicher Weise könnten auch seine Briefe nicht an mich angekommen sein, denn die California Post wird oft von Indianern überfallen und geraubt. Euch Alle herzlich grüßend schließe ich. Friedrich Herzog

Im Spätsommer 1858 erwartet Fred jeden Tag, dass sein älterer Bruder mit Habseligkeiten bepackt am Gartentor John W. Langdons klopft und sie sich in die Arme fallen können. Eines Werktagmorgens Mitte September ist er beim Schneiden der Blumen und dem Binden der Bouquets ungewohnt lustlos und ermüdet rasch. Dann beginnt er in der stechenden Sonne Louisianas zu frieren. Ein, zwei Stunden zwingt er sich noch weiterzuarbeiten, bis heftige Kopf- und Gliederschmerzen einsetzen, wie bei einer aufziehenden Grippe. Zitternd und zähneklappernd schleppt er sich die wenigen hundert Meter bis zum Haus seiner Landsleute Wilhelm und Elisabeth Carstens, bei denen er zur Untermiete wohnt. Er legt sich ins Bett, deckt sich mit allem zu, was er greifen kann, und friert trotzdem wie ein Schneider. Jetzt packt ihn und seine Hausleute die Angst. Sie rufen einen Arzt, der hohes Fieber misst und einen verlangsamten Puls und beginnende Bindehautentzündung feststellt. Er verabreicht Fred eine hohe Dosis Chinin und verordnet Ganzkörpergüsse mit eisgekühltem Wasser. Auf die besorgte Frage des Ehepaares Carstens will der Arzt, außerhalb der Hörweite des Kranken, eine Gelbfieber-Attacke nicht ausschließen. Einige Tage lang liegt Fred sehr krank, geplagt von Schüttelfrost, dröhnenden Kopfschmerzen, Schwindelanfällen und Erbrechen, zudem leidet er ständig an Schluckauf. Am Sonntag, dem 19. September, fühlt er sich endlich soweit wiederhergestellt, dass es ihn in den Garten zieht, der eine Woche lang unbearbeitet blieb – doch er ist noch zu schwach, um das Haus zu verlassen. Auf seinem Nachttisch liegt das Tuch, dass ihm seine 1847 verstorbene Schwester Friederike zum Andenken genäht hatte.

Am nächsten Tag trifft ihn die Krankheit wie ein Hammer: Hohes Fieber und Schüttelfrost kehren zurück, auch schwere, zunehmend blutige Durchfälle. Fred schämt sich für seinen aashaften Mundgeruch, er erbricht Galle, leidet furchtbaren Durst und verfällt so rasch, dass der Arzt zu den rabiateren Methoden der Zeit greift: Er setzt ihn mit einem rotglühenden Eisen Brandblasen auf Handflächen und Fußsohlen und lässt ihn, als das Fieber weiter steigt, zur Ader: erst eine Pinte Blut, dann eine zweite, und weil auch das keine Linderung bringt, schließlich noch eine dritte. Als sich Freds Augäpfel und seine Haut gelb verfärben, erkennt der Doktor das schwerste Stadium der Seuche, das mit Leber- und

Nierenversagen beginnt. Fred hat Mühe, sich noch verständlich zu machen, er wimmert vor Schmerzen, liegt bebend und krampfend auf seinem zerwühlten Bett und sinkt schließlich in Apathie und Delirium. In seinen letzten Tagen blutet er aus der Nase, den Augen und Ohren, aus dem Mund rinnt ihm blutiger Schaum. Er erbricht geronnenes Blut, das die Farbe und die Konsistenz von Kaffeesatz hat. Sein Nachthemd, sein Betttuch und die Matratze sind damit besudelt. Schließlich fällt er ins Koma, mit aufgerissenen Augen, hervortretenden Augäpfeln und weit offenem Mund, als würde er schreien.

***

Bei unseren Recherchen in New Orleans fühlten wir uns oft wie vor den Kopf gestoßen von den Zuständen Mitte des 19. Jahrhunderts – von der Gewalt und Kriminalität, den Gefahren, die jederzeit im Alltag lauerten, und dem Tod, der einem unentwegt über die Schulter blickte. Abends zog es Bert und mich, nach Stunden in den Archiven und Bibliotheken, meist an den *Ol' Man River* hinunter, um wieder zur Ruhe zu finden.

Vom *Riverwalk* aus beobachteten wir, wie in der Dämmerung ein schwimmendes Spielcasino ablegte, ohne dass auch nur ein Passagier an Deck gewesen wäre und die Szenerie bestaunt hätte – sie starrten alle auf die Bildschirme der Spielautomaten. War sich jemand unter den vielen Hundert Glücksspielern dort bewusst, fragten wir uns, dass New Orleans, in das sie nach einer Flussfahrt von ein paar Stunden zurückkehren würden, eine dem Untergang geweihte Schönheit ist?

Bilder des Hurrikans Katrina stiegen in mir auf. Er hatte die Stadt Ende August 2005 verwüstet wie kein Wirbelsturm zuvor. Die Deiche am Mississippi hielten den Fluten stand, aber entlang von Entwässerungskanälen brachen sie an mehr als 50 Stellen. Lake Pontchartrain überflutete vier Fünftel des Stadtgebietes viele Wochen lang, teils mehrere Meter hoch. Die meisten Zufahrtstraßen waren überschwemmt oder beschädigt; weil die Behörden zu spät evakuieren ließen, mussten Zehntausende in New Orleans ausharren, oft ohne Trinkwasser, Nahrung und Obdach.

Allein in Louisiana fielen dem Wirbelsturm 1600 Menschen zum Opfer, viele starben noch in den Tagen danach an Durst, Erschöpfung und Gewaltexzessen. Die öffentliche Ordnung und die Achtung vor dem Gesetz brachen vollständig zusammen. Bewaffnete Überfälle und Vergewaltigungen nahmen überhand, verzweifelte Bürger oder Kriminelle attackierten selbst Hilfsgütertransporte und Rettungshelfer. Teilweise sollen auch Polizeibeamte bei Plünderungen mitgemacht haben, was uns an Freds Berichte über nutzloses *Policei Personal* 150 Jahre zuvor erinnerte. In den Wochen nach der Katastrophe sprach sich der Sprecher des U.S.-Repräsentantenhauses gegen den Wiederaufbau von New Orleans aus – der Mann, der das dritthöchste Staatsamt der USA bekleidete. Ein Großteil der Stadt liege unter dem Meeresspiegel, argumentierte er, in Zeiten des Meeresspiegelanstieges sei sie auf Dauer nicht zu halten. Andere beharrten, das kulturelle Erbe von New Orleans und seine einzigartige Geschichte seien für die Vereinigten Staaten so wertvoll wie Venedig für Italien. Sie setzen sich schließlich durch und die Stadt wurde für etwa 125 Milliarden Dollar wieder aufgebaut. Doch Experten warnen, dass die Klimazerstörung die einstige »Königin des Südens« als eine der ersten Metropolen der Vereinigten Staaten von der Landkarte tilgen wird, samt allen Schauplätzen aus dem Leben ungezählter Einwanderer und ihrer Gräber.

***

Anfang Dezember trifft Freds vorsorglich frankierter Abschiedsbrief bei der Familie in Stuttgart ein und dazu ein Schreiben seines Vermieters: *Neu Orleans, d 10. Oktober 1858. Mr. Christian Herzog. Euern Sohn ist in meinem Hause gestorben. am gelben fieber am Sechs und zwanzigsten September im Jahre einthausend acht hundert und acht und fufzig. Sieben tage hat er sehr krank gelegen. Der Docter ist zweimal den tag gekommen. Und seinem letzten wunsch ist gewesen das wirs daß geld was ubricht blieb von begrebnis solten wir seinem Vater schicken. Welchen ich um sechsten Octobers bei deutchen Konsul mit den mann wo er als gertner gearbeitet hat, die Summe von zwei hundert und zwei und zwanzig Thaler. welcher es uns versprach das er es gut versorgen wolte. Und ich schicke in diesen brief den Todenschein von ihren Sohn. Ich wünsche sie möchten mir zu wissen thun ob sie das Geld empfangen haben. Wenn sie wieder schreiben die Adrese Wiliam Carstens New Orleans*

So schreiben sie, wen Sie so gut sein wollten

Weil Fred mit seinen 31 Jahren immerhin ein paar hundert Dollar zusammenbringen konnte, bleibt ihm erspart, auf dem Armenfriedhof *Potter's Field* am Rand der Sümpfe verscharrt zu werden. Wilhelm Carstens, der sich um die Beisetzung seines Mieters kümmert, zahlt für einen schlichten Sarg einen Wochenlohn – knapp 20 Dollar – aus der Barschaft des Verstorbenen, die Überführung auf einen protestantischen Friedhof kostet in einer Leichenkutsche etwa zehn Dollar und ein Begräbnisplatz hundert Dollar – in der Summe fast den Preis einer Schiffspassage von San Francisco nach New Orleans. Die Seuche wütet noch immer und nur wenige von Freds Kollegen und Bekannten wagen sich zu seiner Bestattung. Vielleicht steht die Witwe seines Freundes Ferdinand mit ihren zwei noch lebenden Kindern am Grab und beweint auch ihn. Er hätte ihr Los als alleinerziehende, sich mühsam durchbringende Witwe erleichtern können, wenn er seine Angst vor Frauen überwunden und den Mut aufgebracht hätte, sie zu heiraten. Ein deutscher Pfarrer versucht mit wenigen Worten Freds Auswandererleben gerecht zu werden, seiner Passion für Pflanzen und den Gartenbau und seinem frühen Sterben. Dann wird er eilig beigesetzt – von *free men of color*, die sich mit Whiskey und Zigarren über die Schrecken ihrer Arbeit hinwegzutrösten versuchen. In den Annalen von New Orleans findet die Epidemie von 1858 keine Erwähnung. In dieser Stadt gehören selbst Tausende Seuchentote zum Alltag.

Als die Nachricht von Freds Tod zwei Monate später die Familie erreicht, herrschen Trauer und Gram im dritten Stock der Silberburgstraße 37, wo sie jetzt zu sechst zusammenleben. Der alte Vater wirkt wie versteinert. Er hat zwei Ehefrauen und vier seiner sieben Kinder verloren – und von Carl haben sie seit einem Jahr kein Wort mehr gehört.

Im Stuttgarter »Neuen Tagblatt« gibt die Familie am Freitag, dem 5. November 1858, eine Todesanzeige auf: *Den vielen Freunden und Bekannten des Friedrich Herzog, Gärtners von hier, diene zur Nachricht, daß derselbe im August d. J. in Neu=Orleans am gelben Fieber gestorben ist. Um stille Theilnahme bitten die Hinterbliebenen.*

17 Festung Alcatraz

Nach seinem missglückten Versuch, am Fraser River Gold zu waschen, versucht Charles in San Francisco Fuß zu fassen. Doch es will ihm nicht gelingen, in dieser Stadt *das freiere und sinnlichere Leben* zu finden, das der Journalist Samuel Bowles in seinem Reisebericht preist, *in einem Neuen Land mit kosmopolitischer Bevölkerung.* Zwei Jahre zuvor war eine Serie von Bankenpleiten zu einer der ersten Weltwirtschaftskrisen der Geschichte eskaliert, die die USA immer noch im Griff hat. Ein Auskommen zu finden ist auch in Kalifornien mühsamer geworden, und nach Tagen fruchtloser Arbeitssuche, am Mittwoch, dem 4. August 1858, rettet Charles sich wieder in die blau-rote Uniform der U.S.-Artillerie. *Ich weiß ihr wundert euch, wenn ihr denkt, daß ich mich nach so manchen Strapazen und Entbehrungen konnte entschließen zum zweitenmale zur Fahne zu schwören,* schreibt er an seine Familie, *aber nun bin ich daran gewöhnt und ich denke, es ist auch kein so großes Unglück Soldat zu sein, zumal wir besser bezahlt sind als mancher Farmer. Ein Einsteher bekommt 2 Dollars mehr, also 13 Dollar den Monat. Als Setzer wäre ich doch immer ein armer Schlucker geblieben und somit habe ich nichts verloren. Das Leben als ein armer Buchdrucker ist nicht gar angenehm und ich hatte [...] Arbeit Tag und Nacht, und wenn andere ihrem Vergnügen nachgingen mußte ich mich am Setzkasten halb blind arbeiten, zudem habe ich Niemand einen Vorwurf zu machen, denn es ist ja mein eigener Wille gewesen.*

Schon seine erste Verpflichtung im Mexikanisch-Amerikanischen Krieg, beim *Second Pennsylvania Volunteer Regiment* in Fort Mifflin, empfand er zwar als nicht gerade glücklich, aber *sorgenlos*, und zum Beleg zitierte er fast wortgetreu aus Friedrich Schillers Drama »Wallensteins Lager«: *Vom Himmel da fällt ihm sein lustig Loos / Braucht 's nicht mit Müh zu erjagen.* Auf dem Formular, mit dem er sich für fünf weitere Jahre verpflichtet, gibt er als Beruf jedenfalls nicht mehr *printer* an, wie zuvor in Saint Louis, jetzt nennt er sich selbst *soldier.* Mit der Aussicht auf drei Monate

Abb. 50: Alcatraz um 1860, von San Francisco aus gesehen. Auf dem höchsten Punkt der Insel die Zitadelle und rechts davon der Leuchtturm. Auf halber Höhe die Geschützbatterien der Festung, im Hintergrund Angel Island.

Extrasold, als Bonus für seine erneute Verpflichtung, wird er zum *Presidio* befohlen, San Franciscos einziger Kaserne, eine Meile südlich des Golden Gate und eine Marschstunde von der Stadt.

Das großzügig bemessene Militärreservat liegt an einem von Baumgruppen beschatteten Grashang über der Bucht. Außerhalb des Umfriedungszaunes grasen Rinderherden. Es riecht nach Brackwasser und Algen, Seemöwen gakeln und zanken, manchmal überfliegen Pelikane in erstaunlich akkuraten Formationen das Gelände. Richard Henry Dana, der 25 Jahre zuvor als Segelschiffsmatrose eine viel beachtete Beschreibung des mexikanischen Kaliforniens verfasst hatte, kehrt in diesen Jahren zurück und notiert: *Ich lieh mir heute ein Pferd klassisch-kalifornischer Zucht mit seinem typisch schwungvollen Trab und ritt zum Presidio hinaus. Es ist landschaftlich prächtig gelegen, und ich sah von dort aus einen Klipper der größten Bauart durch das Golden Gate einlaufen, mit reduzierter Segelfläche.*

Nur ein halbes Dutzend Lehmziegelbaracken, von denen der Putz bröckelt, erinnern Charles entfernt an Fort Yuma. Das nach dem heiligen Franz von Assisi benannte *Presidio de San Francisco* war bis zur Annexion Kaliforniens einer der nördlichsten Militärposten der Spanier und Mexikaner in Nordamerika. Ein Quartiermeister der U.S.-Armee hält die beschlagnahmten Gebäude für unbrauchbar: *Sie bestehen aus baufälligen und im Laufe der Jahre vermoderten Adobe-Mauern und schweren, undichten Dächern. Sie sind tatsächlich nichts als unansehnliche Lehmschachteln.* Weil manche der Räume als unbewohnbar gelten, werden Charles' Kompanie Stockbetten in einer flüchtig gezimmerten, zweistöckigen Mannschaftsbaracke zugewiesen. Hier singen ihn nicht jede Nacht Kojotenrudel in den Schlaf wie in der Wüste. Durch die dünnen Holzwände dringt das Rauschen der pazifischen Brandung, die durch das Golden Gate drückt. Bei Nebel dröhnen Tag und Nacht, alle paar Minuten, die Schläge einer 1100 Pfund schweren Glocke, die den Eingang zur Bucht markiert. Und von Sonnenuntergang bis Sonnenaufgang wandern die grellen Strahlen von Leuchttürmen über das Gelände: einer auf Alcatraz Island und ein zweiter bei der Baustelle von Fort Point, an der engsten Stelle des Golden Gate.

Während Fred in New Orleans noch um sein Leben bangt, werden Charles und seine Kameraden im *Presidio* als Artilleristen gedrillt: Sie hantieren mit eisernen Kanonenkugeln, Granaten, Schrapnell- und Brandgeschossen und üben an Geschützen jedes Kalibers zu laden, zu zielen, zu feuern. Und weil die U.S.-Armee nach wie vor dramatisch unterbesetzt ist, werden sie immer wieder auch als Infanteristen gedrillt: Schießen mit Vorderladern, Ausschwärmen in Schützenketten, Nahkampf. Sie üben, ihre Musketen wie Keulen zu schwingen und Feinden mit den eisenbewehrten Kolben die Schädel einzuschlagen. An mannsgroßen Strohsäcken rennen sie ihre Bajonette wieder und wieder imaginierten Gegnern in den Leib, und drehen die Klingen ruckartig in deren Eingeweiden, damit sie schneller verbluten. Charles kennt den Drill schon von seinen ersten Wochen als Reservist im Mexikanisch-Amerikanischen Krieg. Jetzt üben sie mit dem gleichen Ernst, der gleichen Dringlichkeit: Diese glorreiche Republik ist dabei, zu zerbrechen, ein Bürgerkrieg scheint unausweichlich. Mitte Oktober 1859 versucht der fanatische Abolitionist John Brown mit einigen Getreuen, ein Waffenarsenal der U.S.-Armee in Virginia zu stürmen und eine bewaffnete Sklavenrebellion in den Südstaaten anzuzetteln. Er scheitert kläglich, wird zum Tode verurteilt und übergibt seinem

Henker noch auf dem Galgen ein Blatt Papier mit einer Prophezeiung, die Zeitungen umgehend im ganzen Land verbreiten: *Ich, John Brown, bin nun gewiss, daß die Verbrechen dieses schuldbeladenen Landes niemals gesühnt werden, außer mit Blut.*

Woche für Woche wird Charles' Kompanie auch zum Arbeitsdienst auf Alcatraz Island befohlen, wo sie auf neuerrichteten Bastionen ein schweres Geschütz ums andere montieren. Eine elende Knochenarbeit und eine stete Erinnerung an die heraufziehende Gewalt. In ihren seltenen dienstfreien Stunden leisten sie sich eine Fahrt vom *Presidio* in die Stadt, mit *Bowman & Gardner's* vierspännigem Pferdeomnibus, mit dem viele Bauarbeiter nach Fort Point pendeln. Oder sie laufen nach San Francisco hinüber, eine knappe Stunde lang, an Ranches, Farmen und Gärtnereien vorbei und an *squatter homes* – illegal errichteten Hütten von Menschen, die sich weder die Mieten noch die Bodenpreise der Stadt leisten können. Tatsächlich sind Verzweiflung und Unverschämtheit vieler *squatters* so groß, dass die Armee sie nur mit ständigen Patrouillen davon abhalten kann, ihre Verschläge auch auf dem Militärreservat des *Presidios* zu errichten.

Einfache Gefreite wie Charles müssen ihr Geld in Kalifornien zusammenhalten: In den nobleren Bars der Stadt kostet ein Gläschen Whiskey, Tequila oder Branntwein einen Vierteldollar – den halben Tagessold eines Gefreiten. Selbst in den »demokratischeren« Kneipen bezahlen sie zehn Cent für einen *drink*. Soldaten zählen hier, im Goldland, zu den am magersten bezahlten Arbeitskräften, was der Armee in den ersten Jahren des Goldrausches horrende Desertionsraten bescherte. Weil ein Mann in den Goldfeldern an einem Tag so viel Geld machen konnte wie in einem ganzen Monat Militärdienst, verschwanden Soldaten immer wieder zu Dutzenden. Von den Kompanien des *Presidios* blieben oft nur ein paar Handvoll Männer übrig.

Selbst Offiziere haben in Kalifornien zu knapsen: Ungelernte Handlanger verdienen oft mehr als sie, die an der Militärakademie von *West Point* jahrelang studiert haben. Wenn sie noch auf den unteren Sprossen der Karriereleiter stehen und nicht auf dem Kasernengelände wohnen, können sich viele von ihrem Sold wenig mehr als die Miete leisten. Um finanziell über die Runden zu kommen, betreiben manche nebenbei noch eine Farm, andere versuchen sich an Immobiliengeschäften.

***

Wir sind in Hochstimmung während unserer ersten Tage in San Francisco. Die heitere Urbanität der Stadt mutet uns fast europäisch an – und dann überrascht uns wieder ihre Fremdartigkeit. In der Nachmittagssonne schlendern wir den Embarcadero entlang, eine lange Reihe von Docks am Ostufer, wo Charles einst an Land gegangen war. Wir blicken sinnierend auf die weite Bucht hinaus, *sittin' on the dock of the bay, wastin' time.* Containerfrachter laufen ein und aus, wir riskieren Blicke in Lagerhallen, werden von Skateboardern und Inlineskatern überholt. Als wir am touristischen Ende der Docks ankommen, am Rummelplatz von *Pier Thirtynine*, zieht dichter Nebel vom Pazifik herein. Er verschluckt die Golden Gate-Brücke in wenigen Minuten und verhüllt die Spitzen der Hochhäuser *Downtowns.* Die Bucht, deren Wellen eben noch in der Sonne geglitzert hatten, liegt plötzlich grau und kalt da. Alcatraz verschwimmt zu einer klobigen, dunklen Silhouette, über der die Strahlen des Leuchtfeuers gleißen. Selbst in Fort Yuma, denken wir beide, wo man sich immerhin frei bewegen kann, wäre man besser aufgehoben als auf diesem kleinen, von der nahen Stadt abgeschnittenen, wind- und wetterumtosten Eiland. Was für ein düsterer Ort – Seevögel mögen sich dort heimisch fühlen, aber Menschen?

Wir gucken den herrisch bellenden Seelöwen am Ende der Pier zu, fasziniert von ihrer Eleganz und ihrem Unflat. Dann wird Bert müde – und ich hungrig. Weil vor dem Cable Car nach *Chinatown* eine elend lange Schlange von Leuten wartet, nehmen wir eine *extended limousine* zum Hotel zurück, *just for the heck of it* – ein acht Meter langes, sperriges Monstrum mit HiFi-Stereoanlage, Fernsehbildschirm und Whiskey-Bar. Für einen Moment schwelgen wir im Luxus, doch wir hören auch von San Frans Schattenseiten, den unbezahlbaren Mieten, dem vom *home office* entvölkerten Zentrum, seinem Ruf als *heimliche Hauptstadt der Obdachlosen.*

***

Im Spätsommer 1858 scheint das in Rassen und Klassen gespaltene San Francisco ein paar Tage lang erstaunlich geeint – im Glauben an den Fortschritt und eine glorreiche Zukunft. In der Nacht zum Dienstag, dem 14. September, johlen und jubeln Hunderte in den Straßen. Die erste Überlandkutsche nach Saint Louis, 2800 Meilen entfernt, rollt an, wenige Minuten nach Mitternacht. Sechs Pferde legen sich ins Geschirr des bedenklich überladenen Gefährtes. Es ist für höchstens ein Dutzend Passagiere gedacht, die sich zwischen Postsäcken und Gepäck ins Innere zwängen. Zehn weitere Zaungäste hocken auf dem Dach, einer fährt auf dem Bock mit, neben dem Kutscher und dem mit einer Schrotflinte bewaffneten Schaffner, zwei hängen am Heck. Die *Butterfield Overland Mail*, eines der legendärsten und kurzlebigsten amerikanischen Unternehmen aller Zeiten, nimmt ihren Betrieb auf. U.S.-Präsident James Buchanan gratuliert dem Generaldirektor und Hauptaktionär der Linie, John Butterfield, im Geist der *Manifest Destiny* mit einem Telegramm: *Dies ist ein ruhmvoller Sieg für die Zivilisation und die Union. Bald werden Siedlungen dem Verlauf der Route folgen, und der Osten und Westen werden durch eine Kette leibhaftiger Amerikaner verbunden sein, die nie mehr gebrochen werden kann.*

Zweimal wöchentlich machen sich Expresskutschen von nun an auf den Weg über den halben Kontinent, Schlag 6:00 Uhr früh jeden Montag und Donnerstag – von Saint Louis, Missouri, und Memphis, Tennessee, aus westwärts und von San Francisco aus nach Osten. Wer die zweihundert Dollar für die ganze Strecke berappen kann, muss sich darauf einstellen, drei Wochen lang Tag und Nacht unterwegs zu sein, meist im Trab oder Galopp. Tempo und Pünktlichkeit sind John Butterfields oberste Gebote: *Remember boys*, schärft er seinen Fuhrleuten ein, *nothing on God's earth must stop the U.S. Mail!* Die Kutschen halten nur für Mahlzeiten, und um erschöpfte Pferde, Maultiere und Fuhrleute zu wechseln. Nachts bauen Fahrgäste sich zwischen den Bänken ein Notlager aus Gepäckstücken und Postsäcken und fallen in einen Erschöpfungsschlaf, soweit das pausenlose Geschaukel das zulässt. Waterman L. Ormsby, ein Reporter des *New York Herald*, ist mit John Butterfield persönlich auf der ersten Fahrt nach San Francisco unterwegs. Schon in den Ozark Mountains von Arkansas, in den ersten Tagen der Reise, klagt er: *Ich könnte sagen, unser Fahrweg sei steil, holprig, zerfurcht, rau und bergig – doch ich wünschte mir noch ausdrucksstärkere Worte, um ihn treffend zu beschreiben. Die drahtigen, kleinen Maultiere zerren und ziehen, als ob sie sich selbst in Stücke reißen müssten, und unser schwerer Wagen holpert an Felsgraten vorbei, als ob er jede Minute in Trümmer gerüttelt und uns die Eingeweide herausgeschüttelt würden.*

Doch die *Butterfield Overland Mail* – dieses Wunder an Organisations- und Improvisationstalent – zeigt auch, wie politisch zerrissen die Vereinigten Staaten mittlerweile sind. Die Kongressabgeordneten nördlicher und südlicher Bundesstaaten sind so zerstritten, dass sie sich auf keine Route einigen konnten. Schließlich setzte der Generalpostdirektor, selbst ein *Southerner*, per Dekret eine Strecke durch, die dem *Great Southern Overland Trail* folgt – und damit vor allem durch südliche Staaten führt. Worauf der *Chicago Tribune*, hoch im Norden, wettert, diese Route sei *eine der größten Betrügereien, die von den Sklavenhaltern je an diesem Land verübt worden sind.*

Im November wird Charles' Kompanie ins Arsenal von Benicia versetzt. Ein Dampfboot trägt sie über die immense San Francisco Bay nach Norden. Sie gleiten an der Baustelle von Alcatraz vorbei, die von Arbeitern wimmelt. Hier wird kein Posten *an den Grenzen der Civilisation* gebaut, wie Charles einst aus Fort Yuma schrieb, *um halbverhungerte Indianer zurückzuhalten.* Hier entsteht eine Festung, die Angriffe waffenstarrender Kriegsflotten auf die größte Stadt an der Pazifikküste Amerikas vereiteln soll. Kurz darauf passieren sie das unbesiedelte Angel Island, dampfen an Salzwiesen und Schlickbänken vorbei, über denen Schwärme von Seevögeln kreisen, und an dicht bewaldeten Ufern, die noch wie unberührt wirken. Sie erreichen die nur wenig kleinere San Pablo Bay, an deren Nordende das Boot gen Osten dreht und den mit dem San Joaquin River vereinten Sacramento River stromauf hält – zwei Flüsse, die das gewaltige Central Valley Kaliforniens entwässern. Schließlich gehen die Soldaten am Anleger des Militärpostens an Land.

Benicia Arsenal ist das größte Waffen- und Munitionslager der U.S.-Armee am Pazifik. Drei Monate lang schiebt Charles auf dem weitläufigen Gelände Garnisonsdienst und bewacht, mit seinen Kameraden zusammen, Tausende Musketen, Bajonette und Säbel, Geschütze und Geschosse aller Kaliber, Pulvermagazine und lange Reihen von Eichenfässern mit bleiernen Gewehrkugeln. Er bestaunt die Stallungen und einige der Tiere des famosen *Camel Corps* der U.S.-Armee, von dem er in Fort Yuma gehört hatte. »Captain« Johnson hatte das Corps während seiner Kundfahrt mit der »General Jesup« ein halbes Jahr zuvor über den Colorado gesetzt, vor den Augen Hunderter ungläubiger Indianer.

Als erhöre es sein Sehnen, versetzt das pazifische Oberkommando Charles Anfang Februar 1859 *zurück in die Wildniß zu den Indianern* – nach Fort Yuma. Mit einer Handvoll Kameraden soll er die von Krankheiten und Desertion geschwächte Kompanie H dort verstärken. Wie sie dieses Mal zu dem entlegenen Militärposten gelangen, ob sie sich zum fünften Mal den *Great Southern Overland Trail* entlang quälen oder den bescheidenen Komfort einer Schiffspassage genießen, bleibt uns verborgen. Im monatlichen Bericht des Dritten Artillerieregimentes steht für den 8. März 1859 nur unter *Joined* – Eingetreten: *Charles Herzogg, Gefreiter, Kompanie H., Fort Yuma, vom Depot in San Francisco, Cal.*

Er findet sich in einer Monotonie wieder, die ihm ebenso lieb ist, wie er sie hasst. Doch selbst in diesem menschenleeren Wüstenstrich spürt er, wie rasant sich der Westen Amerikas verändert: Colorado City, das ein Jahr zuvor nur aus einem halben Dutzend Lehmziegelhütten bestand, ist erstaunlich gewachsen und wurde in Arizona City umgetauft, von Leuten, die darauf drängen, die Wüsteneien östlich des Colorado als eigenständiges U.S.-Territorium anerkennen zu lassen. Und die Garnison erhält jetzt viermal die Woche Post. Jeden Montag und Freitag, gegen 3:00 Uhr morgens, halten John Butterfields rasende Expresskutschen auf dem Weg nach Osten kurz im Fort – und jeden Mittwoch- und Sonntagnachmittag gegen 1:30 Uhr Richtung San Francisco. Wenn Charles Wache geht, macht er die schweißglänzenden Maultiergespanne und schwankenden Wagen schon lange, bevor sie in Sicht kommen, aus, an den Staubfahnen, die sie aufwirbeln.

Entlang ihrer gewaltigen transkontinentalen Strecke errichtet die *Butterfield Overland Mail* 170 Stationen, die Wasser, Futter, Tiere,

Personal und Kutschen vorhalten, davon allein acht in der Colorado-Wüste zwischen Fort Yuma und Vallecito. Die Gesellschaft lässt die Brunnen entlang der gefürchteten *Jornada del Muerto* vertiefen und neue bohren und den *Great Southern Overland Trail* an vielen Stellen ausbauen und verbessern. Damit verschwinden die unhaltbaren Zustände, die Lieutenant Parke wenige Jahre zuvor moniert hatte – Fortschritt überall! Nur mit den *Kwatsáan*, die Charles im Stillen bewundert, scheint es rapide bergab zu gehen: Bettelei und Trunksucht breiten sich unter ihnen aus, was *Capitán Pasqual* mit den bitteren Worten kommentiert: *Lieber sähe ich meine Leute alle tot, als daß sie zu Trunkenbolden werden.*

Anfang Mai 1859, nur wenige Wochen nach seiner Ankunft, sucht Charles die Nähe seines einzigen Vertrauten. Er kauft sich ein paar Bögen Papier beim Marketender des Forts und schreibt an Fred. Vor dem nächsten Morgengrauen schon ist der Brief, dank John Butterfields promptem Service, im Galopptempo nach Osten unterwegs. Charles hat von den Verheerungen der jüngsten Gelbfieber-Epidemie in New Orleans gelesen und bereits mehr als ein Jahr keine Post mehr von Fred erhalten, der doch immer ein sehr zuverlässiger Schreiber war. Aber eine Antwort, die ihn jetzt schneller erreichen sollte als je zuvor, bleibt aus – Woche um Woche.

In den letzten Monaten, die Charles in Fort Yuma Dienst schiebt, feiern die Männer der Garnison einen Hitzerekord, in einer Mischung aus Stolz, Gleichmut und Galgenhumor: Am Donnerstag, dem 16. Juni 1859, nachmittags um halb drei, zeigt das Thermometer der Wetterstation 119° Fahrenheit – fast 50° Celsius im Schatten. Ende August packt Charles wieder einmal seine wenigen Habseligkeiten in seinen Knappsack und seine Holzkiste: Kompanie H wird zurück an die Bucht von San Francisco befohlen. Festung Alcatraz wird demnächst in Dienst gestellt – und sie sollen als erste Garnison dort einziehen. Jetzt fallen auch ihnen die Früchte des Fortschritts zu: Sie entgehen der Strapaze, Hunderte von Meilen marschieren zu müssen. Am nächsten Morgen laufen sie vor Sonnenaufgang wenige Minuten zur Bootslände hinunter. Dort gehen sie mit ihrem Gepäck und ihren Waffen an Bord eines Leichters, der hinter dem Heck des Dampfers »Colorado« vertäut ist – »Captain« Johnsons neueres, größeres Schiff mit stärkerer Maschine und geringerem Tiefgang. Die Dampfpfeife schrillt, das Schaufelrad beginnt zu drehen, dann gleitet die »Colorado« mit dem Leichter im Schlepp stromab, an Schilfgürteln und Auwäldern vorbei und an mexikanischen *rancherías*, die Louis Yaeger Schlachtvieh für das Fort liefern. Charles steht stundenlang im Schatten eines Sonnensegels und blickt auf die beige-roten Mäander des Colorado, der ihm zu einem Schicksalsfluss geworden ist. Er, der von Fort Yuma aus bereits bis an den Rand des Grand Canyon und zurück marschiert ist, erlebt jetzt auch den Unterlauf des großen Stromes – flaches, weites Land, wie er es bisher nur von seiner Reise durch den Norden Deutschlands kannte, Richtung Bremerhaven.

Als es dunkelt, macht der Schleppverband an einer *wooding station* fest, wo Handlanger vom Volk der *Cocopah* zentnerweise Mesquite- und Pappelscheite an Deck des Dampfers werfen – Brennstoffnachschub für die Kessel. Zischend bläst die Maschine ihren Überdruck ab, während die Soldaten am Ufer ihre Zelte aufschlagen, Kochfeuer entzünden und Latrinengruben ausheben. Zikaden sirren, Ochsenfrösche quaken, der Sternenhimmel über der Wüste und dem Fluss ist geradezu betörend klar. Die ganze Nacht über bleibt der Dampfer von wenigen Walöllampen beleuchtet und lange vor der Dämmerung fachen die Heizer die Kesselfeuer wieder an. Auf dem Colorado verkehren Schiffe ausschließlich bei Tag. Der Wildfluss ist zu gefährlich im Dunkeln, mit seinen sich ständig verlagernden Armen, Sandbänken und Untiefen, mit Treibsand und versunkenen Baumstämmen, die Rümpfe zu durchbohren drohen.

Im ersten Morgenlicht werfen die mexikanischen und indianischen *deckhands* der »Colorado« die Leinen los und der Dampfer steuert einen weiteren langen Tag in gleißender Sonne und Hitze südwärts. Abends erreichen sie die Mündung des Colorado – eine konturlose Welt aus Wasser, Schlick und Sand. Luftspiegelungen lassen Fluss und Himmel ineinander verschwimmen. An den Ufern dehnen sich gras- und schilfbestandene Marschen, auf denen riesige Pelikanschwärme rasten. Seevögel umkreisen laut warnend den Dampfer: Möwen, Regenpfeifer, ein halbes Dutzend Entenarten, Brachvögel, Kormorane. Bei *Robinson's Landing*, einem Schiffsanleger *in the middle of nowhere*, ankert der Dampfer neben dem zweimastigen Truppentransporter »USS Brig Floyd«, der die Kompanie erwartet. Beim Übersetzen auf den Segler werden die Soldaten jäh aus der Lethargie und dem Nichtstun der Reise gerissen: Zwei ihrer Kameraden fallen über Bord und ertrinken, wobei nicht klar ist, ob sich um einen Unfall handelt oder ob sie zu desertieren versuchten.

Am nächsten Morgen lichtet die »Floyd« den Anker und ihr Kapitän lässt alles verfügbare Tuch setzen. So kommt die Brigg in der windarmen Sea of Cortez immerhin mit wenigen Knoten Fahrt voran. Während der Nachmittage ist es nur im Schatten der Segel auszuhalten, im Rumpf lastet unerträgliche Schwüle, und die flauen Lüfte bringen kaum Abkühlung. Dienstbeflissen lässt Captain Joseph Stewart, der Kompaniechef, seine Männer an Deck zur Musterung antreten und bescheinigt ihnen, dass sie in Disziplin, Ausbildungsstand etc. *den Umständen entsprechend leidlich* abschneiden. Nach zehn mühsamen Segeltagen, an wüstenhaften Inseln und Küsten vorbei, läuft die »Floyd« den mexikanischen Hafen Guaymas an, um Wasser und Vorräte zu bunkern. Sie bleibt dort fünf Tage liegen und lässt eine dichte Folge rabiater Monsungewitter über sich hinweg ziehen.

Sieben Wochen sind Charles und seine Kameraden auf See unterwegs, als die Brigg schließlich im letzten Licht des 22. Oktober das Golden Gate passiert und vor dem *Presidio* von San Francisco Anker wirft. Die Männer verbringen noch eine letzte faule Nacht auf dem kaum merklich schwankenden Schiff, rudern am nächsten Morgen an Land und beziehen Quartier in ihrer alten Baracke. Zwei Monate später übergibt Lieutenant McPherson vom U.S. Army Corps of Engineers die Festung Alcatraz feierlich an Captain Joseph Stewart – ihren ersten Kommandeur. Am vorletzten Tag des Jahres 1859 marschiert Stewart mit seiner Kompanie vom *Presidio* in den Hafen von San Francisco, wo sie an Bord des Schoners »Maria« gehen. Keine Viertelstunde später finden sie sich auf Alcatraz wieder, das massig und düster wie ein überdimensioniertes Schlachtschiff in der Bucht liegt.

Ihr neues Zuhause war wenige Jahre zuvor noch ein kahler Vogelfelsen, auf dem Tausende Paare von Kormoranen, Pelikanen und Raubmöwen brüteten. Ein Inselchen bestenfalls, 440 Yards

Abb. 51: Captain Joseph Stewart.

(400 m) lang und 150 Yards (135 m) breit, baumlos, ohne eigene Quellen, an allen Seiten von brüchigen Klippen umgeben. Die *49ers* nannten es *White Island*, weil es vollständig mit scheußlich stinkendem Guano bedeckt war. Geologen rätselten lange, warum die natürlichen Bodenschichten hier so auffallend dünn blieben – und gelangten zu der wenig beruhigenden Ansicht, dass die Insel im Laufe der jüngsten Erdgeschichte mehrfach von Tsunamis überrollt wurde, die durch das Golden Gate in die Bucht brachen. In sechsjähriger Bauzeit ist Alcatraz jetzt zur größten Festung der Vereinigten Staaten westlich des Mississippi gewachsen. Die »Maria« segelt unter den Mündungen von 75 schweren und schwersten Geschützen zur einzigen Anlegestelle der Insel. Sie kann von den Stückpforten eines befestigten Torhauses aus mit Haubitzen bestrichen werden, die *grapeshot* und *canister* verschießen – eine Art groben Schrot, groß wie Taubeneier, der die Getroffenen regelrecht in Stücke reißt.

Der Zugang zur Festung erinnert an düstere Burgen Württembergs. Vor dem mit groben Eisenbolzen beschlagenen Eichentor klafft ein 15 Fuß tiefer Graben, den die Männer auf einer Zugbrücke überqueren. Dann folgt ein enger Durchlass, den Gewehrschützen auf ganzer Länge ins Visier nehmen können. Nachdem sie ein zweites schweres Eichentor passiert haben, finden sie sich vor einer hohen Mauer, auf der im Falle eines Angriffs Scharfschützen postiert werden. Von dort aus marschieren sie in wenigen Minuten zum höchsten Punkt der Insel, 150 Fuß über der in der Sonne gleißenden San Francisco Bay.

Hutching's Illustrated California Magazine, das seinen Lesern die Wunder des Goldlandes nahebringen will, hatte Lieutenant McPherson kurz zuvor gebeten, einen Reporter durch die Festung zu führen. *Das geräumige Gebäude ganz zuoberst ist eine befestigte Kaserne oder Zitadelle*, schreibt der, *drei Stockwerke hoch, in der in Friedenszeiten etwa 200 Mann unterkommen. Sie dient nicht nur als Unterstand für die Männer und kann einer beachtlichen Kanonade widerstehen; von ihrer Dachplattform aus kann man Angreifer in jedem Teil der Insel auch mit mörderischem Gewehrfeuer bestreichen.* Die Zitadelle ist von einem weiteren tiefen Graben umgeben, und ihre beiden Tore sind mit Zugbrücken gesichert. Im Inneren steigen die Soldaten eiserne Wendeltreppen zu ihren Schlafsälen hinauf. Auf den zweiten Blick ist es hinter den meterdicken Mauern freilich nicht so *geräumig* wie der Reporter preist: Zwei Drittel des Gebäudes bleiben höheren Offizieren und ihren Familien vorbehalten, mit dem restlichen Drittel haben die niederen Ränge vorliebzunehmen.

Die Arbeiten an der Festung sind noch längst nicht abgeschlossen – Lieutenant McPherson dirigiert sie weiterhin von seiner Ingenieursbaracke aus. Überall liegt Bauschutt, zwischen die Bastionen drängen sich aus Holz gezimmerte Werkstätten und Arbeiterquartiere. In den Wohnräumen der Zitadelle riecht es nach frischem Verputz, nach Lack und Wandfarbe. Die Stockbetten, in denen die Soldaten zu zweit nebeneinander schlafen sollen, müssen sie erst zusammenschrauben. Küchenherde sind noch nicht installiert, während der ersten Wochen behelfen sie sich mit Feldküchen im Freien. Die offenen Kamine ziehen nicht gut und kriegen die Wohnräume in diesen klammen Wintermonaten kaum warm.

In diesem Provisorium greift Charles nur zwei Wochen nach seiner Ankunft zu seinem Schreibzeug und berichtet der Familie: *Alcatraces Island, San Francisco, 15. Januar 1860. Lieber Vater und Geschwister! Vor allen Dingen muß ich mich entschuldigen, daß ich so lange nichts mehr von mir hören ließ; die Verhältnisse aber erlaubten es nicht, denn was würde es mich genützt haben, wenn ich geschrieben hätte, da ich in den letzten 2 Jahren nicht über 6 Monat an einem Platze war. Meinen letzten Brief von Fritz erhielt ich im Februar 1858. Seither weiß ich nichts von ihm, ich schrieb ihm im Mai voriges Jahr von Fort Yuma, erhielt aber keine Antwort und bin immer in Sorg.*

Ich hoffe unsere Compagni ist endlich an einem bestimmten Platze, wo wir nicht so schnell wieder versetzt werden. Es ist eine kleine Insel mitten in der Bucht von San Francisco, und wir können alle Schiffe beobachten, welche ein- und auslaufen. Ich fühle mich jetzt ganz heimisch hier, denn das Leben ist alle Tage dasselbe, wir haben genug zu essen, gute Uniform, und somit keine Nahrungssorgen.

Tatsächlich sind die Lebensumstände in dieser waffenstarrenden Festung alles andere als ideal: Alcatraz liegt, wie das nahe Fort Point, in einem Schlechtwetterloch. Es ist der kaum gebremsten Gewalt pazifischer Stürme ausgesetzt, die durch das Golden Gate tosen, und wird von kalten Gezeitenströmen umspült. Ein Militärarzt, der Fort Point inspiziert, kommt zu einem wenig erbaulichen Schluss: *Dieses Fort besteht aus einer Masse von Granit und Ziegeln und stemmt sich gewagt der Wucht des Ozeans entgegen. Während seine massiven Mauern die schweren Kanonen schützen, bieten die Innenräume den Soldaten nur eine kalte und unbehagliche Wohnstatt. Wetteraufzeichnungen zeigen, daß das Fort 265 Tage des Jahres von dichtem Nebel umgeben ist. Die Kondensation dieses Nebels auf den kalten Mauern hält die Räume dauernd klamm, und nicht selten bilden sich kleine Wasserpfützen auf den Böden.* Auch Lieutenant McPherson, der seit drei Jahren auf Alcatraz wohnt und arbeitet, ist von dem rauen Seeklima wenig begeistert. *Dies ist die windigste Gegend, in der ich je gelebt habe*, schreibt er einem Freund. *Jeden Tag um zehn Uhr vormittags setzt der Seewind ein, und das ist kein linder Zephir, soviel kann ich Dir versichern. Der Staub wirbelt in alle Richtungen. Die Bucht ist mit Schaumkronen übersät, was die Überfahrt [in die Stadt] unangenehm macht. Wenn ich meine vier Jahre hier auf dem Buckel habe, wird mir Wind derart zuwider sein, daß ich den Anblick von allem, was mit Wind zu tun hat, aus tiefstem Herzen hassen werde.*

***

Als wir nach Alcatraz übersetzen, zeigt sich die Insel von einer völlig anderen Seite: In Deutschland feiern sie gerade den zweiten Advent, doch hier ist es wolkenlos, warm und erstaunlich windstill – wie im schönsten europäischen Sommer. Die Wellen der Bucht branden sanft an die Klippen, die Luft ist mild und angenehm feucht, es riecht wunderbar nach Meer, und an wenigen Stellen immer noch beißend nach Guano. Die meisten der zweihundert oder dreihundert Touristen, die mit uns an Bord der Fähre waren, verschwinden in wenigen Minuten im Zellgebäude des Hochsicherheitsgefängnisses, das Alcatraz weltberühmt gemacht hat.

Bert und ich gehen, geradezu euphorisch gestimmt, mit nur drei anderen auf eine geführte Tour zu den Spuren der alten Festung. Ranger Jim Cantwell trägt die khakifarbene Uniform des *National Park Service*, ein großer, muskulöser Mann, seine blonden Haare vorne kurz rasiert und hinten zu einem Zopf gebunden, der lässig unter der steifen Krempe seines Ranger-Hutes hervorlugt. Als Jim hört, dass wir Nachfahren eines Soldaten der ersten Garnison der Insel sind und Briefe im Gepäck haben, die Charles von hier aus in die Heimat schrieb, verschlägt es ihm einen Moment lang die Sprache. Das ist ihm in all seinen Jahren auf dem *Rock* noch nie passiert. »Wow!«, brummt er, um Worte ringend, »woow, wohoow!« Wir kapieren schlagartig, wie wertvoll Augenzeugenberichte von damals auch für amerikanische Historiker sind, und versprechen, dem *National Park Service* Transkripte zu überlassen. Jim gibt unserer kleinen Truppe zum Dank eine V.I.P.-Tour.

Sie beginnt im Torhaus, dem einzigen leidlich erhaltenen Gebäude der Festung. In die Außenmauer sind noch die Umlenkrollen für die Ketten der Zugbrücke eingelassen. Wir steigen über eine Absperrung und kraxeln durch eine verstürzte Wand ins Tiefgeschoss, wo das Verlies der Festung lag – ein elend enges Loch, in dem sich bis zu 30 Soldaten drängten, mit zwei vergitterten, aber unverglasten Fensterschlitzen. Elf Mann von Charles' Kompanie hatten sich gleich bei Ankunft, am 30. Dezember 1859, hier unten wiedergefunden, aus nicht mehr bekannten Gründen. Vielleicht hatten sie versucht zu desertieren oder bei einem Ausflug in die Stadt über die Stränge geschlagen.

***

Captain Stewart erweist sich als überaus korrekter und strenger, aber fairer Kommandeur der Festung Alcatraz. *Ordnung scheint sein oberstes Gesetz*, schreibt das *Pacific Monthly Magazine* bewundernd, *was ihm seine Soldaten mit bereitwilligem Gehorsam vergelten … Die Männer werden ständig gedrillt – Laden, Feuern und Nachladen – und sie sind pausenlos damit beschäftigt, die Geschütze, die Munition und das Fort in bestem Zustand zu halten.*

Sechs Tage die Woche, Schlag 7:40 Uhr, bläst ein Trompeter das Signal *Assembly* und die gesamte Garnison tritt in ihren besten Uniformen zur Inspektion auf dem Paradeplatz an. Dann folgt das Signal *Guard Mount* und die Wachen ziehen auf, mit aufgepflanzten Bajonetten und makellos weißen Baumwollhandschuhen. Wenn Charles zum Wachdienst eingeteilt ist, flüstert ihm der *first sergeant* seiner Kompanie das aktuelle Losungswort ins Ohr und händigt ihm fünf Patronen aus: mit je einer Ladung Schießpulver und einer Musketenkugel gefüllte, dicht vernähte Papiersäckchen, die er nach der Wache wieder abzugeben hat. Dann lösen er und seine Kameraden sich bis zum folgenden Morgen ab: Jeweils zwei Stunden stehen sie als Schildwachen in Wind und Wetter und haben anschließend vier Stunden Bereitschaftsdienst im Wachraum. Charles ist angewiesen, seinen Posten als Schildwache nicht zu verlassen und unnötige Gespräche zu vermeiden. Der *officer of the guard* kontrolliert die Wachsoldaten regelmäßig.

Und da steht Charles wieder und wieder, auf den zugigen Bastionen des Forts, mit weitem, freiem Blick auf die Stadt, die Bucht und das Golden Gate. Er schreitet die Batterien auf und ab, an den gewaltigen Geschützen vorbei, und denkt sich weit weg: *Manchmal, wenn ich an meinem Posten Schildwache stehe und sehe die Schiffe ausgehen, beschleicht mich doch ein Heimweh*, schreibt er nach Stuttgart, *und ich sehne mich zurück in die stille Heimath zu meinem Vater und den Geschwistern. Es ist aber ja noch nicht aller Tage Abend und vielleicht wird mir doch noch das Glück zu Theil*

Abb 52: Artilleriesoldaten im Munitionshof der Festung, mit langgestreckten pyramidenförmigen Stapeln von Kanonenkugeln und der aus Ziegeln gemauerten Zitadelle im Hintergrund, fotografiert 1869.

noch einmal den heimathlichen Boden zu betreten oder an ferner Insel Sande eingescharrt zu werden. Ich muß bald schließen, denn es wird mir zu weich ums Herz. Seid also so gut und schreibt mir, was aus Fritz geworden ist, daß ich keine Antwort auf meinen Brief erhielt; sollte er New Orleans verlassen haben? oder was ist es, ich erhielt immer regelmäßig Antwort von ihm.

So will ich schließen in der Hoffnung, daß mein Brief euch alle gesund antrifft und bitte euch herzlich mir doch sogleich zu schreiben, ich werde euch dann immer regelmäßig antworten. Es grüßt euch alle tausendmal Euer Sohn und Bruder, Karl Herzog

Meine Adresse ist: Charles Herzog, Comp. H, 3. Artillery, Fort Alcatraces, San Francisco, Cal.

***

Nach dem Besuch im Torhaus führt Ranger Jim uns einen schmalen, selten begangenen Uferpfad entlang, im Schatten der aus Ziegeln gemauerten Festungswälle der 1850er-Jahre. Das seien die mit Abstand solidesten, langlebigsten Mauern auf Alcatraz, erzählt er. Lieutenant McPherson hätte seine Freude daran – er fiel nur wenige Jahre nach den Bauarbeiten im Bürgerkrieg bei der Schlacht um Atlanta. Tatsächlich korrodieren die Stahlbetonwände des Zuchthauses in den abenteuerlichsten Formen und Farben. Selbst Gitterstäbe aus gehärtetem Stahl zerbröseln in dem Seeklima hier nach einigen Jahrzehnten wie Blätterteig.

Neben der Ruine des Inselkraftwerks, das so pittoresk zerfällt, dass es als Kulisse eines Fantasy-Thrillers dienen könnte, zeigt Jim uns einen sauber gemauerten kleinen Torbogen aus Charles' Zeit. Daneben die eiserne Tür eines in den Hang geduckten Pulvermagazins, in dem Eichenfässer, drei Lagen hoch, mit je einem Zentner Schießpulver gestapelt waren. Im Kriegsfall schleppten *powder monkeys*, kleine, agile Buben zwischen zehn und vierzehn Jahren, in funkengeschützten Spezialeimern Ladungen von da aus zu den Geschützen. Sie trugen Seidenpantoffeln, um jeden Funkenschlag zu vermeiden. Keine hundert Meter weiter, unter dem *Model Industries Building*, einem Werkstattgebäude im Bauhaus-Stil, in dem Zuchthausinsassen bei guter Führung das Privileg erhielten, arbeiten zu dürfen, verbirgt sich ein Turm der Nordwest-Batterie der Festung. Den sollte man dringend freilegen, fordern Historiker, und wieder mit Nachbildungen schwerer Geschütze bestücken, um Alcatraz' frühe Geschichte angemessen zu dokumentieren. Aber das kaputtgesparte Budget des *National Park Service* gibt das nicht mehr her. »Immer mehr Besucher, immer weniger Geld«, klagt Jim. »Und dazu Verfall überall! Die Leute fragen schon: *Why don't you guys do anything about it?*«

Wir bedanken uns bei ihm und seinen Rangerkollegen mit Kopien der fünf Briefe, die Charles von Alcatraz aus schrieb. Dann gehen wir auf eine *self-guided audio tour* durch den Zellblock des Zuchthauses – ein menschenunwürdiger Käfigbau, der mich erschauern lässt. Aber was mich noch mehr berührt als die Originalzellen von Al Capone und Machine Gun Kelly ist ein schlichter

Seiteneingang des Gebäudes in klassizistischem Stil. Er ist mit handbehauenen Ziersimsen aus Granit eingefasst, links und rechts darüber sind noch Umlenkrollen für die Ketten einer Zugbrücke zu erkennen: eines der zwei Tore der Zitadelle, die beim Bau des Zuchthauses erhalten blieben. Charles muss Hunderte Male über seine granitene Schwelle getreten sein, unterwegs zum Morgenappell, zum Wachdienst, zum Drill, zu ein paar freien Stunden im nahen San Francisco. Ich gehe zweimal sehr wach, bewusst und langsam durch dieses Tor, als steckte ich in Charles' Stiefeln, will ahnen, wie er sich gefühlt haben muss, dieser große Schweiger, der so vieles einfach hinnahm. Doch statt einem Gefühl von Nähe und Unmittelbarkeit spüre ich auch auf Alcatraz nur schmerzhaft, wie fern er mir bleibt und wie unüberbrückbar die anderthalb Jahrhunderte sind, die uns trennen.

***

Auf diesem Eiland packt ihn immer wieder der Koller – die kleine Welt uniformierter Männer wird Charles alle paar Wochen zu eng und trist. Mit ein paar Kameraden bricht er auf zu kleinen Fluchten in die Stadt, an den *pay days* vor allem, wenn ihre Taschen mit Sold gefüllt sind. Sie rudern eine halbe Stunde zu den Anlegern San Franciscos hinüber und mischen sich unter die Seeleute, Arbeiter und Goldsucher, die es nach Ablenkung und Weiblichkeit verlangt, in dieser Stadt der einsamen Männerseelen. In den *grog shops*, Tanzschuppen und Bars von *Barbary Coast* – ein paar Häuserblocks entlang der Pacific Street, die für ihre Lasterhaftigkeit und lockere Moral verrufen sind – trinken und singen sie sich in Stimmung. Dann ziehen sie ins nahe *Chinatown* hinüber. Dort säumen Wäschereien die Straßen, in denen zu allen Tag- und Nachtstunden gearbeitet wird; vor einem taoistischen Tempel baumeln Lampions aus rotem Papier im Wind. Auch hier drängen sich fast nur Männer, die meisten Südchinesen, mit langen Zöpfen, Seidenkappen und traditioneller schwarzer Kleidung. Ihre temperamentvollen, hitzigen Gespräche dröhnen in den Straßen wie Meeresrauschen. Aus Garküchen und schummrigen Läden steigen ihnen fremdartige Gerüche in die Nasen, manche betörend, manche abstoßend. Davor werden Obst- und Gemüsesorten feilgeboten, wie sie sie noch nie gesehen haben.

Abseits der Durchgangsstraßen, in schmalen Gassen, in denen sich die wenigen Polizisten der Stadt so gut wie nie blicken lassen, liegen die Spielhallen, die Opiumhöhlen und die *houses of ill repute* – die günstigeren Bordelle San Franciscos. Prostitution ist hier, wie in New Orleans, einer der profitabelsten Wirtschaftszweige. In den gehobenen Etablissements, den luxuriös möblierten, mit Samt und Seide dekorierten *parlor houses*, gehen einflussreiche Geschäftsleute, Bankiers und Politiker ein und aus, ohne dass ihr Ruf darunter ernstlich leiden würde. Entsprechend sind die Preise: Allein für die Gesellschaft einer Dame am Spieltisch oder an der Bar ist dort schon mehr als der Monatssold eines Gefreiten fällig. Eine Nacht mit einer der oft französischstämmigen Schönen zu verbringen kann Hunderte Dollar kosten – vollkommen unerschwinglich für Soldaten wie Charles.

Ihr Revier sind die Gassen von *Chinatown*. Dort sitzen *crib girls* halb entblößt in den Schaufenstern kleiner Verschläge und werben um Kunden. Meist sind es geringgeschätzte, ausgegrenzte Frauen: *señoritas* aus Mexiko oder Chile, mittellose Australierinnen und Deutsche, entrechtete Chinesinnen. Knebelverträge, die an Sklaverei grenzen, verdammen viele dazu, sich täglich an ein Dutzend Freier und mehr zu verkaufen. Manche der chinesischen Mädchen sind kaum zehn Jahre alt – ihr Leid muss ihnen ins Gesicht geschrieben stehen und ihre Lebenserwartung ist erschreckend gering. Immer wieder werden sie Opfer brutaler Gewalt; Syphilis, Tripper und andere Geschlechtskrankheiten grassieren wie Seuchen.

Die Nähe zu Korruption und Verbrechen erschreckt Charles. Mit Wehmut denkt er an Sarah Bowmans ebenso derb wie großherzig geführtes *boarding house* bei Fort Yuma zurück. Er hält sich tunlichst an eine der reiferen Damen, der er freilich verschweigt, dass er selbst an der Syphilis erkrankt ist. In der Abenddämmerung müssen sie sich wieder auf den Heimweg machen und rudern auf den konturlosen Umriss der Festung zu. Wenn Nebel über dem Wasser liegt, orientieren sie sich an den Klängen der Nebelglocke, die die Insel markiert. Auf dem Wasser bleiben der Radau von *Barbary Coast* und das Elend der Frauen in *Chinatown* allmählich hinter ihnen zurück, und Charles spürt, dass ihr herbes Heim in der Bucht auch seine Vorteile hat. Lieutenant McPherson hat sich dort offensichtlich eingelebt: *Wenn ich in der Stadt unterwegs bin, gratuliere ich mir oft selbst, daß ich hier einen Ort habe*, schreibt er über Alcatraz, *an den ich fliehen kann, wo die Luft rein ist und wo ich vermeiden kann, Leute zu treffen, die mir die Mühe des Kennenlernens nicht wert sind – denn je mehr von denen man kennt, desto schlechter ist man dran …*

In Buchhandlungen San Franciscos entdeckt Charles die Erinnerungen Olive Oatmans. Ein Methodisten-Pastor hatte sich ihr und Lorenzo als *ghostwriter* angedient und, aufbauend auf Gesprächen mit den beiden, einen sensationsheischenden, pathetisch überhöhten Bestseller über ihr Schicksal verfasst: *Life among the Indians: or, The Captivity of the Oatman Girls*. Er verklärt ihre Geschichte zu einem Lehrstück der Allmacht Gottes und der Überlegenheit der weißen Rasse. Die *Aha Makhav*, die die Schwestern als ihresgleichen aufgenommen hatten, würdigt er zu *degraded bipeds* herab – zu verderbten Zweifüßlern. Er versteigt sich sogar dazu, den Indianern eine Kreuzigungsszene anzudichten, die Ethnologen heute für äußerst unwahrscheinlich halten: Krieger sollen eine junge, bildhübsche Gefangene eines feindlichen Stammes mit Holznägeln an ein Kreuz geschlagen, ihr eine Dornenkrone aufgesetzt und sie dann mit Dutzenden Pfeilschüssen zu Tode gefoltert haben. Das zu erfinden ist brandgefährlich in einer Zeit, in der solche Phantastereien nur blinden Hass auf die Indianer schüren.

Jetzt sind die drei auf Lesereisen an der Ostküste unterwegs, *to make a business of it*, in den Worten des Pastors, der mit den Tantiemen den beiden Waisen ein Studium an einer methodistischen Universität finanzieren will. Olive stellt sich als mitreißende Rednerin heraus und wird in den folgenden Jahren – den Anfängen der Frauenrechtsbewegung – eine der ersten weiblichen Vortragsreisenden der USA. Die *New York Times* kommentiert einen ihrer frühen Auftritte mit den Worten: *Das Publikum hörte mit atemlosem Interesse zu, und alle waren tief berührt.* Doch sie wagt nicht, die Ambivalenz und Zerrissenheit ihrer Geschichte offenzulegen und präsentiert stattdessen, was das Publikum hören möchte: Die Errettung einer jungen Weißen aus der Knechtschaft der Barbaren.

Ihr weiteres Leben bezeugt, wie sehr Olive Oatman zwischen den beiden Kulturen hängen blieb und wie gezeichnet sie ist: von der Ermordung ihrer Familie und der Entführung in die Welt der Indianer und vom Freikauf und der Rückkehr in die prüde U.S.-Gesellschaft, in der Frauen viel weniger gelten als unter den *Aha Makhav.* Eine ehemalige Mitreisende auf dem Treck, bei der Olive eine Zeitlang Zuflucht findet, nennt sie *eher ungezähmt als gesittet* und *eine sich grämende, unbefriedigte Frau, die irgendwie meinen eigenen Glauben an die Zivilisation erschütterte.* Zeitlebens gilt Olive als ernst und scheu, neigt zu Depressionen, Augenproblemen und migräneartigen Kopfschmerzen. In der Öffentlichkeit trägt sie immer einen Schleier über ihrer Kinn-Tätowierung.

Bei einem ihrer Vorträge lernt sie einen gleichfalls an der Seele Verwundeten kennen – den Sohn einer texanischen Rancherfamilie, der bei einem Indianerüberfall einen Bruder verloren hat. Sie heiraten und Olive lebt zurückgezogen in der viktorianischen Villa des Paares in Texas. Sie adoptieren ein elternloses Mädchen und engagieren sich beide für verwaiste Kinder. Doch ein Freund aus dieser Zeit stellt fest, dass Olive *die Trauer über ihre frühen Erfahrungen nie ganz verließ.* Ihr Leben lang soll sie ein Glas mit Haselnüssen bei sich getragen haben – einem Grundnahrungsmittel der *Aha Makhav.*

18
Das Gefecht am Pyramid Lake

Die Nacht ist kalt und klamm, wie meist auf Alcatraz, doch das stört keinen an diesem Samstag, dem 14. April 1860. In den Stunden vor Mitternacht drängt sich fast die gesamte Garnison auf dem Dach der Zitadelle, und Soldaten und Offiziere blicken staunend zur nahen Stadt hinüber: Dutzende Freudenfeuer lodern entlang der Straßen, fast scheint es, als stünde San Francisco in Flammen. Von den Glockentürmen der Freiwilligen Feuerwehren dröhnt unbändiges Sturmgeläut, immer wieder trägt der Wind Fetzen von Blasmusik herüber – Militärmärsche und schwungvolle Walzer. Gegen 23:00 Uhr steigen über der Pier am Broadway Feuerwerksraketen in den Himmel. In ihrem Farbengewitter legt der Schaufelraddampfer »Antilope«, aus Sacramento kommend, an, berichten die Zeitungen am nächsten Morgen. Über die eilig herangerollte Gangway reitet, von tausendfachen Hurrarufen begleitet, ein auffallend zart gebauter, junger Mann auf einem braunen Pferd – der erste Reiter des *Pony Express*, der die Pazifikküste erreicht. *Das Pferd ist über und über geschmückt*, schreibt ein Reporter des *Sacramento Daily Union* begeistert. *Sowie der Reiter sich aus dem Sattel schwingt, überreicht er dem Agenten die Express-Taschen. Der öffnet sie sofort und verteilt die Briefe an umstehende Adressaten.*

Nur zehn Tage waren die Briefe zwischen Saint Joseph, Missouri, und San Francisco unterwegs – statt den bisher üblichen dreieinhalb Wochen. Nie zuvor war Post in so kurzer Zeit über eine so riesige Distanz transportiert worden. Eine Kette von Staffelreitern war rund um die Uhr und allen Wettern trotzend durch fast 2000 Meilen Wildnis gejagt, je nach Gelände in schnellem Trab oder in vollem Galopp. Wohlhabende Fuhrunternehmer aus dem Mittleren Westen hatten 190 Wechselstationen entlang der Strecke bauen lassen, hatten ein halbes Tausend schnelle, ausdauernde Pferde erstanden und einige Hundert Mitarbeiter eingestellt. Zu ihren Expressreitern soll unter anderem der erst 14-jährige William Cody zählen, der spätere *Buffalo Bill*, der den amerikanischen

Abb. 53: Ein Werbeplakat für den Pony Express *aus dem Jahr 1861.*

Westen vor der Jahrhundertwende mit seiner *Wild West Show* wie kaum ein anderer verbrämen und romantisieren wird. Er wird, mit Hunderten weißer und indianischer Statisten, unter anderem in München, Bremen und Karlsruhe auftreten – und im Pariser *Bataclan.*

Die meisten der *Pony Express*-Reiter sind zwischen 18 und 20 Jahre alt, dürfen nicht mehr als 57 kg wiegen und haben, bei ihrer Einstellung, einen Eid auf die Bibel zu leisten: *Ich schwöre hiermit vor dem Großen und Leibhaftigen Gott, daß ich während meiner Anstellung unter keinen Umständen fluchen werde, daß ich keine berauschenden Getränke zu mir nehmen werde; daß ich mich mit anderen Angestellten weder streiten noch schlagen werde … So wahr mir Gott helfe!* Was ihren Pferden zusätzlich an Ausrüstung zugemutet wird, reduziert das Unternehmen schon im Laufe der ersten Wochen so weit, dass nur noch ein Revolver, ein Wassersack und die *mochila* übrigbleiben: eine lederne Satteldecke, auf die vier regen- und schneedichte Taschen für die Expresspost aufgenäht sind. Alle zehn bis fünfzehn Meilen wechseln die Reiter ihre Pferde – und nach höchstens hundert Meilen übernimmt der nächste Reiter.

Ein *Pony Express*-Brief ist für einfache Bürger freilich unerschwinglich, er kostet anfangs 250-mal so viel wie normale Post. Unternehmen, Banken und die Presse vor allem leisten sich so horrendes Porto. Jetzt, wo die Vereinigten Staaten am Dauerstreit um die Sklaverei zu zerbrechen drohen, hungern die Menschen im Fernen Westen nach den neuesten Nachrichten aus Washington, D.C. Schon in der *mochila* des ersten Reiters stecken Zeitungen von der Ostküste. Nach seiner spektakulären Ankunft ziehen an die zweitausend Schaulustige noch San Franciscos Montgomery Street entlang, schwenken Fahnen, jubeln und singen im Schein von Fackeln. Gegen ein Uhr morgens leeren sich dann die Straßen und Bars, und am nächsten Morgen herrscht wieder Alltag in der Stadt und ihrer Festung.

Alcatraz ist kein Posten nervtötender Routinen. Weil die Armee notorisch unterbesetzt ist und selbst Tagelöhner und Handlanger in Kalifornien nur für viel Geld zu kriegen sind, bleiben fast alle Arbeiten an den Soldaten hängen. Charles und seine Kameraden kutschieren Feuerholz von Versorgungsbooten, die am Kai der Insel festmachen, zur Zitadelle hinauf und stapeln es in langen Reihen. Sie pumpen Wasser aus den riesigen unterirdischen Zisternen der Festung in Vorratstanks. Sie rudern Offiziere und ihre Gemahlinnen zur nahen Stadt hinüber, zu Einkäufen, zur Oper, ins Theater – und rudern sie danach wieder zurück. Sie schälen Kartoffeln in den Mannschafts- und Offiziersküchen, hobeln Kohl und scheuern altes Fett aus gusseisernen Pfannen. Jeden Samstag kehren und wischen sie die Quartiere und schrubben die Böden und Wände der Latrinen. Wenn Charles im Gemüsegarten der Festung eingeteilt ist – zum Jäten und Gießen, zwei der gefälligeren Arbeiten – wandern seine Gedanken unweigerlich zu Fred.

Die Sorge um seinen Bruder nagt jetzt ständig an ihm. Anderthalb Jahre schon ist er ohne jede Nachricht, obwohl Fred sich immer bemüht hatte, in Verbindung zu bleiben. Mitte März hatte Charles noch einmal an seine letzte bekannte Adresse geschrieben. Fünf Tage nach dem Spektakel um den *Pony Express* überreicht ihm der *first sergeant* seiner Kompanie einen sichtlich weitgereisten Brief – von seiner Familie in Stuttgart. Er sucht sich einen stillen Platz auf der Insel, erbricht den Siegellack und liest von Friedrichs Tod im September 1858, kurz nachdem er selbst aus der Hysterie um den Fraser River geflohen war. Er lässt seinen Tränen freien Lauf, da draußen, wo keiner ihn sehen oder hören kann, über der leise rauschenden Brandung. Fred war seinem Vorbild ins *so heiß ersehnte Amerika* gefolgt. Er blieb in all den Jahren sein einziger Vertrauter, und auf all seinen Fahrten und Irrfahrten durch Amerika war ihm immer ein vager Trost, dass er und Fred dereinst zusammen ein Geschäft gründen und sesshaft werden könnten. Noch am gleichen Tag greift Charles zu Papier, Feder und Tinte:

Alcatraz Island, San Franzisko, Cal. 19. April 1860, Theuerster Vater und Geschwister! Heute habe ich Euren Brief, auf den ich so sehnlich wartete, erhalten. Wie traurig bin ich aber überrascht worden, denn statt freudiger Nachrichten aus der lieben Heimath finde ich nur Trauer, Kummer und Sorgen. Ich kann mir den Schmerz vorstellen den der Tod unseres lieben Bruders auf den Vater brachte. Er sprach immer in seinen Briefen an mich die Hoffnung aus, die heimathlichen Berge wieder zu sehen – aber es sollte ihm nicht vergönnt sein; denn

Rasch tritt der Tod den Menschen an,
Es ist ihm keine Zeit gegeben.
Er nimmt ihn mitten aus der Bahn,
Er reißt ihn weg vom vollen Leben!

Friedrich Schillers »Wilhelm Tell«, vierter Akt, dritte Szene. Charles zitiert den Vers, den er in der evangelischen Volksschule in Stuttgart auswendig lernen musste, ab der zweiten Zeile nicht mehr ganz korrekt. Langsam nagt Vergessen an seinen Erinnerungen. Und – wie einst Fred – spricht, denkt und träumt er schon so lange Englisch, dass sein Deutsch schwergängig geworden ist. *Das letzte Mal wo ich mit ihm sprach, war in St. Louis im Winter 1852,* schreibt er. *Hätte ich damals gedacht, es werde das letzte Mal sein? Nun ist ja aber das Räthsel gelöst und er ist aller Sorgen dieser Welt enthoben. Schmerzlich ist es aber für uns. Der Vater beweint einen guten Sohn und wir haben einen geliebten Bruder verloren. Mit ihm ist auch die letzte Hoffnung für mich zu Grabe getragen. Wir müssen uns aber ins Unabweisliche fügen.*

Ich bete nun, Gott möge Euch alle gesund erhalten und wenn wir auch nicht beisammen sind und uns auch Meere trennen, so können wir doch unsere Gedanken in Briefen ausdrücken und mit einander sprechen. Und wenn ich nächsten Monat Gelegenheit habe, so will ich Euch mein Bild schicken; für dieses Mal ist es aber zu spät und ich schreibe Euch nur so viel für dies Mal um Euch zu beruhigen und zu trösten. Es freut mich unendlich, daß ihr mir die Abschrift von Fritzens letztem Brief geschickt habt, ich will es als ein theures Andenken aufbewahren. Ich kann nicht länger mehr schreiben, da ich den Brief noch mit dem Dampfschiffe absenden muß. So seid denn tausendmal von mir gegrüßt, Euer Sohn und Bruder Karl Herzog

Keine vier Wochen später wird Charles aus seiner Trauer gerissen, und aus dem Bangen und Rätseln um seine Zukunft: *Am 14. Mai erhielten wir plötzlich Befehl uns marschfertig zu machen, da die Indianer die Ansiedler im Carson Thale überfielen und mordeten. Zwei Stunden nachdem wir Befehl erhielten, waren wir auch schon an Bord eines Dampfbootes nach Sacramento.* Ihr Marsch ins 280 Meilen entfernte Kampfgebiet im westlichen Utah Territory ist generalstabsmäßig organisiert. Der Flussdampfer »Eclipse« legt am späten Nachmittag am Kai von Alcatraz an. An Bord ist bereits ein Zug Soldaten aus dem *Presidio* mit zwei zerlegbaren Feldhaubitzen und Zentnern Munition (siehe Karte 6 – ganz hinten im Buch).

In den Abend und die Nacht hinein dampft die »Eclipse« über die schwarzen Wasser der Bucht nach Nordosten, mit Kurs auf die kalifornische Hauptstadt. Vor Mitternacht steigen am Arsenal von Benicia Abteilungen vier weiterer Kompanien zu, was den Heereszug der *Carson Valley Expedition* auf mehr als zweihundert Mann bringt. Noch vor der Morgendämmerung macht der Dampfer an der Mole von Sacramento fest. Die Soldaten bleiben an Bord, bis gegen sechs Uhr die Sonne aufgeht, und haben dann noch knapp zwei Stunden, bevor sie ihren Tross auf die Eisenbahn umladen müssen. Charles' Kompanie, der Captain Stewart jeden Ausgang untersagt, habe einen professionellen, militärisch korrekten

Eindruck gemacht, berichtet ein Reporter des *Sacramento Daily Union*. Die Soldaten der anderen Kompanien *wurden beobachtet, wie sie durch die ganze Stadt schlenderten, unter dem Kommando von Captain Whiskey.*

Punkt 8:30 Uhr rollt ein Sonderzug an, den der Direktor der *Sacramento Valley Railroad* persönlich bereitgestellt hat. Die Soldaten stapeln Ausrüstung, Vorräte und Waffen in die Frachtabteile und drücken sich auf gepolsterte Passagierbänke. Schaulustige jubeln ihnen zu, als die Lokomotive mit den angehängten Waggons aus dem Bahnhof fährt – ein zischendes und fauchendes Symbol der atemberaubenden Dynamik Kaliforniens. Unter Schwaden von Holzrauch dampfen die Soldaten den American River hinauf, an dem einst der Goldrausch begann. Charles pafft sein Meerschaumpfeifchen, das im Fahrtwind rasch verglimmt. Sein Blick gleitet über Äcker und Weiden, wiederkäuendes Vieh ruht im Schatten von Platanen, Schweine suhlen sich im Morast eines Bachlaufes. Farmen und Ranches ziehen vorbei, Weinberge mit frischem Laub, Haine blühender Obstbäume. Er wird nie müde, Amerikas Landschaften in sich aufzusaugen – *Nord oder Süd* ist immer noch sein Motto.

Eine Dreiviertelstunde später erreichen sie Folsom – das Ende des Schienenstranges am Fuß der Sierra Nevada, 23 Meilen nordöstlich von Sacramento, was ihnen einen harten Tagesmarsch erspart. Vor dem Bahnhof erwartet sie ein Agent der *Wells Fargo Express Company* mit Dutzenden abfahrbereiten Fuhrwerken und Kutschen, gegen gesalzene Gebühren versteht sich. Dies droht ein kostspieliger Feldzug zu werden: *Wir nehmen an, daß Seine Exzellenz der Gouverneur verblüfft sein wird, wenn die Rechnungen eintreffen*, spottet ein Kommentator des *Sacramento Daily Union*. Den Mannschaften wird befohlen, ihre Bagage *double-quick* umzuladen. Im allgemeinen Durcheinander sind zwei von Charles' Kameraden plötzlich verschwunden. Ein Lieutenant, der ihnen mit ein paar Mann umgehend nachstellt, findet nur noch ihre abgelegten Uniformen.

Nur eine Stunde später knarrt die kilometerlange Karawane auf einer Schotterstraße den Westabfall der Sierra Nevada hinauf. Am frühen Nachmittag erreicht sie das Goldgräberstädtchen

Placerville auf 1800 Fuß Meereshöhe, was den Soldaten einen weiteren Tagesmarsch erspart. *Von hier ging es mit Pferden und Maultieren über die Sierra Nevada Gebirge,* schreibt Charles an seine Familie, *was kein Spazierritt war.* Der tatkräftige *Wells Fargo*-Agent hat in Placerville Hunderte Reit- und Packtiere bereitstellen lassen, weil die Weiterfahrt mit Fuhrwerken so früh im Jahr unmöglich ist. Die Sierra Nevada ist für ihre enorme Schneelast berüchtigt und für die Urgewalt ihrer Blizzards. Eilig binden die Soldaten ihren Tross und die beiden, in ihre Einzelteile zerlegten Feldhaubitzen auf Maultiere, schwingen sich in die Sättel und reiten los.

***

Wir sitzen schon auf gepackten Rucksäcken, als Punkt 6:00 Uhr das Zimmertelefon klingelt: *wake-up call* des Nachtportiers unseres Hotels in *Chinatown.* Es reicht noch für ein eiliges Frühstück, dann fahren wir im Shuttle-Bus zur Ostseite der Bucht hinüber, an den Bahnhof von Emeryville. Hinter uns bleibt die imposante Skyline der *Downtown* zurück, mit Hochhaustürmen, in denen einige Etagen bereits beleuchtet sind.

Der *California Zephyr* nach Reno, Nevada, ist kaum besetzt, so früh am Morgen. In vertrauter Amtrakscher Langsamkeit rattern wir an den Ufern der San Francisco Bay und der San Pablo Bay entlang, die still, wie verlassen daliegen. Ich lehne am Fenster einer Waggontür und schaue auf die ölig glatten Wasser, in denen sich der Himmel spiegelt, bleigrau, von Hochnebeln verhangen. Sieben Wochen sind wir jetzt schon unterwegs, quer durch die Vereinigten Staaten, angestrengt von der fremden Sprache, von rabiaten Klimawechseln, von immer Neuem.

In Sacramento werden zwei zusätzliche Dieselloks angekuppelt, für die Steilstrecken. Dann windet sich der *California Zephyr* in die Sierra Nevada hinauf, entlang der *North Fork* des American River. Alle halbe Stunde passieren wir ein kleines Nest, das an die gesetzlosen Zeiten der Goldgräbercamps erinnert: Auburn, Clipper Gap, Iowa Hill, Gold Run. Ich setze mich in einen Panoramawagen mit mannshohen Fenstern. Die dicht bewaldete Sierra Nevada da draußen scheint so sanft, dass sie mich an den Schwarzwald erinnert, doch das täuscht: Die granitenen Grate und Gipfel des Hauptkamms, dem wir uns allmählich nähern, sind mehr als dreitausend Meter hoch, und meist nur blanker, glatter Fels. Nach zwei Stunden ununterbrochener Fahrt bergauf erreichen wir einen tief verschneiten Winterwald auf 2200 Metern Meereshöhe und überqueren den Donner Pass.

***

Die Soldaten der *Carson Valley Expedition* reiten drei Tage lang die *South Fork* des American River hinauf, hoch über dem Schmelzwasser führenden, tosenden Fluss, durch Urwälder riesiger Zedern, Hemlocktannen und Zucker-Kiefern. Fährten von Schwarzbären und Wapiti-Hirschen kreuzen ihren Weg, und manchmal entdecken sie die handtellergroßen Pranken eines Pumas im Schnee. Sie kommen nur mühsam voran, der Karrenweg ist schlammig und immer wieder von Wildbächen zerschnitten. Oft sind die Hänge sehr steil, an schattigen Stellen liegt hüfthoher Altschnee und die Maultiere der Vorhut brechen beim Spuren bis zur Brust ein.

Charles und seine Kameraden tragen ihre Standard-Uniformen aus blauem Wollstoff, die für alle Temperaturen, von Wüstenhitze bis Winterwetter, herhalten müssen; keine Winterstiefel, keine Handschuhe, keine Schals und warmen Mützen. Nachts frieren sie jämmerlich unter den Zeltbahnen ihrer *dog tents* mit nur einer Wolldecke pro Mann. Wer einen *bunky* hat – einen guten Kumpel –, kauert sich eng an ihn. Unser Verwandter schildert die Mühsale des Marsches, wie meist, sehr sparsam in seinen Briefen: *Wir hatten 5 Tage lang manchmal 4 bis 5 Fuß tiefen Schnee zu passieren* – mehr erfährt die Familie nicht.

Am Morgen ihres dritten Tages im Sattel treiben tiefgraue Wolkentürme von Westen heran. *Bei dichtem Schneefall und dem heftigsten Wind, den ich je erlebt habe, brachen wir auf*, schreibt ein weniger wortkarger Soldat, unterwegs zum 7500 Fuß hohen Johnson's Pass. *Es schneite den ganzen Tag weiter, und am späten Nachmittag kamen wir [in Lake Valley] an, durchnässt und erschöpft, und legten uns die Nacht über in ein verlassenes Blockhaus.*

Trompeter wecken sie an einem wolkenlosen, frostigen Morgen. Im ersten Licht reiten sie an einem atemberaubend weiten, azurblauen Bergsee entlang, über dessen Westufer die frisch verschneiten Gipfel der Sierra ragen – Lake Tahoe. Dann kämpfen sie sich, durch knietiefen Neuschnee spurend, über Daggett's Pass und machen sich an den Abstieg in die kolossale Leere des Great Basin: hochgelegene Halbwüsten, die im Sommer unerträglich heiß und im Winter bitterkalt sind. Bald dünnen die Urwälder um die Truppe aus. Lichte Wäldchen von *Pinyon*-Kiefern, nur wenige Meter hoch, spenden ihnen hie und da noch ein wenig Schatten, dann verschwinden auch sie, und am Abend des 20. Mai reitet der Heereszug durch hüfthohes, dürres Buschwerk. *Nach einem Marsche von 7 Tagen kamen wir im Carson Thale an,* schreibt Charles, *hier warteten wir einige Tage auf Verstärkung.* Sie schlagen ihre Zeltstadt unter dem frisch ausgetriebenen Blätterdach von Weiden und Zitterpappeln am Ufer des Carson River auf, dessen Galeriewälder sich wie ein frühlingsgrünes Band durch die Wüste ziehen. Honoratioren von Carson City heißen sie überschwänglich willkommen und die nahe Stadt lockt mit Saloons und Prostituierten.

***

Während unserer letzten Stunde an Bord kurvt der *California Zephyr* den Truckee River hinab, der über Felstrümmer und grobes Geröll zu Tale schießt. Am unauffälligen, schmucklosen Bahnhof von Reno – *The Biggest Little City in the World* –, steigen wir in ein Taxi. Es bringt uns zum *rental car pick up* am Flughafen; ohne Auto ist in den menschenleeren Landschaften Nevadas kein Fortkommen. Ich fahre uns, mehr der Intuition als der Karte folgend, ins Herz dieser kleineren, weniger durchgeknallten Kopie von Las Vegas. Unter Dutzenden schriller Casino-Türme wählen wir einen, der halbwegs seriös wirkt. Übernachtungen sind hier geradezu lachhaft günstig, weil einkalkuliert ist, dass die Gäste, was immer sie an den Zimmern sparen und noch ein bisschen mehr, in die einarmigen Banditen füttern oder beim Roulette verspielen.

Aus den Fenstern unseres Zimmers im 26. Stock sehen wir hinter dem Lichterzirkus der Casinos die Silhouette der tief verschneiten

Sierra Nevada in den Nachthimmel ragen, hart wie ein Scherenschnitt. Aus der Entfernung scheint das Gebirge vollkommen unberührt – wie Wildnis am ersten Tag der Schöpfung. Wir sind in der Heimat der *Paiute* angekommen, wie die Weißen sie nennen. Sie selbst nennen sich schlicht *Nimi* – die Leute.

***

An die eintausend Jahre lang hatten die *Nimi* bereits an den Ufern des Pyramid Lake gelebt, vermuten Archäologen, eines Sees in der Wüste von Nevada, der – wie Lake Tahoe – annähernd so groß ist wie der Bodensee. Die *Nimi* waren hochgewachsene, schlanke Halbnomaden, die den Wanderungen ihrer Beutetiere folgten und den Reifezyklen der Beeren, Traubenkirschen und *Pinyon*-Nüsse. Ihre Frauen gruben nach essbaren Wurzeln, *Quamash*-Zwiebeln und Insektenlarven und sammelten Reisgras-Samen und Vogeleier. Die Männer stellten *Pronghorn*-Antilopen und Wüsten-Dickhornschafen nach und erlegten Hasen und Wasservögel in gemeinsamen Treibjagden. Vor allem aber waren die *Nimi* geschickte Fischer, die ihre Beute von kleinen Schilfbooten aus harpunierten oder mit Angeln, Netzen und Reusen fingen: Weißfische, Elritzen, bis zu einem Meter lange *Sucker* und an die dreißig Pfund schwere Lachsforellen. Der *Kuyui,* der nur im Pyramid Lake vorkommt, war für das Überleben der an seinen Ufern heimischen Schar so wichtig, dass sie von anderen *Nimi Kuyuidökadö* genannt wurden – die *Kuyui*-Esser.

Um 1830 – als Charles in der evangelischen Volksschule in Stuttgarts Eberhardstraße noch *Religions- und Sittenlehre, Lesen, Schreiben, Rechnen und Singen* lernte – hatten sich die ersten Weißen in die Heimat der *Nimi* gewagt: Trapper auf der Jagd nach Bibern, Bären und anderen Pelztieren. Wie die mormonischen Pioniere, die ihnen ein Jahrzehnt später folgten, waren sie klug genug, sich um respektvollen, freundlichen Umgang mit den Indianern zu bemühen – zahlenmäßig waren sie ihnen weit unterlegen. Das änderte sich schlagartig mit den Goldfunden am American River. Als im Frühjahr 1849 – in Charles' zweitem Jahr in Amerika – die Pässe der Sierra Nevada freigetaut waren, zogen Karawanen von

Argonauten gen Westen, mitten durch Indianerland. Die meisten von ihnen hatten weder Verständnis noch Respekt für die Ureinwohner. Allein im ersten Jahr der Trecks sollen dort mehr als 6000 Wagen, 21 000 Menschen und 50 000 Stück Vieh unterwegs gewesen sein. Ein selten benutzter Karrenweg entlang des Humboldt River, einer Lebensader in der Wüste, wurde zum weithin berühmten *California Trail* – der Hauptroute ins Goldland. 1852 sollen dort schon bis zu dreihundert Wagen täglich gen Westen gerollt sein. *In [solchen] Überlandrouten sehen Indianer Vorboten der Zivilisation*, warnte ein Indianer-Agent damals – ein Mann, der der U.S.-Regierung als Beobachter, Sprachrohr und Vermittler vor Ort diente, *und sie erkennen darin sichere Vorzeichen ihrer Unterwerfung und letztendlichen Auslöschung.* Zug- und Reittiere der Weißen und ihre Viehherden verdreckten lebenswichtige Quellen und Wasserlöcher in der Wüste und überweideten das Grasland in dieser ökologisch fragilen Region. *Sho'shone* beklagten sich, dass sie entlang des Flusses nicht mehr jagen oder fischen können.

Manche der Argonauten begannen im Land der *Nimi* selbst zu prospektieren und schwärmten bis in die entlegensten Regionen aus: mit Kolonnen von Fuhrwerken, auf Maultieren, Pferden oder zu Fuß, manche schoben ihre Vorräte und Werkzeuge sogar Hunderte Meilen auf Schubkarren vor sich her. Dann kamen Siedler, die Handelsposten entlang des *California Trail* gründeten, und Farmen und Ranches auf den fruchtbarsten Landstrichen. Solange sich ihre Zahl auf einige Hundert beschränkte, blieben die *Nimi* friedlich, zeigten sich hilfsbereit, schlossen sogar Freundschaft mit den Interessierteren, Verständnisvolleren unter den Weißen. Die waren ihrerseits voll des Lobes über die *hohe Moral* der Indianer. Ein Regierungsbericht nannte sie *überlegen in Intelligenz und Kultur.* Ein mormonischer Landvermesser pries sie als *ein sehr fleißiges und friedfertiges Volk*, und ein Indianeragent schilderte sie als *ehrlich, liebenswürdig und freundlich. Nur sehr selten findet man unter ihnen jemand, der die Weißen oder einen der ihren bestiehlt.* Ein Rancher staunte, *daß sie nie um Nahrung oder Kleidung betteln,* und den Journalisten Dan DeQuille beeindruckte, dass *nur sehr wenige Paiute Whiskey oder anderen Alkohol anrühren. Die*

Abb. 54: Numaga *(ca. 1830–1871), oberster Krieger der* Nimi *während des Paiute War von 1860.*

Tugendhaftigkeit ihrer Frauen ist bemerkenswert, und darin sind sie Vorbilder für die Frauen aller Nationen und Hautfarben.

Doch im Sommer 1859 überschlagen sich die Ereignisse. Mitte Juni entdecken zwei Prospektoren in einem Canyon östlich der Sierra Nevada die *Comstock Lode* – eine Silberader, die sich als die reichste Nordamerikas herausstellt. Tausende *miners*, die in Kalifornien gescheitert waren, machen sich eilig auf den Weg ins benachbarte Territorium von Utah, um im *Comstock Country* einen neuen Anfang zu wagen. Quasi über Nacht entstehen Bergbausiedlungen wie Virginia City, Gold Hill, Silver City, Chinatown. Ihre täglich wachsende Bevölkerung dezimiert die Wildbestände, staut Bäche auf und leitet sie um. Sie verlangt nach Massen von Feuerholz, Bauholz und Grubenholz – und rodet die lichten Wälder von *Pinyon*-Kiefern, deren nahrhafte, nussartige Samen eine der Hauptnahrungsquellen der Indianer während der langen Winter sind. Argwohn und Misstrauen zwischen Weißen und den *Nimi* nehmen zu. *Numaga*, ihr oberster Krieger, protestiert beim zuständigen Indianeragenten gegen die schlimmsten Übergriffe. Er reitet mit einer Handvoll von Kriegern sogar nach Virginia City, um Klagen seines bedrängten Volkes vorzubringen – ohne Erfolg. Raubeine verstümmeln und töten Indianer aus blankem Hass und vergehen sich an ihren Frauen. Die *Nimi* schlagen zurück, brennen einsam gelegene Ranches nieder und ermorden kleine Gruppen von Prospektoren und Emigranten.

Tatsächlich ist die Lage der Indianer verzweifelt: Der Winter 1859/60 ist, wie schon der Winter zuvor, erschreckend hart. Blizzards begraben das Land unter meterhohem Schnee und bringen harten Frost. Die erst ein Jahr zuvor gegründete Tageszeitung *The Territorial Enterprise* interviewt den Gouverneur des noch nicht anerkannten Territoriums von Nevada, das sich vom mormonischen Utah abzuspalten gedenkt: *Die Indianer in den Truckee Meadows erfrieren und verhungern zu Dutzenden*, schreibt das Blatt am 17. Dezember. *In einer Hütte fand der Gouverneur drei Kinder – tot und sterbend. Die Weißen tun, was sie können, um das Elend zu lindern. Sie haben Feuer für sie entzündet und ihnen Brot und andere Vorräte angeboten. Aber die hungernden Indianer weigern sich zumeist, davon zu essen, aus Angst, daß die Nahrung vergiftet sein könnte. Sie geben den Weißen die Schuld für diesen harten Winter.*

***

Aus dem fünfstöckigen Parkhaus des Casinos fahren wir in einen grauen Morgen Anfang Dezember. Die Gipfel der Sierra Nevada sind von Wolken verhüllt, aus denen spärlicher Schnee fällt. Auf dem vierspurigen Pyramid Way rollen wir durch *suburbs* und zersiedeltes Farmland nach Norden, Richtung Pyramid Lake. Rechts und links der Straße baumlose, nur von Büschelgras und Buschwerk bewachsene Lavahügel, rotbraun und massig. Sie erinnern an die schottischen Highlands oder an karge Hügelzüge auf Island oder Spitzbergen. Kein Sonnenstrahl fällt auf ihre von Rinnen und Wadis zerfurchten Flanken. Die ganze Landschaft wirkt verwaist, wie von den Geistern verlassen, die sie einst beseelten. Den Geistern derer, die jeden Hügel hier kannten, jedes Tal und jedes Wasserloch, denen der Gang der Jahreszeiten genauso vertraut war wie die Wanderrouten der Wildtiere. Die meisten, die heute hier leben, zogen von *somewhere USA* hierher, ohne jeden Bezug zu dieser Region und ihrer Geschichte. Das harte Land galt ihnen vor allem als sonnenverwöhntes Freizeitgelände, bis die extreme Dürre vor einigen Jahren einsetzte.

Jenseits einer kleinen Passhöhe liegt der See plötzlich vor uns. Seine immense Wasserfläche wirkt seltsam fremd in dieser Wüste, wie vom Himmel gefallen. Seine Ufer sind so gut wie unbesiedelt, dahinter ragen Hochgebirge bis 2500 Meter auf. *It broke upon our eyes like the ocean*, sagte John Charles Frémont, der den See auf einer Expedition 1843 als einer der ersten Weißen zu Gesicht bekam – *Er trat uns so mächtig vor Augen wie ein Ozean*. Tatsächlich ist Pyramid Lake nur der letzte Überrest eines ungleich größeren Binnenmeeres, das sich aus den Schmelzwässern eiszeitlicher Gletscher speiste. An Mud Lake, einem Nebenarm, an dem *Numagas* Schar zu Hause war, entdeckten Archäologen die ältesten Felszeichnungen Nordamerikas. Ein längst vergessenes Volk soll sie vor 15 000 bis 10 000 Jahren in den Kalktuff seines Westufers geritzt haben.

Heute zeigt sich der See als eisige Schönheit. Ruppiger Wind peitscht seine Wellen zu Schaumkronen. Mich friert es bis ins Mark bei dem Gedanken, hier wie die Indianer einen Winter im Freien durchstehen zu müssen, den Elementen ausgeliefert und von schwindenden Vorräten zehrend. Bert und ich sind seltsamer Stimmung. Unsere begeisternde, anstrengende Reise von Küste zu Küste, diese lange Reihe von Begegnungen, Gesprächen und Recherchen nähert sich allmählich ihrem Ende, an diesem einsamen, windverblasenen, winterlich kalten See.

Uns beiden ist schmerzhaft bewusst, dass wir hier zum zweiten Mal in einem ökologischen Katastrophengebiet stehen – nach den verdorrten Auen des Gila River, bei *Maricopa Wells*. Mud Lake fiel in den 1930er-Jahren trocken, nach dem Bau eines Staudamms und einer Straße, die seinen Zufluss blockierten. Heute dehnt sich dort nur noch eine riesige, blendend weiße Salzton-Ebene, aus der Böen *dust devils* aufwirbeln. Auch der Wasserstand von Pyramid Lake ist durch Bewässerungsprojekte im 20. Jahrhundert um fast 30 Meter gefallen, die ganze Region leidet seit Jahren unter der Dürre, die Zukunft des Sees ist ungewiss.

***

Im Frühjahr 1860 versammeln sich, wie jedes Jahr, mehr als tausend *Nimi* am Südufer von Pyramid Lake, nahe dem Mündungsdelta des Truckee. Es ist die Zeit, in der Lachsforellen aus dem See zu Tausenden in Laichgründe am Oberlauf des Flusses ziehen. Die *Nimi* begehen das nahe Ende des Winters, fangen körbeweise Fisch und räuchern und trocknen ihn, schlagen sich nach Monaten des Hungers endlich wieder die Bäuche voll, tanzen, feiern und tauschen sich aus. Doch dieses Mal liegt bitterer Ernst über dem Treffen: Die Stammesführer und Ältesten haben begriffen, dass die schiere Zahl der Weißen, zu denen Tag für Tag Aberdutzende Neuankömmlinge stoßen, ihre Freiheit und ihr Leben bedrohen. Sie debattieren lange, ob sie in die Reservate ziehen sollen, die seit wenigen Monaten für sie vorgesehen sind. Doch Botenläufer berichten ihnen, dass kalifornische Indianer jenseits der Sierra auf ihrem eigenen Reservat massakriert wurden, weil sie, Hunger leidend, ein paar Stück Vieh gestohlen hatten. Viele sehen nur noch einen Ausweg: Krieg gegen die Eindringlinge.

Ausgerechnet *Numaga*, der Mann, der sie im Kampf anführt, spricht sich vehement gegen Gewalt aus. Er kennt die Welt der Weißen ungleich besser als die meisten *Nimi*. Ein paar Sommer lang hatte er als Farmhelfer bei Missionaren im kalifornischen Santa Clara Valley gearbeitet und dort Englisch gelernt. *Die Weißen sind zahlreich wie die Sterne über euren Köpfen*, so soll er, der Überlieferung nach, seine Stammesgenossen gewarnt haben. *Sie werden über euch kommen wie Sand in einem Wirbelwind und euch aus eurer Heimat vertreiben. Sie werden euch in das karge Felsland des Nordens zwingen, wo eure Ponys sterben und eure Frauen und Alten hungern werden, und wo ihr hören werdet, wie eure Kinder nach Essbarem brüllen.* Ein Reporter des *Daily Alta California*, der *Numaga* persönlich begegnet, schildert ihn als Ausnahmegestalt: *Er ist etwa 30 Jahre alt; an die 6 Fuß vier Inches* [1,93 m] *groß und hält sich gerade wie ein Pfeilschaft. Die Breite und Tiefe seines Brustkorbes zeigen große körperliche Stärke, seine ruhige Würde und seine beherrschten Umgangsformen kennzeichnen ihn als herausragenden Mann. Unter seinen dichten Brauen leuchten zwei lebhafte schwarze Augen, die Blicke ruhig und unerschütterlich erwidern. Sein Mund lässt Willensstärke und einen entschiedenen Charakter vermuten.*

Als *Numaga* unter den Ältesten und Stammesführern kein Gehör findet, legt er sich drei Tage und Nächte lang reglos auf den Wüstenboden, verweigert Trinken, Nahrung und Schlaf und hofft, sein Volk so noch vom Krieg abbringen zu können. Just als er sich am 8. Mai 1860 – eine Woche bevor Charles Kompanie abmarschiert – wieder erhebt und sich erneut an die versammelten *Nimi* wendet, sprengen indianische Boten ins Lager. Sie bringen die Nachricht, dass *Williams Station* – ein Halt der *Wells Fargo*-Postkutschen und seit wenigen Wochen auch des *Pony Express*, kombiniert mit Saloon und *general store* – eine rauchende Ruine ist. Krieger hatten in einem Kellerloch der Station zwei zwölfjährige *Nimi*-Mädchen entdeckt – gefesselt und geknebelt. Sie waren von den Betreibern der Station entführt und missbraucht worden. Die vor Wut rasenden Indianer erdrosselten und erschlugen die Täter und ließen Scheune und Blockhaus mit drei verstümmelten Leichen darin in Flammen aufgehen.

Jetzt ist es sinnlos, noch weiter zu beratschlagen, soll *Numaga* der Versammlung gesagt haben, als er davon erfährt, *wir müssen uns zum Kampf rüsten, denn Soldaten werden sich auf den Weg machen, um uns zu bekriegen.* Alte, Frauen und Kinder packen das Wenige, das sie besitzen, auf ihre Ponys und fliehen, von einem Teil der Krieger beschützt, nach Norden, in die unwegsame Black Rock Wüste. Dort sind sie für Soldaten so gut wie unauffindbar, doch ihr nomadischer Jahreslauf, der sie ernährt, gerät vollkommen durcheinander und sie wandern dem Hunger entgegen. Die meisten kampffähigen Männer bleiben im Lager zurück und bereiten sich vor, die Flucht ihrer Familien zu decken. So beginnt eine der unzähligen Tragödien des amerikanischen Westens, in deren Verlauf auch, nur wenige Wochen später, Charles Herzog gegen Indianer zu Felde zieht, obwohl er sich, wie er selbst schreibt, in deren Nähe sehnt und man vermuten kann, dass er sie achtet.

Durch die neugegründeten Bergbaustädte des *Comstock Country* galoppiert noch am selben Tag ein *Pony Express*-Reiter mit der Kunde vom *Massaker bei Williams Station.* Je weiter sich die Geschichte herumspricht, desto bedrohlicher klingt sie. *Als der Reiter schließlich Virginia City erreichte, war das Massaker bereits zur Tat von 500 Indianern geworden*, spottet die *New York Times* aus 2800 Meilen Entfernung, *das ganze Territorium wimmelte von feindlichen Stämmen, und sieben Männer und Gott weiß wie viele Frauen waren dahingemetzelt worden.*

Keiner fragt mehr nach dem Anlass für die Gewalt. Panik breitet sich aus, Rufe nach Rache werden laut. In Carson City, Virginia City und ihren Nachbarstädten trommeln Freiwillige in wenigen Stunden eine Bürgermiliz zusammen, die sich *Carson City Rangers* nennt und das Recht selbst in die Hand nehmen will. Sie wählen William Ormsby zu ihrem Anführer, einen der prominenten Pioniere und Unternehmer im *Comstock Country.* Er wird zu einer der tragischsten Figuren dieses Dramas, denn eigentlich ist er mit den *Paiute,* wie auch er *die Nimi* nennt, so eng befreundet, dass er zwei Töchter des Stammesführers *Winnemucca* in seine Familie aufnahm, damit sie Englisch und Lesen und Schreiben lernen. Doch Ormsby hofft wohl auf eine politische Karriere und nimmt deshalb das Kommando an. Er hatte es in jüngeren Jahren bis zum Major der *State Militia* von Pennsylvania – einer Art Nationalgarde – gebracht und gilt als militärisch versiert. Den meisten der mehr als einhundert selbst ernannten *Rangers* ist Disziplin freilich fremd. Vielen fehlt Erfahrung in Indianerkämpfen und Ormsby hat keine Befehlsgewalt über sie. Charles Forman, ein 25-jähriger Angestellter von *Wells Fargo,* reitet mit, obwohl er an dem Unternehmen zweifelt: *Wir waren sehr schlecht bewaffnet*, schreibt er, *sehr schlecht beritten, hatten nur wenige Gewehre in dem ganzen Trupp, nicht viel Munition und eine geringe Menge Vorräte.*

Ein Redakteur des *Territorial Enterprise* hat noch die Courage, vor übereilten Aktionen zu warnen: *Wenn die Verursacher dieser Greueltat gefunden werden, sollten sie bestraft werden, und wir meinen weiter, daß ordentlich organisierte Kompanien ausgesandt werden sollten, um die Täter zu stellen. Aber wir werden nicht zugestehen, daß es von irgendeinem Nutzen ist, wenn Männer mit einigen Sardinenkisten und einem oder zwei Laiben Brot im Gepäck losziehen, um Indianer zu bekämpfen, die im Augenblick wahrscheinlich hundert Meilen von hier entfernt sind und nur nach mühsamen Märschen erreicht werden können. Ebenso wenig sind wir willens zuzugestehen, daß erregte Gruppen dazu berechtigt sind, jeden*

Indianer zu töten, Männer, Frauen und Kinder, weil eine Gräueltat von vermutlich einigen Abtrünnigen begangen wurde.

Doch auch nachdenkliche Worte vermögen die *Carson City Rangers* nicht mehr aufzuhalten. Am Mittwochmorgen, dem 9. Mai 1860, bricht der zusammengewürfelte Haufen auf, zum Teil zu Pferde, zum Teil auf Maultieren. Nach einem Ritt von 25 Meilen lagern sie erschöpft bei Samuel Bucklands Postkutschenstation und *general store*. Buckland schließt sich ihnen an, obwohl er sieht, dass viele der Männer *voller Whiskey* sind und ihre Strafexpedition mehr wie ein *Abenteuer von Ponydieben wirkt, denn wie eine Gruppe ernsthafter Männer, die entschlossen sind, ein Unrecht zu sühnen*. Am nächsten Mittag erreicht der Trupp die schwelende Ruine von *Williams Station*. Nachdem sie die verkohlten Leichen beerdigt haben, kehren eine Handvoll der Männer um und reiten zurück nach Carson City, weil sie zu der Einsicht gelangen, dass ein Überfall auf die Indianer sinnlos ist. Doch, schreibt Charles Forman, *die große Mehrheit stimmte dafür, den Indianern auf der Spur zu bleiben, und es wurde beschlossen, früh am nächsten Morgen weiterzureiten*. Am Abend darauf lagern sie am Big Bend of the Truckee River, nahe der heutigen Kleinstadt Wadsworth. Dort brechen sie, am Nachmittag des 12. Mai, kampfesfroh und in guter Stimmung auf. Einem alten Indianerpfad folgend reiten sie am Ostufer des Truckee stundenlang nach Norden, durch Buschwerk und Galeriewälder von Weiden und Frémont-Pappeln, das Tosen des Flusses im Ohr. Ihr Ziel ist das Sommerlager der *Paiute* nahe der Mündung des Truckee in den Pyramid Lake.

Immer wieder führt der Pfad aus den Auen steil auf Tafelland hinauf, das die Ufer begleitet. An einer Engstelle, an der er sich wieder zum Fluss hinabsenkt, ist Ormsby so umsichtig, eine Nachhut zu postieren, die im Falle eines unerwarteten Rückzuges Verfolger aufhalten soll. Die Hauptstreitmacht gelangt bis wenige Meilen vor das Südufer des Sees, ohne auch nur einen Indianer zu Gesicht zu bekommen. Doch die Krieger der *Paiute* sind längst in ihrer Nähe, verborgen vor den unerfahrenen Blicken der *Rangers*, in Baumgruppen, Mulden und Seitentälern, hinter Buschwerk und Felsen. Am späten Nachmittag endlich entdecken die Weißen auf einer Anhöhe rechts vor ihnen, knapp außerhalb ihrer Schussweite, eine Reihe berittener Krieger – und stellen erleichtert fest, dass es kaum mehr sind als sie selbst. Die *Rangers* steigen ab und ziehen ihre Sattelgurte nach. Dann galoppieren etwa dreißig Mann mit schussbereiten Waffen auf die Anhöhe, der Rest folgt im Trab. Als die ersten auf der Kuppe ankommen, scheinen alle indianischen Reiter spurlos verschwunden, obwohl in dem baumlosen Gelände keine geeigneten Verstecke auszumachen sind.

Augenblicke später sehen sich die verwirrten Milizionäre von einer viel längeren Kette berittener *Paiute* umgeben, die, wieder außerhalb ihrer Schussweite, in einem Dreiviertelkreis gefährlich weit nach Süden reicht – in die Richtung, aus der die *Rangers* kamen. Als sie anhalten und über einen möglichen Hinterhalt debattieren, greifen die Indianer an. *Numaga*, der die Kämpfe von einer Anhöhe aus mit einer Pelikanschwinge geleitet haben soll, verfügt über etwa tausend Krieger, von denen nur wenige Gewehre besitzen und die meisten mit Pfeil und Bogen kämpfen. Wie aus dem Nichts tauchen urplötzlich, hinter scheinbar jedem Beifußstrauch und jedem Felsblock, Indianer auf. Ihr Kampfgeschrei nimmt den Weißen den Atem. Als Gewehrsalven knallen und Pfeile zu sirren beginnen, verfallen die meisten in Panik. Ihre Pferde, vom Gefechtslärm verängstigt und von Pfeilen verletzt, bäumen sich auf, bocken und gehen durch. Unerfahrene Freiwillige lassen im Schreck ihre Gewehre und Revolver fallen. Kampfgewohntere Schützen werden von ihren wildgewordenen Tieren herumgewirbelt und finden kein Ziel mehr.

Nach wenigen Minuten ist jeder sich selbst der Nächste und versucht, sein Leben zu retten. Zuerst wenden sich die meisten der *Rangers* zum Fluss hin, um in den Galeriewäldchen dort Deckung zu finden. Doch *Numaga* hat den Angriff hervorragend geplant: Zwei Gruppen berittener Krieger galoppieren mit markerschütterndem Geheul aus genau diesen Wäldchen auf die Fliehenden zu. In diesem Moment wagt *Numaga* einen letzten, verwegenen Versuch, sinnloses Blutvergießen zu vermeiden: Augenzeugen berichten, dass er sein Pferd zwischen die Angreifer und die Fliehenden treibt, um Verhandlungen zu erzwingen – aber im allgemeinen Wirrwarr jagen seine Krieger an ihm vorbei. Um dem verheerenden Pfeil- und Kugelhagel zu entgehen, versuchen einige der Weißen auf dem Rücken ihrer Pferde über den Truckee zu schwimmen, doch der ist vom Schmelzwasser aus der Sierra Nevada milchig-trüb und so reißend, dass die Tiere nicht gegen die Strömung ankommen und zurückgetrieben werden.

Der Rückzug gerät jetzt zu einem Rennen um Leben und Tod. Die Männer mit den schnellsten Pferden preschen vorneweg und versuchen, sich in Abenddämmerung und Nacht zu retten. Reiter auf schwächeren Tieren fallen allmählich zurück. Etwa eine Viertelmeile bevor der Pfad aus den Auen auf das höher gelegene Tafelland hinaufführt, bemüht sich Major Ormsby noch einmal verzweifelt, den versprengten Haufen zu sammeln und Widerstand zu leisten. Er erkennt, dass die Steilstelle ihren Rückzug bremsen wird, schickt einige der *Rangers* voraus und befiehlt ihnen, sich dort zu verschanzen und den Feind zurückzuhalten, bis die Hauptmacht diese Schlüsselstelle passiert. Aber nur wenige haben den Mut, ihre Position zu halten, und fünf von ihnen fallen in wenigen Minuten, als *Paiute* geräuschlos durch Buschwerk und Unterholz herankriechen. Als Ormsbys Hauptmacht schließlich die Steilstelle erreicht, schließen die schnellsten Krieger bereits zu den letzten der Milizionäre auf. Sie reißen sie mit bloßen Händen aus den Sätteln und erschlagen, erstechen oder erschießen die Gestürzten Sekunden später.

Die Männer der Nachhut, die Ormsby auf dem Anmarsch an einer weiteren Steilstelle postiert hatte, um einen eventuellen Rückzug zu decken, packt Entsetzen, als sie die Überlebenden ohne Gegenwehr heranjagen sehen. Sie fliehen mit den Ersten, die an ihnen vorbeigaloppieren. Steile Seitentälchen, die das Tafelland durchschneiden, halten die Fliehenden weiter auf und berittene Krieger überholen mehr und mehr der Milizionäre und machen sie nieder. Auch Ormsby selbst fällt unerbittlich zurück. Sein Maultier wurde im Kampfgetümmel verwundet, er blutet aus Schusswunden an beiden Armen; ein Pfeil hat eine Wange durchschlagen und seine Zunge verletzt. Als der entkräftete einstige Major versucht, sein lahmendes Tier aufs Tafelland zu treiben, löst sich sein Sattel und er stürzt zu Boden. *Paiute* sprengen heran, von denen einige mit Ormsby befreundet sind. Er fleht sie an, sein Leben zu schonen, er bietet ihnen seine Pulverfläschchen und seine Pistole an, aber sie töten ihn ohne Erbarmen und rollen seine Leiche in eine Erosionsrinne.

Die Indianer verfolgen die Fliehenden bis in die Nacht, etwa fünfzehn Meilen weit. Als die Reste der *Rangers* den Lagerplatz erreichen, von dem sie wenige Stunden zuvor siegessicher aufgebrochen waren, können sie sich im Schutze der Dunkelheit zerstreuen und entkommen. Von den 104 Freiwilligen, die mit Ormsby ritten, werden, laut der *New York Times*, 75 getötet oder gehen auf dem Rückmarsch zugrunde. Es ist das für Weiße bisher verlustreichste Gefecht im Fernen Westen Amerikas.

Am Tag danach treffen in Virginia City die ersten Überlebenden ein: sieben Mann der ruhmlosen Nachhut, weitgehend unverletzt. Was sie aus zweiter Hand erzählen, wird umgehend über Telegrafendrähte nach Kalifornien gemorst und in Sonderausgaben der lokalen Zeitungen verbreitet. Nackte Angst packt die Bewohner der Bergbaustädte, und sie wird noch geschürt, als tagelang weitere Überlebende eintreffen, die sich – meist verwundet – zu Fuß durch die Wüste geschlagen hatten, darunter Samuel Buckland und Charles Forman. Die Gerüchte steigern sich schließlich zu dem Irrwitz, dass eine ganze Armee von Kriegern mehrerer Völker nur noch einen halben Tagesritt entfernt sei. *Minenschächte und Stollen wurden aufgegeben; Bergleute schlossen sich hastig zu Kompanien zusammen*, berichtet das Geologische Bundesamt der USA später, *sie polierten rostige Waffen auf, schmolzen Bleireste und Wasserrohre ein und gossen sie zu Kugeln.* Zarter Besaitete packen das Notwendigste zusammen und fliehen über die Sierra Nevada ins dichter besiedelte Kalifornien. Der *Pony Express* sieht sich gezwungen, seine transkontinentalen Dienste nur fünf Wochen nach Beginn wieder einzustellen: Krieger der *Paiute* und der verbündeten *Sho'shone* brennen sieben entlegene Wechselstationen nieder, ermorden die Angestellten und rauben 150 Expresspferde. Das Unternehmen schätzt den Schaden auf 75 000 Dollar – eine horrende Summe in dieser Zeit.

In Virginia City erklärt der Kommandeur der Bürgerwehr sofort das Kriegsrecht. Bewaffnete eskortieren Frauen und Kinder in ein gemauertes Lagerhaus, das noch im Rohbau ist, verrammeln Fenster und Türen und stehen davor Wache, Tag und Nacht. Die Bürger von Silver City improvisieren in ihrer Furcht sogar eine Kanone: Sie bohren einen massiven Kiefernstamm auf, gürten ihn mit eisernen Fassreifen und laden ihn mit Schießpulver, Eisenschrott und zersplitterten Whiskeyflaschen. Vor allem aber werden pausenlos Hilferufe nach Kalifornien telegrafiert: im *Comstock Country* fehle es an kampffähigen Männern, Waffen und Munition.

Weil das Pazifische Oberkommando der U.S.-Armee nur die wenigen Kompanien der *Carson Valley Expedition* entbehren kann, macht der Staatssekretär Kaliforniens zusätzlich ein halbes Dutzend Bürgermilizen mobil. Die *Sierra Guards* aus Downieville, die *San Juan Rifles* und *Sutter Rifles*, die *Independent City Guards of Sacramento*, die *Coloma Grays* und die *Marysville Company* – zusammen knapp sechshundert Mann – erhalten Marschbefehle ins *Comstock Country*. In der Hauptstadt Sacramento sammelt eine Versammlung empörter Bürger spontan Waffen und Geldspenden. Ihr Hauptredner, James Wood Coffroth, ein ehemaliger Senator im kalifornischen Kongress und ein übler Populist und Demagoge, heizt das patriotische Fieber an und schürt den Hass gegen *die Wilden*. Und weil viele argwöhnen, dass die Mormonen diesen Indianerkrieg angezettelt haben könnten, scheut er sich auch nicht, gegen deren geistliches Oberhaupt zu hetzen: *Dieser Tyrann, der sich erst vor kurzem zu verräterischer Rebellion gegen unsere Regierung verstieg, hat sich wieder mit anderthalbtausend Indianern verbündet, um unsere Bürger zu morden. Heute ist der Tag, energisch zu handeln. Wie viele unter Ihnen sind, wie ich, bereit, fünf Dollar zu spenden? Bedenken Sie, dies ist nicht nur ein Krieg gegen Wilde, sondern gegen den Despoten Brigham Young.* Schließlich kommen zweitausend Dollar und reichlich Waffen und Munition zusammen, die prompt über die Sierra Nevada geschafft werden. Zusätzlich stellt das Arsenal von Benicia auf Befehl des Pazifischen Oberkommandos fünfhundert Gewehre und 100 000 Schuss Munition aus Bundesbeständen zur Verfügung.

Den Soldaten der *Carson Valley Expedition* bleiben, nach der strapaziösen Überquerung der Sierra Nevada, ein paar Tage Rast in ihrem Lager am Carson River. Captain Stewart erhält dort ein Telegramm mit der Anweisung, die *Paiute* keinesfalls zu attackieren, bevor er ihre Stärke ermessen und sich des Sieges sicher sein kann. Charles und seinen Kameraden ist die Zwangspause wegen des ungewöhnlich kalten, rauen Wetters freilich wenig willkommen. Er hockt mit seinem voller werdenden Bart am Ufer des Truckee, raucht sein Meerschaumpfeifchen und stiert frierend in die milchig-trüben Fluten, um Fred trauernd und in Sorge um seine eigene Zukunft. Trompetensignale rufen ihn zu den Routinen des Lagerlebens zurück: Antreten zum Appell, Wache stehen, Feuerholz sammeln, Essen fassen, exerzieren.

Währenddessen marschieren die kalifornischen Bürgermilizen über die Sierra Nevada und sammeln sich im mehr als sechstausend Fuß hoch gelegenen Virginia City, einen Tagesmarsch von den regulären Truppen entfernt. Bald wimmelt das erst ein Jahr zuvor gegründete Bergbaucamp von bewaffneten Milizionären, die jetzt als *Washoe Regiment* firmieren. Sie waten im Schneegestöber durch den Morast der Straßen, von verängstigten Bürgern als Retter in der Not gefeiert. Sie drängen sich in die Wärme der wenigen Saloons und küren Colonel John Coffee Hays, einen in Indianerkämpfen erfahrenen ehemaligen *Texas Ranger*, zu ihrem Kommandeur. Der führt sie, in Schneeregen und Graupelschauern, prompt aus den spärlichen Annehmlichkeiten Virginia Citys in die Wüste zwanzig Meilen weiter östlich. Dort lagern sie in den nassen Auen des Carson River und werden eine Woche lang gedrillt.

Am Sonntagmorgen, dem 27. Mai 1860, ist die Atempause für die regulären Truppen vorbei: *Da die Nachricht kam, daß 1500 wohl bewaffnete Indianer sich am Pyramid-See versammelt hatten*, schreibt Charles an seine Familie, *so war die größte Eile nötig und wir marschierten sogleich nach dem Platze ab.* Als sie zu den Milizionären stoßen, haben die bereits zwei Scharmützel gegen die *Paiute* hinter sich, vier Verwundete zu beklagen, und einer ihrer Scouts ist spurlos verschwunden. Captain Stewart unterstellt sich und seine Kompanien dem Kommando des ranghöheren Hays und erfährt von ihm, dass einige der Krieger ebenso moderne Gewehre wie die Armee besäßen und damit erschreckend gut umzugehen verstünden, dass die *Paiute* über kräftigere, erheblich schnellere Pferde verfügten und Hays sie für die gewandtesten Reiter hält, die ihm je begegnet seien. Beide Offiziere überschätzen die Zahl der

Krieger dramatisch und rätseln, wo genau sich deren Hauptstreitmacht verbirgt. Deshalb bewegen sie ihre Truppen mit äußerster Vorsicht.

Am Mittwoch, dem 30. Mai, ruht die vereinte Streitmacht ein letztes Mal und pflegt ihre Waffen. Charles reinigt seine neun Pfund schwere *Springfield*-Muskete so penibel wie nie, damit sie im Gefecht nicht versagt. Er wischt ihren langen Lauf mit dem Ladestock aus und ölt das Schloss. Er prüft jede seiner vierzig papiernen Patronen, jedes Zündhütchen und poliert sein Bajonett. Die Vorstellung, in einen Nahkampf mit *Paiute*-Kriegern zu geraten, lässt ihm die Haare zu Berge stehen. Wieder und wieder geht er im Kopf den Drill durch, den sie im *Presidio* und auf Alcatraz geübt haben. Als die achthundert Milizionäre und Soldaten am nächsten Morgen frierend antreten, ballen sich über den Kämmen der fernen Sierra Nevada Gewitterwolken zusammen. Wegen des schwierigen Geländes marschieren sie in Reihe, einer hinter dem anderen, und ihr Heereszug zieht sich mehr als drei Meilen lang durch die Wüste. Colonel Hays reitet mit einer Vorhut von fünfzehn Mann wenige Meilen voraus. Dann folgt die Kavallerie der Bürgermilizen, steif vor Kälte in ihren Sätteln, und die Infanterie, die sich immerhin warmlaufen kann, mit geschulterten Gewehren und aufgepflanzten Bajonetten. *Paiute*-Scouts, die den Aufmarsch von Bergkämmen aus verfolgen, sehen die stählernen Klingen in der Sonne schimmern. In der Mitte der Marschkolonne treiben *vaqueros* fünfzig schlachtreife Rinder als lebenden Frischfleischvorrat, gefolgt von dreißig Fuhrwerken mit dem gesamten Tross. Auf den Kutschböcken sitzen, neben den Fuhrleuten, Marketender, Köche, Wäscherinnen – und Journalisten, die über den Feldzug berichten. Den Schluss machen die regulären U.S.-Truppen auf ihren Maultieren und Pferden, der Rest der Milizionäre und eine Nachhut von fünfzig Mann. Rechts und links des Heereszuges reiten Späher, die Überraschungsangriffe auf die Flanken vereiteln sollen.

Gegen 4:00 Uhr nachmittags schlagen die Truppen ihr Lager am Big Bend of the Truckee auf, wo Major Ormsby mit seinen *Carson City Rangers* zum letzten Mal kampiert hatte. Während sie ihre Wachen postieren, Latrinengruben ausheben und Feuerholz sammeln, verdunkelt sich der Himmel, Blitze zucken, es donnert ohrenbetäubend. Kalter Regen setzt ein, der sich in wenigen Minuten zum Wolkenbruch verdichtet und die eben entzündeten Feuer löscht. Zum Abendessen bleibt Charles und seinen Kameraden in ihren durchnässten Uniformen nur *pilot bread*, das sie in eiskaltem Flusswasser einweichen müssen – kein Rindfleisch, keine Bohnen, kein heißer Kaffee. Als der Regen anhält, sucht er mit einem *bunky* Schutz unter ihren Zeltbahnen. Die Milizionäre haben keine Zelte. Einige kriechen unter die Fuhrwerke, andere bauen sich Notunterstände aus Zweigen von *sagebrush* – Beifußsträuchern – und Decken, und Charles beobachtet, wie manche sich stoisch in den Morast legen.

Am nächsten Morgen sind die Auen, in denen sie lagern, zum Sumpf geworden. Im Dauerregen kauen die Männer frierend ihr kaltes Frühstück. Colonel Hays und Captain Stewart vereinbaren, dass die regulären U.S.-Truppen im Lager bleiben und erst am Tag darauf folgen, um die *Paiute* über die wahre Stärke ihrer Streitmacht zu täuschen. Hays marschiert mit dem *Washoe Regiment* um 3:00 Uhr nachmittags Richtung *Pyramid Lake* voraus, wo er den Gegner vermutet. Sie kommen auf dem verschlammten, rutschigen Indianerpfad so mühsam voran, dass viele Kavalleristen absteigen und ihre Tiere am Zügel führen. Die Steilstellen, die Ormsbys Männern zum Verhängnis wurden, bewältigen die Fuhrleute nur, indem sie *double teams* vor ihre Fuhrwerke spannen, was mehrere Stunden kostet. Nach acht harten Meilen sieht Colonel Hays sich gezwungen, eine noch ungünstigere Stelle am Ufer des Truckee als Nachtlager zu wählen, weil nur dort ausreichend Gras für die Zug- und Reittiere und das Vieh gedeiht. *Der Platz war von den Regenfällen halb überschwemmt*, schreibt ein Korrespondent des *Sacramento Daily Union*, der den Heereszug begleitet, *und von hohen, öden, trostlosen Bergen umgeben.* Angesichts solcher Härten verlieren viele Milizionäre ihren Kampfesmut, zumal sie in der Nähe ihres Lagers auf drei von Wildtieren zerfleischte, verwesende Kadaver der *Carson City Rangers* stoßen. *Keiner war skalpiert*, schreibt ein Reporter des *San Francisco Daily Evening Bulletin*, der gleichfalls mitreist, *alle Leichen waren nackt, ihre Kehlen waren durchschnitten und ihre Geschlechtsteile verstümmelt.*

Hays schickt einen Spähtrupp aus, der die Leichen identifizieren und mit Packpferden ins Lager holen soll, um ihnen ein christliches Begräbnis zuteilwerden zu lassen. Als einer der Späher beim Aufbruch nach seinem regennassen Gewehr greift, löst sich ein Schuss, der ihm die Kehle durchschlägt. Er ist der erste Tote, den das *Washoe Regiment* betrauert. Auch in dieser Nacht macht der pausenlose Regen alle Versuche zunichte, Kochfeuer zu entfachen. Das Vieh bleibt ungeschlachtet, und der Rest der Vorräte schwindet bedenklich. *Wir haben noch Mehl für diesen Tag*, schreibt einer der Korrespondenten, *und sind auf halbe Rationen gesetzt.*

Am Morgen des 2. Juni 1860 lässt der Regen endlich nach, bis es nur noch nieselt. Nach einem weiteren kalten Frühstück schickt der Colonel eine Abteilung Kavallerie voraus, um Position und Stärke des Gegners zu erkunden. Mit der Führung des Trupps beauftragt er Captain Edward Farris Storey – wie Hays ein ehemaliger *Texas Ranger.* Gegen 2:00 Uhr nachmittags kriegen Storeys Reiter zum ersten Mal die immense Weite von Pyramid Lake zu Gesicht – bleigrau unter einer lastenden Wolkendecke. Das *Paiute*-Lager am Mündungsdelta des Truckee, mit Hunderten von Schilfhütten, scheint ihnen verlassen. Verwesungsgeruch hängt in der Luft, und in ihrer Umgebung entdecken sie 23 weitere Kadaver der *Carson City Rangers*, an denen Bussarde picken. Augenblicke später tauchen wie aus dem Nichts Hunderte berittene Krieger auf, die in Pfeilformation auf sie zu galoppieren, gefolgt von ähnlich vielen Kriegern zu Fuß. Obwohl sie noch außer Schussweite sind, zertrümmert eine ihrer Kugeln einem Milizionär ein Hüftgelenk. Offensichtlich hat ein *Paiute* das Scharfschützengewehr mit Zielfernrohr erbeutet, mit dem Ormsbys *Rangers* den ersten Schuss auf die Indianer abgegeben hatten. Andere Krieger feuern wegen der großen Entfernung vor allem auf die Pferde der Weißen. Einige brechen verletzt unter ihren Reitern zusammen. Die Gestürzten werden von Kameraden auf deren Tiere gehievt und Captain Storeys Trupp zieht sich in raschem Trab, aus den Sätteln feuernd, so geordnet wie möglich zurück.

Zu Colonel Hays großer Erleichterung treffen just in diesem Moment Captain Stewarts reguläre Truppen am Lager der Milizionäre ein – sodass er Storeys bedrängten Männern mit der vereinten

Streitmacht zu Hilfe eilen kann. *Am 2. Juni waren wir noch 10 Meilen von den Indianern entfernt und wollten gerade unser Lager aufschlagen*, schreibt Charles nach Stuttgart, *als einige Schüsse fielen, aber kein Indianer war zu sehen. Eine Compagnie von 40 Mann war nämlich ausgesandt und wurde von den Indianern zurückgetrieben. Noch ehe aber 10 Minuten vergingen, war unsere Compagnie in Reih und Glied und hinaus gings ohne lang auf ein weiteres Kommando zu warten.*

Als sie sich der Kampfkraft des ganzen Regimentes gegenübersehen, tauchen die *Paiute* verblüffend rasch im Gelände ab und erwidern das Feuer in Erosionsrinnen liegend und hinter Lavablöcken und *sagebrush* kauernd. Hays lässt die Kavallerie absteigen und mit der Infanterie zusammen eine Schützenkette bilden. Sie reicht vom Ufer des Truckee etwa eine Meile weit, bis an die Hügelkämme. So will er die Krieger aus ihrer Deckung treiben. *Als sie uns anrücken sahen*, erzählt Charles, *erhoben sie ein fürchterliches Geschrei und tanzten wüthend herum. Nun ging es an ein Feuern von beiden Seiten und wir mußten die Berge erstürmen und die Indianer aus ihren Verstecken vertreiben. Wir hatten aber kein günstiges Terrain für einen Angriff, da die Indianer die Berge besetzt hatten und hinter Felsen und Steinhaufen auf uns feuerten, ohne daß wir ihnen Schaden thun konnten.*

***

Ist auch dieser Zufall ein Schicksal, das ich nicht kenne? Zum zweiten Mal parke ich am Rand des einsamen Nevada Highway 447, an der Gedenktafel, die an die *Two Battles of Pyramid Lake* erinnert. Jahre zuvor hatte ich die Tafel und das Schlachtfeld aus einer Laune heraus fotografiert – lange bevor Bert in seiner Garage auf Charles' und Freds Briefe stieß.

Wir breiten die Kopie einer Militärkarte von 1860 auf dem Kofferraumdeckel unseres Leihwagens aus und orientieren uns. Wenige Meter östlich fällt ein Prallhang jäh zum Truckee ab, der so kalt und tief ist, dass wir ihn nicht durchwaten können. An seinem anderen Ufer liegen von Büschelgras bewachsene Auen, aus denen sich die Steilaufschwünge erheben, die Ormsbys fliehenden

Abb. 55: Am Schauplatz des zweiten Gefechts am Pyramid Lake versucht Bert, die heutige Landschaft mit den Kopien alter Militärkarten übereinzubringen – was nicht immer leichtfällt.

Rangers zum Verhängnis wurden – vollständig unbewachsene, weißliche Tonsedimente, die bei Nässe so rutschig werden, dass selbst mit Eisen beschlagene Hufe kaum Halt darauf finden. Oberhalb davon steigt ein mit dürrem Buschwerk bewachsenes Tafelland sanft bis zum Fuß rostbrauner Lavahügel an.

Charles muss sich dort, keine halbe Meile von uns, mühsam durch das von Rinnen zerfurchte Gelände geschlagen haben. Ihm und seinen Kameraden war befohlen, die Hügelzüge freizukämpfen. Schwaden von Pulverdampf treiben über das Schlachtfeld, hinter denen die *Paiute*-Krieger kaum zu erkennen sind. Blitzartig tauchen ihre Schemen hinter Buschwerk und Felsblöcken auf – und verschwinden wieder. Charles zwingt sich, mit ruhiger Hand auf sie zu zielen und nicht zu hoch zu halten – so hat man ihnen das eingedrillt. Immer wieder sucht er Deckung vor den Pfeilen und Kugeln der Indianer, deren Kampfgeist ihn entsetzt. Sie sind so gute Schützen, dass er seine Muskete nur am Boden kauernd laden kann, was die umständliche Prozedur noch langsamer macht. Nach jedem Feuern muss er das Gewehrschloss verriegeln, damit sich während des Ladens kein Schuss löst. Er fingert ein papierenes Pulversäckchen aus der Patronentasche an seiner rechten Hüfte, beißt es auf und kippt den Inhalt in den Lauf des Vorderladers – seine Lippen und Finger sind schwarz davon. Dann dreht er das Säckchen, in dessen Boden die Bleikugel eingenäht ist, um und rammt es mit dem Ladestock in den Lauf – als Stopfen, der Pulver und Kugel fixiert. Zuletzt greift er ein Zündhütchen in der Ledertasche an seinem Gürtel, drückt es auf das Schloss der Muskete, entriegelt es, spannt den Hahn und ist nach einer halben Minute endlich wieder klar zum Feuern.

Heute liegt das weite, öde Tal vollkommen still, bis auf das leise Rauschen des Truckee – kein Vogelruf, keine Tierstimmen, kein menschlicher Laut. Damals hallten die Hügel wider vom Kriegsgeheul der *Paiute*, von Gewehrsalven und Kanonenschüssen, dem Wiehern verängstigter Pferde, von Trompetensignalen und gebrüllten Kommandos. Bert, der im Zweiten Weltkrieg in den Ardennen und in Ungarn gekämpft hat, geht die Kargheit und lastende Schwermut dieses Schlachtfeldes sehr nahe. Mir setzt meine Phantasie zu: Ich höre das Stöhnen Verwundeter, Todesschreie, sehe skalpierte Schädel und durchschnittene Kehlen, Bilder, die mich noch lange bedrängen. Kälte kriecht uns in die Knochen, trotz unserer Anoraks, Schals und Mützen. Das Winterwetter, die baumlose Gegend, der starke Wind schlagen uns aufs Gemüt. »Mehrere Hundert tapfere Krieger wagten hier eine Hinhaltetaktik«, lesen wir auf der Gedenktafel, bevor wir weiterfahren, »um ihren Frauen, Kindern und Alten die Flucht zu ermöglichen. Sie kämpften mit solchem Mut und so kluger Strategie, dass die überlegene weiße Streitmacht den Tag über zurückgehalten wurde.«

***

Die treffsichersten Gewehrschützen der *Paiute* postiert *Numaga* auf Pinnacle Mount – einem markanten Hügel, der sich 600 Fuß über das Tafelland östlich des Truckee erhebt und für die Feldhaubitzen unerreichbar ist. Captain Storey und ein zweiter Kompaniechef der Milizionäre melden sich mit ihren Männern freiwillig,

Numagas Scharfschützen von der Anhöhe zu treiben. Dabei wird ein Gefreiter nach nur wenigen Minuten am Kopf getroffen. *Sein Hirn trat ihm in der Größe eines Hühnereies aus dem Schädel*, berichtet der Korrespondent des *Territorial Enterprise*. Wenig später bricht ein zweiter Gefreiter zusammen, mit einem Durchschuss von der Stirn bis ins Genick. Die beiden Getroffenen dämmern trotz ihrer schweren Verwundungen noch einige Stunden dahin und sterben erst abends. Auf dem Höhepunkt des Gefechtes bricht die Sonne durch die Wolken, zum ersten Mal seit Tagen, und Captain Storey ist wohl einen Moment lang geblendet. *Eine Kugel traf ihn an der linken Seite des Brustkorbes, während er selbst feuerte*, notiert ein Korrespondent, *sie durchschlug seine Lungen und lähmte seine unteren Gliedmaßen*. Minuten später hält einer der Milizionäre dem Verwundeten einen bluttriefenden Skalp vors Gesicht und ruft triumphierend: *Schauen Sie, Captain, schauen Sie! Das ist der Indianer, der Sie angeschossen hat; drei von uns haben ihn zur Strecke gebracht.* Worauf Storey gesagt haben soll: *Nehmt das weg … Warum sollte ich das sehen wollen!* Der 31-Jährige ringt noch wenige Tage um sein Leben, vom Militärarzt notdürftig versorgt. Dann geht er an seiner Verwundung zugrunde.

Nach einem dreistündigen Gefecht hatten wir die Berge erstürmt und die Indianer vertrieben, erzählt Charles. *Es ging mir aber beinahe ums Leben, denn eine Kugel ging mir ober dem rechten Ohre durch die Haare ohne mich zu verletzen. Ich war im Augenblick so bestürzt, daß ich keine Patrone finden konnte. Da war aber kein Zurückgehen: Vorwärts! hieß es. Wir hatten 3 Verwundete an unserer Seite und den Pferden nach zu schließen, welche reiterlos herum rannten, waren ungefähr 30 Indianer getödtet.* Die tatsächlichen Verluste der *Paiute* werden nie bekannt, weil sie keinen ihrer Verwundeten und Toten zurücklassen. Nach Sonnenuntergang ziehen sich die Krieger das Tal des Truckee entlang gen Norden zurück. Sie kennen keinen Kadavergehorsam, kein Ausharren bis zum letzten Mann – in ihrer Sprache hat das Wort für Krieg dieselbe Wurzel wie das Wort für Wahnsinn. Sie sind vor allem Söhne, Ehemänner und Väter und folgen ihren fliehenden Familien in die Wüste, im Vertrauen darauf, dass sie die Truppen lange genug hinhalten konnten.

Abb. 56: Das Schlachtfeld, flussab blickend. Die Kämpfe reichten vom Truckee River über das flache Auland rechts und die extrem rutschigen, weißlichen Steilabfälle von Tonsedimenten bis hinauf zu den Hügelkuppen.

Colonel Hays und Captain Stewart sind sich bewusst, dass ihre Streitmacht keinen klaren Sieg erringen konnte. Doch der Kampfeswille der *Paiute* ist gebrochen, weil sie erkennen, wie recht *Numaga* mit seiner Warnung hatte, dass die Weißen so zahlreich seien wie die Sterne über ihren Köpfen. Er selbst protestiert auch in den Jahren nach dem Gefecht rastlos gegen Übergriffe und ringt weiter um Frieden und Verständigung. Er bittet Indianeragenten sogar, dass sie die *Paiute* in Landwirtschaft und Viehzucht unterweisen und im Bau dauerhafter Wohnstätten, damit sie wieder einen Platz in der Welt finden, die eine Welt der Weißen geworden ist. Viele seiner eigenen Leute verübeln ihm das: Sie halten stoisch an ihrem halbnomadischen Lebensstil fest. *Numaga* selbst erlebt die Sesshaftwerdung seines Volkes nicht mehr: Im November 1871 stirbt er mit Anfang vierzig an Tuberkulose – einer Krankheit, die die Weißen eingeschleppt hatten.

Am Abend nach dem Gefecht scharen sich die erschöpften Soldaten und Milizionäre um lodernde Lagerfeuer, essen sich an frisch geschlachtetem Rindfleisch satt und trinken dazu brühheißen Kaffee. Am Tag darauf werfen sie eine Erdschanze auf, um die Verwundeten und ihren Tross zu schützen. Sie bestatten die verwesenden Leichen der *Carson City Rangers* und ihre eigenen Gefallenen, reinigen ihre Waffen, ruhen und versuchen wieder zu Kräften zu kommen. *Am andern Tage brachen wir nach Pyramid-See auf, wo wir sicher ein anderes Gefecht erwarteten*, schreibt Charles. Gegen drei Uhr nachmittags erreicht ihre Vorhut das nördliche Ende des Tafellandes entlang des Truckee. Vor ihnen dehnt sich in praller Sonne Pyramid Lake, *das Jerusalem unseres Kreuzzuges*, wie der Korrespondent des *San Francisco Evening Bulletin* von Pathos triefend schreibt, *und sein Anblick wurde mit großer Freude bejubelt, denn hier hofften wir Zeugen des letzten Aktes der Tragödie zu werden.*

Als wir aber ankamen, erzählt Charles, *war kein Indianer zu sehen; sie waren mit Weib und Kindern geflüchtet.* Colonel Hays lässt die Schilfhütten des Lagers und alles, was die *Paiute* zurücklassen mussten, niederbrennen. Am Tag darauf versucht er noch, die abziehenden Krieger in weiteren Kämpfen zu stellen. Mit zweihundert Milizionären folgt er den Spuren ihrer *Ponys* einen harten Tagesritt lang. In einem steilen, engen Canyon östlich des Sees fällt ein weiterer Mann durch Kopfschuss, und Hays' Männer weigern sich, den Kriegern in so unübersichtlichem Gelände weiter nachzustellen. Erschöpft und ernüchtert kehren sie ins Lager zurück und treten am nächsten Morgen den Rückmarsch an – ihre Vorräte sind so gut wie aufgebraucht. In Virginia City löst Hays das *siegreiche Washoe Regiment* auf, unter den Hurrarufen erleichterter Bürger. Die Männer kehren zurück auf ihre Farmen, in ihre Kontore und Werkstätten, und die kalifornischen Freiwilligen machen sich auf den Heimweg über die Sierra Nevada. In den Bergbaustädten des *Comstock Country* zieht wieder Alltag ein.

Die regulären Truppen bleiben unter Captain Stewarts Kommando am Pyramid Lake zurück. *Wir lagen hier 6 Wochen*, erzählt Charles, *und warfen Verschanzungen auf, um gegen etwaige Überfälle gesichert zu sein.* Als die Anspannung des Gefechtes nachlässt, fallen viele Soldaten seelisch in ein Loch, hinter den scharf bewachten Erdwällen von Fort Haven, wie sie ihre Schanze nennen. Sie fragen sich, was sie in dieser Wildnis sollen, zwei Tagesmärsche vom

California Trail entfernt, wo Siedlertrecks den Schutz der Armee erflehen. Doch das Pazifische Oberkommando weist Stewart telegraphisch an auszuharren, um die *Paiute* zur Unterwerfung zu zwingen, wenn sie an den See zurückkehren wollen. Charles schiebt Wache, tags und nachts, wohl wissend, dass indianische Scouts sie unablässig im Auge behalten. Im Osten der Wälle verlieren sich seine Blicke in der seltsam schwermütigen, von hüfthohem Buschwerk bestandenen Ödnis. Im Westen sieht er den See in der Wüstensonne glitzern *wie ein Meer von geschmolzenem Silber*, in den Worten eines Reporters, *umringt von einem Amphitheater blau schimmernder Berge.* Schwärme von Möwen, Wildenten und Wildgänsen kreisen über den Wellen. Tausende Paare weißer Pelikane nisten auf einer nahen Insel, Seeschwalben, Kormorane und ein halbes Dutzend Reiherarten tauchen nach Fisch. Zur Zeit der Morgen- und Abenddämmerung beobachtet Charles, wie Herden von Antilopen und Dickhornschafen an die Ufer ziehen, um zu trinken.

Das kalte Frühjahr ist nur noch Erinnerung, Sommergewitter treiben heran und setzen die Zeltreihen Fort Havens knöcheltief unter Wasser. Viele von Charles' Kameraden, die das klamme, kühle Alcatraz gewohnt sind, klagen über die enorme Hitze und Schwüle. Er selbst weiß sich damit abzufinden, nach seinen Jahren in Fort Yuma. Von den *Paiute* scheint keine Gefahr mehr auszugehen. Drei von ihnen wagen sich sogar ins Fort, wo Stewart sie militärisch korrekt behandelt. Er weist sie an, ihre Leute zu überzeugen zurückzukehren und sich zu stellen. *Da aber keine Spur mehr von Indianern zu sehen war*, schreibt Charles, *so marschierten wir am 14. Juli nach Carson Valley ab wo wir einen festen Militärposten errichten mußten, um das Vordringen der Indianer für immer zu verhüten und die Einwanderer von den Staaten zu beschützen.*

***

Schweigsam und betreten verlassen wir das Schlachtfeld. Wir fahren zur Verwaltung der *Pyramid Lake Paiute Reservation* im nahen Nixon, das etwa dort liegt, wo Ormsbys ahnungslose *Rangers* in den Hinterhalt ritten. Auf uns beiden lastet ein tiefes Bedauern, als Nachfahren eines Soldaten, der dazu beitrug, den Widerstand der *Paiute* endgültig zu brechen. Plakate am Ortseingang von Nixon weisen auf Notrufnummern bei Kindesmissbrauch und sexuellen Übergriffen hin – Probleme, die das Leben in vielen Reservaten verdüstern, neben Armut, Alkoholismus, häuslicher Gewalt, einer hohen Selbstmordrate und erschreckend vielen Fällen von krankhaftem Übergewicht und Diabetes. Nachdenkliche Kenner des amerikanischen Westens sehen darin späte Folgen des Völkermordes, der Kulturzerstörung und Entwurzelung im 19. Jahrhundert.

Etwas linkisch fragen wir bei der Stammesverwaltung, wer uns vom Schicksal der *Paiute* nach dem *Pyramid Lake War* erzählen kann. »Versuchen Sie Ihr Glück mal im Senioren-Heim!«, rät man uns, »die wissen noch am meisten.« Tags darauf sind wir zur mittäglichen Altenspeisung im *Senior Citizen Center* eingeladen. Minutenlang stehen wir verlegen herum, von alten Damen still beäugt, dann stellt die Hauswirtschafterin uns vor. Langsam, vorsichtig, entspinnen sich Gespräche. Ein Dutzend Siebzig- und Achtzigjährige sitzen mit uns am Tisch. Es gibt ein wenig Huhn, Reis und Salat und zum Nachtisch eine halbe Kompott-Birne – leichte Kost, doch es will uns nicht schmecken. Wir haben ständig den Krieg vor Augen, stolpern eher durch die Unterhaltung und fürchten bald, dass niemand hier die Fragen beantworten kann, die uns bedrängen. »Was käme denn auch heraus«, fragt Bert, »wenn Amerikaner in ein Stuttgarter Altenheim gingen und fragten: ›Was wissen Sie über den Brotaufstand von 1847?‹« Doch einige begreifen genau, wonach wir suchen. »Am anderen Seeufer drüben, bei Sutcliffe, haben *Paiute* mit ein paar Weißen zusammen ein kleines Museum eingerichtet«, sagt uns eine der Seniorinnen, »das sollten Sie nicht versäumen, jetzt, wo Sie schon einmal hier sind!« Zwei kleine Ausstellungsräume finden wir dort, so groß wie Wohnzimmer. Ein paar historische Karten und Fotos, kein Pathos, keine Vorhaltungen. Anhand der wenigen Exponate begreifen wir, dass das eigentliche Leid der *Paiute* nicht der Krieg war, sondern die Zeit des Verhungerns und Erfrierens vorher und die Zeit der Vertreibung danach. Unter dem Foto einer weinenden, alten Indianerin lesen wir:

Mehr als die Hälfte unserer Leute starben an Hunger und an den Krankheiten, die die Weißen gebracht hatten. Wir hatten es geschafft, in die Wüste zu entkommen, aber nun waren so viele Soldaten auf unserem Land, daß wir gezwungen waren, in die zerklüfteten Hügel und entlegenen Täler des Nordens auszuweichen. Alles, was für unser Überleben wichtig war, wurde uns von den Weißen genommen. Wir waren rechtlos auf unserem eigenen Land. Die Soldaten verlangten einen Waffenstillstand und sie sagten, wenn wir nicht länger Siedler überfielen, könnten wir an den See zurückkehren. Als wir aus der Wüste zurückkamen, wurden viele von uns stattdessen gezwungen, mitten im Winter mehr als 200 Meilen weit zu Reservaten in Oregon und Washington zu marschieren. Dabei starben noch mehr unserer Leute.

19
Schatten des Bürgerkrieges

Charles' Kompanie marschiert als erste aus der Erdschanze Fort Havens ab, in praller Sonne und Hochsommerhitze, am Sonntag, dem 15. Juli 1860. Gefolgt von einer langen Kolonne von Packtieren und einem Teil der Fuhrwerke reiten die Männer den Indianerpfad am Truckee zurück nach Süden. Mehrmals stoßen sie auf waghalsige Siedler, die sich – keine sechs Wochen nach dem Gefecht am Pyramid Lake – bereits in den Auen niederlassen. Sie sind dabei, Hütten, Viehpferche und Scheunen zu zimmern, was die Soldaten mit Kopfschütteln quittieren. Dann lassen sie das Tal des Truckee hinter sich und ziehen zwei harte, wasserlose Tage durch beigebraunes, mit spärlichem Gras bewachsenes Hügelland. Am Big Bend of the Carson River schlagen sie am 18. Juli ihre Zeltstadt auf, im Schatten eines Auwaldes, das Rauschen des Flusses im Ohr. *Buckland Station* liegt, sehr zur Freude der Männer, nur zwanzig Gehminuten stromab ihres Lagers. Samuel Buckland, ein Überlebender von Ormsbys *Rangers* und einer der rührigsten Unternehmer im *Comstock Country*, betreibt dort ein veritables *frontier emporium*: eine Ranch, eine Wechselstation für Postkutschen und den *Pony Express*, eine mautpflichtige Brücke und einen *general store*, in dem Vorräte, warme Mahlzeiten, Whiskey und anderes Hochprozentiges zu haben sind. Soldaten gewährt er gerne Kredit, bis der Zahlmeister ihnen den Sold aushändigt.

Nun wurde das Gewehr bei Seite gesetzt und Axt und Schaufel kam an die Reihe, schreibt Charles nach Stuttgart. Captain Stewart wurde angewiesen, hier einen dauerhaften Militärposten zu errichten – den ersten und größten im späteren Territorium von Nevada. Einflussreiche Bürger, die Betreiber des *Pony Express* und mehrerer Postkutschenlinien hatten mit Macht darauf gedrungen. *Die Bauweise sollte von einfachster Art sein, mit Materialien, die möglichst leicht zu beschaffen sind*, liest Stewart in einem Telegramm des Oberkommandos, das ihm ein berittener Kurier vom Ende der Telegraphenleitung in Carson City überbringt, *die Errichtung der*

Gebäude ist mit Nachdruck voranzutreiben, durch die Arbeit der gesamten Einheit. Als die restliche Streitmacht am Montag, dem 23. Juli, eintrifft, sind die Bauarbeiten bereits in vollem Gange. Alle Soldaten, die nicht zur Wache eingeteilt oder krank sind, treten zum morgendlichen Appell in schmucklosen Arbeitsuniformen an. Sie roden kniehohes Buschwerk vom künftigen Paradeplatz und ebnen ihn ein, sammeln Lavablöcke in den nahen Hügeln für die Mauern der Fundamente, sensen und trocknen das spärliche Gras als Winterfutter für ihre Maultier- und Pferdeherde. Eine Musterrolle vermerkt zu Charles Herzog lapidar: *Zur Quartiermeister-Abteilung abgeordnet. Arbeiter.* Gefreite wie er erhalten einen halben Dollar Sold zusätzlich pro Tag für den körperlich schweren Einsatz.

Captain Stewart ist mit seinen Offizieren einig, dass Adobe das beste und billigste Baumaterial für die Gebäude des künftigen Forts wäre. Weil aber keiner der Angloamerikaner zu sagen vermag, wie lange es dauert, eine so große Zahl von Lehmziegeln zu pressen und zu trocknen, wird den Soldaten zunächst befohlen, Wirtschaftsgebäude aus Holz zu errichten: Korrale und Stallungen für die Kavallerie, eine Schmiede und die Quartiermeisterei. Das stellt sich sehr rasch als überaus kostspielig heraus: *Holz ist in vielen Regionen Nevadas und Arizonas so rar,* schreibt ein Offizier, *daß es manchen Garnisonen unmöglich ist, genügend Sargbretter für ihre Toten heran zu schaffen.* Jeder Balken, jedes Brett, jede Schindel muss von Sägemühlen in der Sierra Nevada tagelang mit Maultiergespannen durch die Wüste gekarrt werden. Tatsächlich ist alles Baumaterial hier unverschämt teuer, und Handwerker verlangen bis zu neun Dollar Lohn pro Tag – mehr als den halben Monatssold eines Gefreiten –, weil der Bedarf an Arbeitskräften in den rasant wachsenden Bergbaustädten des *Comstock Country* das Angebot bei Weitem übersteigt.

Captain Tredwell Moore, der Quartiermeister der *Carson Valley Expedition*, bemüht sich händeringend, hier draußen – *in the boondocks* – zivile Bauarbeiter und Handlanger anzuwerben. *Die Schwierigkeit gute Arbeiter zu kriegen, ist ein ständiges Ärgernis,* schreibt er in einem Brief. *Wir müssen uns auf durchreisende Emigranten verlassen, die, wenn sie frisch angekommen sind, sehr großzügige Versprechungen von Arbeit machen, aber sie bleiben nur so lange, bis sie genügend Geld beisammenhaben, um über die Berge nach Westen zu kommen.* Immerhin gelingt es ihm bereits im August, wenige Wochen nach Baubeginn, einen Büroangestellten und einen Schmied zu gewinnen, dazu einen Wagenzugführer, sieben Kutscher und elf Packtierführer, die Material heranschaffen, zwölf Lehmziegelmacher, zwei Dutzend Zimmerleute, drei Dutzend Maurer und 43 Arbeiter.

In drückender Hitze hantiert Charles mit Pickel, Brecheisen und Schaufel und hebt Gräben für die Fundamente der Kommandantur aus. Nirgendwo fällt Schatten auf den weitläufigen Bauplatz, nur der Wind, der hier zu fast jeder Tag- und Nachtstunde weht, bringt ein wenig Abkühlung. Die Hügel um ihn hallen wider vom Baulärm: Zimmerleute sägen und hämmern pausenlos, vom frühen Morgen bis in die Abenddämmerung. Der Mischer für die Lehmziegelproduktion, den vier im Kreis trottende Maultiere antreiben, knarrt monoton. Vorarbeiter brüllen ihren Männern Anweisungen zu, unentwegt rumpeln schwerbeladene Fuhrwerke heran.

Die Signale der Trompeter geben, wie immer und überall, den Takt seiner Tage vor, und er ersehnt den *Recall From Fatigue*, der den Arbeitsdienst Schlag sechs Uhr abends beendet. Danach bleibt eine freie Viertelstunde, bevor der *Mess Call* zum Abendessen ruft. Mit Dutzenden müde gearbeiteter Kameraden läuft er an den eben eingeweihten Stallungen und Korralen vorbei zum Carson River hinunter. Im Schatten mächtiger Weiden und Pappeln tauchen sie in die lauwarmen Fluten, alle in ihren knöchellangen Unterhosen. Sie waschen sich, so gut es geht, Schweiß und Staub vom Leib, johlen und prusten. Manche reißen derbe Witze, zu denen Charles schweigt. Er hat die Rolle eines Außenseiters, den man seines robusten Wesens wegen respektiert, und weil er besser lesen, schreiben und reden kann als die meisten seiner Kameraden.

Im August erreicht Captain Stewart ein Telegramm aus Washington, das seinem Vorschlag stattgibt, diese Großbaustelle in der Wildnis »Fort Churchill« zu nennen, nach einem Generalinspekteur der U.S.-Armee und hochdekorierten Veteranen des Mexikanisch-Amerikanischen Krieges. Leider laufen Captain Moore sehr rasch die Kosten davon: Er sieht sich gezwungen, Baustoffe tonnenweise im 270 Meilen entfernten San Francisco zu bestellen, darunter 253 Türen zu je sechs Dollar, 207 Fenster zu je 5,25 Dollar, 12 000 Pfund Nägel, 700 Pfund Tierhaare für den Verputz der Lehmziegelwände, Schlösser, Schrauben und Werkzeuge. Und im September beschäftigt er bereits die atemberaubende Zahl von zweihundert Zivilisten – zusätzlich zu den zweihundert Soldaten.

So viele schwer arbeitende Männer verzehren jeden Tag eine Dreivierteltonne an Vorräten und trinken Unmengen Wasser. Captain Stewart hatte den Platz für das Fort mit Bedacht in unmittelbarer Nähe des Flusses gewählt, um den Militärposten dauerhaft mit Frischwasser versorgen zu können. Doch was in Tankwagen täglich zum Fort heraufgefahren wird, ist kaum genießbar. Den Offizieren dämmert, dass die Bergleute in Virginia City und seinen Nachbarstädten 25 Meilen stromauf das mehlfein vermahlene Silbererz der *Comstock Lode* vor der Verhüttung mit Quecksilber, Kupfersulfat und Salz versetzen. Abraum und überschüssige Chemikalien kippen sie einfach in den Fluss. Zur großen Besorgnis der Offiziere schmeckt auch das Wasser zweier Brunnen, die sie umgehend in den Auen graben lassen, nicht viel besser. Der Mangel an sauberem Trinkwasser wird schon in den ersten Wochen zu einem der ernstesten Probleme des Forts.

***

Leider verfahre ich mich auf dem Weg zum *Fort Churchill State Historic Park*. Unser Autoatlas zeigt nicht alle Straßen in dieser ebenso rauen wie grandiosen Landschaft, die heute ähnlich menschenleer wirkt wie damals. Als wir endlich ankommen, bleiben uns noch zwanzig Minuten, bevor das kleine Museum dort schließt. Es ist einer der Baracken von 1860 nachempfunden, mit geschindeltem, umlaufendem Schattendach und weißgekalkten Wänden. Drinnen blickt uns Captain Joseph Stewart unverwandt in die Augen: Ein lebensgroßes Foto zeigt sein schlankes, strenges Gesicht mit hoher Stirnglatze und Kinnbart, die Uniformjacke bis hart unters Kinn geknöpft. Drei mannshohe Puppen posieren als Artilleriesoldaten, zwei im Offiziersrang, einer als Gefreiter, doch ihre Gesichter wirken so leer und seelenlos, dass wir darin beim

Abb. 57: Die Ruinen von Fort Churchill bei Sonnenuntergang.

besten Willen nicht Charles Herzogs Charakterkopf erkennen können, von dem wir freilich nur ahnen, wie er ausgesehen haben könnte.

Ein freundlicher *volunteer ranger* holt bereits die *Stars and Stripes* ein, als ich im Laufschritt zu den Resten des Forts hinübereile, die Kamera schussbereit in der Hand – demnächst geht die Sonne unter. Ihre letzten Strahlen lassen die stark verfallenen, teils ganz dahingeschmolzenen Lehmziegelbauten in warmen Orangetönen leuchten, und sie betonen das zerfurchte Relief der baumlosen Hügel im Hinterland. Ich hetze über das Gelände, wahllos fotografierend, lichte auch einige der Informationstafeln ab, weil die Zeit elend knapp ist.

***

An *pay days* läuft Charles mit einem Dutzend Kameraden zur *Buckland Station* hinüber, auf einem Pfad entlang des Flusses, den sie sich selbst gebahnt und mit ihren Stiefelsohlen glattgetreten haben. Ihre Taschen sind ein wenig voller als sonst, vom hart erarbeiteten Extrasold. Und so leisten viele sich in Samuels Schankstube statt nur einem gleich ein paar Krüge Bier, das besser mundet als das Brunnenwasser, auch wenn es ähnlich lauwarm serviert wird wie in Sarah Bowmans legendärem *boarding house* und Bordell. Sie spielen Karten, reden, singen – je mehr sie den Alkohol spüren, desto lauter und unbändiger. Auf Liebesdienste müssen die Männer freilich verzichten – sie sind erst wenige Wochen in dieser Wildnis, das Geschäft mit der Prostitution ist noch nicht in Gang gekommen. Und so trotten sie nach ein, zwei Stunden wieder zurück auf ihre Baustelle.

Schon im Juni, nur Tage nach dem Gefecht am Pyramid Lake, hatte der *Pony Express* begonnen, niedergebrannte Stationen wieder aufzubauen und für ermordete Mitarbeiter neue Leute einzustellen. Jetzt rasen seine Reiter viermal die Woche auf Fort Churchill zu – zweimal von Carson City kommend ostwärts, Richtung Missouri, und zweimal von Bucklands Emporium westwärts. Sie galoppieren über den Paradeplatz, halten, wenn Post für das Fort in ihrer *mochila* steckt, vor dem Rohbau der Kommandantur und sitzen Augenblicke später wieder im Sattel und preschen davon, Staubfahnen hinterlassend. *Für einen Pony Express-Reiter im Dienst gibt es keinen untätigen Moment*, schreibt Mark Twain, der sie im *Comstock Country* kaum ein Jahr später mit eigenen Augen sieht. *Er galoppiert 50 Meilen ohne anzuhalten, bei Tag, im Mondschein, im Sternenlicht oder durch die Schwärze der Nacht – so wie es grade kommt. Er reitet ein hervorragendes Tier, das zum Rennpferd geboren ist, und das gefüttert und untergebracht wird wie ein Gentleman; das treibt er 10 Meilen weit zu größtmöglicher Geschwindigkeit, und wenn er dann auf die Station zujagt, wo zwei Angestellte ein frisches, ungeduldiges Ross am Zügel halten, springt der Reiter mit dem Postsack über, bevor man auch nur blinzeln kann, und fort fliegt das eifrige Paar und sie sind außer Sicht, bevor der Zuschauer auch nur die Ahnung eines Eindrucks hat.*

Was die rasenden Reiter an Nachrichten aus dem Osten des Landes überbringen, liest sich erschreckend und beherrscht die Gespräche unter den Offizieren, Soldaten und Arbeitern. Im Spätsommer und Herbst erreicht einer der bittersten Präsidentschaftswahlkämpfe der U.S.-Geschichte seinen Höhepunkt. Amtsinhaber James Buchanan gilt als so skandalumwittert, korrupt und unfähig, dass die Demokratische Partei ihn nicht zur Wiederwahl nominiert. Während seiner Amtszeit hatten sie sich in endlosen Debatten um die Sklaverei so entzweit, dass sich ihr nördlicher und südlicher Flügel auf keinen gemeinsamen Kandidaten mehr einigen können – sie schicken jeweils einen eigenen Mann in den Wahlkampf. Die erst wenige Jahre zuvor gegründete Republikanische Partei, in der sich Sklaverei-Gegner aller Schattierungen sammeln – von radikalen Abolitionisten bis zu Gemäßigten – wittert ihre Chance. Einer ihrer einflussreichsten Köpfe ist Gustav Körner, der ehemalige *Dreißiger* und liberale Redakteur der *Belleviller Zeitung.* Mit den Stimmen vieler Deutschamerikaner gelingt es ihm und anderen, einen moderaten Kandidaten durchzusetzen: einen ehemaligen Kongressabgeordneten aus Illinois, der politisch freilich als wenig erfahren gilt. Er will die Sklavenhaltung tolerieren, wo sie bereits praktiziert wird, lehnt ihre Ausweitung auf neue Territorien aber strikt ab. In einem Brief zu Beginn des Wahlkampfes beschreibt er sich mit den Worten: *Ich bin sechs Fuß vier Inches* [1,93 m] *groß, von hagerer Statur, und wiege im Durchschnitt 180 Pfund; habe einen dunklen Teint, kräftige schwarze Haare und graue Augen.* An der Ostküste und im Mittleren Westen rühren Deutschamerikaner begeistert die Wahlkampftrommel für ihn, darunter auch prominente *Achtundvierziger* wie Friedrich Hecker und Carl Schurz.

Um diesen schlaksigen Hünen auch im Süden wählbar zu machen, stellen die Republikaner seine Vergangenheit als *rail splitter* heraus: Ein Mann aus bescheidenen Verhältnissen, der Zaunlatten für die Farm seines Vaters selbst mit Keil und Hammer gespalten hat und sich dann weitgehend autodidaktisch bis zum Rechtsanwalt hocharbeitete. Und sie bewerben ihn als *Honest Abe* – als etwas ungehobelten, aber grundehrlichen *frontiersman.* Doch den meisten *Southerners* bleibt er zutiefst verhasst: Selbst in seiner gemäßigten Haltung zur Sklaverei wittern sie den Anfang vom Ende ihres agrarischen Lebensstils, ihrer profitablen Plantagenwirtschaft, ihrer Vorstellung von Freiheit und Selbstbestimmung.

Unterdessen kommen die Bauarbeiten zügig voran, dank der vierhundert Soldaten, Arbeiter und Handwerker. *In einem Zeitraum von 6 Wochen hatten wir Gebäude für 3 Kompagnien unter*

Dach, schreibt Charles den Seinen, *und wo 2 Monate bevor noch alles wild und Busch war, stehen jetzt 20 stattliche Gebäude.* Ihre Lehmziegelmauern sind glatt verputzt und mit Kalkfarbe blendend weiß gestrichen, Holz ist in der Standardfarbe der U.S.-Armee lackiert: ein leicht gelbliches *off white.* Auch die Zivilisation hält hier draußen langsam Einzug: Schon im August war eine Postkutschenlinie von Virginia City bis zur Baustelle verlängert worden. Im Oktober wird Fort Churchill dann zum östlichen Endpunkt der Telegrafenleitung – und ist so zum ersten Mal direkt mit Sacramento und San Francisco verbunden.

Doch das nagelneue, schmucke Fort kostet schließlich rund zehnmal so viel wie ein Militärposten in dichterbesiedelten Regionen. Der Generalquartiermeister in Washington stellt alarmiert fest, dass Moores Gesamtausgaben *das Budget für den Bau, Unterhalt und Umbau sämtlicher Kasernen der U.S.-Armee übersteigen.* Der Kriegsminister höchstselbst lässt die exorbitanten Kosten schließlich vor Ort untersuchen, von einer Kommission hoher Offiziere. Sie räumen ein, dass die Beschaffungs- und Lohnkosten tatsächlich erschreckend hoch waren. *Wirklich gute Arbeiter haben mehrmals für höhere Löhne gestreikt*, führt Moore zu seiner Rechtfertigung an, *weil sie dachten, ihre Dienste seien unverzichtbar. Diese »Streiks« habe ich unter Kontrolle gebracht, in dem ich den Hauptverantwortlichen entließ und zuletzt in San Francisco einige Arbeiter anforderte, auf die ich mich verlassen konnte.*

Dennoch findet die Kommission vor allem kritische Worte. Sie rügt die Mannschaftsbaracken, die Küchengebäude und Speisesäle, die die Westseite des Paradeplatzes flankieren, als *kleiner bemessen, als für die Zufriedenheit und Behaglichkeit der Männer nötig wäre.* Am Nordrand des Paradeplatzes, zu den Hügeln hin, reihen sich sechs zweistöckige Offizierswohnhäuser, die zu den geräumigsten und komfortabelsten im ganzen Westen zählen. Die Zahl der Zimmer für jeden Offizier moniert die Kommission ausdrücklich als *unnötig hoch und den Armee-Regularien nach unzulässig.* Das spricht für gehörigen Eigennutz von Captain Moores Entwürfen: Er zählt zu den Ersten, die dort einziehen.

***

Als die Sonne hinter den Hügelkämmen verschwindet und die Ruinen des Forts in Schatten taucht, fällt alle Eile von mir ab. Ich finde Muße, mich auf diesen heute so stillen Ort einzulassen und ruhigen Schrittes über das Gelände zu streunen. Nur neun Jahre nach den Bauarbeiten waren die mühsam errichteten Gebäude schon wieder außer Dienst gestellt worden. Die U.S.-Armee verkaufte alles, was nicht wegzuschaffen war, für ein Butterbrot an Samuel Buckland. Der ließ sich aus dem Holz der Dachstühle und Böden ein neues, komfortableres Wohnhaus in klassizistischem Stil zimmern und baute sein *frontier emporium* weiter aus.

Längst hat sich wieder kniehoher *sagebrush* auf dem Paradeplatz ausgebreitet, der bis an die Auwälder des Carson River heranreicht. Im weichen Licht der Dämmerung fügen sich die Reste des alten Forts wunderbar in die Landschaft, die Szene wirkt friedlich, geradezu idyllisch, doch mir geht nicht aus dem Kopf, welch schreckliche Rolle das Fort in seiner kurzen Geschichte spielte – der Armeeposten, an dem Charles mit einigem Stolz mitgebaut hatte.

Im Frühjahr 1865 hatte die Lokalzeitung *Gold Hill News* nach aufflammender Gewalt zwischen *Paiute* und Weißen *eine endgültige Lösung des großen Indianer-Problems* empfohlen: *Indem wir die ganze Rasse ausrotten, oder sie für immer jenseits unserer Siedlungsgrenze treiben.* In diesem Geist war wenig später eine Kompanie berittener Milizionäre von Fort Churchill ausgerückt, um mutmaßliche Viehdiebe unter den Indianern zu stellen. Noch vor der Morgendämmerung hatte der Trupp unter dem Kommando eines jungen, unerfahrenen Captains auf ein Lager gefeuert, in dem sich vor allem Alte, Frauen und Kinder aufhielten, weil die Männer gerade bei der Jagd waren. Sarah Winnemucca, eine der beiden *Paiute*-Schwestern, die William Ormsby ein paar Monate lang in seiner Familie aufgenommen hatte, damit sie Englisch lernen, schrieb: *Nachdem die Soldaten alle ermordet hatten, bis auf ein paar Kleinkinder und Säuglinge, die in ihre Tragekörbe gebunden waren, setzten sie das Lager in Brand und warfen auch sie in die Flammen, um sie bei lebendigem Leib verbrennen zu sehen. Ich selbst verlor meinen kleinsten Bruder dabei. Meine Schwester sprang auf das beste Pferd meines Vaters und galoppierte davon. Die Soldaten setzten ihr nach, aber dank des Guten Vaters im Reich der*

Geister konnte meine Schwester entkommen. Mein Papa starb fast vor Gram über das Massaker. Dass die Soldaten keine Verluste hatten und keine Gefangenen machten, erschien dem Kommandeur von Fort Churchill immerhin so verdächtig, dass er ein Kriegsgerichtsverfahren gegen den jungen Captain anstrengte. Doch der wurde freigesprochen, weil sich keine Zeugen fanden, die willens gewesen wären, ihn zu belasten. Ein Jahrhundert später schätzte ein U.S.-Bundesgericht, dass zwei Drittel der etwa 7000 *Paiute* im Kontakt mit den Weißen ums Leben kamen, durch Gewalt, Hunger und Krankheiten.

Es wird kalt in der Wüste. Fröstelnd lauschen wir noch ein paar Minuten lang der Stille, die über den Ruinen liegt. Dann steigen wir, als allerletzte Besucher des Tages, ins Auto und fahren durch die Frostnacht nach Reno zurück, in unser penibel sauberes, klimatisiertes Zimmer im 26. Stock.

***

Am 16. Oktober 1860, bevor meterhohe Schneeverwehungen die Pässe der Sierra Nevada unpassierbar machen, marschiert Charles' Kompanie zu Fuß von Fort Churchill ab. *Als die meiste Arbeit gethan war,* schreibt er, *und unsere Hülfe nicht mehr nötig war, wurden wir nach Fort Alcatraz zurückgeschickt.* Sie folgen dem Karrenweg entlang der *South Fork* des American River wie auf ihrem Hinweg im Mai, fahren von Folsom bis Sacramento mit dem Zug und gehen dort an Bord eines Dampfers, der sie am Kai der Festung absetzt. *Wir waren recht froh, als wir wieder unsere alten Quartiere bezogen, denn in 6 Monaten kamen wir unter kein Dach; wir bauten uns zwar Hütten von Schilf, das half aber nichts gegen den Regen. Ich hoffe, daß wir jetzt für einige Zeit Ruhe haben; jedenfalls sind wir aber den Winter über hier.*

Die Atempause, die die Männer nach den Strapazen der letzten Monate dringend nötig hätten, bleibt freilich ein frommer Wunsch: Als Charles und seine Kameraden aus der Wildnis zurückkehren, ist die Gefahr eines Bürgerkrieges in aller Munde. Die Eilmeldungen aus Washington, D.C., die *Pony Express*-Reiter zweimal wöchentlich am Telegrafenbüro Fort Churchills abgeben, werden umgehend nach Sacramento und San Francisco gemorst und erscheinen dort wenige Stunden später bereits in den Zeitungen.

Keine zwei Wochen nachdem die Soldaten wieder ihre klammen Schlafsäle in der Zitadelle von Alcatraz bezogen haben, wählen die Amerikaner ihren neuen Präsidenten. *Honest Abe,* mit vollem Namen Abraham Lincoln, schafft es zwar, im bevölkerungsreichen Norden und im Westen eine Mehrheit zu erringen, die ihm den Wahlsieg garantiert, im Süden gewinnt er aber nur zwei der knapp tausend Counties: das von Deutschstämmigen dominierte *Saint Louis County* und *Gasconade County* um Hermann, Missouri. Das ist ein düsteres Omen für die Zukunft der Vereinigten Staaten. Lincolns Wahl zum 16. U.S.-Präsidenten, so liest man in der Tageszeitung *Richmond Whig* im Südstaat Virginia, *ist zweifellos das größte Unheil das jemals dieses Land befallen hat. Aber der Schaden ist getan, und die einzige Abhilfe für das amerikanische Volk*, so warnt der Kommentator in Metaphern, *ist die Segel zu reffen, die Stengen zu fieren und sich auf einen Orkan vorzubereiten.*

In den Großstädten des Nordens bejubeln Anhänger der Republikaner zu Tausenden Lincolns Sieg. Quer durch die Südstaaten lassen Verfechter der Sklaverei Puppen mit seinem hageren Antlitz in Flammen aufgehen. Der Hass fanatischer *Southerners* ist tatsächlich so maßlos, dass sie vom Tage seines Wahlsieges an beginnen, Mordkomplotte gegen den *Illinois Ape* – den Affen von Illinois – zu schmieden.

In Washington räumen die Abgeordneten und Senatoren der Südstaaten unterdessen, nach Jahrzehnten fruchtloser Debatten und fauler Kompromisse, endgültig ihre Sitze im U.S.-Kongress und reisen ab. Am 20. Dezember 1860 tritt South Carolina als erster Bundesstaat aus der Union aus, im Zorn über Lincolns Sieg. Zehn Tage später erreicht die Nachricht Kalifornien und löst allgemeines Entsetzen aus: Der Zerfall der Vereinigten Staaten von Amerika hat begonnen. James Buchanan, der bis zum Amtsantritt Lincolns im März 1861 noch als lahme Ente im Amt bleibt, nimmt den Zerfall hin. Er hält es zwar für rechtswidrig, dass einzelne Bundesstaaten aus der Union austreten, doch er sympathisiert mit den Südstaaten und den Sklavenhaltern, und er und sein Kabinett – eines der korruptesten der U.S.-Geschichte – bleiben weitgehend untätig.

Obwohl das ganze Land kopfsteht, beschränkt sich Charles in einem Brief an die Familie, den er am zweiten Weihnachtsfeiertag 1860 schreibt, ganz auf Privates: *Mariens Wunsch, mich photographieren zu lassen, konnte ich noch nicht erfüllen, da ich noch nicht nach der Stadt gekommen bin, seit wir zurück sind. Sobald ich Gelegenheit habe, werde ich es schicken. Ich hoffe ihr werdet mich entschuldigen und nicht denken, daß es Gleichgültigkeit von mir ist, wenn ich nur so oberflächlich schreibe, denn ich denke mehr an die Heimath und Euch und wenn es Gottes Wille ist, so werde ich sie auch noch einmal sehen. Mein heißester Wunsch ist, Gott möge Euch alle gesund erhalten. Ich […] wünsche nur, daß ihr mir sogleich wieder schreibt; ich für meinen Theil werde es gewiß nicht fehlen lassen. So will ich denn schließen und grüße euch tausendmal. Ich verbleibe Euer Sohn und Bruder, Karl Herzog*

Unterdessen entzweit der Konflikt um die Zukunft der Sklaverei tatsächlich die ganze amerikanische Gesellschaft, im Norden wie im Süden. Offiziere, die gemeinsam an der Militärakademie von *West Point* studiert und sich befreundet hatten, finden sich plötzlich in gegnerischen Lagern wieder. Freundeskreise und Familien zerreißen. Auch einzelne Bundesstaaten sind heillos zerstritten. Sam Houston, der Gouverneur des Südstaates Texas, hält es für brandgefährlich, sich der Sezession anzuschließen: *Lasst mich Euch sagen, wie es kommen wird*, warnt er seine Landsleute in einer Rede, *Ihr könntet, als bloße Möglichkeit, die Unabhängigkeit des Südens erreichen, nachdem Ihr ungezählte Millionen Dollar an Vermögen und Hunderttausende von Leben geopfert habt. Aber ich bezweifle das. Ich sage Euch, der Norden ist entschlossen, diese Union zu bewahren. Sie sind keine hitzigen, impulsiven Menschen wie Ihr, denn sie leben in kühleren Klimaten. Aber wenn sie sich in eine bestimmte Richtung in Bewegung setzen, dann bewegen sie sich mit der steten Wucht und Beharrlichkeit einer gewaltigen Lawine.*

Seine Worte verhallen im patriotischen Überschwang dieser Wochen. Am 9. Januar 1861 sagt Mississippi sich von der Union los, einen Tag später Florida, dann folgen Alabama, Georgia und Louisiana. Am 8. Februar rufen sie, mit Texas zusammen, die *Confederate States of America* – die C.S.A – aus. *Das Fundament unserer neuen Regierung*, erklärt Alexander Stevens, ihr schmächtiger, schwindsüchtiger Vizepräsident, *gründet auf der bedeutenden Wahrheit, daß der Neger dem weißen Manne nicht ebenbürtig ist. Diese Regierung ist die erste in der Geschichte der Welt, die auf diese überlegene, naturgegebene und moralische Wahrheit baut.*

Auf ihrem Territorium besetzen die Konföderierten umgehend Waffenarsenale und Stützpunkte der U.S.-Armee und beschlagnahmen Postämter und Zollstationen. Als am 13. Februar in Washington, D.C., die Wahlmännerstimmen ausgezählt werden, die Lincoln im Amt bestätigen, versammelt sich ein wütender und bewaffneter *pro-Southern mob* vor dem Kapitol, um Einlass zu erzwingen und die Zeremonie zu stören. Ein Reporter der *New York Times* berichtet von *Plänen, die Stadt einzunehmen, ihre öffentlichen Gebäude zu sprengen und die Inauguration Lincolns zu verhindern.* Auch Gerüchte vom *blowing up of the Capitol* machen die Runde. Nur das entschlossene Auftreten von General Winfield Scott, einem in Ehren gealterten Haudegen und Bärbeißer, dem die Verteidigung der Hauptstadt obliegt, verhindert, dass die Umsturzpläne wahr werden. Scott lässt U.S.-Soldaten um das Kapitol aufmarschieren und warnt, dass jeder, der sich illegal Zutritt zum Parlament verschafft, *vor die Mündung eines Zwölf-Pfünders gebunden und aus dem Fenster des Kapitols geschossen* werde. Und, so fügt er an, er werde *die Hügel von Arlington mit den Überresten der Körper düngen.*

Fort Sumter, eine Artilleriefestung vor Charleston, dem größten Hafen South Carolinas, wird schließlich zum Zankapfel, an dem sich die Gewalt entzündet. James Buchanan hat immerhin das Rückgrat, die Festung nicht widerstandslos den Konföderierten zu überlassen. Als Antwort ziehen die Südstaaten sechstausend Freiwillige um Fort Sumter zusammen, schneiden es vom Nachschub ab und werfen Artilleriestellungen auf, deren Geschütze sie auf das verhasste Symbol der Union richten.

In diesen dramatischen Wochen wird Colonel Albert Sidney Johnston zu Charles' oberstem Dienstherrn in Kalifornien. Der hochdekorierte Eliteoffizier, der unter anderem den Feldzug gegen die Mormonen im *Utah War* befehligt hatte und der vielen als einer der fähigsten Köpfe der Armee gilt, übernimmt das Oberkommando über die U.S.-Truppen am Pazifik. Doch vom ersten

Abb. 58: Albert Sidney Johnston in der Uniform eines konföderierten Generals, um 1862.

Tag seines Kommandos an verdächtigen ihn kalifornische Unionsanhänger des Hochverrates. In der Person dieses charismatischen, strohblonden Hünen spiegelt sich die Spaltung des ganzen Landes: Er ist *Southern Unionist*, ein ehemaliger Sklavenhalter mit Sympathien für die Südstaaten – und ein entschiedener Gegner der Sezession. Besorgte Bürger warnen Abraham Lincoln brieflich davor, dass der Colonel die Festung Alcatraz kampflos an konföderierte Verschwörer übergeben könnte. Tatsächlich schmiedet die Untergrundorganisation *Knights of the Golden Circle*, zu der sich viele *Southern gentlemen* an der San Francisco Bay zählen, Pläne für eine *Konföderierte Republik des Pazifiks*, zusammen mit Oregon. Im Februar schicken sie sogar eine Delegation zu Johnston, um dessen politische Haltung zu sondieren. Einer der Verschwörer notiert die Reaktion des Colonels auf die Frage, ob er ihnen gegebenenfalls in die Hände spielen würde: *Mir kam törichtes Gerede zu Ohren*, soll der geantwortet haben, *über mögliche Versuche, sich der Militärposten der U.S.-Regierung unter meinem Kommando zu bemächtigen. In Kenntnis dessen bereitete ich mich auf den Ernstfall vor und werde das Eigentum der Vereinigten Staaten mit allen mir zur Verfügung stehenden Mitteln verteidigen, bis zum letzten Tropfen Blut in meinem Körper. Sagen Sie das unseren Freunden aus dem Süden!*

Abb. 59: Ein schwerer Mörser aus der Zeit des amerikanischen Bürgerkrieges, ausgestellt in Fort Point, an der schmalsten Stelle des Golden Gate.

Bis zum Beginn des Bürgerkrieges hält Johnston der Union die Treue. Charles und seine Kameraden spüren das am eigenen Leib: Der Colonel verfügt prompt eine strenge Ausgangssperre für die Garnison von Alcatraz. Er befiehlt, die ewige Baustelle von Fort Point am Südufer des Golden Gate umgehend fertig zu stellen, und lässt die Wachen dort anweisen, vor allem zum Festland hin schärfstens Ausschau zu halten und die ersten fertig montierten Geschütze, mit Schrapnell geladen, auf die Landseite zu richten. Besonderes Kopfzerbrechen bereitet dem Colonel, dass das Arsenal von Benicia kaum befestigt ist. Er befiehlt, 10 000 Musketen und 150 000 Schuss Munition vorsorglich hinter die Mauern von Alcatraz zu verlegen. Die Festung, mit ihren wohlgefüllten Zisternen, Vorratsgewölben und Pulvermagazinen, soll im äußersten Fall vier Monaten Belagerung widerstehen können. Doch als Dampfercrews und Soldaten am Kai der Insel die Massen von Waffen und Munition aus Benicia anlanden, zeigt sich, dass alle verfügbaren Lagerräume im Nu überfüllt sind. In seiner Verzweiflung befiehlt Captain Stewart, Hunderte Kisten und Fässer in den Gängen und Schlafsälen der Zitadelle abzustellen. Dort treten sich Charles und seine Kameraden bald gegenseitig auf die Füße. Die

Garnison wurde mittlerweile auf 370 Mann verstärkt, und die altersschwachen Arbeiterbaracken auf der Südseite der Insel müssen zu provisorischen Unterkünften umgezimmert werden, um alle Mannschaften unterzubringen. Bei Beschuss, das ist allen klar, werden die Holzgebäude sofort in Flammen aufgehen.

Alcatraz ist bereits die größte und am schwersten bewaffnete Festung der Vereinigten Staaten westlich des Mississippi. Doch das Ingenieurcorps der U.S.-Armee hält ihre Feuerkraft, angesichts des drohenden Krieges, immer noch für zu gering. Lieutenant James Birdseye McPherson erhält Order, eine fünfte und sechste Batterie bauen zu lassen, ausgerichtet auf das Golden Gate. Das U.S.-Kriegsministerium rechnet mit einem Vorstoß konföderierter Landstreitkräfte und Flotten nach Kalifornien, um einen Zugang zum Pazifik zu erobern. Charles schuftet wie seine Kameraden aus Maine und Alabama, aus New York und Arkansas, aus Irland und den deutschen Fürstentümern. Kanonen montieren lautet die Order, im Eiltempo. Sie rollen fabrikneue Geschützrohre, an zweirädrigen Karren hängend, vom Kai der Insel bis zu den Batterien hinauf. Sie wuchten sie, schweißnass und fluchend, mit hölzernen Kranen auf Lafetten und richten sie aus. Wenige Meter hinter den gewaltigen Rohren stapeln sie Tausende Kanonenkugeln akkurat zu langgestreckten, mannshohen Pyramiden. Die hölzernen Geschützplattformen der älteren Bastionen, die erst vor wenigen Jahren gezimmert wurden, sind in der feuchten Salzluft bereits wieder verrottet. Murrend brechen die Soldaten sie ab und ersetzen sie durch Fundamente aus Granit. *Wir haben wirklich harte Zeiten mit Arbeiten und Schießen*, schreibt Charles. *Unsere Batterien könnten aber eine ganze Flotte abhalten.* Als die Arbeiten beendet sind, verschießen die Kanonen von Alcatraz mit jeder Salve zwei Tonnen Eisen und Blei.

***

Als wir nach San Francisco zurückkehren, erwartet uns Arleigh Shandler vor unserem Hotel in *Chinatown* – eine in British Columbia geborene Ururgroßnichte von Charles und Fred mit ihrem indischstämmigen Mann Ray. Sie fahren uns über die atemberaubend steilen Straßen von Nob Hill und Pacific Heights zur *Fort Point National Historic Site*. So steil sind die Straßen, dass Bert und ich beginnen, Sprüche über die Bremsen ihres Jeeps zu klopfen, die zum Running Gag des Tages werden: »Your brakes alrite?« – »Your brakes still holding out?? – »How on earth are your brakes doing???«

Das alte Fort ist der letzte erhaltene Militärposten aus Charles' Zeit an der Bucht von San Francisco. Beim Bau der Golden Gate-Brücke in den Dreißigerjahren hatte der leitende Ingenieur eigens die Pfeiler der Südauffahrt versetzen lassen, um es vor dem Abriss zu bewahren. Wir parken auf der Landseite der Festung, vor ihrem einzigen Tor. Direkt über uns ragt die sechsspurige Hängebrücke mit ihren 230 Meter hohen, rostrot lackierten Pylonen in den Himmel. Unter dem Gewicht des morgendlichen Pendlerverkehrs dröhnen die Stahlplatten ihrer Dehnungsfugen unablässig. An den Fuß der schmucklosen Ziegelmauern Fort Points klatscht die pazifische Brandung, der Seewind ist unangenehm ruppig.

Durch den aus Ziegeln und Granit gemauerten Torbogen betreten wir die herbe, harte Welt des Artilleriegefreiten Charles Herzog. Auch wenn er nie hier stationiert war, steckt die Festung doch voller Zeugnisse seines Soldatenlebens. Aus den Stückpforten der Kasematten ragen Vorderladerkanonen auf eichenen Lafetten, wie er sie im Drill auf Alcatraz zu bedienen hatte. Die Rohre der größten Kaliber sind sieben Tonnen schwer und feuern Kanonenkugeln und Granaten bis zu fünf Kilometer weit. An den klammen, modrigen Wänden der Kasematten lehnen Gerätschaften, mit denen Charles täglich umging: übermannshohe Ladestöcke und Schaber, um Pulverreste aus den Geschützrohren zu kratzen, und Schwammstöcke, um sie zu reinigen und im Gefecht zu kühlen. Holzkübel mit Wasser stehen bereit, Fässer mit Schießpulver, auch hier sind Kanonenkugeln in Griffweite zu Pyramiden gestapelt.

Über eiserne Wendeltreppen steigen wir bis zu den Batterien auf der Dachplattform der Festung hinauf. Der Ausblick ist grandios, an diesem wolkenlosen, fantastisch klaren Tag: auf die Stadt und ihre vielen Hügel, auf die Bucht, die Insel Alcatraz und die gewaltige Brücke über uns. Hochseeyachten kreuzen im Golden Gate hart gegen den Wind und die hereindrängende Flut an, auf den offenen Pazifik hinaus. Bert lehnt mit Arleigh und Ray lange an der Brüstung einer Bastion, in Gespräche über Familiengeschichte vertieft. Ich steige wieder in den Innenhof der Festung hinunter, der in seiner Kargheit an einen Gefängnishof erinnert, und tauche ab in Charles' Artilleristen-Alltag. Ich entdecke einen der dreibeinigen hölzernen Krane, mit dessen Flaschenzügen die Soldaten Geschützrohre auf Lafetten hievten, und einen großkalibrigen Mörser – ein pechschwarzes, gusseisernes Monstrum, das zentnerschwere Explosivgeschosse in hohem Bogen auf die Decks feindlicher Kriegsschiffe feuern konnte, oder *hot shot* – glühende Kanonenkugeln, die als Brandsätze dienten. Fort Point lässt keinen Zweifel an seiner Bestimmung: Es ist eine straff organisierte Tötungsmaschine.

***

An der 2800 Meilen entfernten Ostküste steht unterdessen Lincolns Amtseinführung bevor. Für seinen Einzug in Washington war eigentlich eine grandiose Willkommensparade geplant. Doch weil man ihn mehrfach dringend vor Attentatsversuchen warnt, reist er mit einem Nachtzug anonym in die Hauptstadt, nur von einem Freund und dem Privatdetektiv Allan Pinkerton begleitet. *Jeder hier ist angewidert von einem so feigen und unwürdigen Einzug*, spottet ein Redakteur des konföderierten *Charleston Mercury.* Selbst der Amerika-Korrespondent der britischen *Times* meint: *Mister Lincoln zeigt man hier die kalte Schulter.* Anfang März 1861 hält der Präsident seine Antrittsrede, vor der Baustelle des Kapitols, dessen Kuppel gerade gemauert wird: *In Euren Händen, meine unzufriedenen Landsleute, nicht in den meinen, liegt die folgenschwere Entscheidung über einen Bürgerkrieg*, mahnt er die Menschen in den Südstaaten. *Die Regierung wird Euch nicht angreifen. Ihr könnt keinen Konflikt haben, ohne selbst die Aggressoren zu sein.*

Sieben Wochen später, am Mittwoch, dem 24. April 1861, sprengt ein *Pony Express*-Reiter vor das Telegrafenbüro Fort Churchills und übergibt eine Eilmeldung aus seiner *mochila*, die der diensthabende Telegrafist prompt nach Sacramento und San Francisco morst: Mitte April bereits haben Konföderierte Fort Sumter in Schutt und Asche geschossen. Nach einem 34-stündigen Bombardement, bei dem Tausende Granaten auf die Festung niedergingen, blieb der Garnison nur, sich zu ergeben. Kurioserweise kam bei diesem ersten Gefecht des blutigsten Krieges auf amerikanischem Boden kein Mensch ums Leben – das einzige Opfer ist ein Pferd der Konföderierten.

Nur drei Tage nachdem er vom Beginn des Krieges erfahren hat, greift Charles in einer wachfreien Stunde in der Zitadelle von Alcatraz zu Papier und Feder. Er schreibt an Lotte in der Silberburgstraße, bei deren Familie auch der Vater und Tante Juliane wohnen: *Liebe Schwester, Am 16. April erhielt ich Deinen Brief, auf den ich jeden Tag mit Sehnsucht wartete, wurde aber sehr in meiner Freude gestört, als ich las, daß der liebe Vater so krank war, aber Gott sei Dank doch wieder besser ist. Sehr erstaunt war ich über Marie's Heirath und ich muß oft an den Augenblick denken als ich von ihr am Postplatz Abschied nahm. Sie sagte: Du mußt eben so lange Deutsch sprechen bis du Englisch kannst.* Marie Sophie ist mit ihrem Mann, dem Schriftsetzer Gustav Katz, in eine eigene Wohnung in der Gutenbergstraße 29 gezogen, unweit des Feuersees, und geht mit ihrem ersten Kind schwanger. *Ich wünsche ihr von ganzem Herzen Glück in ihrem neuen Stande,* schreibt Charles, *ein Glück welchem ich beinahe ganz entsagen muß, denn wer wird einen alten Soldaten nehmen, jedenfalls würde mir keine große Wahl übrig bleiben.*

Ist keine, die mich haben will? O Nein! Sie schweigen alle still.

Das sind die Gedanken eines alten Junggesellen. Wir haben aber auch keine Zeit für Heirathsgedanken, denn wir sind ganz auf dem Kriegsfuß, da die Vereinigten Staaten in offener Revolution sind und ehe euch dieser Brief erreicht stehen vielleicht Städte und Dörfer in Flammen. Sieben Sklavenstaaten haben sich von den Vereinigten Staaten losgesagt und bilden einen Bund für sich. Ja, sie haben sogar Fort Sumter eingenommen. 60 Mann hielten sich gegen Tausende und ergaben sich erst, als 2 Magazine in die Luft gesprengt und die Kasernen in Flammen waren.

Schon in den ersten Kriegstagen strömen Tausende Deutschamerikaner freiwillig zu den Unionstruppen, darunter auch führende Köpfe wie Friedrich Hecker. Er verlässt mit seinem erwachsenen Sohn zusammen seine Farm bei Belleville, wirbt mit seinem Charisma ein ganzes deutschamerikanisches *volunteer regiment* an und steigt zum Rang eines Colonels auf. Auch Gustav Körner zieht ein Freiwilligenregiment zusammen und dient ein Jahr lang als Quartiermeister, bis er den Militärdienst aus Gesundheitsgründen aufgeben muss. Carl Schurz wird seiner Verdienste wegen sogar zum *major general* der Unionstruppen befördert. Die von ihm kommandierte, überwiegend deutschamerikanische Division erlebt trotz der Tapferkeit ihrer Soldaten aber zwei folgenschwere Niederlagen, die die Presse so hochspielt, dass sie zu antideutschen Gefühlen in den Nordstaaten führen.

Zu Beginn des Krieges schwebt Washington, D.C., in größter Gefahr: Die Hauptstadt der Union ist von *slave states* umgeben und obwohl einer davon – Maryland – offiziell zu den Nordstaaten steht, ist die Bevölkerung dort zerrissen. Im Südwesten grenzt D. C. an das konföderierte Virginia. Dort ist im *Richmond Examiner* von einem *wilden Schrei erbitterter Entschlossenheit* zu lesen, *Washington City einzunehmen, um jeden noch so hohen Preis an Menschenleben. Der dreckige Käfig unsauberer Vögel muss und wird durch Feuer geläutert werden. Die ehrliche Empörung eines gröblich beleidigten und tiefverletzten Volkes werden den Affen von Illinois lehren, rascher über die Grenzen der Freien Negerstaaten zu verschwinden, als er gekommen ist.* Am Tag nach der Kapitulation Fort Sumters ruft der vielfach geschmähte Abraham Lincoln 75 000 Freiwillige zu den Waffen *zunächst für eine Zeit von drei Monaten.* Doch in Washington patrouillieren vor allem hastig zusammengezogene Bürgerwehren, bis nach mehr als einer Woche endlich stärkere Kontingente regulärer U.S.-Truppen eintreffen. *Eine Sache, diese Umstände betreffend, bedauere ich*, schreibt der 56-jährige Nathaniel Hawthorne im Nordstaat Massachusetts, *und über eine andere bin ich erleichtert: Das Bedauerliche ist, daß ich zu alt bin, um selbst eine Muskete zu schultern, und das Erfreuliche ist, daß mein Sohn Julian dafür zu jung ist.*

Colonel Albert Sidney Johnston, der *Southern Unionist,* hatte schon eine Woche vor Kriegsbeginn sein Rücktrittsgesuch eingereicht und gibt sein Oberkommando über die pazifischen Truppen Ende April 1861 ab. Er zieht sich mit seiner Familie in die Viehzüchterstadt Los Angeles zurück und bemerkt dort, dass er Tag und Nacht von Geheimagenten des U.S.-Militärs beschattet wird.

Freunde warnen ihn, dass seine Verhaftung unmittelbar bevorstehe. Johnston hatte wohl lange erwogen, sich im Bürgerkrieg neutral zu verhalten, doch schließlich bricht er in die Südstaaten auf, gekränkt vom Misstrauen gegen ihn. Er schließt sich, mit anderen Offizieren, die ihren Dienst bei der U.S.-Armee quittiert haben, den *Los Angeles Mounted Rifles* an, einer Miliz konföderierter Sympathisanten. Im Frühsommer zieht der 58-Jährige mit seinen Mitstreitern auf dem *Great Southern Overland Trail* ostwärts, in einer Hitze, *als wäre man in einer brennenden Wohnung gefangen*, wie einer seiner um Jahrzehnte jüngeren Gesinnungsgenossen schreibt. Auf dem Kutschbock von Johnstons leichtem Zweispänner sitzt, die Zügel in der Hand, Randolph Hughes – ein langjähriger Sklave, Leibwächter und persönlicher Vertrauter des Colonels, der die gewaltige Überlandreise in die Konföderation organisiert hat. Erst ein Jahr zuvor hatte Johnston ihn freigelassen, jetzt beschäftigt er den *free man of color* für fairen Lohn.

Als sich die *Mounted Rifles* am 4. Juli Fort Yuma nähern, feuern dessen Geschütze gerade den *national salute*: 33 Kanonenschüsse zur Feier des Unabhängigkeitstages – einen für jeden Bundesstaat. Drei Tage lagern die erschöpften Milizionäre in Rufweite des mit Unionstruppen besetzten Forts, um ihre strapazierten Fuhrwerke zu reparieren und ihre Tiere neu zu beschlagen, dann ziehen sie unbehelligt weiter. Ein Vierteljahr später treffen Johnston und Hughes in Richmond, Virginia, ein, dem Regierungssitz der C.S.A., wo er umgehend zum zweithöchsten General der Konföderierten ernannt wird. In sein ehemaliges Hauptquartier in San Francisco ist unterdessen General Edwin Sumner eingezogen – ein 64 Jahre alter, unionstreuer Haudegen. Ihm haftet der Spitzname *Bull Head* an, wegen seiner kraftvollen, alles überdröhnenden Stimme, und weil der Legende nach in einer der Schlachten, die er befehligte, eine feindliche Musketenkugel von seinem Schädel abgeprallt sein soll.

Sumner lässt alle Truppen in und um San Francisco sofort in höchste Alarmbereitschaft versetzen. Sämtliche Schiffe, die in die Bucht einlaufen, haben unter den Geschützen von Alcatraz beizudrehen und abzuwarten, bis die Besatzung eines Zollkutters an Bord kommt und Ladung und Papiere kontrolliert. *Schiffe unter der sogenannten Sezessionsflagge, die in die Territorialgewässer der*

Vereinigten Staaten an dieser Küste einzulaufen versuchen, werden von den hier stationierten Truppen sofort gekapert, weist Sumner seinen Offiziersstab an. *Jedes solche Fahrzeug, das sich nach einem ordnungsgemäßen Warnschuss weigert beizudrehen oder sich zu ergeben oder das zu entkommen versucht, wird beschossen und, wenn nötig, versenkt.* Der General entlässt umgehend alle Anhänger der Konföderierten aus dem Armeedienst und verlegt die wenigen Truppen, die er entbehren kann, nach Südkalifornien, um die besonders renitenten Sezessionisten dort einzuschüchtern.

Der Krieg beherrscht jetzt alle Gedanken und Gespräche an der Bucht. Politiker, Zeitungsleute, Bürger und Soldaten spüren schmerzhafter denn je, wie abgeschnitten sie von den sich überstürzenden Ereignissen im Osten sind. Selbst Eilmeldungen erreichen sie erst mit den üblichen zehn Tagen Verspätung. Charles, der einstige Setzer- und Druckergeselle, verfolgt die Lage in den Tageszeitungen: *Alles richtet sich in den Staaten zum Bürgerkriege*, schreibt er nach Stuttgart, *der Norden ist gegen den Süden. Ich hoffe, daß wir hier in Californien von solchen Übeln verschont bleiben mögen. Es wird aber auch alles hergerichtet, um jeden Angriff abzuwehren und vor der Hand sind wir sicher auf unserer Insel.*

Drei Tage später vermerkt eine Musterrolle unter Charles' Namen: *hat einen Tagessold verwirkt, weil er sich ohne Erlaubnis vom Dienst entfernte.* Bei einem Dutzend Kameraden der Kompanie H findet sich der gleiche Eintrag. Der geringen Strafe nach kann es kein größeres Vergehen gewesen sein. Er wird mit den anderen zusammen an einer Klippenkante gehockt sein, am Fuß einer Batterie auf der Westseite der Insel, wo sie ein wenig Privatheit genießen. Sie sind der monatelangen Ausgangssperre überdrüssig und leiden ärger denn je an Inselkoller: Keine Kneipengänge mehr, keine Bordellbesuche, keine kleinen Fluchten aus der Enge und Strenge von Alcatraz. Sie überhören geflissentlich das eigentlich unüberhörbare, minutenlange Trompetensignal *Tattoo*, das sie in die Betten ruft. Sie spekulieren leise über den fernen Krieg, lassen eine beim Marketender erstandene Flasche Whiskey kreisen und schauen zu, wie die Sonne hinter dem Golden Gate im Pazifik versinkt. Als sie sich schließlich in die Schlafsäle trollen, ist es ein halbes oder ein ganzes Stündchen später als vorgeschrieben.

Jetzt, wo sein lange *so heiß ersehntes Amerika* auf den Abgrund zutreibt, denkt Charles mehr denn je an Stuttgart. *Oft wünsche ich mich zurück in Eure Mitte,* schreibt er an seine *liebe Schwester* Lotte, *und mein einziges Bestreben ist, noch einmal den heimatlichen Boden zu besehen – Gott gebe, daß mir das Glück zu Theil wird. Über die Hälfte meiner Dienstzeit ist bereits um; vom 4. August an habe ich noch 2 Jahre zu dienen, freilich lange. Aber Geduld! Es ist noch nicht aller Tage Abend. Gesund bin ich bis jetzt immer gewesen, doch fühle ich aber, daß ich in den Vierzig bin und nicht mehr so jung.*

Schon seit 2 Monaten sind wir hier in unserem Fort eingesperrt und erhalten keine Erlaubniß nach der Stadt zu gehen und es ist höchst langweilig; ich hoffe aber, daß dieser Zustand nicht lange dauern wird. Wir sind hier jedenfalls in einer kritischen Stellung und wüßten beinahe nicht zu welcher Partei wir halten sollten, um nicht brodlos zu werden.

Tatsächlich ist die politische Lage in Kalifornien verworrener, als es Verfechtern der Union lieb wäre. *Honest Abe* hatte bei den Wählern am Pazifik nur eine hauchdünne Mehrheit gegen die Kandidaten der Demokraten errungen. Im Parlament und der Regierung Kaliforniens sitzen einflussreiche Anhänger der Südstaaten. Sie beginnen jetzt um die Gunst der öffentlichen Meinung zu buhlen – in Tageszeitungen und Pamphleten, mit Aufmärschen, offenen Briefen und aufrührerischen Reden. Auch Gerüchte von Umsturzversuchen im Verborgenen reißen nicht ab, vor allem im konservativeren Südkalifornien. Doch Lieutenant James Birdseye McPherson, der als Offizier und Bauleiter von Alcatraz wohl keiner Ausgangssperre unterliegt, erlebt am 11. Mai einen Aufmarsch Unionstreuer in San Francisco und notiert erleichtert: *Die Unions-Anhänger dieses Bundesstaates zeigen sich, unabhängig von ihrer Parteizugehörigkeit, in entschiedenster Weise … Und heute marschiert eine der großartigsten und leidenschaftlichsten Demonstrationen für die Union, die ich je gesehen habe, durch die Stadt. So daß ich denke, daß man an dieser Küste mit keiner Gefahr zu rechnen hat …*

Das gilt nicht überall im Westen: Besorgte Bürger Virginia Citys, im neu gegründeten Territorium von Nevada, warnen das Pazifische Oberkommando, dass ein ehemaliger Finanzminister Kaliforniens mit seinen Anhängern plane, Fort Churchill zu

Abb. 60: Ein Aufmarsch für den Erhalt der Union in San Francisco, an der Ecke Montgomery, Post und Market Streets im Sommer 1861.

besetzen und sich eines Waffenlagers in Carson City zu bemächtigen. General Sumner entsendet sofort eine Kompanie reguläre Truppen zu dem entlegenen Stützpunkt und lässt die Waffen in Carson City beschlagnahmen.

Ende August 1861 wird die Festung Alcatraz zum offiziellen Militärgefängnis des Pazifischen Oberkommandos erklärt. Bis zu fünfzig Gefangene vegetieren von da an im Keller des Torhauses: Soldaten, die sich besonderer Vergehen schuldig gemacht haben – schwerer Raub, Totschlag und Mord; konföderierte Freibeuter; aber auch Politiker und Bürger, deren Unionstreue bezweifelt wird. Die Haftbedingungen sind geradezu mittelalterlich: Einzelzellen gibt es nicht, alle Gefangenen schlafen und wachen im selben feuchten Verlies. Sie liegen auf Strohsäcken auf dem Steinboden, eng nebeneinander, ohne Heizung, ohne fließendes Wasser, mit Kübeln für ihre Notdurft. Es stinkt entsetzlich in dem Loch; Läuse, Flöhe und Wanzen plagen die Männer. Captain Stewart, der ebenso strenge wie korrekte Kommandeur von Alcatraz, hält die Haftumstände für so hart, dass er General Sumner offiziell um Rat bittet. Der weist ihn an, die Delinquenten tagsüber zu Reinigungs- und Reparaturarbeiten heranzuziehen, damit sie wenigstens für einige Stunden an Luft und Licht kommen. Als im Herbst dennoch wiederholt Krankheiten unter ihnen ausbrechen, verfügt Sumner, dass die Männer vorübergehend in scharf bewachte Zelte verlegt werden und das Verlies gründlich gereinigt wird.

Am Donnerstag, dem 7. November 1861, nimmt Charles sein Tintenfass, seine Feder und zwei Bogen Papier aus der Holzkiste unter seinem Bett in der Zitadelle von Alcatraz. Er schreibt den letzten Brief, der uns erhalten blieb, an seine Schwester Lotte und ihren Mann Franz Kunberger, die ihn – wie immer – auch dem Vater und Tante Juliane vorlesen, die beide Analphabeten sind:

Liebe Schwester und Schwager! Euren werthen Brief vom 20. Februar habe ich erhalten und auch sogleich beantwortet, warte aber immer noch auf eine Antwort, denn ich schrieb sogleich wieder. Es sind jetzt in Amerika betrübte Zeiten seit Bürgerkrieg herrscht, denn Bruder ist gegen Bruder im Felde. Hier in Californien sind wir zwar noch so ziemlich vom Kampf verschont geblieben, da die Mehrzahl der Bevölkerung fest und treu zum »Sternenbanner« hielt. Trotzdem herrscht aber auch hier Verrath und Alles rüstet sich. 5000 Freiwillige sind schon hier unter die amerikanische Flagge eingeschworen und bereit »Gut und Blut« zur Erhaltung der Regierung aufzuopfern. Da wir hier ganz abgeschieden leben, so wird jede Nachricht von den Staaten mit Begierde aufgenommen. So lange kein direkter Angriff an unser Fort gemacht wird, so mag es kommen, daß wir gar keinen Antheil am Kampfe bekommen; aber es ist auch nicht gar angenehm, in ein Fort eingeschlossen zu sein, wenn draußen sich die Völker schlagen.

Im Osten des geteilten Landes eskalieren die Kämpfe sehr rasch zu einem der erbittertsten, grausamsten und unversöhnlichsten Kriege der Militärgeschichte. Ende Juli 1861 kommt es zur ersten großen Landschlacht, als Unionstruppen versuchen, Richmond, Virginia – die Hauptstadt der Konföderierten –, zu überrennen und den Krieg zu beenden, bevor er richtig begonnen hat. Hunderte zivile Zaungäste aus Washington, darunter neugierige Kongressabgeordnete und Senatoren, begleiten die vorrückende Armee. Sie haben im Sinn, sich mit Ferngläsern, Picknickkörben und

Champagnerflaschen am Rande des Schlachtfeldes niederzulassen und die U.S.-Truppen laut rufend und Hüte und Taschentücher schwenkend anzufeuern. Doch als die ersten Schrapnellgranaten detonieren und Schützenreihen sich mit ihren Salven gegenseitig niedermähen, lassen sie alles stehen und liegen und suchen panisch das Weite.

In einer Gefechtspause laufen Unionssoldaten durch eine Gruppe konföderierter Gefallener und Schwerverletzter, in der Gewissheit ihres baldigen Sieges. *Was für ein entsetzlicher Anblick das ist!*, notiert ein Offizier. *Da liegt ein Mann, der seine Muskete noch fest in Händen hält – tot wie ein Stein; einige haben entstellte Gesichter und sind entsetzlich verdreckt. Viele sind grauenhaft verwundet, manchen wurden die Beine weggeschossen, anderen die Arme abgerissen. Sie sind so schwer verletzt, daß sie sich selbst nicht mehr fortzuschleppen vermögen und langsam verbluten. Wir halten immer wieder an, um einigen ein paar Schluck Wasser zu geben, und haben bald genug gesehen von den Schrecken des Krieges.* Wenige Stunden später wendet sich das Blatt, und die Konföderierten treiben die Unionstruppen in haltlose Flucht und eine verheerende Niederlage. Fünftausend Männer fallen bei den Kämpfen, die in die Annalen der Nordstaaten als *The First Battle of Bull Run* eingeht und in die der Konföderierten als *First Manassas.*

Es sind jetzt schon einige Gefechte geliefert worden, schreibt Charles, *aber leider nicht zu Gunsten unserer Seite. Bald muß es aber doch zu einem Scheidepunkte kommen, und Gott gebe nur, daß das Glück unseren Waffen günstig ist; denn wenn diese glorreiche Republik in Stücke ginge, so wäre es der Todesstoß für die Freiheit in der ganzen Welt.*

Vielleicht mag es mir doch noch einmal vergönnt sein, den heimathlichen Boden zu betreten und meinem Vaterlande ein nützliches Mitglied der Gesellschaft zu werden, die Welt hätte ich jetzt genug kennen gelernt. Vielleicht mag es aber anders beschlossen sein, denn wenn Friede und Eintracht in diese jetzt vom Kriege verheerten Städte zurückkehrt, dann kommt auch wieder eine bessere Zeit und Geschäfte und Handel blühen wieder auf. Das Soldatenhandwerk ist jetzt zwar das beste, aber es wäre doch besser für mich am »stillen Setzkasten« als mit 120 Pfündern herumzuspringen.

Das Laden, Richten und Feuern so schwerer Geschütze ist für die Artilleristen von Alcatraz Knochenarbeit, die sie von Herzen zu hassen lernen, in Captain Stewards unablässigem Drill. Doch noch unbeliebter als die größten Kaliber sind die nur wenig leichteren *Columbiads*, 84-Pfünder, die noch aus der Zeit vor dem Mexikanisch-Amerikanischen Krieg stammen und zu Rohrkrepierern neigen sollen. An der Ostküste seien bereits mehrere *Columbiads* aus derselben Gießerei und demselben Produktionsjahr wie die von Alcatraz explodiert, wird gemunkelt. Möglicherweise sei die Legierung der gusseisernen Rohre fehlerhaft.

Am 4. Oktober wäre ich beinahe ums Leben gekommen, schreibt Charles. *Wir hatten Scheibenschießen mit 84-Pfündern. Vier Geschütze wurden geladen. Ich war am ersten Geschütz, jeder war an seinem Posten. Der Offizier gibt das Kommando: Nummer Eins Feuer! Kaum war jedoch das Kommando gegeben, so war auch schon unser Geschütz zertrümmert und die Stücke und Splitter flogen in der Luft herum. Alles war in Rauch und Staub eingehüllt. Ein Stück über 2000 Pfund schwer flog gegen 50 Schritte weit weg. Ein anderes Stück, ebenso schwer wie das erste, flog über meinem Kopf hinweg und fiel kaum einen Fuß von mir zu Boden. Mir wurden die Kleider vom Leibe gerissen; Hosen und Rock hingen in Fetzen an mir herunter. Für mehrere Tage war ich halb taub. Außer einigen Quetschungen an den Schenkeln war ich nicht weiter beschädigt. Bevor ich noch recht zur Besinnung kommen konnte, war ich von Offizieren und Soldaten umringt. Jeder glaubte mich todt, und als ich aus den Trümmern hervorkam, brach alles in lauten Jubel aus. Jeder sagte, ich könne getrost ins Feuer gehen, denn keine Kugel könne mich verletzen. Es war aber auch ein wahres Wunder, daß von den Umstehenden Niemand beschädigt wurde. Die Kanone war von Eisen und wog 8500 Pfund und die Kugel 8 Zoll im Durchmesser wiegt 85 Pfund und erfordert ungefähr 10 Pfund Pulver.*

Als Reaktion auf den Rohrkrepierer lässt das Pazifische Oberkommando die Acht-Zoll-Columbiaden von da an nur noch mit reduzierten Pulvermengen feuern. Der Befehl ist eine der letzten Amtshandlungen von General *Bull Head* Sumner, der das Oberkommando Ende Oktober 1861 an seinen asthmakranken Schwager und Freund George Wright abgibt – den Mann, der drei Jahre

Abb. 61: Der Feuerstoß einer 8-Inch Columbiad – des Geschütztyps, an dem Charles Herzog einen Rohrkrepierer erlebte. Das Foto wurde bei einem Reenactment in Fort Delaware aufgenommen.

zuvor die Gräueltaten gegen die *Yakama*, *Umatilla* und *Klickitat* im Pazifischen Nordwesten befohlen hatte. Wright hat es mittlerweile zum Brigadegeneral gebracht. Ende des 20. Jahrhunderts entdecken Taucher vor Alcatraz übrigens das Schloss einer zerborstenen *Columbiad* – vermutlich Charles' Geschütz *Nummer Eins*, dessen Trümmer seine Kameraden einfach über die Klippen gekippt hatten.

Sehr begierig bin ich auf eine Nachricht von Euch, schreibt er im letzten seiner Briefe nach Stuttgart, *denn jeden Tag denke ich an Euch und versetze mich in Gedanken in Eure Mitte. Ich hoffe nur, daß mein Brief Euch alle gesund antreffe. Ich schreibe absichtlich an Dich, lieber Schwager, da du mir doch immer antwortest und der liebe Vater ja nicht schreiben kann. Ich schreibe ja doch für die ganze Familie und ich hoffe, daß Marie und ihr Gemahl sich nicht beleidigt fühlen, wenn ich den Brief nicht an sie richte. So will ich denn meinen Brief schließen und wünsche dem Vater Gesundheit und langes Leben. Lieber Schwager grüße mir also Marie und ihren Gemahl herzlich von mir, da wir uns ja doch nicht persönlich kennen, und es würde mich herzlich freuen, auch etwas von ihnen selbst zu hören. So verbleibt denn gesund und wohl und schreibt mir gleich wieder eine Antwort. Ich verbleibe Euer Bruder und Schwager Karl Herzog*

Seit 4 Wochen bin ich in Compagnie A versetzt, da 8 Compagnien von unserem Regiment nach Washington geschickt wurden.

Im Osten und Süden des Landes zeigt sich der Bürgerkrieg mittlerweile als wahrer Menschenfresser. Nach der Niederlage der Unionstruppen bei *Bull Run* ruft Präsident Lincoln 100 000 weitere Freiwillige zu den Waffen, dieses Mal für drei Jahre. Aus dem Fernen Westen wird alles an regulären Truppen, was irgendwie verantwortbar scheint, in die Kampfgebiete verlegt. Eilig mobilisierte Freiwilligenregimenter sollen die Lücken in Kalifornien und den benachbarten Territorien füllen.

Am 21. Oktober bereits hatte sich der Stab des Dritten Artillerieregimentes mit mehreren Kompanien aus Alcatraz auf dem Dampfer »Crisaba« eingeschifft, mit Kurs auf die Ostküste. Sie geraten dort in den ersten industrialisierten Krieg der Geschichte. Er nimmt das Grauen des Ersten und Zweiten Weltkrieges vorweg, mit Materialschlachten, Grabenkämpfen, Minenfeldern, den ersten Maschinengewehren, Panzerkreuzern und Unterseebooten – ja sogar Luftaufklärung mit Fesselballonen. Charles bleibt mit Kompanie A vorerst auf Alcatraz stationiert – eine der glücklichen Fügungen seines Soldatenlebens. Doch er weiß, dass das kaum von Dauer sein kann.

20
Yankee Doodle

Schon seit dem Sommer rückt der Krieg auch an Kalifornien immer näher heran. Ende Juli bereits war Lieutenant Colonel John Robert Baylor mit 300 Freiwilligen von Texas aus ins Territorium von New Mexico vorgestoßen – ein verwegener Offizier und beinharter Rassist, der neben seinem Kampf für Konföderation und Sklaverei auch die wehrhaften Indianervölker des Südwestens ausmerzen will. Er hatte den größten U.S.-Stützpunkt New Mexicos, Fort Fillmore, kampflos besetzt und die gesamte Garnison gefangen genommen. Am 1. August 1861 rief Baylor das konföderierte Territorium von Arizona aus, unter dem Jubel der meisten weißen Farmer, Rancher und Bergleute dort. Er erklärte sich zum Militärgouverneur und verhängte Kriegsrecht. In einem Befehl an die *Arizona Guards* zeigt Baylor, wes Geistes Kind er ist: *Überzeugen Sie die Apachen oder jeden anderen Stamm mit allen Mitteln, zu Friedensverhandlungen zu kommen. Wenn Sie sie beisammenhaben, töten Sie alle erwachsenen Indianer und nehmen Sie die Kinder gefangen, um sie zu verkaufen und so die Kosten für die Tötung der Erwachsenen zu decken. Besorgen Sie Whiskey und anderes, um die Indianer ruhig zu stellen [...]. Lassen Sie nichts ungetan, um Erfolg zu garantieren, und sorgen Sie für eine ausreichende Zahl von Soldaten, damit kein Indianer zu entkommen vermag.*

Baylors Vorstoß ist der Auftakt zum ehrgeizigsten Versuch der Konföderierten, den amerikanischen Westen zu erobern. Sie wollen die Gold- und Silberminen Colorados und Nevadas in ihren Besitz bringen, um ihre darbende Kriegskasse aufzubessern, und wollen Kalifornien besetzen, um Zugang zum Pazifik zu gewinnen. Mitte Dezember zieht der konföderierte General Henry Hopkins Sibley eine Invasionsarmee von 2500 Mann an der texanischen Grenze zusammen, um entlang des Rio Grande nach Norden vorzurücken. Einer Kompanie Kavallerie befiehlt er, auf Tucson zu marschieren – die nach wie vor mexikanisch anmutende größte Siedlung am *Southern Overland Trail.* Weil die chronisch unterbesetzte *Skelettarmee* der Union schon in den ersten Kriegswochen die meisten ihrer Stützpunkte in dieser riesigen Region geräumt hatte, herrscht dort ein gefährliches Machtvakuum. Fort Yuma ist das letzte Bollwerk zwischen den heranrückenden Konföderierten und dem kalifornischen Kernland.

Noch im Dezember befiehlt der Oberkommandierende der pazifischen U.S.-Truppen, Brigadegeneral George Wright, einen massiven Gegenschlag. Ein Heereszug soll durch die Wüsten des Südwestens bis an den Rio Grande marschieren, 850 Meilen weit, um die Rebellen zurückzudrängen, die durch den Krieg unterbrochene transkontinentale Postverbindung wiederherzustellen und die verlassenen Forts neu zu besetzen. In seinem Hauptquartier in San Francisco schreibt Wright dem Stabschef der Unionsarmee in Washington: *Unter dem Kommando von Colonel Carleton, einem Offizier mit beträchtlicher Erfahrung, unermüdlich und tatkräftig, muss die Expedition zum Erfolg führen.*

James Henry Carleton ist ein ähnlich widersprüchlicher Kopf wie Albert Sidney Johnston: Der drahtige, 47-jährige Berufssoldat steht unerschütterlich zur Union – und hat selbst doch mindestens drei Sklaven besessen: Benjamin, der 21 Jahre alt war, als er ihn verkaufte, Hannah, die bei ihrem Verkauf 23 war, und einen jungen Mann unbekannten Namens, den er als Dienstburschen behält. Seit bald einem Vierteljahrhundert dient Carleton in der U.S.-Armee. Er hatte sich bei der Schlacht von Buena Vista, wie Sarah Bowman, durch außerordentliche Tapferkeit hervorgetan. Doch im Grunde seines Herzens ist er ein verhinderter Schriftsteller, der in seiner Jugend Briefe mit Charles Dickens wechselte. Bei der Truppe gilt Carleton als energischer, fordernder Offizier und als rigide, kompromisslos, ja geradezu verbissen. Jetzt hat er im Sinn *einen Streich für die famose, alte Fahne zu führen.*

Er wird diesen Streich vor allem mit Freiwilligenregimentern führen müssen. Seit Lincolns Aufruf im August vergangenen Jahres – *To Arms All Men of Union!* – strömten Tausende Kalifornier zu den Waffen, um die nach Osten abziehenden U.S.-Truppen zu ersetzen. Gouverneur John Downey meldete dem Kriegsminister in Washington stolz: *Die Pfeifen und Trommeln der Werber sind in jedem Weiler zu hören.* Oft wanderten die Freiwilligen

Abb. 62: General Henry Hopkins Sibley, der Invasionstruppen der Konföderierten in den Südwesten der Vereinigten Staaten führen sollte.

Hunderte von Meilen zu Fuß aus den Goldgräbercamps und Holzfällerlagern der Sierra Nevada bis nach Sacramento oder San Francisco. James McNulty, der leitende Arzt des Heereszuges, zeigt sich begeistert von ihrer Körperkraft und Kampfmoral: *Pioniere und Bergleute, abgehärtet vom Leben in den kalifornischen Bergen; voller Selbstvertrauen und Ausdauer; Männer, die kritischen Situationen gewachsen sind, wenn sie mit entschlossener Hand und kühlem Kopf geführt werden.* Sie gelten den regulären Einheiten in vielem als überlegen, weil weithin bekannt ist, dass die in ihren Reihen viele Alkoholiker, Sozialfälle und Drückeberger haben – und dass im Durchschnitt jeder dritte von ihnen desertiert.

Colonel Carleton ist sich freilich bewusst, dass die meisten der *volunteers* militärisch völlig unerfahren sind. Er weist die Offiziere in den Ausbildungslagern an, sie jeden Tag acht Stunden lang zu drillen und nichts ungetan zu lassen, *um Leistungsfähigkeit, Disziplin und vollständige Unterordnung der Rekruten zu erreichen.* Als ein Kavallerieoffizier dreihundert Freiwilligen befiehlt, mit vollem Marschgepäck aufzusitzen, endet der Drill in heillosem Durcheinander. Nur einem Viertel der mit Säbeln, Karabinern und Revolvern behängten Männer gelingt es, sich in die Sättel zu schwingen, viele der Pferde bocken und gehen durch, manche werfen ihre Reiter Augenblicke später wieder ab.

Charles und seine Kameraden von Kompanie A des Dritten Artillerieregimentes sind die einzige reguläre Einheit, die mit Carletons Heereszug marschieren soll. Am Samstagmorgen, dem 21. Dezember 1861, packt er in der Zitadelle von Alcatraz wieder einmal seine wenigen Habseligkeiten in den Knappsack. Ein Schaufelraddampfer legt am Kai der Insel an und nimmt, mit der Kompanie und ihrem Tross an Bord, Kurs auf das Arsenal von Benicia. Es ist ein seltsam milder und nasser Winter in Kalifornien. Seit Wochen schon regnet es fast ununterbrochen, die Wasser der San Francisco Bay wogen unter dem wolkenverhangenen Himmel in stumpfem Grau. Charles steht am Heck des Dampfers und sieht zu, wie die düstere, an ein Schlachtschiff erinnernde Silhouette von Alcatraz langsam hinter Regenschleiern verschwindet. Amerika ist ihm fremd geworden, seit es zerbrach. Er fühlt sich heimatlos, allein und verlassen. In ihm ist keine Aufbruchstimmung mehr, kein Abenteuergeist, keine Neugier auf Fremdes. Geborene Amerikaner mögen dieses ständige Abschiednehmen, Aufbrechen und Neubeginnen schon mit der Muttermilch aufsaugen. Er, ein Sohn der Alten Welt, will endlich ankommen, irgendwo dazugehören, einen sicheren Hort für seine späteren Jahre finden.

Abends gehen sie am regennassen Anleger Benicias von Bord und belegen die ihnen zugewiesenen Stockbetten in den Mannschaftsbaracken des Arsenals. Drei Wochen lang werden sie, die bis zum Widerwillen übten, mit schwersten Kalibern zu hantieren, als *light battery* ausgerüstet und eingewiesen – als berittene Artilleriekompanie mit leichten Feldgeschützen. Am letzten Tag des Jahres 1861 mustert ihr Kompaniechef, First Lieutenant John B. Shinn, seine im Dauerregen angetretenen neunzig Soldaten und bescheinigt ihnen: *Disziplin: sehr gut; Ausbildungsstand: fortschreitend; militärische Erscheinung: erstklassig; Waffen, Ausrüstung und Kleidung: in gutem Zustand.*

Als sie am Freitag, dem 13. Januar 1862, abmarschbereit und tropfnass an der Pier des Arsenals stehen, auf einen Dampfer wartend, der sie zum *Presidio* von San Francisco bringen soll, schauen die Männer fassungslos auf die vereinten Wasser des Sacramento

Abb. 63: James Henry Carleton in Generals-Uniform.

und San Joaquin River vor ihnen: Sie überfluten fast den Anleger, sind schlammig-braun und tosen und strudeln wie nie. Aus dem Inland treiben Kadaver ertrunkener Schafe, Rinder und Schweine heran, entwurzelte Baumstämme, Trümmer zerstörter Häuser und Brücken. Angespannt verfolgen die Soldaten die verzweifelten Versuche der Dampferbesatzung, ihr Schiff in der reißenden Strömung heil an die Pier zu bringen.

Nach zwei Jahrzehnten der Dürre gehen diesen Winter geradezu biblische Fluten auf die Pazifikküste Nordamerikas nieder, vom Columbia River bis in den Norden Mexikos. Am 19. Januar schreibt William Brewer, ein Geologe der Eliteuniversität Yale, der gerade Kalifornien bereist: *Das riesige Central Valley ist überflutet – die Täler des Sacramento und San Joaquin Rivers – eine Region 300 Meilen lang und im Durchschnitt mindestens 20 Meilen breit. Obwohl viel dieses Landes noch nicht unter Pflug genommen wurde, ist ein Teil davon doch der Garten Kaliforniens. Tausende Farmen stehen vollständig unter Wasser – das Vieh verhungert und ersäuft.* Was die Weißen entsetzt, ist Indianervölkern hier durchaus geläufig: Ihre Überlieferung erzählt, dass gewaltige Fluten schon mehrmals das gesamte Tal zwischen dem Ostrand der Küstenkordillere und dem Fuß der Sierra Nevada in einen See verwandelten, groß wie ein Binnenmeer.

In der Geschichte des jungen, aufstrebenden Bundesstaates ist es die bei Weitem schlimmste Naturkatastrophe. Viertausend Menschen kommen ums Leben, Kalifornien geht fast bankrott an den enormen Schäden und dem Ausfall von Steuereinnahmen. Zahllose kleinere Städte werden zerstört, Dämme unterspült, Straßen und Ackerland weggerissen. Der Kutschen- und Eisenbahnverkehr bricht zusammen, Post- und Telegraphenwesen funktionieren nicht mehr. Die Hauptstadt Sacramento steht teils mehrere Meter hoch unter Wasser. Leland Stanford, der neu gewählte Gouverneur, muss zu seiner Amtseinführung im Boot gerudert werden. Weil die Wasser monatelang kaum fallen, sieht sich die kalifornische Regierung gezwungen, ihren Sitz vorübergehend nach San Francisco zu verlegen.

In diesen dramatischen Wochen sind Colonel Carleton und sein Stab von frühmorgens bis spät in die Nacht damit beschäftigt, den Heereszug vorzubereiten. Carleton ist ein detailversessener, perfektionistischer Pedant – und vielleicht auch gerade deshalb ein hervorragender Logistiker. *Ich kann nicht wagen, all diese Truppen in die Wüste zu führen*, schreibt er von seinem Hauptquartier nahe Los Angeles an Brigadegeneral Wright, *ohne mir – frei von jedem Zweifel – darüber klar zu sein, wie sie dort versorgt werden. Sobald sie die Wüste erreichen, müssen diese Münder essen oder uns droht Verderben.*

Rastlos reisen Carleton und sein Quartiermeister Tredwell Moore per Dampfer zwischen Los Angeles und San Francisco hin und her, bemüht, alles an Gerät, Ausrüstung und Vorräten für einen monatelangen Marsch von mehr als zweitausend Kavalleristen, Fußsoldaten und Artilleristen zusammenzubringen – und für Hunderte von Zivilisten, die sie begleiten: Fuhrleute, Köche, Schmiede, Marketender, Dienstburschen, Wäscherinnen und Handlanger. Die Preise in Kalifornien sind gewöhnlich schon unverschämt hoch, jetzt klettern sie – wegen der Flut und des Krieges – täglich höher. Hunderte Sättel mit Zaumzeug und Zügeln müssen für die *Column from California* gekauft werden, Futterbeutel, Seile, Knebel und Hufeisennägel – 10 000 Hufeisen für Pferde und 4000 für Maultiere werden eigens geschmiedet, industriegefertigte Eisen lehnt Carleton ab. Wasserfässer und

Krüge müssen beschafft werden, Bettzeug für die Truppe, Kerzen und Kochutensilien. Captain Moore lässt zentnerweise Holzkohle für die Essen der Schmiede produzieren, damit sie die Reit- und Zugtiere unterwegs neu beschlagen und ramponierte Fuhrwerke reparieren können. Als der Colonel erfährt, dass für Futtergerste gerade Fantasiepreise verlangt werden, weist er seine Kavallerieoffiziere verärgert an: *Lassen Sie die Pferde und Maultiere mehr Heu und weniger Gerste fressen!*

Bis Carletons Proviantlisten abgearbeitet sind, vergehen viele Wochen: Allein für den ersten Teil des Marsches bis Fort Yuma veranschlagt er 36 Tonnen Mehl, viereinhalb Tonnen Pemmikan, zweieinhalb Tonnen Zucker und anderthalb Tonnen Kaffee, dazu getrocknetes und sauer eingelegtes Gemüse, Trockenäpfel, Presskartoffeln, Bohnen, gepökeltes Schweinefleisch, Speck und Schinken, Tee, Melasse, Essig, Salz und schwarzer Pfeffer, *lime juice* gegen Skorbut, Whiskey als Medikament und um die Stimmung zu heben. Der von den Fluten schwer geschädigte, halb zahnlose Louis F. Yaeger sagt zu, dem Heereszug in Fort Yuma Heu und Schlachtvieh zu liefern. Auch die *Pima* und *Maricopa* verkaufen der U.S.-Armee in ihrer Oase am Gila River tonnenweise Heu, Grünfutter, Getreide und 1500 Säcke Weizenmehl.

James Henry Carleton, ein alter Indianerhasser und -kämpfer, führt eigenhändig auf, was an Geschenken mitzuführen ist, um die Völker entlang der Marschroute den U.S.-Truppen gewogen zu halten und indianische Läufer für das Überbringen von Nachrichten zu entlohnen: *Tabak, Messer, kleine Spiegel, zinnoberrote Farbe, Glasperlen, Nadeln und Fäden, Ahlen, Pfeilspitzen, Angelhaken und -leinen, Hacken, ein paar scharlachrote Decken für die Häuptlinge, 10 000 Yards Tuchbahnen – Hemdenstoff, Kattun etc. – um Weizen damit zu kaufen.*

Ende Oktober bereits hatte Colonel Carleton eine Vorausabteilung Freiwilliger entsandt, um die Marschstrecke vorzubereiten und die reguläre Garnison in Fort Yuma abzulösen. Am *Southern Overland Trail* entschärfen ihre Rekruten mit Pickeln und Schaufeln die Steilstelle des *Foot and Walker Pass*, um zu verhindern, dass die Fuhrleute der Nachschubkarawanen beim Anschirren von *double teams* Zeit verlieren. Sie reparieren die verfallenden

Brunnenlöcher entlang der *Jornada del Muerto*, damit sie wieder zuverlässig Wasser liefern, und schalen sie neu mit Brettern aus. Sie schneiden Gras in den Auwiesen des Gila River – lebenswichtiges Futter für die vielen hundert Reit- und Zugtiere der *Column* – und lagern es in den Scheunen verlassener Poststationen.

Butterfields famose Expresslinie war mittlerweile von *Wells Fargo* aufgekauft worden, doch seit März schon ist sie unterbrochen, weil ein Teil ihrer Strecke durch konföderiertes Territorium führt. Sie war zunächst auf den *Central Overland Trail* verlegt worden, siebenhundert Meilen weiter nördlich, wurde nach wenigen Wochen aber ganz eingestellt. Ihr Betrieb war extrem unwirtschaftlich, die U.S.-Regierung musste ihn jedes Jahr mit zwei Millionen Dollar subventionieren. Jetzt verfallen die erst drei Jahre zuvor gebauten Stationen wieder, und *Butterfield's Overland Mail*, die ihre Endstationen nur dreimal zu spät erreichte, wird quasi über Nacht zur Legende.

Vor den gänzlich unbefestigten Lehmziegelbaracken Fort Yumas werfen die Rekruten der Vorausabteilung Erdschanzen auf, bestücken sie mit Kanonen und reparieren die von Eseln getriebene Trinkwasserpumpe. Ein Major, der die hart arbeitenden Freiwilligen befehligt, schreibt am 23. Januar 1862 an Colonel Carleton in Los Angeles: *Ich habe die Ehre, Ihnen zu berichten, daß Fort Yuma zu einer Insel geworden ist.* Just an diesem Tag steigen die Hochwasser auch am Colorado und am Gila River auf Rekordpegel. Das Ackerland der *Aha Makhav, Kwatsáan* und *Cocopah* in den Auen wird davongeschwemmt und ihre Ernten vernichtet, die Herden weißer Viehzüchter und mexikanischer *rancheros* ersaufen. Arizona City, wo einst das legendäre Bordell von Sarah Bowman stand, wird bis auf zwei höher gelegene Gebäude zerstört. Auch Louis Yaegers profitables *frontier emporium* – Yaeger City, mit Fähre, Schmiede, Wagenmacherei, *boarding house* und *general store* – wird ein Opfer der Fluten. Der über die Ufer getretene Gila River reißt die rasch zusammengenagelten Hütten, Läden und Saloons des Bergarbeitercamps Gila City zwanzig Meilen stromauf des Forts davon und eines der Heulager, das die Vorausabteilung eben erst angelegt hatte. Wochenlang bleibt der Karrenweg des *Southern Overland Trail* entlang des Flusses von Flutschlamm bedeckt und unpassierbar. Der Abmarsch von Colonel Carletons Heereszug verspätet sich notgedrungen Woche um Woche. Die meisten Rekruten zermürbt die Warterei in den Ausbildungslagern, sie werden widerspenstig und renitent. Eine Kompanie wagt es sogar, den monotonen, harten Drill rundweg zu verweigern. Ihre Offiziere sind ratlos, nur Carleton selbst gelingt es mit der ihm eigenen Vehemenz, die Männer wieder zu disziplinieren.

Charles' *light battery A* verlässt am Samstag, dem 15. Februar 1862, das *Presidio* und schifft sich an Bord des Liniendampfers »Senator« ein, der für die *Pacific Mail Steamship Company* zwischen San Francisco und Südkalifornien verkehrt. Zwei Tage später gehen sie in New San Pedro von Bord, einem Hafen, der erst wenige Wochen zuvor fertiggestellt wurde, und steigen auf ein Boot um, das eine halbe Stunde lang den Los Angeles River stromauf dampft, nach Camp Drum, Hauptquartier Carletons und eines der Sammellager der *Column*. In der Nähe liegt nur ein kleiner Weiler, der, in den Worten eines Freiwilligen, aus dem Wohnhaus des Gründers besteht ... *einer Schmiede, einer Seifen- und Talgfabrik, Kohle- und Holzlagern, einer Klitsche, die gedörrtes Rindfleisch herstellt und einem dampfgetriebenen »Flusskrebs«, der Soldaten, ihren Tross und ihre Maultiere fünf Meilen von den Schiffen bis zum Anleger befördert, wenn die Flut hoch steht. Die Soldaten sitzen in ihren Sibley-Zelten eine Meile entfernt in einem Alfalfa-Feld, in dem Wildgänse grasen.* Dort gehen selbst Charles und seinen Kameraden, die Monotonie und Langeweile weiß Gott gewohnt sind, die Ungewissheit und Warterei auf die Nerven.

Ende Februar geht das Hochwasser am Colorado River immerhin soweit zurück, dass Carleton und sein Stab eine Schiffsladung Vorräte und Munition an dessen Mündung segeln lassen können. Dort übernehmen »Captain« Alonzo Johnsons Flussdampfer die Fracht und liefern sie bis an den Anleger von Fort Yuma. Der entlegene Militärposten wird zum wichtigsten Versorgungs- und Sammelplatz des Heereszuges. Mit Dutzenden Tonnen militärischen Nachschubs, die hier lagern, wird der Gesamtwert des *Vorpostens der Hölle* im Frühjahr 1862 auf die unerhörte Summe von einer Million Dollar geschätzt.

Unterdessen stoßen die Konföderierten weiter vor: Am letzten Februartag 1862 reiten einhundert konföderierte *Arizona Rangers* kampflos in Tucson ein – wilde Gestalten, ihre Haare schulterlang, die Bärte bis zum Brustbein reichend, die Krempen ihrer Hüte groß wie Wagenräder. Sie reiten auf Mustangs und sind alle mit einem Gewehr und zwei Revolvern bewaffnet, mit Tomahawk und Bowie-Messer für den Nahkampf und einem Lasso, um die Pferde fliehender Feinde fangen und zum Stürzen bringen zu können. Sie erklären Tucson zum Verwaltungssitz der Westhälfte des konföderierten Territoriums von Arizona. Von erstaunlich vielen werden sie *mit offenen Armen und großer Begeisterung* willkommen geheißen. Alle Unionsanhänger, die sie zu fassen kriegen, werfen sie ins Gefängnis oder jagen sie aus der Stadt und konfiszieren ihren Besitz. Sie spekulieren darauf, dass konföderierte Sympathisanten in Südkalifornien mit ihnen gemeinsame Sache machen und ihnen der ganze Bundesstaat samt seinen Goldbarren und Pazifikhäfen in die Hände fällt.

Auch am Rio Grande dringen General Sibleys konföderierte Truppen langsam, aber stetig vor. Am 2. März besetzen sie Albuquerque, das von U.S.-Truppen verlassen wurde, Santa Fe ergibt sich elf Tage später. Und Carletons *Column from California* ist, trotz des rastlosen Einsatzes ihrer Offiziere, immer noch nicht abmarschbereit. Der Colonel, der in diesen Wochen zusätzlich den Tod eines seiner Kinder zu verkraften hat, gerät mehr und mehr in Kritik wegen der monatelangen Verspätung. Und seinen Stabsoffizieren geht er zunehmend auf die Nerven mit seiner eitlen, selbstherrlichen und rechthaberischen Art.

Um sich ein Bild von der Stärke und den Absichten der Konföderierten zu machen, entsendet Carleton Spione ins besetzte Tucson – mehrere Männer gleichzeitig, die nicht voneinander wissen. Sie reiten durch den grenznahen mexikanischen Bundesstaat Sonora, um ihre Spuren zu verwischen, und senden verschlüsselte Botschaften an Carleton zurück. *Capitán Pasqual*, Stammesführer der *Kwatsáan*, die mehr denn je von Lebensmittelhilfen der U.S.-Truppen abhängen, wird angewiesen, jeden konföderierten Soldaten auf seinem Stammesgebiet sofort zu melden.

Weil dem Colonel klar ist, dass auch in seinen Reihen Spione der Konföderierten sind, achtet er wie besessen darauf, alle Bewegungen und Absichten seiner Truppe geheim zu halten. Er untersagt seinen Offizieren und Soldaten strikt, sich ein Zubrot zu verdienen, indem sie für Zeitungen schreiben. Zwei griechischstämmige Kameltreiber des *U.S. Camel Corps*, Yiorgos Caralambo und Philippos Tedros, reiten als persönliche Expressboten Carletons auf Dromedaren zwischen seinem Hauptquartier und den weit verstreuten Truppenteilen hin und her. Die Botschaften und Befehle, die sie überbringen, verfasst der Colonel in einem Geheimcode oder in altgriechischer Schrift. Leider reißt die Flut schlechter Nachrichten nicht ab: Am 22. März, einen Monat nach der Schlacht, erfährt Colonel Carleton, dass General Sibley bei Valverde in New Mexico Territory über Unionstruppen gesiegt hat, obwohl er – zu krank und betrunken, um sich im Sattel zu halten – seine Soldaten von einer Kutsche aus hatte befehligen müssen.

Am Mittwoch, dem 26. März 1862, wird *light battery A* aus der Monotonie Camp Drums auf einen Übungsmarsch nach Camp Latham bei Los Angeles befohlen – ein Zeltlager der U.S.-Truppen, das *Southern sentiments* in der Stadt unterdrücken soll. Charles und seine Kameraden marschieren einen Tag lang durch baumlose Prärie, die immer noch größtenteils überflutet ist, das Vieh steht oft bis zum Bauch im Wasser, Weinberge und Obstgärten entlang des Los Angeles River sind ruiniert. Die Stadt selbst ist eine Hochburg konföderierter Sympathisanten und – obwohl sie viele Jahrzehnte älter ist als San Francisco – nach wie vor eine raue *frontier town*, in der die meisten Männer Revolver und Bowiemesser am Gürtel tragen. *Los Angeles wirkt wie die Ruinen einer einst prächtigen Stadt*, schreibt einer der Freiwilligen in der Tageszeitung *Sierra Democrat*, entgegen Carletons Verbot. *Die drei- und vierstöckigen Ziegelgebäude in ihrem Herzen und die einstöckigen Adobe-Häuser an ihren Rändern bilden einen seltsamen Gegensatz. Einige der Adobe-Bauten sind so verfallen, daß von einst geräumigen Anwesen nur noch ein Raum benutzbar ist.*

In ihren knappen freien Stunden steuern Charles und seine Kameraden *Hell's Half Acre* an, das Kneipen- und Rotlichtviertel um Alameda Street und die Calle de los Negros. In den Spielhallen,

Saloons und Bordellen dort geht es ähnlich unbändig und gewalttätig zu wie in San Franciscos *Barbary Coast.* Auch hier sind viele der chinesischen Prostituierten noch Kinder, die Frauen präsentieren sich in armseligen Verschlägen, halbnackt und oft mit blassen, von Drogensucht und Entbehrung gezeichneten Gesichtern. Charles hat wenig Freude in dieser Welt. Er weiß, dass es für ihn besser wäre, *ein Friedens=Soldat zu sein*, wie Fred einst geschrieben hatte. Sein Band zu den letzten ihm nahen Menschen reißt in dieser Zeit: Charles hört auf, Briefe nach Stuttgart zu schicken. Ihm ist klar, dass er für viele Monate keine feste Adresse mehr haben wird, an der ihn die Antworten aus der Heimat erreichen könnten.

Ende März, als *light battery A* wieder zurück in die Zeltstadt Camp Drums marschiert, stellt eine Vorhut der *Column* einen Stoßtrupp der Konföderierten, der bereits ein halbes Dutzend der mühsam angelegten Heulager entlang des Gila River niedergebrannt hat. Nach einem kurzen Scharmützel ziehen sich die zahlenmäßig unterlegenen *secesshes* nach Tucson zurück – doch der Aufbruch der *Column* verzögert sich erneut um Wochen, bis die Futterlager wieder aufgefüllt sind.

Am Sonntagmorgen, dem 13. April 1862, gibt Colonel Carleton endlich den Befehl zum Abmarsch. Charles und andere alte Hasen der *light battery A* schmieren eine gute Portion Rindertalg in ihre Stiefel. Sie spannen ein halbes Hundert Pferde vor die Protzen ihrer Kanonen, Haubitzen und Munitionskarren – Maultiere werden nur ungern zum Ziehen von Geschützen eingesetzt, weil sie bei Gefechten oft störrisch reagieren. Dann steigen sie in die Sättel und rücken acht Meilen bis an den San Gabriel River vor, zu den Pfeifen und Trommeln ihrer Musiker, die unter anderem den *Yankee Doodle* spielen, ein ehemaliges Kinderlied, das zum populärsten Marsch der Unionstruppen im Bürgerkrieg wird: *Yankee doodle, keep it up / Yankee doodle dandy, / Mind the music and the step, / And with the girls be handy.*

Eine ganze Woche vergeht, bis schließlich alle 21 Kompanien nach Osten abmarschiert sind: 2350 Soldaten, Hunderte Zivilisten, vier Nachschubkarawanen mit je fünfzig schwerbeladenen Planwagen und eine Rinderherde, die unterwegs geschlachtet werden

Abb. 64: Das Emblem eines Weißkopfseeadlers – des Wappenvogels der U. S. A. –, wie Charles es auf dem Brustgurt trug, an dem seine Patronentasche hing.

soll – ein Heereszug, der sich über mehrere hundert Meilen vom Pazifik bis in die Wüste zieht. Er bewegt sich, wie Sam Houston prophezeit hatte, *mit der steten Wucht und Beharrlichkeit einer gewaltigen Lawine.* Jeder Kompaniechef hat mit seinen Männern nach einem genau festgelegten Zeitplan vorzurücken und die Abstände zu vorausmarschierenden Kompanien peinlich genau einzuhalten, um die Wasserlöcher entlang der *Jornada del Muerto* nicht zu überlasten.

Charles sitzt auf einem Pferd, das neben seinem Gewicht noch einen Zentner Futtergerste zu tragen hat. Um die geplagten Tiere zu schonen, sind die Kompanieführer angewiesen, ihre Leute nach der Uhr mindestens die Hälfte der Zeit mit vollem Gepäck marschieren zu lassen. Weil Colonel Carleton bis in die Knappsäcke der Soldaten hineinregiert und jeden Artikel, den sie mit sich führen dürfen, einzeln vorschreibt, wissen wir, dass Charles und seine Kameraden in schlichten Arbeitsuniformen marschieren: Schwarze Filzhüte mit breiter Krempe, ohne die üblichen Embleme von Waffengattung, Regiment und Kompanie, himmelblaue Wollhosen und dunkelblaue Wolljacken mit einreihigen Messingknöpfen. Carleton ist vor allem an Tempo und Schlagkraft seiner Truppe gelegen, von militärischem Pomp hält er nichts.

Im Knappsack auf seinem Rücken trägt Charles, wie alle Mannschaften der *Column*, eine Wolldecke, einen Mantel, ein Käppi, ein Paar Socken, ein wollenes Hemd und einen Satz wollene Unterwäsche zum Wechseln, ein Handtuch, zwei Taschentücher, einen groben Kamm und einen feinen gegen Läuse, ein Nähzeug, ein Stück Seife und eine Zahnbürste. An seiner rechten Hüfte hängt die fast vier Kilo schwere Patronentasche mit vierzig Schuss, an seiner Linken der Proviantbeutel mit zehn Tagesrationen *pilot bread*, Salzfleisch und Kaffee, einem Blechteller und Löffel und Gabel. An seinem Gürtel trägt er, neben dem Koppelschloss mit eingeprägtem *US*-Emblem, ein Täschchen mit Zündhütchen, ein stehendes Messer und eine Blechtasse. Außerdem ist er mit Säbel, Pistole, Muskete und Bajonett behängt und mit der lebenswichtigen Wasserflasche – zusammen knapp 60 Pfund. Um den Marschtritt zu halten, spielen die Pfeifer und Trommler *Glory Hallelujah*: *John Brown's body lies a-mouldering in the grave / John Brown's body lies a-mouldering in the grave / John Brown's body lies a-mouldering in the grave / His soul is marching on!*

***

Uns bleiben nur Bücher, alte Karten und Militärakten, um uns ein Bild zu machen – Kompanieberichte und Formblätter für die vierteljährliche Inspektion, präzise in ihren Details, aber gänzlich stumm, was die Strapazen des Marsches angeht. Doch in aktuellen Onlineausgaben der *New York Times* stoßen wir auf Indizien, die ahnen lassen, dass Charles bei dem Rohrkrepierer auf Alcatraz ein halbes Jahr zuvor nicht so unversehrt blieb, wie es ihm und den Umstehenden schien.

Seit Artilleristen der U.S. Marines in Syrien Stellungen des Islamischen Staates mit pausenlosem Beschuss belegten, erkennt das Pentagon, dass Kanoniere von den Druckwellen ihrer eigenen Waffen verletzt werden können. Heimkehrende Marines, die nie Feindberührung hatten, klagten über eine erschreckend lange Liste von Symptomen: Schlaflosigkeit, Albträume, Verwirrungszustände, dröhnende Kopfschmerzen, Krampfanfälle und Gedächtnisverlust. Sie litten an Gleichgewichtsstörungen, Reizbarkeit, lähmender Müdigkeit, Herzrasen und Verdauungsproblemen, durchlebten Angstzustände, Panikattacken, Depressionen und in manchen Fällen Halluzinationen, die sie fürchten ließen, verrückt zu werden. Einige sehen bis heute Geister oder hören Stimmen, lesen wir in Reportagen der *New York Times*, erschreckend viele begingen Selbstmord.

Das U.S.-Verteidigungsministerium soll für seine *Warfighter Brain Health Initiative* bereits eine Milliarde Dollar ausgegeben haben, um die gesundheitlichen Folgen von Druckwellen auf Soldaten zu erforschen. Bislang lag der Fokus vor allem auf der Wirkung von feindlichem Beschuss, von Minen und Bomben, die in gefährlicher Nähe von Truppen explodieren. Erst jüngst beginnt man zu begreifen, dass auch die *shock waves* schwerer Geschütze, die mit Schallgeschwindigkeit durch die Körper der Mannschaften rasen, die sie bedienen, mikroskopisch kleine Vernarbungen im Hirngewebe verursachen, die Synapsen unterbrechen und die Hirnfunktion behindern. Tatsächlich standen die Kanoniere der Marines in Syrien nur eine Armeslänge von ihren Geschützen und lösten sie mit einem simplen Seilzug aus wie Charles 150 Jahre zuvor.

Er und seine Kameraden hatten auf Alcatraz bereits Hunderte Kanonenkugeln und Granaten mit schwersten Kalibern verschossen, im mitleidlosen Drill Captain Stewarts, der die Festung bestmöglich auf konföderierte Angriffe vorbereiten wollte. Vermutlich hat Charles sich dabei – und vor allem am explodierenden Geschütz *Nummer Eins* – einen Hörschaden und ein Hirntrauma zugezogen. Wenn die Annahme stimmt, muss der Marsch der *Column from California* für ihn ungleich härter und quälender gewesen sein als für Colonel Carletons unbedarfte Freiwillige. Und hätte Charles sich mit seinen Beschwerden den Garnisonsärzten offenbart, die den Heereszug begleiteten, hätten sie ihn – der er keine erkennbare Verletzung, keine diagnostizierbare Malaise vorzuweisen hatte – unweigerlich zum Drückeberger erklärt.

***

Zwei Marschtage vor Charles und seinen Kameraden reitet Kompanie B der *Second California Cavalry*. Sie hat in ihren Reihen einen Offizier, der unterwegs ungeniert für die *Daily Alta California* berichtet – sehr zum Missfallen Carletons, obwohl der Mann so klug ist, keine militärischen Geheimnisse auszuplaudern.

Hinter seinem Pseudonym *Vidette* verbirgt sich pikanterweise der Kompaniechef, Captain John C. Cremony, ein erfahrener Zeitungsredakteur aus San Francisco. Am 27. April schreibt er, bei den bizarren *Badlands* von Carrizo Creek, über die Mühsale des Marsches: *Die ganze Strecke ist ein ununterbrochenes Ödland von blendend weißem Sand, der die Strahlen der Sonne mit schrecklichem Glanz zurückwirft und alles verdorren lässt. Menschen, Maultiere und Pferde beugen sich unter der Gewalt der Sonne, als ob sie plötzlich von Krankheit geschlagen wären, sie verlieren alle Energie und jede Faser entspannt sich zu absoluter Schlaffheit.*

Auf die biblische Sintflut folgt ein ungewöhnlich heißes Frühjahr. Colonel Carleton hält es sogar für das heißeste seit dreißig Jahren. *Das Wetter ist fraglos infernalisch*, schreibt ein anderer, anonym gebliebener Soldat, der es sich nicht verkneifen kann, für die *Daily Alta California* zu berichten, *das Thermometer (vom verlässlichen Standard des Smithsonian Instituts) zeigt bis zu 119° im Schatten* [48° C]. *Ich weiß nicht, wie Ihr guten Leute in San Francisco denken mögt, aber durch eine so furchtbare Hitze zu marschieren, ununterbrochen sechs oder sieben Stunden lang, das ist kein Kinderspiel.*

Der Colonel, der neben aller Pedanterie und Rechthaberei auch eine fürsorgliche Seite hat, befiehlt seinen Offizieren, ihre Männer anzuweisen, *reichlich zu trinken, bevor sie losmarschieren, und mit dem Wasser in ihren Flaschen sparsam umzugehen.* Doch das ist leichter gesagt als getan, meint der anonyme Korrespondent: *Wir sind mit Flaschen ausgerüstet, die drei Pinten Wasser fassen. Aber meist leeren wir sie in den ersten sechs oder acht Meilen einer Tagesetappe, und den ganzen restlichen Weg – oft noch weitere 16 oder 18 Meilen – müssen wir ohne einen Tropfen durchstehen, mit hängenden Zungen, dick belegt vom Staub, den der Schweiß auf unseren Körpern kleben lässt.*

Am 28. April erreicht *light battery A* das Lager nahe der verlassenen Postkutschenstation von Vallecito, wo Lieutenant Parkes Expeditions-Meteorologe sieben Jahre zuvor zum letzten Mal Tau registriert hatte. Wie schon Parke weist auch Carleton seine Einheiten an, von hier aus nur noch nachts zu marschieren, vom späten Nachmittag bis vor die Morgendämmerung. Für Charles ist die ganze Strecke ein ernüchterndes, deprimierendes Déjà-vu. Er läuft sich jetzt zum fünften oder sechsten Mal auf dem elenden *Overland Trail* die Sohlen durch und quält sich mit Selbstvorwürfen, dass er in all den Jahren im Land der Freiheit nicht mehr aus sich zu machen verstand. Dass er aus den Augen verlor, mit Fred ein eigenes Geschäft aufzuziehen, als der noch lebte. Er hadert mit dem Krieg, der nicht der seine ist, und der wie ein Orkan über Amerika zieht. Wie er die Eilmärsche der *Column* übersteht, ist uns ein Rätsel: Er ist mit bald 43 Jahren einer der ältesten der Mannschaften, trägt die Syphilis in sich und sein Hirntrauma beschert ihm vermutlich Kopfschmerzen, Schlaflosigkeit, Erinnerungslücken, Schwindelgefühle und lässt ihn rasch ermüden.

Während der Nachtmärsche diskutieren Charles' Kameraden immer wieder über die bisher blutigste Schlacht, von der sie erst nach ihrem Aufbruch erfahren haben. Sie soll Anfang April am Ufer des Tennessee River geschlagen worden sein, nahe der Kapelle von Shiloh, was auf Hebräisch *Ort des himmlischen Friedens* bedeutet. Dem Hörensagen nach sind dort in nur zwei Tagen so viele Soldaten verwundet worden, wie die gesamte U.S.-Armee vor dem Krieg gezählt hatte. Tausende gingen elend zugrunde – erschossen, von Schrapnell zerrissen, von Kanonenkugeln zermalmt, mit Bajonetten erstochen, mit Gewehrkolben erschlagen. Auch zahllose Pferde und Maultiere krepierten bei den Kämpfen.

Erst Monate später erfahren die Soldaten, dass es dem konföderierten Oberkommandierenden, General Albert Sidney Johnston – im Jahr zuvor noch ihr oberster Dienstherr auf Alcatraz –, gelungen war, die Unionstruppen unter Ulysses S. Grant zu überrumpeln und in den Rückzug zu treiben. Als Johnston auf seinem Hengst *Fire Eater* einer Angriffswelle voraussprengte, wurde er, wohl von einer verirrten Musketenkugel aus den eigenen Reihen, in die rechte Kniebeuge getroffen. Nach wenigen Minuten bemerkten seine Adjutanten, dass der General leichenblass im Sattel zusammensank. Sein Stiefel füllte sich rasch mit Blut, offensichtlich war eine Beinvene getroffen. Verzweifelt versuchten Offiziere, den mittlerweile Bewusstlosen in der Deckung eines Tälchens am Leben zu halten – seinen Leibarzt hatte Johnston zur Versorgung schwerverletzter Konföderierter und gefangen genommener

Unionssoldaten befohlen. In der Aufregung bemerkte niemand, dass der altgediente General vorsorglich ein Tourniquet zum Abbinden des Blutflusses in der Tasche trug. Er verblutete auf dem Schlachtfeld, mit seinem Leibwächter und früheren Sklaven Randolph Hughes an der Seite. Johnston bleibt der hochrangigste Gefallene des gesamten Bürgerkrieges. Nach seinem Tod wendet sich das Blatt, und General Grant gelingt es, die Konföderierten zu schlagen, wenn auch unter grauenhaften eigenen Verlusten. Das ist das nur scheinbar glückliche Ende, von dem Charles' Kameraden gehört haben und das sie sich, zwischen Entsetzen und Hoffnung schwankend, immer wieder erzählen, unterwegs in der Wüste.

Selbst im Mondlicht ist zu erkennen, dass die Marschierenden von Kopf bis Fuß mit Staub bedeckt sind. *Denn*, so schildert der *army correspondent*, der sich nicht um Carletons Schreibverbot schert, *die Karrenwege sind bis zu sechs Zoll tief mit einem feinen, fast nicht wahrnehmbaren alkalischen Staub von hellbrauner Farbe bedeckt; bei jedem Schritt wirbelt er in gewaltigen, jede Sicht nehmenden Wolken auf, bis zwei- oder dreihundert Fuß über unsere Köpfe. Er dringt in Augen, Ohren und Nase, füllt den Mund und nimmt den Marschierenden die Luft. Er gelangt auch unter die Kleidung und legt sich in Form einer dünnen, klebrigen Tünche auf den ganzen Körper, was enorm auf die Nerven geht und sehr unangenehm ist.*

Anders als Charles und andere altgediente Soldaten der *light battery A* quälen sich viele der Freiwilligen zum ersten Mal durch die Colorado-Wüste. *Fast das ganze Land bisher ist eine unfruchtbare und wertlose Ödnis, in der Ackerbau vollkommen unmöglich ist*, schreibt der anonyme Korrespondent, *besiedelt vor allem von Millionen von Skorpionen, Tausendfüßlern und anderen Plagegeistern. Zweimal fanden Soldaten kürzlich ihre Decken von Klapperschlangen besetzt, und gestern hatte ein Korporal das Vergnügen, eine in seinem Stiefel zu entdecken, als er dabei war, hineinzuschlüpfen.*

***

Wir folgen dem Marsch der *Column* in einem Leihwagen auf der letzten, längeren Fahrt unserer Reise. Aus der Stille der

Anza-Borrego-Wüste kommend, passieren wir eine *Offroad Vehicle Recreation Area* – ein von Geländewagen, Motocross-Maschinen und Quads verlärmter und zerspurter Wüstenstrich, viele Quadratmeilen groß. Dann erreichen wir die Agrarsteppe des Imperial Valley und fahren eine Stunde lang an hektargroßen Salat- und Alfalfa-Feldern vorbei, an Dattelplantagen, Rindermastbetrieben und Werkstätten für übergroße Agrarmaschinen.

Entlang dieser Strecke liegen das Damals und das Heute geradezu unbegreiflich weit auseinander. Zu Charles' Zeiten war dies der kargste Teil der Colorado-Wüste. Statt Stangensellerie und Brokkoli für Supermarktketten gediehen hier nur Kreosotbüsche und an wenigen Stellen hartlebiges *bunch grass*. Moderne Bewässerungslandwirtschaft hat diese Region des Alten Westens und die Spuren des historischen *Overland Trail* über weite Strecken planiert. Wie lange diese *industrial agriculture* noch betrieben werden kann, weiß niemand: Imperial Valley ist der größte Wasserverbraucher Kaliforniens, der amerikanische Südwesten erlebt die schwerste Dürre seit 1200 Jahren, die großen Stauseen der Region, Lake Powell und Lake Mead, sind so leer wie nie in ihrer Geschichte. »Wolltest du hier leben?«, fragt Bert, als wir durch Siedlungen fahren, in denen vor allem miserabel bezahlte mexikanische Landarbeiter wohnen, unter der gleichen gleißenden Sonne, unter der einst Charles marschierte. Nein – hier würde ich nach wenigen Wochen eingehen wie eine Primel, an Langeweile und allgemeiner Tristesse. Eine Autostunde später taucht viele Meilen vor uns ein markanter, dunkler Felsrücken auf: Pilot Knob, eine unübersehbare Landmarke auf dem Weg nach Fort Yuma, und unser letztes Ziel auf dieser Reise.

***

First Lieutenant John B. Shinn, Kompaniechef der *light battery A*, verlangt seinen Männern unterwegs alles ab. Sie sind die erste berittene Artillerie-Einheit der U.S.-Armee, die die Wüsten des Südwestens durchquert, und Shinn lässt sie die ganze gewaltige Strecke unter größtmöglicher Wachsamkeit und *always in fighting condition* marschieren. Mit seinem Diensteifer tut er sich so sehr hervor, dass Colonel Carleton noch im selben Sommer vorschlägt, ihn zum Major zu befördern. Am Carrizo Creek inspiziert der Lieutenant seine Kompanie im letzten Abendlicht und bescheinigt den Soldaten *Disziplin: gut; Ausbildungsstand (für das Feld): voranschreitend; militärische Erscheinung (für das Feld): rauh; Waffen, Ausrüstung und Kleidung: gut.*

Auf Colonel Carletons Geheiß rollt hinter einem ihrer Munitionskarren ein Entfernungsmesser mit, der die Marschstrecken der Kompanie bis auf eine Hundertstel Meile genau dokumentiert. Nach der Inspektion lässt Shinn den Trompeter *To Horse* blasen und *light battery A* reitet in die Dämmerung hinein, an einer verfallenden Poststation vorbei, die ihnen die Verheerungen des Krieges vor Augen führt. Dann wird es Nacht, und in der Monotonie des Marsches ziehen an Charles die Jahre seines Lebens vorbei, wie Novalis es in seiner Ersten Hymne an die Nacht beschrieb: *Fernen der Erinnerung, Wünsche der Jugend, der Kindheit Träume, des ganzen, langen Lebens kurze Freuden und vergebliche Hoffnungen kommen in grauen Kleidern, wie Abendnebel nach der Sonne Untergang.* Nach 20,2 gerittenen und marschierten Meilen schlagen sie vor dem Morgengrauen schließlich ihr Lager an den Brunnenlöchern von *Indian Wells* auf, nahe einer anderen, geisterhaft leeren Station der aufgegebenen *Butterfield Overland Mail.*

In der folgenden Nacht zum Donnerstag, dem 1. Mai 1862, bringen sie in einem unsäglichen Gewaltmarsch fast dreißig Meilen hinter sich, durch den ödesten Teil der *Jornada del Muerto.* Der Staub scheint hier schlimmer als irgendwo sonst auf dem Marsch. Immer wieder sacken die Räder der Geschützlafetten und Munitionskarren weg, die Zugtiere brechen unter der Last schier zusammen. Während der Etappen zu Fuß muss Charles alle Kraft und allen Willen aufbieten, vermuten wir, um sich auf den Beinen zu halten und in der langen Reihe der anderen mitzutrotten. Wahrscheinlich rettet ihn, dass er zumindest die Hälfte der Strecke im Sattel seines Pferdes verdämmern kann.

Im Mondlicht ahnen sie eine riesige Wasserfläche viele Meilen nördlich: *Salton Sink* – eine abflusslose Senke, größer als San Francisco Bay, die sich füllt, wenn extreme Hochwasser des Colorado aus seinem Bett brechen und wochenlang in die Wüste strömen. In den frühen Morgenstunden lagern die Männer zutiefst erschöpft am Wasserloch von *Norton's Well.* Auch an diesem bald sengend heißen Tag haben Wachen aufzuziehen und schärfstens Ausschau nach konföderierten Stoßtrupps zu halten. Und bevor die wachfreien Männer versuchen, im Schatten ihrer Zeltbahnen Ruhe zu finden, weichen sie ein paar Scheffel Gerste in Wasser ein, um ihre Pferde zu füttern, die vom Wassermangel und der nächtlichen Schinderei bedenklich erschöpft wirken.

Colonel Carleton, der mit seinem Stab an der Spitze der *Column* reitet, erreicht am selben Tag Fort Yuma. Er richtet sich dort länger ein, um den Nachschub für den weiteren Vorstoß nach Osten zu organisieren, während der Heereszug, Kompanie um Kompanie, an ihm vorbeizieht, auf das von den Konföderierten besetzte Tucson zu. *Halten Sie Ihre Säbel messerscharf,* befiehlt Carleton vorausreitenden Kavallerieoffizieren, *so daß sie leicht durch Kleidung schneiden. Wenn berittene, mit Revolvern bewaffnete Texaner Ihre Kavallerie angreifen, während sie in den Sätteln sitzt, rate ich, sie blitzschnell in Nahkampf zu verwickeln. Bringen Sie den Feind in Ihre Macht, indem sie seine Zügel zerschlagen, seine Pferde niederhauen etc. Kalter Stahl wird der Pistole überlegen sein.*

Light battery A rückt unterdessen, nach Beginn der Abenddämmerung am 2. Mai, 21 Meilen bis *Cook's Wells* vor, entlang der Kette verwaister Poststationen. In der folgenden Nacht marschieren sie nur 13,8 Meilen bis Pilot Knob, ein massiger Vulkanschlot, der wie eine Insel über den Wüstenboden ragt. In den nahen Auen des Colorado River lagern seit Monaten schon ein paar Kompanien der Vorausabteilung der *Column.* Unweit ihrer Zeltstadt schlagen auch Charles und seine Kameraden ihr Lager auf, irgendwann vor Mitternacht. Als sie am nächsten Morgen zum Appell antreten, bleibt einer von ihnen verschwunden. Ein Regimentsschreiber notiert später mit Tinte und Feder in den Akten*: Datum: 4. Mai 1862; Name: Charles Herzog; Rang: Gefreiter; Einheit: Kompanie A; Vorgang: Desertiert. Schuldet der US-Regierung für Kleidung einen Dollar und 46 Cent, für Waffen und Munition 13 Dollar und 81 Cent und für Lager- und Garnisonsausrüstung vier Cent.*

Und so sehe ich Charles ein letztes Mal, wie er, der ohnehin kaum noch Schlaf findet, sich in den ersten Stunden dieses

Sonntagmorgens still von seinem Platz erhebt. Im schwachen Licht des neuen Mondes schleicht er geduckt durch eine Lücke zwischen den Wachtposten, barfuß, seine Stiefel in einer Hand, um weniger Spuren zu hinterlassen – er, der seinem Diensteid acht harte Jahre lang treu geblieben war, obwohl er unzählige Male erlebt hatte, wie Kameraden verschwanden und nie mehr aufgegriffen wurden. Die unhandliche Muskete, die geladen und griffbereit bei den Waffen der anderen lehnt, lässt er zurück, das nutzlos gewordene Bajonett und den schweren Säbel, die Zeltbahn auch, mit der er sich nur unnötig beladen würde. Als er außer Hörweite der Wachen ist, legt er die Uniform ab und schlüpft in Zivilkleider, die er zuunterst in seinem Marschgepäck versteckt haben muss. Nur den in der Wüste unverzichtbaren Hut nimmt er mit, seine Pistole, die Wasserflasche, den Knappsack und Proviantbeutel. Er meidet den Colorado und seine Auen, in denen ständig Truppen unterwegs sind, und läuft, so rasch er in seinem Zustand vermag, in die Wüste hinaus. In den wenigen Stunden bis Tagesanbruch muss er so viele Meilen wie möglich zwischen sich und seine Einheit bringen.

***

Wir hatten uns ein romantisches Bild von dieser letzten Station unserer Reise zurechtgelegt: »Der Ort, an dem wir seine Spur verlieren ...« Doch Pilot Knob ist eine herbe Enttäuschung. An seinem Nordabfall donnern schwere Lastwagen auf dem *Freeway* von San Diego nach Tucson vorbei, daneben Güterzüge der *Southern Pacific*. Hinter unserem Rücken führt eine dicht befahrene Bundesstraße nach Mexiko, das einen Kilometer weiter südlich liegt. Der Berg selbst ist eine ungeschlachte, rötlich-schwarze Masse erkalteter Lava. Durch seine Ostflanke hat man einen riesigen Bewässerungskanal gesprengt. Das ganze Gelände scheint wie von Bulldozern durchwühlt, nur mit Mühe entdecken wir unberührte Stellen.

Charles' Lage war verzweifelt: Von Westen rückt Kompanie um Kompanie heran. Im Osten stehen die Konföderierten, im Norden liegen ein paar von den Fluten halb zerstörte Goldgräbercamps und karge, wasserlose Wildnis. Auch der Weg am Fluss entlang nach Süden, Richtung Mexiko, ist verstellt. Die Vorausabteilung

Abb. 65: Auf einem kahlen Schutthügel verschafft Bert sich einen Überblick über den Vulkanschlot des Pilot Knob – der letzten und rätselhaftesten Station unserer Reise.

der *Column* hat alle Fährboote über den Colorado konfisziert oder versenkt, bis weit in mexikanisches Territorium hinein. Wer über den Strom will, muss unter den Geschützen von Fort Yuma passieren, muss einen Treueeid auf die Vereinigten Staaten schwören, wird peinlich genau nach Namen, Wohnort, Alter, Beruf und Reiseziel befragt. Verdächtige werden sofort verhaftet.

Zum letzten Mal treiben wir zwischen den Zeiten – zwei reisemüde, erschöpfte Spurensucher, schweigend und ratlos. Als es dunkel wird, läuft Bert zum Auto zurück und wartet da, ich hocke noch lange in einer Schuttrinne, die von den Kuppen des Pilot Knob zum Fluss herabzieht. Es ist eine angenehm kühle Nacht, fast Vollmond. In seinem sanften Licht scheint die von Maschinen aufgerissene Flanke des Berges seltsam unberührt. Die nahen Straßen sind nicht mehr zu hören. Unwillkürlich gleite ich in die frühen Stunden des 4. Mai 1862 zurück, spüre der Angst nach, die Charles hier gepackt haben muss, als das Lager hinter ihm zurückblieb – und die Armee, die ihn acht Jahre lang ernährt, gekleidet und bezahlt hatte. Er war plötzlich sehr allein da draußen, zwischen den Kakteen und Kreosotbüschen – grauenhaft allein.

Abb. 66: In diesem unübersichtlichen Gelände desertierte Charles Herzog in der Nacht zum 4. Mai 1862. Im Rücken des Fotografen fließt der Colorado River. Hinter den Schutthügeln im Mittelgrund sind die Felskuppen von Pilot Knob zu ahnen.

Wir bleiben beide seltsam unruhig an diesem Abend, schlecht gelaunt und unbefriedigt. Die Aufgabe, die uns monatelang in ihren Bann schlug, wird uns hier kalt und unvermittelt genommen, die vielen Fäden, denen wir zu folgen versuchten, verlaufen auf einen Schlag im Nichts. Vier Generationen nach deiner Desertion, Charles, haben wir hierher gefunden, Nachkommen deiner Verwandtschaft aus Stuttgart. Wir sind deinen Spuren Tausende von Meilen gefolgt, durch Städte und Steppen, durch Wüsten, Wälder und Hochgebirge. Acht Wochen lang haben wir nicht nachgelassen im Bemühen, dir näherzukommen, dich zu verstehen, dein Leben zu begreifen. Du bist uns längst zu einem fernen Freund geworden. Bist du in dieser Wüste gestorben, verdurstet, verhungert? Wurdest du erschossen, erschlagen oder von Kopfgeldjägern aufgegriffen und der Armee übergeben? Ist dir die Flucht gelungen, konntest du irgendwo, weit weg, ein neues Leben beginnen? Blieb eine Schwingung von dir, die wir erspüren könnten?

Stille und ein leerer Nachthimmel. Sonst nichts.

Epilog

Ab jenem frühen Sonntagmorgen, an dem Charles Herzog in der Wüste verschwindet, verlieren wir ihn vollständig aus den Augen. Er scheint als Deserteur nicht aufgegriffen worden zu sein – sein Name taucht in keinen Militärakten mehr auf. Er schreibt keine Briefe mehr, die uns erhalten geblieben wären. Wir entdecken seinen Namen fortan auch in keiner Volkszählung der U.S.-Behörden. Ein Mitarbeiter der *National Archives* in Washington, D.C., an den wir uns in unserer Ratlosigkeit wenden, schreibt uns freundlich zurück: »We have no way of knowing what became of him thereafter.« – Wir haben keine Möglichkeit zu erfahren, was danach aus ihm geworden ist.

Die weitere Geschichte der *Column from California* dagegen ist hervorragend dokumentiert. Ihren Hauptgegner, General Henry Sibley, muss sie nicht länger fürchten: Schon am vierten Tag des Marsches, noch in den Wäldern der Küstenkordillere, hatte Colonel Carleton die Nachricht erreicht, dass dessen Invasionsarmee einen Monat zuvor bereits am Glorieta Pass bei Santa Fe geschlagen worden war. U.S.-Soldaten haben die Stadt wieder besetzt, und Sibleys versprengte Truppe, die ihre Nachschubkolonne verloren hat, zieht sich, halb verhungert und verdurstet, durch die Berge entlang des Rio Grande Richtung Texas zurück.

Zwei Wochen nach Charles' Verschwinden, am 20. Mai, marschiert die *Column* kampflos in Tucson ein, zu den Klängen ihrer Musikcorps und dem Jubel zurückgekehrter Unionsanhänger. Die zahlenmäßig weit unterlegene konföderierte Garnison hatte die Stadt schon Tage zuvor geräumt. Am 2. Juni erreicht auch Carleton, der mittlerweile zum Brigadegeneral befördert wurde, das Städtchen. Wie der konföderierte John Robert Baylor zuvor erklärt er sich zum Militärgouverneur des Territoriums von Arizona und verhängt Kriegsrecht. Eine seiner ersten Amtshandlungen ist, Sylvester Mowry – den einstigen Don Juan von Fort Yuma – verhaften zu lassen. Man wirft ihm vor, mit den Konföderierten sympathisiert und ihnen Blei für Gewehrkugeln verkauft zu haben. In einer Zelle des Forts, das er einst selbst kommandiert hatte, vegetiert

Mowry ein halbes Jahr dahin, bevor er mangels Beweisen wieder freigelassen werden muss. Sein Silberbergwerk nahe der mexikanischen Grenze, das die unerhörte Summe von fünfhundert Dollar pro Tag eingebracht haben soll, wird zerstört und Sylvester Mowry gezwungen, Arizona zu verlassen.

Die militärische Schlagkraft der *Column* richtet Carleton während der weiteren Kriegsjahre darauf, Indianervölker wie die *Apache* und *Navajo* zu brechen und in Reservate zu zwingen – nicht zuletzt um die reichen Erzvorkommen Arizonas ohne Gegenwehr erschließen zu können. *Ein Indianer ist ein vorsichtigeres und wachsameres Tier als ein Hirsch*, schreibt Carleton, *er muss mit Geschick gejagt werden.* Charles' ehemalige Kompanie – *light battery A* – kriegt bis zum Ende des Bürgerkrieges keine konföderierten Soldaten zu Gesicht. Sie kämpft als Artillerie- und Kavallerieeinheit ausschließlich gegen Indianer. In einem Bericht über die Geschichte des Dritten U.S.-Artillerieregimentes heißt es: *No company of the regiment saw harder service during the war than A* – Keine Kompanie des Regimentes erlebte während des Krieges einen härteren Einsatz als Kompanie A.

In Charles' Familie in Stuttgart wächst im Laufe der Jahre der Kummer, weil er, der nie ein eifriger Briefeschreiber war, selbst für seine Verhältnisse viel zu lange nichts mehr von sich hören lässt. Nach den Weihnachtsfeiertagen 1863, am Sonntag, dem 27. Dezember, greift Marie Sophie Katz zu Tinte und Feder. Sie hatte als Zehnjährige ihren des Englischen noch kaum mächtigen Halbbruder bei seiner Abreise mit den wohlmeinenden Worten verabschiedet: *Noh muaschd hald so lang Deitsch schwätza, bis de Englisch kohschd!* Jetzt versucht sie noch einmal, Kontakt zu ihm aufzunehmen und schreibt an seine letzte bekannte Adresse – Fortress Alcatraz. Ihr Brief blieb in einer Abschrift erhalten:

Lieber Bruder! Schon lange warten wir vergebens auf einen Brief von dir, da ich dir deinen letzten schon vor 2 Jahren beantwortet habe; damals dachte ich nicht, daß ich dir schon im zweiten Brief eine für mich schmerzliche Nachricht schreiben müsse. Mein lieber Mann bekam dieses Frühjahr eine Brustfell- u. Lungenentzündung, diese wollte sich lange nicht bessern, u. als es endlich geschah, gab es, da er vorher schon ein wenig Brustleidend war, eine Zehrung. Am ersten November, also nach einer halbjährigen Krankheit, erlöste ihn der liebe Gott von seinem Leiden durch einen sanften Tod. Wie schwer es für mich ist, kannst du dir denken, da ich 2 Kinder habe, eine Anna um 2 1/2 Jahren u. eine Julia um 5/4 Jahren, erstere spricht schon Alles u. macht Allen Freude. Wir wohnen nun Alle beieinander, Vater, Kunbergers u. ich, Alle in einem Hause, was mir sehr viel erleichtert.

Der liebe Vater ist natürlich alt geworden, er geht nun in das 74. Jahr, arbeitet aber trotzdem noch alle Tage, fast wie ein junger. Tante Julie führt noch immer die Haushaltung und kommt mir für meine Kinder auch sehr gut. Schwager Kunberger ist wirklich auch nicht wohl, er leidet an Gichtschmerzen. Charlotte u. Emma sind gesund, letztere ist groß, stark und lustig.

So viel wir aus deinem letzten Brief vernommen haben, hast du schon im August ausgedient, wissen aber nicht, hast du deinen Abschied erhalten oder nicht. Hoffentlich hast du dich nicht wieder aufs neue anwerben lassen, denn du wirst das Soldatenleben auch genug haben, denn widerwärtiges u. Leiden hast du gewiß auch genug gehabt. Wir bitten dich, doch so bald als möglich zu schreiben, damit wir wissen, wie es dir geht; wir denken du werdest jetzt doch auch wieder Gelegenheit haben einen Brief abzuschicken, denn es ist so schwer für uns, von dem einzigen Sohn und Bruder, den wir noch haben, gar nichts zu wissen. Es würde uns wohl unaussprechlich freuen, wenn wir dich wieder sehen würden, und wir geben die Hoffnung auch noch nicht auf. Nur als Setzer wird es dir nicht mehr hier behagen, aber wenn du dir ja was erspart hast, kannst du ja auch etwas anderes hier thun, indem bei uns völlige Gewerbefreiheit eingetreten ist, also jeder treiben kann, was er will.

In der Hoffnung, daß dich dieser Brief gesund u. wohlerhalten antreffen möge, schließe ich unter tausend herzlichen Grüßen, von deinem Vater, wie von uns Allen, besonders von deiner Schwester

Unsere Adresse ist: Marie Katz bei Franz Kunberger, Schriftsetzer, Silberburgstr. 137

Zehn Monate nach diesem Brief beweint Marie ihre jüngere Tochter Julia, die im Alter von zwei Jahren stirbt. Ende August 1865 erliegt Marie Sophie selbst mit nur 28 der Tuberkulose, wie zuvor schon ihr Mann. Sie stirbt ein Vierteljahr nach Ende des

Abb. 67: Die 19-jährige Emma Kunberger (1847–1931) und die fünfjährige Anna Katz im Jahr 1866. Anna (1861–1943) wurde nach dem Tode ihrer Mutter als Vollwaise bei Kunbergers aufgenommen. Sie war von den Briefen der beiden Brüder ihr Leben lang fasziniert und spielte eine maßgebliche Rolle dabei, dass sie in der Familie bewahrt wurden.

amerikanischen Bürgerkrieges und etwa ein Jahr nach dem Tod König Wilhelms I. Ihre Tochter Anna lebt von da an als Vollwaise bei den Pflegeeltern Lotte und Franz Kunberger und deren achtzehnjähriger Emma. Am 12. April 1866 – dem fünften Jahrestag des Bürgerkrieges – verliert Familie Herzog auch ihren Vater, den Kutscher und Gärtner Christian Friedrich. Er hat sieben seiner acht Kinder und sechs seiner acht Enkelinnen überlebt, als er mit 75 Jahren an Lungenentzündung erkrankt und *sanft in dem Herrn* entschläft, wie es in der Traueranzeige heißt. Das Hinterhaus des Hoffmannschen Verlages, in dem sie alle einst gelebt hatten, hat da längst eine neue Adresse: Rotebühlstraße 77 B, und im benachbarten Rückgebäude 75 B wird Robert Bosch zwanzig Jahre später seine erste Werkstätte für Feinmechanik und Elektrotechnik eröffnen, die Wiege der Robert Bosch GmbH.

Nachdem 1880 auch Franz Kunberger und drei Jahre später Lotte sterben, lebt keines der Familienmitglieder mehr, die Fred und Charles noch persönlich gekannt hatten. Ihren Nachkommen muss Charles Herzogs ungeklärtes Schicksal dennoch auf den Seelen gelegen haben. Am 17. September 1898 erklärt das Königliche Amtsgericht Stuttgart auf Antrag von Angehörigen, dass Carl Herzog, *in Californien verschollen, durch Beschluss des Königlichen Amtsgerichtes für tot erklärt* wird, wenige Wochen bevor er 79 geworden wäre.

Auch Bert und meiner Mutter Rosemarie lässt Charles' rätselhaftes Verschwinden noch Monate nach unserer Rückkehr aus Amerika keine Ruhe. Sie wollen nichts unversucht lassen, um Klarheit zu gewinnen, und vereinbaren eine Sitzung mit einer Frau, die als Trance-Medium arbeitet. Sie sagt, Charles habe seine Desertion überlebt und meint ihn in den Jahren danach in einer Stadt mit etwa 18 000 Menschen zu sehen, »drei oder vier Reisetage nördlich« von Pilot Knob. Dort habe er eine neue Existenz gefunden, als Verkäufer oder Besitzer eines Ladens für Herrenmode, gutsituiert, alleinstehend, unter neuem Namen. Und dort sei er im Alter von 65 oder 66 Jahren gestorben, an einem Herzinfarkt oder einem Schlaganfall, innerhalb weniger Minuten.

Eine so tröstliche Version seines späteren Lebens zu hören beruhigt – doch mir scheint sie, trotz einiger berührender Details, nicht schlüssig. In der unermesslich weiten Region westlich des Mississippi gab es damals, von San Francisco abgesehen, nur eine Stadt mit immerhin 14 000 Einwohnern: die kalifornische Kapitale Sacramento. Sie liegt 700 Meilen nordwestlich von Pilot Knob, was eine Reise von vielen Wochen bedeutet hätte, selbst zu Pferde. Überzeugend erscheint mir nur, dass Charles sich auf seiner Flucht nach Norden wandte. Wenige Jahre zuvor hatten Prospektoren begonnen, den Colorado River stromauf zu ziehen, nachdem der Widerstand der *Aha Makhav* gebrochen war. Am Fluss und in seinen Seitentälern entdeckten sie lohnende Gold-, Silber- und Kupfervorkommen. Unter den Mannschaften der *Column from California* muss das bekannt gewesen sein – auf Carletons Heereszug suchten viele der Offiziere und Soldaten neben den Märschen und Kämpfen unentwegt nach wertvollen Erzen, mit seinem Wissen und seiner Zustimmung.

1860 hatten *miners* nur einen Tagesmarsch nördlich von Pilot Knob die Bergbausiedlung La Laguna gegründet, mit einer

Dampferlände, ein paar Läden für das Nötigste und einer Fähre über den Colorado. Doch als Charles desertierte, war ihr Stern schon wieder im Sinken begriffen – und andere begannen zu leuchten: Im Januar 1862 zeigten Indianer dem alten *mountain man* Pauline Weaver noch reichere Goldvorkommen, 130 Meilen stromauf von Pilot Knob, etwa eine Woche zu Fuß entfernt. Dort wuchs aus dem Nichts La Paz, dem immerhin eine Blütezeit von einigen Jahren beschieden war. Und nahe dem Endpunkt von Lieutenant Ives' Erkundungsexpedition, im El Dorado Canyon 230 Meilen stromauf, war in den letzten Jahren ein halbes Dutzend anderer, weitgehend gesetzloser Bergarbeitercamps entstanden. Sie wurden, wie auch La Paz, von »Captain« George Alonzo Johnsons Dampferflottille versorgt, und er verdiente sich dabei mit Frachtraten von hundert Dollar pro Tonne eine goldene Nase. Doch auch diese *mining towns* vergingen so rasch, wie sie entstanden. Niemand konnte dort auf Dauer sesshaft werden und sich eine bürgerliche Existenz aufbauen.

Charles war ein robuster und überlegter Mann – und ein in der Wüste erfahrener Soldat, der gerade diese Region gut kannte. Vermutlich war er in den Tagen vor seiner Desertion so klug, seinen Pfeifentabak gegen Extrarationen von Trockenäpfeln, Pemmikan, gedörrtem Rindfleisch und anderer Dauernahrung zu tauschen. Vielleicht hat er, als er desertierte, sogar die Wasserflasche eines Kameraden entwendet, wohlwissend, dass die drei Pinten seiner eigenen *canteen* in dieser Hitze nur wenige Marschstunden reichen und der Quartiermeister die gestohlene Flasche umgehend ersetzen wird.

Doch ich kann mich der Ahnung nicht erwehren, dass Charles irgendwo da draußen zugrunde ging, dass er seine Überlebenschancen überschätzte, verwirrt, wie er wohl war. Wie soll ein Mensch, der nächtelang keinen Schlaf mehr findet, den Erinnerungslücken und Orientierungslosigkeit plagen, der vielleicht sogar Trugbilder sieht und Stimmen hört, sich in diesem rauen Land alleine durchschlagen? Er verliert immer wieder die Richtung auf seinen nächtlichen Märschen, vermute ich, döst weg, wo er nur rasten will, kommt nach Stunden mühsamen Wanderns durch das zerklüftete Bergland westlich des Colorado an Stellen vorbei, die ihm bekannt erscheinen. So verliert er langsam, was ihm an Kraft noch bleibt.

Nach einigen Tagen ist sein Proviantbeutel leer, bis auf wenige Krümel *pilot bread*. Er hat erschreckend viel Gewicht verloren. Sein Vollbart ist struppig, seine Haut ledrig-trocken. Unerträglicher Durst zwingt ihn, in der Hitze und dem gleißenden Licht des Tages zum Colorado hinabzulaufen, den er, wo immer möglich, gemieden hatte, weil dort häufig Dampfer mit Truppen an Bord vorbeiziehen. Während des schwierigen Abstiegs wird ihm schwindlig, er muss sich mehrmals übergeben, verliert jedes Mal weitere lebenserhaltende Flüssigkeit. Wann er die letzten Tropfen aus seinen Wasserflaschen geleckt hat, weiß er nicht mehr. Den Knappsack mit dem wenigen, was er besaß, ließ er vor Stunden schon zurück. Unter der Mittagssonne bricht schließlich sein Durchhaltewille zusammen. Er will schlafen, nur noch schlafen und schafft es mit letzter Kraft, in den Schatten eines steil eingetieften Wadis zu kriechen. Und da liegt er dann zusammengesunken, mein störrischer, eigenbrötlerischer, tapferer Freund aus dem 19. Jahrhundert und dämmert in eine Flut von Erinnerungen und Wahnbildern hinüber. Aber möglicherweise hat auch dieses Bild von ihm, der fern der Heimat und vollständig verlassen stirbt, mehr mit mir selbst als mit dem echten Charles Herzog zu tun. Ich will es hoffen.

Nachbemerkung

Ich habe die Lebensgeschichten der beiden Brüder und die Verhältnisse in Stuttgart und den Vereinigten Staaten damals so sorgfältig wie möglich recherchiert. Wo historische Dokumente und andere Quellen Lücken ließen, entschloss ich mich manchmal, zu vermuten und zu interpretieren. Meist bauen auch diese Textstellen auf Recherchen, die die Vermutungen und Deutungen nahelegen – im Amerikanischen würde man sagen, es sind *educated guesses.* An wenigen Stellen nur bin ich ausschließlich dem gefolgt, was mir meine Vorstellungskraft eingab. Wo immer der Text mit historischen Zitaten, Namen und konkreten Daten und Zahlen belegt ist, fußt er auf Tatsachen. Bei Passagen, in denen sie ganz fehlen, mag das Erzählte zwar naheliegen, aber es entspricht nicht zweifelsfrei der Lebenswirklichkeit von Carl und Friedrich Herzog.

Udo Zindel
Stuttgart, im August 2024

Danksagung

Die Idee, dieses Buch zu schreiben, kam mir in einem Moment des Alleinseins und der Stille, in einer Schuttrinne am Fuß von Pilot Knob. Auch bei der Arbeit am Schreibtisch spürte ich immer wieder die sprichwörtliche »Einsamkeit des Autors«. Doch ich habe längst begriffen, dass Bücher vor allem Teamwork sind. Auch dieser Text entstand durch das engagierte, konstruktive Zusammenwirken Dutzender Menschen, von denen viele sich wohl nicht bewusst sind, was sie dazu beigetragen haben.

Ich danke *CLIPPER*, dem *Deutschen Jugendwerk zur See e.V.*, dass ich bald fünf Jahrzehnte lang an Törns auf traditionellen Segelschiffen teilnehmen konnte. Meine Erlebnisse auf der Gaffel-Ketsch »Seute Deern« und den Dreimast-Schonern »Amphitrite« und »Albatros« haben mir das Schreiben der Seefahrts-Kapitel in diesem Buch spürbar erleichtert. Die *Deutsch-Amerikanische Fulbright-Kommission* gewährte mir ein anderthalbjähriges Stipendium an der *Arizona State University* in Tempe, das mir ein tieferes Verständnis Amerikas und seines Fernen Westens bescherte, lange bevor wir auf die Briefe der Herzog-Brüder stießen. Die Geographie-Professoren *Ray Henkel* und *Malcolm Comeaux* von der *ASU* brachten mir die Wüsten des Südwestens auf Exkursionen nahe und halfen uns, Maricopa Wells zu finden. *Al Fernandez, Beatrice Cervantez* und *Frances* und *Dick Powers* zeigten mir das ländliche Arizona, dessen Städtchen einen geradewegs ins 19. Jahrhundert zurückversetzen. Im Haus meines Freundes *John Moore* in Berkeley konnte ich immer wieder unterschlüpfen, auf Recherchereisen als Reporter und Autor. *Dave Carter* und *Tracy Grammer* berührten und inspirierten mich mit ihren lyrischen Liedern über das Leben im amerikanischen Westen. *John Williams* zeigte mir mit seinem Ausnahme-Western »Butcher's Crossing« wie packend Detailreichtum wirken kann, und *Jonathan Raban* wurde mir zum Vorbild mit seinen sensibel beobachteten und kunstvoll erzählten Sachbüchern über die Vereinigten Staaten.

Dutzende Mitarbeiterinnen und Mitarbeiter von Archiven und Bibliotheken in den USA und Deutschland unterstützten unsere Recherchen: von der *Library of Congress* und den *National Archives,* dem *U.S. Army Military History Institute,* den *Historical Societies* von Missouri, Kalifornien und Arizona über die *Public Libraries* in Saint Louis, Belleville und New Orleans bis zur *Hayden Library* und der *Greater Arizona Collection* der *ASU;* und vom *Deutschen Schifffahrtsmuseum,* dem *Historischen Museum* und dem *Deutschen Auswandererhaus* in Bremerhaven über das *Bremer Staatsarchiv* bis zum *Hauptstaatsarchiv* und *Stadtarchiv* in Stuttgart. Rangers des *Gettysburg National Military Park,* der *Deutschheim State Historic Site,* des *Historic Belleville,* der *Alcatraz National Historic Landmark, Fort Point National Historic Site* und des *Fort Churchill State Historic Park* lieferten vor Ort spannende Details. Die *Tribal Administrations* der *Kwatsáan, Akimel O'Odham* und *Nimi* empfingen uns mit berührender Gastfreundschaft und halfen uns, wo immer möglich. Besonders danken möchte ich auch den vielen, teils anonym gebliebenen Augenzeugen aus den Auswandererjahren von Charles und Fred Herzog, die Amerika um die Mitte des 19. Jahrhunderts in Büchern und Zeitungen, in Briefen und Tagebüchern beschrieben, und uns so ein Bild gaben von den Landschaften und Städten, den Menschen und der Gesellschaft damals.

Ehemalige Kolleg:innen des Südwestrundfunks – *Uta-Maria Heim, Anja Brockert, Uwe Kossack, Wolfgang Niess* und *Stephan Krass* – standen mir beim Schreiben mit Rat und Zuspruch zur Seite. Mein katalanischer Freund *Miquel Gibert* las als Erster die allerersten 30 Seiten und sein Lob und seine Kritik trugen zum Gelingen bei – gràcies de tot cor, estimat Miquel! *Dr. Rainer Schimpf* vom *Haus der Geschichte Baden-Württemberg,* wo die Originale der Herzog-Briefe lagern, begleitete die Entstehung des Textes und seine Begeisterung spornte mich an. *Dorothee Heinrich* – meine Stiefschwester und die Ururgroßnichte der Herzog-Brüder – las ebenso präzise wie zuversichtlich jedes Kapitel und half mir mit ihrem unerschütterlichen Glauben an das Buch über Schreibkrisen hinweg. Auch meine Mutter *Rosemarie* und mein Stiefvater *Bert Heinrich* sahen trotz ihres Alters das ganze Manuskript gründlich durch, kritisierten konstruktiv und wurden nie müde, an die Sache zu glauben. Kapitän *Klaus Müller,* der unter anderem das letzte

Fünfmast-Vollschiff der Welt führte, nahm sich die Zeit, alle Seefahrt-Kapitel auf nautische Richtigkeit zu prüfen, und der *Förderkreis der Schriftsteller:innen in Baden-Württemberg* gewährte mir ein großzügiges Arbeitsstipendium.

Lektorin *Angelika Klammer* beherrscht die subtile Kunst, aus einem Buch kein anderes, aber ein besseres zu machen – und weiß in vielen Schreib- und Lebensfragen ebenso kompetenten wie herzerfrischenden Rat. Der Lektor des Osburg Verlages, *Bernd Henninger,* gab dem Text den unverzichtbaren, letzten Schliff, *Tom Pohl* zeichnete in wochenlanger Arbeit ebenso begeistert wie präzise die Karten und Verleger *Wolf-Rüdiger Osburg* steckte seine ganze Energie, seine Motivation und jahrzehntelange Erfahrung in dieses Projekt.

Wenn mein Autorenverstand im Kreis zu drehen begann, zeigte mir *Rohani Geißler* Wege, in Seele und Körper zurück zu finden. *Maika Drillich* war noch im Schmerz unserer Trennung so großherzig, mir ihr Collins English Dictionary zu schenken, auf dessen 1800 Dünndruckseiten ich jedes gesuchte Wort fand. *Roland Fishman* vom *Writers' Studio* in Sydney empfahl mir ein bewährtes Hausmittel gegen Perfektionismus. Der amerikabegeisterte Briefträger *Andi Schön* brachte treu ein Buchpaket nach dem anderen an meine Tür, von Antiquariaten und Buchhandlungen quer durch die USA und Großbritannien. *Dajana Anic* und *Gabriela Reising* vom Copy Shop *Schwabenprint* druckten über drei Jahre hinweg geduldig und freundlich Kapitel um Kapitel aus. Ihnen allen, den Lebenden und bereits Verstorbenen diesseits und jenseits des Atlantiks, gilt mein herzlichster Dank – ohne ihre Mithilfe wäre die einsame Vision, die ich am Fuß des Pilot Knob hatte, nicht wahr geworden.

Literaturverzeichnis

Zufallsfunde:

Mohamed Mbougar Sarr: Die geheimste Erinnerung der Menschen. Aus dem Französischen von Holger Fock und Sabine Müller, Roman, Carl Hanser Verlag, München 2022, S. 17.

Stuttgart, Mitte des 19. Jahrhunderts:

Königliches Statistisch-topographisches Büro: Beschreibung des Stadtdirektions-Bezirkes Stuttgart. Verlag von Eduard Hallberger, Stuttgart 1856.

Paul Sauer: Stuttgart um 1840. In: Hans-Ulrich Maurer (Hrsg.) »Württemberg um 1840. Beiträge zum 150-jährigen Bestehen des Württembergischen Geschichts- und Altertumsvereins«. W. Kohlhammer Verlag, Stuttgart 1994, Seiten 99–115.

Hans-Ulrich Simon: Mörike-Häuser. Wohnen in Stuttgart zwischen 1851 und 1875. Veröffentlichungen des Archives der Stadt Stuttgart, hrsg. von Paul Sauer. Klett-Cotta Verlag, Stuttgart 1996.

Der Stuttgarter »Brodaufstand«:

Sabine Kienitz: »Da war die Weibsperson nun eine der Ärgsten mit Schreien und Lärmen«: Der Stuttgarter Brotkrawall 1847. In: Carola Lipp (Hrsg.) »Schimpfende Weiber und patriotische Jungfrauen. Frauen im Vormärz und in der Revolution 1848/49«. Elster Verlag, Baden-Baden 1986, S. 76–87.

Friedrich Maurer: Elend und Aufstieg in den Tagen des Biedermeier. Erinnerungen und Tagebuchblätter (1812–1906). W. Kohlhammer Verlag, Stuttgart 1969.

Originaldokumente aus dem Hauptstaatsarchiv Stuttgart und im Staatsarchiv Ludwigsburg.

Raimund Waibel: Stuttgart am Vorabend der Revolution. In: Frühliberalismus und Gemeindewahlen in Württemberg (1817–1855). Das Beispiel Stuttgart. W. Kohlhammer Verlag, Stuttgart 1992, S. 359–367.

Die Atlantiküberquerung:

Tanja Fittkau: In die Neue Welt – Von Bremerhaven nach Amerika: Atlantiküberquerung im 19. Jahrhundert und die Bedingungen an Bord der Schiffe. Ibidem Verlag, 1. Auflage, Stuttgart 2010.

dies.: Vom zusätzlichen Frachtgut zum umworbenen Kunden. Die Überfahrtsbedingungen für Seereisende und ihre Grenzerfahrungen 1830–1932. Edition DAH, Erstausgabe, Bremerhaven 2020.

Friedrich Gerstäcker, in: »Auf Auswandererseglern …«. Führer des deutschen Schifffahrtsmuseums, Nummer fünf, Bremerhaven 1976.

Peter-Michael Pawlik: Von der Weser in die Welt; Die Geschichte der Segelschiffe von Weser und Lesum und ihrer Bauwerften 1770 bis 1893, Schriften des Deutschen Schifffahrtsmuseums, Bd. 33, Kabel Verlag, Hamburg 1993.

Minna Praetorius, in: »Auf Auswandererseglern …«. Führer des deutschen Schifffahrtsmuseums, Nummer fünf, Bremerhaven 1976.

Pastor August Rauschenbusch, in: »Auf Auswandererseglern …«. Führer des Deutschen Schifffahrtsmuseums, Nummer fünf, Bremerhaven 1976.

Ders.: Einige Anweisungen für Auswanderer nach den westlichen Staaten von Nordamerika und Reisebilder, Elberfeld und Iserlohn 1848.

Ankunft in Amerika:

Alexander Emmerich: Little Germany. Deutsche Auswanderer in Nordamerika. Campus Verlag, 1. Auflage, Frankfurt/New York City 2019.

Jacob Wessels: Passagierliste der Bark »Anna«, erstellt für die Hafenbehörde von New York City am 10. Januar 1848. National Archives Microfilm Publications M 237, Roll 70. National Archives, Washington, D.C.

New York City:

E. Porter Belden: New York: Past, Present and Future; Comprising A History of the City of New York, A Description of its Present Condition, and an Estimate of its Future Increase. Third Edition. Prall, Lewis & Co., New York 1850.

O.L. Holley (ed.): A Description of the City of New York: with a brief account of the cities, towns and villages, and places of resort within thirty miles. Designed as a guide for citizens and strangers to places of attraction in the city and its vicinity. With maps and illustrations. J. Disturnell, 102 Broadway, New York 1847.

ohne Verfasser: Charter and By-Laws of the German Society of the City of New York/Freibrief und Nebengesetze der Deutschen Gesellschaft der Stadt New York. Gedruckt bei G.B. Teubner, New York 1852.

ohne Verfasser: Kurzgefaßte Beschreibung der Stadt New York. Ein Handbuch für Fremde und Einheimische über die interessantesten Gegenstände in der großen Handels-Metropole, und Wegweiser in die Umgebung derselben. In Commission bei Jakob Uhl, New York 1853.

Der Mexikanisch-Amerikanische Krieg:

John M. Blum et al.: The National Experience. A History of the United States, Fifth edition, Harcourt Brace Jovanovich, Inc., New York (etc.) 1981.

Howard Zinn: Eine Geschichte des amerikanischen Volkes. Zweite Auflage, Nikol Verlag, Hamburg 2015.

Fort Mifflin:

John W. Jackson: Fort Mifflin – Valiant Defender of the Delaware. Old Fort Mifflin Historical Society. Preservation Committee Philadelphia. Ohne Jahr.

Die Fahrt nach Westen:

Charles Dickens: American Notes. Revised Edition, Penguin Classics, London 2000.

Nathaniel Hawthorne: The Canal Boat. Erschien zuerst im New-England Magazine, No. 9, December 1835, Seiten 398–409. Online-Version auf: www.eriecanal.org/texts/Hawthorne/canalboat.html.

Saint Louis, Missouri:

James Neal Primm: Lion of the Valley. Saint Louis, Missouri. Pruett Publishing Co. Boulder, Colorado, 1981.

verschiedene Verfasser: Die Tägliche Deutsche Tribüne. Herausgegeben von R.R. Cormann, redigirt von Carl Jucksch, Vinestraße 4te Thüre von der Mainstraße, Saint Louis, Missouri.

Belleville, Illinois:

Jane Eiseley et al.: Belleville's German American Folk Houses. Belleville Historic Preservation Commission 1996.

Alfred G. Frei: Friedrich Hecker in den USA. Eine deutsch-amerikanische Spurensicherung. Stadler Verlagsgesellschaft mbH, Konstanz 1993.

Sabine Freitag: Friedrich Hecker. Biografie eines Republikaners. Transatlantische Historische Studien Bd. 10, Franz Steiner Verlag, Stuttgart 1998.

Mrs. Robert Mohrman (sic!), Hrsg.: Reflections on the Past. Official booklet compiled by the Saint Clair County Historical Society, Hermann 1964.

Alvin Louis Nebelsick: A History of Belleville. Township High School and Junior College, Belleville Illinois 1978.

Carl Schurz: Lebenserinnerungen, Band II, von 1852 bis 1870, Berlin 1907 (nach: https://api.pageplace.de/preview/DT0400.9783111715452 A35148952/preview-9783111715452_A35148952.pdf).

verschiedene Verfasser: Belleviller Zeitung, 11. Januar 1849 bis 16. Juni 1853.

Henry Villard: Memoirs of Henry Villard. Book One: First Experiences in America. Chapter 1: New York and Westward Ho – 1853-54. Online-Version auf: https://en.wikisource.org/wiki/Memoirs_of_Henry_Villard/Volume_1/Book_1.

Carl Frederick Wittke: Refugees of Revolution. The German Forty-Eighters in America. University of Pennsylvania Press, Philadelphia 1952.

Hermann, Missouri:

Samuel F. Harrison: History of Hermann, Missouri. Historic Hermann Inc., third printing 1983. Vermutlich im Eigenverlag veröffentlicht.

Berton Roueché: Schönheit muss leiden. Profiles, The New Yorker (Magazin), 28. Februar 1977, Seiten 37–50.

Anna Kemper-Hesse: Herman, Missouri «The Rhine City on the Missouri River«. Historic District of Hermann. Ohne Verlag und Datum.

Webseite: Deutschheim State Historic Site https://mostateparks.com/park/deutschheim-state-historic-site.

New Orleans:

Marquis W. Childs: Mighty Mississippi. Biography of a River. Foreword by Geoffrey C. Ward. Tickner & Fields, New Haven and New York 1982.

Charles Gardner: Gardner's New Orleans Directory for 1861, With a New Map of the City, a Street and Levee Guide, Business Directory (…), compiled and published by Charles Gardner, New Orleans 1861. Online-Version auf: www.civilwarphilatelicsociety.org/wp-content/uploads/2019/06/Res-Arch-Dir-New-Orleans-Dir-1861.pdf.

Joan B. Garvey and Mary Lou Widmer: Beautiful Crescent. A History of New Orleans. Garmer Press, Inc., New Orleans 1994.

Grace King: New Orleans, The Place and the People. The MacMillan Company, New York 1899.

Francois-Xavier Martin: The History of Louisiana, From the Earliest Period. With a Memoir of the Author by Judge W.W. Howe. To Which is Appended Annals of Louisiana, From the Close of Martin's History; to the Commencement of the Civil War, 1861, By John F. Condon. James A. Gresham, Publisher and Bookseller, New Orleans 1882.

Ellen C. Merrill: The Germans of New Orleans. Online-Version auf: 64parishes.org/germans-new-orleans.

John Frederick Nau: The German People of New Orleans, 1850–1900. E. J. Brill, Leiden 1958.

Solomon Northup: Twelve Years a Slave. The Autobiography of Solomon Northup. Enhanced edition, Eakin Films & Publishing, ohne Ort 2017.

Kathryn Olivarius: Necropolis – Disease, Power, and Capitalism in the Cotton Kingdom. Belknap Press: An imprint of Harvard University Press, Cambridge, Massachusetts, 2022.

Robert C. Reinders: End of an Era. New Orleans, 1850–1860. Pelican Publishing Company, New Orleans 1964.

Harold Sinclair: The Port of New Orleans. Doubleday, Doran & Company, Inc., Garden City, New York 1942.

Leon Cyprian Soulé: The Know Nothing Party in New Orleans. A Reappraisal. Published by the Louisiana Historical Association, New Orleans 1961.

Kenneth M. Stampp: The Peculiar Institution. Slavery in the Ante-Bellum South. Vintage Books, a Division of Random House, Inc., New York City 1989.

Fanny Trollope: Domestic Manners of the Americans. First published 1832. Penguin Books, London 1997.

Mark Twain: Life on the Mississippi, The Penguin American Library, Penguin Group, New York 1986.

Frederick Way: Way's Packet Directory, 1848 to 1983. Passenger Steamboats of the Mississippi River System Since the Advent of Photography in Mid-Continent America. Ohio University, Athens, Ohio 1983.

Der Untergang der »San Francisco«:

New York Daily Times (versch. Verf.): Total Loss of the San Francisco. Artikelserie in der Ausgabe vom Samstag, dem 14. Januar 1854, Seite 1 ff., New York 1854.

dies.: Wreck of the San Francisco. Artikelserie in der Ausgabe vom Montag, dem 16. Januar 1854, Seite 1 ff., New York 1854.

dies.: The Case of the San Francisco. Artikelserie in der Ausgabe vom Dienstag, dem 17. Januar 1854, Seite 1 ff., New York 1854.

James R. Mellow: Nathaniel Hawthorne in His Times. Houghton Mifflin Company, Boston 1980.

Theo. F. Rodenbough and William L. Haskin: The Army of the United States. Historical Sketches of Staff and Line with Portraits of Generals-in-Chief. Maynard, Merrill & Co., New York 1896.

Soldatenleben in dieser Zeit:

Eugene Bandel, edited by Ralph P. Bieber: Frontier Life in the Army, 1854 to 1861. The Arthur H. Clark Company, Glendale, California, 1932.

John D. Billings: Hardtack and Coffee, or The Unwritten Story of Army Life. George M. Smith & Co., Boston, 1887, reprinted for Time Life Books Inc., Collector's Library of the Civil War, New York City 1982.

Don Ricky, Jr.: Forty Miles a Day on Beans and Hay. The Enlisted Soldier Fighting the Indian Wars. University of Oklahoma Press, Norman 1973.

Robert M. Utley: Frontiersmen in Blue. The United States Army and the Indian, 1848–1865, the Macmillan Company, New York City 1967.

Der Militärposten in der Misión San Diego de Alcalá:

Inspector General Colonel George A. McCall: A Report of Inspection of the Staff Departments of the Army at the Depot of San Diego. In Robert W. Fraser: Military Posts in San Diego, 1852/54. The Journal of San Diego History, Summer 1974/Volume XX/Number 3, San Diego, California. Online-Version auf: sandiegohistory.org/journal/1974/july/posts/.

ders.: A Report on Inspection of the Troops at the Mission of San Diego, June 4th 1852. In Robert W. Fraser (wie oben).

Robert W. Frazer (editor): Mansfield on the Condition of the Western Forts 1853–54. University of Oklahoma Press, Norman 1963.

Lieutenant Parkes Vermessungs-Expedition:

Major William Hemsley Emory: Notes of Travel in California. From the Official Reports of Colonel Frémont and Major Emory. New York City 1846 (online).

William H. Goetzmann: Army Exploration in the American West 1803–1863. Yale University Press, New Haven 1959.

John G. Parke: Report of Explorations for Railroad Routes From San Francisco Bay to Los Angeles, California, West of Coast Range, and From The Pimas Villages on the Gila to the Rio Grande, Near the 32d Parallel of North Latitude, By Lieutenant John G. Parke, Corps of Topographical Engineers, assisted by Albert H. Campbell, Civil Engineer. War Department, Washington, D. C. 1854–5.

Ders.: Report of Explorations for that Portion of a Railway Route, Near the Thirty-Second Parallel of Latitude, Lying between Dona Ana, on the Rio Grande, and Pimas Villages, on the Gila. U.S. Congress, House Document 129. Washington, D.C., 1854.

U.S. Senate: Reports of Explorations and Surveys, To Ascertain the Most Practicable and Economical Route for a Railroad from the Mississippi River to the Pacific Ocean. Made under the Direction of the Secretary of War, in 1853–56, According to Acts of Congress of March 3, 1853 May 31, 1854 and August 5, 1854. 33d Congress, 2d Session, Executive Document No. 78, Volume VII. Beverley Tucker, Printer, Washington, D.C, 1857.

Ders.: Reports of Explorations and Surveys … Volume XI. Beverley Tucker, Printer, Washington, D.C., 1855.

ohne Verfasser: Parke, John Grubb. Maschinengeschriebenes Manuskript der Arizona Historical Society, Tucson, ohne Jahreszahl.

ohne Verfasser: Parke, J. G. Maschinengeschriebenes Manuskript der Arizona Pioneers Historical Society, Fish Manuscript, Seiten 224–225, Tucson, ohne Jahreszahl.

Die Südliche Überlandroute nach Westen:

Don Dedera und andere: The Gila Trail. In: Trails West. Sonderheft des National Geographic, 1979, Seiten 147–171. National Geographic Society, Washington, D.C., 1979.

J Ross Browne: Apache Country: A Trip Through Arizona, 1864. Illustrated. Neuauflage des Buches von 1865 durch Folly Cove, Gloucester, Massachusetts, 2012.

Indianervölker entlang der Überlandroute:

William C. Sturtevant (General Editor): Handbook of North American Indians, Volume Nine, Southwest, Smithsonian Institution, Washington, D.C., 1979.

Die Situation im westlichen New Mexico Territory (heute Arizona):

Sidney R. DeLong: The History of Arizona. From the Earliest Times Known to the People of Europe to 1903. Written under the auspices of the Pioneer Historical Society of Arizona. The Whitaker & Ray Company, Inc. Publishers, San Francisco 1905.

John L. Kessell: Friars, Soldiers and Reformers: Hispanic Arizona and the Sonora Mission Frontier 1767–1856. The University of Arizona Press, Tucson 2016.

George R. Stewart: John Phoenix, Esq., The Veritable Squibob. A Life of Captain George H. Derby, U.S.A. Da Capo Press, New York 1969.

Martha Summerhayes: Vanished Arizona. Recollections of the Army Life of a New England Woman. With Twenty-eight Illustrations. Second edition. Introduction by Louise Barnett. A Bison Classic. Bison Books, University of Nebraska Press, Lincoln and London 2014.

Thomas W. Sweeny: Military Occupation of California 1849–1853. From the Journal of Lieutenant Thomas W. Sweeny, Second Infantry, Late Brigadier General United States Army. Reprinted from the Journal of the Military Service Institution, Volume 44, 1909.

Jay J. Wagoner: Early Arizona. Prehistory to Civil War. The University of Arizona Press, Tucson 1975.

Fort Yuma:

Anne M. Butler: Military Myopia: Prostitution on the Frontier. *Prologue* 13, No. 4 (Winter 1981), p 233–250.

Clifton B. Kroeber and Bernhard L. Fontana: Massacre on the Gila: An Account of the Last Major Battle Between American Indians, with Reflections on the Origin of War. The University of Arizona Press, Tucson 1986 (open-access e-book).

Headquarters, Military Division of the Pacific: Outline Descriptions of Military Posts in the Military Division of the Pacific. Major-General Irwin McDowell Commanding. Headquarters, Presidio of San Francisco, Cal., 1879.

John Vance Lauderdale: Fort Yuma, California. In: A Report on Barracks and Hospitals with Description of Military Posts. War Department, Surgeon General's Office, Washington, DC, 1870.

H. B. Wharfield: Fort Yuma on the Colorado River. By Colonel H. B. Wharfield, USAF, Retired, formerly First Lieutenant, 10th Cavalry. Im Selbstverlag, 1968.

Arthur Woodward (ed.): Journal of Lt. Thomas W. Sweeny, 1849–1853. Westernlore Press, Los Angeles 1956.

Louis F. Yaeger: Diary of a Ferryman and Trader at Fort Yuma, 1855–1857, edited by George William Beattie. Annual Publications of the Historical Society of Southern California, XIV, part II, 1929 (online).

Die Geschichte der Oatman-Familie:

Brian McGinty: The Oatman Massacre. A Tale of Desert Captivity and Survival. University of Oklahoma Press, Norman 2006.

Margot Mifflin: The Blue Tattoo. The Life of Olive Oatman. University of Nebraska Press, 2009, online verfügbar.

Kelly Reichardt: Meek's Cutoff. Ein Film von Kelly Reichardt (DVD). Absolut MEDIEN GmbH, 2013.

Die Kwatsáan- und Aha Makhav-Indianer:

William C. Sturtevant (General Editor): Handbook of North American Indians, Volume Nine, Southwest, Smithsonian Institution, Washington, D. C., 1979.

Dan L. Thrapp: Encyclopedia of Frontier Biography. Volume 4. Supplemental Volume. The Arthur H. Clark Company, Spokane, Washington, 1994.

Eugene J. Trippel: The Yuma Indians. Overland Monthly Magazine, June and July 1889, republished in «Journal of California and Great Basin Anthropology«, Volume 6, Number 2, Page 154–183, University of California at Merced, Merced 1984, online verfügbar.

Erforschung des Colorado River, Details zum Fluss:

Lieutenant Joseph C. Ives: Report upon the Colorado River of the West, explored in 1857 and 1858 by Lieutenant Joseph C. Ives, Corps of Topographical Engineers. Government Printing Office, Washington, DC, 1861, online verfügbar.

Gesundheitsversorgung in dieser Zeit:

Ludwig Choulant: Lehrbuch der speciellen Pathologie und Therapie des Menschen. Ein Grundriss der inneren Klinik. Vierte, völlig umgearbeitete Auflage. Verlag von Leopold Voss, Leipzig 1845, online verfügbar.

Dr. Eduard Schwarz: Reise der österreichischen Fregatte Novara um die Erde in den Jahren 1857, 1858 und 1859, Medizinischer Teil, I. Band. Kaiserlich-königliche Hof- und Staatsdruckerei, Wien 1861, online verfügbar.

Der Pazifische Nordwesten:

Donald L. Cutler: «Hang Them All« George Wright and the Plateau Indian War, Foreword by Laurie Arnold. University of Oklahoma Press, Norman 2016.

George W. Fuller: A History of the Pacific Northwest. With Special Emphasis on the Inland Empire. Second Edition Revised. Alfred A. Knopf, New York 1966.

Ohne Autor: Origin of the War with The Coeur d'Alene, Spokane and Palouse, Access Genealogy, a free genealogy website, 2022.

Der Goldrausch am Fraser River:

Beverley Boissery and Bronwyn Short: Beyond Hope: An Illustrated History of the Fraser and Cariboo Gold Rush. Dundurn Press, Toronto, Ontario, 2003.

Daniel P. Marshall, Eric Wright: Fraser River Gold Rush, Artikel in: The Canadian Encyclopedia, Online-Version 2006.

Der kalifornische Goldrausch:

Edward Dolnick: The Rush. America's Fevered Quest for Fortune, 1848 to 1853. Little, Brown and Company, New York 2014.

Friedrich Gerstäcker: Reisen in Californien. Unveränderter Faksimilereprint der Originalausgabe, J. G. Cotta'scher Verlag, Stuttgart und Tübingen 1853. Limitierte Auflage, Edition Terra Incognita, Saarbrücken 2014.

Die Stadt San Francisco:

Samuel Bowles: Across the Continent: A Summer's Journey to the Rocky Mountains, the Mormons, and the Pacific States, With Speaker Colfax. With A Full Map of all the Western Territories and the Route Travelled. Hurd & Houghton, New York City 1865 (online verfügbar).

Caroline Danielson: «Respectable« Attitudes Towards Early Prostitution. Historical Essay. Online-Version auf: www.foundsf.org/index.php?title=%22Respectable%22_Attitudes_Towards_Early_Prostitution.

Dies.: Men and Women in Early San Francisco. Historical Essay. Online-Version auf: www.foundsf.org/index.php?title=Men_:_Women_in_Early_San_Francisco.

G. R. Fardon: San Francisco in the 1850's. 33 Photographic Views by G.R. Fardon. With an Introduction by Robert A. Sobieszek. The International Museum of Photography at George Eastman House, Rochester, and Dover Publications, Inc., New York 1977.

Peter Field: Maiden Lane and the Pot-holes of History. Historical Essay. Online-Version auf: www.foundsf.org/index.php?title=Maiden_Lane_and_the_Pot-holes_of_History.

Mindy M. Krazmien: Gold-Rush Era Prostitutes. Historical Essay. Online-Version auf: www.foundsf.org/index.php?title=Gold-Rush_Era_Prostitutes.

Frank Soulé et al.: The Annals of San Francisco; Containing A Summary of the History of the First Discovery, Settlement, Progress, and Present Condition of California, and a Complete History of all of the Important Events Connected With Its Great City: To Which Are Added, Biographical Memoirs of Some Prominent Citizens. Illustrated With One Hundred and Fifty Fine Engravings. D. Appleton & Company, New York and San Francisco 1855.

U.S. Coast Survey: City of San Francisco and Its Vicinity, California. Coast Survey Office, Washington, DC, 1859.

Das Presidio von San Francisco:

Erwin N. Thompson: Defender of the Gate, the Presidio of San Francisco, History from 1846 to 1995. Historic Resource Study, Golden Gate National Recreation Area, National Park Service, Denver 1997.

Fortress Alcatraz:

Marie K Grassick: Fort Point National Historic Site, Presidio of San Francisco California; Historic Furnishings Report, National Park Service, Harpers Ferry Center 1994.

John A. Martini: Fortress Alcatraz. Guardian of the Golden Gate. Pacific Monograph, Kailua, Hawaii, 1990.

Erwin N. Thompson: The Rock. A History of Alcatraz Island, 1847 to 1972. Historic Resource Study, Golden Gate National Recreation Area California, Denver Service Center, Denver 1972.

Ders.: Seacoast Fortifications, San Francisco Harbor. Historic Resource Study, Golden Gate National Recreation Area, National Park Service, Denver 1979.

Der Pony Express:

Jeff Wallenfeldt: Pony Express. United States History. Encyclopedia Britannica online, last edited 2016.

Mark Twain: Roughing It. A Signet Classic, published by the Penguin Group, New York 1980.

Der Krieg gegen die Nimi (Paiute):

Myron Angel (Hrsg.): History of Nevada. Thompson and West Publishers, Oakland 1881.

Ferol Egan: Sand in a Whirlwind: The Paiute Indian War of 1860. University of Nevada Press, Reno 1985.

Russell R Elliott: History of Nevada, University of Nebraska Press, Lincoln 1973.

Nellie Shaw Harnar: Indians of Coo-yu-ee Pah (Pyramid Lake). The History of the Pyramid Lake Indians in Nevada. Western Printing and Publishing Co., Sparks 1978.

Inter-Tribal Council of Nevada: Numa: A Northern Paiute History, Reno 1976.

Charles A. Scott (edited and annotated by John M. Ellis and Robert E. Stowers): The Nevada Indian Uprising of 1860 as Seen by Private Charles A. Scott; Arizona and the West, Vol. 3, No. 4, Winter, 1961, pp. 355–376. Published by: Journal of the Southwest.

William C. Sturtevant (General Editor): Handbook of North American Indians, Volume Eleven, Great Basin, Smithsonian Institution, Washington, D.C., 1979.

Dan L. Thrapp: Encyclopedia of Frontier Biography. Volume 4. Supplemental Volume. The Arthur H. Clark Company, Spokane 1994.

Sessions S. Wheeler: The Desert Lake. The Story of Nevada's Pyramid Lake. Revised Edition. The Caxton Printers, Ltd., Caldwell 1987.

Sally Zanjani: Sarah Winnemucca. University of Nebraska Press, Lincoln and London 2001.

Der Bau von Fort Churchill:

George Ruhlen, retired U.S. Army Colonel: Early Nevada Forts. In: The Nevada Historical Society Quarterly, Centennial of Statehood, 1864 to 1964, Volume VII, Number 3 to 4, Reno 1964.

Kathryn Totton: Fort Churchill. Nevada Military Outpost of the 1860s. Edited by Stanley W. Paher. Nevada Publications, Las Vegas 1981.

Die Monate bis zum amerikanischen Bürgerkrieg:

David S. Reynolds: Congressional Bloodshed: The Run-Up to the Civil War. The New York Times, September 24, 2018 – online.

Ted Widmer: The Capitol Takeover that Wasn't. The New York Times, January 8, 2021 – online.

Der Bürgerkrieg und die Lage in Kalifornien:

Gene C. Armistead: California's Confederate Militia: The Los Angeles Mounted Rifles. Online-Version auf: www.militarymuseum.org/LosAngelesMountedRifles2.html.

Robert J. Chandler: The Velvet Glove: The Army During the Seccession Crisis in California, 1860–1861. In: Armed Forces on the West Coast. Edited by John Langellier. Sunflower University Press, Manhattan, Kansas, 1981.

Geoffrey C. Ward: The Civil War. An Illustrated History. Based on a documentary filmscript by Geoffrey C. Ward, Rick Burns, and Ken Burns. Alfred A. Knopf, New York City 1990.

Die »Column from California«:

Clarence C. Clendenen: General James Henry Carleton. In: New Mexico Historical Review, Volume 30, Number 1, Albuquerque, January 1955. Online-Version auf: digitalrepository.unm.edu/nmhr/vol30/iss1/3.

Patricia L. Faust (editor): Carleton, James Henry. In: Historical Times Illustrated Encyclopedia of the Civil War. Harper & Row Publishers, New York 1986.

William A. Keleher: Turmoil in New Mexico 1846–1868. The Rydal Press, Santa Fe 1952.

Andrew E. Masich: The Civil War in Arizona. The Story of the California Volunteers, 1861–1865. University of Oklahoma Press, Norman 2006.

Darlis A. Miller: The California Column in New Mexico. Published in cooperation with the Historical Society of New Mexico. University of New Mexico Press, Albuquerque 1982.

Dave Philipps: A Secret War, Strange New Wounds, and Silence From the Pentagon. The New York Times, November 5, 2023, online-edition.

Ders.: Five Takeaways From a Times Investigation of Artillery Blast Exposure. The New York Times, November 5, 2023, online-edition.

Abbildungsnachweis

Umschlagbild: New York Lower South Street c. 1885 by John Stobart, image copyright 1977, courtesy of The Stobart Foundation.

Bert Heinrich, Abb. 34

Bill Rogers, Abb. 61

California Missions Resource Center, Abb. 28

Courtesy of the New Orleans Collection, Abb. 19

Creative Commons, National Portrait Gallery, Smithsonian Institution; Frederick Hill Meserve Collection, Abb. 31

Florida Center for Instructional Technology, College of Education, University of South Florida, Abb. 11

Haus der Geschichte Baden-Württemberg, Sammlung Bert Heinrich, Abb. 1, 3, 4, 14, 15, 49, 67

Historisches Museum Bremerhaven, Abb. 6

Jersey City Museum, Jersey City, New Jersey, Abb. 27

John Russell Bartlett Collection at the John Carter Brown Library, Providence, Rhode Island, Abb. 42

Library of Congress, Washington, D. C., Abb. 20, 46, 58, 62

Lincoln Museum, Fort Wayne, Indiana, Abb. 21

National Archives, Washington, D. C., Frontispiz, Abb. 50

National Park Service, Golden Gate National Recreation Area, Abb. 52

North Carolina Museum of History, Raleigh, North Carolina, Abb. 23

Oakland Museum of California, Abb. 47

Privatarchiv Charles Stewart, Abb. 51

Public Library of Cincinnati and Hamilton County, Abb. 12

Royal British Columbia Museum, BC Archives, A-01958, Abb. 45

San Francisco History Center, San Francisco Public Library, Abb. 60

Special Collections Department, University of Nevada Library, Abb. 54

Staatsarchiv Bremen, Abb. 7

The Linda Hall Library of Science, Engineering & Technology, Kansas City, Missouri, Abb. 33, 43

The Miriam and Ira D. Wallach Division of Art, Prints and Photographs: Print Collection, The New York Public Library, Abb. 9

Udo Zindel, Abb. 10, 22, 29, 30, 32, 35, 36, 55, 56, 57, 59, 64, 65, 66

University of California, Bancroft Library, Abb. 26

Wikimedia Commons, Abb. 2, 5, 8, 13, 16, 17, 18, 24, 25, 27, 38, 39, 40, 41, 44, 48, 53, 63

In Fällen, bei denen der Rechteinhaber nicht festzustellen ist, erklärt sich der Verlag bereit, nach Anforderung rechtmäßige Ansprüche abzugelten.

Kartenverzeichnis

Karte 6 – Der Marsch zum Pyramid Lake, Mai/Juni 18